德国国家教育报告[2010]

BILDUNG IN DEUTSCHLAND 2010

编译委员会主任　姜　锋
编译委员会成员　陈壮鹰　毛小红
Hans-Peter Füssel　Erich Thies
译者　吴声白

上海外语教育出版社
外教社 SHANGHAI FOREIGN LANGUAGE EDUCATION PRESS

图书在版编目(CIP)数据

德国国家教育报告. 2010 / 吴声白译. —上海：上海外语教育出版社，2021
(“德国国家教育报告”系列)
ISBN 978-7-5446-6826-2

Ⅰ.①德… Ⅱ.①吴… Ⅲ.①教育事业—研究报告—德国—2010 Ⅳ.①G551.6

中国版本图书馆 CIP 数据核字(2021)第 087773 号

出版发行：上海外语教育出版社
（上海外国语大学内） 邮编：200083
电　　话：021-65425300（总机）
电子邮箱：bookinfo@sflep.com.cn
网　　址：http://www.sflep.com
项目负责：岳永红
责任编辑：王乐飞
特约编辑：糜佳乐
美术编辑：卞骐真

印　　刷：苏州市古得堡数码印刷有限公司
开　　本：889×1194 1/16 印张 22.5 字数 611 千字
版　　次：2021 年 9 月第 1 版 2021 年 9 月第 1 次印刷

书　　号：ISBN 978-7-5446-6826-2
定　　价：110.00 元

序 言

德国被认为是哲学王国和教育强国,德国人一直为此感到骄傲。然而,本世纪初,德国中学生在国际学生评估项目(PISA)中表现平平,这猛烈打击了德国人的教育自信,引起全社会的担忧和反思。德国政界和教育界亟须对德国整体教育状况进行把脉,以找到问题的症结所在。国家教育政策的实证研究得到前所未有的重视。

对现状达成共识,是改变现状的前提。2006 年 8 月生效的德国基本法修正案第 91b 条第二款规定,"联邦和各联邦州可以基于确定教育事业绩效能力的国际比较达成协议,在相关报告及其推介方面进行合作",改变了德国联邦和各州以往分散搜集教育数据、编制教育报告的做法,赋予联邦与各州在部分教育领域开展合作的权力,为联邦和各州就共同编制教育报告提供法律依据。

2006 年,德国联邦教育科研部与各州文化教育部长联席会议共同成立独立的国家教育报告编制小组,其职责是将各类教育报告进行整合,编制国家教育报告。编制小组由德国国际教育研究中心(DIPF)牵头,组员来自德国国际教育研究中心、德国青年研究所(DJI)、德国高校和科学研究中心(DZHW)、德国高校信息系统(HIS)、哥廷根大学社会学研究中心(SOFI)以及联邦和各州统计部门(Destatis und StaLä)等机构。他们在汇总和分析联邦和各州所提供的官方数据的基础上,撰写德国国家教育报告。初稿由教育各界专家鉴定,并提出修改意见,最终由德国联邦教育科研部和各州文化教育部长联席会议共同发布。

《德国国家教育报告》每两年发布一次,既有纸质版,又有电子版,还有用英文编撰的缩略版。电子版免费公开,公众可在德国联邦教育科研部等网站下载。该报告对德国教育各领域进行全方位的扫描和研究。全书共分 9 部分: A 和 B 章为导入章节,总体介绍德国教育所处的社会和经济环境,并以跨教育领域的方式展示德国教育体制的状况及其在国际对比中的情况;C 至 G 章依次论述早期儿童教育、中小学教育、职业教育、高等教育和成人继续教育诸方面,并用旁注的形式,以对比视角展示各教育阶段的最新情况;H 章为重要专题栏目,主要是针对热点教育话题开展深入的跨领域分析研究;I 章则对德国教育的成果进行总结性研究。

《德国国家教育报告》以各个指标和基于客观事实的数据为基础,以问题为导向分析德国教育,旨在把握德国教育体系的绩效,及时发现教育体系中存在的问题,为教育决策提供依据,以提高德国教育质量为最终目的。此外,其编撰方法对我国编撰各类教育报告同样具有一定的借鉴意义。该报告以教育三大目标之间的关系为导向:个人调节能力、社会参与和机会均等以及人力资源;以一套标准化方案为基础,遵循一种在统计数据基础上论证德国教育体制核心发展参数的指标方案。每部教育报告均有统一的章节结构、指标体系以及图片和表格的呈现方式。

《德国国家教育报告》既有全面、完整且权威的数据,又有科学、专业且具备批判性的分析。因此,该报告是我们了解德国教育事业的核心参考信息源,是我们研究德国教育、开展比较教育学等领域的研究无法绕开的一手权威资料。《德国国家教育报告》的编译对我们了解德国教育经验和做法,促进中德教育交流,增强彼此理解都将起到最为直接的作用。

2014年10月,上海外国语大学在我国教育主管部门、德国国际教育研究所等机构的支持下,成立德国教育科学政策信息研究中心。该中心的主要任务在于全方位、多角度聚焦德国教育政策,对德国教育的历史与当下的发展动态进行深入系统的研究,以期为国内教育界思考我国教育所面临的问题提供一些参考和借鉴。2017年2月,上海外国语大学经教育部批准成立中德人文交流研究中心,对我国与德国的人文交流开展全方位综合研究,其中教育是中德人文交流机制下的核心领域之一。经《德国国家教育报告》撰稿人之一——汉斯-彼得·福赛尔教授联系,上海外国语大学德国教育科学政策信息研究中心与中德人文交流研究中心共同组织专业力量编译《德国国家教育报告》。

上海外语教育出版社高度重视《德国国家教育报告》系列图书的编辑出版工作。在时间紧、任务重的情况下,编辑们为本系列图书的顺利出版付出了智慧与辛劳,在此深表谢意!本系列图书主要由青年学者翻译而成,肯定存在诸多不足之处,恳请读者批评指正!

《德国国家教育报告》编译委员会

2017年5月

前　言

由联邦与各州共同资助的《德国国家教育报告(2010)》是继2006和2008年后的第三次全面详实的总结分析,力求全方位呈现德国教育事业,内容涵盖婴幼儿学前教育、照管和培养直至成人阶段各类形式的继续教育,也包括涉及非典型形式教育和非正式学习的教育模式。

本教育报告由编写组和其他同事共同编撰完成。编写组的责任成员分别来自以下科学机构和统计部门:德国国际教育研究中心(DIPF)、德国青年研究所(DJI)、德国高校信息系统(HIS)、哥廷根大学社会学研究中心(SOFI),以及联邦和各州统计部门(Destatis und StaLÄ)。

编写组对本教育报告共同负责,坚持科学独立性、并在调控组的协调下编撰报告,其中调控组是为联邦和各州协力"确定教育事业在国际上的水平及相关报告和介绍"(基本法第91条b第2项)而设立的。Dr. Jürgen Baumert教授担任科学顾问组的主席,该小组负责为调控组提供专业意见。与这两个小组的合作使编写组的工作富有成果。

众多科学家通过对每一章的专家鉴定、批评意见和具体的帮助为编写组提供了支持。在此尤为感谢Dr. Hartmut Ditton教授(慕尼黑大学)、Dr. Dr. h.c. Rainer Lehmann教授(柏林洪堡大学)、Dr. Knut Schwippert教授(汉堡大学)和Dr. Frank Multrus教授(康斯坦茨大学)。

在本教育报告的重点研究主题"从人口变化视角全方位解析教育体制"中,Dr. Robert Helmrich(联邦职业教育研究所,波恩)和Dr. Gerd Zika(劳动力市场与职业研究所,纽伦堡)在劳动力需求分析方面给予了编写组极大的支持。

编写组对审稿人Anja Quickert(柏林)和Susanne Sachse(柏林)表示感谢,并特别感谢Katrin Isermann女士(德国国际教育研究中心)为本教育报告的编撰提供的全程帮助。

编写组向全体参与者表示感谢,因参与人数众多,在此恕不一一致谢。

编写组

柏林、美因河畔法兰克福

2010年5月

目　录

阅读指南

边注简短地显示主要信息

每部分的核心内容会在相应文本段落的左侧或右侧以边注的形式突出显示。

文本中利用图示法来诠释相应的插图。

例：图 B2－3 指的是 B 章（德国教育基本信息）第二部分（教育参与情况）中的第三张插图。

每张插图下方给出图中所引数据对应的表格，原则上行文中不插入表格，而是将大多数表格放在报告末尾的附录中，以“A”标明。例：表 B2－5A 是指 B 章（德国教育基本信息）第二部分（教育参与情况）的表格附录中所配的第五份表格。

带 A 的插图在附录中也可以找到。

由于教育报告所引数据较多，大部分表格和插图并未在附录中显示，详见主页 www.bildungsbericht.de，这类表格以“web”标示，如表 B2－9web。

文中出现Ⓜ标志指的是对一些方法和概念作出注释，在每章节的最后会对此进行总结。只有在特殊情况下才会将注释和对数据技术的解释放在行文当中。

Ⓜ概念注释

主页 www.bildungsbericht.de 上不仅有国家教育报告及相关的概念性信息，还有国际、地区和地方层面的教育报告，可通过相应的网页链接查看。

词汇表

AES

成人教育调查

ALLBUS

社会科学民意普查

外国人

非德国国籍者

BA

联邦劳动局

BAföG

联邦个人教育促进法(联邦教育促进法)

BBiG

职业教育法

Bevölkerungsvorausberechnung　人口预测

联邦统计局与各联邦州统计局通力合作协调人口预测工作,这一预测将显示未来人口的规模与结构。未来的人口发展制约于多个影响因素,人口预测工作方法各异,采用的变量也有所不同。

第12次人口预测肇端于2008年度,将于2060年完成,涵盖12种变量与3种预测模式。本教育报告采用的变量为1-W1,展现的数值为人口变化的中位下限值,亦即凸显现今人口变化趋势:人口出生率依旧稳定在每位妇女生育1.4个孩子,妇女生育年龄持续上升。2060年出生的男性公民的平均预期寿命将达到85岁,女性公民的平均预期寿命将达到89.2岁,与2006-2008年相比,分别提升了7.8年与6.8年。移民人数差值(从他国移民至德国人数与从德国移民至他国人数差值)将在2014年上升至10万人,此后数值将基本保持稳定。变量1-W2展现的数值为人口变化的中位上限值,按此变量计算,假设出生与死亡状况没有出现特别大的起伏,每年的移民人数差值将在2020年上升至20万人,此后数值也将基本稳定。未来移民人数差值估计将在此两种变量计算出的数值区间内浮动。

德国内部各联邦州之间的人口迁移现象将在2020年尘埃落定,其中所显现的年龄特点与2005-2007年状况相似。由于新联邦州地区本身人口回落,从新联邦州地区迁移至旧联邦州地区的人数将由现今的4.8万人减少至2020年的1.4万人。依据所使用的预测模式，预估在 2020－2030 年期间，德国内部各联邦州人口迁移现象将不再变得那么明显，迁移状况趋于稳定。

BIBB

联邦职业教育研究所

Bildungsbereiche　教育领域

本教育报告依据教育体系内部结构划分为以下领域：

- 婴幼儿时期的教育、照管及培养
- 普通教育体系内的学校与学龄期的校外学习
- 职业教育（双元制职业教育体系、学校职业学校体系和过渡体系）
- 高等教育
- 成人继续教育与学习

Bildungsgänge　教育过程

教育过程概念涵盖正规教育体制的所有学校机构的学习场所。中小学教育过程包含普通教育学校与职业教育学校（参见相应段落机构名称缩写）

BMBF

联邦教育和研究部

BSW

继续教育报告体系

CVTS

持续性职业培训调查（欧洲范围内针对企业职业继续教育的调查）

DIW

德国经济研究所

DSW

德国大学生服务中心

EU－15/EU－19/EU－27　欧盟 15 国/欧盟 19 国/欧盟 27 国

EU 表示欧盟。数字表示相应的欧盟吸收新成员国的情况（EU－15：2004 年 5 月 1 日前的成员国，即比利时、丹麦、德国、芬兰、法国、希腊、爱尔兰、意大利、卢森堡、荷兰、奥地利、葡萄牙、瑞典、西班牙和英国；EU－19：EU－15 成员国及波兰、斯洛伐克共和国、捷克共和国和匈牙利）。

目前欧盟有 27 个国家（EU－19 成员国及保加利亚、爱沙尼亚、拉脱维亚、立陶宛、马耳他、罗马尼亚、斯洛文尼亚和塞浦路斯）。

EU－SILC

欧盟收入及生活条件数据统计

Erwerbungstätige, Erwerbslose, Nichterwerbungspersonen　就业者,失业者,非从业人员

每周至少工作1小时的人员被称之为就业者。失业者没有工作,但有意愿从事一份工作。就业者与失业者两大群体构成从业人员群体,年龄为15－65岁,具有工作能力,正在工作或正在寻找一份工作。非从业人员群体不愿意接受任何一份工作。潜在的从业人员群体为所有15－65岁年龄段人员,既包括从业人员群体也包括非从业人员群体。

Formale Bildung　形式教育

形式教育是指在教育和培训机构中进行的获得国家承认学历的教育。

Freie Trägerschaft　私立办学者

教育机构可由公立办学者或私立办学者建立。公立办学者主要是各州和乡镇;私立办学者可以是团体、协会、宗教组织和个人。私立办学机构也受国家监管,可按照州法规定获得公共财政补贴。

G8或G9

八年制文理中学(G8)或九年制文理中学(G9)

HISEI

国际职业社会经济地位指数(ISEI)将人员按其职业的培训时长、收入及社会威望分类,并按等级排列。在确定社会经济地位时,将其父母的最高职业社会经济地位指数(HISEI)归入每人的现有分析中。通过HISEI四分位数的构成可形成下列地位群组:较低(0%至25%、最低HISEI值),中等(25%至50%及50%至75%、中等数值),较高(75%至100%、最高数值)。

HwO

手工业条例

IAB

劳动力市场与职业研究所

IEA

国际教育成就评价协会

IFS

多特蒙德理工大学学校发展研究所

IGLU/PIRLS

国际小学阅读研究/国际阅读素养进步研究

ILO-Konzept　国际劳工组织的劳动力概念

是计量从业状况的标准化概念。

从业者是指15岁以上、在报告时间段内为工资或者其他报酬从事一种(职业)活动至少1小时,或处于劳动关系中独立从事一种职业或农业或从事自由职业的人。从事社会保障规定中的零散工作以及处于一种形式上的、暂时未从事的劳动关系中的人，也属于从业者。

失业者是指 15 岁至 64 岁在报告这一周内无职业、未来两周内可以从事工作、在过去四周中曾主动争取工作职位，或已找到工作但会在未来的三个月内才入职的人员。

未就业者是指没有从事或寻找以报酬为目的的活动的人。

Informelles Lernen　非正式学习

非正式学习是指日常生活中非教学安排的学习类型，有时不被学习者视为拓宽知识和提升能力的渠道。

IPN

基尔大学莱布尼茨自然科学教育研究所

ISCED 1997

国际教育标准分类（参见表 1A）

Jg.

年级

KMK

文教部长联席会议（德国各州文教部长常务联席会议）

Migrationshintergrund　移民背景

有移民背景的人是指其本人或父母于 1949 年以后迁入德国，不考虑其现持国籍。在此以广义的移民概念为基础，即除了此人的法定状态（德国人/外国人）以外，也考虑个人迁移状况（第一代）和家庭移民经历（第二代）。由于本教育报告的大部分数据来源不允许按此定义划分，对有偏差的操作会在相应位置给予说明。

MZ

微型人口普查

Non-formale Bildung　非形式教育

除教育和培训机构之外所进行的普通教育和职业教育为非形式教育，不会获得公认学历。

OECD

经济合作与发展组织（以下简称“经合组织”）

OECD 总数

经济合作与发展组织成员国加权平均值。按每个成员国居民人口数占总样本比例计算。

OECD 均值

拥有相应数据的所有经合组织成员国的非加权平均值。不考虑每个成员国的绝对人口总量。

PISA

国际学生评估项目

SOEP

社会经济调查

社会经济地位

由于国际职业社会经济地位指数在国际上应用广泛，且可作为本教育报告的数据来源，所以关于个人社会经济地位的表述绝大部分以该指数为基础(参见 HISEI)。对有偏差的操作会在相应位置给予说明。

TIMSS

国际数学与科学趋势研究

UN

联合国

Vollzeitäquivalent(VZÄ)　全时等量

将非全时换算为全时工作量的相对计量单位

德国教育体系一览表

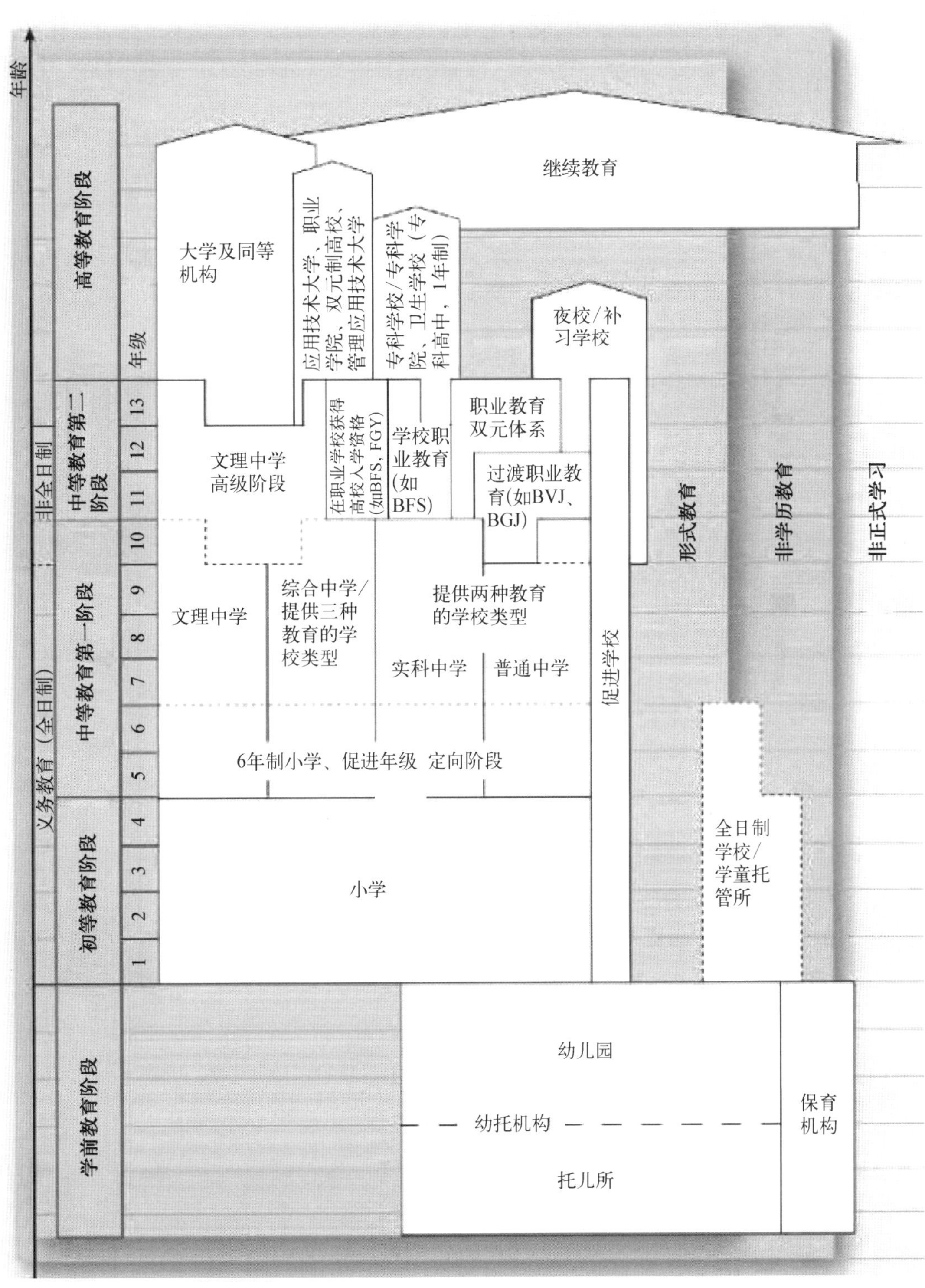
年龄
高等教育阶段
中等教育第二阶段
中等教育第一阶段
初等教育阶段
学前教育阶段
非全日制
义务教育（全日制）
年级
13
12
11
10
9
8
7
6
5
4
3
2
1
继续教育
大学及同等机构
应用技术大学、职业学院、双元制高校、管理应用技术大学
专科学校/专科学院、卫生学校（专科高中，1年制）
夜校/补习学校
文理中学高级阶段
在职业学校获得高校入学资格(如BFS, FGY)
学校职业教育(如BFS)
职业教育双元体系
过渡职业教育(如BVJ、BGJ)
文理中学
综合中学/提供三种教育的学校类型
提供两种教育的学校类型
实科中学
普通中学
6年制小学、促进年级 定向阶段
促进学校
小学
形式教育
非学历教育
非正式学习
全日制学校/学童托管所
幼儿园
幼托机构
托儿所
保育机构

毕业类型

毕业生原则上划分为获得普通教育学校毕业证书或者获得职业教育学校毕业证书(职业教育培训毕业证书以及高等教育学校毕业证书)。此外,按照不同的教育领域可区分为以下不同的概念:

普通教育学校:毕业生,离校生,肄业生

毕业生是指普通教育领域中,完成并获得普通中学及以上文凭的学生,即以下毕业证书之一的拥有者:普通中学毕业证书,中等教育文凭(实科中学毕业证书或同等毕业文凭)或者具有申请就读高等院校资格(就读应用技术大学资格或者就读普通高等院校资格)。

离校生是指超过全日制义务教育年龄段之后,未升学就读另一所普通教育学校,也未取得普通中学或更高学历而离开普通教育学校的学生。也包括那些已获取促进学校特殊毕业证书的学生(促进重点为学习以及精神发展)。

肄业生是指那些尚未超过全日制义务教育年龄段,未取得普通教育学校毕业证书而离开普通教育学校的学生。欧盟定义 18 – 25 周岁以下未获取高中文凭且当前未参加职业培训或者继续教育培训的人员为*提前离校生*。

职业教育学校:毕业生,肄业生

职业教育领域中,成功完成学业的学生称为*毕业生*。值得注意的是:职业教育学校的终极目标并不是要在每次培养过程中均将学生锻造为全方位达标的职业新人(参见 E1)。

未获得学校或职业教育文凭的中途退学者,称为*肄业生*。尽管他们可能已经通过后补方式获得了普通中学文凭。

高等教育学校:毕业生,肄业生

高等教育领域中,成功完成学业(第一学历或者第二学历)并获得综合型大学或者应用技术大学高等教育文凭(理工科硕士、学士、人文经济硕士或者博士学位)的学生称为*毕业生*。高等教育*肄业生*是指未获得高等院校文凭就退学的大学生。更换专业和/或学校后取得学历的学生,不属于肄业生。

地区和机构名称缩写

州

BW	巴登-符腾堡州
BY	巴伐利亚州
BE	柏林
BB	勃兰登堡州
HB	不来梅
HH	汉堡
HE	黑森州
MV	梅克伦堡-前波莫瑞州
NI	下萨克森州
NW	北莱茵-威斯特法伦州
RP	莱茵兰-普法耳茨州
SL	萨尔州
SN	萨克森州
ST	萨克森-安哈特州
SH	石勒苏益格-荷尔斯泰因州
TH	图林根州

地区

WFL	旧联邦州非城市州（BW、BY、HE、NI、NW、RP、SL、SH）
OFL	新联邦州非城市州（BB、MV、SN、ST、TH）
STA	城市州（BE、HB、HH）
D	德国（全部联邦区域）
W	旧联邦州（WFL、HB、HH）
O	新联邦州（ÖFL、BE）

国家

AUS	澳大利亚
AUT	奥地利
BEL	比利时
BUL	保加利亚
CAN	加拿大
CAN(O)	加拿大（安大略省）
CAN(Q)	加拿大（魁北克省）
CHE	瑞士
CZE	捷克共和国
DEU	德国
DNK	丹麦
ENG	英格兰
ESP	西班牙
FIN	芬兰
FRA	法国
GRC	希腊
HUN	匈牙利
IRL	爱尔兰
ISL	冰岛
ISR	以色列
ITA	意大利
JPN	日本
KOR	韩国
LAT	拉脱维亚
LTU	立陶宛
LUX	卢森堡
MEX	墨西哥
NLD	荷兰
NOR	挪威
NZL	新西兰
POL	波兰

PRT 葡萄牙
ROU 罗马尼亚
SCO 苏格兰
SVK 斯洛伐克共和国
SVN 斯洛文尼亚
SWE 瑞典
TUR 土耳其
UKM 英国
USA 美国

普通教育学校

AHS 普通中学夜校
ARS 实科中学夜校
AGY 文理中学夜校
FÖ 促进学校
FWS 私立华德福学校
GR 小学
GY 文理中学
HS 普通中学/主体中学
IGS 一体化综合中学
KGS 合作式综合中学
KO 补习学校
OS 不受学校类型限制的定向阶段
RS 实科中学
SKG 学校幼儿园
SMBG 提供多种教育的学校类型
VK 学前班

除以上学校类型之外,普通教育学校还包括以下职业教育学校。这些学校并不颁发职业资格证书,而是颁发(后续学习获得的)普通教育学校毕业证书:

BOS/TOS 职业高中/技术高中
FGY 专科/职业文理中学
FOS 专科高中

原民主德国的普通教育学校还包括:

EOS 扩展高级学校
POS 综合性科技高中

职业教育学校

BAS 职业提高学校
BFS 职业专科学校
DS 双元制职业学校
FA 专科学院
FS 专科学校
SdG 卫生学校

除以上职业学校类型之外,职业学校还提供职业准备课程以及基础职业培训,但此两种教育形式并不颁发职业学校毕业证书:

BGJ 职业基础教育年
BVJ 职业预备年

高等学校

U 大学(包括综合性高校、艺术类高校、师范高校、神学高校)
FH 应用技术大学

导　论

《德国国家教育报告(2010)》(以下简称"本教育报告")全方位介绍了德国教育界的现实状况、已取得的成就、所面临的最大困境、德国国民的一生学习过程,以及德国教育在全球背景下的发展情况。本报告适合以下读者群:制定教育政策的政府工作人员、教育行政管理人员、教育工作者、教育学研究者、职业培训师以及社会公众等。

尽管包含一些针对具体教育领域的单份报告,但本教育报告最大的价值,在于注重观察分析不同教育领域之间的关联度,将德国各教育领域的发展情况及所面临的挑战呈现在制定教育政策的专业人士与普通大众面前,且为政界人士及管理层人员提供具有操作性并可用于调控的信息资料。

本教育报告作为全面监控教育状况的手段之一

在调控教育政策之前,国际上通行的做法是先要全面监控教育状况,定时地总结教育事业发展的基本情况。这就需要借助长期的、数据化的综合信息,这些信息主要包括教育事业的框架条件、发展特征、发展现状以及已取得的成就。在2006年夏季,德国文化部长联席会议制定了相关决议,决定采取措施全面监控教育状况。该决议的核心元素是:参加国际化的中小学学生成绩调查(国际学生评估项目、国际数学与科学趋势项目研究、国际阅读素养进步研究);比较各联邦州(四年级、九年级以及十年级)学生所接受的教育情况;评判、比较全国境内所有学校的教学质量情况。决议最重要的第四个方面,就是决定在联邦层面与各联邦州携手共同组织编写《德国国家教育报告》。

本教育报告的结构

本教育报告从结构角度而言,具有三大典型特征:

- 本教育报告致力于理解教育事业,划分为三大领域:个体平衡能力、社会参与以及机会均等与人力资源。个体平衡能力指的是个体规划自身与周边环境的关系、计划自身的人生轨迹以及在社会上的生存能力。教育事业在人力资源上作出的贡献不仅体现在确保劳动力的数量与质量上,而且还应传授使之能依据其偏好与能力从事相应工作的技能。教育机构致力于培养学生的社会参与能力,使每个人都有接受教育的权利,这样就能系统地克服社会背景、性别、民族或种族所造成的劣势。

- 本教育报告涉及各个教育领域并秉承教育贯穿一生的理念,不仅介绍了各类教育场所的规模及质量情况,而且涵盖了学生个体在教育场所学习的状况。当前只能大概地了解到终身教育的前景规划,这主要是因为有关学习者个性化的教育经历方面的数据尚无法及时更新。
- 本教育报告使用了适用于所有教育领域的指标。尽管这一方式也有其弊端,但要使本教育报告内容自成体系又具有沿承性与精确性,目前看来这是最佳模式。诚然,报告中的若干数据并非编者本人统计计算。选择指标的依据是国内及国际上通用的标准(基准点),这些指标或是关系到教育政策的统筹问题,或是体现了与教育事业困难处境相关的研究成果,抑或是体现了教育过程中的关键时期及其数据的可支配性和说服力。

《德国国家教育报告》的基本出发点是以问题为导向而对德国教育状况进行分析,其分析的基础就是指标与已得到时间检验的可靠数据,并不采取评判的方式来进行编撰。以问题为导向意味着可以为教育政策制定者及社会公众提供开放式的重要信息、困难处境与面临的挑战,但未提出建议该使用何种策略来解决以上的问题。

本教育报告的编排体例

本教育报告为第三份报告,延续了《德国国家教育报告(2006)》(以下简称"2006 年版教育报告")与《德国国家教育报告(2008)》(以下简称"2008 年版教育报告")的基本体例,具有本质上相同的结构,以插图与表格的方式展现了丰富的数据。报告主要通过指标与关键信息突出了报告的强大信息功能。本教育报告并没有详尽地介绍教育体制的结构框架,也没有对指标加以诠释。对此感兴趣的读者可参阅 2008 年度教育报告的引言部分。报告全文及指标框架结构在 www.bildungsbericht.de 上均可浏览下载。

编写报告的基石是大量的数据。数据来源于官方的统计,例如,最近的报告参考了青少年接受救助的个性化数据,也借鉴了个别教育报告,譬如高校信息系统开展的大学生民意调查和国际成人教育调查。编者还首次自行以大学生为样本,调查出大学生对教育质量的种种看法。此外,还引用了非正式教育领域中辅导课程方面的数据,选用了教师参加继续教育的比例。

在每本《德国国家教育报告》中均有一个对教育政策而言意义重大的问题领域,通常不能通过一些指标来表达,只能单独设置一个章节(H 章)加以处理。H 章涵盖了科学研究的最新成果以及其他基础数据。借助于教育预测数据,本教育报告的 H 章涉及教育参与者的发展状况、人员及财政需求,以及直至 2025 年在人口变化情况下对劳动力的需求状况,陈述了各类《德国国家教育报告》的结论以及整个教育事业的结构发展动态。

《德国国家教育报告》的指标必须经得起时间的考验(这意味着客观性、真实性、可靠性),相关的信息均反映了教育事业的某一重要方面,以定期的(周期性的)调查为依据,展现出不同时期的变化，并进行了全德境内各联邦州的比较工作（只要这是可能且有必要的）和国际性的比较工作。同时力求做到所精选的指标与关键词包含社会经济背景、移民情况、性别、年龄以及地区（新、旧联邦州和各个地区）之间的差异以及与世界各国之间的距离。此外，本教育报告力求将发展情况以时间序列的形式加以呈现。

由于当前始终无法摆脱缺乏一些数据的窘境，因而这种以指标方式编写的《德国国家教育报告》将采取以下方式，将数据的连续性要求与现实性要求有机地结合起来：

➢ 有些与指标相关的信息数据并未公开，因而只能介绍些与之有较大关联的信息，让读者自我推算其关联性。
➢ 每个章节以"前景"作为结束部分，为读者预测该领域的发展方向。
➢ 此外，《德国国家教育报告》的重要主题具有指导作用，能剖析对当前教育政策具有重大意义的问题领域。

本教育报告未来的研究与发展任务

正如前文已提及的，这第三份《德国国家教育报告》尚未能全部以指标方式满足所有读者的企盼，更重要的就是要持续地修订完善好《德国国家教育报告》。编订《德国国家教育报告》要实现持续发展，前提之一是要保障数据能随着时代的演变依然具有延续性与可比性（即使统计数据在不断更新，调查方案也在不断变化），前提之二是要开拓些目前尚未充分进行阐述的教育动态的新方向。

编写《德国国家教育报告》的持续发展框架在未来要更多地展现个性化的教育经历。2008年度的《德国国家教育报告》的重点主题侧重于介绍教育体系内部学生升学的各种可能性，极其关注教育体系与劳动力市场之间的关系。由德意志研究共同体与联邦政府共同资助的联邦调查将在未来提供各类新的升学模式。值此良机可加强教育领域与终身教育之间的紧密关系。《德国国家教育报告》还特别重视社会经济地位与教育参与度及顺利毕业之间的关联性。

区分各个教育过程所发挥的作用也将收入本教育报告。迄今为止，教育经历是通过学生所获得的毕业文凭来体现的，这只是表明了学生在特定的领域所掌握的能力。除了培养认知能力，教育体系也传授其他更多领域的能力与价值取向，从学生是否能够毕业就能看出教育工作是否发挥了作用。未来教育工作的重点，在于敦促学生珍视学业成绩，且能在政治与社会领域体现出其应有的能力。

编写《德国国家教育报告》以来，编写组成员献计献策、鼎力支持，从而完善了《德国国家教育报告》的数据。诚然，教育事业中部分领域的数据尚不可预见在何时可得以增补。具有示范性的数据转型，具体体现在全国范围内公立及民办中小学的个性化数据信息。为此，在准备阶段进行了大量调研，用以厘清继续教育领域学校的数据，以及民办中小学与日间照料机构的收支情况。

使《德国国家教育报告》得以持续推出的科学基础并不完全是各类教育报告的贯穿融

合与累加堆积,更多的是那一系列建立在教育研究之上的"预先准备"。如果不适用这一情况的话,那些教育报告也可用于各自独立开展研究工作。而对于 2007 至 2008 年教育报告的研究工作情况,集中反映在了《德国国家教育报告的指标发展——基础、结论、前景》一书中。同时期还有一本专著涉及准备阶段的补充性研究工作。在未来还会有更多的补充性研究报告问世。

总体看来,《德国国家教育报告》的编写工作在短短几年内得以稳步发展。除了国家层面的报告,多数联邦州已着手编写本联邦州的教育报告。在各区县乡镇层面,也涌现出越来越多的地方性教育报告。以指标为核心的报告为所有的管理部门提供了越来越多的教育监控方面的启示。《德国国家教育报告》不仅能帮助农村、乡镇层面提高对教育所起作用的认识,而且对于其摆脱日益严重的教育赤字和相关困境也将具有启示意义。

重要成果概览

《德国国家教育报告(2010)》不仅以德国教育体系最新发展状况为叙述主体,而且首次考虑到了人口变化因素对教育体系发展可能造成的影响。它既包含教育发展趋势的不同可能性,又涉及教育与劳动力市场的规划前景,这对教育参与者、教育管理人员以及教育财政政策而言是至关重要的。

人口变化因素对教育体系具有深远的影响力:年龄在30岁以下,与幼托机构、中小学、职业培训和高等院校相关的总人数将由目前的2550万下降至2025年的2130万。教育参与者的总人数(包括单独照料儿童的个人)将由2008年的1670万下降至2025年的1410万,下降幅度达15%。工作年龄段的人口数在2025年会从目前的5410万减少一成至4880万。与此同时,65岁及以上的老年人数会从2008年的1670万,上升到2025年的2020万,涨幅为21%。人口年龄结构的这一变化趋势总体将会保持不变,甚至在2025年之后有愈演愈烈之迹象。对教育体系而言,这不但是挑战,而且还是一种机遇。本教育报告中的H章将对人口变化背景下的教育发展前景问题进行详细论述。

在详尽论述人口变化背景下的教育前景问题之前,本综述将以以下四个提问为框架,分析当今教育体系发展状况的最重要动向:

- 教育的框架条件(人口与经济发展状况,儿童及青少年家庭成长背景)已发生了怎样的变化?
- 为教育发展保驾护航所提供的各类资源(教育支出,教育参与情况/教育参与者,教育方式/教育机构以及师资情况)已发生了怎样的变化?
- 从教育过程层面来看(升学,质量监控/质量评估与培养时间),已体现出怎样的发展态势?
- 教育结构方面(毕业文凭,能力与教育效果)已呈现出怎样的发展趋势?

教育的框架条件

- **出生人口数持续下滑;具有移民背景的青年人数却呈上升趋势:** 1991年度尚有83万婴儿出生,到了2008年只有68.3万。这相当于新生儿人数下降了18%。与此趋势相反的是:具有移民背景的儿童及青少年总数却在上升(特别是在人口密集地区)。
- **几乎有三分之一18岁以下的儿童在社会、经济或/和文化生活方面身处困境。**其中有

110 万儿童生活在单亲家庭内，将近一半的在这种家庭中成长的孩子身陷困境。在具有移民背景的家庭中成长的孩子人数为 170 万(占 42%)。自 2000 年以来，有 3.5%的孩子(这一比例几乎没有变化)——各联邦州情况差别较大——同时处于这三种困境中。这些儿童及青少年在接受教育的机遇方面恐明显处于劣势。

➢ **经济及金融危机限制了公共财政的回旋余地**：波及世界各地的金融危机致使德国经济在 2009 年实际衰退了 5%。国家层面在 2007 年尚能盈余 47 亿欧元，而在 2009 年赤字却高达 793 亿欧元。这样在教育投入政策制定方面几无回旋余地。

教育支出

➢ **教育支出占国民生产总值的比例至 2007 年持续下降，直到 2008 年才出现上升**：2007 年，教育支出总额是 1478 亿欧元。与 1995 年相比，增加了约 220 亿欧元。由于教育支出增长幅度历来低于经济增长幅度，因而教育支出占国民生产总值的比例由 1995 年的 6.8%下降到了 2008 年的 6.2%。从世界各国经济实力上来看，德国的教育支出低于世界经合组织的平均水平。

➢ **学生人均教育支出呈上升趋势**：在 1995 年至 2007 年期间，在公办中小学就读的学生人均分配到国家的教育支出金额由 4300 欧元上升至 5000 欧元。排除物价上涨因素，旧联邦州地区学生人均获得的国家教育支出金额下降了 7%，而在新联邦州非城市州地区却实际上升了 17%，显然国家下拨的教育支出未随东部地区学生人数的减少而削减。

教育参与情况/教育参与者

➢ **3 岁以下儿童的教育参与率持续上升；4－5 岁儿童上幼儿园的比例高**：无论是在新联邦州地区还是在旧联邦州地区，3 岁以下儿童上托儿所的比例在 2006 年至 2009 年期间上升了 6－7%。特别是在旧联邦州地区，2 岁儿童上托儿所的比例由 17%攀升至 30%。新旧联邦州之间的差异依旧存在(新联邦州地区该比例为 45%，旧联邦州地区为 15%)。目前已通过扩建现有的幼托机构规模来解决持续上升的教育资源需求。全国境内，4－5 岁儿童就读幼儿园的比例自 2008 年以来已逾 95%。

➢ **就读促进学校的学生人数在增长，与此同时，也有越来越多的学生在促进学校之外的其他普通学校就读**：在 2008/09 学年，所有小学生及初中生的 1.1%在其他普通学校就读，而没有特地去上促进学校，与 1999 年相比，该比例上升了 0.5 个百分点。德国境内共有 3302 所促进学校，目前就读的学生总人数为 40 万左右(占全德国学生人数的 4.9%)。在 1999 年时，该百分比更低，为 0.4 个百分点。欧盟国家中，德国学生就读促进学校的比例是最高的，而就读促进学校的学生又以男生为主。

- **参加校外学习活动依旧取决于是否具有移民背景以及就读学校的类型：** 2009 年，14－19 岁青少年参加校外志愿者活动的比例是 36%，这一比例在近几年以来保持稳定。具有移民背景的青少年参与校外学习活动的比例相反较低，仅为 24%。就读八年制文理中学的学生相比就读九年制文理中学的学生较少参加校外学习活动。就读全日制学校的学生相比就读半日制学校的学生较少参加此类活动。
- **就读民办学校的学生人数持续增长：** 1995/96 学年，就读民办学校的学生人数为 220 万，到了 2008/09 学年，这一人数上升至 260 万，增长率为 22%。在同一时间段内，就读公办学校的学生人数减少了将近 72 万人（减少了 5%）。在小学阶段、高中阶段以及大学阶段就读民办学校的学生人数呈增长态势。就读民办学校的学生占全体学生的比例由 2006/07 学年的 6.9%上升至 2008/09 学年的 8.9%。
- **有将近 120 万名学生参加了职业培训：** 2008 年度，有 56 万年轻人开始了双元制培训，参加职业学校培训的学生人数稳定在 21.1 万人。参加过渡型职业教育培训的人数下降至 39.7 万人，自 2000 年以来首次低于 40 万人。
- **《高等院校条约 I》的目标值已经在 2009 年实现：** 2009 年高中生升学率为 43.3%，已明显超过 40%的目标值。但如果仅统计德国国内高中生升学率的话，该数值要下降 6 个百分点，这就意味着低于 40%的目标值。
- **妇女及年长员工较少参加企业继续教育：** 企业继续教育方面，对于企业继续教育以及人数密集型行业的职业继续教育，妇女及年长员工参与率较低。然而，不同学历水平与各年龄段的妇女在报名参与非企业组织举办的各类继续教育活动时，所表现出的踊跃程度丝毫不亚于男性员工。

教育招生情况／教育机构

- **持续扩充全日制学校，但主要为开放式的组织形式：** 约有四分之一的学生就读全日制学校。这一比例在近几年内已翻了一番。中小学在所有教育机构中占 42%，其中近一半为全日制学校，但主要是开放式的组织形式。
- **寻求职业培训岗位的难度尽管有所缓和，但依旧不甚乐观；不同的行业提供职业培训岗位的能力差异巨大：** 2008 年与 2009 年企业提供的职业培训岗位数量略有减少，但自 2007 年以来寻求职业培训岗位的难度有所降低已成为一个毋庸置疑的事实，由于人口减少的因素，寻求职业培训的学生人数下滑幅度大于企业减少职业培训岗位数量的幅度。算上以往未找到培训生的工作岗位，各行业寻求职业培训生的数量是大于应聘学生人数的。各行业职业培训总体发展不尽相同。
- **继续推进大学的结构性改革：** 大学生自学习伊始就已明确地了解到，大学学业被划分为本科及研究生两个层次（个别专业除外，依旧以国家考试作为最终的毕业方式）。目前尚缺乏长期的监测数据能证实，究竟有多少本科生继续攻读了硕士研究生学位。最初几届本科毕业生继续攻读硕士的比例还是很高的。

- **尽管国家劳动部明显加强了继续教育的扶持力度,但融入职场仍有难度:** 自2006年以来,国家劳动部再次加强了继续教育的扶持力度,尤其是采取了短期措施(六个月以下)。2008年参加继续教育人员中能顺利融入劳动力市场的比例不到50%,且显现了传统的不均衡模式:妇女、年长者以及新联邦州人士在融入劳动力市场方面处于劣势。

人力资源

- **教育及科研岗位亟需后备军:** 德国40%的教育工作者以及50%的中小学教师年龄为50周岁或以上。在国际上,只有意大利与瑞典在高年龄段教师及科研人员比例超过德国。德国高年龄段教师及科研人员的比例远高于这一年龄段在其他行业中所占的比例(27%)。
- **教师队伍中罕有移民背景的教师:** 2007年,约四分之一的接受教育者具有移民背景,而只有7%的正规教育体系内的教育工作者具有移民背景。同样在其他行业中,既具有高等学校(或应用技术大学)毕业文凭、又具有移民背景的员工比例是教育领域的三倍左右。
- **在幼儿日间照料机构中工作的教师人数创历史新高,但在各联邦州存在巨大的师生比例差异:** 在2009年,约有36万幼教工作者。自2006年以来,可以明显观察到幼教工作者数量的增加,这主要是由于照料三周岁以下幼儿的幼儿园数量逐渐增多(各联邦州之间的师生比例还存在较大差别)。幼儿园教师的大学毕业率依然处于低位,占3.2%。尽管参加且完成幼教160课时以上的幼教工作者人数越来越多,但是依然有55%的旧联邦州幼教工作者和36%的新联邦州幼教工作者未能达到参加培训的最低课时要求。
- **教师工作时长与班级规模处于国际中位值:** 在国际比较中,德国小学、初中与高中的师生比值较高。一个班级中的学生规模与国际平均值相差无几。小学教师每学年的平均授课时数为806,接近经合组织的中位值。初高中教师授课时数分别为758与714,均超过经合组织平均值的7%与9%。

升学

- **进入高学历层次学校类型的学生数量有所增长,但具有移民背景的青少年较多地进入了较低学历层次的学校类型:** 普通中学的学生人数继续减少,与此同时就读文理中学的学生人数持续增长。文理中学学制由九年制过渡为八年制是一具有深远意义的转型过程。学生家庭处于不同的社会阶层,影响到就读学校类型。即使社会经济条件情况相同,在小升初阶段还是可以发现,具有移民背景的儿童就读普通中学的人数是德国本国儿童就读此类学校的一倍。

- **留级率降低：** 小学、初高中阶段学生留级率在整体上由 2.7%下降至 2.2%。尤其是初中阶段学校的留级率由原先的 3.6%下降至 3.1%。
- **参加过渡型职业培训的学生人数自 2000 年以来首次出现下降，但对于那些至多只拥有普通中学毕业文凭或具有移民背景的青少年而言，依旧存在巨大的职业培训困难：** 在 2007 年和 2008 年参加过渡型职业培训的新生比例显著下降，但依然超过三分之一（占 34%），处于高位。尽管获取职业教育培训的概率略有提升，但对那些至多拥有普通中学毕业文凭的青少年而言仍然困难重重，具有移民背景的青少年情况相比德国本国青少年更糟。四分之三没有普通中学毕业文凭而有意愿参加职业培训的德国本国学生最终参加了过渡型职业培训，另外还有一半左右（48%）的拥有普通中学毕业文凭的德国本国学生也最终参加了这个培训；具有移民背景的学生相应的比例分别为 88% 与 67%。
- **2009 年大学新生人数增长：父母一方为大学毕业生的家庭里的中学生就读高校的比例较高：** 2009 年大学新生数量创历史新高，与 2006 年相比增加了 23%。即使在新联邦州地区，虽然出生人口数量明显减少，但大学新生数量还是略有增长。学生就读高校意愿依旧强劲；约四分之三拥有就读高校资格的学生开始其大学学习生活。在学生高中成绩一样的情况下，如果学生的父母一方是大学毕业生的话，则该学生就读大学的可能性越大。这一基本现象在近十年并未发生本质变化。

质量监控/评估

- **在 14 个联邦州，共计有 17 种语言水平测试手段：** 在 14 个联邦州地区逐渐采用 17 种不同的语言测试手段来衡量全州内 4－6 岁儿童的语言水平。被测评为语言能力不达标的儿童无论身在何处，均需参加额外的语言补习辅导课程。参加语言辅导课程为每周 2－15 小时，持续 3－18 个月。目前仅有若干联邦州会推荐此类儿童究竟是在幼儿园教师、小学教师还是在专业人士处接受辅导。
- **2008 年度解除了五分之一（14 万份）的职业教育培训合同：** 职业教育培训合同的解约情况在近期内相对稳定，但在不同的教育培训领域方面依然差别很大（解约率最高的是手工业，最低的在公共服务领域）。这一现象表明，解约现象不全受经济状况以及供求关系所左右。解约情况频发在至多拥有普通中学毕业文凭的青少年身上（特别是男性）。
- **部分大学生负面评判大学体制改革：** 较多大学生对大学体制改革现状持批评态度。大学生尤其对学校国际化程度方面颇有微词。特别是仅有小部分的本科生能在就读期间赴国外交流学习。
- **本科学生的辍学率问题有所缓解：** 本硕博阶段所有学生的辍学率总体上略有上升，达到了 24%，但本科生的辍学率却从 30%下降至 25%。本科生辍学现象在学业最初阶段就会爆发，主要原因是教学要求过高、成绩不及格以及丧失了学习动力。

毕业文凭及毕业证书，能力，教育红利

- **全民学历水平得到提升(尤其是女性)：**学生获取高校入学资格并获得高校毕业文凭的热情高涨，与此同时获取普通中学毕业文凭的学生占全体学生的比例回落。与女性相反，将30－35岁男性年龄段与60－65岁男性年龄段加以比较，获得高校毕业文凭的比例分别是21%与20.3%，呈滞涨态势，而无职业教育培训证书的比例分别为16.6%与11.8%，呈上升趋势。39%的30－35岁年龄段的公民具有高校入学资格，但其中仅有21%的人获得了高校毕业文凭。
- **各类学校的毕业率相对稳定，职业学校的毕业率有所提升；未获得普通中学毕业文凭而辍学的人数出现减少迹象：**在2004－2008年期间，仅在获取各类高校入学资格人数方面有所进展，此类学校的毕业率由28%上升至32%，而那些可获取中等学历毕业文凭、普通中学毕业文凭以及应用技术大学毕业文凭的学校的毕业率则保持稳定，毕业率分别为51%、29%与14%。一些在通识教育学校内无法毕业或获取更高学历的青少年越来越多地在职业学校里实现了自我提升学历的梦想。未获得普通中学毕业文凭遂已辍学的15－17岁学生比例由2004年度的8.5%下降至2008年度的7.5%。但下降趋势仅在旧联邦州地区可观察到。
- **学生家庭的社会背景状况影响到学生的能力水平：**在2000－2006年期间，几乎各联邦州15岁学生在国际学生评估项目中的阅读测试方面上均得以突破。统计数据显示，五个联邦州地区的学生进步明显。尽管源自社会背景弱势家庭的学生的能力水平也有所上升，但尚须努力减少家庭社会背景带来的不利因素对学生产生的干扰。
- **大量高校毕业生的就业前景良好；六分之一的大学生最终获取博士学位：**在2008年，共计有超过26万的高校毕业生首次获取了大学毕业文凭，其中获取本科毕业文凭的学生比例为15%。分析证实，高校毕业生的就业前景总体良好，基本能找到理想的工作岗位。自2005年以来，各类高校毕业生中的女性比例超过了50%，在综合性大学几乎达到了60%。获得博士学位的女生比例同样上升至42%，但还远远落后于其在综合性大学毕业生中所占的比例。近十年里，德国每年的博士毕业生人数在2.3万至2.6万之间浮动。每年的博士毕业人数相比每年的高校毕业人数显得相对稳定些。
- **欧盟其他国家获取高校毕业文凭的大学生比例更高：**2008年，德国28%的30－35岁年龄段中的青年人拥有高校毕业文凭(应用技术大学文凭或综合大学毕业文凭)，相比欧盟的平均数(31%)要略低些。引人注目的是，在近十年里，欧盟其他国家获取高校毕业文凭的人数显著上升，而在德国，这一趋势并不明显。
- **较高的学历水准不仅能给个人带来较大的益处，而且能给社会带来巨大红利：**高校毕业生一般能给社会带来较高的税收。较高的学历水准有利于促进融入社会。职业教育培训在一定程度上决定了个人的经济收入状况，可体现在较高的就业率、较长时间的全日制工作期限以及更高的经济收入等方面；而通识教育在一定程度上影响到全体

民众在政治、社会及文化生活上的参与率。

人口变化中的教育视角

人口变化因素作用下的巨大地区性差异：各联邦州及各教育领域的教育参与者人数的发展情况直至2025年都是不一样的。在旧联邦州地区，教育参与者人数将减少17%；在新联邦州地区，教育参与者的人数将减少14%。在城市州地区，教育参与者人数略上升3%。高中学习阶段以及大学学习阶段的相关年龄组人数下降较大，约减少20%。65岁以上年龄人群的增多导致继续教育的新需求。

当前预算预估教学人员与财政需求将减少：假设教育领域内教育参与者人数与教学人员和财政需求之间的关系保持稳定，那么可预测到以下的发展动态：全职教学人员总数将由2008年的114万下降至2025年的100万。值得注意的是：由于兼职教师的比例较高，因而缩减幅度实际上更大；在不同的教育领域与各个联邦州情况各不相同。按照教育预算，在2007年，德国在教育领域共投入了1478亿欧元。按照当前的估算，由于人口减少，因而到2025年，相比2007年将有近200亿欧元经费可用于教育领域方面的灵活周转。

直至2025年的劳动力供需情况预测显示，劳动力需求在总体上趋向饱和，尤其不再缺乏劳动力密集型的服务性行业：就业市场总体上趋向供求平衡，但部分职业领域更倾向于招聘全能型人才。劳动力需求的发展方向是减少招聘无技能、低技能的员工，增加招聘具有高校毕业文凭的高技能人才。招聘中等技能人员的岗位保持稳定或略有减少。依据预测，在2005－2025年期间，未参加过职业培训的员工人数将持续减少。未获得职业教育培训证书的员工的日子在未来越来越不好过，因为至2025年，应聘无需职业教育培训证书岗位的人数将比这类岗位数多出约130万。在不同的职业领域中，劳动力密集型的服务性行业形势最为严峻。需要大量员工的健康卫生事业与社会福利事业所需要的员工必须拥有中等或高等职业技能。

考虑到各自特殊的发展状况以及发展目标，为单个《德国国家教育报告》确立了以下核心结果：

➢ **可预见幼儿园年龄段儿童入园难问题可以得到缓解；直至2013年在旧联邦州非城市州地区3周岁以下儿童的日间照料需求量将会翻番：**在学龄前阶段，人口虽然减少，但3岁以下儿童日间照料需求越来越多。直至2025年，新联邦州地区的入园需求将减少19－21%，教职员工需求将减少20－25%。随之出现的财政回旋余地将改善不利的师生比状况，逐渐向旧联邦州地区的师生比例看齐。旧联邦州地区非城市州的入园难情况有所缓解，但亟需扩大3岁以下儿童日间照料场所的招生规模。如果要为35%以上的3岁幼儿提供日间照料的话，那就需要额外的财政支持与师资配置。城市州地区的3岁以下儿童人数以及3至6岁的儿童人数均呈上升趋势，因而必须扩充相应的日间照料机构数量。为了使允诺民众的扩充日间照料机构计划得以实施，必须在财政上加以保障，旧联邦州各州均需得到至少10亿欧元的财政资助；如果需求量持续攀升的话,资助金额在 2025 年预计将翻倍。

- **中小学人数减少**:直至 2025 年,普通教育系统内的所有中小学人数将由 2008 年的 900 万下降至 730 万。中小学人数明显下降现象发生在旧联邦州的非城市州地区。如若当前条件未发生变化,那么直至 2025 年中小学领域在师资方面以及财政领域的需求将减少约五分之一。《德国国家教育报告》的核心章节的任务,并不是去计算出提升教育教学质量需要多少额外的财政需求。德国文化部长联席会议制定的七大行动领域包括了大量尚未充分实现的措施。从这点上看来,财政结余特别亟需应用于改善教育环境。
- **中等教育领域相对稳定,可行性的转型正在进行中,由双元制体系转换为职业学校体系,减少过渡性体系**:一项以劳动力需求为导向的预测显示,参加双元制培训以及职业学校培训的新生人数在 2025 年仅会比当前水平下降 4 个百分点。相应的前提条件是依据 2008 年的教育峰会目标,将未参加过职业培训的青年人数减半至 8.5%。大幅度削减以往未获取职业培训岗位以及参加过渡型职业培训的青年人数。据此预测,与当前预估不同之处在于,2025 年的人员减少紧缩现象仅出现在过渡型职业培训领域,这一培训领域的目的是为职业导航、职业预备持续做好辅助工作。
- **就读高校的强烈意愿至少持续至 2025 年**:《2010 - 2020 年高校行动纲领》计划至 2015 年额外多招 27.5 万名大学新生。根据当前预计,直至 2015 年需要扩充约 6.4 万大学新生招生名额。在未来的几年里大学新生人数将会持续上升,高校师资需求及财政需求将直至 2018 年左右维持或超越目前水平。2018 年之后,大学新生人数才有可能回落,高等院校的新使命在于夯实学术型继续培训,为外国学生及老年人开设课程等。
- **继续教育参与者的年龄变化状况**:较年长者较少参加继续教育培训。倘若不积极鼓励他们参加继续教育培训,也不动员未参加过职业培训的在职员工参加继续教育培训的话,那么直至 2025 年,参加继续教育培训的人数将持续下降。各年龄段人员均有越来越多想要参加继续教育培训的社会需求。除专职从事职业教育培训的教学人员之外,亟需增强继续教育培训的师资力量。除了增加此类教师数量是一难题,更大的问题在于继续教育培训教师专业性强,导致相关招聘工作特别棘手。

教育领域面临的主要挑战

无论是教育事业目前的发展状况还是在人口变化因素下对教育事业发展的思索与展望,都显示出一系列必须解决的问题,这些难题共同决定了德国教育事业的未来潜力。

诸如青少年教育过程中持续加剧的代沟问题、充分利用现有教育资源以及帮助弱势群体正常接受教育等方面亟需采取有力措施加以解决:各类青少年在不同教育阶段所走的道路是不同的,这取决于性别、社会地位以及是否具有移民背景。这些因素导致教育参与情况各不相同,影响到接受教育的机遇与生活境遇。这些日益显著的不融合现象与教育体系致力达到的融入与融合目标相左。核心挑战在于,在社会发展水平的整体框架之下,为所有的青年人提供踏入社会、融入社会的教育培训。

紧密结合教育领域两大工作。一是传授知识与技能;二是使教育促进及达到的目标更精确化。教育体系的教育功能与促进关怀功能之间互为影响,目前尚需全方面加强两大功能之间的互动。随着教育机构的培养时间涵盖了教育参与者原有的部分课余时间,教育机构此外还承担了传统家庭的部分职责。在所有的教育领域内均致力于培养学生的认知能力要适应知识社会且要满足所有教育参与者的期盼,他们渴望持续地接受教育促进与关怀。

随着教育参与者人数的减少,从而形成了财政结余,这对克服已出现的困难局面与挑战而言将起到决定性的作用:人口变化因素将加速教育事业的发展与改革进程。此中既有机遇,又面临变革的多样性。终身学习的构架与组织形式得以持续发展并赋予其新的内涵以应付未来的挑战。大家必须珍视现有的教育资源,应付每个新的教育任务,还要扩充教育资源。教育在联邦层面、各个联邦州以及各乡镇必须拥有政治优先权,以此来确保实现教育目标。

A 框架条件改变后的教育情况

教育事业为宏观社会和经济条件所左右，同时又对其具有反作用。人口结构、大众生活方式转型、国民经济整体状况以及国家财政金融状况均属于决定性的影响因素。

A1 章节表明：对人口发展趋势方面的预估统计数据目前已更新到 2060 年，尤其是至 2025 年的数据为教育事业发展规划奠定了重要基础。

从长期的人口发展状况、出生人口情况、各年龄段人口变化趋势来看，有些变化会是长久的，有些变化只是一时性的。尤其值得关注的是在职人口与依靠他们生活的人口之间的比例关系。依靠在职人员得以生活的人群基本属于年幼尚未开始工作的人群与已经退休的人群。此外，还分析了移民人群中各年龄段的人口分布情况。

A2 章节认为：除了政策调控之外，可供教育支配使用的资源主要依赖于宏观经济条件。国家的经济状况事关重大，因为教育领域的资金主要依赖于此。虽然从 2008 年开始席卷全球的经济危机的后果尚未能够完全被评估或者能用数据估算，政策上却已开始尝试控制这次危机所带来的影响。提振经济计划也给教育领域提供了一笔额外资助。根据现有的数据，尚难评价这些措施的影响力。教育领域的挑战来自于产业结构转变与全球化进程，几乎各个行业从业人员的工作领域范围及其工作要求都在变化。

本章结束部分介绍了德国家庭生活方式的个性化转变，有孩子的家庭比例呈下降趋势。A3 章节分门别类地分析了来自不同区域的人员以及具有移民背景的家庭情况。此外，还调查了不同家庭的生活方式，调查重点是有孩子家庭的生活方式会对父母双方的就业行为产生多大的影响。调查还考虑到了各个家庭之间的差异性，比如是否具有移民身份、最小孩子的年龄是多少以及孩子父母的文化水平高低。另外还添加了一项风险状况评估，结果显示：就业困难、不佳的经济状况或者是父母的低文化水平都会对孩子造成影响。

A1 人口发展

统计人口发展情况为规划教育事业奠定了基础。通常情况下，人口统计能给出相关参考数据——当前或未来有多少人将要上学或哪些教育课程为某一年龄段所亟需。未工作、已工作及退休年龄段的人口数量差异将在 2060 年发生较大变化。本章节将专门介绍有移民背景人员的数据，因为他们的年龄结构与地域分布与没有移民背景的人员存在差异。

人口增长的长期趋势

人口估算结果来源于针对未来人口数量的预估统计Ⓜ工作，这一工作就是每三年一次的官方数据统计。对此产生不同影响的主要因素是指：生育子女频率Ⓜ、平均寿命和移民人口的迁出与迁入。它可以计算多个变量，并以相关因素发展进行不同的假设为基础。在本教育报告中，所使用的数据为官方公布的第 12 次未来人口数量预估结果。

寿命延长的趋势将愈加明显

未来人口数量预估的计算假设每位妇女今后平均生育 1.4 个孩子，这将导致未来新生儿的数量逐年下降。同时，生育年龄延迟 1.6 年的趋势将维持至预估期的最后一年(2060 年)。当前寿命延长的趋势将愈加明显。由此边界条件可以得出，在未来，年轻人群数量越来越少，而老年人群数量大幅攀升(图 A1－1，表 A1－8web)。在 2060 年，年龄为 15－65 岁的人群数量大约是 2008 年该人群数量的三分之二，年龄结构总体表现为年老者增加，工作人群数量减少。正在成长的一代人的人数增长持续地放缓。2060 年从年龄结构得出的结论是：占据人口最多的年龄段将会是 70－75 岁的人群。从人口构成来看，男女比例还是相对均衡的，男性人口占总人口的 49%，女性人口占总人口的 51%。

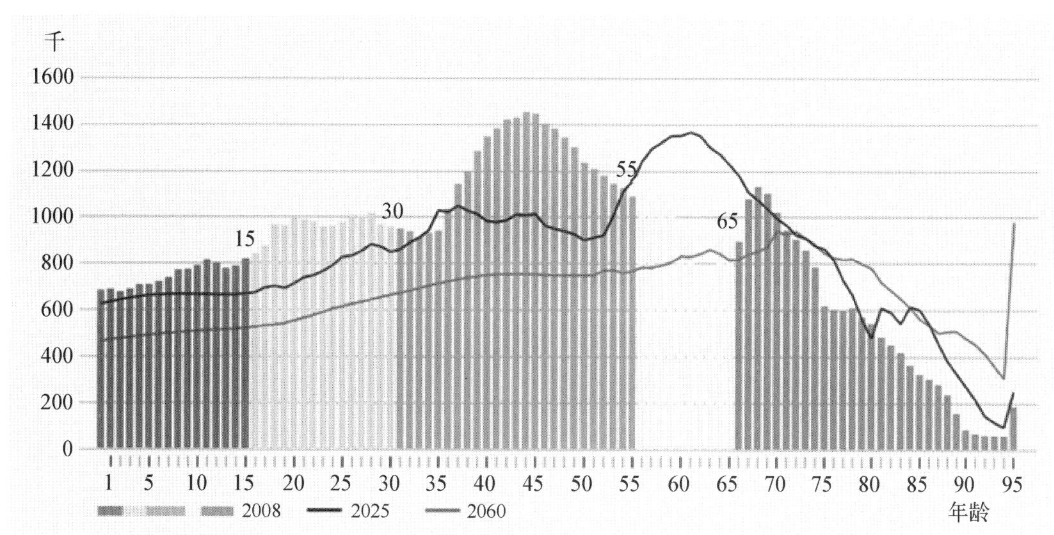

图 A1－1　2008 年人口结构以及 2025 年与 2060 年各年龄段人口结构预测*(单位：千)

＊ 以第 12 次人口预测统计为依据

解读：2008 年 30 岁人口数为 960000，在 2025 年年龄达到 47 岁，该年龄段人口数将下降至 952000 左右。在 2060 年年龄达到 82 岁，该年龄段人口数预估为 684000

来源：联邦统计局及各联邦州统计局，2008 年人口统计数据

与德国人口增长趋势不同的是，在那些联合国定义的所谓发达地区的人口估计直至 2035 年将呈增长态势，而在 2035 年之后便会渐渐回落。相反，在那些最不发达地区的人口直至 2050 年还将翻倍(表 A1－1A)。

人口出生情况

新生儿童的数量呈现下降趋势

从 1980 年开始，德国新生儿童的数量呈现下降趋势(图 A1－2，表 A1－9web)。20 世纪 50 年代初，从生育子女数量来看，每位妇女大约生 2.5 个孩子，然后在接下来的几年里数量下降了,并且从 1991 年起这个数据徘徊在每位妇女大约生育 1.4 个孩子。在 1991 年还有 83 万个孩子出生,而在 2008 年只有 68.3 万个孩子出生,相当于下降了 18%。若此后出生率保持不变将造成出生人数的绝对数值持续下降,预计在 2060 年出生的人数为 46.5 万人,仅仅达到 1980 年出生人数的一半。

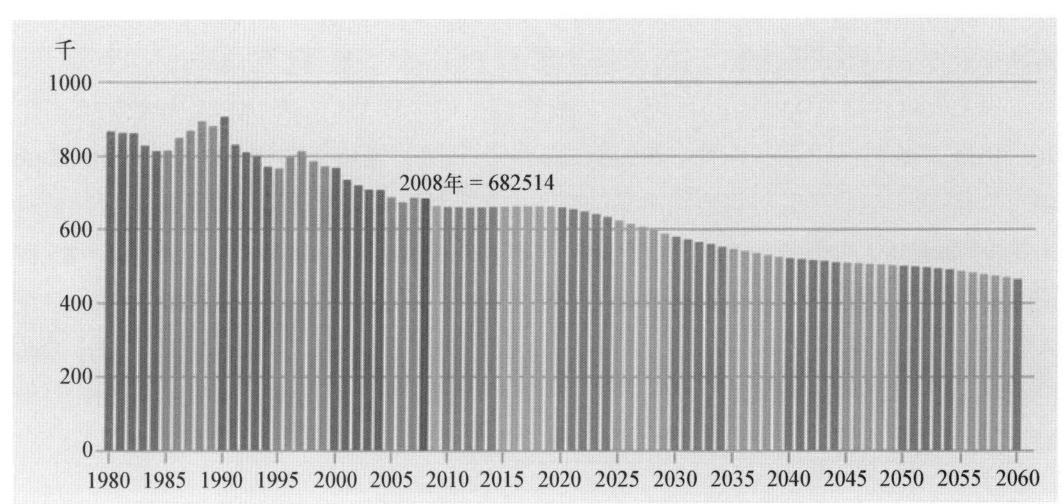

图 A1 - 2 1980 年至 2060 年人口出生情况*(单位:千)

* 自 2008 年起使用第 12 次人口预测统计,仅预测了 1 周岁以下婴儿的出生数量。0 - 1 岁婴儿人数为预测数值,与实际婴儿出生人数的差异在此忽略不计

来源:联邦统计局及各联邦州统计局,2008 年人口统计数据

新生婴儿数量的发展一直显现出轻微的波动。出生在 20 世纪 60 年代的人是所谓"出生高峰期"的一代人。他们的孩子在 1990 年左右出世,由此将导致 2020 年的出生率会小幅上升。自 1991 年以来明显下降的出生率似乎只能归因于德国东部地区的人口出生状况。但是对于长久的发展而言,这个影响微不足道。

如果与第 12 次人口预测统计的假设相反,每位妇女平均所生婴儿数量上升到 1.6 个,那么出生率的下降速度就会相应减缓。显然,一个社会以每位妇女生婴儿的个数大约为 2.1 个这样的水平进行自我再生产才能算是勉强够的。

移民大多生育子女,而且平均生育不止一个孩子

2008 年,2090 万年龄在 16 - 54 岁之间,生活在德国的妇女中有 58%已为人母,剩余的还没有孩子。从外国移民而来的妇女生孩子的概率是 70%,而德国本土妇女生孩子的概率是 56%。此外这 70%的移民不止有一个孩子,然而德国本土妇女的生育率却不到 62%。这两类生育群体中的大部分人都有两个孩子(表 A1 - 2A)。

婚育孩子的数量会因夫妻所从事行业、是否有移民背景、家庭收入、教育水平和妻子的年龄而有所不同。多数年龄超过 45 岁、并且有着移民背景Ⓜ和低学历的妻子会有更多的孩子。在中高等教育水平人群的婚姻中,经济因素、职业因素和移民情况对生育孩子数量的影响不大(表 A1 - 3A)。

文化水平越高,越晚生第一个孩子

在年龄大于 45 岁的妇女人群中,大多是在获得了她们的最高学历学位后生育了第一个孩子。文化水平Ⓜ越高,就会越晚生育第一个孩子。那些文化水平相对较低(比如没有完成职业培训或者没有上过大学)的女性生育第一个孩子的平均年龄为 23.5 岁;那些获得

大学毕业证书或者在高等教育领域获得文凭的女性，生育第一个孩子的平均年龄为 26.2 岁（表 A1－10web）。

年龄结构

从在职情况来看，人口年龄结构可以划分为未工作的、正在工作的和已退休的三部分。到 2060 年为止，未工作的（如儿童、中小学生）和已退休的（如退休人员）之间的人数比例将会明显发生改变。在未工作的和正在工作的人数下降的同时，已退休的人数将会增加（图 A1－3，表 A1－4A）。当前已退休的人数占总人口的五分之一。到 2060 年为止，已退休的人数将会大致增加至总人口的三分之一。在职人口的退休年龄开始提高至 67 岁，这一措施将在 2025 年把正在工作人员比例提升 3 个百分点，至 2060 年把正在工作人员比例提升 2.5 个百分点。

2060 年：已退休的人数增加至总人口的三分之一

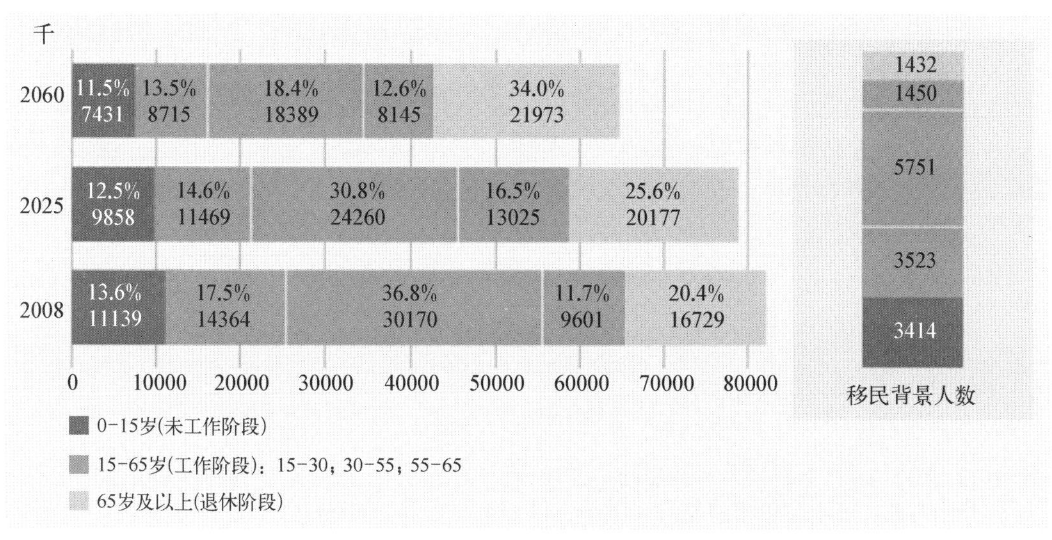

图 A1－3　2008 年、2025 年以及 2060 年各年龄段所占总人口比例以及 2008 年具有移民背景人群数量(单位：千)

来源：联邦统计局及各联邦州统计局，人口统计数据，2008 年微型人口统计

在 2008 年，15 周岁－30 周岁人群中的 63%（905 万人）正在从事一份工作，30 周岁－55 周岁人群中的 88%（2650 万人）正在从事一份工作，55 周岁－65 周岁人群中有接近 60%（570 万人）还在从事一份工作。如果这一比例不变，那么在 2060 年 30 周岁－55 周岁人群中从事工作的比例依旧是 88%，由此折算出此人群中正在工作的人数将是 1610 万。这意味着这组人口数与 2008 年相比，将同比减少三分之二以上。

在 2008 年，1560 万有移民背景人群的年龄结构与那些没有移民背景人群的年龄结构显然有很大差别（图 A1－3）。有移民背景的人群中，儿童与青少年所占的比例比本土人群的参照组高得多，而适龄工作人群的比例明显较低。

具有移民背景的孩子数量在人口稠密地区最多可占据该年龄段总人口的 72%

近几年来，在人口稠密地区Ⓜ具有移民背景的人群数量出现较大增长。该群体 3 岁以下年龄组的数量在近几年增长很快（表 A1－5A）。尽管移民迁出率也较高，但在法兰克福，自 2005 年以来 3 岁以下年龄组中具有移民背景的孩子数量增加了 28 个百分点，目前占据该年龄段总人口的72%。生活在法兰克福、慕尼黑和斯图加特的15岁以下的儿童与青少年中,有一半以上具有移民背景。

学龄前及学龄儿童中具有移民背景的比例越来越高,这对学前教育机构及各类学校来说不啻是个新挑战。

Ⓜ概念注释

人口数量的预估统计: 参见词汇表

生育子女频率: 50岁以下妇女的生育子女人数为平均总和值。如果生育状况与其余妇女一致,这一数值为同年份出生妇女在15－49岁期间生育子女的数量。这一数值常与实际数据存在偏差。最终精确数值需统计出所有在1960年前出生且年龄已逾五旬妇女的生育情况。

文化水平: 可划分为初级教育水平——国际教育分类标准0－2级,基础教育阶段;中级教育水平——国际教育分类标准3－4级,职业教育培训,为达到国际教育分类标准5奠定基础;高级教育水平——国际教育分类标准5－6级,深入的(应用技术大学)高等院校教育、博士研究生阶段。

移民背景: 具有移民背景的人员可划分为两大群体。一类是在国外成长学习之后移民到德国;另一类没有在国外成长学习的经历,例如:父母为外籍人士,但本人在德国出生的情况。

人口稠密地区: 人口稠密地区为大城市聚集地带,具有重大国家战略意义。主要指的是柏林、美茵河畔的法兰克福、汉堡、科隆、慕尼黑、鲁尔区以及斯图加特。鲁尔区包括独立自治市:波鸿、博特罗普、多特蒙德、杜伊斯堡、埃森、格尔森基尔欣、哈根、哈姆、赫尔内、鲁尔河畔米尔海姆以及奥伯豪森,另外还包括恩内坡-鲁尔、雷克林豪森、乌纳及维泽尔地区。

A2 经济发展和结构转型

经济发展和结构变化形成的宏观环境是具有多重效果的,例如对教育系统的设施投入以及从中派生出的对教育质量的要求。2008年版教育报告中既展现了德国向服务型和知识型社会转变的情况,又公布了国家的经济发展和财务状况。这是第一次基于利息和供养支付而产生的对国家财政问题进行的公众讨论。

经济发展

全球经济衰退

2007年德国国内生产总值实际上升了2.5个百分点。这个增长率数据处于欧盟27国平均水平之下,位于美国之上(图A2－1)。该数据在2008年紧接着回落到1.3个百分点。基于2008年全球金融危机的爆发,欧盟统计局在2009年统计出一组真实的经济效益下降的数据:欧盟27国下降了4.2个百分点,德国下降了5.0个百分点,美国下降了2.4个百分点。

在德国国内的经济发展方面,依旧存在着明显的东西部差距。2009年旧联邦州非城市州地区人均国民生产总值(30.500€)是新联邦州非城市州地区人均国民生产总值(21.800€)的1.4倍(表A2－3web)。

虽已出台针对短期工的规章制度以及其他的就业市场政策,然而经济刺激举措在就业市场中收效甚微。德国2009年8.2%的失业率Ⓜ明显低于2006年10.8%的数值,但是高于

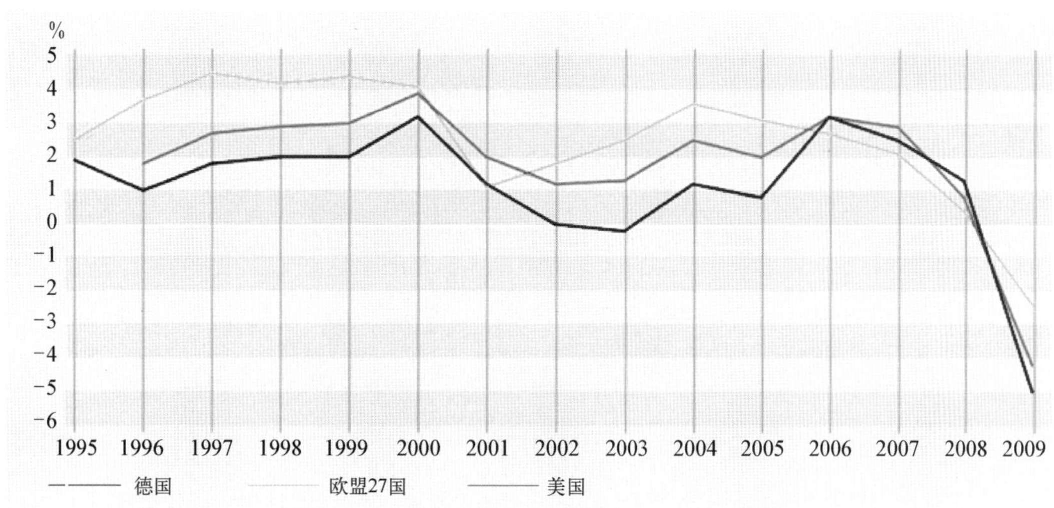

图 A2－1　1995 年至 2009 年德国、欧盟及美国国民生产总值实际增长率(单位：%)

来源：欧盟统计局网站主页，国民经济综合运算

2008 年 7.8%的数值(表 A2－1A)。

教育领域的发展并未跟上经济发展的步伐。公共和个人的教育支出Ⓜ在国内生产总值的比例甚至从 1995 年的 6.8%下滑至 2008 年的 6.2%(参阅国家教育基本信息 B1 章节)。① 联邦和各州的财政预算计划，包括联邦和各州经济复兴计划中的教育支出以及 2009 年国内生产总值的下降，均为教育支出再次提高其在国内生产总值的份额做了铺垫。

公共财政情况

在德国，公共财政承担约五分之四的教育开支。为了真实地评估教育政策的财政回旋余地，有关公共财政状况的信息具有重要意义。过去几年中，公共财政的整体结构Ⓜ趋于稳定。公共财政的总支出在各个支出项目上从 2000 年至 2007 年间上升了 6%。在 2007 财政年度，社会保险所占的比重远超其他支出项目，占财政总支出的 55%(图 A2－2)。教育在公共总开支中的比重从 2000 年的 8.1%上升到 2007 年的 9%(表 A2－4web)。

2007 年，在旧联邦州非城市州地区，教育开支占各州及乡镇财政支出比例平均值高达 24.6%。这个比例在新联邦州非城市州地区也达到 22.2%，在城市州为 21.2%。将各州与乡镇分别进行统计，各联邦州的教育开支比例平均值为 33.2%(1995 年平均值为 29.2%)，乡镇地区教育开支比例平均值为 12.4%(1995 年平均值为 9.8%)。与此相比，联邦层面的教育开支比例仅为 3.4%(表 A2－5web)。

税收锐减导致政府难以增加教育投入

在近几年中，国家税收收入在国民经济运行状况统计表中尚高于支出数额。尽管如此，国家财政在整体上还是不能完全达到平衡，这导致了债务状况进一步加深。受到经济危机的影响，2009 年的财政维稳夯实计划被搁置。在 2009 年的前几个季度，国家税收急剧减少，而国家财政支出由于经济复兴计划而出现反周期性增长。国家财政在 2007 年的盈余额Ⓜ为 47 亿欧元，而到了 2009 年却出现了亏损 793 亿欧元的情况。

① 有关经合组织数据与《教育财政报告》之间数据的差异与界限可参考 B1 章节(特别是图 B1－5A)。

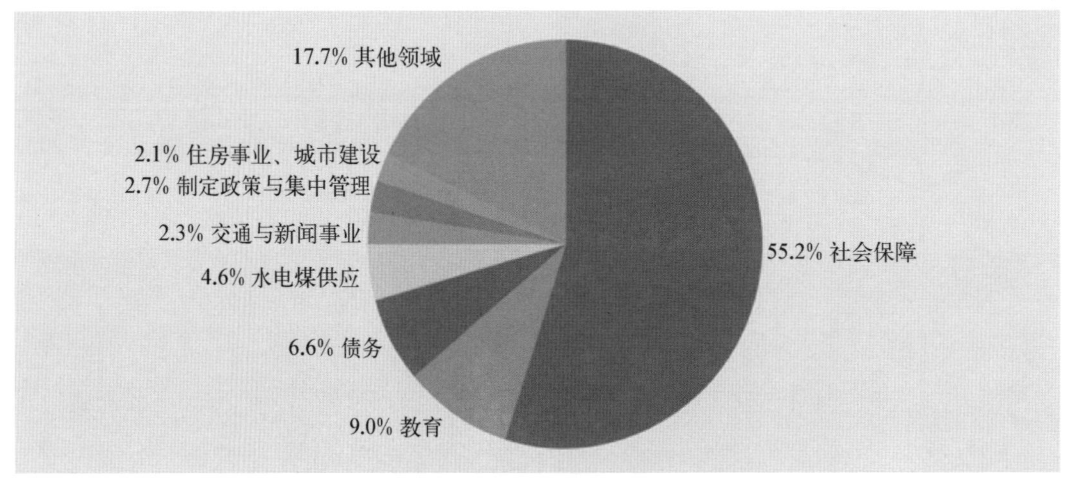

图 A2－2 2007 年公共整体财政结构*(单位：%)

* 净支出

来源：联邦及各州统计局，2007 年公共整体财政计算结果

偿还债务和发放退休公务员的补贴，将在未来几年加重国家财政的负担。早在 2007 年，全国各级政府已将更多的资金用于偿还债务和供养现有的退休公务员而不是用于教育(图 A2－2)。1995 年至 2008 年期间，由于债务利息和养老金偿还，公共财政预算压力上升了 18%(表 A2－6web)。特别在联邦州层面，债务支出及退休金更是占到了 45%。长远看来，特别是在联邦州层面，公共财政支出分配空间将深受养老金和债务利息的影响。

向服务型和知识型社会转变

德国国民经济按传统划分为第一产业(农林业、渔业)、第二产业(生产制造业)和第三产业(服务业)。在过去的几十年里，我们观察到这一划分方式正发生着深刻的变化。在其他产业的经济意义下降的同时，服务产业却在扩展。2009 年，服务产业占生产总值的比例高达 73%，而 1970 年该比例仅为 48%左右(表 A2－7web)。

约 70%的从业人员就职于服务性行业

2008 年，在所有从业人员中就有 70%的人在从事服务性行业，从事该行业领域的人员存在明显的性别差异，87%的在职女性从事服务业工作，而只有 56%的在职男性从事这一行业。特别是在直接面对顾客的服务业岗位方面，女性所占的比例几乎是男性的 5 倍。与此相反，男性相比于女性更多从事知识和信息工种(图 A2－3，表 A2－8web)。整体而言，自 1995 年以来，男女从业人数差距明显缩小，女性所主导的直接面对顾客的服务业的从业人员数量增长最快。面对从事传统男性职业人数的回落和从事传统女性职业人数增加的现状，就更应采取针对性措施鼓励男性参加那些以女性为主的职业培训。①

在服务性行业中，学历高工作者的比例明显增长

由于产业结构的调整和生产技术的进步，工作领域以及职业要求几乎在各个行业都发生了转变。随着手工业的渐渐没落，以服务业和知识为重心的现代社会对诸如分析型思维、沟通交流能力和问题解决能力都提出了更高的要求。这就要求教育体系和职业培训体系做出相应的调整。总体而言，高学历Ⓜ工作者的数量从 1995 年就开始有所增长；反之，

① 《德国国家教育报告》(2008)编写组：《德国国家教育报告(2008)》，比勒菲尔德，第 22 页及其后续页面。

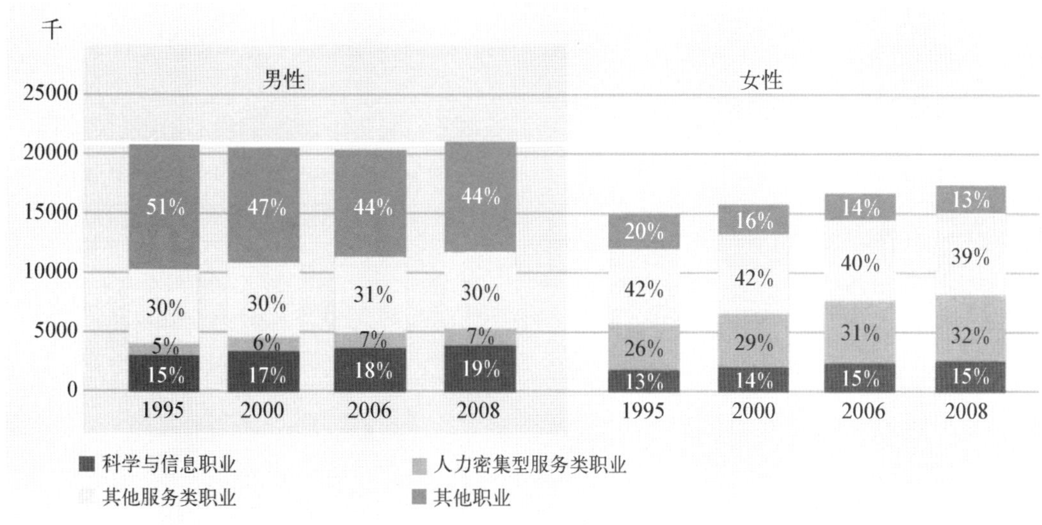

图 A2-3　1995 年-2008 年就业者情况*(按职业与性别划分,单位:%)

* 服务类职业间的差异可参考网络表 A2-8web 的注释说明

来源:教育报告编写组(2008):《德国国家教育报告(2008)》,比勒菲尔德,第 22 页及其之后页数

低学历工作者的数量几乎没有任何变化。尤其是在第三产业中,人们能明显地察觉到这一转变(表 A2-8web)。

国际化、全球化趋势

全球化的特征就是产业遍布全球且产品制造点分布各地。这一特征不仅涉及工业界,近几年还波及服务业。大部分企业和劳动力也因此参与到全球化的竞争中,并且这种竞争不会被局限于特定的行业领域或是行业组织。

德国经济和它所创下的经济效益之间相辅相成的关系,相较世界市场上其他大部分工业国而言更为紧密。2007 年,德国出口商品量占世界出口商品数量的十分之一左右,在所有出口国家中排名第一。在 2009 年,德国与中国一同成为出口大国的领军人物。

在德国,大约四分之一被聘用的就业人员从事着与出口相关的工作。从事产品制造以及服务业的就业人数也各占四分之一左右。近几年,服务性行业中与出口有关的岗位增长迅猛。在这一经济领域,高学历工作人员比例正在上升,增长幅度在过去的 12 年高于第二产业(产品制造行业)中的高学历人员比例。国际化、全球化与教育体系之间互为作用,正如同科技进步和结构转型促使职业结构与招聘条件发生变化(特别是在知识密集型行业)。这些发展促使对低学历员工的需求下降并强化了最初获取一个好的职业教育的必要性,特别是要树立终身学习的继续培训意识。

四分之一被聘用的就业人员从事着与出口相关的工作

国际化与全球化影响到就业结构以及招聘条件

Ⓜ概念注释

失业率: 失业率为失业人员占所有劳动力民众(包括经济上依赖他人的劳动力、独立自主创业者、辅助劳作的家属)的比例。失业者指的是年龄不超过 65 岁、无工作或每周工作少于 15 小时的劳动力、愿意随时参加工作的人,不包括中小学生、大学生、参加职业教育培训的人,也不包括患有重疾无法参加工作的人与领取退休养老金的人。失业者必须本人在所属劳动局登记失业。

教育支出：参见 B1 章节的概念注释。

公共财政的整体结构：公共财政的整体结构涵盖联邦财政、各联邦州财政、乡镇财政、乡镇团体财政、区间大协作组合财政、社会保险承保方、联邦劳动局以及联邦与各联邦州的政府专用基金。以净支出方式呈现(支出总额去除各财政子科目之间的资金流动)。此概念在《教育财政报告》中未包括社会保险体系。

财政盈余额：国家财政盈余额(财政收入减去财政支出)须与国民经济学中的国民账户体系划清界限。

高学历：参见 A1 章节的概念注释。

A3 家庭形式和生活方式的转变

在儿童的成长过程中,社会和家庭的影响对是否能在教育上获取成功起着决定性的作用。经济和社会的动荡导致儿童和青少年面临一种风险处境,将对他们的学业获取成功产生消极影响。以往的《德国国家教育报告》已描述了家庭和生活方式Ⓜ的改变,父母工作情况对教育需求影响不小。新的学习模式改变了家庭和教育机构之间的合作关系。

家庭与生活方式

有孩子的家庭越来越少

尽管自 1996 年以来生活方式为婚姻方式的比例有所下降,但该方式依然为生活方式的主体(图 A3-1A,表 A3-8web)。由于年龄较大的人口比例增加,导致所有生活方式中

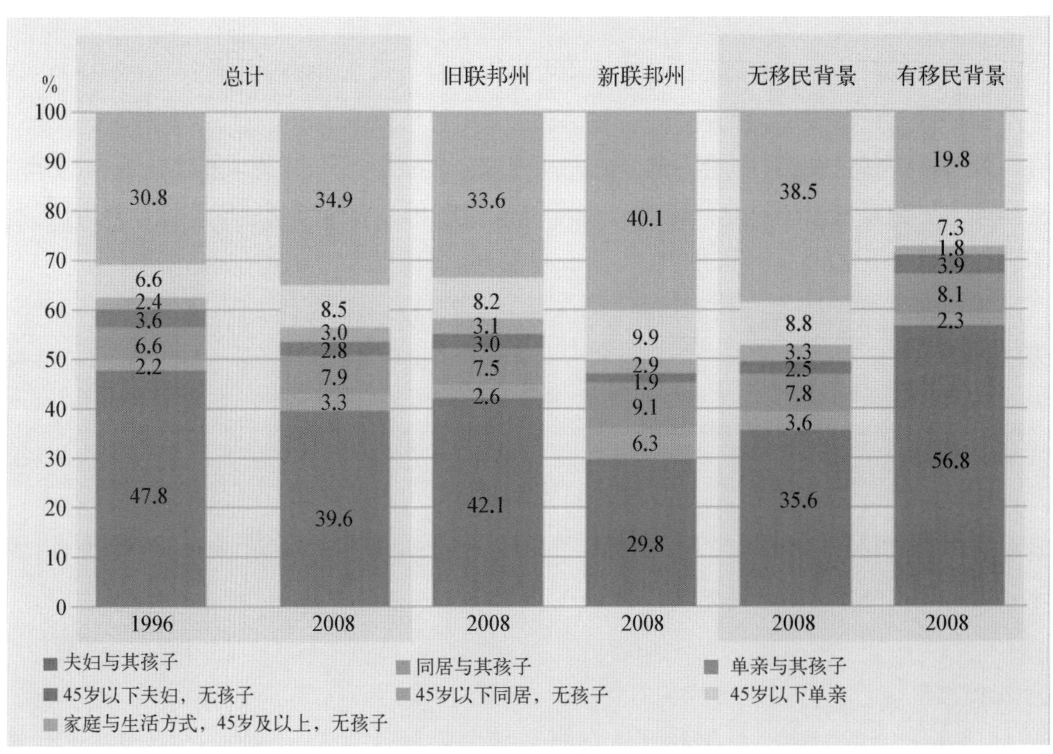

图 A3-1 1996 年与 2008 年的人口比例(按生活方式、所在区域及有无移民背景情况划分,单位:%)

来源:联邦及各州统计局,微型人口调查

没有孩子的比例持续上升。旧联邦州所有人口中超过一半的家中(51%)有孩子,在新联邦州这一比例仅为45%。具有移民背景的家庭拥有孩子的生活方式远比非移民背景家庭更多见(A1 章节)。夫妻拥有孩子的现象较常出现在移民背景家庭,生活方式为结婚方式且夫妻平均年龄较低。18 岁以下的孩子主要在已婚双亲家庭中成长,但该比例自 1996 年以来也出现了下滑(表 A3-9web)。

25-45 岁之间的年龄组中有孩子的家庭比例从 1996 年开始就显著下降,而较高年龄组的家庭中拥有孩子的比例趋于稳定。在 1996 年还有 71%的 35-45 岁年龄组的家庭是有孩子的,而到了 2008 年该比例甚至未超过 63%(图 A3-2)。

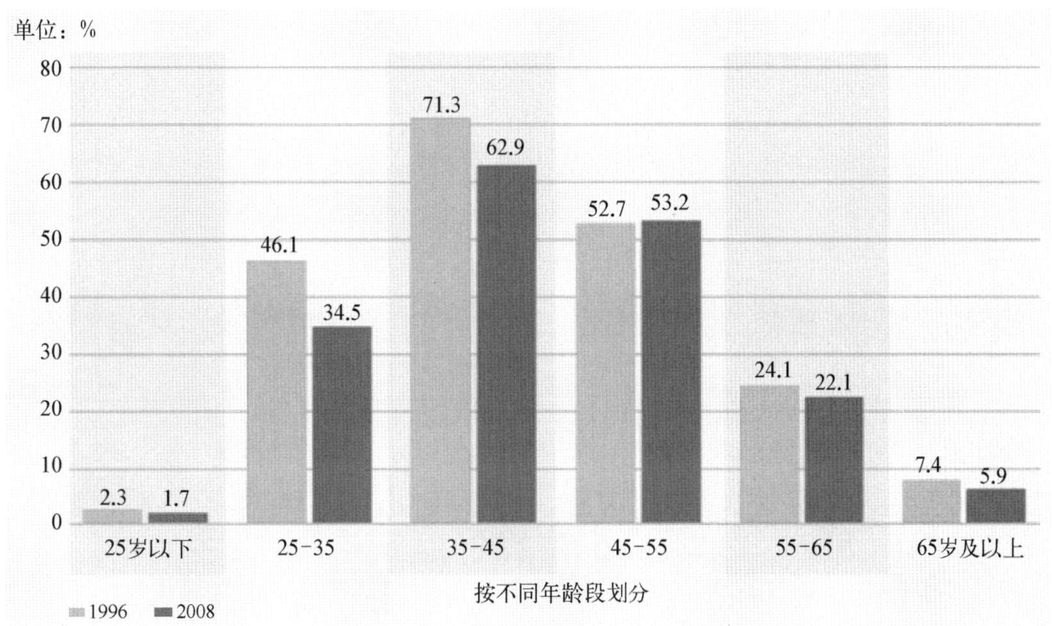

图 A3-2 1996 年及 2008 年各年龄组人群家庭中有 18 岁以下孩子的比例(单位:%)

来源:联邦及各州统计局,微型人口调查

生活方式和参加工作

自 1996 年起,德国 15-65 岁参加工作的女性数量大约增加了 6 个百分点(旧联邦州增加了 6.5 个百分点,新联邦州增加了 1.8 个百分点)。与此相反的是,参加工作的男性数量下降了 2 个百分点(旧联邦州下降了 1.9 个百分点,新联邦州下降了 3 个百分点)。2008 年度,有 62%的女性和 75%的男性参加工作(表 A3-10web)。

新联邦州妇女全职工作率较之旧联邦州妇女全职工作率回落得更快

58%有孩子的妇女是在职的,没有孩子的妇女则有 62%的在职率(表 A3-10web)。在 1996 年,德国东部地区四分之三在职的妇女从事全职工作,在 2008 年该比例只是刚刚超过一半。此外,在德国西部地区这一比例甚至从 38%下降至 25%。没有孩子且在职的妇女在德国全境反而拥有超过三分之二的全职工作率。

妇女会在选择就业方面受到孩子数量的影响。有 3 个或 3 个以上孩子的妇女越来越多地不参加工作。当她们有两个孩子的时候,大多选择做兼职(表 A3-2A)。此外,当妇女有一个或两个孩子而她又有全职工作时,她会考虑首先换成兼职工作。

随着年龄最小的孩子逐渐长大,孩子母亲参与工作的人数也在增加(图 A3 - 3,表 A3 - 10web)。在旧联邦州,10 - 15 岁孩子母亲中的就业率为 75%;在新联邦州,6 - 10 岁孩子母亲中的就业率也达到了这一数值。当家中最年幼的孩子达到上幼儿园的年龄时,新联邦州地区的母亲更多地会选择全职工作。

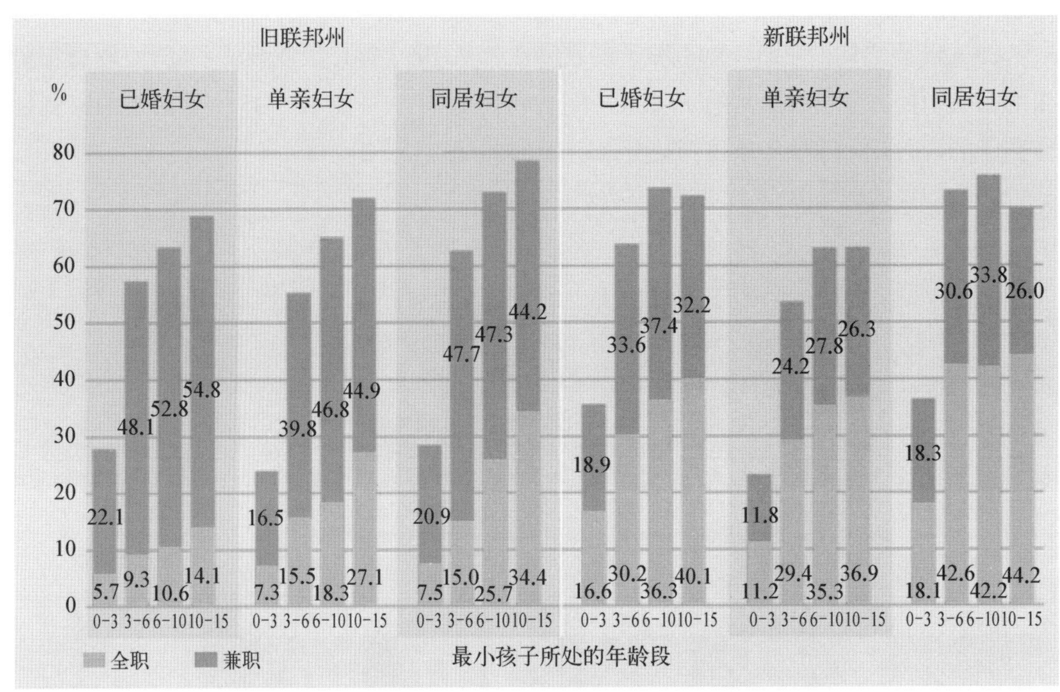

图 A3 - 3 2008 年 15 - 65 岁妇女的就业率(按最小孩子年龄、生活方式及所在区域划分,单位:%)

解读:旧联邦州地区已婚妇女中有 0 - 3 岁儿童的群体中有 5.7%在从事全职工作,有 22.1%在从事兼职工作(数据源自被调查者的自我陈述)

来源:联邦及各州统计局,微型人口调查

移民背景影响就业

不仅是孩子的数量,而且个人文化水平对就业率也颇有影响。在 30 - 50 岁的年龄段中,文化水平越高,就业率就越高(图 A3 - 4,表 A3 - 3A)。相对于男性,这种情况在女性身上表现得更为明显。拥有子女的男性能不受文化水平影响而更普遍地就业,女性的情况则恰恰相反。而对于有孩子且自身具有移民背景的男性来说,更高的文化水平并不比那些具有中等文化水平的人拥有更高的就业率。这在自身有移民背景的女性身上同样也体现了出来——无论是否有子女,与之均无干系。

孩子们的风险处境Ⓜ

在以下三种处境下,孩子的受教育机会可能受到损害:父母未融入到就业市场(即社会风险),父母收入低下(即经济风险),或是父母所受教育培训程度低下(即教育缺失风险)。

逾四分之一的 18 岁以下的孩子至少身陷一个风险之中

2008 年,在 1360 万个未满 18 岁的孩子中,有 29%的孩子正处于至少其中一种风险之中(表 A3 - 4A)。其中有 110 万个孩子生活在单亲家庭中,也就是说几乎一半的单亲孩子都遇上了问题(表 A3 - 11web)。有 170 万个有移民背景的孩子也遇到了问题(占该群体的 42.2%)。

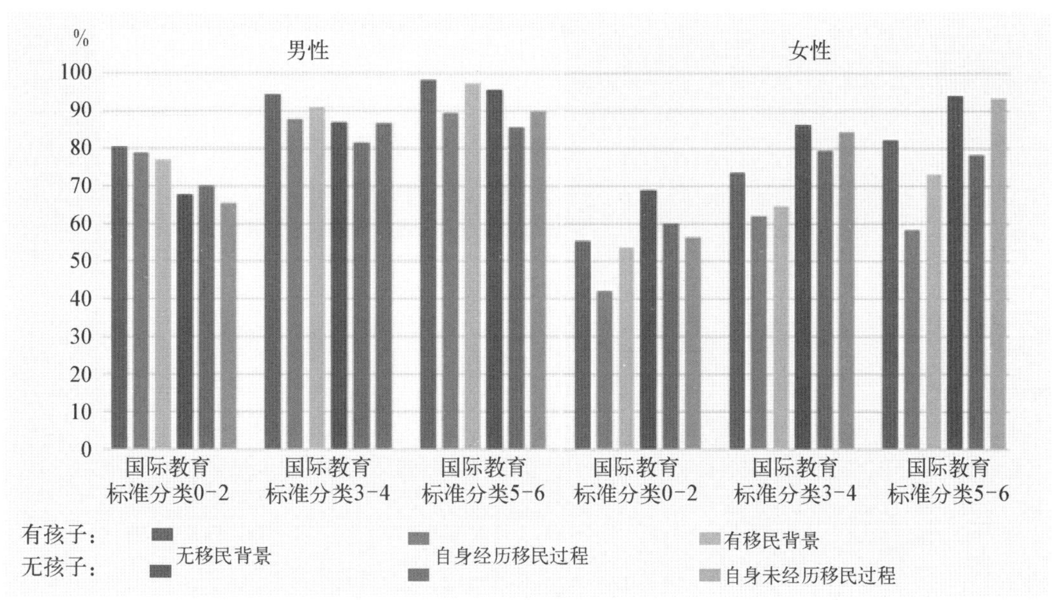

图 A3－4 2008 年 30－50 岁年龄组的就业率(按有无移民背景情况、文化水平及性别划分，单位：%)

来源：联邦及各州统计局，微型人口调查

和 2000 年一样，不到 11%的儿童正因为父母双方失业而面临着社会风险。在没有移民背景的儿童和青年中该比例为 8%，在其余群体中该比例占到 16%。

当一个家庭的收入甚至不到家庭常规收入的 60%时(贫困危机界线Ⓜ)，经济风险就出现了。将近 25%的儿童正处于这个风险状况之中，这一数值相比 2000 年增长了 1.8 个百分点。而在有移民背景的儿童中这个比例更高，达到 35%左右(表 A3－5A)。此类经济风险与家庭财产收入状况密切相关。家庭财产收入的绝大部分来源于工资收入，自 2000 年以来，工资占家庭收入的比重增长了 2%，达到 78%。与此同时，转账收入在家庭收入的比重也从 7.5%增长到 10%。在单亲家庭中，接受转账收入的人数比例已逾 23%，是有孩子的双亲家庭中接受转账收入人数的 4 倍。孩子在经济风险中成长的概率很大程度上是由父母的生活方式所决定的。

在 2008 年，有 13%的孩子的父母，或没有完成过职业培训，或不具有较高级别的中学毕业文凭(教育缺失的风险)。这在儿童和青少年之间也体现出一个明显的区别，说得更确切些，就是有没有移民背景。没有移民背景的群体中只有 6%遭遇此类风险，然而具有移民背景的群体中有 28%遭遇此类风险(表 A3－5A)。

3.5%的 18 岁以下的孩子同时遭遇三种风险

总而言之，自 2000 年以来，德国孩子遭遇种种风险处境的局面几乎没有改变。即使到现在，也还有 3.5%的 18 岁以下的孩子同时遭遇所有这三种风险(表 A3－4A)。

各地区孩子所遇风险的比例是不同的(图 A3－5，表 A3－4A)。在城市州，约 40%的儿童生活在至少一种风险状况之中；与此相比，在巴伐利亚州只有 20%左右的儿童生活在至少一种风险状况之中。为了能够区分社会风险后果所带来的区域问题，需要考虑来自领取失业救济金Ⓜ且有孩子的家庭所占的比例。

2008 年，年龄在 15 岁以下并且母亲和/或父亲是依靠二类失业救济金的儿童比例有所

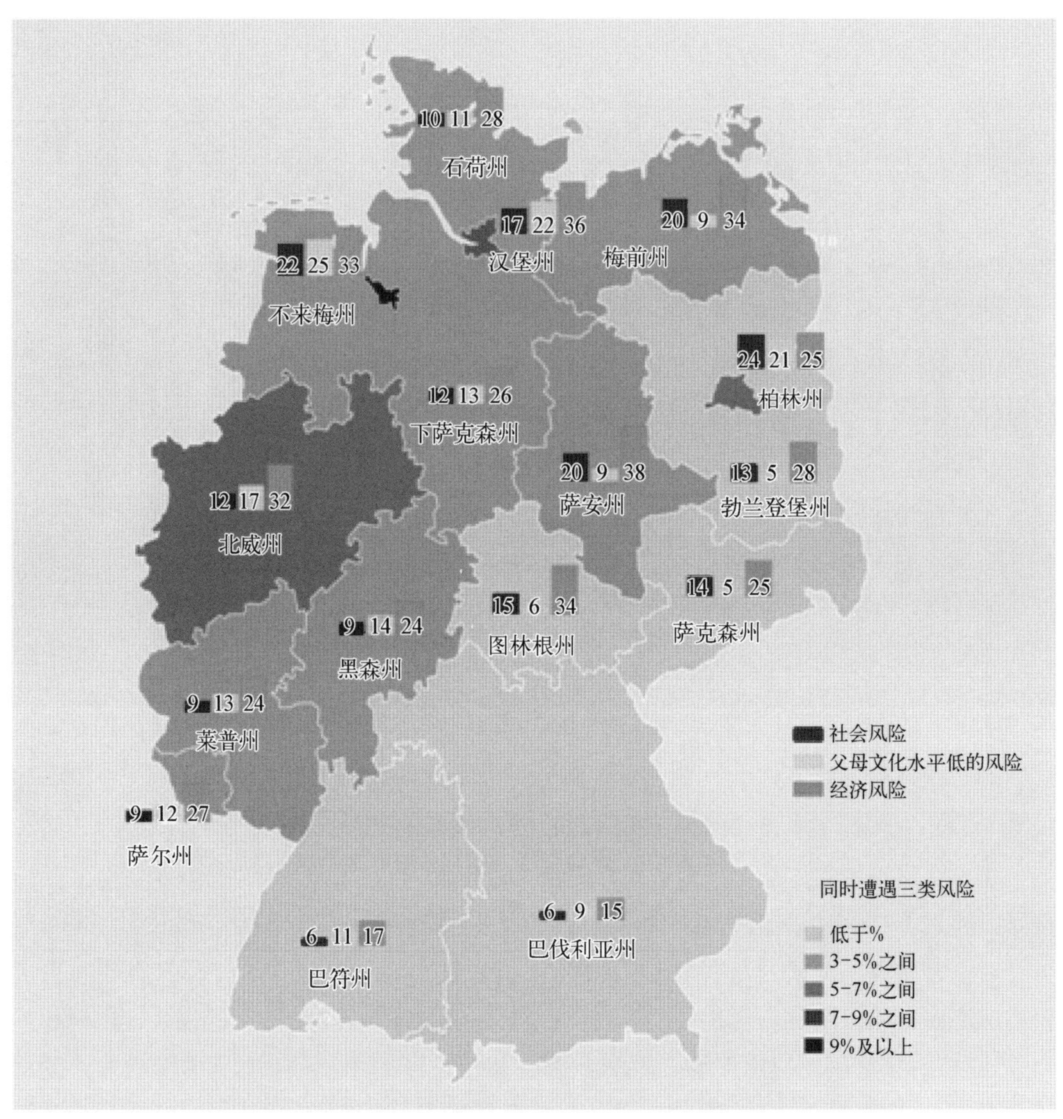

图 A3-5　18 岁以下青少年与儿童按父母的风险处境及所在的联邦州划分的比例(单位：%)

来源：联邦及各州统计局,微型人口调查

变动,变动范围从 2%(巴伐利亚州艾希施泰特县)到 38%(梅克伦堡-前波莫瑞州的什未林以及萨克森-安哈特州萨勒河畔的哈勒)(图 A3-13web)。

Ⓜ概念注释

家庭和生活方式: 微型人口调查按照生活方式框架把家庭划分为(有孩子的)夫妻家庭、(有孩子的)生活伴侣关系以及(有孩子的)单身家庭。生活方式可区分为父母亲关系与生活伙伴关系：有孩子或无孩子的夫妻,有孩子的单亲家庭以及无生活伴侣亦无孩子的单身人士。不包含超越家庭概念的父母-孩子关系以及各立门户生活的伙伴关系。

风险处境: 风险处境可分为三大类型：首先是社会风险,父母亲双方未就业,这也就是说,父母亲双方或者是单亲家庭一方为失业人员;其次是家庭中的父母亲缺失教育背景,父母亲中没有一方的学历达到高中毕业及以上。再次是经济上的风险,家庭的经济收入低于贫困危机界线。

贫困危机界线/等价收入: 收入不仅仅被视为家庭收入,而且被考虑为家庭等价收入。家庭收入是所有家庭成员净收入总和。等价收入是一种统计方式，用于将家庭成员数量以及组成结构不同的诸多家庭进行比较。等价尺度使用“修正之后的国际经合组织尺度”，该尺度把家庭中的第一位成年人定义为 1 个权重，其他的成年人以及 14 岁以上的孩子被定义为 0.5 个权重，14 岁以下的孩子被定义为 0.3 个权重。类似于以家庭收入为计算基础的方法，家庭等价收入低于中位值 60%以上的情况被视作突破贫困危机界线，陷入贫困。

失业救济金 II：失业救济金 II 囊括了以往的失业救济金与社会救济金，整合为统一的银行转账的救济方法。救济对象为年龄在 15－65 岁之间、有劳动能力但无法凭借自我经济实力来维持日常生活开销的人。失业救济金 II 在口语中被称之为“哈茨 IV”或者“社会法典 II”。社会保障金的发放对象为未就业的人或者是与一位有工作的人生活在一起、但是仍然满足申请失业救济金 II 条件的人。需要注意与失业救济金（口语中被称为“失业救济金 I”）加以区分，失业救济金 I 由失业保险公司支付。

B 德国教育基本信息

近几年来，教育政策规划更为细致，涉及教育领域的方方面面。只要是与教育领域中任何一方面相关、牵涉到整个教育事业大局的点点滴滴均会在本章中加以阐述说明。本章将沿续《德国国家教育报告(2008)》的体例，重点介绍教育开支、接受教育情况、民众教育水平以及师资状况。在本教育报告中将就以上几个方面分门别类地加以分析、突出其核心要点，展示出这些结构标志的最新变化趋势。我们将以上几个方面从不同教育领域和国际层面这两个纬度加以比较诠释。

B1 章节介绍近阶段教育事业的财政拨款状况以及不同出资方的情况(包括公共财政预算、私营企业、非盈利企业以及个人家族对教育事业的赞助、捐款等)。不断修改更新教育财政预算意义重大，因为民众时刻关注政府在教育事业上投入多少资金、监督核实政府是否将 10%的国民生产总值应用在教育和科研上，观测政府是否在《促进经济发展纲要》的框架内鼓励刺激进行教育投资。除了教育预算之外，我们还修订更新了每位接受教育者得到国家财政拨款的具体数额。

未来能有多少合格的毕业生进入就业市场，关键取决于接受教育者数量的整体发展趋势。B2 章节介绍接受教育者的情况，从中我们可以了解到不同类型的社会群体与各个年龄段接受教育的状况，明确意识到鼓励尚未读书学习的群体接受教育的可行性能有多大。

在 B3 章节中介绍的教育水平特别指的是已获取的能力程度以及获得的毕业文凭。因为当前社会各界普遍依靠毕业文凭来判断能力水平，所以民众的教育水平主要指获得的普通教育或者职业教育文凭。教育水平大致反映了社会的整体人力资源情况。特别需要关注那些没有获取职业教育毕业文凭的年轻人和那些具有移民背景的外裔人群。义务制教育阶段的孩子随着学习的深入，其父母的教育水平决定了孩子是否能在家庭氛围环境中得到学习方面的督促与辅助。

教学过程要得以顺利进展、教学效果要令人满意、教育体系框架下教学质量要有所保障且具有稳定持续发展性，在这三方面起核心主导作用的就是教学人员。此外，教育事业是劳动力就业市场的一个重要组成部分，与其他经济领域相比，教育事业承担着培育精英人才的重任。在 B4 章节中将对教育领域的各方面从年龄、性别以及从事教学工作人员专兼职类别属性方面加以详细说明。与全体就业人员的比较突出了教育行业人员的特别属性。为了区分教育事业各个领域的结构差异，本教育报告首次在部分教育领域内引入了师生比例参数作为佐证。另外，本章节还涵盖了有关非常规教育领域从事教育工作的人员信息，强调了此类教育工作人员也是教育事业功臣，功不可没。

B1 教育支出

教育支出Ⓜ数额标志着为教育体系所支配的财政资源的多寡。从其数额上我们可以觉察到教育在一个社会被赋予的重要意义。个人、社会以及经济的发展在相当大的程度上受教育和科研支出的影响。因此教育政策讨论涵盖了以下几个要点：借助财政手段让教育设施配备更加完善，将资金分配到各个教育领域，通过联邦政府、各联邦州、地区以及私人渠道筹集资金。

教育支出概述

教育支出包括教育、研究和科学领域所需要的预算Ⓜ，而且每部分都是按一定的预算划分的。根据不同的统计方式，每次计算出它占国民生产总值的比例也是不一样的(图 B1－5A)。

国民生产总值的8.4%用于教育、研究和科学领域

根据预算，2007 年德国有 2041 亿欧元用于教育、研究和科学领域占国民生产总值的 8.4%。教育这一部分分摊到了 1478 亿欧元(表 B1－1A，表 B1－2A)。总体来看教育支出的增长幅度低于相应的经济发展速度，1995 年 6.8%的国民生产总值是用在教育上的，而 2007 年只有 6.1%的国民生产总值被用于教育上。假如 2007 年还和 1995 年一样，也有 6.8%的国民生产总值用于教育的话，那就意味着在教育事业上应当再投入 130 多亿欧元左右。

2008 年国民生产总值的 6.2% 投入教育领域

根据目前的估算，2008 年的教育开支增幅超越了国民经济增长速度。1550 亿欧元——德国国内生产总值的 6.2%都投入到了教育领域。用于公共领域和经济复苏计划的财政预算显示，教育开支将持续增长。由于 2009 年的国内生产总值因经济危机下降了 5%，因此，按照这个数据计算，教育开支在 2009 年国内生产总值中的比重将明显高于 2008 年的所占比重。

不同的教育领域，不同的教育开支

在学校教育领域中，不同的教育机构在教育开支方面有很大的差距(图 B1－1，表 B1－1A)。2007 年，政府在通识教育上投入了 520 亿欧元，在职业培训上花费了 87 亿欧元(不包括技术学校、专业学院、高等教育领域的卫生与医疗学校和企业开支)，在学前教育上则支出了 126 亿欧元。

不同教育领域的发展呈现个性化走向。从 1995 到 2007 年，幼儿园、中小学和高校的开支数额在上升，但其他开支，尤其是进修开支却在下降(表 B1－2A)。然而在 2007 年和 2008 年，联邦就业局、联邦劳动与社会局的进修支出又分别上升了 6%和 20%(表 B1－3web)。

教育支出的不同资金源头

德国教育体制中的中小学及高等院校的本质特点是在于接受公共资金拨款，然而学前教育、职业教育以及继续教育，传统上接受私人捐款以及非盈利组织与企业界的赞助。

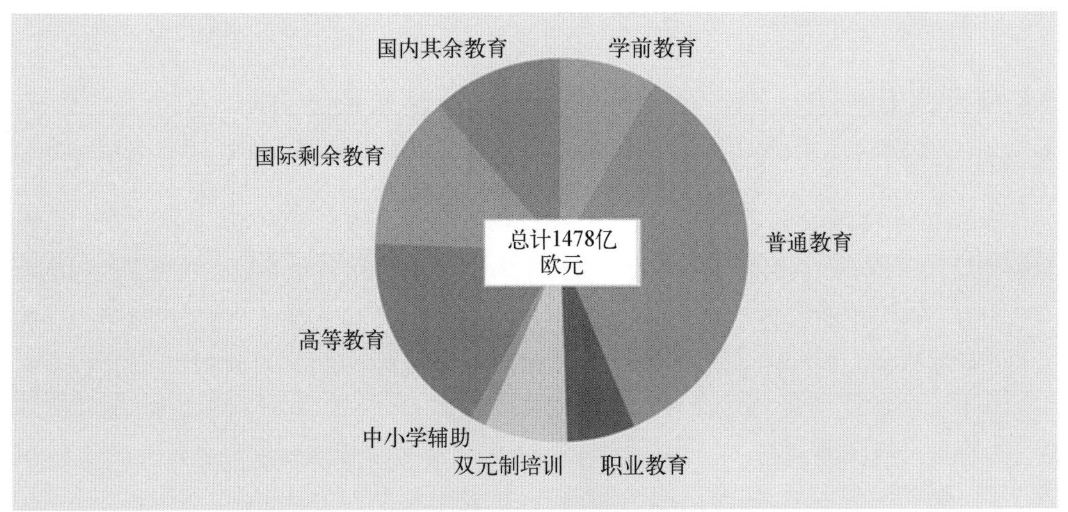

图 B1－1 2007 年各个教育领域的教育支出情况*（单位：%）

1）包含高校研究支出费用

* 8.5%学前教育领域（国际标准分类 0）；35.2%普通教育（国际标准分类 1－4）；5.9%职业教育（国际标准分类 2－4）；7.3%双元制企业培训（国际标准分类 3－4）；1.2%中小学辅助工作（国际标准分类 1－4）；17.5%高等教育领域（国际标准分类 5－6）；13.2%国际范围内的剩余的教育支出；11.2%德国国内的其余的教育支出

* 解释说明参见表 B1－1A

来源：联邦及各州统计局，2007 年教育预算

五分之四的教育支出由公共财政筹集

2007 年，大约有五分之四的教育支出由联邦政府、各联邦州和地区筹集而得，剩余的五分之一则是从私人家族、非盈利组织和企业界筹集而得。德国联邦政府筹措 11%的教育开支分散用于各个教育领域。各联邦州承担了 53%的教育开支，各地区政府承担了 15%（图 B1－2，表 B1－1A）。尤其是在学前教育领域，地区政府包揽了 47%的教育开支，发挥了巨大作用。中小学及高等院校教育开支主要来自于国家财政拨款，而继续教育则大多为

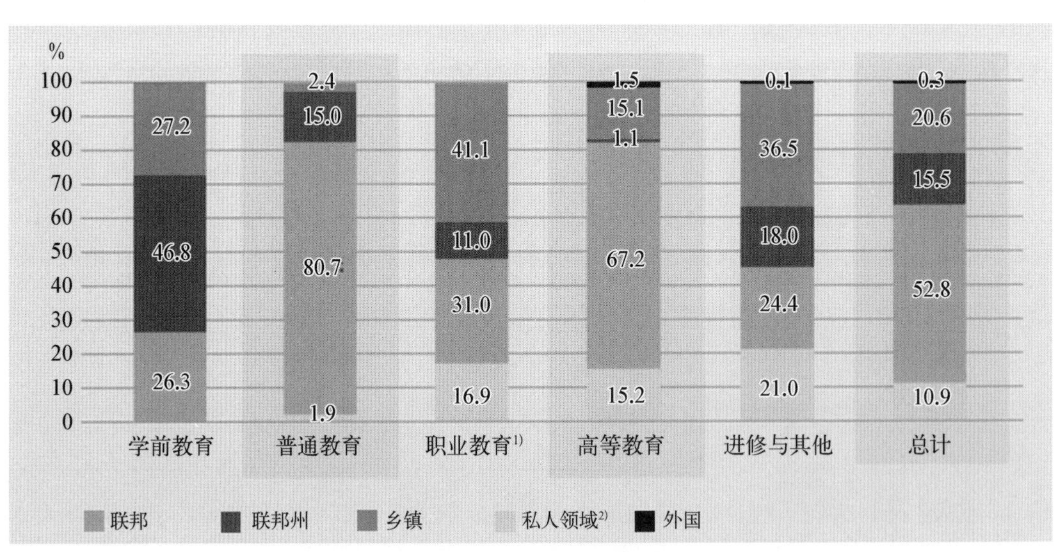

图 B1－2 2007 年各个教育领域的教育支出财政结构*（单位：%）

1）包含双元制体系

2）个人家庭、企业、非营利性的私人组织

* 解释说明参见表 B1－1A

来源：联邦及各州统计局，2007 年联邦预算

私人赞助。从该教育领域所公开的信息可知，继续教育方面的开支在21世纪初明显被缩减，近几年来开支数额才相对稳定了下来。

2008年联邦劳动社会部与劳动局在职业进修方面投入27亿欧元

一方面通过联邦劳动社会部，另一方面通过劳动局Ⓜ，共同向新出台的劳动力市场政策和2005年后的教育相关措施提供资金。2006年职业进修方面总共消费支出22亿欧元。在2007年和2008年则分别为23亿和27亿欧元（表B1－3web）。企业界Ⓜ和私人非盈利组织以及地区法人在2007年和2008年分别在职业进修方面花费了约83亿欧元（表B1－1A）。公共财政用于职业进修Ⓜ方面的开销在近几年没有大的变化（表B1－4web）。

每位学生所接受的教育支出

根据就读学校类型的不同，每位学生所接受的年度教育支出Ⓜ也会大不相同。2007年度，参加双元制培训的学生平均享受到8200欧元的教育费用，大约是一位小学生所接受的教育费用（4200欧元）的一倍（表B1－5web）。在分析看待此数据时应当注意到：参加双元制培训的学生所接受的教育开销涵盖了职业学校的费用以及企业实习费用。每位学生在各类学校所接受的教育开销会随着各类因素的变化而改变，这些因素主要是教师的薪金待遇、师生比例关系、授课时长、指导范围、教师职责以及学生人数的动态变化。

新联邦州地区每位学生获得的教育支出明显上升

根据人口发展状况以及教育财政政策的制定，每位学生所接受的教育支出从1995年的4300欧元上升至2007年的5000欧元（表B1－6web）。旧联邦州地区非城市州及城市州在教育支出方面尚不能清除价格变化因素所造成的影响，新联邦州地区更少的学生数量却能使每位学生所接受的教育支出从1995年的3700欧元提高到2007年的5300欧元（图B1－3）。以物价不变为前提，在旧联邦州地区每位学生所接受的教育支出下降了7%，而在新联邦州地区实际上涨了17%。新联邦州地区教育支出增长的主要原因在于：随着学生数量的减少，投入的教育开支并未成正比递减。

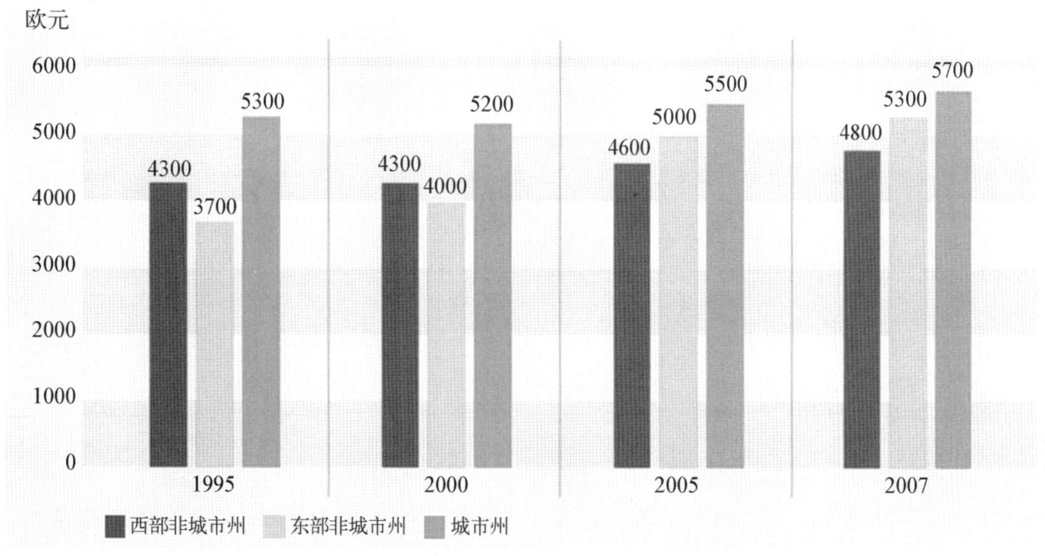

图B1－3 1995－2007年国家向每位公办普通教育及职业教育学校学生投入的教育支出（单位：欧元）

来源：联邦及各州统计局

财政支持在国际层面上的比较

用于每位学生的教育支出平均值总体上超越经合组织平均值

2006年经合组织发布了成员国最新的教育财政数据。从经济实力来衡量,经合组织成员国在教育上的开支平均值为国内生产总值的5.7%,①德国用于教育的开支为国内生产总值的4.8%(表B1－7web)。相较其他经合组织成员国,这个数据是相对较低的。需要注意的是,德国正在读中小学年龄层的人数占总人口的比例,相比其他经合组织成员国而言是较小的。

德国2006年在每个接受教育的学生(小学教育至高等教育范围)身上花费为7900美元,比经合组织成员国的平均值7800美元略高(表B1－8web)。

然而在不同的教育领域仍旧存在明显的差别。在德国,每个接受小学教育或是初级中等教育的学生的教育开销比经合组织成员国的平均开销要低。与此相反,每个接受职业教育或是高等教育的学生的教育开销要高于经合组织成员国的平均开销。

Ⓜ概念注释

教育支出:教育支出包含人力资源开销(涵盖津贴补助与社会保险费用)、实物资产开销、投资支出以及从属于教育领域正在工作的公务员需按照国民经济综合计算缴纳的社会保险费。折旧费用、财政开销、参加培训的报酬、参加继续教育培训者在职业培训继续教育框架下的人力缺失成本以及支付给原先在教育领域工作过的退休者的养老金并未包含在教育支出内。在促进教育框架之内,教育支出体现在按照《联邦教育促进法》支出的费用、转业培训开销、中小学生提升奖励金等。在直接提及的情况下,教育支出费用为各类子项目的开销费用。

教育、研究和科学领域的预算:教育预算整合了各类教育支出,既可在国际上具有相容可比性,又覆盖了国内与教育休戚相关的各个行业(相较《德国国家教育报告(2008)》的概念发生了变化)。《德国国家教育报告(2008)》中的地区法人财政费用考虑到了"初始基金"的支付往来活动(参见2009年《教育财政报告》的具体阐述)。

劳动局与联邦劳动社会部的支出:劳动局与联邦劳动社会部的支出还包括发放给职业培训继续教育举办方的津贴以及参加职业培训继续教育学员的生活费与部分生活费。

企业(用于员工职业进修)的支出:数据来源是欧洲职业继续教育调查。涉及的支出为职业进修的内部与外部费用,扣除公共机构或其他机构的赞助。未包含人力缺失成本(支付给参加职业进修的学员的薪金工资)。

公共财政用于职业进修方面的开销:这一开销包括联邦层面(不含劳动局)、各个联邦州以及乡镇的相关支出,并依据财政预算系统内各工作领域加以界定。公共财政用于职业进修方面的固定资本由其责任者提供给各机构与领域支配使用。

每位学生(在特定教育机构)所接受的年度教育支出:参见表B1－5web的解释说明。

B2 教育参与情况

教育,或者说学习,可以以不同的方式、在不同的地点以及在不同的生活阶段进行。

① 这一数据仅包含正规教育机构(幼儿园、中小学、企业职业培训、高等院校)的教育支出情况。未包括补习课程、学习用品以及类似物品(占国内生产总值的0.2%);未包括《联邦教育促进法》的公共财政支出、成年教育培训者领取的儿童金以及类似的财政支出(占国内生产总值的0.5%);也未包括用于继续教育、日间托儿所以及其他教育机构的财政支出(占国内生产总值的0.7%)。

《德国国家教育报告(2008)》按年龄段和性别展现了民众接受教育的情况。国际化的比较探讨主要涉及往届中学毕业生已达到欧洲标准的何种程度。

德国接受教育者的结构组成

在2008/09学年共有大约1660万人接受了各类教育,包括婴幼儿日间照料机构、普通教育、职业教育Ⓜ以及高等教育,与2005/06学年内接受教育的人数相比减少了约37万人。但是由于制定了人口发展政策,每个教育层次中接受教育人员的数量呈现了不同发展趋势(图B2-1,表B2-1A,表B2-3A)。例如将上述提及的两个学年相比较,不到3岁就去托儿所的孩子的数量明显增长(参见C章)。

接受教育人员总数持续减少,3岁以下幼儿接受教育人数增加

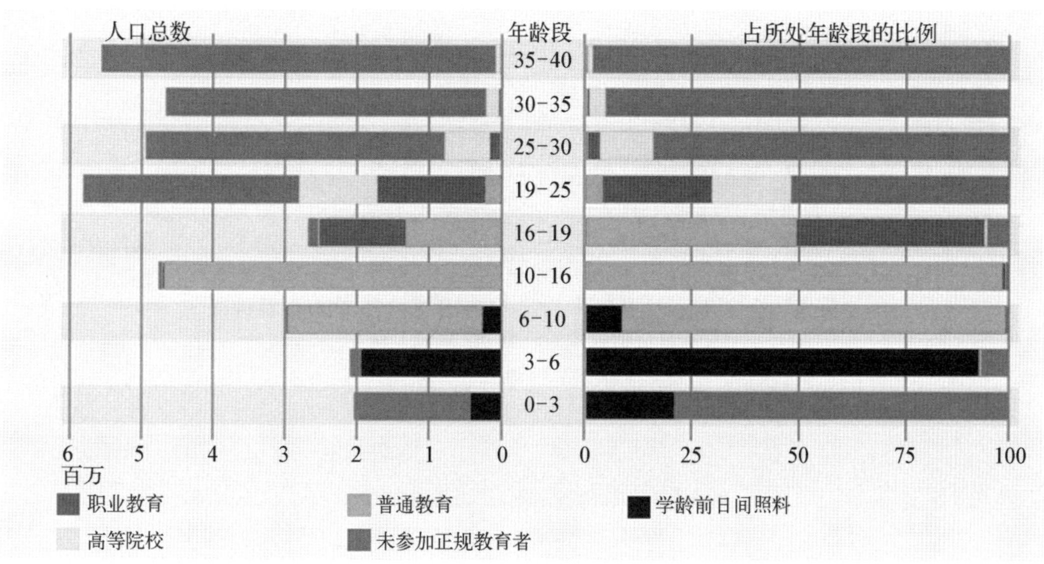

图B2-1 2008/09学年各年龄段接受教育培训者所处的教育培训场所(单位:百万)

来源:联邦及各州统计局,2008年儿童及青少年救助统计,2008/09学年学校统计,2008/09学年高等学校统计

参加教育人数的最新动态对教育单位规划容量和资金分配方式起着重要作用。总体而言,在2008/09学年接受教育的人数要少于1995/96学年的人数。参加小学教育和初级中等教育的人数也由于人口数量的变化而减少,然而有更多的人因为教育观念的改变从而选择参加高级中等教育与高等教育。值得注意的是,自1995/96学年开始,在民办院校接受教育的人数上涨了近47万(增长率22%),与此同时在公办院校接受教育的人数却几乎减少了72万。民办院校的人数特别是在高等教育领域及小学教育领域分别增长了80%和72%。与此同时在公办小学接受教育的人数减少幅度最大(图B2-2,表B2-2A)。

民办院校接受教育的人数不断上涨,特别是在高等教育领域及小学教育领域

移民的教育参与度

移民是否能快速融入德国社会,取决于是否接受过合格的教育培训。事实表明,年龄段在将超过和已超过义务教育阶段的有移民背景的人,几乎和没有移民背景的人一样乐意接受教育培训(图B2-3,表B2-4web)。然而来源国之间存在差异,特别是在25-30岁之间年龄段的土耳其裔旅德人士所接受的教育水平较低。

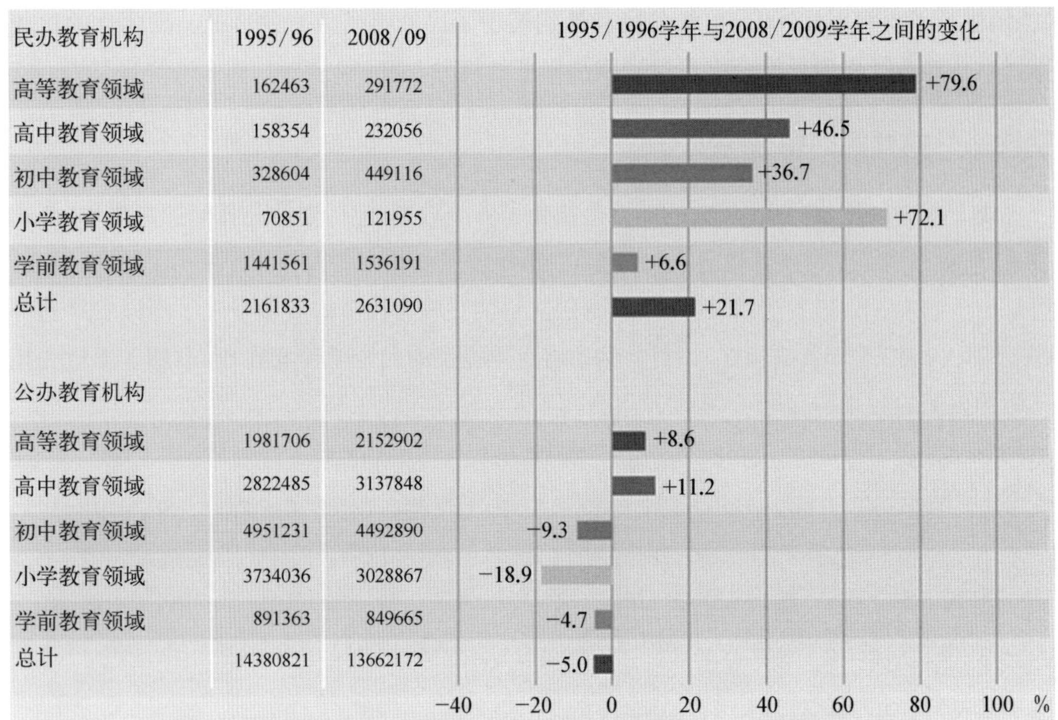

图 B2－2　1995/96 学年及 2008/09 学年在公办、民办教育机构接受教育者人数变化情况(单位：%)

来源：联邦及各州统计局，微型人口调查，儿童及青少年救助统计，学校统计

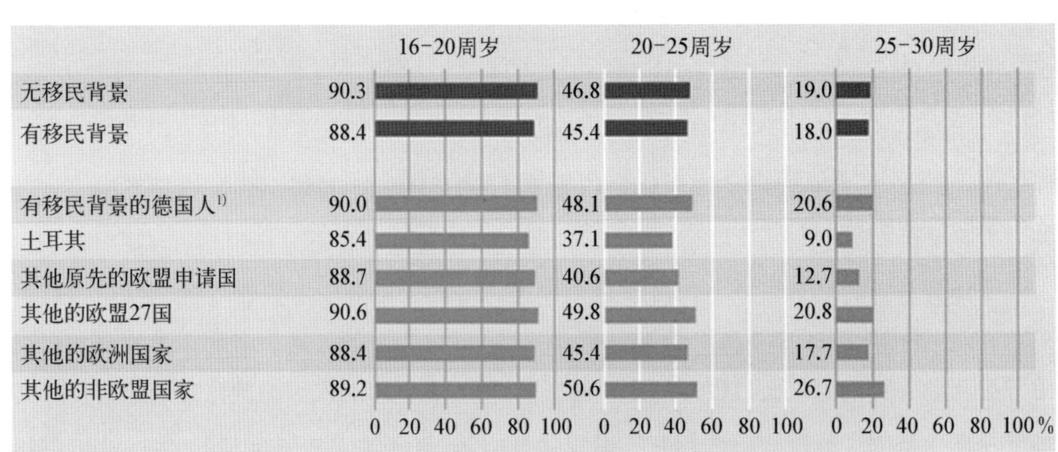

图 B2－3　2008 年教育参与率(按不同年龄组与有无移民背景划分，单位：%)

1) 例如：晚期移民者

来源：联邦及各州统计局，2008 年微型人口调查

受教育率的国际比较

在德国，15－25岁的青少年接受教育的比例超过国际平均水平

国际比较显示：除了荷兰 15－20 岁青少年的接受教育比例更高一些外，在德国，15－20 岁以及 20－25 岁的青少年接受教育比例都很高。德国青少年接受教育的比例很高主要归功于双元制职业教育体系。与欧洲整体发展趋势相背离的是，自 2005 年起，德国 20－25 岁青年接受教育的比例持续增长。其主要特点是高等教育与职业培训均具有其各自意义，

与其他国家相比，德国青年完成大学学业或职业培训时年龄更大。与德国相比，只有芬兰、荷兰和瑞典保持着更高的接受教育比例。虽然德国、荷兰和瑞士男女青年接受教育的比例几乎相当，但是在大多数被选择进行比较的国家中，女青年接受教育的比例远高于男青年（表 B2－5web）。

辍学离校生情况：德国持续保持低比例，但尚未达到目标值

随着受教育率的提高，与之相对应的辍学率也逐渐降低。鉴于那些辍学离校学生在劳动力市场所拥有的机会和其在知识社会的参与和适应能力，他们被视为潜在的高风险人群。到 2010 年，在欧洲范围内中小学生最高只能有 10%辍学率的目标至今还未达到，现在努力争取在 2020 年实现这个目标。因此，让那些辍学离校生Ⓜ重新接受教育是重要的，这样一来他们至少可以获得一个高级中等教育毕业文凭。德国中小学生辍学率是 12%，显而易见，这比欧洲中小学生 15%的平均辍学率要低（图 B2－4，表 B2－6web）。

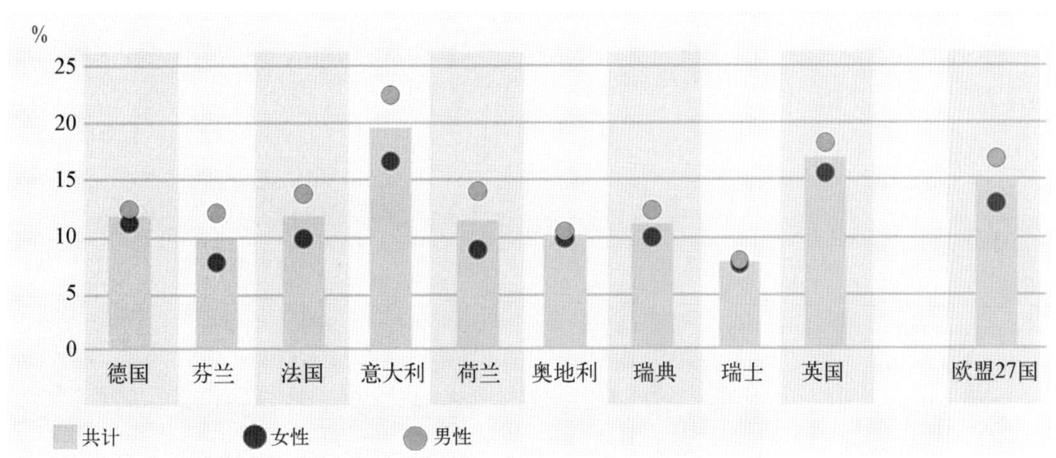

图 B2－4　2008 年部分国家辍学者比例（按性别划分，单位：%）

来源：欧洲统计局主页，欧洲劳动力调查

Ⓜ概念注释

普通教育、职业教育： 包含普通教育、职业教育的各类学校类型，可获取初级普通教育毕业文凭（参见词汇表）。

教育参与率： 统计这一比例，须计算出在一特定年龄组中接受教育的总人数以及这一特定年龄组的居民总人口数。

辍学离校生： 欧盟把辍学离校生定义为年龄在 18－25 岁之间、没有获取高级中等教育文凭且目前未参加职业培训与继续教育培训的年轻人（参见词汇表：毕业文凭）。

B3 公民教育水平

人们的文化水平就是指人们所获取的教育毕业文凭，这将决定性地会影响得到工作与得到深造培训的机遇以及获得职业发展的机会。一个高文化水平的人提升了自我生活方

式的机会并可更积极地融入到社会生活。延续《德国国家教育报告(2008)》,人们应当高度重视接受义务教育孩子的父母文化水平的发展趋势。

特定年龄段的教育毕业文凭

追求就读高校资格的趋势不变

一项在三个不同年龄段中进行的调查显示,随着时间的推移,人们的文化水平也在不断地提升,《德国国家教育报告(2008)》中反映出的这种趋势正在延续(图 B3-1,表 B3-1A)。年龄较轻的群体比年龄较大的群体更多地接受了高等教育。反之,普通中学毕业文凭则明显丧失了优势。因此,2008 年在 30-35 岁的年龄段中有 39%的人拥有就读高校的资格,而他们当中 24%的人拥有普通中学文凭。在 60-65 岁的年龄段中只有 19%的人拥有就读高校的资格,52%的人获取了普通中学毕业文凭。在女性群体中,各个年龄层文化水平得以提升的现状显得尤为突出:拥有就读高校资格的女性的增速几乎是男性的两倍。从各联邦州来看拥有就读高校资格的人数显示新联邦州所占的比例最小,而几个城市州则占了最大比重(表 B3-3A)。

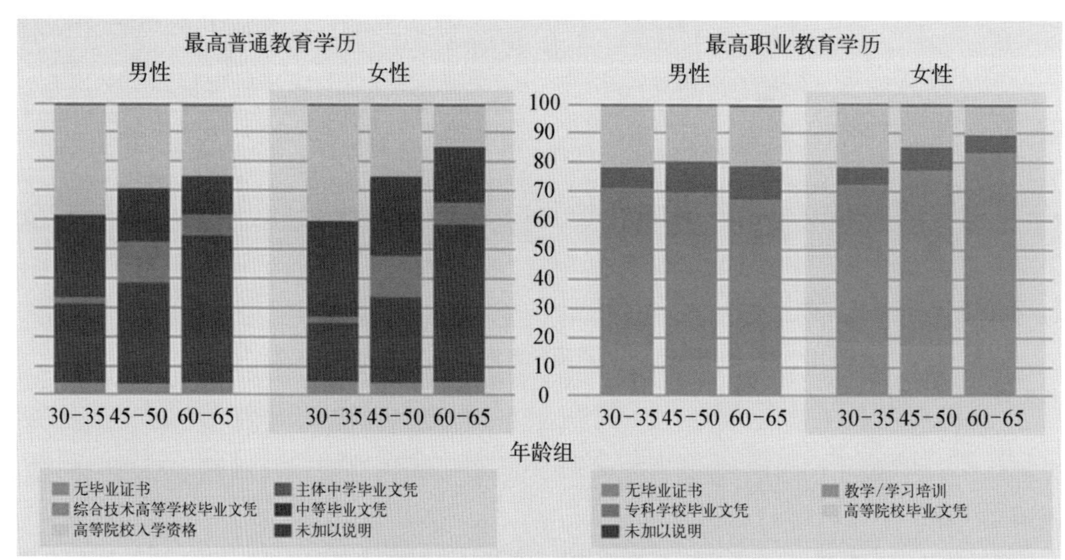

B3-1 2008 年公民获取毕业文凭情况(按年龄组与性别划分,单位: %)

来源:联邦及各州统计局,2008 年微型人口调查

获得就读高校资格人群中仅一半左右获得高校毕业文凭

女性高校毕业人数剧增

在低年龄人群中,男性未获取职业教育培训文凭的比例明显上升

比较民众的就业学历图表显示出:30-35 岁和 60-65 岁之间的高校毕业的人所占比例上升了 6 个百分点(表 B3-2A)。这个现象主要归因于女性改变了她们的教育理念。30-35 岁的女性高校毕业的比例是 60-65 岁女性的两倍多,然而这两个年龄段的男女高校毕业的比例却旗鼓相当。2008 年,30-35 岁年龄段中已高校毕业的男性和女性的比例各占 21%。引人注目的是,30-35 岁的年龄段中有 39%的人获得上大学的资格,而只有 21%的人拿到了大学毕业证书。30-35 岁中的大部分人尽管拥有上大学的资格,却没有上大学,或者说是没有善始善终。同时,没有就业学历的青年人所占比例很显然超过了中年人。在 2008 年,30-35 岁的男性中没有就业学历的比例(17%)明显高于 60-65 岁的男性中没有就业学历的比例(12%)。而在女性中,这个比例恰恰相反,60-65 岁年龄段中没有

就业学历的女性明显多于30－35岁的年龄段。在新联邦州地区，25－65岁年龄段中没有就业学历的比例明显低于旧联邦州地区（表B3－4A）。

移民背景影响到获取教育毕业文凭

正如2008年版教育报告所阐述的那样，没有移民背景的人较之有移民背景的人，一般来说拥有着更高的受教育水平（表B3－5web，表B3－6web），特别明显地体现在接受普通教育或者职业教育者的比例差异上。没有移民背景的人群中只有1.5%的人没有接受过普通教育，而在具有移民背景的人群中达到13%。在具有移民背景的人群中接受职业教育者的比例高达39%，相比没有移民背景的人群甚至要高出逾27个百分点。

具有移民背景人群的文化水平在不同来源国之间存在巨大差异

在2008年，20－30岁年龄段中有17%的人既未拥有一个职业毕业证书，也并非正在参加一个教育培训。在具有移民背景的人群中这一比例甚至达到31%（表B3－7web，表B3－8web）。而这个高比例人群主要来自于土耳其和其他先前的客籍劳工引进国，尤其是女性占了大部分。相比《德国国家教育报告（2008）》，20－30岁年龄段中具有移民背景且没有职业毕业证书或也没有正在接受教育培训的人所占的比重已经降低了，尤其是源自土耳其的移民在接受教育方面的情况已大有改善。

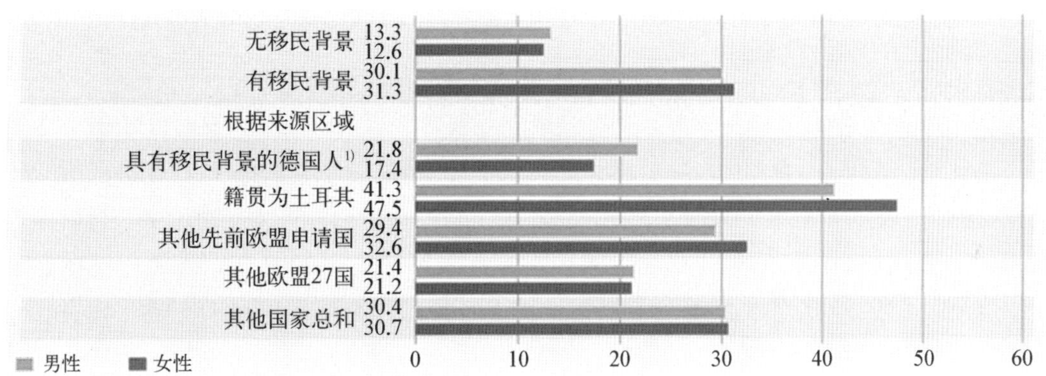

图 B3－2 2008年在20－30周岁*以下人群中未获得职业教育培训文凭也未参加培训的人员比例（按性别与有无移民背景情况划分，单位：%）**

1）例如：晚期移民者

* 未包括服兵役与服民事役人员

** 在进行民意调查时未上中小学或未上大学的人员

来源：联邦及各州统计局，2008年微型人口调查

不同年份时期父母的教育水平

与1996年相比：父母亲拥有高校毕业文凭的比例明显提高

2008年，正在接受义务教育的孩子的父母亲文化水平Ⓜ比1996年明显提高（图B3－3，表B3－9web）。2008年超过三分之一的接受义务教育的孩子的父母亲中有一人拥有就读大学的资格，另外有四分之一的家庭中父母中没有一方的学历超过普通中学毕业水平。这两方面的数据正好与1996年的情况相反，原因是年轻一代的教育水平得以持续提高。

特别在人口密集地区：父母亲未获取中学毕业文凭的比例也在明显上升

引人注意的是，在同一时间段内（1996－2008年）家庭中父母不具有普通中学毕业文凭的孩子比例由2.7%上升至4%。这一比例的上升在人口密集区域特别明显。1996年，在

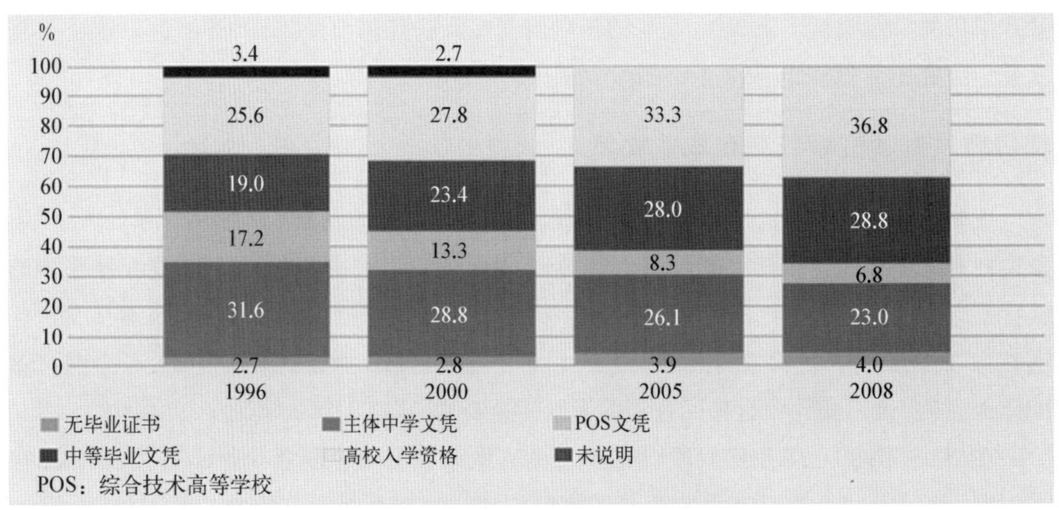

图 B3 - 3　6 - 16 周岁需参加义务教育的儿童及青少年的父母所拥有的最高普通教育学历比例(单位：%)

来源：联邦及各州统计局，1996 年、2000 年、2005 年、2008 年微型人口统计

人口密集地区，5.7%的孩子父母双方均未中学毕业，而这一比例在 2008 年达到 8.3%。人口密集地区的这一上升幅度是其他区域的 2.5 倍之多。

国际层面上的学历比较

30 - 35 岁年龄段中获得高等院校毕业文凭的比例低于欧洲平均值

20 - 25 岁年龄段中有 74%的人拥有高级中等教育学历，在 25 - 35 岁的群体中则达到 85%的比例。2008 年，德国前一年龄段所受教育情况低于欧盟平均水平，后一年龄段所受教育情况则高于欧盟平均水平(表 B3 - 10web，表 B3 - 11web)。30 - 35 岁年龄段中获得高等教育学历文凭的比例在德国是 28%，而欧盟平均值为 31%。鉴于 2002 年以来该比例在德国的低速增长状况，为了在 2020 年达到欧盟目标值的 40%，需要特别努力(图 B3 - 4web)。

Ⓜ概念注释

正在接受义务教育的孩子的父母亲文化水平：此处的孩子样本仅为 1996 年、2000 年、2005 年以及 2008 年微型人口调查中处于 6 - 16 岁年龄段的孩子。父母文化水平为家庭/生活方式内获取的最高的普通教育毕业文凭。调查中的生活方式概念源自 1996 年的微型人口调查。1996 年及 2000 年未统计到的数据得以事后添加至数据库。

B4 教育领域工作者

教育工作者Ⓜ责任重大，因为他们担负着成功构建教育过程的重任；有力保障学生获取文凭、掌握能力；巩固提升教学质量。为了能将各个教育领域的教育工作者有效进行对比，为此特地对教育工作者进行了统计工作Ⓜ。

紧接着要做的就是将教育人员按年龄、性别和职业领域进行划分。为了展现结构差异,人们首次关注在特定教育领域内师生比例的发展状况。此外,还重点研究了传统教育领域之外的教育工作者情况,为的是能更好地了解这方面的现状。

教育机构人员总体概况

200 多万人在儿童日托机构、中小学及高校工作

在 2008 年,有 200 多万人在儿童日托机构作为日间护理人员、在普教及职业学校(包括卫生健康学校)还有高校(包括大学附属医院)工作(表 B4 - 1A)。这个数字占到了所有行业工作人员总数的 5.2%。22%的教育工作者不是从事教学工作或者作为科研人员而活跃在第一线(图 B4 - 1)。相比 2006 年,该比重几乎无变化,尤其是在高等学校,将近 50%的非教学人员比例为各类学校中非教学人员比例最高的,而这尤其要归因于大学附属医院中数目庞大的护工人群。儿童日托机构和学校的教育工作者几乎都在从事教学工作,高校的教育工作者在相当大的程度上履行着科学研究的使命。

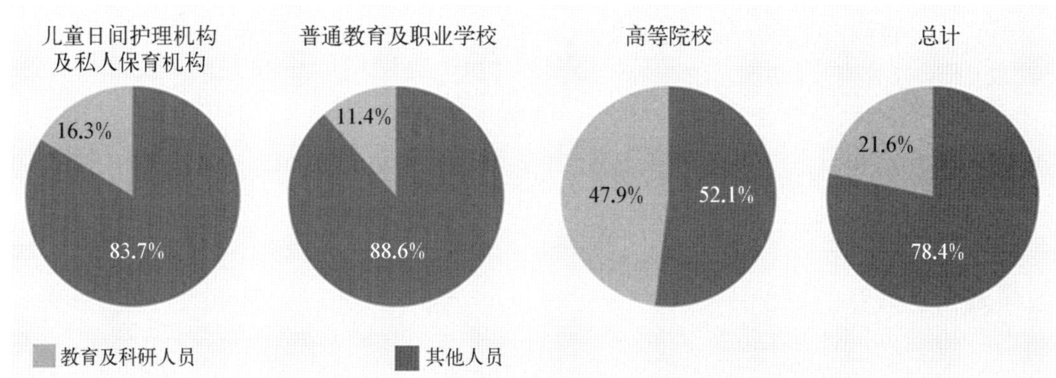

图 B4 - 1 2008 年教育工作人员比例(按工作职能与教育领域划分,单位: %)

来源: 联邦及各州统计局,2007/08 教育人员统计

教学及科研人员的年龄结构

在从事教学及科研工作的人员中有近 40%的人年龄不小于 50 岁。这一比例远高于这一年龄段 27%的就业率(图 B4 - 2,表 B4 - 2A)。

新旧联邦州的学校均亟需引进师资力量

由于相当大的一部分教育工作者行将年满退休,在未来几年里,普通教育学校和职业教育学校亟需引进师资力量,因为这些学校中一半以上的教师已年逾五旬。当然也要考虑到学生的数量由于人口因素将会减少。在旧联邦州,学校对师资力量的需求程度要高于新联邦州。自 2006 年以来,在新联邦州地区年龄不小于 50 岁的教师比例上升了,而在旧联邦州,这一比例却下降了。与这年龄段 27%的就业率和这年龄段在中小学教师中达到 50%的情况相比,这年龄段中从事幼儿教育的人员比例仅为 22%。但是近年来,在各联邦州均可观察到这个年龄段的比例呈上升趋势。

在德国,从事教育工作人群中不小于 50 岁的人数总量在 2007 年已达到全行业人数的 42%,低于意大利的 52%和瑞典的 43%,在国际上位列第三(表 B4 - 4web)。在意大利,几乎所有教育行业中年龄较大的人数总量超过 50%,德国在学前教育领域中较大年龄段占 20%,在高等教育领域中较大年龄段占 29%,形势相对乐观些。各国除招聘师资的政策有

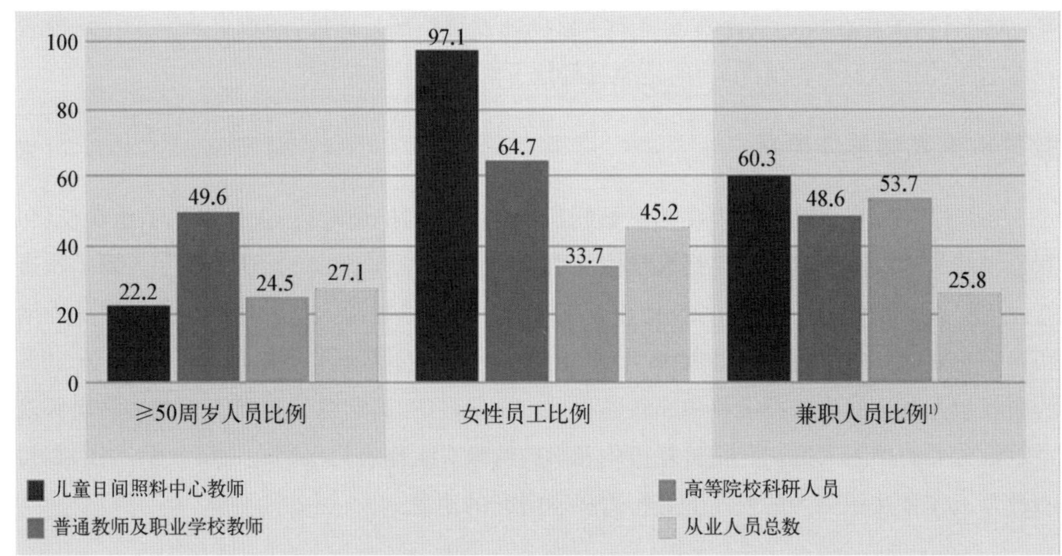

图 B4－2 2008 年教育及科研人员占所有从业人员的比例状况(单位：%)

1) 微型人员调查中兼职与全职的划分由被询问者自我界定

来源：联邦以及各州统计局,2007/08 教育员工统计,2008 年微型人口调查

所区别外,师范培训学制的不同造成参加工作年龄存在差异;此外,各国不同的退休年龄限制与规定都影响到教育行业内的年龄结构。

教学及科研人员的性别

尽管比例有所上升：在高校工作的女性比例依旧过低

在 2008 年,大约 68% 从事教学及科研的人员是女性,总就业人口中的 45% 为女性(图 B4－2,表 B4－3A)。女性在儿童日间照料机构中占垄断地位。自 2006 年以来,这一现象几乎在各联邦州均有所缓和。在普通教育学校和职业教育学校中,三分之二的工作人员为女性。在高校领域,性别比例恰巧相反,当然这几年来在所有联邦州的高校内,女性参与教学与科研的比例正在不断上升。

从世界范围来比较,大部分国家的教学与科研人员中的女性比例要高于德国。德国的这方面情况也具有国际代表性：接受教育者年龄越大,其中男性所占比例越高、女性所占比例越低(表 B4－5web)。

教师及科研人员的工作模式

教育行业中兼职教师比例上升

2008 年,在德国超过一半的从事教学与科研工作的人员为兼职性质(图 B4－2,表 B4－6web)。在教育岗位方面的兼职比例是在所有就业者人群中兼职比例(26%)的两倍。比起中小学或者高等院校这些领域,这种兼职情况在儿童日间照料机构更为突出。与 2006 年相比,兼职比例在所有教育领域均有所增长(所有就业者中兼职比例却在下降),最显著的是在高等院校。教师兼职现象出现在儿童日间照料机构和中小学有其特定的行业原因(例如半日制幼儿园、针对中小学学生人数减少的人员调整等)。但是家庭与职业的统筹以及其他私人方面的因素也是出现兼职教师情况的重要原因(表 B4－7web)。

在国际对比中,德国以其超过 50% 的兼职教师比例成为教师行业兼职比例最高的国家之一，其中瑞士和荷兰教育界中兼职教师比例更高。与此相反，在葡萄牙、塞浦路斯、土耳其和意大利，至少90%的教师都在全职从事教育工作。

中小学及高校的师生比例

相较于受教育者的数量，师生比Ⓜ说明了教育领域师资力量的配备情况。这样的师生比例之所以被视为重要的学习过程指标，是因为受教育者在师生比例有利的情况下通常会得到更好的个性化照料。值得注意的是，出于对学生年龄上的考虑，幼儿园及小学生的师生比例较其他教育领域更为合理。另外，师生比例还受到教育周期（比如全天课程或半天课程以及授课时数等）、教育机构类型、班级人数规模以及高校学科结构的影响。这些因素尤其为高校学科结构所左右。

新联邦州中小学的师生比优于旧联邦州

从时间纬度而言，师生比例几乎在各个教育领域基本不变或略微下降（表B4－8web）。总体而言，小学的师生比例为1∶18，低于初级中等教育（1∶15）与高级中等教育（1∶14）的师生比例。由于出生人数降低导致中小学生相应减少，20世纪90年代起大量新联邦州地区居民迁移至旧联邦州地区，此外新联邦州地区师资数量并未随着人口减少而大幅度削减，所以新联邦州的中小学师生比例优于旧联邦州地区（参见H章）。自2002年以来，新联邦州在高等教育领域的师生比例优势无论在综合性大学还是在应用技术大学均不再明显，因为大学生人数出现大幅增长，而师资数量并未相应增加到位。

常规院校以外的教育活动

34%的教育工作者在常规院校以外从事教学工作

教学活动Ⓜ并不局限于常规的学校教育事业。在2007年，所有就业者中的5.5%，即大约210万人主要从事教师、培训师等教学工作。其中的34%（约72.4万人）在常规院校以外从事教学工作（表B4－9web，表B4－10web）。教育教学领域也包括成人教育工作。相当一部分教育工作目前归属于卫生健康、社会福利事业，例如，大量的托儿所老师、日间照料机构教师和阳光之家辅导老师。大于或等于50岁的女性从业人员比例在非教育教学领域相对低一些。

有移民背景的教育工作者

在常规学校执教人员中仅7%的人具有移民背景

9%的教育工作人员具有移民背景，而所有就业者中17%的人具有移民背景（表B4－10web）。在常规学校执教人员中有7%的人具有移民背景。这与大约有四分之一的接受教育者具有移民背景的情况相悖。无论是在教育教学领域还是在其他经济领域，具有移民背景的就业者主要来自欧盟27国。土耳其裔就业者占总从业者的2.5%，0.6%的教师源于土耳其，相对而言比例不高。

Ⓜ概念注释

教育工作者：在教育行业各个机构中工作的人员被理解为教育工作者。这既包括教学与科研人员，也包括其他人员。在儿童日间照料机构以团队小组形式从事幼儿日间照料的工作人员（不含正在参加职业培训的人员）、中小学教师以及高等院校的科研与宣传美工人员均属于教学与科研人员范畴。参照（学前教育)国际惯例,儿童日间照料机构中未获取高等院校毕业文凭的兼职人员未被纳入教学与科研人员范畴。儿童日间照料机构中的领导、行政管理人员、物业/维修人员,中小学中从事中等难度或者简单服务型工作的人员以及高等院校(不含正在参加职业培训的人员)中行政管理人员与提供技术支持的员工归属于其他人员的范畴。

教育工作者统计工作: 教育工作者统计工作涵盖各个教育领域,实行统一与不重叠的统计方式。目前的数据包括在儿童日间照料机构从事幼儿日间护理的老师,在普通教育学校与职业教育学校、卫生学校以及高等院校工作的教师。数据源自儿童与青少年救济统计、中小学数据统计、高等院校数据统计、公共服务从业人员状况统计以及德国文化部长联席会议所公开的信息。

师生比: 某一特定教育范畴内的学生导师人数(全职工作人员)与所有学生之间得出的商值为师生比。高级中等教育领域的师生比包含职业学校的教师与学生,但不包括双元制培训中企业部分的学生指导工作。职业学校指导学生工作量经六折处理之后被纳入统计之中。在高等教育领域必须注意到综合型大学与应用技术大学的科研方向各有侧重。应用技术大学由于科研精英人数少于综合型大学,因此在师生比方面处于弱势。此外,专业结构上的差异也影响到师生比的高低。

教学活动: 四年一度的微型人口调查(上一次的调查时间为 2007 年)显示出有多少从业人员的工作重点放在"教育、培训、教学"类别之内。教学活动既可从个体化角度阐释,也可从统计教育工作者的机构角度来审视。2007 年微型人口调查按照 2003 年经济行业分类标准执行。托儿所与儿童日间护理工作未被统计在"教育与授课"目录之中,而是被统计在"健康事业、兽医行业以及社会福利与教育事业"的目录之中。

前景

从国际比较来看,德国年轻成年人接受教育的比例较高。因此国民学历和能力水平均得以提升,从而可以充满信心迎接未来的挑战。面对瞬息变化的职场要求、进一步调整中的产业结构以及进一步紧密相连的国际全球化趋势,亟需提高获取高等院校学历的人员比例。

诚然,在 30 - 35 岁年龄段中,德国与欧盟其他国家相比,获取高等院校毕业文凭的人数较少。德国的这一比例在过去几年里相比欧盟其他国家只是略微增长。在德国仅仅有一半的拥有高校入学资格的学生最终大学顺利毕业。因此,不仅要特别鼓励高中毕业生开始大学学业,而且要改良学习机构组织,以便德国大学生在开始大学学业之后能相比现在更易完成大学学业。

由于没有普通教育毕业文凭或者职业教育毕业证书的学生在劳动力市场上屡屡碰壁,且综合考虑到机会平等与促进社会参与度,必须减少过早辍学的学生比例,夯实职业教育稳步发展的基础。

如果父母为低学历或者家庭具有移民背景,在这类家庭中成长的子女往往学历也低,通常不能获取普通教育或者职业教育文凭。为了更好地激发教育潜能,提升高素质人才培养的比重,尚须艰辛努力提升这一群体的学历层次并扩大其接受教育的比例。对《德国国家教育报告》而言,在未来的教育发展事业中会特别关注机会平等现象。

因为个人的发展、社会的发展、经济的发展深受教育与研究费用的影响,所以联邦总理和各联邦州州长决定,直至 2015 年,德国全国在教育与研究方面的开支将提高到国内生产总值的10%。整体看来，过去几年的教育开支与经济发展是不成正比的。国家实施了公共事业的财政预算计划、经济复苏项目，并且下调经济危机背景下的国内生产总值指标，都是为了提升教育开支在国内生产总值中所占的份额。尽管面临着预算问题与国家财政赤字，可是为了实行改革措施并实施扩展项目（例如照料3岁以下儿童、增设全日制学校、扩大高校招生数量），国家、各联邦州、各乡镇必须继续加大在教育领域上的资金投入力度。

由于年龄因素，尤其是在普通教育和职业教育学校，在未来几年将有大约一半的教师办理退休手续，因此需要一大批新教师加入教育事业中。能否聘用到足够的合格教师，主要取决于重新整编师范教育的职业培养体系是否能够获得成功，是否能够提升教师职业对年轻男性的吸引程度。同样，在常规教育中，今后应当扩大具有移民背景的教师人数，因为现今已有大约四分之一的教育接受者具有移民背景。

C 婴幼儿时期的教育、照管和培养

过去十年,国家、各联邦州及各乡镇制定儿童日间照料机构的政策着眼于不到 3 周岁婴幼儿的启蒙教育、照顾照料与教育培养上。在 20 世纪 90 年代,扩充照顾照料这一年龄段的婴幼儿场所是这一领域中最主要的任务。当时的核心任务就是要在旧联邦州地区扩大照顾照料 3 周岁以下婴幼儿的机构。不管是以日托所形式还是以白天看护的形式出现,这些都是这一章节的主题,另外还包括人员投入问题。

与教育行业内的其他领域相比,3 岁以下婴幼儿教育现在发展势头强劲,并不断发展壮大。与此同时,人们寄予众多儿童日间看护机构各种厚望,期望它们能提供强大的早教支持,特别是有关言语习得方面的辅导。这主要是顾及到具有移民背景的儿童日益增多的现状。最近阶段,正大规模加大投入促进特殊教育,积极协助残疾儿童融入到班级集体中。

除了增设照料 3 周岁以下婴幼儿的机构以外,婴幼儿教育、照料与教育领域必须审视师资质量问题。公众讨论的焦点涉及早教机构专职教师的培训与进修、必须额外增加的日间照料人员的资历、日间照料机构的人员配置比例,以及促进婴幼儿语言开发所面临的种种挑战。

C1 章节综合介绍了招收 3 周岁以下婴幼儿的机构扩充情况,适合不同年龄婴幼儿入学的各类机构的增幅有所不同。此外,在新旧联邦州之间,特别是在幼教机构招生规模上存在差异。在评估儿童日间看护容量上,重点关注一位看护者需照看几个幼童。

3 岁以下儿童参与早教教育情况(C2 章节)是有关接受教育信息的焦点核心。在残疾儿童方面,令人关注且广为讨论的是他们相比在特殊幼教机构,是否能够融入普通幼教机构。由于在微型人口普查及儿童青少年援助数据库中,首次区分了有无移民背景儿童接受教育的比例状况,这样各联邦州之间的差距就一目了然了。

C3 章节重点分析了幼教机构的人员结构,在过去几年中新进人员的资历情况有何变化,当前日间照料儿童人员呈现何种特点。尤其对 3 周岁以下婴幼儿而言,评判照料好坏的核心指标就是 C3 章节提及的另一个重要方面——幼教机构的人员配置比例。

C4 章节列举了提早入学、按时入学和推迟入学的数据。此外补充了家庭出身不同造成儿童处于不同的社会经济关系中的信息。入学准备工作的差异性导致学生学习成绩截然不同。最后还介绍了测试儿童语言水平的情况以及相应的弥补措施。

C1 婴幼儿时期教育、幼儿照管与幼儿教育

在婴幼儿时期教育、幼儿照管和幼儿教育方面呈现出两种相反的趋势，这两种趋势对各类早教机构的不同类型分化产生影响。一方面，旧联邦州就读幼儿园的儿童数量在未来几年持续下滑；另一方面，必须扩建补充针对3周岁以下婴幼儿照料场所的项目。本章节的主题就是如何应对儿童日间照料场所的不均衡性。值得注意的是，不仅要扩充儿童日间照料机构数量，还要扩大日间照料婴幼儿的机构规模。当然，本教育报告所涉及的日间照料场所均为接受公共资金援助的机构。

儿童教育机构的数量及类型

2009年，德国共有4.7万家机构为尚未上小学的儿童提供日间照料服务。与2008年相比，此类机构的数目在新旧联邦州均只增加了1%，几乎没发生变动（表C1－1A）。

旧联邦州地区儿童日间照料机构的类型发生变化

近几年来，旧联邦州地区儿童日间照料机构的类型发生明显变化。接收3－6岁年龄段的儿童日间照料机构的数量由2002年的逾2.8万家减少至2009年的2.4万家左右，其主要原因是儿童日间照料机构出现细分化，分门别类地接收各种不同年龄段的婴幼儿（表C1－1A）。出现上述转变的决定性因素在于旧联邦州地区人口发展新动态，以及政策鼓励扩建接纳3周岁以下婴幼儿的儿童日间照料机构（参见H2章节）。这两方面具有极大的影响力，现有的儿童日间照料机构必须灵活应对新局势，或增加接纳3周岁以下的儿童日间照料场所，并且扩大已有的接纳3周岁左右儿童的机构或增加接纳2周岁幼儿的日间照料机构Ⓜ。

3周岁以下的孩子群体人数增幅最大

对比2006年和2009年的数据，需特别注意以下数据：3周岁以下的儿童群体人数增幅最大。2006年在旧联邦州地区，3周岁以下孩子的人数仅为2万，而3年后已经增长至5.3万，这相当于增长了167%。然而2周岁的儿童前往针对其开放的幼儿园的增长幅度仅为31%（图C1－1）。

针对2周岁幼儿群体开放的幼儿园似乎也是困难重重。从专业角度来看，最好同时招收若干个2周岁的儿童，从而可以制定相应的教学大纲并且配备适合该年龄段的师资力量。在旧联邦州地区共有4.7万名2周岁儿童就读幼儿园，其中的2.4万名儿童或是1个人或是2个人被安排到一个拥有20余名超过3周岁的儿童群体之中（图C1－1）。共有12%左右的3岁以下儿童被安排到一个非同年龄段、非同一智育发展阶段的群体之中（表C1－2A）。在新联邦州地区这一现象仅为1.6%，所占比重几乎可忽略不计。

新联邦州地区非盈利公共福利幼儿园的重要性日益突出

在2009年，非盈利公共福利幼儿园的主导地位保持不变：在旧联邦州地区接近三分之二的幼儿上的是此类幼儿园，私人民办幼儿园比例仅占总数的0.7%。在新联邦州地区，非盈利公共福利幼儿园的增长趋势愈加显著，从20世纪90年代初不到5%的比例上升到2002年愈45%的比例，至2009年达到60%（表C1－4web）。

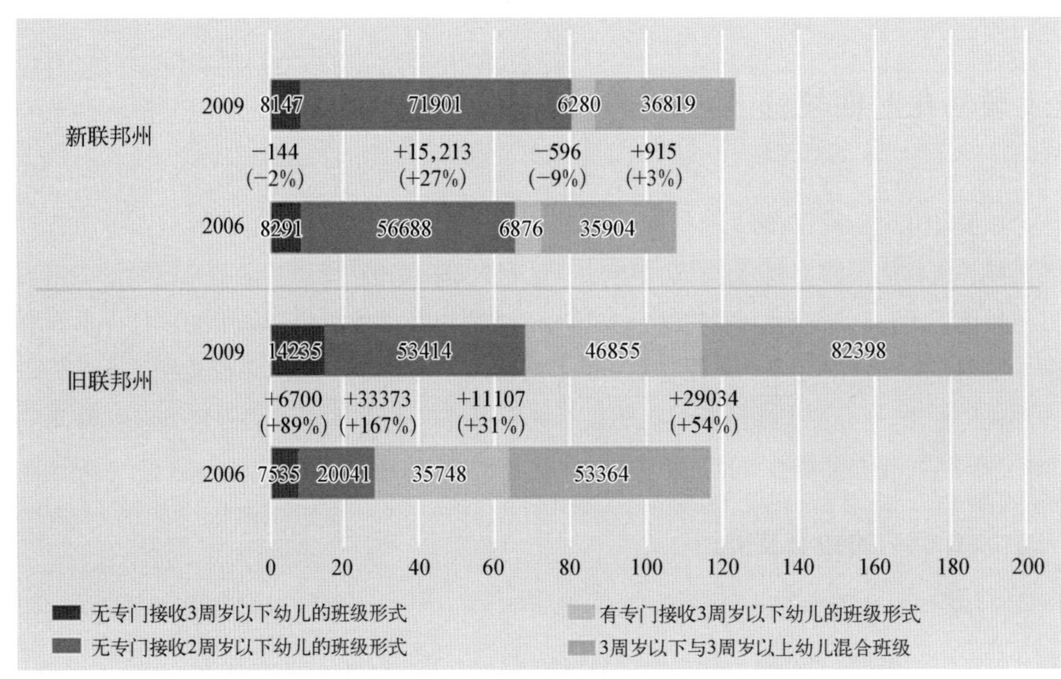

图 C1－1　2006 年与 2009 年新旧联邦州地区* 招收 3 周岁以下幼儿的儿童日间照料机构情况(按照料幼儿方式划分)

* 不包括柏林,解释说明参见表 C1－2A

来源：联邦各州统计局,儿童及青少年救助统计,各联邦州研究数据中心,编写组自行统计

各联邦州日间护理员照料儿童数量情况

新联邦州地区一半以上的日间护理员一人需要照顾至少 4 个孩子

为全方位了解儿童日间照料机构对孩子早教、日常照料和教育方面的情况,除了日间照料机构信息之外,必须摸清儿童日间护理人员状况。各类儿童日间照料机构在儿童看护资历方面、收入和组织程度上有着显著的区别。2009 年,德国有 3.9 万个在编的日间护理员,她们共要照顾约 9.9 万个幼儿。在日间护理人员构成方面分为两种基本类型：一种是作为专职的职业日间护理员,另一种是作为兼职、流动性很强的日间护理员志愿者。从发展趋势来看,这两种职业形式与所需要照料的孩子数量成一定比例关系。一个日间护理员一般需要照顾 4 个孩子,54%的新联邦州地区的日间护理员就属于这种情况(表 C1－3A)。与之相反的是,专职儿童日间护理员在旧联邦州地区只扮演着无足轻重的角色。仅有 21%的日间护理员一人照料着 4 个或者更多的孩子,79%的日间护理员还是以兼职为主。

3 周岁以下德国幼儿在公众福利赞助的托儿所得到照顾的比例低于欧洲的平均值

比较欧洲各国为 3 周岁以下幼儿提供照料的情况

欧洲家庭收入及生活条件调查(EU－SILC)的权威数据显示：2008 年,20%的 3 周岁以下的德国幼儿在公共福利赞助的托儿所得到照顾,相比之下,德国低于欧洲的平均值(25%)。欧洲 10 个国家建立起了超过 30%的为 3 周岁以下幼儿提供照料的福利体制(图 C1－2,表 C1－6web)。和其他欧洲国家相比可看出,在欧洲范围内,只有少数国家提供 3 周岁以下幼儿上托儿所的比例能超过 30%。

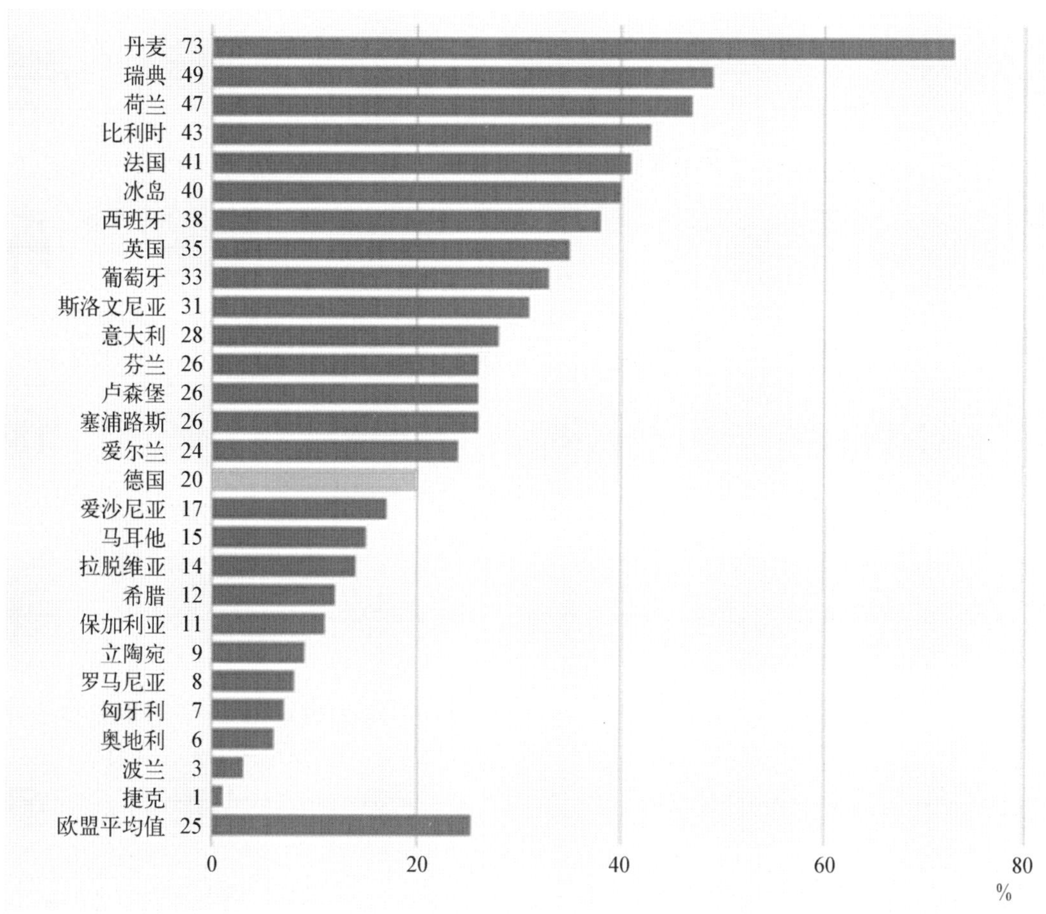

图 C1－2　2008 年欧盟 27 国 3 周岁以下幼童就读正规幼教机构* 比例(单位：%)**

* 欧盟收入与生活状况统计中指的正规的儿童日间照料机构是所有“结构可控的”民办及公办的照料组织：托儿所，儿童日间照料机构，幼儿园，私人看护点以及学前机构(小学附属幼儿园与学前班)。这意味着，看护幼儿者与幼儿父母亲并没有直接签订协议，这种照料幼儿关系是通过一种组织机构(例如：责任人，幼儿园领导)来实现的。除了保姆、亲属、朋友以及邻居之外，私人照料幼儿机构在欧盟收入与生活状况统计中被归入“其他照顾幼儿方式”的类别之中，欧盟收入与生活状况统计中调查得出的部分数据尚需加以验证

** 2008 年未包括挪威与斯洛伐克的数据

来源：欧洲统计局，2008 年欧盟收入与生活状况统计

Ⓜ概念注释

接纳混合年龄组以及 2 周岁儿童的幼儿园： 混合年龄组幼儿园接纳的幼儿通常是 4 个月至入学年龄。接纳 2 周岁儿童的幼儿园为常规幼儿园，最多接纳 6 个 2 周岁的儿童，因此 2 周岁的儿童就读幼儿园的名额特别紧俏。

C2 幼儿在日间照料机构和私人照料场所的教育参与情况

在过去十年间，让从 3 岁到学龄前年龄段的儿童接受教育已在全国范围内成为常规。专业学术界所制定的政策因此特别聚焦针对 3 周岁以下以及残障儿童的各项扶助上。

各年龄段接受教育的比例Ⓜ

全国范围内,4 岁及 5 岁就开始接受教育的孩子比例从 2008 年开始就超过了 95%。几乎所有家长在孩子处于这个年龄时,都自愿把孩子送往日间照料孩子的机构,比如幼儿园或者公共福利的托儿所。因此,如果在幼儿园全面实施像小学一般的义务教育制度,看来仅能发挥额外少许作用。

旧联邦州地区 3 岁儿童就读幼儿园比例显著上升

入幼儿园的第一年,即 3 岁幼儿入学幼儿园在德国存在地区差异性。在新联邦州地区,3 岁入学幼儿园的儿童比例最近达到了 92%,2009 年时在旧联邦州地区这一比例为 83%。这一年龄组入学幼儿园情况正在发生翻天覆地的变化:2000 年,仅有 50%的 3 岁儿童就读幼儿园。2006 年这一比例上升至 74%。在旧联邦州地区,最晚在 3 周岁时就读幼儿园已成为共识。各联邦州地区的差异依然明显存在,石勒苏益格-荷尔斯泰因州 3 岁幼儿入园率为 73%,巴登-符腾堡州和莱茵兰-普法耳茨州 3 岁幼儿入园率达到 93%(表 C2 - 11web)。从时间纬度来看,从 2006 年开始,3 岁幼儿入学幼儿园的比例在所有联邦州地区都有所提高,而且各联邦州之间的差异也相对有所减少。

旧联邦州 3 周岁之前接受教育的儿童比例在 2009 年提升到 15%

如多次报道的那样,新旧联邦州地区儿童 3 岁之前接受教育的比例被证实存在着明显的区别。在旧联邦州地区,3 周岁之前接受教育的儿童比例从 2006 年的 8%提升到接近 15%,说得更确切些,在 2009 年大约有 24.2 万名儿童进入了托儿所(图 C2 - 1,表 C2 - 2A)。这 3

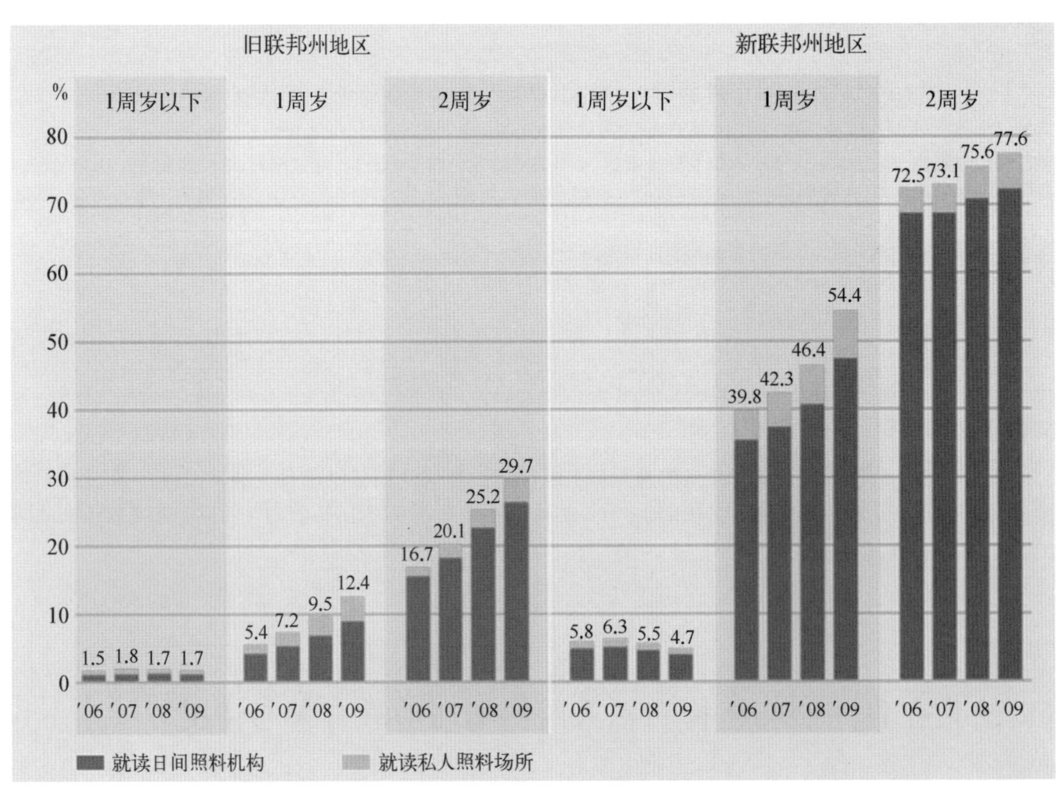

图 C2 - 1 2006 - 2009 年 3 周岁以下幼儿在新旧联邦州就读日间照料机构与私人照料场所的比例(按不同年龄段划分,单位:%)

来源:联邦及各州统计局,儿童及青少年救助统计,编写组自行统计

年里，托儿所额外提供了超过 10 万个入托名额。尽管这些名额已显著增多，但在未来，未满 3 周岁的孩子接受教育仍是一个巨大的挑战。联邦政府、各联邦州和各乡镇不仅要把 3 周岁之前儿童进入托儿所的比例提高到 35%左右，而且从 2013 年起《儿童促进法》也将满足 1－2 岁儿童的合理入托需求。扩大入托需求体现在 70%所增加的入托名额在儿童日间照料机构解决，30%所增加的入托名额在儿童日间护理机构解决。这样，在旧联邦州地区针对 3 周岁之前孩子的日间护理的比例必将克服各联邦州之间的差异，将由 18%的比例(2009 年)预期增长到 24%左右(2013 年)(表 C2－2A)。

新联邦州 3 周岁之前的儿童接受教育的比例也有所提升

新联邦州 3 周岁以下儿童接受教育比例在 2006 年至 2009 年这 3 年内从 39%增长到 45%。虽然新联邦州 3 周岁以下儿童接受教育比例(45%)远超旧联邦州(35%)，但两地区接受教育的 3 周岁以下儿童人数规模相当。旧联邦州的增幅主要体现在 2 周岁幼儿入托方面，而新联邦州的增幅主要体现在 1 周岁幼儿入托方面。受教育比例从 40%增长至 54%，其原因可能受 2007 年起实行的父母育儿津贴政策的影响，政策规定政府最多可支付孩子父母 14 个月的补贴。此外，联邦劳动局加强职业介绍、父母双方渴望同时就业的需求这些因素均会导致照料幼儿的需求增加。然而 1 岁幼儿入托比例与 2007 年相比略有下降(从 6.3%降至 4.7%)(表 C2－1A)。在新联邦州 3 周岁以下儿童中有 4.4%的儿童接受日间护理，这几乎是旧联邦州该比例(2.6%)的两倍。

全日制照料形式愈加普遍

合约确定的照料时间跨度不一而足。有照料时间为 5 小时的半日制，有每天照料时间为 6－7 个小时的，其中部分为中午有所间断的四分之三日制，还有超过 7 小时带有午餐照料一整天的全日制。2009 年，3 周岁以下的儿童接受全日制照料的比例在新联邦州为 67%，在旧联邦州为 35%。在新联邦州有超过三分之二的 3 周岁以上儿童接受全日制照料，而在旧联邦州这一比例仅为四分之一(表 C2－3A)。3 周岁以上和 3 周岁以下这两个年龄群体的共同点是：与 2006 年相比，无论是在新联邦州还是在旧联邦州，全日制照料规模均得以扩充，然而新旧联邦州之间的差异越来越大。在旧联邦州，3－6 岁儿童的半日制照料规模从 2006 年的 30%下降到 2009 年的 27%。在 2009 年，四分之三日制照料模式主要在旧联邦州普遍推行，所占比例将近 50%，而在新联邦州这一比例仅为 22%。全日制照料的比例在巴登-符腾堡州仅占 12%，而这一比例在图林根州高达 90%。各联邦州之间接受全日制照料的比例差异仍较大(表 C2－12web，表 C2－13web)。

3 周岁以下幼儿接受教育的比例所呈现出的地区差异

2009 年，旧联邦州 3 周岁以下幼儿接受教育的比例平均值为 15%左右，其跨度为 4%至 36%之间。自 2006 年以来该比例下降至 5%以下的仅有下萨克森州的莱尔地区，该比例在 10%以下的地区主要集中在巴伐利亚州南部和下萨克森州与北莱茵-威斯特法伦州的农村。与此相反，该比例高的地区集中在一些大学城(比如海德堡 36%，弗莱堡 27%)。2009 年，在新联邦州地区 3 周岁以下幼儿接受教育的比例平均值为 45%，其跨度为 32%到 62%，这主要是各地区发展状况与各联邦州政策侧重点方面存在着差异性(图 C2－2)。数据清晰地表明，尽管德国政界经协商之后，业已确定好 35%的目标，但地区差异性依旧很大。

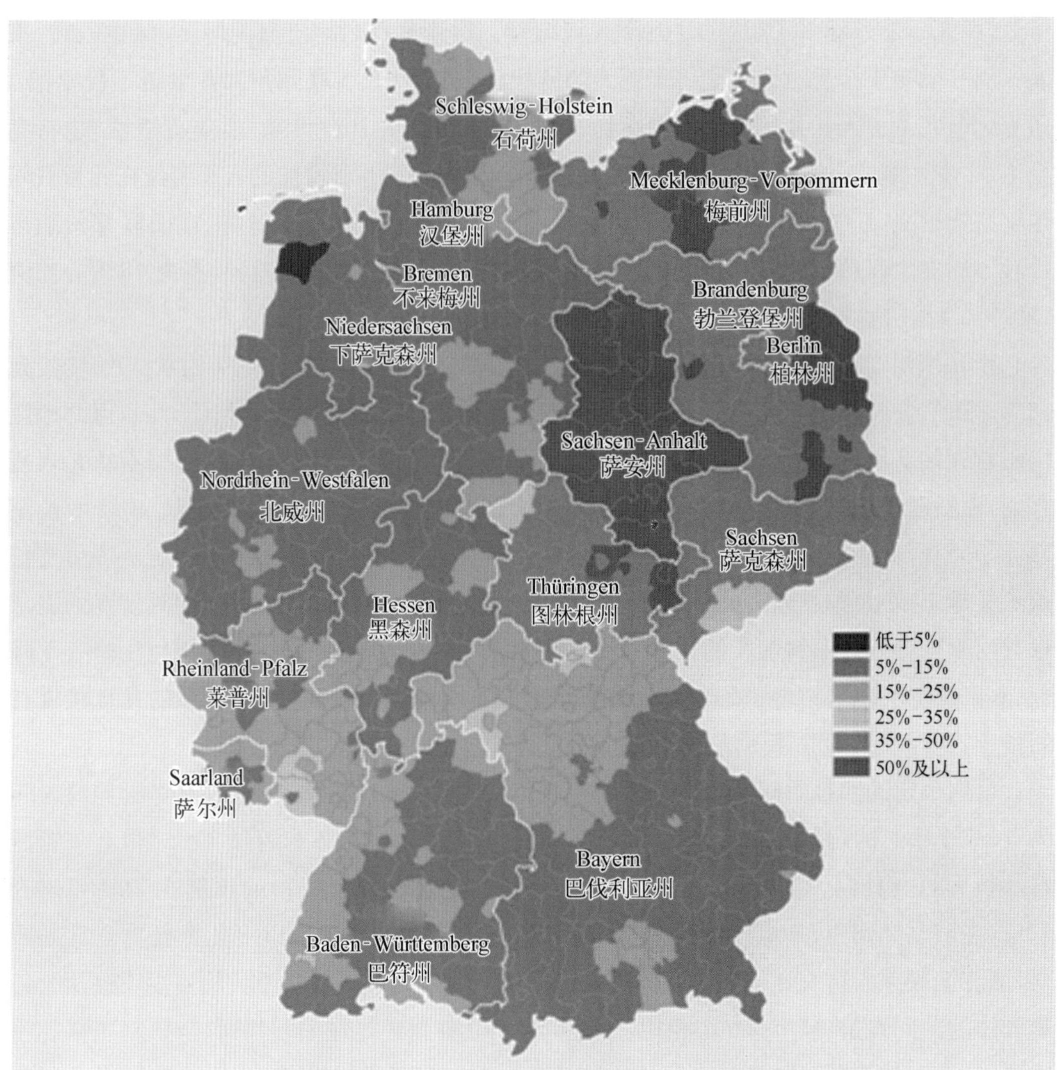

图 C2-2　2009 年各专区及独立市内 3 周岁以下幼童就读日间照料机构与公共资金赞助的私人日间照料场所的比例(单位：%)

来源：联邦及各州统计局，2009 年儿童日间照料区域报告

从城市及其乡镇地区儿童日间照料机构扩充程度来看，在 2006 年至 2009 年期间增幅差距不小，儿童日间照料机构增幅最小的不到 1 个百分点，最大的达到了 16 个百分点。在大多数联邦州，儿童日间照料机构扩充程度在百分比上有很大差异，这就意味着各个联邦州都有不同的扩充战略。目前，巴登-符腾堡州辖属各地区在儿童日托方面呈现同步发展局面，石勒苏益格-荷尔斯泰因州辖属各地区在这方面发展得很不均衡。

残疾儿童Ⓜ接受教育情况

现有的统计数据使大家能够了解到残疾儿童接受早教的情况。所谓残疾儿童，是指被卫生局鉴定为有心理或生理障碍、被一位医生或一位治疗师诊断为有心理障碍、身体残疾亟须在日间护理机构接受日间护理的儿童，还包括那些在特殊学校就读的学生。

依据官方统计数据，照料残疾儿童的机构发展趋势十分明显。正如《德国国家教育报告(2008)》所提到的，接收残疾儿童的幼儿园数量持续增加，由1998年的7800家增加至2009年的1.43万家，几乎翻了一番(表C2－4A)。儿童及青少年援助库数据库显示，日间照料残疾儿童的机构数量在1998年至2002年期间明显减少，至此数量基本稳定在350家左右。去特殊幼儿园上学的儿童人数在过去十年里略有增加(表C2－14web)。照料残疾儿童的方式有两种，一种是在残疾儿童居住地附近进行个别辅导；另一种是最多5个残疾儿童构成一个小组共同接受辅导。2009年，在以小组形式接受辅导的残疾儿童中有26%的儿童是在1－2个儿童的小组中接受辅导；有37%的儿童是在3－5个儿童的小组中接受辅导(表C2－5A)；有约三分之一的儿童是在一个不小于6个儿童的小组中接受辅导。

综合一体化形式愈加普遍

可以明显观察到，残疾儿童的年龄越大，接受特殊教育的比例就越高。2009年，有8100名3周岁残疾儿童前往特殊教育机构，有2.02万名3周岁残疾儿童在特殊教育机构接受照料。接受特殊教育的儿童比例在全德国境内按年龄不同分别是1.2%(3周岁年龄段)，2.3%(4周岁年龄段)与2.9%(5周岁年龄段)(表C2－6A)，但统计数据未包括那些在特殊小学附属幼儿园及小学预备班中学习的儿童。

目前尚不清楚统计数据是否包含了所有处于幼儿园年龄段的残疾儿童。具有特殊教育促进需求的学生(不包含促进重点为学习的促进学校学生)占学生总人数的比例达到3.4%，为具有促进需求的5周岁儿童开设的日间照料机构的比例也接近3.4%，这一数据具有很大的参考价值。

具有移民背景儿童Ⓜ的接受教育程度

借助于微型人口调查数据以及儿童、青少年援助数据库中有关来源国统计数据的估算Ⓜ，2009年具有移民背景的儿童接受教育比例在旧联邦州地区达到85%，明显比没有移民背景儿童接受教育的比例(95%)要低(表C2－7A)。10个百分点的平均差值显示出明显的地域差异，在巴登-符腾堡州无论有无移民背景，儿童接受教育的比例几无差别；而在巴伐利亚州和石勒苏益格-荷尔斯泰因州，具有移民背景的儿童要比没有移民背景的儿童在接受教育比例方面要低20多个百分点。在旧联邦州地区，3周岁以下的儿童接受教育的比例情况也与是否具有移民背景密切相关，3周岁以下具有移民背景的儿童接受教育的比例为9%，而无移民背景的儿童接受教育的比例要高出一倍(表C2－16web)。从改善具有移民背景的儿童教育机会角度来看，通过日间照料机构的早期支持是必不可少的。必须提升家长的积极性，使孩子们能够尽早进入日间照料机构。

具有移民背景的儿童较少就读日间照料机构

然而，具有移民背景的儿童并没有按其占总人口的比例均匀地分布在各个儿童教育场所内。对于儿童的语言发展而言，这可能是具有重要意义的。有些地区的幼儿园和托儿所内有超过75%的儿童的家庭语言不是德语。在旧联邦州，11%的儿童日间照料机构面临着以上的情况。另外还有23%的儿童日间照料机构内有50%－75%的儿童的家庭语言不是德语(表C2－8A)。二者相加，有三分之一母语非德语的儿童所在的日间照料机构内，同年龄段母语为德语的孩子仅占少数。在这状况下，通过日常交际促进语言学习的方式很难行得通。由于德国当地人与外来移民的居住所在地分布状况也体现在幼儿园的生源上，因而要想在这类幼儿园实现德国当地幼儿与外来移民幼儿比例达到均衡较为困难。面对现状,此类幼儿园教师必须有意识地融入到这些移民儿童的日常生活内,将促进语言表达设定为教学目标。德国本地儿童与外来移民儿童同上一个幼儿园的趋势目前看来前景愈加渺茫,不仅受制于居住地的分布情况,关键还在于幼儿父母有权自由选择目前的照料场所,且日间照料场所的责任主体也可自行确定招生条件。

Ⓜ概念注释

接受教育的比例: 这一比例与年龄密切相关,接受教育的总人数除以上一年度 12 月 31 日特定年龄段的总人口数可计算出接受教育的比例。这里的年龄段限定为 3 周岁以上、6 周岁以下的儿童。现有的中小学生数据库(截至 2009 年 3 月 1 日)有关 6 周岁在校学生的数据还不是特别精确。

残疾儿童: 按照儿童与青少年援助数据库的统计标准,须依据《德国社会法典》第 12 辑第 53、54 条款(由于身体/精神疾病)或者依据《德国社会法典》第 8 辑第 35a 条款(由于心理疾病),在特定机构或者在儿童日间照料机构接受相关融入社会辅助训练的儿童,以及那些按照德国文化部长联席会议数据和相应的各联邦州数据就读促进学校附属幼儿园的儿童。

具有移民背景的儿童: 基于统计数据的动态演变,具有移民背景的定义与词汇表中的定义并不完全一致。自 2006 年以来,儿童青少年援助数据库将就读于日间照料机构且至少父母一方源自国外的儿童视作具有移民背景。儿童本身的出生地以及移民状况或者其祖父母/外祖父母的移民状况并不能作为儿童是否具有移民背景的判断依据。

有关具有移民背景儿童接受教育比例的估算: 由于微型人口调查所采用的具有移民背景儿童的样本与儿童青少年援助数据库所采用的样本略有差异,因而本文中的数据主要以微型人口调查的接受教育比例为基础加以特别的评估。具有移民背景的儿童需满足父母一方源自国外的条件,该数据主要来源于儿童及青少年援助数据库(参见表 C2 - 8A 的脚注)。

C3 婴幼儿教育领域的教职人员

为了保障教学质量,充分投入高水准的人力资源是十分有必要的。所以在这一章节除了延续探讨前两个章节的基本问题之外,还将重点关注师生比例以及日间照料护理机构从业人员的资质问题。

根据年龄和性别审视幼儿园的师资力量

2006 年至 2009 年,幼儿园师资人数增加了 4.2 万名

2009 年,幼儿园师资人数(不包括托儿所)Ⓜ曾短暂地接近 36 万人这一峰值,其中 28.6 万名为专职员工(图 C3 - 1,表 C3 - 1A)。自 2006 年起,幼儿园师资人数得以明显补充,到 2009 年已增加了 4.2 万名。在旧联邦州地区和新联邦州地区分别增加了 3.5 万名和 7000 名,相应增长了 14%与 10%。主要原因是增设了不少针对 3 岁以下儿童的日间看护机构。与此同时,新联邦州地区的儿童数量也略有增加。自 2006 年起,相比前几年,幼儿园兼职员工的数量持续停留在一个较高的水平上(表 C3 - 2A,表 C3 - 9web)。此外,幼儿园工作几乎为女性员工所包揽,女性员工比例平均要达到 97%,担任幼儿园领导职务的女性比例略低于 97%,占 94%(表 C3 - 11web)。

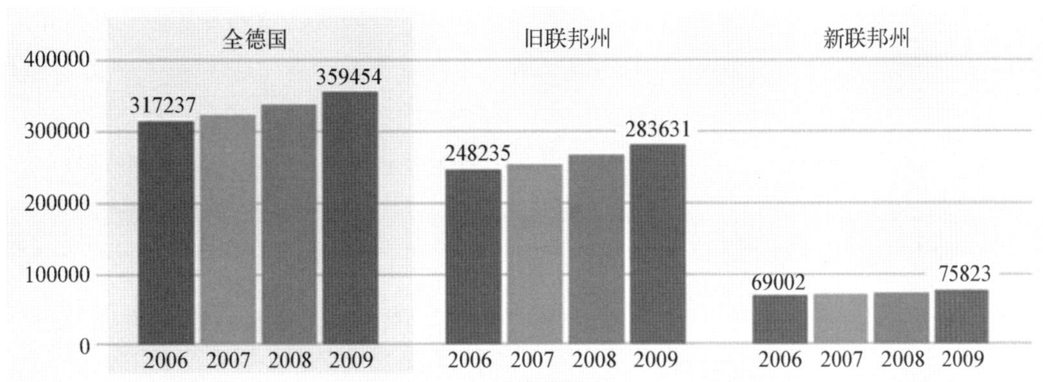

图 C3－1　2006－2009 年新旧联邦州在儿童日间照料机构工作的幼儿教师人数

来源：联邦及各州统计局，儿童及青少年救助统计，编写组自行统计

年龄结构上的变化主要体现在师资力量年龄的持续增长。从 2006 年开始，幼儿园教职工年龄为不小于 50 岁的比例在旧联邦州地区由 15%增长到了 20%，在新联邦州地区由 30%上升到 34%（表 C3－3A）。

教师和日间护理人员的资质

在旧联邦州地区，绝大多数的幼儿园教师（68%）拥有幼儿园教师资格证（表 C3－4A）。幼儿园教师中的第二大群体是幼儿护理师，所占比例为 18%。而在各联邦州，这一比例也存在很大差别，在不来梅州为 9%，在巴伐利亚州为 39%（表 C3－12web）。在新联邦州地区，约有 89%的幼儿园教师持有幼儿园教师资质。

幼儿园教师的高学历比例依旧偏低

近年来，与其他教育领域相比，幼儿园教师的高学历比例Ⓜ相对落后，在 2006－2009 年间仅由 2.8%略微提升到了 3.2%（表 C3－5A，表 C3－13web）。高校毕业生往往为幼儿园集团所聘任担当幼儿园领导职务。幼儿园园长拥有高学历的情况在全国的平均比例为 22%，比例最低的在萨克森-安哈特州，该比例为 9%，在汉堡州该比例达到 57%（表 C3－14web）。然而在旧联邦州地区的 9 个联邦州中，有 6 个联邦州在 2006－2009 年间出现幼儿园领导高学历比例下降的现象。这表明在教育界专业人士、平民百姓和客观现实之间存在着一条明显的认识鸿沟。

旧联邦州地区一半以上的日间护理人员甚至不具备最低培训资历

特别是在旧联邦州地区，日间护理人员的资质水平经常不符合专业要求。在旧联邦州地区，已经完成相关职业教育培训或者至少参加过 160 学时资格培训的日间护理人员的数量在 2009 年增长到 45%（2007 年时该比例为 37%）。这意味着还有 55%的日间护理人员甚至还没有具备至少 160 学时培训的最低资历要求（表 C3－6A）。这一比例在新联邦州地区明显低些，该比例为 36%。

儿童日间照料机构的师生比Ⓜ

儿童日间照料机构的一个重要结构特征是照看孩子的师生比，即每个从事幼教工作的专业人士需要看护多少名儿童。日间照料机构工作人员配备状况在国际上被公认为一个衡量日间照料机构开办质量的重要标志。在《德国国家教育报告（2008）》中人员配备指数作为一个新的参数引入,既考虑到了日间看护时间的不同性,又顾及到了从业人员工作时间上的差异性。

2009 年,全德国境内主要依据为 3 周岁以上但还没上小学的儿童提供日间照料的机构为样本,可计算出师生配备比例平均值为 1∶9.6,也就是说,一个老师(全职性质)照料 9.6 个孩子(全日制入园)(表 C3-15web)。2006-2009 年间,师生配备比例改善幅度不大;因为 2006 年这一数值已是 1∶10。尽管在若干联邦州这个比例有所变化,但各联邦州之间的显著差异还是依旧存在。例如在石勒苏益格-荷尔斯泰因州师生配备比例从 1∶10 改善到了 1∶9.3。新旧联邦州师生比例在平均值方面差异显著,分别为 1∶12.3 和 1∶8.9。

师生比差异显著

在当前讨论扩充 3 周岁以下儿童幼教服务方面,人们看重的是服务质量。由于 3 周岁以下儿童在幼教机构是以不同形式被看护的,因而计算出的人员配备比例也不尽相同。最理想的人员配备比例集中在纯 3 周岁以下儿童的照料形式中。这一群体的人员配备比例为 1∶5.8(图 C3-2,表 C3-7A)。与这类年龄均衡的照料方式相比,还存在其他的照料方式,例如 3 周岁以下儿童与年长的儿童混合组班,这样状况下的人员配备比例就不理想了。原因在于在这类照料群体中存在年龄相对较大的儿童,按规定在人员配备比例要求上就没那么高了。

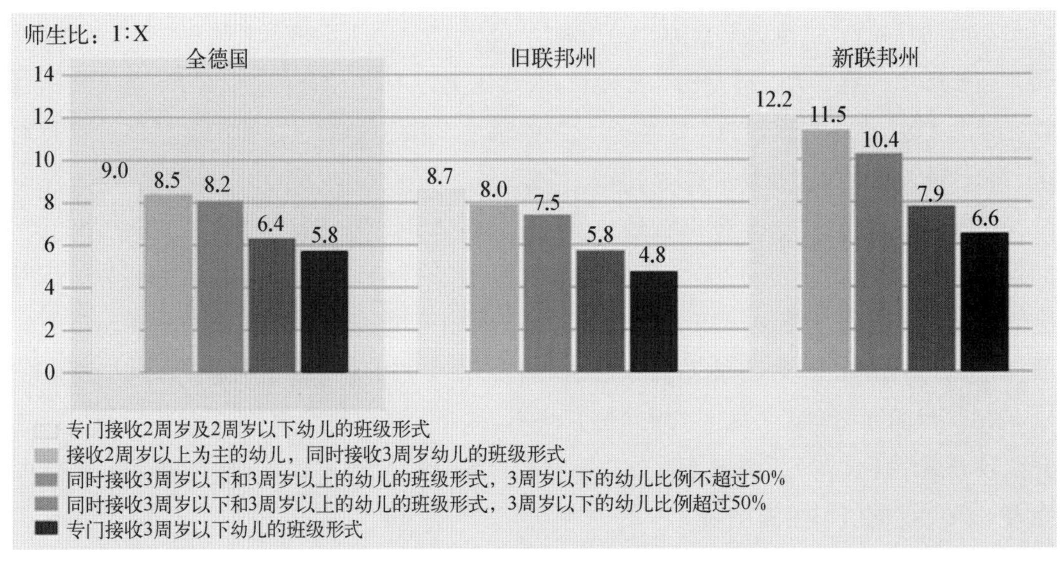

图 C3-2 2009 年新旧联邦州地区[*]幼儿园师生比(按照料 3 周岁以下幼儿方式划分)

* 不包括柏林,解释说明参见表 C3-7A

来源:联邦及各州统计局,儿童及青少年救助统计,各联邦州研究数据统计,编写组自行统计

各联邦州间人员配备比例存在着巨大的差异。比如,在完全是 3 周岁以下儿童的年龄段中,人员配备比例为 1∶3.5 至 1∶7.5 不等,巨大的人员配备差异致使无法比较(适合这个年龄段的)儿童日间照料机构之间的教育条件(表 C3-7A)。

Ⓜ概念注释

幼儿园师资人数(不包括托儿所):由于本章节重点关注幼儿园儿童年龄段的师资状况,因而未把托儿所师资人数考虑入内。在这方面还是存在一个例外:不同于 B4 章节按照国际教育分类标准 0 的划分方法，儿童日间照料机构中的师资包含那些尚在其他机构参加职业培训的员工，以及那些也在小学混合年龄组执教的人员。评估各类标准表格时无法排除上述群体。

高学历化、专业化以及职业化程度： 在国际层面上，师范专科学校虽然隶属于高等教育，然而在学历层次上低于综合型大学与应用技术大学。《德国国家教育报告》中的“专业化”概念涵盖专科学校以及专科学院的各类培训文凭(参见表 C3－5A)，也包括师范培训。与专业化概念不同的是，高学历化指的是在应用技术大学或综合型大学任一专业的毕业生。职业化程度专指获得大学师范专业毕业文凭(社会教育学硕士、教育学硕士、特殊教育学硕士等)的比例。

师生比： 为了避免出现由于照料儿童时间碎片化导致的数据失真现象，将每一群体照料儿童的时间折算为可与全日制工作比较的数据(所有日间照料儿童的时间总数除以 8 小时)。兼职人员时间统计方式与以上计算方法相类似，被折算为全日制人员时间(每周 38.5 小时工作时间)。通过这样的计算方式，方可使比较具有意义。幼儿园领导以及从事照料不同年龄组儿童的教师的工作时间可按比例换算为能更好进行比较的数据。为了避免出现由于要完成照料个别群体儿童的特殊任务(例如辅助促进残疾儿童)导致的数据失真现象，我们严格限定了所照料儿童的年龄结构，也考虑到无促进需求儿童的数量(参见福克斯-若西林・克[2010 年]：《认知新版儿童青少年援助数据库的潜能》。《德国国家教育报告》编写组：《国家教育报告中核心指标发展状况》，柏林，第 55－77 页)。由于统计样本定义存在巨大差异，所以我们并不与经合组织的国际数据加以比较，特别在师资归类方面存在不小的分歧。

C4 幼升小的过渡

长期以来，公众对孩子教育的关注自进入小学开始。近期几次调查研究已屡次表明，公众认为儿童幼儿教育过程也具有重大意义，因而这几年来人们愈加重视幼儿教育领域。其结果，不仅儿童日间照料机构更多地具有教育机构特征，而且这种进入小学前的过渡准备工作得到了更多的重视。下文中首先进行探讨研究的就是刚上学的孩子们的语言表达能力，这被看作是获取学业成功的重要前提。

学龄前儿童语言水平调查以及提升语言水平

14 个联邦州共计 17种语言检测手段

为了避免儿童在进入小学前的幼儿园过渡准备阶段就在语言能力上落伍，从而长期影响到今后的学习，14 个联邦州已通过 17 种不同的语言检测手段对本州内的 4－6 岁儿童进行了语言能力测试(表 C4－1A)。从 2008 年起，各联邦州制定的标准化和非标准化语言检测手段五花八门，因为一些联邦州不断采用新式的语言检测手段。3 个联邦州将语言测试对象局限在非本国儿童与那些未进入过儿童日间照料机构的孩子身上。

推荐大部分非德裔儿童接受语言补习培训

在 2009 年，经语言测试判断出具有语言补习需求的儿童比例区间为 13%－53%。该比例最低的是略低于 13%的巴登-符腾堡州、下萨克森州与萨尔州；该比例达到 53%的是不来梅州，然而各联邦州所采用的测试语言手段不尽相同，并不具有可比性。[①] 此外，在部分联邦州已针对 4 周岁的儿童进行语言能力测试(表 C4－1A，表 C4－6web)。在巴伐利亚州，三分之二非德裔儿童需接受语言补习培训。

① 里斯特・G：《有关早教专业人员在语言促进方面的专家鉴定书》，2010 年，慕尼黑。

那些被评判为需补习语言的儿童在几乎所有的联邦州均被要求必须参加额外的语言补习。补习语言的时间跨度在每周2-15个小时,需持续3-18个月(表C4-1A,表C4-7web)。在语言补习阶段,这些孩子应该接受幼儿园教师、小学教师或其他专业人士的指导并不受联邦州的硬性规定所约束,教师应该采取何种具体补习方式也只是在个别联邦州得以明确,补习方式及内容由具体执行者确定。① 最初的评估显示,参加语言补习的儿童的语言能力确有提高,但是与无须参加语言补习的那些孩子们在语言能力上的差距直到进入小学依旧存在。

各联邦州在《教育规划》中明确要求幼儿园教师观测且记录儿童的语言水平,并将此工作纳入日常教学工作中,针对幼儿园教育工作者的要求大大提高了。为了对幼儿园教师进行相关培训,各联邦州与遴选出的进修培训机构紧密合作,大力培养提升幼儿语言水平的专业培训师(表C4-8web)。

提前入学与延迟入学Ⓜ

按时入学的儿童越来越多

德国教育政策目标特别重视促进6周岁儿童顺利入学,这种"教育自娃娃抓起"的理念越来越得到认可。从1995年至2005年延迟入学的儿童比例持续下降至4.8%,之后又上升,恒定在6%(表C4-2A)。在2004年至2008年间,提前入学的儿童比例由9.1%下降至5.4%(表C4-3A)。在那些将小学入学年龄提前的联邦州已明显呈现出一种趋势——提前入学的比例大幅下降,且按时入学的儿童比例直逼90%(图C4-1,表C4-9web)。自2004年以来,勃兰登堡州延迟入学的比例增加了4%;巴伐利亚州延迟入学的比例增加了6%(表C4-10web)。

目前相关数据尚不能证实,幼儿延迟入学比例上升是否与提前入学规定的出生日期有关,只能猜测可能涉及相关月份出生的部分儿童的入学。相关数据表明,依据新划定的入学出生日期,仅有一小部分儿童在往年已可入学,而如今却要延后入学。这样就致使2008年德国小学教育板块中6周岁的儿童占小学生总人数的比例上升至60%(表C4-4A)。从国际层面上比较,德国尚落后于英国和爱尔兰。在这两个国家,在2007年度,所有5周岁的儿童即可就读小学(表C4-11web);但远远领先于芬兰与瑞典,在这两个国家很少有6周岁儿童就可就读小学的情况发生。女孩较多提前入学,较少延后入学(表C4-12web)。

由于提前入学因素,小学生毕业年龄呈年轻化趋势

近几年来,诸多联邦州将入学年龄前移。除此之外,在11个联邦州实行了小学1-2年级学制弹性化,具体操作方法是:小学前两年的教学内容可依据学生入学情况安排在1-3年内完成。虽然目前尚未统计出全德国小学教育领域的实际修学年限,但依据不同年龄段计算出的小学教育阶段接受教育的比例至少也显示出这方面的发展新动态(表C4-2A,表C4-14web)。各联邦州内四年制的小学中,10岁、11岁、12岁年龄段的学生占学生总人数的比例均呈下降趋势,这表明小学生毕业年龄呈年轻化趋势,升级到各类中学的小学毕业生的年龄越来越小。

---

① 里斯克·A:《概览汇编》,《入学前的语言促进——为德国青年研究所撰写的专家鉴定书》,2010年,慕尼黑。目前为止,针对语言促进项目的各类评估的可靠性取决于评估标准是否具有科学性。

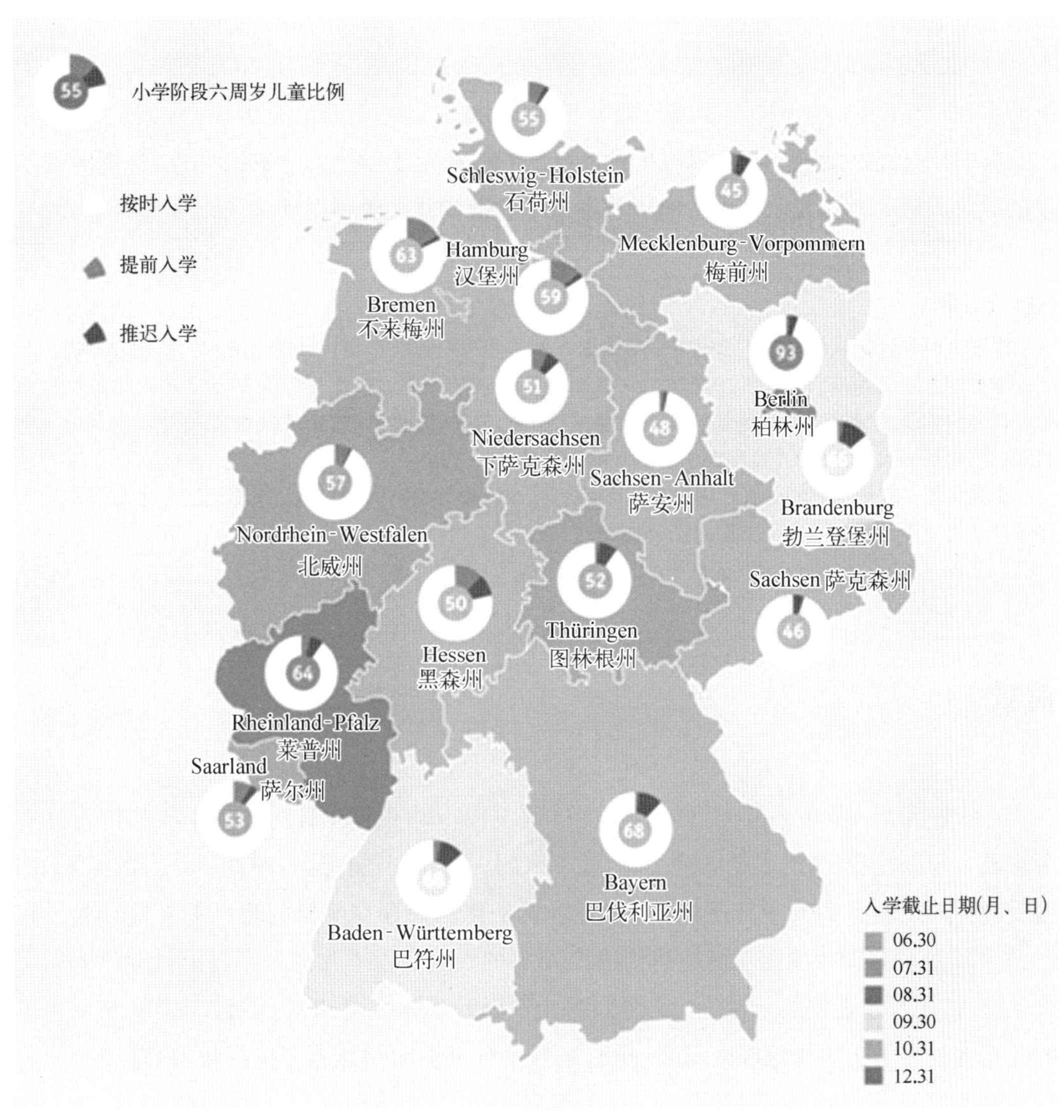

图 C4-1　2008 年 6 周岁小学阶段提前入学、推迟入学与按时入学所占的比例(按入学截止日期与联邦州划分,单位:%)

来源:联邦及各州统计局,2008/09 中小学统计

为社会经济状况及移民背景所左右的入学以及学习成绩状况

父母社会经济状况良好的孩子较多提前入学(表 C4-15web)。孩子提前入学一般是父母亲深思熟虑的决定,而孩子延迟入学依据入学调查研究的结果往往是父母亲的无奈之举。延迟入学比例高的家庭是那些具有移民背景Ⓜ的家庭抑或是社会经济状况不佳的家庭。因此特别要关注这一群体家庭中的孩子,要为他们提供适合其年龄段的教学课程,以期通过具有针对性的补习使这些孩子在教育方面迎头赶上其他孩子,尽量缩小差距。

社会经济状况影响入学时间以及学习成绩

如果从学生入学是否按时抑或提前、延后角度来评估学生的成绩,那么可发现四年级学生不管是提前入学还是按时入学,在数学以及自然科学方面的平均成绩方面是不相上下的。另外也无数据可表明,提前入学的学生在小学阶段学习时间相比其他学生会更长。延后入学的学生在2007年学生数学及自然科学国际评估中显示出比其他学生学习能力上的不足,在数学上落后35个分数值,在自然科学方面落后33个分值,这相当于落后了一个年级的水平差异(表C4-5A)。全方位的分析表明,造成这一局面的原因在于延迟入学的学生家庭的社会经济状况。学生家庭的社会经济状况决定了学生入学的时间点,并影响到学生的成绩。延迟入学儿童在入学前以及刚入学的最初几年亟须得到关注。

Ⓜ概念注释

提前入学与延迟入学: 各联邦州中小学数据库把那些按照各联邦州各自规定的入学日期之后出生却已入学的学生定义为提前入学者。把在上一年度规定的入学日期之前出生但在本年度才入学的学生定义为延迟入学者。统计入学率涵盖各类入学情况(提前、按时、延迟入学,精神残疾者入学以及其他入学类别),不包括未入学者(始终延期入学者和免除入学者)。

移民背景: 由于与词汇表所采用的样本略有差异,因而"移民背景"的定义各不相同。本章节中具有移民背景的儿童需满足父母一方源自国外的条件。

前景

在旧联邦州,从2006年至2009年,为3周岁以下幼儿扩充日间照料场所的措施已有所突破。与以往相比,已多招收逾10万幼儿入园。这就使得在这一时间段,全德国范围内接受教育的比例由14%上升至20%。当然,这一比例尚存在明显的地区差异性。为了在2013年实现全德国范围能均衡地达到接收35%的3周岁以下儿童入园这一目标还要做出许多努力,尤其是近期的金融危机已导致各地区财政趋紧。自2013年起,1周岁与2周岁的儿童有权要求在居住地申请入园,问题是有没有足够的幼儿园容纳场地,以及能否完善配置相关的师资力量(参见H2以及H4.1章节)。

尽管为了扩充招收3周岁以下儿童而面临着师资、财政吃紧的尴尬局面,需要政府部门通力合作,但是近几年以来,公众对增添招收低龄儿入园的呼吁不断,心情也十分迫切,对此期望很高,幼儿日间照料机构必须与民众同心协力、破釜沉舟、克服困难满足公众这一教育需求。面对持续增长的入园需求以及扩充入园名额的长期艰巨性,从事照料混合年龄幼儿以及来自社会薄弱阶层幼儿的教师压力倍增。照料3周岁以下的儿童(包括混合年龄组的儿童)意味着必须增加师资人手,下拨更多的教育经费,只有这样才能有力保障这些儿童得到妥善的照料并获得恰当的辅导补习。对于那些在家中不讲德语或很少讲德语的儿童,还有那些在儿童日间照料机构中绝大多数都是源于移民家庭的儿童而言,必须融入德国日常生活中,方能达到语言上的进步。总体而言,面对新格局的变动、人口发展变化之崭新变革机遇,儿童日间照料机构必将在教育质量上更上一个台阶。

在儿童幼教方面得以积极评价的是师资力量水平的提升。一方面,近几年来,未获得幼儿园教师资格证书的从业人员在数量上呈减少趋势;另一方面,这一趋势变化在各联邦州尚有显著区别。幼儿园师资力量的高学历程度并未得以明显加强。但幼儿教师提升自我学历意愿很强，所以在这方面今后必会有所突破。由于社会大众对幼儿园教师提出了更高的要求和希望，所以幼儿园教师不断参加各类培训与进修是必不可少的了。尤其要重视儿童日间照料机构中的护理员阿姨的培训工作。超过一半以上的护理员阿姨既没有相应的正式学历，也没有参加过至少160学时的培训课程。这一局面主要存在于旧联邦州的非城市州地区，亟待加强促进护理员阿姨的技能培训工作。

人们普遍认为，幼儿园教育对孩子未来获取学习成功起到了相当大的作用，所以学前准备工作得到了特别的重视。大部分非德裔的儿童在幼儿园进行的语言能力水平测试中均被判断为语言欠缺，亟须接受语言辅导补习。此外，移民家庭儿童往往延迟进入小学就读。这两类儿童都需要在一所理想的儿童日间照料机构中接受照料与辅导，唯有这样才能促进他们今后在德国的正常发展。所以说，幼儿园教育在这方面的作用巨大。尽管现在主要任务是扩充幼儿园招生名额，但一所幼儿园的教育质量依旧是至关重要的，因为这影响到儿童年幼时最初几年的教育、照料以及培养问题。

D 普通教育系统内的学校与学龄期的校外学习

多年以来，儿童及青少年年龄段的校内及校外教育面临着严峻挑战：国际上的学生学习情况调查报告不仅指出德国学生与其他国家学生在素养能力上存在差距，而且特别提醒我们要关注学生成绩与学生家庭社会地位的关联性。虽然接受更高级别教育的参与率在上升，但是迄今为止尚未能有效减少未毕业就辍学的学生人数。在国际学生评估项目中也暴露出未达到最低基本能力且缺乏学习动力的年轻人人数仍未减少的问题。除了这些多年来众所周知的老问题，如今又要面对当前学校组织结构转变的挑战。在所有联邦州地区，传统的半日制学校正转型为全日制学校。2006 年版以及 2008 年版教育报告中已提到全日制学校辅助促进学生的工作已得以全方位展开，目前尚要多加鼓励有此需求的学生主动积极参与进来。近年来，各联邦州在设置学校类型方面均有一系列的新举措。学校组织结构究竟如何创新是个值得探讨的主题。

这些挑战与困境架构了 D 章的内容体系并确定了本章的关键要点。以下持续讨论的主题是本章的核心内容：小学及初中教育阶段学校的升学问题、特殊教育促进问题、学校提供全日制服务的情况、教育系统内的师资力量状况、学生在校外就读补习学校的现状、学生认知素养水平分析、学校毕业生及辍学生的动态等。本章试图通过以下三个方面尝试介绍德国教育界是如何应对挑战的：

—— 我们选择并介绍的关键要点一方面是以所谓的“输入-过程-输出模式”为基础。作为“输入”内容是初中教育阶段与高中教育阶段的学生人数及分布情况（D1 章节）以及中小学教职人员现状（D4 章节）。特别教育促进（D2 章节）、全日制服务项目（D3 章节）以及校外学习活动情况（D5 章节）介绍有关学校如何规划学生成长方面的信息。学生认知素养的发展状况（D6 章节）以及毕业生与辍学生的情况（D7 章节）展示当前相关调查的结果。

—— 为了实施教育政策重点，我们的普通教育系统内的学校在另一方面还要承担重要的教育功能，而且社会大众殷切期盼学校能够持续且长期地促进照料到每个学生。本章争取在各个关键要点介绍时均突出体现这一方面，在 D2、D3 和 D5 这三个章节内将详尽地对此加以介绍说明。

—— 最后，在本章内，我们还将介绍一些迄今为止尚未详细探讨的方面。这些新内容主要是：文理中学实行八年学制（学生在 12 年级时参加高中毕业考试）与各类民办学校（D1 章节）以及教师参加教育进修情况（D4 章节）。在 D1 章节还将介绍由于不能顺利过渡至高年级而出现的复读现象。此外，我们还首次用独立的一个章节，深入地介绍有关儿童及青少年的特殊教育需求方面的状况（D2 章节）。

D1 中小学教育阶段中的过渡和转换

从幼儿园顺利进入小学的所有儿童与青少年(参见 C4 章节)在小学毕业阶段先要过渡至初中教育阶段的某类学校;在此之后,还要过渡至高中教育阶段的普通教育学校或职业教育学校。在就学期间,学生还可以通过转换学校的方式,事后对原先选择的学校类型或职业教育专业方向加以更正调整。

本章节除了对小学毕业之后的升学模式以及初中毕业之后升入某类高中普通教育学校的情况加以更新修正之外,还首次介绍了八年制的文理中学(G8)的运行状况以及民营学校的组织结构情况。我们并未更新修正学生更换学校的相关数据,主要出于三大原因:原因一,这数据并不能令人信服地认作是各类学校之间的兼容互补性;原因二,学校类型与毕业文凭之间的必然关系也逐渐脱离了挂钩(D7 章节);原因三,一系列具有联邦州本身特点的初中教育阶段学校类型调整革新在全德国范围无法全面推广普及。接下来,我们首先关注下初中教育阶段的发展及变化状况。

各联邦州初中教育发展情况

三十多年以来,民众针对学校的讨论主要围绕的是初中教育以及如何把握好社会各界、家庭、学校之间的关系以辅助促进学生健康成长、融入社会,同时还要依据学生的能力与成绩客观公正地加以分流。新联邦州地区学校的结构转型给教育讨论增添了新的主题,自两德统一以来,在新联邦州地区执行的教育体系基本上呈现出文理中学与普通中学、实科中学并存的局面。近期在各个联邦州均有不少有关初中教育改革的研讨会,由于各地区教育发展基础不同,所以研讨会的内容集中在一些共性方面,例如:教育政策目标、各种学校类型的社会认可度、单个学校确保教学质量的框架结构、人口发展动态(参见 H 章)以及各地区经济金融状况等。

普通中学学生人数减少

尽管各联邦州教育底子不尽相同,然而还是可以观察到在初中教育领域的共性发展趋势。共性发展趋势之一是:学生人数总体下滑减少,普通中学学生人数减少幅度特别显著(图 D1-1)。

文理中学越来越热门

与此同时,文理中学越来越热门(图 D1-1),在所有联邦州唯独此种学校类型一枝独秀。文理中学目前正处于转型时期。在过去的几年里,九年制的文理中学正逐步地调整为八年制的文理中学(G8)。这一转型一方面导致在过渡期内整个教育体系内既有九年制文理中学学生,又有八年制文理中学学生;另一方面导致“两届中学生同时毕业”现象。幸好实施八年制文理中学的情况并没有在各个联邦州同时展开,而是在时间上错开实行的(图 D1-2)。对绝大多数中学生而言,实行八年制文理中学的转型措施给他们带来了时间上的压力,明显对他们的课外活动安排有较大的影响(D5 章节)。教育界人士正拭目以待,是否文理中学始终还会这么受青睐,是否会有其他提供 13 年制中小学教育的学校类型能异军突起。

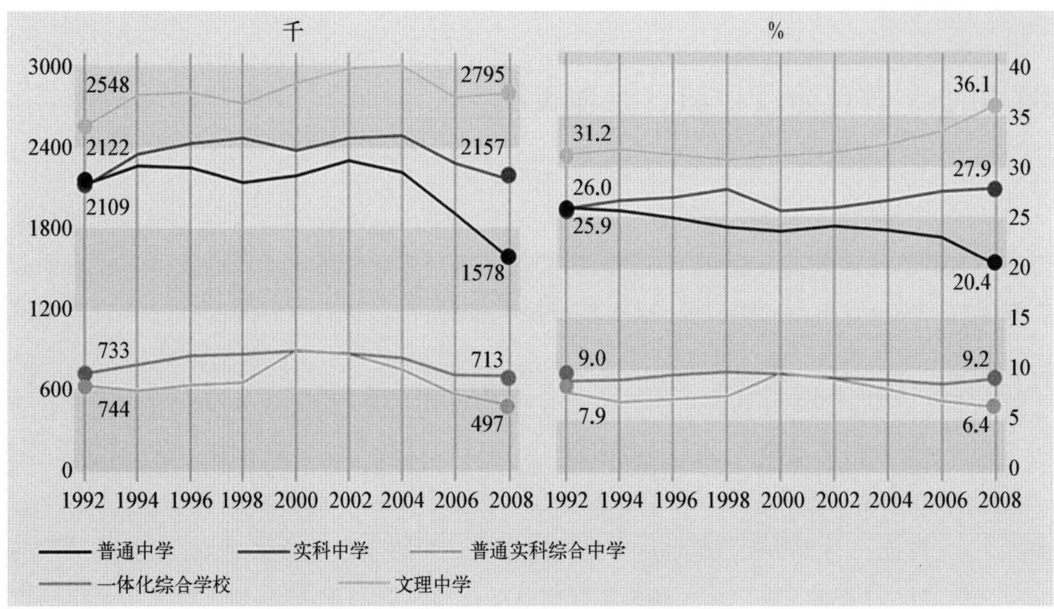

图 D1-1 1992-2008 年八年级学生各类学校*就读人数及所占比例(单位:%)

* 不包括定向阶段、私立华德福学校以及促进学校

来源:德国文化部长联席会议秘书处(2010 年),1999-2008 年中小学生,中小学班级,中小学教师及毕业生,编写组自行制图

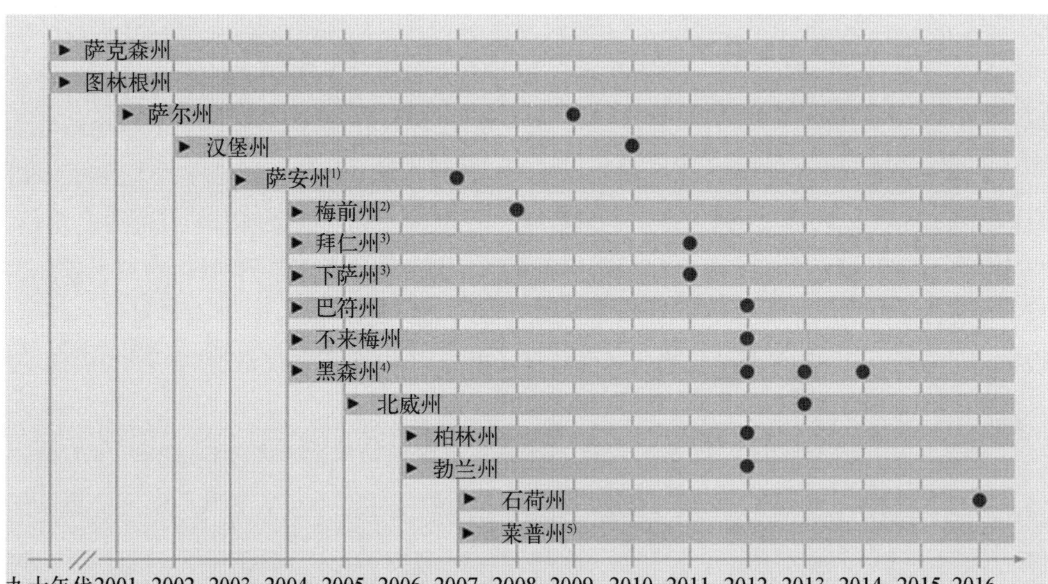

图 D1-2 各联邦州实施八年制文理中学概貌

1) 5-8 年级;2) 5-9 年级;3) 5 年级和 6 年级;4) 阶段式实施:2004/05 学年(10%的学校),2005/06 学年(60%的学校),2006/07 学年(30%的学校);5) 阶段式实施全日制学校方案(2008 年的九所文理中学)

来源:德国文化部长联席会议,编写组自行制图

学校类型呈现新局面

共性发展趋势之三:在初中教育阶段,非文理中学的学校类型呈现了新的局面;这一局面与普通中学学生人数下降是密切相关的。未受到影响的是新联邦州的非城市州地区及萨尔州,在这几个联邦州存在普通中学与实科中学并轨共存的一种学校类型(图 D1-3,

表 D1 - 6web)。其余联邦州大致遵循两大原则来应对普通中学所面临的如上文所述的处境：在柏林州、汉堡州、莱茵兰-普法耳茨州以及石勒苏益格-荷尔斯泰因州所属的各区域作出决议或已实施了普通中学与实科中学的合并工作(部分与综合中学合并)。在巴登-符腾堡州、巴伐利亚州、黑森州、下萨克森州及北莱茵-威斯特法伦州保留了独立的普通中学。在这些地区结合地方特殊性，通过各类学校紧密合作、结成地区联盟(普通中学与实科中学以及综合中学互相结成互帮对子)，为德国境内保留学校类型的丰富多样性做出了贡献。此外，普通中学必须通过加强学生就业指导工作以及寻求与职业学校和企业合作的方式提升自我的魅力。

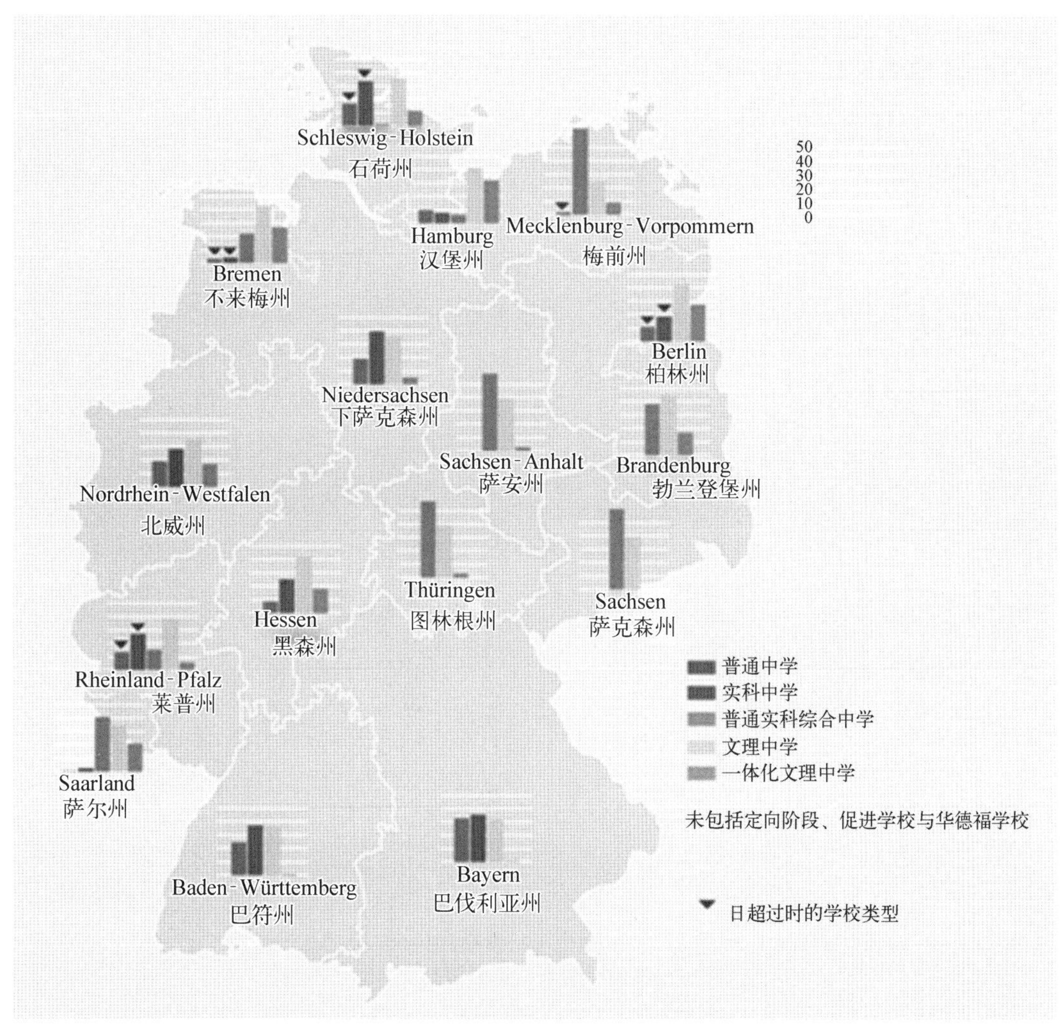

图 D1 - 3　2008/09 学年各联邦州高中阶段学生就读各类学校情况(单位：%)

来源：联邦及各州统计局，2008/09 学校统计

从中期规划来看，在 16 个联邦州的 11 个州内从学校类型而言，实行的是“双柱模式”，除了文理中学(12 学年制高中毕业)之外，只有一种学校类型(包含各类专业技能方向，部分为 13 学年制高中毕业)或者在不少联邦州还有一种一体化综合中学(主要是 13 学年制高中毕业)。

由小学教育阶段过渡至初中教育阶段

在12个联邦州，绝大多数小学生毕业之后就读于文理中学

由小学教育阶段进入初中教育阶段一般需在小学就读4年(在柏林州、勃兰登堡州为6年)。从小学毕业之后的升学率来看，2008/09学年的五年级学生人数的数据也证实了文理中学比例升高、普通中学比例下降的趋势(表D1－1A，图D1－6web)。在12个联邦州，绝大多数小学生毕业之后，紧接着就读于文理中学。在巴伐利亚州也首次出现就读文理中学的小学毕业生人数多于就读普通中学的小学毕业生人数。只有在梅克伦堡-前波莫瑞州、萨克森州、萨克森-安哈特州和图林根州就读文理中学的小学毕业人数还不是最多的。在三个城市州地区，有一半的小学毕业生就读于文理中学。

择校所体现出的社会差异性

由于初中教育阶段存在不同的学校类型，因而学生家庭所作出的择校决定以及至15岁为止的转校情况，就体现了不同种族及社会阶层之间的差距已成为一种社会现象(图D1－4，表D1－2A)。

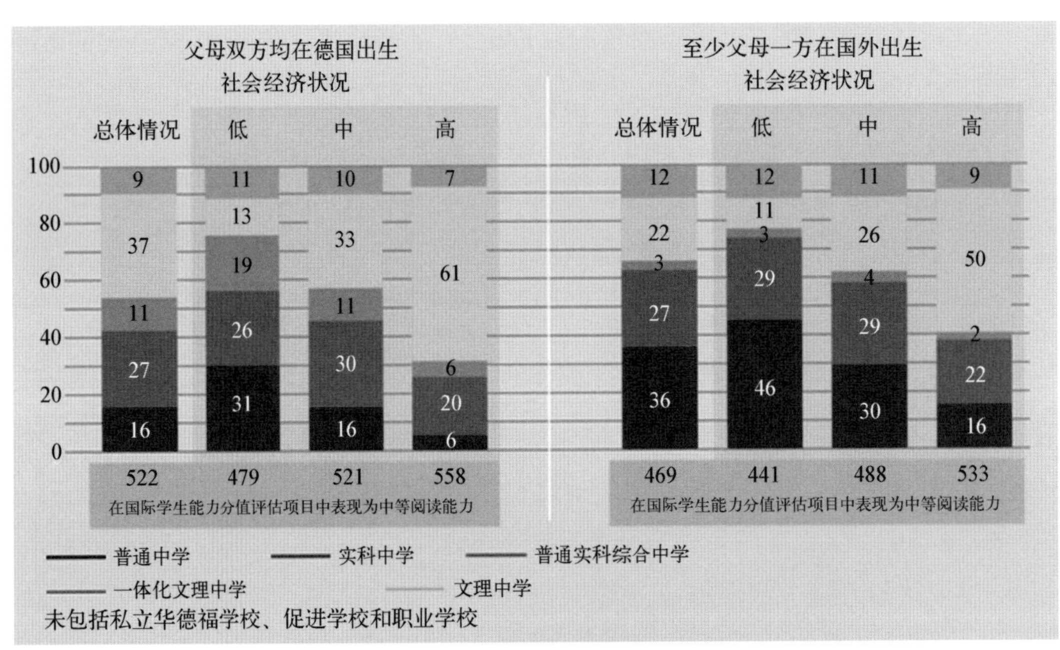

图D1－4 2006年15岁学生所就读学校类型与阅读能力情况
(按有无移民背景与社会经济状况*划分，单位：%)

* 父母职业最高状态(最高职业地位国际社会经济指标百分位数)参见词汇表

来源：2006年国际学生评估项目，自然科学教育研究所专项评估

具有移民背景学生较多就读于较低学历层次的学校

在2006年，37%无移民背景Ⓜ的15岁学生就读于文理中学，22%至少父母一方为外国人的15岁学生就读于文理中学，无移民背景学生就读文理中学的比例明显要高。前者中的16%选择上普通中学，而后者选择上普通中学的比例是前者的一倍多，达到了36%。这种差异性是与学生家庭的社会地位背景密切相关的，几乎一半左右具有移民背景的青少年处于社会经济底层，而只有五分之一无移民背景的同龄人来自社会经济底层家庭。移民背

景对选择学校类型有其特别的作用，因为除了考虑到社会经济因素之外，移民国文化思维对待教育学习的看法是不同的。只要青少年具有移民背景，无论其家庭社会经济状况如何，一般与父母皆为德国人的同龄人相比，在选择学校类型上处于弱势。由于来源于社会同阶层具有移民背景的青少年在国际学生评估项目中的阅读能力成绩较差，似乎可以看出就读于不同的学校类型会首先反映在获得的能力差距上（首要差异性）。在分析 15 岁学生就读的学校类型这个科研项目上尚待详尽论证的是：不同的种族文化导向与学生家庭的社会经济处境，在多大程度上会影响到所选择的学校类型（次要差异性）？[1]

……即使社会经济地位相同

留级重读情况

初中生的留级生比例明显下降

在 2006 年版以及 2008 年版教育报告中已介绍了普通教育致力于丰富学校类型多样性，以缩小各学习群体在学习成绩方面的差距，可是还有许多中小学生在就学期间只能留级重读。在 2008/09 学年共有 18.4 万名中小学生留级重读（表 D1－3A）。留级生比例Ⓜ由 2006/07 学年的 2.7%下降至目前的 2.2%，这一比例在小学、初中、高中教育阶段均呈下降趋势。即使留级生比例在初中教育阶段已由 3.6%下降至 3.1%，且各联邦州地区的这一比例均已下降，但各联邦州之间在此比例上差距仍不小。

过渡至普通教育高中阶段

普通教育学校的九年级或十年级毕业生，可依据所获得的毕业文凭或进入高中教育阶段或参加职业培训（参见 E 章），或者在特殊情况下直接进入劳动力市场。2008/09 学年，约 51.7 万名学生开始进入普通教育高中阶段Ⓜ（表 D1－7web）。其中约三分之二的学生就读文理中学，7%进入另一种普通教育高中学校，30%在专科文理中学、专科高中、职业高中及技术高中成为新生。

少有其他类型学校的学生插班就读八年制文理中学

在 6 个联邦州（巴登-符腾堡州、勃兰登堡州、不来梅州、黑森州、北莱茵-威斯特法伦州、莱茵兰-普法耳茨州）目前的文理中学均为九年制，在 2008/09 学年，所有的十一年级学生方被视为进入文理中学高中教育阶段；在 5 个联邦州（梅克伦堡-前波莫瑞州、萨尔州、萨克森州、萨克森-安哈特州、图林根州）目前的文理中学均为八年制，所有的十年级学生就已进入文理中学高中教育阶段；在巴伐利亚州、柏林州、汉堡州、下萨克森州和石勒苏益格-荷尔斯泰因州目前既有九年制也有八年制的文理中学，其中逾三分之一为八年制文理中学（表 D1－4A）。八年制文理中学学生在进入高中教育阶段的上一学年已在文理中学就读，这一比例高达 97%。九年制文理中学高中教育阶段显然具有更强的兼容性，有 9%进入九年制文理中学高中教育阶段的学生来自其他学校类型，特别是来自实科中学。在这一形势下，一体化综合中学的高中教育阶段的存在意义就越加重大了。约三分之一十一年级综合中学的高中教育阶段的学生以前就读的是另一种学校类型。面对未来几年在许多地区九年制文理中学逐渐退出历史舞台的局面，除了综合中学之外，职业高中及技术高中也越来越重要，可以

参加文理中学毕业考的其他途径日趋重要

① 有关小学生以及中学生的来源国影响力的最新研究成果可参见鲍姆特·杰、马茨·卡、特劳特怀姆·乌：《教育抉择》，刊登于《教育学杂志》，2009 年 12 月增刊（2010 年）；迪通·哈：《中小学历程与社会来源——一个成就抑或歧视的问题?》，发表于《民主制度中的教育》（奥芬盎格·圣等共同主编，2010 年），以及《德国教育协会第 22 届大会论文集》，奥普拉登&法姆明通出版社。

面向先前的普通中学及实科中学毕业生提供申请就读大学的毕业文凭(D7 章节)。

就读民办学校

11 所学校中有一所是民办学校

与欧洲其他学校相比,德国的私人学校或民办学校Ⓜ所起的作用相对较小。在 2008 年版《德国国家教育报告》中业已介绍过民办学校学生数从 1996/97 学年至 2006/07 学年上升了 25%,而在同一时间段内公办学校的学生人数下降了近 9%。这一趋势在近年来越来越明显(表 D1 - 5A,参见 B2 章节)。民办学校学生人数占所有学校人数的比例由 2006/07 学年的 6.9%上升至 2008/09 学年的 7.6%。民办学校数量占所有学校数量的比例由 7.9%上升至 8.9%。增加幅度最为明显的民办学校类型是综合中学和一体化综合中学,私人学校主要集中在促进学校、文理中学及小学领域。

在各个联邦州,民办学校数量占该州所有学校数量的比例不尽相同,而且民办学校的责任法人也不一样(图 D1 - 5,表 D1 - 8web)。教会基金会及各类协会经管大部分的民办学校,601 所天主教会总校Ⓜ及 430 所基督新教教会学校构成了民办学校的主体,所占份额最大。在全德国范围内具有代表性的还有 204 所华德福学校。在不少联邦州,除了天主教会学校、基督新教教会学校、私立华德福学校之外,还有些其他的民办学校类型也很重要。这类民办学校尤其指那些多语种学校,遵循国际化的文凭课程理念,还包括那些替代学校。另外一些民办学校负责法人主要是一些协会组织,为了保障人口稀少区域的孩子也能在居住地附近上学而特别建立了若干民办学校。

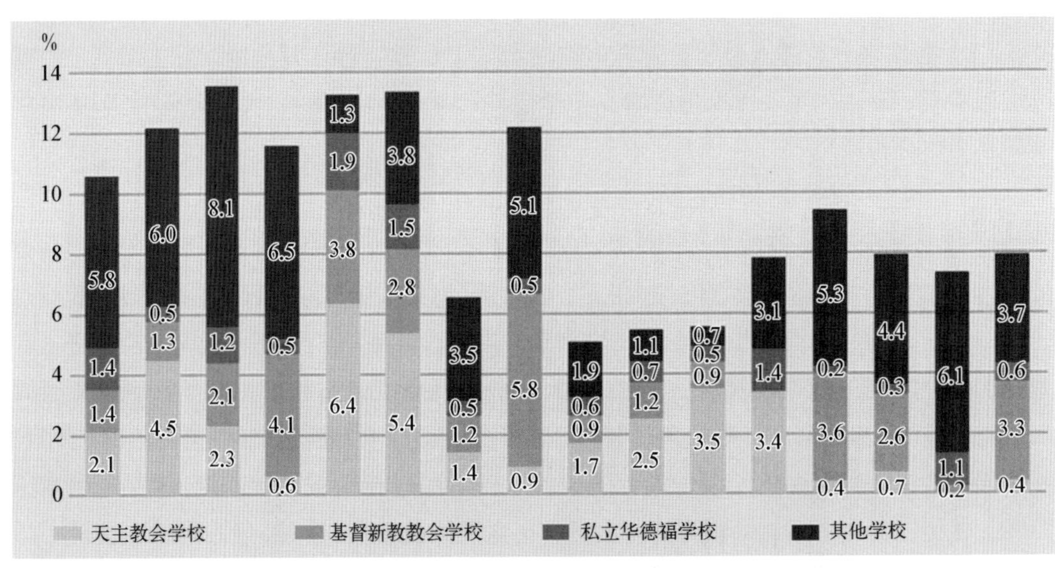

图 D1 - 5 2009 年民办学校所在地情况(按各联邦州及办校主体划分,占该联邦州所有学校的比例,单位: %)

来源: 联邦各州统计局,学校目录,德国基督新教教会学校科学工作处,基督新教教会学校目录
德国大主教联席会议秘书处,天主教会学校目录,编写组自行统计

Ⓜ概念注释

移民背景: 由于与词汇表所采用的样本略有差异,因而"移民背景"的定义各不相同。本章节中具有

移民背景的儿童需满足父母一方源自国外的条件即可。

留级生比例：在上一学年度依旧在原年级读书的学生人数除以所观测年级的学生总人数可计算出该比例。留级生也包括那些自愿复读一学年的学生、那些来自国外的新学生以及其他类型的插班生。在所观察的学年度，在官方所规定的入学日期之后就读的学生不被视作为留级生。由于在许多联邦州已实施灵活的入学时间调控手段，因而统计样本为三年级以上的学生。

普通教育高中阶段：除了文理中学类高级阶段（包括文理中学、一体化综合中学、促进学校和私立华德福学校）以外，专科高中、专科文理中学和职业/技术高中也归属于普通教育高中阶段。

私人学校/民办学校：解释说明参见词汇表：民办学校。

总校：分析民办学校的责任法人必须全方位地按照详尽的学校名录进行梳理。这样方可确切统计出总校数目而不是如同官方的中小学数据库那样囊括各类学校类型导致计算出各种学校类型的分校数目反复叠加，而它们的责任法人却是相同的。

D2 特殊教育促进

儿童与青少年在接受教育方面、自我发展方面、学习能力方面尚存在缺陷，以致他们难以融入到社会中正常生活，那么他们就有了特殊教育促进的需求。德国文化部长联席会议在1994年针对特殊教育促进方面提出了相关建议，认为合适的促进教育场所与特殊教育需求类型以及学校的条件互相影响："不仅仅由特殊学校来满足特殊教育需求，普通学校包括职业学校其实更加合适。原则上讲，所有学校均有义务共同承担促进残障青年人的教育任务。"[①]

通过修订《基本法》，明确禁止歧视残障人士，因此各联邦州的《学校法》规定：只要满足组织条件、人员条件和物质条件，就可让有特殊教育促进需求的学生融入普通学校的课堂教学，而不用就读专门的特殊学校。2009年，各联邦州以联合国《残疾人权利公约》为契机，自我查审迄今实行的特殊教育促进措施。前两版德国国家教育报告就是从以上角度概括了特殊教育促进需求是如何得以满足实现的。在本次《德国国家教育报告》中将展示目前接受特殊教育促进的学生比例以及具有特殊教育促进需求的学生特殊群体比例，明确了现今这方面的基本面貌和新近更改之后的规定执行情况。

在促进学校和其他普通学校内接受特殊教育促进的学生比例Ⓜ

德国目前有3302所促进学校。2008/09学年，约40万名学生就读于促进学校。1999年，就读于小学教育阶段和初中教育阶段促进学校的学生人数占所有学生人数的4.5%。这一比例到了2008年上升至4.9%。此外，在其他普通学校就读，但具有特殊教育促进需求的学生占所有学生人数的1.1%。自1999年以来，这一比例在全德国范围内也上升了0.5个百分点。尽管不少具有特殊教育促进需求的学生已就读于普通学校，但就读促进学校的学生比例Ⓜ并未呈现下降趋势。就读促进学校的学生比例上升的原因在于，具有特殊

① 1994年5月6日德国文化部长联席会议决议：《德意志联邦德国中小学促进特殊教育倡议书》。

教育促进需求的学生被越来越早地安排进入促进学校，从而导致其在促进学校就读的平均年限愈发地被延长(表 D2－1A)。

各联邦州之间接受特殊教育促进的学生比例最多要相差 2.5 倍

在接受特殊教育促进的学生比例以及具有特殊教育促进需求且就读于普通学校的学生比例方面，各联邦州之间的差别很大。莱茵兰-普法耳茨州接受特殊教育促进的学生比例为 4.3%，而在梅克伦堡-前波莫瑞州这一比例达到 11.7%，为前者的 2.5 倍之多(图 D2－1，表 D2－7web)。在各联邦州，按照不同的促进重点划分的接受特殊教育促进的学生比例呈现出上述的差异性(图 D2－2A)。接受特殊教育促进的学生比例之所以差距巨大，其主要原因是各种各样的评判标准，评估接受特殊教育促进需要的过程各不相同以及其他因素(如法律规定、避免接受特殊教育促进的预防性措施、保持普通教育系统内丰富多彩的学校类型等)。所有这些规定导致接受特殊教育促进的学生必须符合不同的前提条件，这就导致这些需接受特殊教育促进的学生的人生前景机遇大不相同，例如，在 2008 年，几乎四分之三接受特殊教育促进的学生尚未在普通中学毕业就中途辍学了。

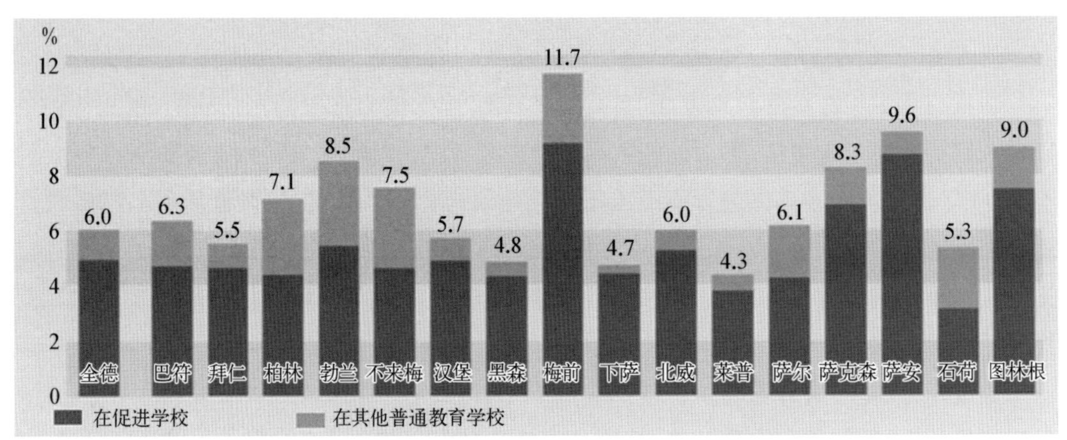

图 D2－1 2008/09 学年特殊教育促进比例(按联邦州及促进场所划分，单位：%)

来源：联邦及各州统计局，2008/09 学年学校统计，编写组自行统计

2008 年，在普通学校接受特殊教育促进的学生比例为 19%。这一比例在各联邦州差距巨大，萨尔州的这一比例为 57%，下萨克森州的这一比例为 6%。除萨尔州之外，柏林州、勃兰登堡州和不来梅州特别重视促使需接受特殊教育促进的学生在普通学校内接受教育(表 D2－7web)。当然，各联邦州这一比例数据无法直接加以比较，因为接受特殊教育促进的学生在普通学校接受教育的环境状况并不一样。在实际操作中，在普通学校中设有专为接受特殊教育促进的学生开设的特殊班级，也有合作模式，还有个别接受特殊教育促进的学生在普通班级正常非特殊化接受同等教育，而且各联邦州的特殊教育促进的重点也不一致。预防性的措施越来越重要，可是目前未能统计出相关数据。

从国际比较上来看，在德国接受特殊教育促进的学生高于其他国家的平均水平

从国际比较上来看，在德国接受特殊教育促进的学生比例，在整体上要高于其他国家的平均水平。在欧盟范围内，就读德国促进学校接受特殊教育促进的学生占学生总人数的比例最高。与此同时，在德国接受特殊教育促进的学生在普通学校接受教育的比例属于最低的国家(图 D2－3A，表 D2－8web)。要评判这一现状，我们必须兼顾考虑到各个国家教育体系内有关特殊教育促进方面的根本性差异。

特殊教育促进重点的发展情况

儿童及青少年的特殊教育促进的需求原因在于感官损伤、身体有残障或精神障碍，还包括那些由于学习及语言困难或为情感及社会问题所困惑，在学校就读期间被诊断为需要接受特殊教育促进的情况。一半左右在促进学校就读的学生目前需要在学习方面接受特殊教育促进（图 D2－2，表 D2－9web）。这一比例加上那些为语言、情感及社会问题所困扰的学生比例约占具有接受特殊教育促进需求学生总人数的三分之二左右。

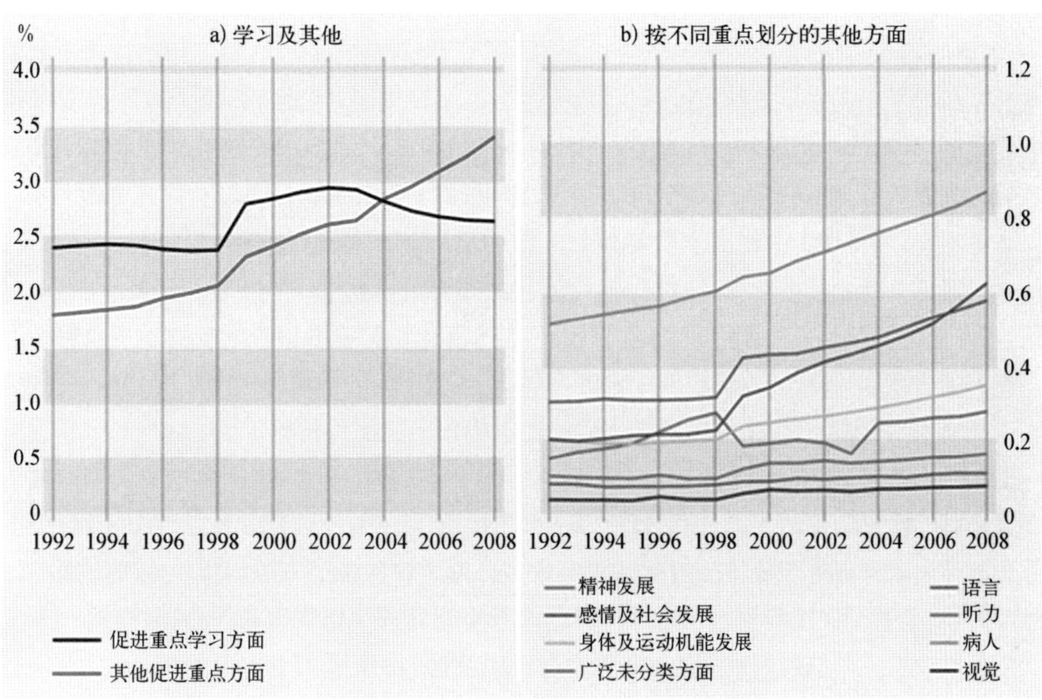

图 D2－2 1992－2008 年* 特殊教育促进比例（按促进重点划分，单位：%）

* 直至 1998 年仅包括促进学校，从 1999 年起包括在其他普通教育学校就读的具有特殊教育促进需求的学生

来源：2007 德国文化部长联席会议秘书处，1997－2006 年中小学特殊教育促进情况，联邦及各州统计局，编写组自行统计

在过去的 15 年里，在精神发展、语言、情感及社会交往方面需要接受特殊教育促进的学生比例持续增长（图 D2－2，表 D2－9web）。增长的原因是多方面的，例如随着医学的发展进步，评判是否需要接受特殊教育促进的准则依据在发生变化，特殊教育促进的各方面条件得以改善，促进学校的发展得到足够的重视。

在精神发展、语言、情感及社会交往方面需要接受特殊教育促进的学生比例持续增长

在其他普通学校接受特殊教育促进的学生比例为 19%，这些学生所接受的特殊教育促进的重点并不统一（表 D2－7web）。在其他普通学校中，特殊教育促进的重点主要是情感及社会交往困惑，占接受特殊教育促进学生的三分之一左右，只有 4%的少数学生的特殊教育促进重点在精神障碍方面。部分新旧联邦州地区在其他普通学校中接受特殊教育促进的重点比例存在相当大的差别（表 D2－3A）。

依据性别、社会地位及国籍划分得出的就读促进学校的差异Ⓜ

将具有特殊教育促进需求的学生按其性别、社会地位及国籍分门别类地加以观测，可

发现他们与在其他普通学校就读的学生存在明显的差距。

具有特殊教育促进需求的学生中以男生为主

无论在哪一个特殊教育促进重点上,具有特殊教育促进需求的学生在性别上的差异特别显著,在各个联邦州接受特殊教育促进学生的性别情况基本一致。女生比例仅为37%(表D2-4A)。在普通学校女生比例总体达到49%,而在促进学校女生比例远低于此数值。在语言发展方面需要接受特殊教育促进的女生比例仅为30%,在情感及社会交往方面需要接受特殊教育促进的女生比例甚至只有14%。

就读于促进学校的学生家长的学历水平低于德国全体学生家长的平均学历水平

就读于促进学校的学生家长的学历水平低于德国全体学生家长的平均学历水平。超过一半(52%)就读于促进学校的学生其家长的学历最多是普通中学毕业,而略超过四分之一(27%)就读于其他普通学校的学生其家长才是这种情况(表D2-5A)。13%就读于其他普通学校的学生其家长未参加过职业培训,而28%就读于促进学校的学生其家长未参加过职业培训,后者的比例是前者比例的一倍多。三分之一(34%)就读于促进学校的学生其家长处于失业状态,而只有12%就读于其他普通学校的学生其家长目前没有找到工作。

来源国不同,就读促进学校的学生比例亦明显不同

近年来,外籍学生占促进学校学生总人数的比例越来越高,社会各界对此反响很大。然而要对这一现象区别看待,在促进学校就读的所有外国国籍学生中,来自某些国家(越南、乌克兰、俄罗斯、波兰及伊朗)的比例较小,低于德国国籍就读促进学校的学生比例。但是拥有某些国家国籍(阿尔巴尼亚和黎巴嫩)的学生就读促进学校的比例高达13%,特别引人关注。长期以来,各个来源国的学生就读促进学校的比例保持恒定(表D2-6A)。虽然一些国籍为希腊、摩洛哥、葡萄牙及土耳其的孩子从小在德国长大,但拥有这些国籍的孩子在德国就读促进学校的比例未有回落。从较长的时间段来观察,自1970年代以来,各个来源国的学生就读促进学校的比例就已固定成型。由于缺少各个来源国学生成绩方面的信息,因而以上数据仅供参考。当前要确切地调查研究促进学校学生的评估工作,各个来源国学生就读促进学校前所接受的知识教育状况以及他们的社会经济生活处境。

Ⓜ概念注释

教育促进比例:这一比例为具有特殊教育促进需求的学生总数除以所有全日制学生人数(包含一至十年级学生以及促进学校的学生人数)的商值。

就读促进学校的学生比例:这一比例为就读于促进学校的学生总数除以所有全日制学生人数(包含一至十年级学生以及促进学校的学生人数)的商值。

按性别、社会地位及国籍划分得出的就读促进学校的情况:按照微型人口调查数据,在2008年可能总结出就读促进学校与性别、社会地位及国籍之间的关联度。但微型人口调查无法按促进重点分类进行数据分析。由于只有2.5%的家长承认他们有一个孩子正在就读促进学校,所以就读促进学校的学生人数实际上是被低估了。按照微型人口调查和中小学数据库的数据,只可调查出就读促进学校的学生与其性别、社会地位及国籍之间的因果关系;而不能调查出具有特殊教育需求、但就读于其他普通教育学校的那些学生与其性别、社会地位及国籍之间究竟存在怎样的关联性。

D3 学龄期的全日制教育和照管

近年来,无论是在联邦政府层面还是在各联邦州,均投入大量财政资金扩建全日制教

育学校，以改善照料学龄儿童的条件。在建设及扩建全日制学校的过程中，社会各界普遍期盼改善针对社会经济能力薄弱家庭子女的学校教育及课外拓展学习的框架条件，并促使家庭生活与劳动工作和谐统一起来(参见 A3 章节)。全日制教育与照料儿童在各联邦州具体实践操作中具有不同的组织结构与内容规划。一方面，扩建全日制学校Ⓜ及托班Ⓜ；另一方面，在全日制学校开展课外拓展学习项目，可辅导做作业以及增添多学科兴趣小组与辅导课程。我们将延续以往的《德国国家教育报告》，首先从教育界角度介绍全日制学校的建设及扩建情况，随后从学生角度来叙述学生就读全日制学校及晚托班的状况。

全日制学校在数量上的扩建

三分之一以上的小学教育阶段及初中教育阶段的学校实现了全日制教学模式

从 2002 年至 2006 年实行全日制教学管理的学校基层管理单位Ⓜ已翻一番，增长至 1 万所学校左右，到 2008 年又增加了 2000 所全日制学校(图 D3 - 1，表 D3 - 1A，表 D3 - 5web)。42%小学教育阶段及初中教育阶段的学校在此时间段内，在三分之一以上的德国学区内实现了全日制教学模式(表 D3 - 2A)。

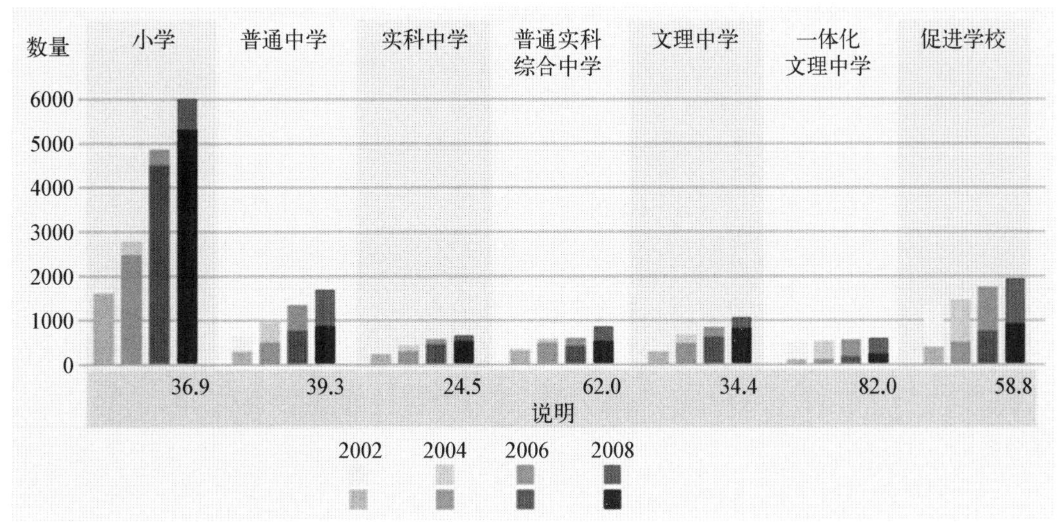

图 D3 - 1　2002 - 2008 年各类初中、小学扩建为全日制学校* 状况(单位：%)

* 未包括各类学校的定向阶段与自由华德福学校

来源：2010 年德国文化部长联席会议秘书处，德国各州全日制形式的普通教育学校

开放式的全日制学校的扩建发展特别迅猛

新扩建的全日制学校的组织管理模式不尽相同。德国文化部长联席会议依据学生是否需强制参加全日制教学活动划分出三大类全日制学校：(一) 全体学生参与模式：所有在读学生均需完整地参加全日制教学活动；(二) 部分学生参与模式：学校中的一部分学生(个别年级)需完整地参加全日制教学活动；(三) 开放式参加模式：个别学生按其意愿自愿报名参加全日制教学活动。追踪一下自 2002 年以来全日制学校的这三大类组织模式的发展状况，很明显地可以发现开放式的全日制学校的扩建发展特别迅猛(图 D3 - 1，表 D3 - 1A)。开放式全日制学校模式在所有小学中达到 88%的比例，在所有实科中学中达到 79%的比例，在所有文理中学中达到 76%的比例。开放式全日制学校在所有综合中学也达到了 59%的比例，占主体地位；全部学生参与模式在所有综合中学的比例由 2002 年的 1%上升

至2008年的13%,部分学生参与模式在所有综合中学的比例由2002年的6%上升至2008年的28%。在其余学校类型中,开放式参与模式的比例明显上升。

各联邦州全日制小学比例、全日制促进学校比例以及全日制文理中学比例差距较大

在近期推进学校全日制改革之前,全日制学校模式已在一体化综合学校和促进学校先行展开,且全日制学校的比例已很高。目前这两类学校的全日制模式的比例虽已不是最高,但还维持在高位。全日制学校在所有一体化综合中学的比例为82%,在所有促进学校的比例为59%(表D3－3A)。经过近阶段的努力,全日制学校在综合中学的比例已达到了62%,这一比例的上升主要归功于2006年至2008年间的全日制学校扩建项目。各联邦州各类学校类型的全日制模式推行进展情况明显不同。各联邦州全日制小学在全德国的平均比例为37%左右。各联邦州的全日制促进学校比例及全日制文理中学比例差距较大。

学生参与全日制模式的基本状况

参与全日制模式的学生比例存在巨大的地区性差异

自2002年以来,扩建全日制学校的工作进展顺利,自愿参与全日制模式的学生占全体学生总人数的比例翻了一番。在2008年,自愿参与全日制模式的学生占全体学生总人数的24%,远低于全日制学校占所有学校的比例(42%的小学教育阶段及初中教育阶段的基层教育管理单位已是全日制学校)。全日制学校比例及自愿参与全日制模式的学生比例相当的,只有巴登-符腾堡州与汉堡州(图D3－2,表D3－2A,表D3－4A)。这一比例并不能表明这些联邦州的全日制学校已符合了民众对此的需求。按各地区实际情况不同,即使仅有部分学生参与全日制模式,也可说明全日制学校已满足了当地民众的需求。在萨尔州和萨克森州这两个联邦州,几乎各地遍布开放式的全日制模式,问题在于在这种情况下,那些家庭生活状况导致特别需要参与全日制模式的学生,是否正在就读这些全日制学校。

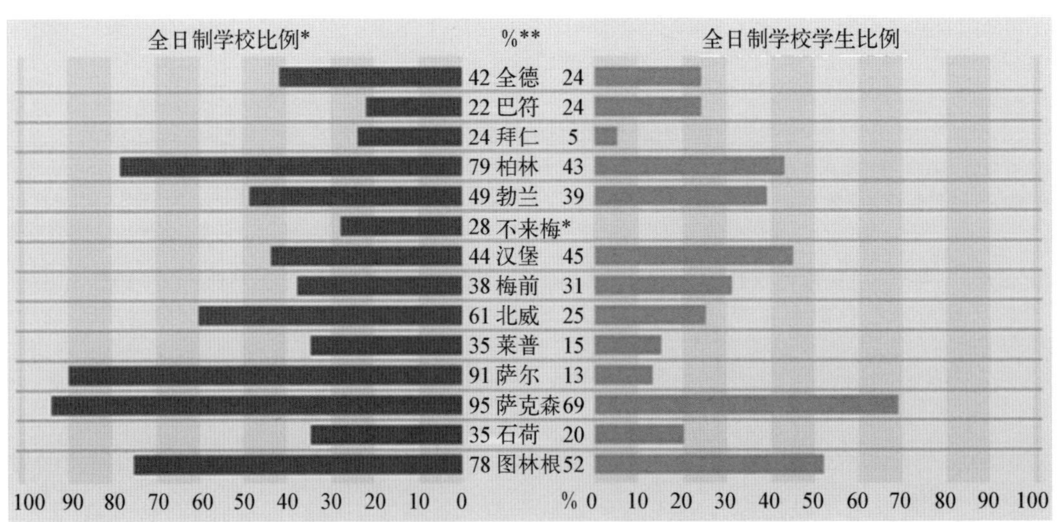

图D3－2 小学、初中阶段全日制学校比例*以及2008年各州全日制学校学生比(单位:%)

* 参见概念注释:全日制学校Ⓜ作为学校的管理单位

** 在一些联邦州缺少有关全日制民办学校的数据,以致全日制学校的比例失真

来源:2010年德国文化部长联席会议秘书处,2004－2008年德国各州全日制普通教育学校

托班Ⓜ作为全日制学校的补充形式

迄今为止的介绍忽略了不同经管方的晚托班，其实晚托班是全日制教育与照料的重要组成部分，特别在新联邦州地区发挥着重大作用。只有介绍一下晚托班的基本情况，有关全日制教育的信息方为齐全。特别对小学阶段的学生而言，大量的晚托班是辅助、教育、照料孩子与青少年的有力补充形式。全日制学校与晚托班存在不同的归属关系。在有些区域，两者关系各自独立；在另一些地方，两者是互为合作关系或是兼并共融关系。因此，以上提到的有关全日制学校的数量，也包含了那些与全日制学校具有紧密合作关系的校外机构。

总体照料比例不断上升：四分之一的小学生年龄段儿童接受了全日制教育与照料

小学年龄阶段的总体照料比例Ⓜ是指就读全日制学校的学生与低于11周岁在儿童日间照料机构就读托班的学生之和占全体小学生年龄段儿童的比例。按照这一定义，在2007/08学年，有超过四分之一的小学年龄段儿童接受了全日制教育与照料。而在2006/07学年，这一比例仅为五分之一（图D3－3A，表D3－6web）。在新联邦州，由于托班数量庞大，小学年龄段的总体照料比例高达74%左右；而在旧联邦州，这一比例远远落后，还不到20%。

Ⓜ概念注释

全日制学校（作为学校基层管理单位或者具有学校类型特色的机构）：依据德国文化部长联席会议的定义，全日制学校必须1周至少有3天提供每日7小时的全方位教学活动、给学生们提供一顿午餐、安排课外活动且此课外活动与课堂教学内容紧密衔接。除非有更详尽的说明，否则这里所指的全日制学校也可被称为具有学校类型特色的机构。如果提供全日制教学活动的教学中心（学校基层管理单位）由不同学校类型构成，那么全日制学校数目将按照不同的学校类型分别加以统计。倘若不按照学校类型来统计全日制学校的话，那么全日制学校就等同于学校基层管理单位，目的是为了避免出现重复统计。在梅克伦堡-前波莫瑞州，全日制学校被称为学校基层管理单位，而不被叫做具有学校类型特色的机构。

托班：托班仅指那些照顾学龄儿童的日间照料机构。此外，那些照顾不同学龄儿童的日间照料机构也被计算入内。

小学年龄阶段的总体照料比例：如果把就读于儿童日间照料机构以及全日制学校的学生数目简单相加的话，就会在部分联邦州出现重复统计。这是因为向学龄儿童开放的部分校外机构，往往与学校有极其紧密的合作与隶属关系，但却被分门别类加以统计。借助于全方位的调研工作，得以尽量避免出现重复统计的情况，大致估算出小学年龄阶段的总体照料比例。

D4 中小学教职人员

要保障学校质量、保证课堂教学质量，要规划好学校的教学及学习过程，其最重要的前提条件之一就是教师能力素质过关、工作充满激情且学校必须配备足够的教学人员。科学研究调查及实践经验均表明：教师学术状况、行之有效的宽松的教学框架条件并为教师提供理论联系实际的进修活动都能直接促进课堂教学质量。在接下来的介绍过程中，我们将延续《德国国家教育报告（2008）》的编排体例，从在普通教育系统中进行教学工作人员Ⓜ的年龄、性别的组成情况以及他们工作时间的角度加以分析说明。此外，还会把教师的工作时间和班级规模与世界上其他国家的加以比较。本章节最后还将提及教师的移民背景状况和他们的进修情况。

教师的年龄、性别、工作时间与移民背景情况

在国际比较中，除了意大利，德国拥有50周岁以上的教师比例远高于其他国家，而与此同时，德国拥有30周岁以下的教师比例远低于其他国家(图D4－4A，表D4－6web，表D4－7web)。与其他经合组织成员国相比，德国拥有30至50周岁年龄段教师的比例也很低，德国教师的年龄分布极不均衡。

未来几年里将陷入合格师资匮乏的窘境

新旧联邦州之间差距很大。在新联邦州，近几年来明显感觉到学生人数在减少，这不仅造成教学人员过剩，而且50周岁以上的教师比例愈加增高，而30周岁以下的教师比例极低，因为相当多的学校很少招聘引进新教师了(表D4－1A)。巴登-符腾堡州与莱茵兰-普法耳茨州这两个联邦州与其他联邦州在拥有30周岁以下教师的比例方面具有相当大的优势，这两个州的这一比例相对较高。德国教师的老龄化面临着一系列问题。尽管一些非师范专业人士也正在加入教师队伍，但还是缺乏合格的师资后备力量，[①]可预估在未来几年里，某些专业科目和学科领域将陷入师资匮乏的窘境。

在2008/09学年，绝大多数学校类型内的女教师比例在55%(文理中学)至86%(小学)这一区间内浮动(表D4－8web)。促进学校的四分之三教学人员是女教师。不过，女教师与男教师相比，在几乎所有的普通教育系统学校(除促进学校以外)主要从事兼职或小时制的教学工作(图D4－1，表D4－8web)。

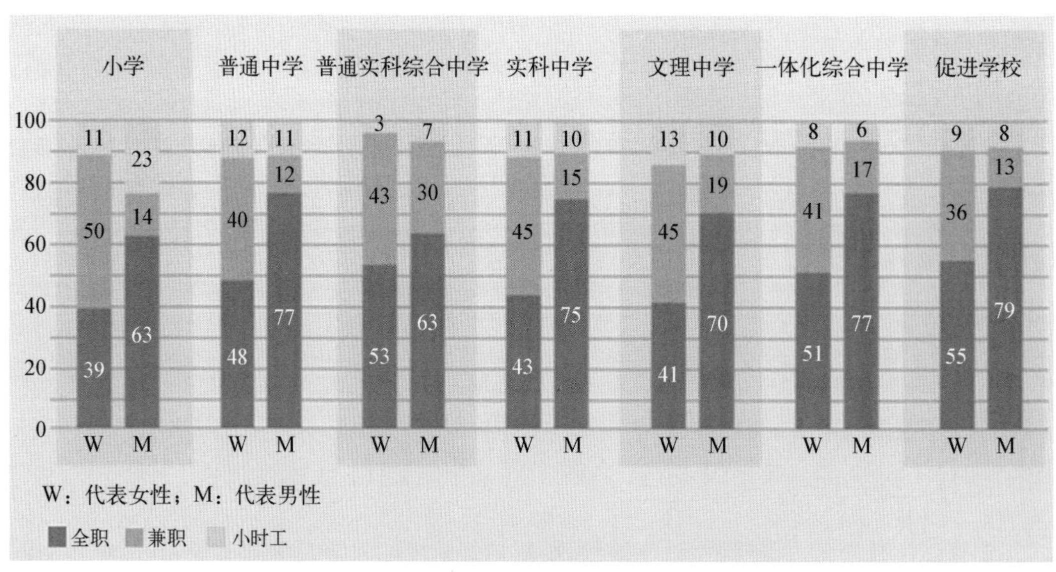

图D4－1 2008/09学年普通教育学校师资情况(按性别、工作性质及所属学校类型划分，单位：%)

来源：联邦及各州统计局，2008/09学年学校统计，编写组自行统计

① 《德国国家教育报告(2008)》编写组：《德国国家教育报告(2008)》，比勒菲尔德，第202、203页。

在所有的学校类型内，三分之二至四分之三的男教师从事全职教学工作。大部分的女教师从事兼职教学工作。在小学、实科中学及文理中学中，女教师从事兼职教学工作的比例是45%或略多一些。自1996/97学年以来，从事兼职教学工作的教师人数越来越多（表D4－9web）。

男教师大多从事全职教学工作，近一半的女教师从事兼职教学工作

普通教育系统内的师资力量构成不仅取决于学校类型，而且具有典型的地域性。新旧联邦州之间的差距明显。在新联邦州地区，教师全职工作比例以及女教师比例均高于旧联邦州地区（表D4－2A）。在新联邦州地区，女教师兼职工作比例也要高于旧联邦州地区。与此相反，在旧联邦州地区，从事小时制教学工作的教师比例是新联邦州地区的两倍多。

2008年的微型人口调查数据表明，具有移民背景的师资力量对学校的各个年级而言数量很少，而且与学生的背景状况有着紧密关联。具有移民背景的教师比例不到5%，而在其他行业里那些具有移民背景且（应用技术）大学毕业的员工比例是从事教师工作比例的3倍多（表D4－3A）。

具有移民背景的师资力量极少

教师工作时间与班级规模

在国际上，教师工作时间一般指的是在一学年里平均教授的课时数。德国小学教师每学年的工作时间为806课时，接近经合组织成员国及欧盟19国的平均值。德国初中教育阶段教师每学年的工作时间为758课时，高中教育阶段教师每学年工作时间为714课时，比经合组织成员国的平均值超出7%至9%左右（图D4－2，表D4－10web）。在德国国内，由于各地区实行了不同的工作时间模式且存在大量的特殊规定与例外情况，所以教师工作时间呈现多样化格局，很难进行比较（表D4－11web）。

国际层面上的比较：德国教师工作时间

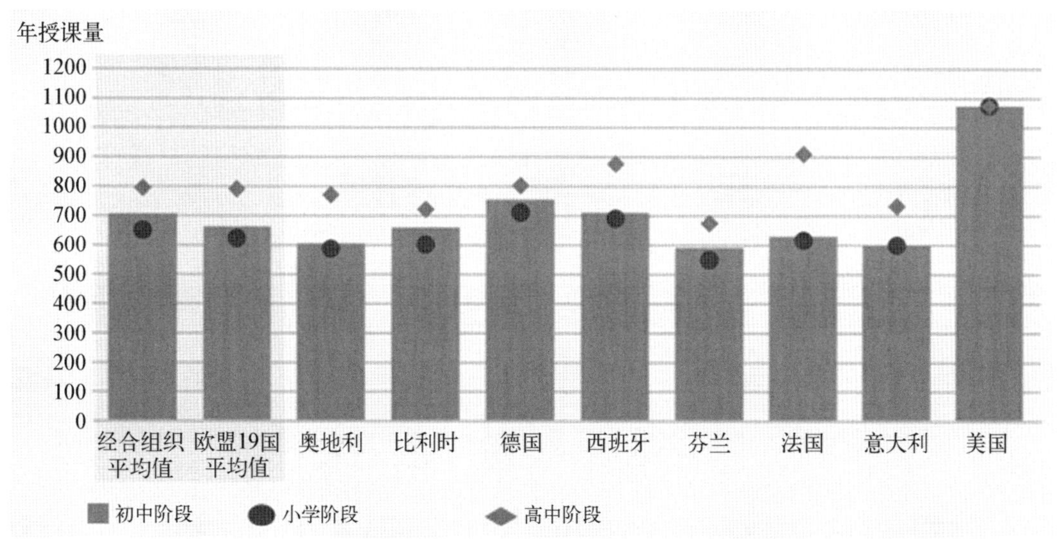

图D4－2 2007年部分经合组织成员国*不同学校层次的教师每年授课量

* 缺乏瑞典、瑞士与英国的相关数据

来源：2009年经合组织，《教育一览》第461页

在B4章节已介绍了德国国内不同时期的师生比例Ⓜ情况。从国际层面来看，德国的小学教育阶段、初中教育阶段以及高中教育阶段每位教师所对应的学生人数相对较多（表

经合组织成员国学校班级规模状况

D4－12web)。从班级规模上来讲,德国学校班级的平均规模状况Ⓜ与师生比例情况有所不同。在国际比较中(图 D4－3,表 D4－13web)可得出以下结果:德国小学教育阶段、初中教育阶段学校的班级规模基本处于世界平均值。[①]

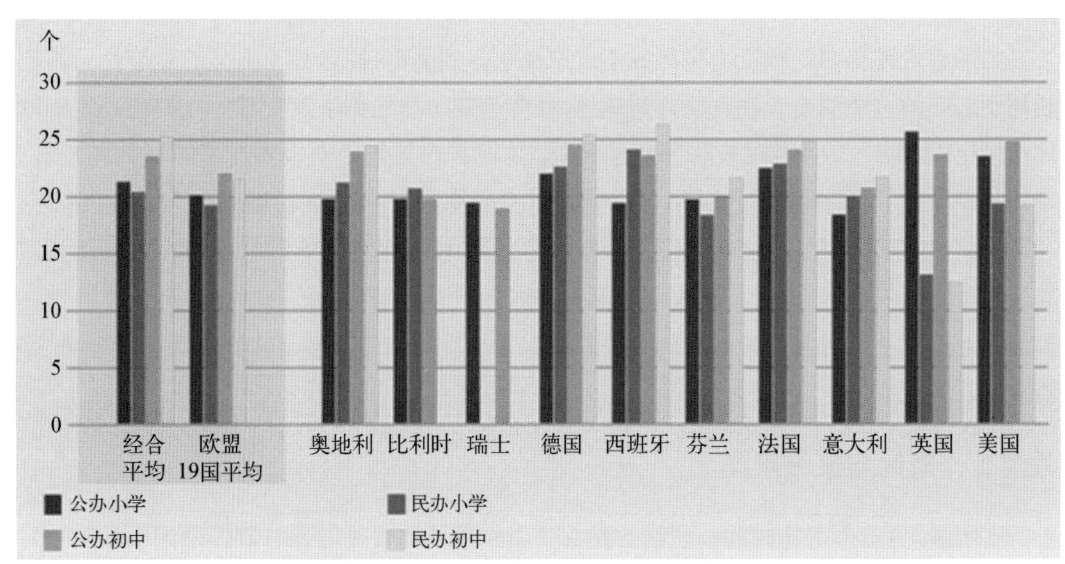

图 D4－3　2007 年部分经合组织成员国* 的平均班级规模(按学校层次及责任主体划分)

* 缺乏瑞典相关数据

来源:2009 年经合组织;《教育一览》第 426 页

德国各个联邦州不同学校类型的班级规模存在明显差异(表 D4－14web)。新联邦州地区各类学校的班级规模都要小于旧联邦州。从学校类型加以区分的话,小学班级人数规模在 21(黑森州与下萨克森州)与 24(汉堡州)这一区间内浮动。普通中学班级人数规模差距略大,柏林州普通中学班级规模为 17,在黑森州与北莱茵-威斯特法伦州普通中学班级规模都是 22。实科中学班级规模在 23(石勒苏益格-荷尔斯泰因州)与 28(巴伐利亚州)这一区间内浮动。新联邦州地区的普通实科一体化学校(大部分旧联邦州无此类学校类型)的班级人数规模最小(参见 D1 章节)。文理中学班级人数规模差距较大,在石勒苏益格-荷尔斯泰因州文理中学班级规模为 26,在汉堡州文理中学班级人数规模为 32。

教师进修

绝大多数教师自我评价经常参加进修

有关德语教师和英语教师的进修活动首次进行了一次民意调查问卷Ⓜ,我们可了解一下教师如何评判自我的进修状况。民调问卷显示,这两门学科的绝大多数教师自我评价参加过有关教育、心理、专业教学法以及管理主题方面的进修活动(表 D4－4A)。这两门学科逾一半的教师表示在近 18 个月内曾参加过 1－10 天的进修活动。少于 10%的参与调查的教师未曾参加过任何进修。有 13%的参与调查的教师曾参加过 50 天以上的进修活动,这一比例不算低的教师人群显然正处在自我中长期进修阶段。调查显示:年轻教师以及那

① 缺乏国际层面上有关高中教育阶段的相关数据,因此无法在此进行比较。

些教龄小于5年的教师较少参加进修。在近18个月内未参加任何进修活动的比例较小的教师群中以男教师为主。专职教师与兼职教师在参加进修方面几乎没有区别。就教师所选择的进修主题领域来看，引人注意的是（表D4－5A）：不少教师自我评价在近5年内没有参加过以提升授课规划为核心主题的进修活动，例如有关新的教学与学习方式、如何在学生成绩参差不齐的班级中授课、如何给平行班授课、如何制定个性化的促进计划和促进措施等。参与问卷的教师主要参加了导师项目、同事间心理健康咨询以及客卿活动等。

不少教师没有参加过以提升授课规划为核心主题的进修活动

Ⓜ概念注释

普通教育系统教学人员：数据源自官方的中小学数据库以及德国文化部长联席会议统计库中可查询到的有关全职教师的情况（全职教师包含工作时长相当于全职教师的兼职人员、按小时计算课时费的教学人员以及独立教授各类课程的代课教师与实习教师）。除了普通教育学校的教师之外（涵盖学前班至大学预科），也包含专科文理中学、专科高中以及职业/技术学校内的教师（参见词汇表）。未包括其他类型的教学人员。

师生比例：同一特定教育领域或教育机构内全职教师（或工作时长相当于全职教师的教学人员）人数与某一特定教育领域或教育机构内学生人数之间的商值即为师生比例。这一比例并不考虑教学人员授课时长与每一工作日工作时长之间的比例关系，也不考虑教学人员的备课时间。

班级规模：学生人数与班级数目之间的平均商值为班级规模。

有关教师进修的民意调查：在2009年，相关部门为评估教学水平，针对德语教师和英语教师的进修活动进行了一次民意调查。这里介绍一下调查问卷情况：相应的问卷总数为2076份，来自14个联邦州地区（全德国总共16个联邦州，此处未包括巴伐利亚州与北莱茵-威斯特法伦州）。问卷得出的结论与德国教师教学调查（TALIS）的结果在本质上是相符合的（参见：德默尔·艾姆/冯扎尔敦·艾姆[主编]：《日常生活中的英雄——德国学校领导与教师的问卷调查》，2010年，发表于《德国学校杂志》，第11本副刊，第52页及其后续页面）。

D5 校外学习活动

除了在校园之外，儿童及青少年的学习过程主要是指受家庭的熏陶、接受儿童及青少年工作者的辅导并参加各类志愿者活动。参加各类志愿者活动包含在一个协会、一个项目或一个团队内自愿接受任务与安排。在这些非正规的参与学习过程的基础上，学生参与实践并承担责任，接受专业及教育学方面的指导并要参加各类培训课程。

所有非正规学习地点的共同特征是可自愿参与此类组织形式。志愿者活动的典型特点是开放式的学习模式并可学习到各种各样的知识与经验。与正规学习相近的一些非正规的学习环境，例如补习课程或者校外的额外课程。在这类课程里，学生大多会再次学习正规教育课堂内已传授的内容。近几年来，这类补习额外课程由于将学习内容划分得更为合理，成为家长家庭辅导孩子学习的有力帮手，规模变得越来越大。学生参加这类非正规学习活动能提升学习成绩、助升学成功一臂之力，极大地促进了学生顺利完成正规教育的学业。

本章节将在这一发展趋势背景下，扩充2006年版及2008年版教育报告中有关志愿者活动和学生参加校外补习课程的情况。

参加志愿者活动的学生性别、年龄、有无移民背景以及所在学校类型情况

具有移民背景的青少年参加志愿者活动的比例较小

14－19岁参加志愿者活动的学生比例在过去的十年里相对稳定在36%(2009年数据)(表D5－1A)。由于16岁以上的学生参加志愿者活动可得到国家儿童及青少年援助基金的资助,因此18－19岁年龄段参加志愿者活动的比例上升到42%。根据志愿者调查Ⓜ的说明,具有移民背景Ⓜ的青少年参加志愿者活动的比例为24%,该比例已比同类调查的结果上升了10个百分点。从具有移民背景的青少年参与协会组织活动的比例来看,他们参加志愿者活动的比例可算是不低的了。这些具有移民背景的青少年不愿参加志愿者活动看来必有其深层次的原因。这样的后果就是,他们难以感悟到志愿者活动的教育意义,丧失了融入社会的又一机遇。

所属学校类型不同,学生参加志愿者活动的情况也不同

在2009年,14－19岁年龄段的文理中学学生参与志愿者活动的比例再创新高。值得注意的是:与2004年相比,文理中学学生参加志愿者活动的比例上升了3个百分点,而与此同时,实科中学学生及普通中学学生参加志愿者活动的比例分别下降了5个以及3个百分点(图D5－1,表D5－2A)。考虑到各个年龄段的情况,例如14－17岁年龄段的学生由于所属学校类型不同,也存在着上述的差异。在学习上有雄心抱负的学生更乐意享受非正规学习领域的各类教育机会,这又将进一步扩大现有的社会不平等现象。

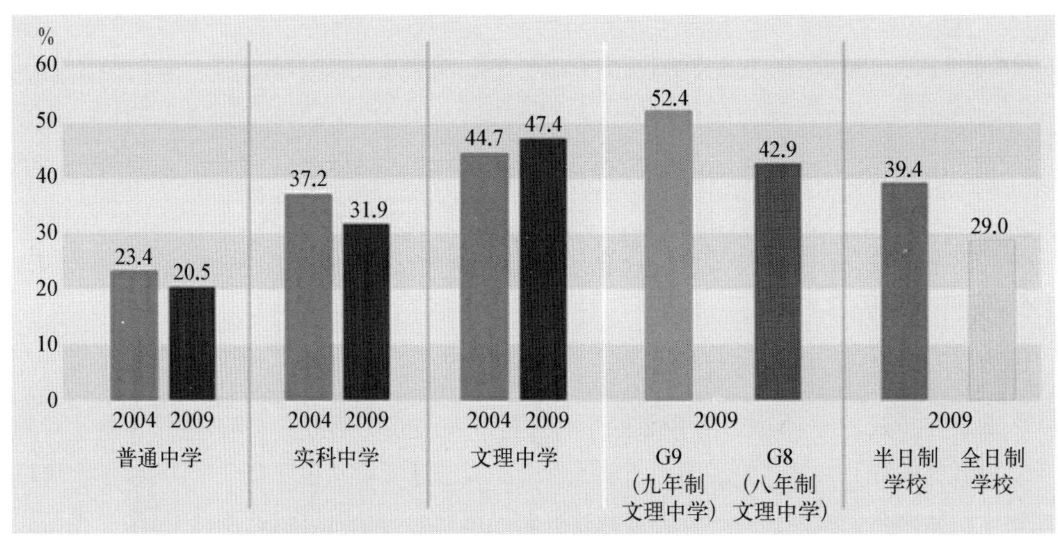

图D5－1　2004年及2009年14－19岁学生参加志愿者活动的比例(按学校类型、全日制、半日制学校类型以及文理中学类型划分,单位:%)

来源:志愿者调查,TNS Infratest民间调查研究所,编写组自行统计

就读于全日制或八年制文理中学的学生显示出较少参加志愿者活动的趋势

不管是缩短文理中学的学制(参见D1章节)还是扩充全日制学校(参见D3章节),教育系统的改革在未来发挥的巨大作用越来越受到社会各界的关注。52%的九年制文理中学学生参加过一次志愿者活动,而只有43%的八年制文理中学学生参加过一次志愿者活动。这一比例差异并不能说是由于八年制文理中学生较多就读全日制学校而造成的(表D5－2A)。就读半日制的八年制文理中学的学生参加过一次志愿者活动的比例也属于此类情况。

与此同时，在2009年，全日制学校学生参与志愿者活动的比例为29%，要比半日制学校学生参与志愿者活动的比例(39%)低了10个百分点(表D5-2A)。这一差别在16-19岁年龄段的学生群中显得特别突出。迄今为止，尚无证据可证实全日制学校学生由于在校时间长，因而将主要精力用于学习方面。只能猜测：全日制学校学生由于可支配时间减少以及必须上安排密集的学校课程，这可能会对学生参与志愿者活动并在社会实践中接受教育造成一定的影响。综上所述，由于教育系统的改革正在如火如荼地进行中，我们不能妄下结论，而是要在未来的几年内观察检验将来在多大程度上可挖掘学校内部开展志愿者活动的潜力。

志愿者活动领域，志愿者活动结构框架及获取的能力

青少年志愿者活动领域主要是"体育"、"学校/幼儿园"和"教会/宗教"

14-19岁年龄段学生参与的最重要的志愿者活动领域依旧是"体育"(12%)、"学校/幼儿园"(10%)和"教会/宗教"(9%)(表D5-3A)。75%参与志愿者活动的学生或是在一些组织内、或是在一些机构内从事志愿者活动(表D5-7web)。

在2009年，21%的14-19岁年龄段的学生每周参与志愿者活动的时间超过5个小时，然而每周参与志愿者活动时间少于2小时者的比例是越来越高了(图D5-2，表D5-9web)。尽管男生、女生在参与志愿者活动的比例上差不多，但在参与时间上差别很大：27%的男生每周参与志愿者活动超过5个小时，而女生的这一比例仅为16%。

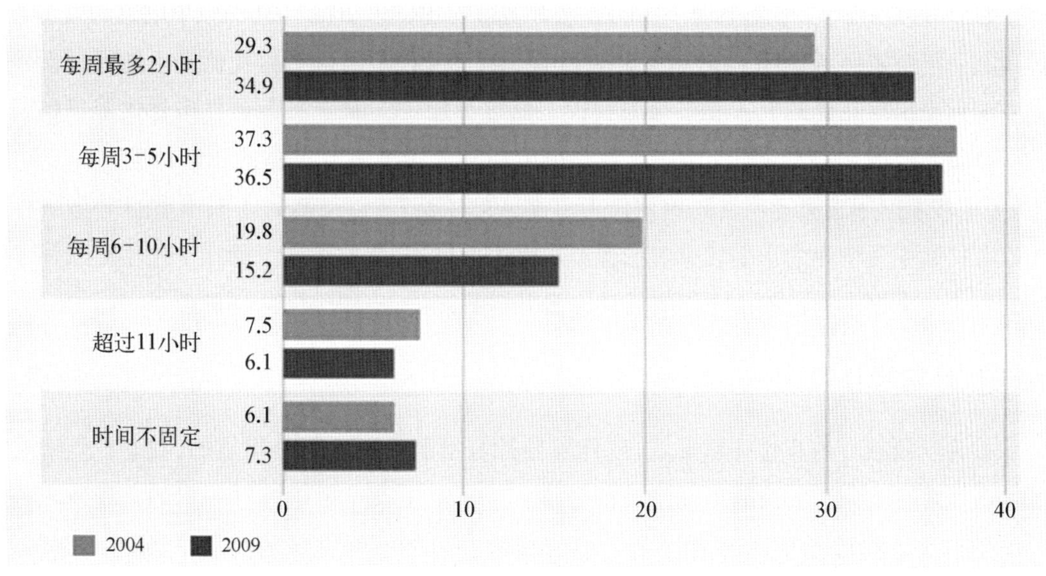

图D5-2 2004年及2009年14-19岁志愿者参与志愿者活动时间(单位：%)

来源：志愿者调查，TNS Infratest民间调查研究所，编写组自行统计

与过去几年的情况相同，14-19岁年龄段的青少年认为参与志愿者活动的重要前提是要具有社交能力、乐意全身心地奉献投入，还要有抗压能力以及领导指挥的禀赋。所有这些品质总结起来就是要求参加志愿者活动的学生必须积极主动地承担责任(表D5-10web)。44%的参加志愿者活动的青少年在从事志愿者工作期间曾参加过一次拓展培训(表D5-11web)。拓展培训历时1天或数天，参加培训者能获取与自己志愿者活动相关的

44%的参加志愿者活动的青少年曾参加过一次拓展培训

知识。无论参与何种领域的志愿者活动,60%的志愿者认为通过这一体验大大地或极大地提升了对他们而言重要的、全方位的能力(表 D5 - 12web)。67%的志愿者接受过专业人士对他们在专业上和教育学上的指导;52%的志愿者有指定员工专门为他们在参与志愿者活动过程中答疑解惑(表 D5 - 11web)。

参加一年制志愿者项目

参加志愿者项目的人数持续增加

德国以法律形式制定的志愿者活动指的是一年制志愿者项目Ⓜ,志愿者在这一年里,不仅要参与日常的志愿者工作、承担一定的工作职责,还需要参加专业研讨课或者语言课程。在 2009 年,共计 4 万名左右的年轻人参加了正规的一年制志愿者项目。年轻人也越来越乐意参加一年制志愿者项目或一年制生态志愿者项目(表 D5 - 4A)。在 2008 年,有 3.77 万名青少年参加了一年制志愿者项目,有 2200 名青少年参加了一年制生态志愿者项目。通过参加一年制志愿者项目来替代服民事役的青少年人数从 2002 年的 1200 人持续增长至 2008 年的 6000 人。此外,在 2009 年,还有 3500 名青少年参加了新近才有的为期 1 - 2 年的国际志愿者项目,在世界上的发展中国家从事志愿者项目(表 D5 - 13web)。70% 参加这项目的青少年主要在发展中国家从事辅助青少年的工作并促进当地青少年的学习。参加国际志愿者项目的青少年将获取国际化的经验与资质,这对他们以后更好地融入日益全球化的职场与社会极有裨益。

性别及学历与是否参加志愿者项目具有关联性

在 2008/09 学年,男生参加一年制志愿者项目的比例为 20%。其中一半以上的男生通过参加一年制志愿者项目来替代服民事役(表 D5 - 14web)。这一男女比例上的不平衡性主要原因是男生在原则上一般必须服兵役。通过参加一年制志愿者项目来替代服民事役的一个重要原因是:国家给参加一年制志愿者项目的学生发放更高的津贴补助。在 2009 年,男生参加国际志愿者项目的比例已上升至 40%(表 D5 - 13web)。具有移民背景的学生以及普通中学毕业的学生较少参加各类志愿者项目,这就更凸显了德国本地学生及高学历的青少年更愿意通过参加志愿者活动来提升自我能力,倍加珍惜这一机会。

接受校外辅导补习

作为学校教育的有益补充形式,校外辅导补习指的是那些额外附加的、在学校课堂之外的各类非正式课程。根据不同统计的估测:学生家长每年用于辅导补习的费用支出在 9.4 亿至 15 亿欧元之间。[①] 学生不得不参加校外补习的原因主要是在学习上缺少父母的关爱,由于家庭各类因素导致父母无暇督促辅导子女的学业。参加校外辅导补习课程的动机不仅在于弥补薄弱学科的短板,而且可以提升所有学科的平均成绩,恢复学习自信心。

超过 80%的四年级学生为改善成绩接受补习

非正式的、额外附加的辅导补习从其本质上可以划分为两类:一类是需支付学费的补习学校与家庭教师;另一类是无需支付学费的亲属好友辅导以及社会公益课程。通过补习方式进行的个性化学习促进的初衷是为了提高学习成绩,从而提升获取更好的

① 达门·德、埃尔博思·艾、福克斯·卡、君策尔·姚:《我们对补习了解多少?——有关补习供需状况与作用的调查研究评估报告》,柏林,2008 年。

个人教育机会的可能性。超过80%的小学生在毕业之前已额外地接受父母辅导或参加校外补习课程Ⓜ。这一现象表明,社会各界十分看重学生的学习成绩并对学生施加了不小的压力。

无论学生家庭的社会经济地位如何,也无论学生家庭是否具有移民背景,学生家长总是高度重视对孩子进行学习辅导。此外,还是有13%的四年级学生额外去上补习学校或请家庭教师上门进行补习(图D5-3,表D5-5A)。越来越多的源自较低社会经济地位且具有移民背景家庭的学生也会去上补习学校或请家庭教师上门进行补习。

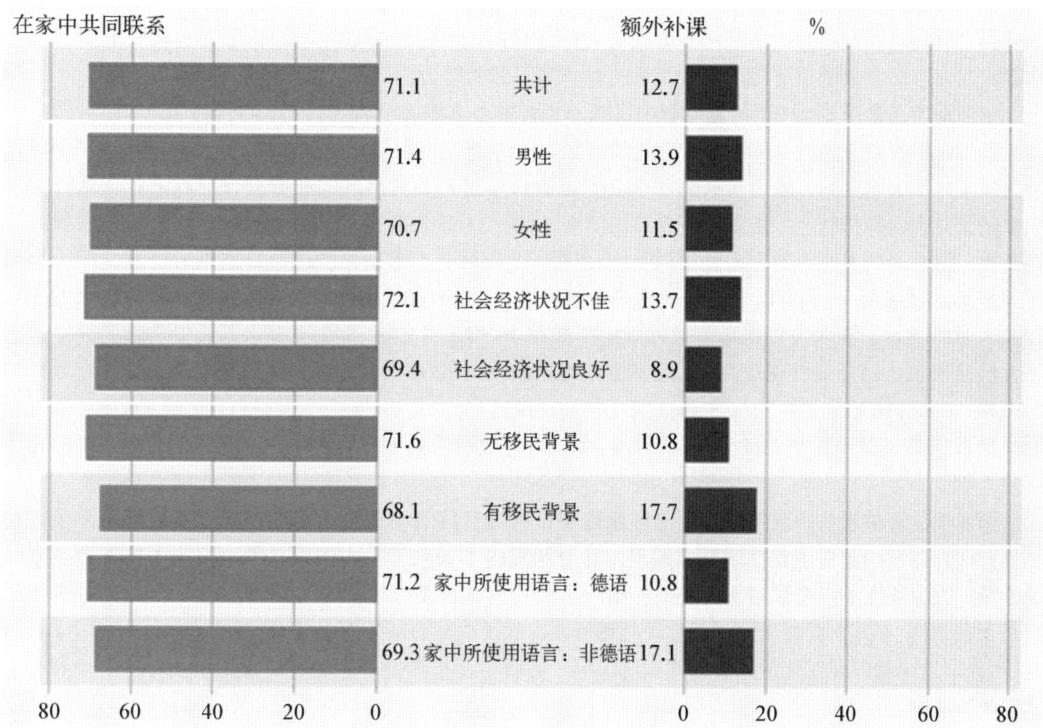

图D5-3 2007年采访学生父母之后得出的有关四年级学生为提升成绩额外补课情况(按性别、社会经济状况*、是否具有移民背景Ⓜ以及家中所使用语言划分,单位:%)

* 按EGP社会分层理论划分,解释说明参见表D5-5A

来源:国际教育成就评价协会,2007年国际数学及科学研究调查,编写组自行统计

学生年龄越大,参加辅导课程的人数越多。在2006年,28%的德国15周岁学生在校外参加各类辅导课程(表D5-6A)。从参加各类辅导课程的学生比例来看,德国的这方面情况处于世界各国中游水平(表D5-15web)。15周岁学生参加各类辅导课程的情况已随着所处社会地位不同而出现差异:30%社会经济地位高的学生选择私人个性化的辅导课程,而只有23%社会经济地位低的学生参加此类课程。从学校类型来看,实科中学以及文理中学学生在校外参加各类辅导课程的比例最高。具有移民背景的学生参加各类辅导课程的热情高涨,其家长相应的开销花费不小。

13%的四年级学生接受补习,28%的15岁学生接受补习

学生主要参加的是数学辅导课,大多数学生每周辅导时间控制在两小时内(表D5-16web)。有关校外辅导班人数规模方面的统计表明,不少学生选择的是一对一的校外辅导方式。家庭社会经济地位高的学生很少参加超过8个学生的辅导班(表D5-17web)。

家庭社会经济地位高的学生较多选择一对一的补习方式

学生家庭的社会经济地位状况决定学生能报名参加几门辅导班,又决定其参加的是几个人规模的辅导班。

Ⓜ概念注释

志愿者调查、2007 年国际数学与科学趋势研究项目以及 2006 年国际学生评估项目中的移民背景: 由于与词汇表所采用的样本略有差异,因而"移民背景"的定义各不相同。本章节中具有移民背景的儿童需满足父母一方源自国外的条件即可。

志愿者调查: 志愿者调查是一项有关德国 14 周岁以上居民人口参加志愿者活动情况的公共信息体系。这一常年举行的调查基础是 1999 年、2004 年以及 2009 年的电话调研,该电话调研每隔 5 年接受德国家庭、老年人、妇女及青少年联邦部的委托,调查内容为志愿活动范围与结构、志愿活动领域以及非志愿者转化为志愿者的潜在可能性。2009 年电话调研对象近 2 万人。

一年制志愿者项目: 一年制志愿者项目或一年制生态志愿者项目为自愿的全职工作,志愿者所从事的社会工作内容涉及国内外的环境或教育领域。为促进青少年参与一年制志愿者项目,该项目在德国是以法律文件形式制定的。通过实践活动学会承担责任是这一教育形式的核心要义。志愿者在这一年里均要接受专业教师指导。参与者还需要参加前期、中期与后期的专业研讨课,用于交流提升经验、提高自我资质。除了这两类一年制志愿者项目之外,还有一个国际志愿者项目。此项目是德国经济合作与发展联邦部尝试提供给 18 周岁以上青年人的一个学习平台,青年人借此得以接触了解到发展中国家的实际状况。参加国际志愿者项目的报名条件规定年龄在 18 - 28 岁之间,学历上要求普通中学或实科中学毕业且已参加职业培训或已完成高中毕业考试。参加国际志愿者项目的青少年将自始至终得到专业教师的指导,在参加国际志愿者项目之前、之中以及之后必须至少参加 25 个全天研讨课。此外,还可以在参加此项目之前或参加过程中报名就读语言课程。由于申请人数众多,因而国际志愿者项目一再扩充了招收名额。

国际学生评估项目以及国际数学与科学趋势研究项目问卷中的补习课程: 2006 年的国际学生评估项目曾调查过学生是否正在就读补习课程。补习课程内容局限于校内课程且由一位非本校教师负责教学工作。授课地点可以是家里或者在另一场所。2007 年国际数学与科学趋势研究项目问卷则调查了学生是否在 2006 年度为提高成绩而去额外付费听课。除了(小学)辅导课之外,还可细致划分为补习学校课程、私人家教课时以及在父母家中的共同练习等。分析中所指的补习课程被定义为就读补习学校和私人家庭教师辅导。

D6 认知能力

在 2006 年,不仅在国际学生评估项目(主要测试 15 岁学生的阅读素养、数学素养以及科学素养)而且在国际阅读素养进步研究(统计四年级学生的阅读素养)中最新一次比较了各联邦州学生的素养状况。在《德国国家教育报告(2008)》中已对德国各联邦州及世界各国的学生素养情况加以分析比较,接下来我们将继续重点探讨各联邦州学生的素养问题。我们将聚焦 2000 年国际学生评估项目启动以来的学生阅读素养发展情况,由社会地位、移民背景造成的学生差距,以及男女学生之间的成绩差异。

各联邦州在 2000 - 2006 年间的变化

从 2000 - 2003 年第一次评估阶段与 2003 - 2006 年第二次评估阶段观察 15 岁学生的

素养水平在大部分联邦州呈现良性发展变化趋势(图 D6 - 1,表 D6 - 1A)。从统计数据来看,萨克森-安哈特州、勃兰登堡州、萨克森州、萨尔州及不来梅州的学生素养获得了长足的进步。萨克森州及巴伐利亚州的学生在国际学生评估项目的各联邦州的比较中,不仅在阅读素养方面出类拔萃,而且在其他调查研究到的素养领域均名列前茅,大大领先于全国学生素养的平均水平,而不来梅州与汉堡州这两个城市州的学生的各项素养分值在各联邦州的比较中垫底,远远落后于全国学生素养的平均水平(表 D6 - 5web)。

平均阅读素养水平趋向好转

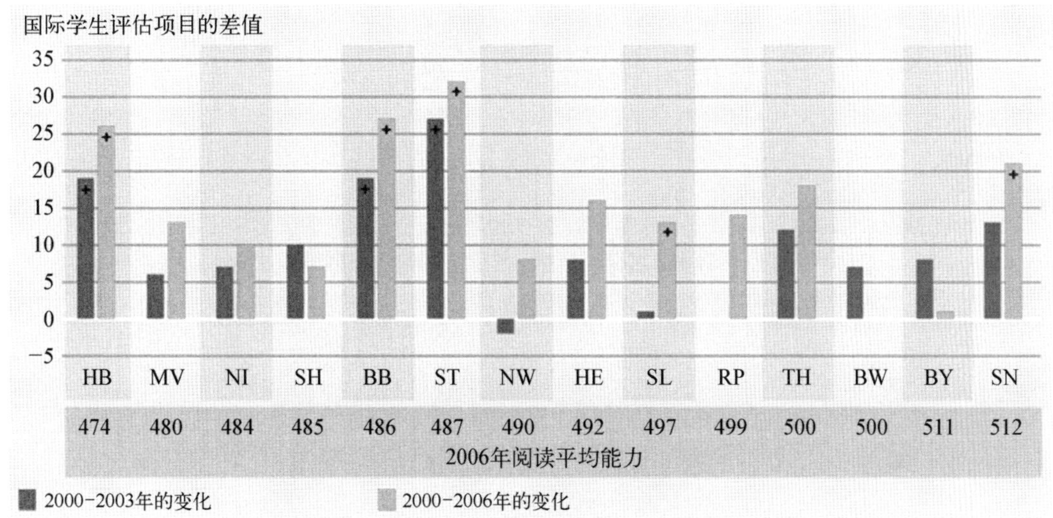

图 D6 - 1 2000 - 2003 年以及 2000 - 2006 年 15 岁学生平均阅读能力的变化*(按联邦州划分)**

* 显著的变化用"+"号标注

** 按 2006 年平均值排列,不来梅州及汉堡州由于参与调查人数过少,因而缺乏 2000 年国际学生评估项目的结果

来源:2008 年德国国际学生评估项目联盟,2006 年国际学生评估项目,各联邦州州名缩写参见词汇表

学生家庭社会地位与学生素养的挂钩现象

2000 年的国际学生评估项目得出一个既关键又令人警醒的结论:德国学生家庭社会地位与学生素养高低存在紧密的挂钩现象。尽管在 2000 - 2006 年间,这一挂钩现象已不如以往那么紧密牢固,但要把一个来自社会地位较低家庭的学生培养成一个高素养水平的学生依旧是个严峻的挑战。依据 2000 年国际学生评估项目第一次所公布的各联邦州的调查结果,新联邦州地区学生素养与其家庭社会地位的关联度较低,也就是说,新联邦州地区学生素养与其家庭社会地位的关联度Ⓜ没有旧联邦州地区那么高。把 2000 年与 2006 年国际学生评估项目中有关学生阅读素养与学生家庭社会地位的关联度加以对比,可以发现已发生了明显的变化(图 D6 - 2,表 D6 - 6web)。

把一个来自社会地位较低家庭的学生培养成一个高素养水平的学生依旧是个严峻的挑战

在萨克森州、梅克伦堡-前波莫瑞州和萨克森-安哈特州,学生家庭地位状况对学生素养的影响相对小一些。与此相反,在勃兰登堡州以及图林根州,学生家庭的社会经济情况与学生素养高低存在着越来越紧密的关联性。在旧联邦州地区的部分联邦州,学生家庭地位与学生素养之间的关联性趋于弱化,特别是在北莱茵-威斯特法伦州与下萨克森州更是

学生家庭地位与学生素养之间的关联性在新旧联邦州之间差距缩小,但各联邦州之间差距明显

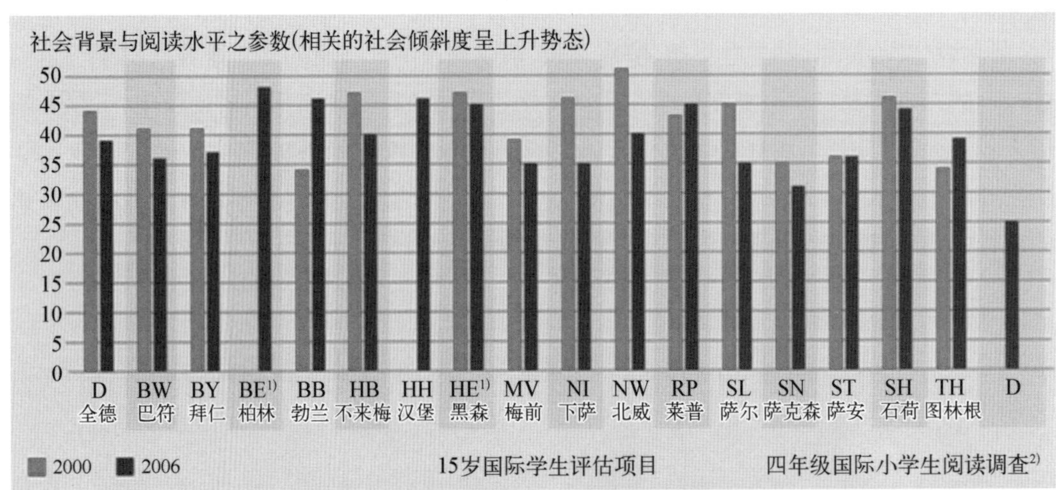

图 D6-2　2000 及 2006 年各联邦州 15 岁学生家庭社会背景与阅读水平关联度以及 2006 年四年级学生的相关情况：相关的社会倾斜度呈上升势态

1) 不来梅州及汉堡州由于参与调查人数过少，因而缺失 2000 年国际学生评估项目的结果

2) 国际小学生阅读调查各国家分值可参见表 D6-6web

来源：2008 年德国国际学生评估项目联盟，2006 年国际学生评估项目，中小学发展研究所特别评估。各联邦州州名缩写参见词汇表

如此。与 2000 年相比，新旧联邦州在这方面的差距业已缩小。

学生素养与移民背景之间的关联性

具有移民背景的学生在阅读素养方面至少落后一个学年

2006 年版教育报告重点分析了本身具有移民背景或者家庭具有移民背景的儿童与青少年在接受教育促进方面乏善可陈，这已成为德国教育系统一大顽疾，久遭诟病。比照最新的国际阅读素养进步研究与各联邦州国际学生评估项目的数据，有移民背景Ⓜ的学生与无移民背景的学生在阅读素养方面存在差距（图 D6-3，表 D6-2A）。如果父母为外国人士，那么在大多数联邦州地区，这些具有移民背景的学生在小学阶段以及中学阶段均要比无移民背景的学生在素养能力方面落后至少整整一个学年。尤其是那些父母双方都是外国人士的儿童与青少年与德国本地同龄人相比明显处于劣势。

男女学生之间的素养差异

德国小学女生在阅读素养方面领先于小学男生，但在初中阶段优势减弱

在全德国范围内，小学女生在阅读素养方面略领先于小学男生，但这一差距在 2001-2006 年间日渐缩小。小学男生在国际阅读素养进步研究中进步显著。在 2006 年，其他国家小学女生在阅读素养方面领先小学男生的差距都要比德国大。但是，在所有联邦州地区，15 岁男女生之间的阅读素养差距要大于四年级男女生之间的阅读素养差距（图 D6-1A，表 D6-3A）。此外，在 2007 年度的国际数学素养与科学素养趋势研究项目（德国在 2007 年首次参加此研究项目，该研究项目用来测试四年级学生的数学素养与科学素养）证实了德国男生在数学素养及科学素养方面远远领先于女生，而且德国男生在这方面领先女生的幅度在世界各国中几乎是最大的（表 D6-4A）。

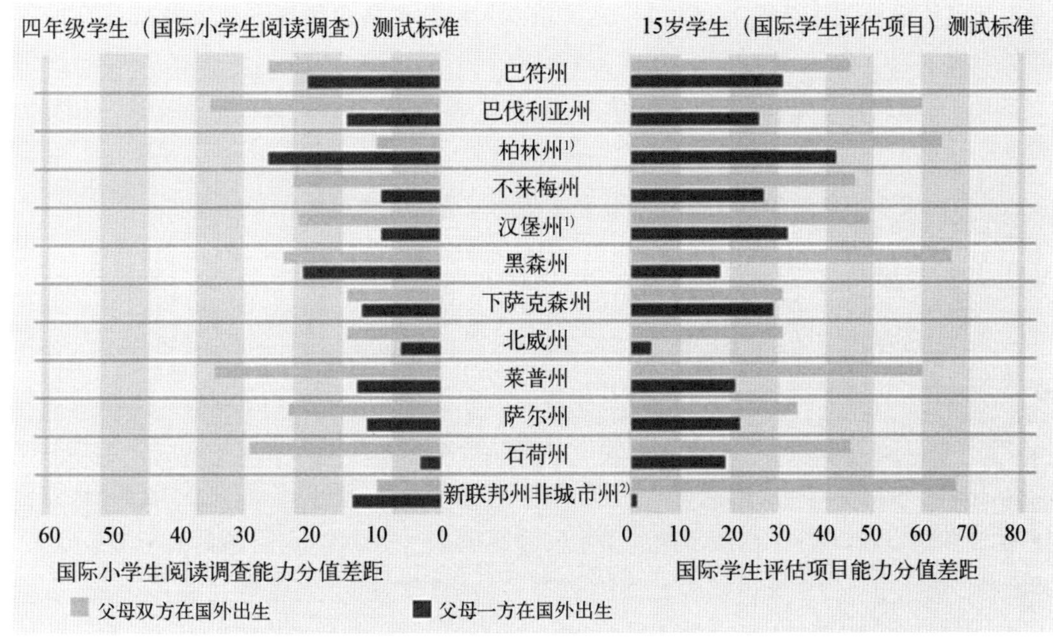

图 D6－3 2006 年各联邦州具有移民背景的四年级学生与 15 岁学生与无移民背景的学生在阅读能力上的差距(按各自测试标准的能力分值计算*)

1) 由于缺失一大部分数据，该联邦州情况并不典型

2) 由于样本人数因素，因此将新联邦州非城市州集体计算

* 国际小学生阅读调查能力与国际学生评估项目能力分值不具可比性

来源：2006 年国际学生评估项目，自然科学教育研究所特别评估，2006 年国际小学生阅读调查，中小学发展研究所特别评估

Ⓜ概念注释

学生素养与其家庭社会地位的关联度： 这一参数值表明在国际学生评估项目内学生素养与其家庭社会地位之间的关联度。这一关联度显示出家庭社会地位每上升一个层次，子女学习成绩可能会有多少分值提升的空间(国际社会经济地位指数)。2000 年国际学生评估项目专门设计出这一参数值，在 2006 年国际小学生阅读素养扩展调查的框架内首次比较了小学生的成绩情况。

移民背景： 由于与词汇表所采用的样本略有差异，因而对“移民背景”的定义各不相同。本章节中具有移民背景的儿童需满足父母一方源自国外的条件即可。

D7 中小学肄业和毕业

2006 年版与 2008 年版教育报告指出：特别是具有较高级别中学毕业文凭的青少年，有资格选择研读中学毕业之后的各类高等院校的专业科目。对青少年学生的未来教育履历与职业生涯而言，获取普通教育系统毕业文凭是重要前提、人生转折点。在初中教育阶段时就可获得的文凭有普通中学毕业文凭(九年级或十年级顺利完成学业之后)和较高资质的中等学历文凭(十年级顺利完成学业之后)。作为普通教育系统范围内的高中毕业文凭包含报名就读应用技术大学资格以及报名就读综合型大学资格(十二年级或十三年级顺利完成学业之后)。具体就读大学的资格由德国各州文化部长联席会议统一规定。

本教育报告接下来重点阐述在近几年里,各类中等学校的毕业生与辍学生的比例发展状况。为了研究探讨社会各阶层家庭子女所获得的中等学校毕业文凭情况,我们首次将这一情况按照青少年学生的移民背景及社会经济状况分门别类地加以介绍说明。

毕业率的发展趋势

全德国范围内获得报名就读综合型大学资格的学生比例有所提升

近一段时间以来,全德国境内普通教育系统内学生及职业学校的学生毕业率基本保持稳定(图 D7－1,表 D7－1A)。51%毕业年龄段学生获得的是中等学历文凭,14%毕业年龄段学生获得了就读应用技术大学的资格。只有获得就读综合型大学资格的学生比例有所提升,从 2004 年的 28%上升至 2008 年的 32%。这一比例提升的原因并不仅仅是梅克伦堡-前波莫瑞州在 2008 年出现了两届学生同时高中毕业的情况,而且还是由于多年以来,越来越多的小学毕业生选择就读文理中学(参见 D1 章节),导致各联邦州拥有就读综合型大学资格的高中毕业生人数也多了起来(表 D7－5web)。

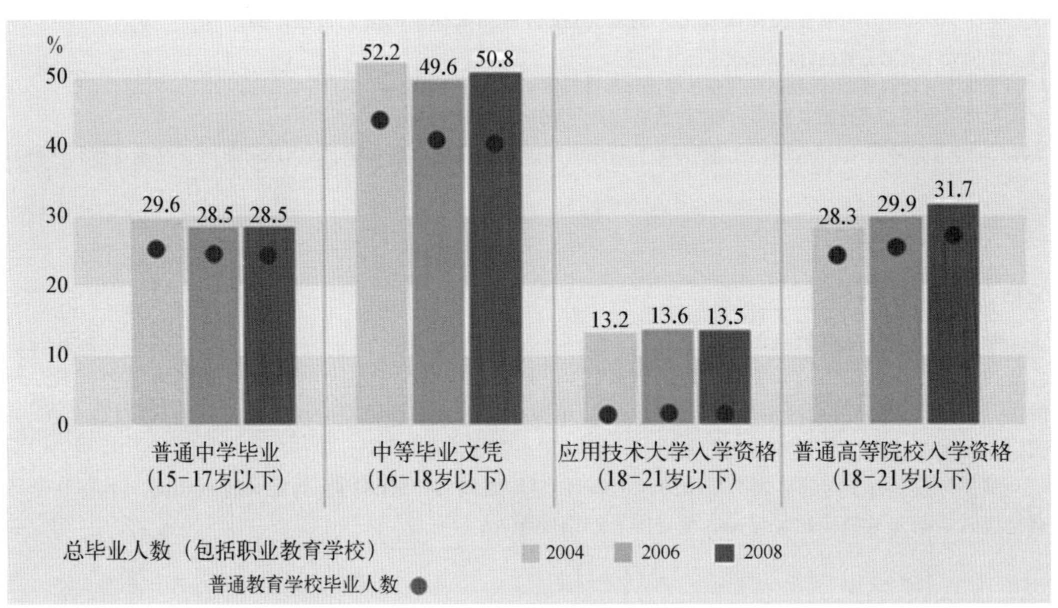

图 D7－1　2004 年、2006 年以及 2008 年普通教育及职业教育学校毕业生情况(按毕业学校划分,百分比单位为占各自常规毕业年龄段居民人口的比例Ⓜ,单位: %)

来源: 联邦及各州统计局,中小学校统计及人口统计

在前两版《德国国家教育报告》中已经说明学生获取各类中等学校毕业文凭已不再受所就读学校的限制,而是可以通过各种教育途径方式获得自己所希望的毕业文凭。越来越多的中学生为了弥补在普通教育系统内未获得毕业文凭的遗憾,转而在职业学校获取这一更高层次的毕业文凭,这一趋势已愈加明显。在 2006－2008 年间,这一比例还略有增加(表 D7－6web)。这一更高层次的毕业文凭主要指的是中等学历文凭,目前 20%的中等学历文凭获得者是职业学校学生。

未获取普通中学毕业文凭就中途辍学情况

尽管比例有所下降，但仍有许多青少年未完成学业就中途辍学

尽管越来越多学生通过不同的教育途径方式弥补了自身学历上的欠缺，然而糟糕的是每年还是有许多青少年未完成学业就中途辍学了。2008 年，约 6.5 万名学生中途辍学，未获得最低层次的普通中学毕业文凭（表 D7－2A）。2006 年，此类学生人数为 7.6 万名；2004 年，此类学生人数为 8.2 万名。这一人数下降需考虑到人口情况：在 2004 年，8.5%毕业年龄段学生（15 周岁以上至 17 周岁以下的学生人群）中途辍学，未获得普通中学毕业文凭。这一比例在 2006 年及 2008 年分别为 7.9%和 7.5%。未获取普通教育系统学校毕业文凭的学生比例仍较高。

辍学率在旧联邦州下降，在新联邦州上升

自 2006 年以来，各联邦州学生的辍学情况并不一致（图 D7－2，表 D7－2A）。未获得普通中学毕业文凭的学生辍学率在旧联邦州是下降的，而在所有新联邦州这一比例都上升了。值得注意的是，在计算辍学率、统计 15 周岁以上 17 周岁以下年龄段人数时可能与实际人数出现偏差。在新联邦州地区 1991 年和 1992 年出生人口很少，在统计时可能把 1990

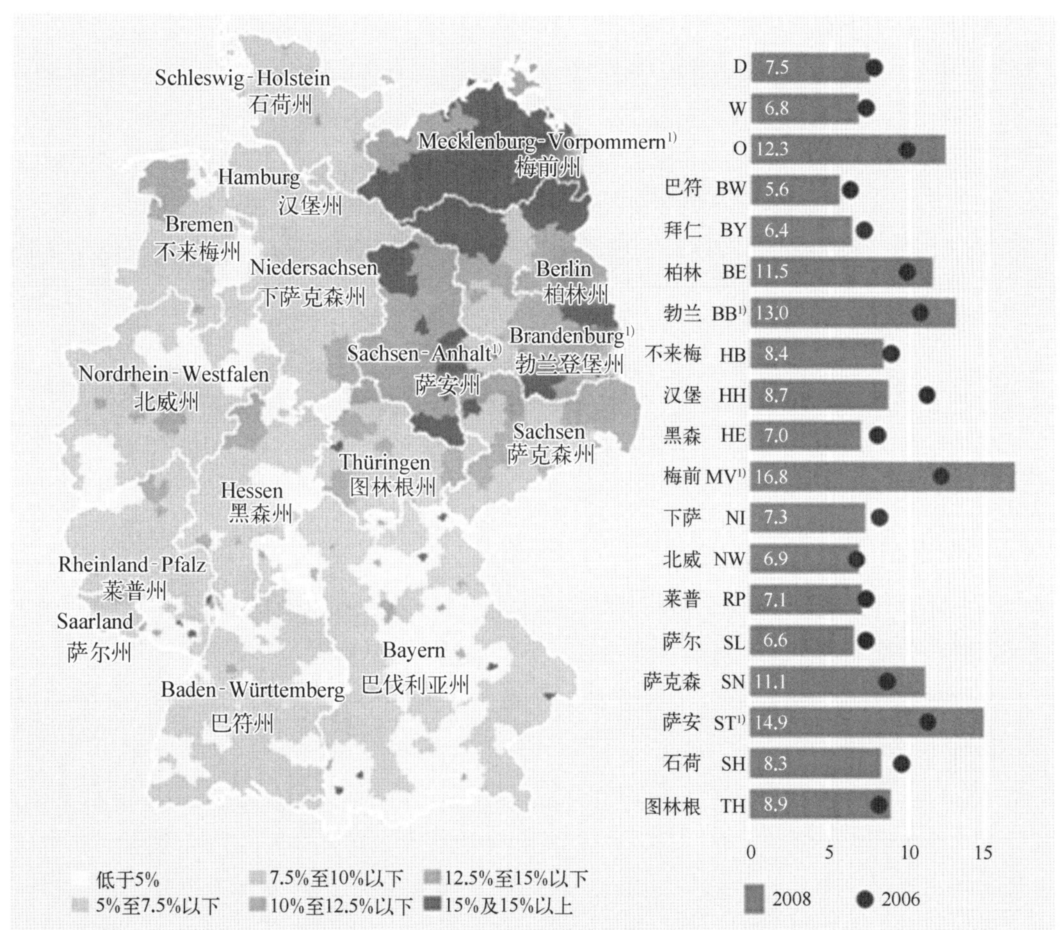

图 D7－2　2008 年各联邦州及专区未取得普通中学毕业文凭的毕业生（占各自常规毕业年龄段居民人口的比例Ⓜ，单位：%）

1）部分联邦州的数据与德国文化部长联席会议数据并不一致，原因在于选取了不同的年级学生（参见表 D7－2A）

来源：联邦及各州统计局，中小学校统计及居民人口统计，缩写参见词汇表

年人口高峰时出生的学生计算在内,从而导致所统计出的辍学率失真过高了。因此需静观这几年的数据变化,从而确定这一负面趋势是否的确持续存在。

有些地区学生辍学率达到两成

众所周知的是：在一个联邦州内学生辍学现象也存在巨大的地区差异性。在一个县内,15 周岁以上 17 周岁以下青少年未获得普通中学文凭就中途辍学的学生比例在 3%至 22%之间(图 D7-2,表 D7-7web)。每个联邦州的农村地区均存在超出平均值比例未获得普通中学文凭的学生辍学率。各个城市、县的辍学率差距很大。旧联邦州地区城乡学生辍学率之间的差距要比新联邦州地区城乡学生辍学率之间的差距更大(图 D7-3A,表 D7-7web)。

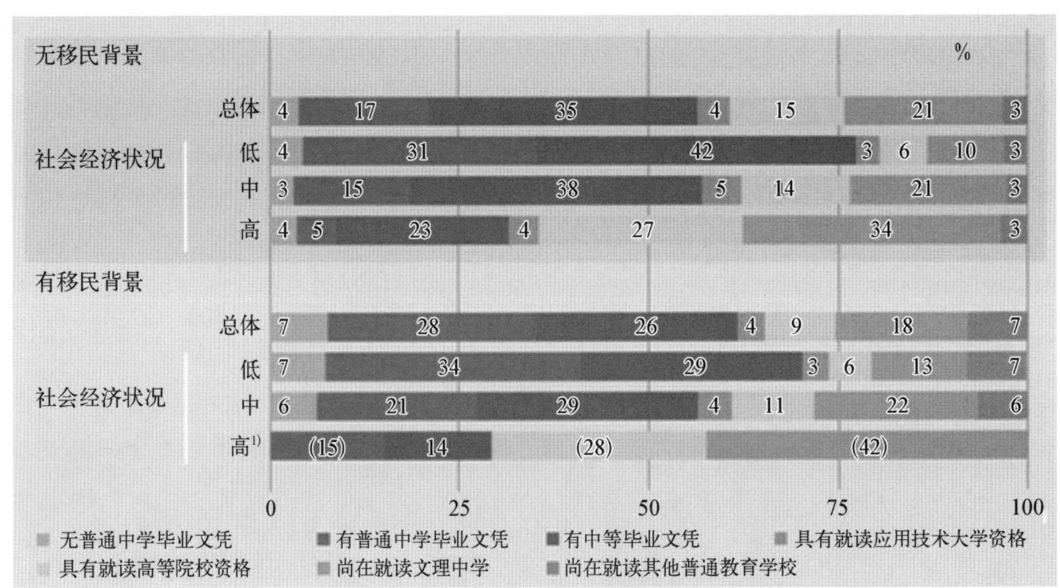

图 D7-3 2008 年 18-21 岁居民所获取的毕业文凭情况(按是否具有移民背景以及社会经济状况* 划分,单位：%)

1) 由于样本数量较少,包含有/无普通中学毕业文凭,具体就读应用技术大学和综合型大学资格,尚就读文理中学及其他普通教育学校

* 父母亲最佳职业状态(职业声望与社会经济地位指数,参见词汇表)

来源：联邦及各州统计局,2008 年微型人口统计

普通中学辍学生大多曾在促进学校接受过学习方面的促进辅导

在社会公众的视野中,把未获得普通中学毕业文凭的青少年往往理解为未获得毕业文凭的寻常的普通中学学生。其实大部分(约 55%)未获得普通中学毕业文凭的学生曾就读于促进学校(表 D7-2A)。并不是所有那些转自促进学校的普通中学学生都能顺利毕业从而获得普通中学毕业文凭。只有在柏林州,大多数未获得普通中学毕业文凭的学生就是寻常的普通中学学生。那些转自促进学校、未获得普通中学毕业文凭的学生曾接受过的恰恰就是学习方面的促进辅导。在一些联邦州地区,中途辍学的普通中学学生中几乎有一半人曾在促进学校接受过学习方面的促进辅导。值得注意的是,促进学校有关促进学习能力以及精神健康发展方面的《教学大纲》与其他普通教育系统内的学校在教学内容与教学要求上是不可相提并论的。具有促进辅导需求的学生不仅接受个性化的辅导教育,而且在顺利毕业时被授予一种依据不同促进辅导项目而颁发的特别结业证书。这一情况大多就发生在那些曾接受过学习方面促进辅导的辍学生身上(表 D7-2A)。拥有普通中学毕业文凭的学

生尚难寻找到一个职业培训的岗位(参见E1章节),对这些具有特别结业证书、在学习方面需要促进辅导的学生而言,更是难上加难了。

学生毕业与性别、移民背景及社会地位之间的关系

德国学生与外国学生之间差距缩小,但依旧存在一定的差距

将2008年的辍学生、毕业生按照性别来统计的话,女生情况明显优于男生情况(表D7-4A)。男生中获得普通中学毕业文凭的人数多于获得就读综合型大学资格的人数(其比例分别为32%与28%);在女生中这一情况恰好相反,女生中获得普通中学毕业文凭的人数少于获得就读综合型大学资格的人数(其比例分别为25%与36%)。在2004-2008年间,特别分别统计了外国学生与德国学生的毕业情况,结果令人满意:无论是德国学生还是外国学生,获取就读综合型大学的人数都在增加,未获得普通中学毕业文凭的学生比例都在下降。由于国籍不同,德国学生与外国学生在获取毕业文凭方面仍存在一定的差距。外国学生未获得普通中学毕业文凭就辍学的人数是这种情况的德国学生人数的2倍。德国学生获得就读综合型大学的人数是外国学生获得就读综合型大学人数的3倍。

为了能更清晰地分析具有移民背景学生的毕业情况,我们将观测的对象从学校的男女毕业生扩展至18周岁以上21周岁以下的青少年,统计出他们(当前已获得)的最高学历。延续D1章节有关15周岁青少年就读学校类型的分析说明,我们在这里同时兼顾了学生的移民背景与社会经济状况。三分之一18周岁以上21周岁以下的青少年拥有中等学历文凭,这一群体中的14%已获取就读综合型大学的资格,这一群体中的20%目前正在文理中学就读(表D7-8web)。这一群体中的5%未获得普通中学毕业文凭,比2004年15周岁以上17周岁以下未获得普通中学毕业文凭的比例(8.5%)要低。这表明,有相当一部分青少年在21周岁之前弥补了先前未获取的毕业文凭。

在同等社会经济条件下,有移民背景的学生较多地只拥有普通中学毕业文凭或无任何毕业文凭

从学生有无移民背景来看,也存在很大的区别,这类似于德国学生与外国学生之间的差异。无移民背景的学生较之有移民背景的学生更多地已经从文理中学顺利毕业或正在就读文理中学,较少地只拥有普通中学毕业文凭或无任何毕业文凭(图D7-3,表D7-8web)。许多调查研究证明,这种差异性的根本原因在于学生在校的各种能力差距。可惜微型人口调查未能对学生专业成绩加以调查分析(参见D1章节)。可以得出的结论是:在同等社会经济条件下,有移民背景的学生与无移民背景的学生其文理中学毕业率以及就读文理中学的比例几乎不再有区别了。可是,从获取就读综合型大学资格以外的其他毕业方式来看,即使社会经济状况差不多,但有移民背景的学生仍明显处于弱势。

Ⓜ概念注释

毕业率/辍学率(占各自常规毕业年龄段居民人口的比例):上一年度12月31日时毕业学生人数以及辍学人数各自占常规毕业年龄段人口的比例就是毕业率/辍学率。毕业人数与辍学人数并不是百分之百的精确,因为事实上毕业学生的年龄并不完全都属于该年度应届生的常规毕业年龄段,有些学生由于属于弥补学历缺失情况,年龄相比其他学生要大,因而可能出现由于毕业时间后移导致的反复统计。本章节的相关数据与德国文化部长联席会议的数据有些出入,因为德国文化部长联席会议的数据所统计的学生人数考虑到了各个联邦州的特殊情况。与此相反,为了与2006年版以及2008年版教育报告的数据采集方式保持一致,在所有联邦州将毕业学生年龄段设置为:普通中学毕业:15周岁以上至17周岁以

下;中等学历毕业:16周岁以上至18周岁以下;获取应用技术大学就读资格以及获取普通高等院校就读资格:18周岁以上至21周岁以下。

2008年统计未获得普通中学毕业文凭的辍学生人数时,恰逢新联邦州地区的应届生出生于1991－1992年,而当时出生人口较少。可以假设有些学生实际可能出生在1991年前,那时每年的人口出生总量相对较大。德国文化部长联席会议的数据兼顾到各个联邦州的特殊情况,数据显示出新联邦州地区学生辍学率在上升,而旧联邦州地区学生辍学率在下降(表D7－2A)。

前景

中小学教育事业当前正处于关键的发展转型期:通过灵活规定小学入学年龄以及大力推进初高中教育在教学内容与学校组织结构上的改革,使得德国中小学教育事业呈现新局面:九年制文理中学学制缩短,正转型为八年制文理中学,这一转型意义重大。尽管全德国各联邦州地区九年制文理中学学制缩短过程尚未全部完成,但就读文理中学的学生人数不断增加。与此相反,就读普通中学的学生人数正在不断减少。值得期盼的是,提升普通中学吸引力的措施是否能发挥成效。可预见的是,中长期而言,除了八年制文理中学之外,在绝大多数联邦州另一重要的学校类型就是实科普通混合学校(其中部分学生在十三年级参加高中毕业考试),人们在未来将继续观测这一发展趋势。

学生成绩方面的国际调查研究结果,反映出德国在近几年取得了进步,男女生的阅读素养与科学素养均得到了提高,但在各联邦州之间差距还很大。尚需努力的方面主要是要缩小学生成绩之间的巨大差距,削弱学生家庭社会地位与移民背景对学生素养的影响。较高的未获得毕业文凭就辍学的学生比例依旧是一个需客观面对的棘手挑战。

学校政策、教育机构及教学实践亟需继续加强以下几个方面:加快补充合格的师资力量、调整相对较高的教师平均年龄并调节学校较高的兼职教师比例。虽然本章已首次涉及教师的进修情况,但是仍缺乏确凿的数据展现教师的专业程度及相关的教育政策与教育实践方面的信息。由于这方面的信息对整个中小学教育起了举足轻重的作用,因此我们在未来要特别加以关注。

传统的半日制学校正持续地转型为全日制学校。在所有联邦州内的各类学校类型已部分地扩展并实现了对学生的全日制辅导照料。自转型以来,三分之一的小学及初中教育阶段学校提供了全日制模式,当然大部分是开放式全日制模式,即自愿参与模式。实行全日制模式的初衷就是要发挥这一模式的重要辅助作用,关心那些特别需要辅导促进的学生。然而,问题在于这些需关心的对象是否真正地主动参与了这一开放式全日制模式。

儿童及青少年年龄段学生的学习过程也包括校外志愿者活动与参加一年制的志愿者项目。统计数据表明,特别要促进辅助那些来自具有移民背景与父母学历低的家庭的学生,因为这些学生参与志愿者活动与志愿者项目的比例较低。

本章从特殊教育促进角度探讨了学校的照料及促进功能。德国各联邦州力促所有学校接纳具有特殊教育促进需求的学生，而且这些学生就读非促进学校、融入其他学校的比例确实得到了提升。与此同时，就读促进学校的比例也在增长。在欧盟内部，德国就读促进学校的学生比例是最高的。特别要注意到男生在促进学校中占了绝大多数。由于观测特殊教育成效须持之以恒、注重查看学生的后期发展状况，所以这一观测分析工作需长时期开展。该工作还囊括了要更详尽地分析就读促进学校的外国学生的来源国情况。

E 职业教育

近几十年以来，德国职业教育体系日趋完善。从培养目标和规章制度层面可细分为三大类型：① 享有国际盛誉、被视为德国职教基石的双元制职业教育模式（其特点是企业与学校相结合），大部分德国青少年通过双元制方式接受了职业教育；② 全日制职业教育模式，该模式主要为服务行业培育后备军；③ 过渡式的职业教育模式，与前两种职业模式明显的差异在于学生虽不能最终获取完整的职业技能，却能强化自我升学与应聘职业培训岗位的能力。由于此种模式先天具有制度异质性，培养方在信息有效沟通方面乏善可陈，因而这种模式常被视为德国职业教育的有益补充。

与普教系统的中小学校及大学相比，职业教育学校的《教学大纲》及其规章制度直接以就业市场新需求为导向、紧扣用人单位招聘潮流脉搏。双元制职业教育特性就是培训的大部分时间安排在相关企业从事实践实训，全日制模式的职业教育学校在这方面并不逊色，也规定学生要进入企业实习。与劳动力市场的无间隙接触必然导致职业教育学校随波而动，难免遭受企业结构转换以及经济景气指数的影响。本章节将探讨职教领域持续关注的焦点问题：职业教育体系中三大模式运行状况（E1 章节）、双元制职教模式的供求关系波动情况（E2 章节）、职业结构变化方向（E3 章节）、职业教育在劳动力市场结出的丰硕果实（E5 章节）；同时解析青少年接受职业培训的机遇问题及其职业经历过程。

本世纪的最初 10 年存在明显的不平衡状况，一方面职教培训岗位过少，而另一方面出于人口因素恰逢青少年亟需足够的培训岗位，致使职教培训岗位成为社会化问题，在各地区情况不一而同。E2 章节重点分析探讨了职业教育市场培训岗位一席难求的不平衡情况，指出最根本原因在于正值人口高峰及经济危机的爆发，两者犹如雪上加霜、双重打击，关键问题就是预估这双重副作用对培训生及培训市场的冲击力究竟有多大。

除了针对现状的分析探讨外，本《德国国家教育报告》精心剖析了以下三大主题：

- 特别关注再次或屡次申请职业教育培训岗位的青少年。他们在过去几年均未申请到理想的培训岗位，但始终年复一年为实现梦想而拼搏（E1、E2 章节）：这些青少年占报名申请者的一半，本教育报告以他们为例系统地解构了职教市场的供需现状；
- 职教培训岗位供需矛盾激烈，在具体行业上差距巨大（E2、E3 章节）。未来劳动力市场需求使疏浚供需瓶颈变得更为迫切（E2 章节，参见 H4.3 章节）
- 试问参加职业教育培训的学生是否能对一门手艺或一个行业从一而终，能否顺利完成培训、终成正果（E4 章节）。

E1 职业教育的新生及其结构发展

双元制职业教育模式、全日制职业教育模式、过渡式职业教育模式是不读大学的德国青少年可选择的三种职业教育途径Ⓜ。一方面，可了解德国青少年会优先考虑选择哪种职业教育途径；另一方面，还能一览这三种职业教育途径的招生规模以及它们在青少年中的受欢迎程度。这两方面相互作用、互相影响，必须将职教招生特点与青少年的职业偏爱结合在一起辩证地理解。

尽管数量明显减少，参加过渡式职业教育模式的青少年依旧占总人数三分之一以上

在人口数减少的大背景下，普教系统学校人数在2008年相比2006年下降了4.3%，总人数减少了4万人（表E1－1A）。与2008年《德国国家教育报告》相比，目前职业教育模式所占比重发生了变化。自2000年以来，接受过渡式职业教育模式的学生比例在2007年首次低于40%（图E1－1），在2008年该比例为34%，依旧高于20世纪90年代中期的数据。[1] 参加双元制职业教育模式的学生与2006年相比上升了4.5%，达到48%，不过与2008年绝对人数相比2007年还是略少了些。尽管绝对人数是在减少，但参加全日制职业教育模式的比例恒定在18%。出现这一现象的原因在于全日制职业教育模式中开设符合《联邦职业教育法》与《手工业条例》要求的培训项目过少，而且主要集中在社工、教育及健康卫生事业等领域（表E1－1A）。这一下降趋势可能是由于培训方向设置原因造成的，也有可能是由于青少年职业理想兴趣使然。在2008年《德国国家教育报告》E3章节内就已专门讨论了那些依据《联邦职业教育法》和《手工业条例》而开设的职业培训项目。尽管自

全日制职业教育模式所开设培训项目较少符合《联邦职业教育法》与《手工业条例》

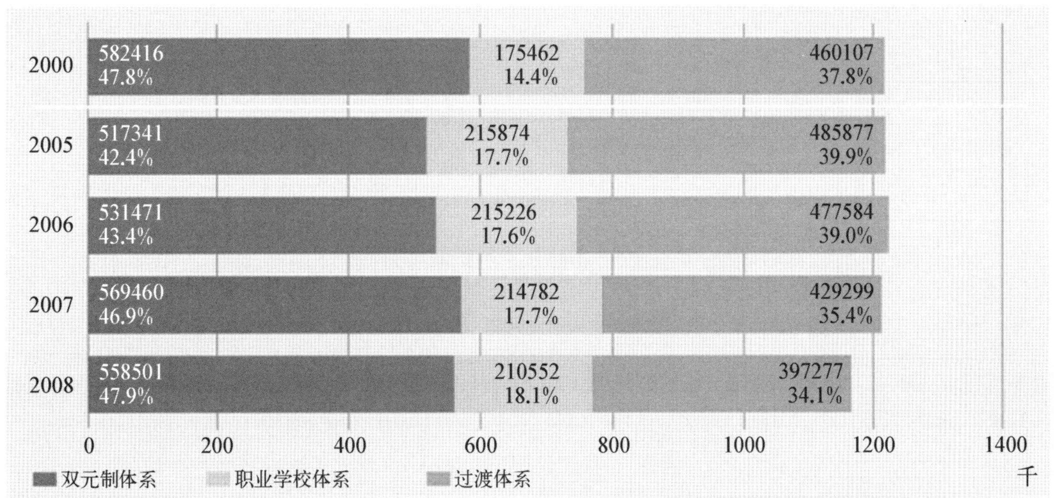

图E1－1　2000年，2005－2008年职业培训三大领域新生分布情况*（单位：千）

＊ 部分为第一学年；由于数据变动以及框架条件变化导致2005年与2006年数据与2008年的报告不相一致。2005年以前的数据的可比性具有局限性。部分数据出于数据保护原因变更为3倍的整数。解释说明参见表E1－1A

来源：联邦及各州统计局，基于学校统计的自行统计与预测；劳动部，《德国民法典》责任主体制定的劳动力市场政策针对的对象。数据状态：2007年12月（2000－2006年）以及2010年3月（2007－2008年数据）

① 2008年《德国国家教育报告》编写组：《德国国家教育报告（2008）》，比勒菲尔德，第96页。

2000年起培训岗位日益紧张,但各联邦州并未采取有力措施对职业专科学校加以扩容。参加过渡式职业教育模式与双元制职业教育模式的学生比例近期发生了变化,但这种比例变动是否是一过性的抑或将保持长期稳定尚难作出结论,因为在2008年所获取的数据尚未受到近期金融危机的冲击。

学历低的往届生处于竞争劣势

每年参加各类职业教育模式的青少年中均有不少往届生。联邦劳动部的数据显示:在2008年度获得培训岗位的人员中有52%是往届生。① 这些往届生在校期间的成绩与应届生不分伯仲,因而在再次申请过程中毫无优势可言。接近一半的往届生的学历为普通中学或其他中等学校,所以他们往往最终只能找到一个并不完全符合自我职业愿望的培训岗位。②

过渡式职业教育模式在结构上仅有极小的变动

近几年的德国学校职教规划数据库Ⓜ显示:过渡式职业教育模式在结构上仅有极小的变动(图E1-2)。其培训岗位设置情况及其经济责任机构随着不同的教育政策实施会有显著的变更。总体而言,过渡式职业教育模式的实施方式林林总总,但他们的共同特点是:都不能为青少年提供正式的岗位培训,从而无法直接申请工作。

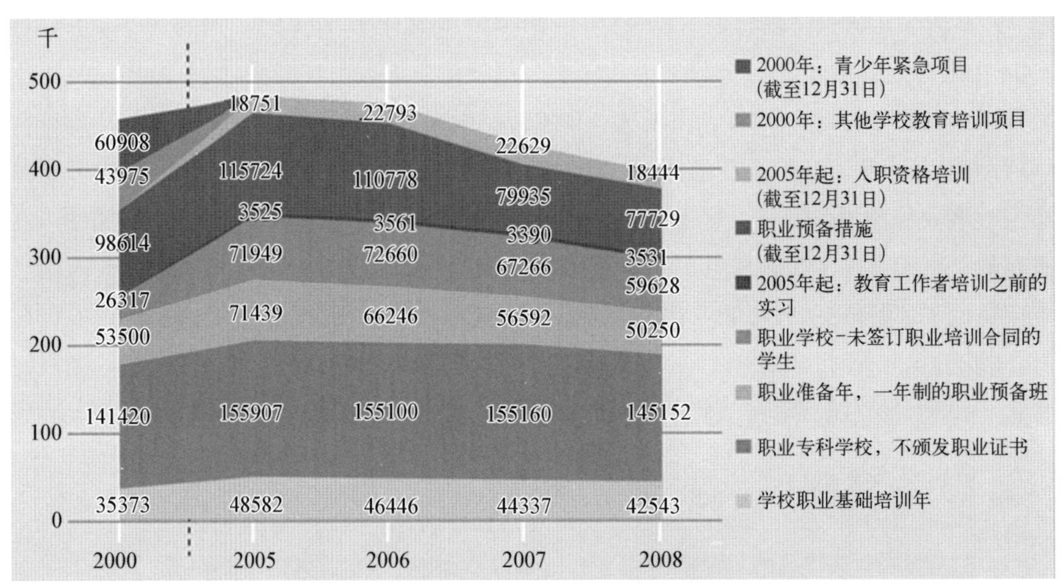

图E1-2 2000年,2005-2008年新生参加过渡培训的各个领域*(单位:千)

* 部分为第一学年:由于数据变动以及框架条件变化导致2005年与2006年数据与2008年的报告不相一致(2005年以前的数据的可比性具有局限性)、部分数据处于数据保护原因,变更为3倍的整数。2000年数据中未包含入职资格培训人员以及参加教育工作者培训之前的实习生,已包括参加青少年紧急项目的人员以及参加其他学校教育培训项目的人员

来源:联邦及各州统计局,基于学校统计的自行统计与预测;劳动部,《德国民法典》责任主体制定的劳动力市场政策针对的对象。数据状态:2007年12月(2000-2006年)以及2010年3月(2007-2008年数据)

进入职业准备阶段的青少年人数减少了三分之一

过渡式职教模式的主体方式一直以来是1-2年学制的职业专科学校,入学人数超过14.5万名,占此类教育模式人数的36.5%。职业专科学校并不能使学生获得完整的职业培训,但能使其中部分学生得到补习,最终达到文理中学毕业水平。职业专科学校的学生人数目前基本没有下降(表E1-1A)。为了能提升个人成功申请到培训岗位的概率,部分青

① 联邦职业教育研究所《德国国家教育报告(2009)数据分析》,第37页。
② 同上,第91页。

少年进入职业准备阶段，但此类人数减少幅度较大，自 2006 年以来已下降了三分之一左右，尽管如此，这依然为过渡式职教模式的第二大群体。所有参加过渡式职业教育模式的青少年中，有 13%参加了一年制的职业准备计划，有 11%参加了全日制一年制的职业基础培训计划，但这两类人群数量下降迅猛，前者减少了 24%，后者下降了 9%。依据联邦政府与经济界签署的《培训协定》，专门为缺乏培训市场竞争力的青少年开设了应聘培训岗位强化班，学员人数与 2006 年相比减少了六分之一。当下尚缺乏针对各类过渡式职教模式子项目的专门研究，并不清楚为何各群体人数或增或减。

参加职业教育培训的社会因素

文理中学毕业生参加职业教育培训情况与学生目前学习状况、性别、国籍均有关联。培训岗位的分配具有显著的区域归属性。

学历最高为普通中学毕业的青少年职教处境得以改善

自 2006 年以来，学历最高为普通中学毕业的青少年的职教处境得以改善，但自 21 世纪最初 10 年以来形成的职教新生社会背景状况基本保持恒定。无普通中学毕业文凭的青少年中，有五分之一多在 2008 年获得了双元制培训岗位（较 2006 年增长了 6 个百分点）；拥有普通中学毕业文凭的青少年中，有一半获取了正式的职业教育培训岗位，其中 9%左右参与了全日制职业教育模式，其余的属于双元制职业教育模式。尽管随着人口因素的影响，职业教育市场（参见 E2 章节）理应趋于缓和，可是仍有一半的拥有普通中学毕业文凭的青少年以及逾四分之三的没有普通中学毕业文凭的青少年只能参加过渡式职业教育模式（图 E1－3，表 E1－2web）。具有中等教育文凭、可就读各类大学的学生参与职业教育培训的情形在近几年里变化较小。

有一半的拥有普通中学毕业文凭的青少年只能参加过渡式职业教育模式

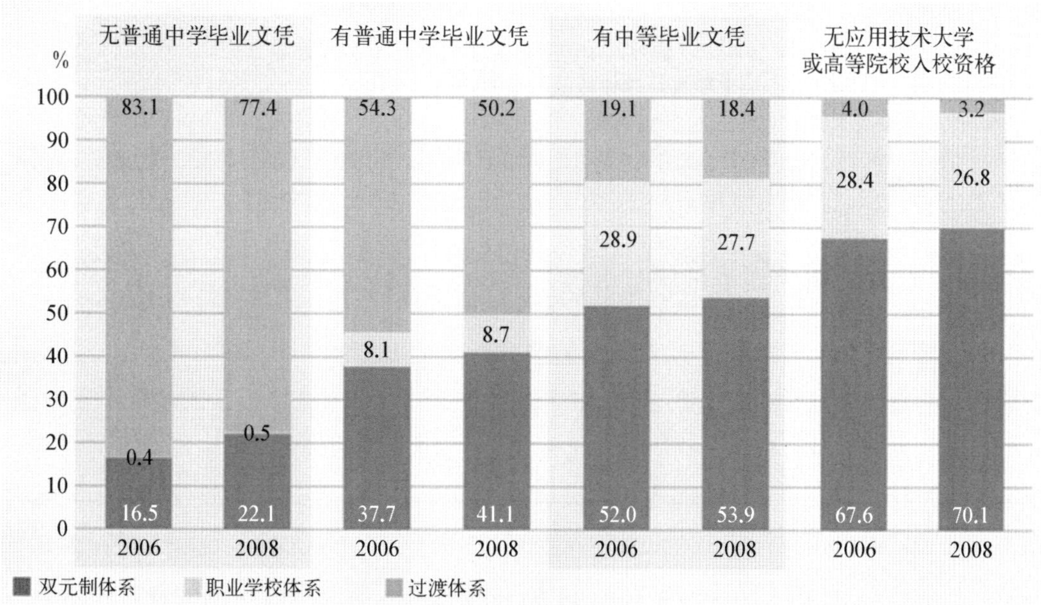

图 E1－3　2006 年及 2008 年职业教育培训三大领域新生入学前所接受的教育情况*（单位：%）

＊ 部分为第一学年，未包括非常规或其他毕业文凭的新生；解释说明参见表 E1－2web 和 E1－4web

来源：联邦及各州统计局，基于学校统计的自行统计与预测；劳动部，《德国民法典》责任主体制定的劳动力市场政策针对的对象。数据状态：2007 年 12 月（2000－2006 年）以及 2010 年 3 月（2007－2008 年数据）

男生在过渡式职业教育模式中所占比例较大

最近观察期内与2000年相比,从参加职业教育培训男女性别差距来看没有变动。男生一如既往在双元制职业教育模式中占优势(2008年占58%),女生在全日制职业教育模式中占优势(占72%)。男生在过渡式职业教育模式中所占比例较大,为56%,女生占44%(图E1-5A)。

外国青少年明显处于劣势

如果综合考虑国籍与参加职业教育培训前的学历情况,那么至多拥有普通中学毕业文凭的外国青少年明显处于劣势。① 高学历的外国青少年情况好些,但逊于德国青少年(图E1-4,表E1-5web,E1-6web)。综上所述,无论从性别角度,还是从劳动力保障角度来看,形势并不乐观。

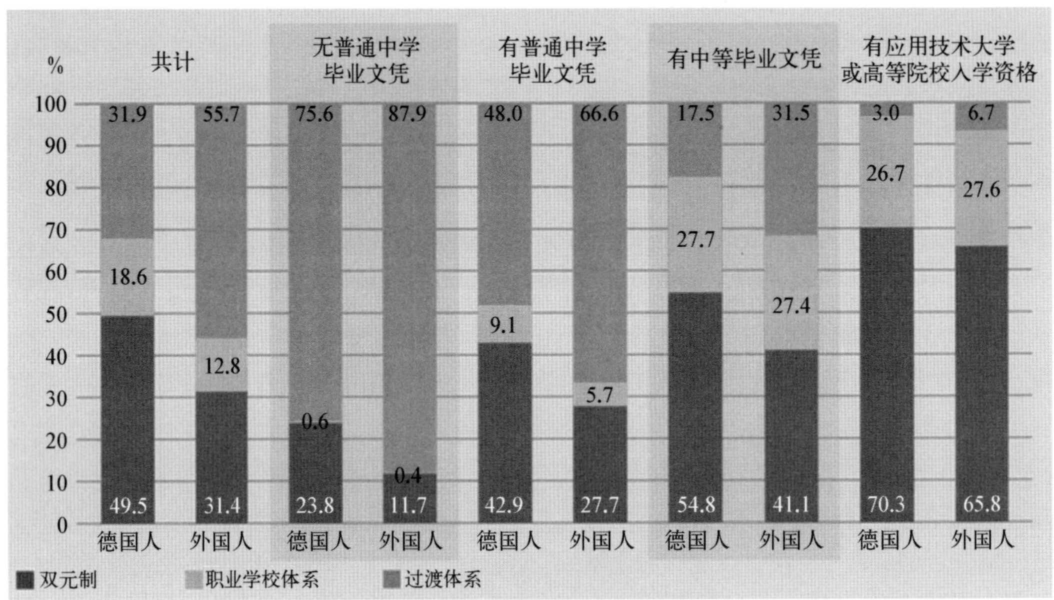

E1-4 2008年(按照入学前所接受的教育情况*以及国籍划分)职业教育三大领域新生比例(单位:%)

* 部分为第一学年,未包括非常规或其他毕业文凭的新生;解释说明参见表E1-5web和E1-6web

来源:联邦及各州统计局,基于学校统计的自行统计与预测;劳动部,《德国民法典》责任主体制定的劳动力市场政策针对的对象。数据状态:2010年3月

参加职业教育培训的新生地区差异性

西部地区非城市州青少年参与过渡式职业教育模式的人数是东部地区非城市州参与此模式的青少年人数的1.5倍

各联邦州青少年参加职业教育培训的情况与全德国整体情况基本一致(图E1-1)。各联邦州的地区差异性演变趋势与《德国国家教育报告(2008)》A章提及的差别十分类似:非城市州三大职业教育模式分别所占的比例几乎与全德国数据吻合,但东部地区与西部地区非城市州存在显著差异。西部地区非城市州青少年参与过渡式职业教育模式的人数是东部地区非城市州参与此模式的青少年人数的1.5倍,不过在参加全日制职业教育模式的人数规模上就小了(图E1-6A)。在城市州,参与过渡式职业教育模式的青少年人数由2006年的34%下降至2008年的27%(表E1-3web)。

① 2008年《德国国家教育报告》编写组:《德国国家教育报告(2008)》,比勒菲尔德,第158页。

一般而言,我们把参加过渡式职业教育模式的青少年人数的高低,视为青少年是否能融入地区职业教育培训的标杆,在若干联邦州已取得了长足的进步。这些州主要是指城市州及东部地区的非城市州,在这些地区参与过渡式职业教育模式的青少年在两年内下降了6个多百分点,与此同时参与双元制职业教育模式的青少年人数上升了5个百分点(图E1-6A,表E1-3web)。职业教育培训情况仅仅在石勒苏益格-荷尔斯泰因州裹足不前、略有后退。

城市州及东部地区的非城市州取得了长足的进步

Ⓜ概念注释

职业教育途径: 参加职业培训者的培训目标以及所处的法律地位不同,供其选择的职业教育途径也是不一样的。顺利完成双元制职业培训(业余职业学校,企业外培训以及校企合作型的一年制职业准备计划)、成功接受全日制职业教育(全日制的学校培训)或者公务员培训合格(中等职务岗位),均可获得相应的职业资质。

过渡型职业教育是由校外责任主体实施的培训工作以及那些校内开设的职业教育课程,但学校最终无法颁发职业资格证书。参加某些校内开设的职业教育课程之后,可被视作已获得部分的职业能力资质,等同于参加了一年的全日制职业教育培训,为申请正式参加全日制职业教育培训项目夯实了基础。

学校职教规划数据库: 按照针对培训项目的特殊评估要求,自2005年起,由于更新所应用的范畴分类法导致现今的数据无法与2004年的数据直接进行比较。《德国国家教育报告(2008)》中的数据与这里提及的2005年和2006年的数据并不一致。

就双元制培训而言,校企合作型的一年制职业准备计划被统计在内,而未签署培训合同的学生未被统计在内。专科学校数据只包含首次参加(卫生、社工及教育领域)职业培训的新生,不包含参加(晋升为师傅/技术员)进修培训的学生。其他职业培训项目(截至2004年)包括职业拓展学校项目、职业教育参与者促进措施中的一部分、为失业人员开设的特殊业余培训课程以及劳动管理培训与措施。随着2005年范畴分类法的更新工作全面展开,上述的分类法已被取消。职业准备措施以及联邦劳动部力推的青少年就业促进规划中的相关数据,并未显现出参加职业培训人员有明显增加的迹象。为使新旧数据尽可能地具有可比性,所选择的数据均取自相应年份的12月31日。

此处使用的数据均源自于联邦及各联邦州统计局。中小学数据库与联邦劳动部职业准备规划数据库之间的差异无法规避。这里的数据与《职业教育报告》所公开的数据并不完全一致,原因是该报告所指的参加职业培训的新生绝大多数已经签订了《培训协定》(数据源自于9月30日的职业教育数据库)。即使个别培训项目所归属的范畴出现变化,但并不影响大家识别出本教育报告与《职业教育报告》所共同体现出的职业教育发展趋势。

E2 双元制职业教育体系中的供与求

德国职业教育体系中所占比例最大的一个板块就是双元制职业教育模式。该模式的供需关系完全由市场调控。企业提供的培训岗位数量多寡反映出德国青少年获取培训岗位的难易程度;与此同时,企业也能洞察出究竟有多少青少年愿意参加双元制培训。在2000-2005年,由于企业提供的培训岗位长期不足,因而青少年很难获得一个培训岗位的现象成为社会公众讨论的焦点问题。尽管在2006年及2007年企业增加了培训岗位的数量,一定程度上缓解了矛盾,但该问题始终未得以解决(图E2-1,表E2-1A)。

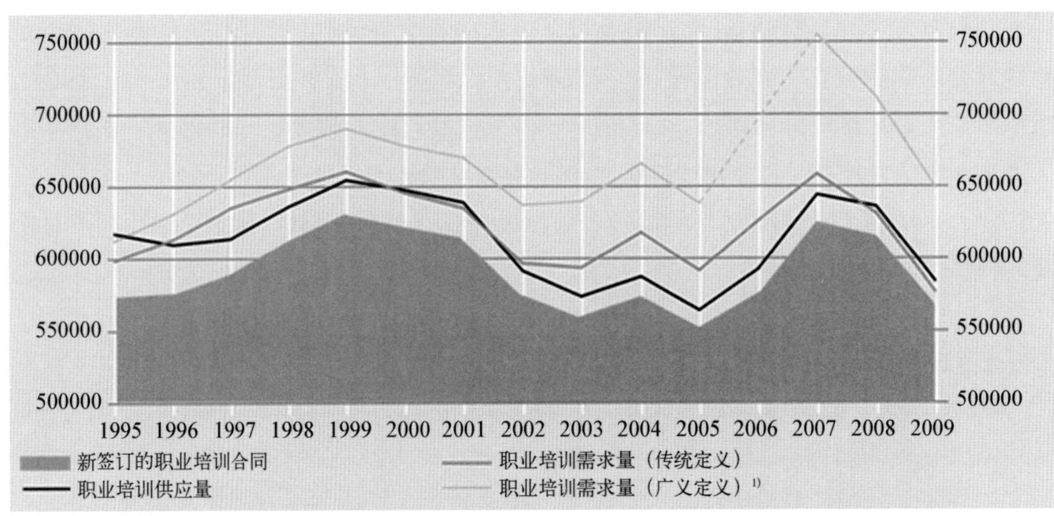

图 E2－1 新签订的职业培训合同数量,1995－2009 年双元制体系培训的供求情况

＊ 1) 新签订的合同,中介未成功另谋出路者(例如：参加继续教育学校以及参加职业预备措施),但依然渴望参加双元制培训的人员(直至 1997 年的群体为旧联邦州地区与西柏林);2006 年无数据

来源：劳动部,培训市场统计结果(未包括乡镇责任主体数据);结果截至 9 月 30 日;德国职业教育研究所,截至 9 月 30 日新签订的职业培训合同调查,自行统计

目前仅有双元制职业教育模式的供需数据

当前教育界仅统计了双元制职业教育模式的供需数据,即《联邦德国职业教育法》与《手工业条例》中所涉及的培训关系,尚未扩充到职业教育市场的其余模式。

理论界人士与绝大部分实践操作者(包括本《德国国家教育报告》的编著者)普遍认为供需关系Ⓜ的法定概念过于狭隘。因而在图 E2－1 中扩展了传统概念,涵盖了另一类青少年人群,他们最初未获取双元制培训岗位,从而经由联邦劳动部或者自身努力调剂至另一种职业教育模式,但其继续保持参加双元制培训的强烈意愿(广义概念)。

受经济危机影响企业所提供的培训岗位数量减少了近一成

人口高峰期暂过,经济危机并未加剧全德境内培训岗位的供需矛盾

双元制职业教育模式培训岗位尚未达到平衡

德国企业在 2008－2009 年度延续了 2006－2007 年度增加培训岗位的良好势头,不过增长幅度减慢,2008 年略有减少,2009 年可能受到经济危机影响,与 2007 年企业所提供的培训岗位数量相比减少了近一成。由于人口高峰暂过,对双元制职业教育模式培训岗位的需求下降了 13%(依据传统概念)或 14%(依据广义概念);经济危机并未加剧全德境内培训岗位的供需矛盾,与前几年相比无恶化的迹象。然而,这并不意味着 2009 年度德国双元制职业教育模式培训岗位的供需达到平衡或者说供应量甚至还能超越需求量。即使有部分青少年由于双元制培训岗位有限,不得不先参加其他的职业教育培训模式,但他们依然在谋求一个理想的双元制培训岗位。这样统计下来,尚缺少 10%(6 万多)的培训岗位(表 E2－1A)。

职业教育培训的地区差异性

职业教育培训的地区差异性正在缩小

不仅在培训岗位的需求量方面,而且在培训岗位供应量方面,均存在显著的地区差异性,这种地区不均衡性在培训岗位的供应需求图表上得以清晰展现(图 E2－2)。① 此表仅

① 联邦宪法法院 1976 年颁布的《促进职业教育培训岗位法》就培训岗位供需关系从数量上以及质量上是否平衡制定了细致评判标准,理想的培训岗位供需关系应当是在全德国境内达到供应量超出需求量 12.5%。

包含了法定概念对培训岗位的需求情况，因而该图表所反映的需求量低于实际的需求量。从按照这一标准统计出的培训岗位需求量来看：在2006－2009年间，德国各个区域间的差距正在缩小。2006年时，德国大部分区域的培训岗位供需状况相当不妙，在2009年时发生此类情况比例已不到十分之一。据统计，在2009年，全德国一半区域的培训岗位供需达到平衡，近五分之二地区达到了基本平衡（图E2－2）。这样看来，原先极其明显的东西部差距正在加速缩小：新联邦州仅有一个区域的培训岗位供需关系不平衡（表E2－3web）。这主要是受制于人口因素，与2007年相比，东部新联邦州地区对培训岗位的需求下降了25%以上（表E2－4web）。

东部地区青少年人口减少致使东西部呈现地区差异性，直接导致需求量降低25%

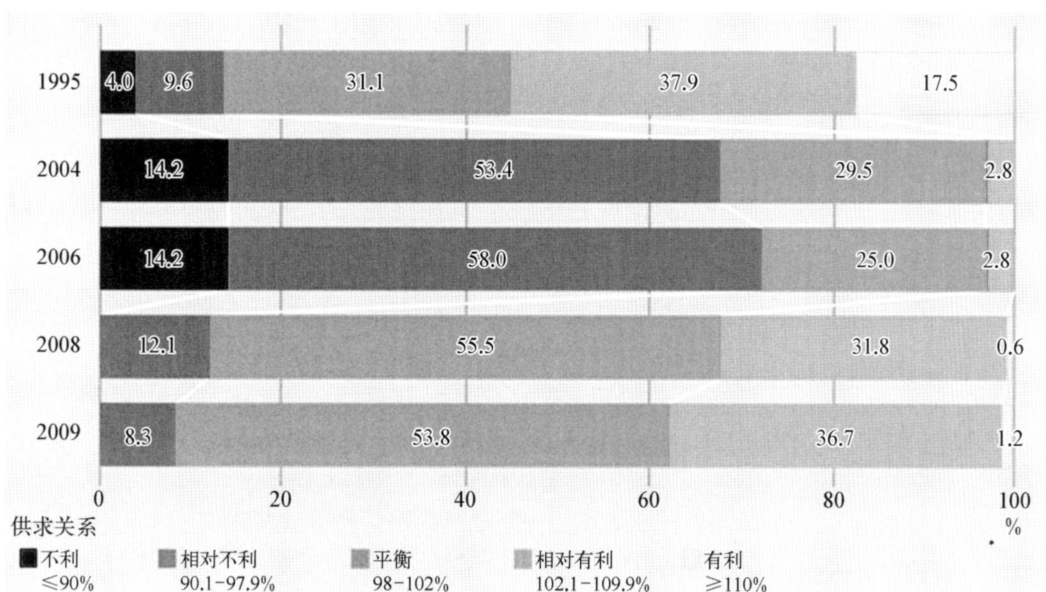

图E2－2 1995年，2004年，2006年，2008年与2009年*劳动部下属各地区职业培训岗位情况（按传统定义的供求关系划分，单位：%）

* 由于将申请者从咨询所在地变更为居住地统计，因此2005年之前的数据仅供参考

来源：劳动部，培训市场统计结果（未包括被批准的乡镇责任主体数据）；结果截至9月30日；德国职业教育研究所，截至9月30日新签订的职业培训合同调查

德国劳动力市场与职业研究所将全德国所有劳动力市场区域按照社会经济学的标准划分为五大类区域性结构类型Ⓜ，具体体现在以下方面（图E2－4A，表E2－5web）：

按法定概念体现出的供求关系在五大类区域性结构类型中呈现相类似的局面，然而实际情况是培训岗位严重不足。① 即使按广义概念表现出的供求关系在最佳的两大类区域性结构类型中，亦呈现出培训岗位不足局面。这类现象最多要达到14%以上，这集中在旧联邦州中等规模城市与农村区域，这些地区占全国培训岗位需求量的三分之一以上（图E2－4A）。在旧联邦州失业率高的大城市以及就业形势好的区域，均缺少10%左右的培训岗位。在若干结构类型中存在（与平均值相比而言）明显的偏差（例如：区域性结构类型II、III、V）表明，在此类结构类型中的个别区域，培训岗位的总数量最多只能满足四分之

包括原有的需求量，总需求量依旧远高于培训岗位的总供应量

在旧联邦州经济发展水平不错的劳动力市场区域也出现类似状况

① 在职业教育培训市场转换培训岗位极其困难的情况下，此类现象是不可避免的。

三的需求量(图 E2 - 4A,表 E2 - 4web)。

按职业类型视野观察培训岗位的供需关系

在地区性的职业岗位供需关系分析中并未考虑到培训岗位的职业方向。在公众讨论中很重视究竟哪些职业的培训岗位炙手可热还是门可罗雀。公众认为,不同职业的培训岗位供求关系极其不平衡,有些培训岗位无人问津,那就出现了培训岗位供应量远大于需求量的现象。

从培训岗位供需关系来看,未出现供应量大于需求量的职业或者职业群体

截至现今的研究数据并没有能证实公众的以上设想。研究所分析了双元制职业教育培训中的五分之四以上的职业,以所有检验到的职业群Ⓜ及其相关职业群为研究对象并按法定概念分析培训岗位的供求关系可发现,在 2009 年度并未出现任何一种值得一提的职业,其培训岗位数量能大于需求的数量。若是按扩展概念来看待培训岗位供求关系,那么所有被研究到的职业群均出现了对培训岗位需求量至少超过供应量 10% 的情况(图 E2 - 3)。值得揣摩的是:除了金融服务培训岗位之外,对培训岗位的需求量均出现了大幅度的下降(下降幅度在 2%- 23%之间,平均值逾 10%)(表 E2 - 2A),因而培训岗位供需关系确实得以持续改善(除金属机械加工行业)。

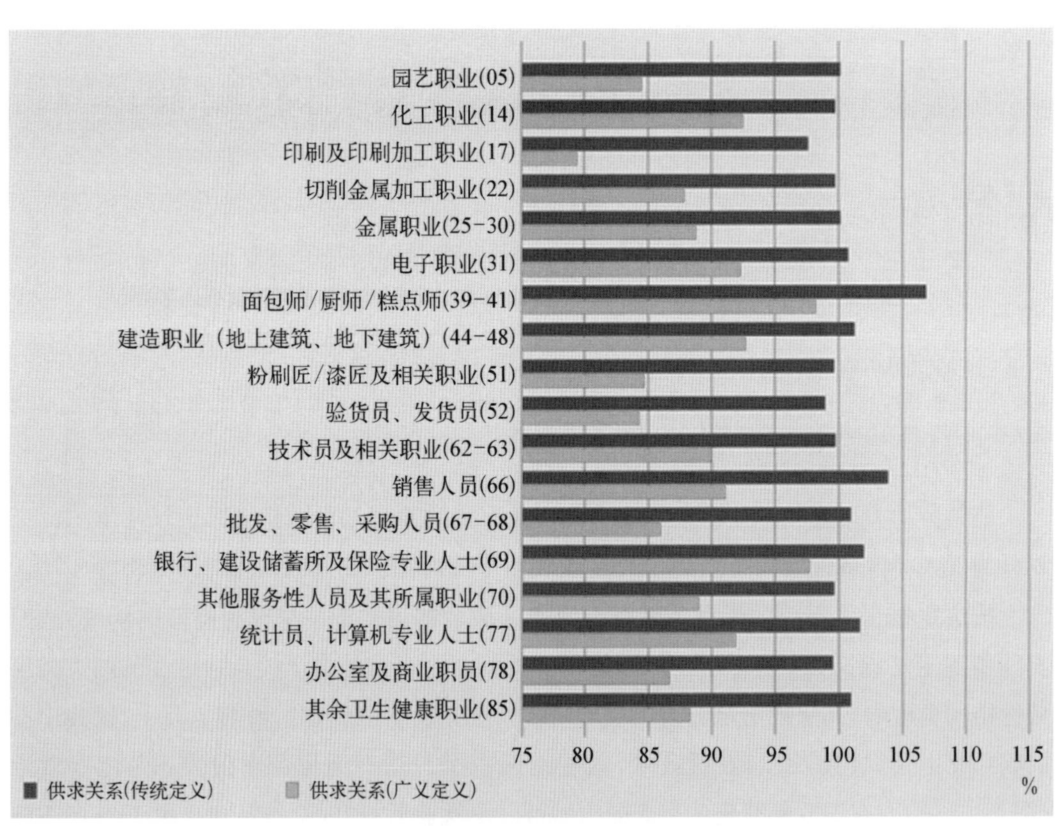

图 E2 - 3 2009 年双元制体系职业培训岗位供求关系
(按所选的职业群体* 划分,单位:%)

* 所选的职业群体占双元制职业培训需求的 82%

来源:劳动部,培训市场统计结果(未包括乡镇责任主体数据);结果截至 9 月 30 日;德国职业教育研究所,截至 9 月 30 日新签订的职业培训合同调查,自行统计

在工商、科技领域的职业群中培训岗位供应量大的行业是金属加工处理业、手工业中的油漆匠及其相关行业，传统的培训生招生对象是普通中学毕业生。目前培训岗位的供应量还不能满足需求量。此类现象也发生在德国工业生产领域中的核心板块（汽车制造业、机械制造业以及电气工业）。服务性行业与商品采购行业、办公室文员职业以及健康卫生行业情况接近，培训生主要是中等学校及普通中学的女性毕业生。[①]

金属加工行业、商品采购行业、办公室文员职业以及健康卫生行业的培训岗位情况同样是供小于求

Ⓜ概念注释

供需关系：供需关系与培训市场实际情况是比较接近的。双元制职业教育模式已可计算出相应的供需关系，但尚缺乏全日制职业教育模式的供需关系数据。按照传统概念，依据《职业教育法》第86条，培训岗位之供应量为每年度截至9月30日所确定的职业教育培训关系（包含已签署的新合同）以及那些已经申报联邦劳动部但还未找到培训生的职业教育培训空缺名额。培训岗位之需求量既包括即将签署的新合同数目，也包含那些尚未被联邦劳动部中介出/顾及到的职业教育培训申请者。按现今的统计方式，培训岗位的供应量被低估，尤其是培训岗位的需求量受统计系统因素处于尤为低估状况。此外，按照广义概念，培训岗位的需求量还包括那些选择其他就学途径的培训生（例如：扩展学校在读生、职业预备措施学校在读生），因为这些学生始终不改其寻求一个职业培训岗位的初衷。目前尚无有关数据统计出那些未在联邦劳动部备案、却在寻求一个培训岗位的人员数量。按照联邦劳动部地区行业划分细则，无法判定其归属类别的空缺培训岗位以及被中介者视为不具备培训资格的应聘职业教育培训岗位的人员均未被统计入当前的结果之中（参见2008年《职业教育报告》，第26页）。由于在报告的指定年份2005－2006年间联邦劳动部操作流程发生变化、电子数据处理方式由Compas转化为VerBIS，导致当前的结果与2006年之前的数据较难进行比较。

劳动区域结构类型：为了便于比较各地区之间的职业教育培训供需关系与劳动力市场条件，使用了劳动力市场与职业研究所的标准化方案。该方案以《劳动力市场形势与各区域空间结构》中的七大核心词为基础（参见：比林·尤、赫尔辛奥尔·福：《2005年比较模式——新版劳动区域标准化比较，劳动力市场与职业研究报告，第24辑》，2005年）

培训职业中的职业群：职业群依据联邦统计局《职业目录》的体系进行划分。所使用的数据均遵循《职业目录》的划分方式且按此目录的归属代码进行转换。

E3 企业培训岗位的供应状况

除了在高等院校就读之外，学生还可在各类企业获取全方位的职业技能培养。长期以来，大中小企业为学生提供了最多的职业教育培训的机遇。由于在德国职业教育体系中各类企业占据了核心地位，因而一个现实的问题就是：企业培训岗位供应量的多少是受哪些因素左右？究竟是否是由长期发挥影响力的经济结构、经济循环周期抑或是政策上的干预与调整所掌控的？在长期的结构转变过程中，行业职业领域归属性特征、企业规模演变、创造新价值过程中的知识集合度（企业全体员工知识层次）、创新活动以及进口依赖度至关重要。值得考虑的短期影响因素主要是指企业的盈利状况。政策影响关系到公众的支持度，企业也可通过加入联合集团形式获取培训资质，这些措施将有力地促进企业增加培训岗位名额。

职业教育培训可行性论证因素

① 2008年《德国国家教育报告》编写组：《德国国家教育报告(2008)》，比勒菲尔德，第285页。

核心指数：培训学员占全体员工比例以及提供培训岗位企业比例

判断企业设置培训岗位是否充满热情的依据，表现在培训学员占全体员工比例Ⓜ以及提供培训岗位企业比例Ⓜ的高低。这两大指数直接反映了企业经济状况对培训岗位数量的影响力。

培训学员占全体员工比例以及提供培训岗位企业比例略有上升

在 1999–2005 年间，培训学员占全体员工比例略有增加(上升 0.2 个百分点)，然而参加职业培训的绝对人数却下降了(图 E3–1，表 E3–1A)。在这一时间段内，企业员工总人数下降了 5.6%(减少了近 160 万人)；培训岗位减少了 3%(缩减了逾 5.3 万个)。这样一来在经济衰退期，培训学员占全体员工比例未降反升(从 6.3%提升至 6.5%)。在经济繁荣阶段，2005–2007 年间总员工数与培训岗位供应量均得以快速平行发展：企业总员工数增加了 3.7 个百分点，培训岗位数量上升了 4.2 个百分点。

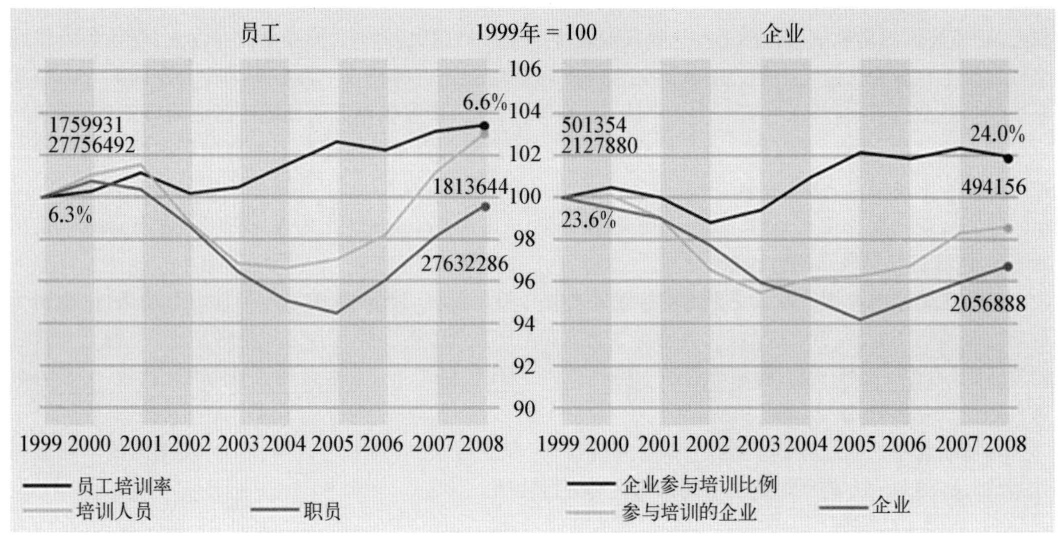

图 E3–1　1999–2008 年员工培训率及企业参与培训比例(截止日期 12 月 31 日)

来源：劳动部职员及企业统计，德国职业教育研究所的统计计算

职业教育培训生占全体员工的比例与提供培训岗位的企业比例发展步伐基本一致。尽管提供培训岗位的企业绝对数量显著减少，但提供培训岗位的企业比例还是呈上升趋势。该比例在 2005 年经济衰退期低谷时达到并维持住了其巅峰值(24.1%)。所有企业的绝对数量与提供培训岗位的企业数量均在经济繁荣期上升了近 2 个百分点(图 E3–1，表 E3–2A)。

职业教育培训生占全体员工的比例以及提供培训岗位的企业比例保持了相对的稳定，这表明：企业的培训生政策相对按照其长期规划进行，较少受到短期培训生费用支出的影响。企业提供培训生岗位数量的稳定不变化，体现出企业较少关注青少年对培训岗位的需求，其制定的依据主要是本企业中长期运营状况及企业员工结构现状。

不同行业的发展动态

不同行业的培训岗位供应量显然不同，供应量的整体情况取决于不同行业的最新动态。培训岗位供应量最大的两大行业是加工行业和汽车销售与维修保养行业。自1999年以来，培训岗位供应量虽受到社会经济发展快慢的影响，但保持持续上升的格局。建筑业和信贷保险行业所提供的培训岗位却长期遭到缩减。餐饮业、公众及个人服务性行业以及健康卫生行业近期大幅度增加了培训岗位（图E3－2，表E3－9web，表E3－3A）。整体而言，经济大环境对企业决策培训岗位数量影响有限，人们已觉察到培训岗位数量、提供培训岗位的企业数量及其所占比例呈正比发展（图E3－4web，表E3－10web，表E3－4A）。

建筑业和信贷保险行业所提供的培训岗位大幅缩减

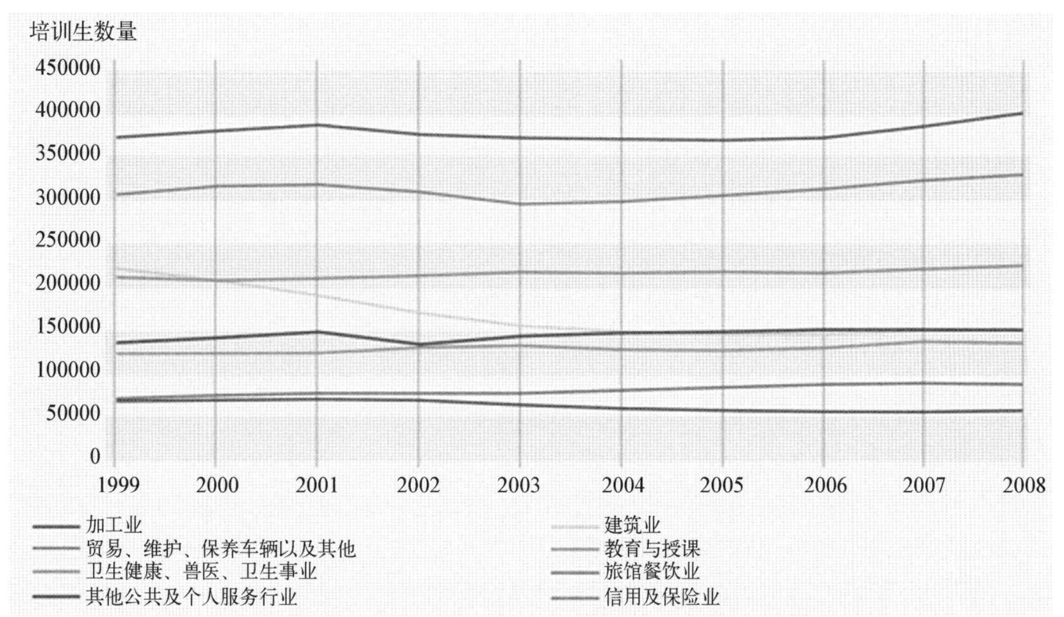

图E3－2　1999－2008年企业中培训生数量（按所选的经济行业划分）

来源：联邦劳动部及企业统计，德国职业教育研究所统计

企业培训岗位供应量的影响因子

自2002年以来，约十分之一的双元制培训岗位不是由企业出资，而是由公共基金支持，参加培训的学员是与非企业方签订了培训合同。从地域上来看，新旧联邦州自2002年以来一直维持了以下比例：在2008年度，在新联邦州，所有培训岗位中的26%为非企业方提供，在旧联邦州该比例为6.5%（表E3－5A），两者之间的巨大差异显示出新联邦州的双元制职业教育体系根基尚不牢固。

新联邦州双元制职业教育体系根基尚不牢固

依据劳动力市场研究所企业调查对象的数据，即使时过境迁，对企业培训岗位供应量影响颇大的单个因素分别为：盈利状况Ⓜ（经济大环境之晴雨表）、革新举措Ⓜ（知识推动力）、国外销售额（国际市场竞争力）、职业教育培训对公共基金援助Ⓜ的依赖程度。

一个企业的职业教育培训岗位供应量似乎铁定是由这家企业经济状况决定的。然而这种关联性并不一定是必然的。企业调查对象数据表明，提供培训岗位的企业比例与培训学员占企业员工比例成反比。企业是否愿意提供培训岗位似乎确实与该企业盈利状况有关：一般来讲，盈利状况良好的企业比盈利状况差的企业更乐意提供培训岗位。不可否认的是，企业盈利状况虽差，但其培训学员占企业员工比例还是有所增长（表E3－6A，图E3－

盈利状况较好时，提供培训岗位的企业比例增加，但培训学员占企业员工比例却在减小

5web)。这种现象特别反映出中小型企业的培训理念。值得思索的是,企业对培训岗位投入多少的差异是否造成了培训学员最终培训质量的高低不同。

无出口业务的企业更愿意聘用培训学员

企业的出口力度与其招聘培训生意愿成反比。一般而言,无出口业务或只有极少量出口业务的企业(除员工数为250-499人的企业以外)相比销售额≥50%为出口业务的企业更愿意聘用培训学员。中小型企业中出口业务占一半以上的那些企业招聘培训学员的动力最低(表E3-7A)。对此现象的合理解释是出口业务多的企业处于国际竞争环境中,因而已拥有较多具有大学以及应用技术大学学历的专业人士;而小型企业主要针对国内市场,其员工学历结构就明显处于劣势。

中小型创新企业乐意提供培训岗位

中小型企业的创新活动能促进其重视提供更多的培训岗位。致力于创新的小企业(1-9名员工以及10-49名员工)相比非创新企业拥有更高的培训学员比例以及提供培训岗位的企业数量比例。企业员工数量增多,其培训员工数量占全体员工的比例相应减少(表E3-8A)。

无论是以津贴形式、培训生报酬、培训师或培训联盟工资费用,或是青少年培训启动金形式,企业只要是接受了培训公共基金的赞助,那么这些企业均会招募更多的培训生。特别明显地体现在接受赞助的中小型企业,它们的培训员工占全体员工的比例是没有接受援助企业的3-4倍。

除个别企业之外,公共基金援助企业提供培训岗位的力度不大

大中型企业获取公共基金援助值得一提,效果较为明显。无论企业规模大小如何,公共基金援助企业提供培训岗位的力度总体而言还不大,微型企业几乎没有得到过任何公共基金的资助。公共基金支持的局限性体现在所有企业中的7%曾获得公共基金扶持,在所有小型企业中甚至只有5%的扶助比例。与此相反,大中型企业的扶助比例分别可达到15%与17%(表E3-11web)。企业规模大,就可能更容易跨过申请门槛且有专业人士参与申请全过程,这当然仅为一假设。各类企业要申请获得公共基金显然得费九牛二虎之力。

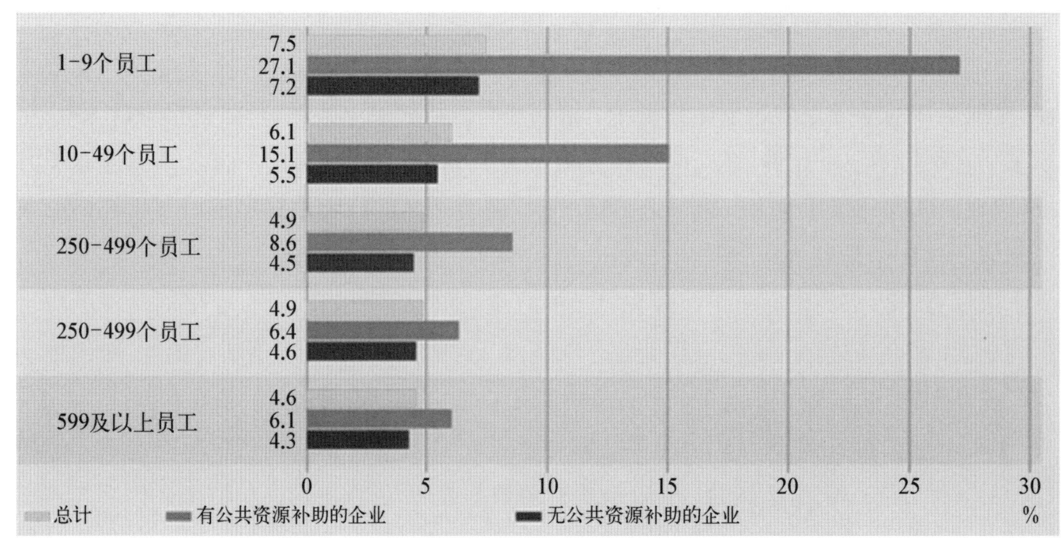

图E3-3 2007年按职业教育促进/青少年入职资格培训以及企业规模划分的职业教育培训比例(单位:%)

来源:2007年劳动力市场及职业研究所企业调查对象,劳动力市场及职业研究所统计,自行统计

Ⓜ**概念注释**

培训学员占全体员工比例以及提供培训岗位企业比例：培训学员占全体员工比例为培训生(不包括实习生与见习生)占一个企业中缴纳社会保险员工的比例。提供培训岗位企业比例为拥有培训生的企业占所有至少拥有一位缴纳社会保险员工的企业的比例。由于培训生的定义发生了变化，因此借助于雇员数据库仅能统计出1999年以来的情况。提供培训岗位企业比例来源于劳动力市场与企业研究所数据，涵盖积极招收培训生的企业与雇员数据库明显不同，综合考虑到培训生的增加、减少情况以及招生规划等。

盈利状况：劳动力市场与职业研究所的调查问卷要求企业说明上一年度的盈利状况，盈利状况等级可分为“优、良、中、合格、不合格”。

革新举措：依据劳动力市场与职业研究所的调查问卷，符合以下条件的企业被视为创新型企业：该企业需在近两年里改善以往的服务或改良、进一步改进了产品；将在市场上已提供的服务或已上市的产品纳入企业服务产品目录之内；改进产品生产流程或筹备好第三产业服务性工作以及向市场推出新产品。

公共基金给予职业教育培训/入职资质的援助：劳动力市场与职业研究所的调查问卷询问企业是否有员工在上一年度曾接受过公共基金所给予的职业教育培训援助(2007年劳动力市场与职业研究所的企业调查问卷第76题)。这里将回答问题的两大范畴总和起来，既包括范畴C“青少年入职资质”，也包括范畴G“培训津贴补助，培训师及培训协会薪金开支”。

E4 职业教育培训合同解约现象

解除职业教育培训合同：培训岗位供求关系之间摩擦的信号

职业教育培训合同未到期就中途终止意味着职业教育培训的不连贯性，对相关青少年而言并不直接代表中断了培训或终结了培训，也有可能是转换了职业或是培训企业方，从而开启了另一职业培训的征程。不管怎么说，解除职业教育培训合同总被视为培训岗位供求关系之间不和谐的音符，要么是培训生，要么是培训企业，最终导致了培训合同的终结。合同终止的原因纷繁复杂，例如青少年的培训憧憬与培训企业方的职业结构产生冲突，培训企业对参与培训员工的期盼与培训者的实际能力相差甚远。

每个合同解约现象背后原因各异，但解约对培训双方而言意味着对培训另一方的不信任，耗费了大量时间、精力与其他资源。对青少年而言，解约与顺利进行职业培训相比是在走冤枉路，对职业发展来讲是在浪费宝贵时间。值得关注的是，解除培训合同的培训生们都具有哪些共性的原因，此类分析对在未来分配培训岗位具有重大指导意义。

解除培训合同的比例Ⓜ在不同年份均不完全相同，不同培训岗位领域、不同培训职业种类、培训所在地区以及与培训生自身有关的因素，都会导致解约率上下浮动。解约率越高，对职业教育培训市场的警示作用越大。

2008年解约率达21.5%，14万培训生解除培训合同

解约率最高的是手工业与自由职业

本世纪最初十年的解约率比例以及各职业培训行业的解约状况相对稳定。解约率整体保持在20%多一些(图E4-1)。2008年度曾上升至21.5%，约14万培训生解除了最初签署的培训合同(表E4-1A)。从职业培训行业上来看，在同一时间段内解约率最高的是手工业。在2008年达到26.6%，比平均解约率要高5个百分点。由于自由职业及家政业的培训合同解约率要高于工业与贸易界，可想而知，培训合同解约情况多发生在中小型企业内。

巨大的地区差异性

除了单个企业自身原因及个人本身特殊情况之外，培训合同解约现象在德国不同地区

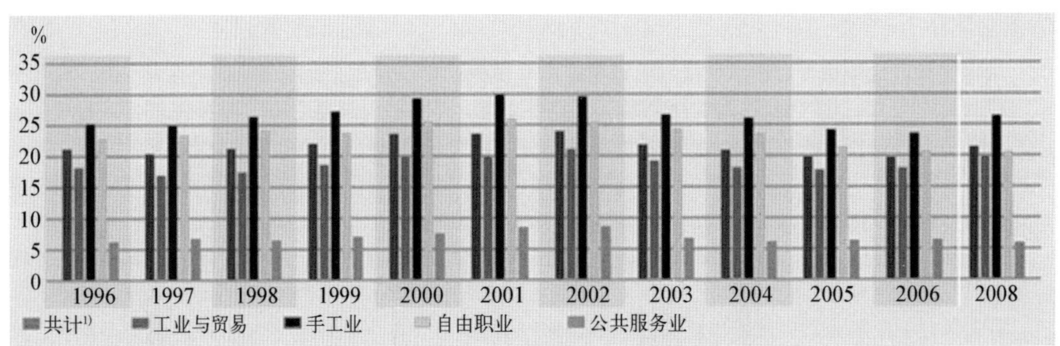

图 E4-1 1996-2008 年提前解除培训合同比例(按不同培训领域划分*,单位:%)

* 1) 也包括农业、家政以及航运业

来源:联邦及各州统计局,《职业教育》系列 3 第 11 辑;德国职业教育研究所自行统计

呈分布不均状况。地区差异性,主要是指新旧联邦州之间的差异,新联邦州职业教育培训合同的解约率在 2008 年达到 25.4%,要比旧联邦州(解约率 20.5%)高出四分之一之多(图 E4-3A,表 E4-5web,表 E4-6web)。此外,各联邦州解约率差异明显,萨尔州与莱茵兰-普法耳茨州的解约率要比巴登-符腾堡州与巴伐利亚州的解约率高出三分之一(表 E4-4web)。原因是否在于各联邦州经济结构抑或教育体制的差异呢?目前尚不能依据现有数据加以推导出此结论。

不同培训职业的合同解约率差别明显:解约率最低的行业分布在工商业及高端商务人群中

在 2008 年度,不同培训职业Ⓜ的合同解约率差别明显,解约率最高的职业——饭店专业人士的解约率(45.3%),是解约率最低的职业——管理专业人士解约率(4.5%)的 10 倍(表 E4-2A)。解约率最高的十大培训职业集中在宾馆业以及食品加工业,解约率最低的十大行业主要分布在工商业及高端商务人群中。另一方面,解约率高与低的职业多年来保持其稳定性,有八成的培训职业同时出现在 2004 年度和 2008 年度解约率排行榜上(表 E4-2A)。

学历至多为普通中学毕业的青少年在试用期间解除培训合同的比例最高

2007 年,职业教育培训数据库成为一个独立的数据库,从而可以首次了解到不同层次的学校毕业生在试用期间解除职业教育培训合同的情况。培训员工试用期明显不利于女性培训生,呈现性别差异对待状况(图 E4-2,表 E4-3A)。培训生的不同学历背景也在极大程度上影响到职业教育培训合同的解约率:不具有普通中学毕业文凭的培训生解约率

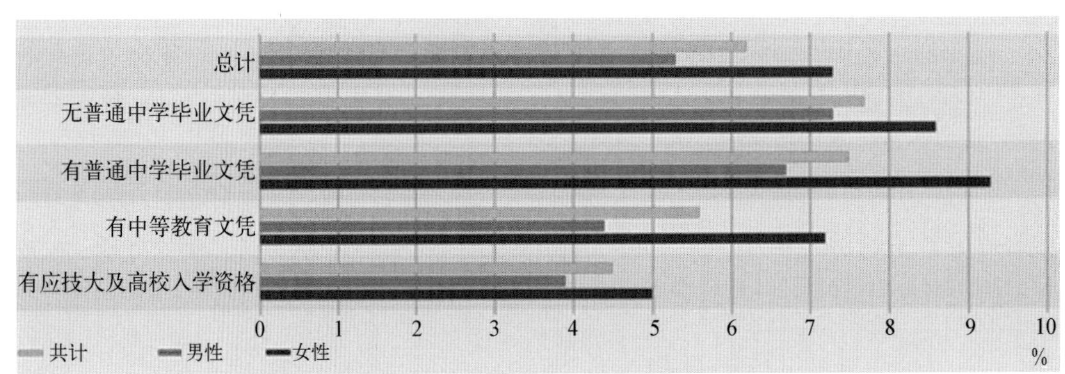

图 E4-2 2008 年试用期间培训合同解约率(按性别以及培训前学历划分*,单位:%)

* 未包括其他学历与缺失的数据

来源:联邦及各州统计局,职业教育统计

为7.7%，具有普通中学毕业文凭的培训生解约率为7.5%，具有中等教育学历的培训生解约率为5.6%，具有高等院校学历的培训生解约率为4.5%（图E4－2）。

Ⓜ概念注释

解除培训合同的比例：解约率仅统计双元制职业教育范畴，在整个职业教育培训期间共计多少职业教育培训合同被解除。在当前报告年份中新签订的职业教育培训合同可能在未来几年出现解约现象，因而解约合同数目按照联邦职业教育研究所的计算方式源自以往培训年份中较早开始进行职业教育培训的人员之中。试用期间（图E4－2）新合同的解约现象是在2008年开始进行的职业教育培训且在四个月内解除合同的情况。数据涵盖整个日历年，因而9月1日之后开始履行的职业教育培训合同仅有较短的解约时间区间。

培训职业：部分的职业名称按措辞相同的职业称谓或专业方向加以归类。为了使数据具有历时可比性，新式职业称谓与其旧名称同时被展现出来。职业分类按联邦职业教育研究所命名标准执行。

E5 从就业市场角度看职业教育的收效

劳动力市场现状表明，职业教育培训生的职业发展前景光明。相对而言，毕业后较易过渡至前程远大的职业领域，能将在职业教育培训中所掌握的技能应用到当前的职业工作中，且能获取满意的工资收入得以独立自主地生活。职业教育培训毕业之后尽早就业且工作较为稳定将对个人的职业生涯发展起到举足轻重的作用。当前职业教育培训生的能力现状与企业对其资质要求尚存差距。

入职与青少年失业

入职率在经济状况良好时普遍回升，新联邦州入职率与旧联邦州相比尚有差距

职业教育培训毕业后进入企业工作的学生占全体毕业生的比例——入职率Ⓜ可即时展现职业教育培训在劳动力市场所发挥的作用。新旧联邦州的入职率长期以来仅为旧联邦州盛况时的四分之三左右；在2000－2005年间入职率持续下降，随着近年来经济形势明朗，在新旧联邦州均呈现良好发展趋势。即使新旧联邦州在入职率上差距无法消除，但已维持在2000年的入职率水准（图E5－5A）。经济发展迅猛，大量职业教育培训生（在各类大中小企业及行业内）如愿找到合适工作岗位，培养高素质技术后备军的职业教育培训愈加得以推崇备至（表E5－1A）。

2008年求职困难减小，尤其是男性职业教育培训毕业生就业问题依旧存在

职业教育培训毕业生在2005－2008年间应聘求职明显轻松了些。毕业一个月以及一年之后未找到工作或接受联邦劳动部资助的人数均各自下降了三分之一（图E5－1）。不过2007－2008年职业教育培训毕业生的暂时性失业现象还是较为普遍的。职业教育培训毕业一个月后有22%的毕业生尚未找到工作，三分之二的毕业生已开始工作（图E5－1）。职业教育培训毕业一年之后，失业率降至9.6%；由于一些毕业生需服兵役与民事役，因而就业率最多达70%多。如同25周岁以下失业率统计数据一般，男性毕业生较之女性毕业生，在职业教育培训一年之后仍然较难进入职场（图E5－7A）。

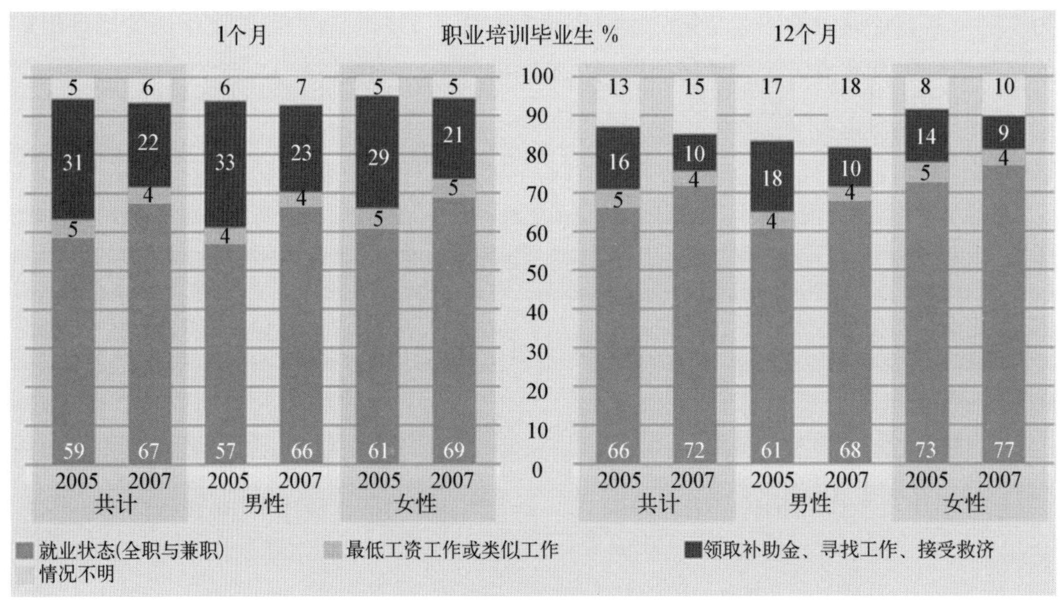

图 E5-1　2005 年及 2007 年职业教育培训结束 1 个月与 12 个月时就业状态Ⓜ(按性别划分,单位:%)

来源:德国劳动力市场及职业研究所《一体化就业史》(版本 v8.01.00);德国劳动力市场及职业研究所的自行统计

不同职业的培训生就业时呈现两极分化现象

职业教育培训毕业生进入职场的情况取决于性别,但更重要的是职业培训方向Ⓜ。不同的职业方向导致毕业生求职成功率高低不一,因为就业市场上企业的人才需求与所培训出的人才数量之间总有差距。由于接受培训职业各异,职业教育培训生在毕业一个月之后在求职应聘方面各有千秋、差别明显,表现出两极分化现象。这种两极分化现象即使在职业教育培训生毕业一年之后依旧存在。处境尴尬较难寻找到工作,就业率低,失业率高的职业群集中在建筑改建业、烹饪业、食品业、卫生业以及机动车辆保养维修业(图 E5-6A,表 E5-2A)。主要是众多拥有普通中学毕业文凭的男性职业教育毕业生从事这些行业(除卫生业以外)。① 处于另一极供需矛盾较小的行业为护理业,银行、保险及会计业,还包括具有中等学历或高校入学资格的女性毕业生,从事工商业、技术行业的员工主要是具有中等学历的男性毕业生。

职业教育培训毕业生收入情况及工作对口状况

职业教育培训成功与否的最重要衡量标准肯定是毕业生在劳动力市场的就业率。从物质及非物质层面评估职业教育培训,主要体现在毕业生的工资待遇以及培训专业对口度Ⓜ上。

德国各行业薪金待遇差距依旧不小

与世界上其他一些国家相比,德国各行业薪金待遇整体差距还不算大。然而具有中等资质的专业骨干之间的差别还是挺大的。职业教育培训生毕业一年后的平均工资为每月 2000 欧元,薪金待遇最高的金属切削工的收入是薪金待遇最低的卫生事业员工的 1.4 倍。通常而言,行业间工资差距明显不会太大,厨师的待遇是平均工资的 70%,金属切削工的收入是平均工资的 128%(图 E5-2)。按照所从事工作的行业来划分,手工行业工资低于平

① 2008 年《德国国家教育报告》编写组:《德国国家教育报告(2008)》,比勒菲尔德,第 285 页。

均值，传统工业界专业岗位、高技能的商业及护理职业会高于平均值。特别引人注目的是：在同一个大范围的职业群体内部，各小型职业群工作在一年后的待遇也拉开了距离，基本上在平均工资线上下30%区间内浮动(图 E5-3，表 E5-3A)。

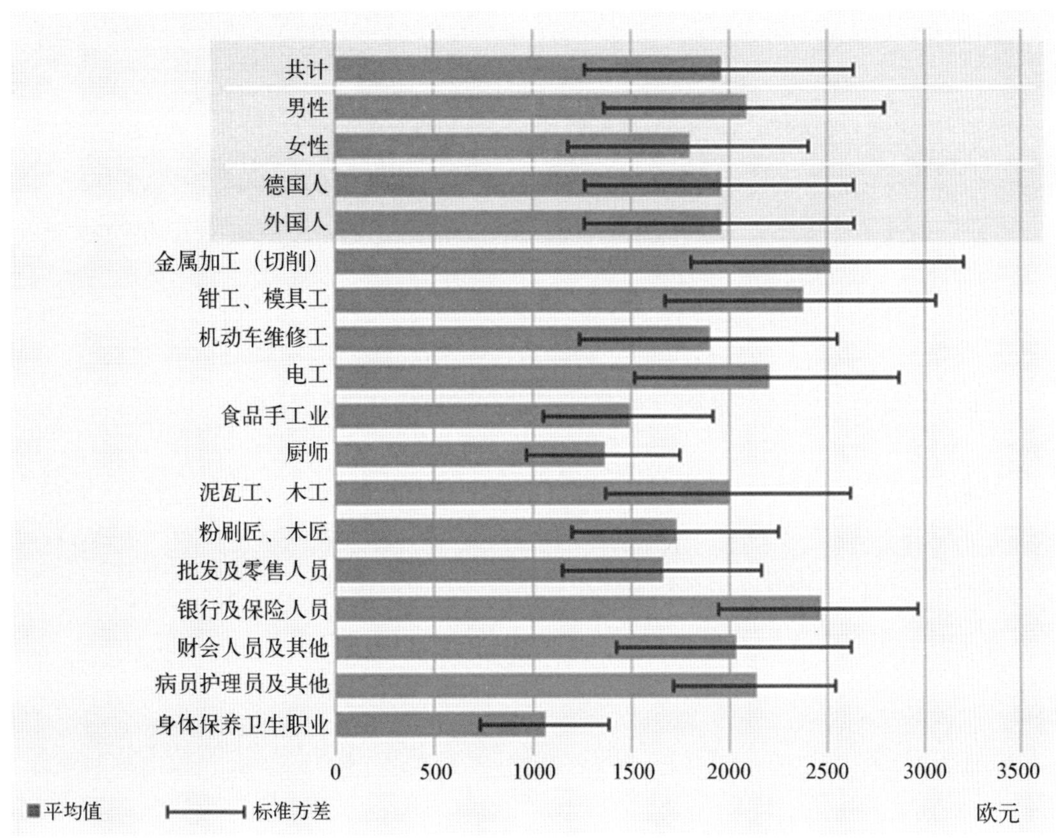

图 E5-2 2007 年职业教育培训结束一年之后毕业生的全日制工作平均月毛收入与标准方差(按性别、国籍及所选职业群划分*)

* 名词解释参见 E5。选取职业组包括 230595 位全职工作人员中的 139756 人

来源：2007 年就业及接受补贴人员记录，德国劳动力市场及职业研究所统计，自行统计

工资金额存在性别差异，已与国籍无关

尽管一部分的女性职业教育培训毕业生Ⓜ在一些薪金待遇高的行业(病员护理员、银行、保险职员)中占据主体地位，但他们的平均工资依然比男性职业教育培训毕业生低14%。德国籍毕业生与外国籍毕业生之间不存在工资待遇差异(图 E5-2)。职业教育培训生现今的起步收入与 2004 年相比，无论是在工资金额上还是在行业结构差异方面均无根本性的变化；不过，收入最高的职业不再是银行职员而转变为金属切削工人。①

三分之一的毕业生所从事的工作不对口

职业教育培训对口度并不是种主观猜测，而是一个实实在在的存在于学会一门手艺的人数与实际从事这门手艺的人数之间的差值。职业教育培训毕业一年之后，有三分之一的毕业生所从事的工作不对口。男性职业教育培训毕业生工作不对口率(40%)要高于女性职业教育培训毕业生的工作不对口率(26%)。外国籍职业教育培训毕业生工作不对口率(约 38%)常常会高于德国籍职业教育培训毕业生的工作不对口率(图 E5-3)。

① 2008 年《德国国家教育报告》编写组：《德国国家教育报告(2008)》，比勒菲尔德，第 99 页。

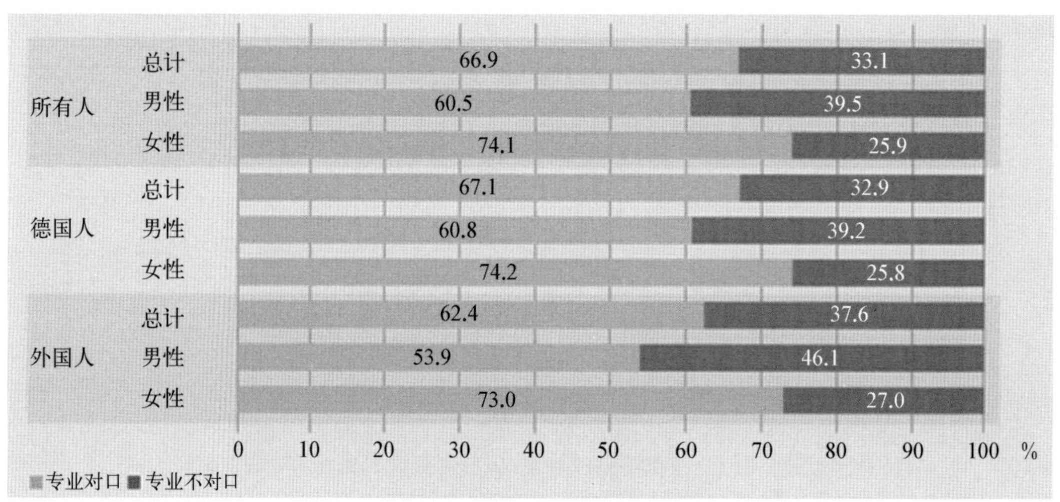

图 E5-3 2007 年职业教育培训结束一年之后毕业生工作的专业对口情况(按性别及国籍划分,单位: %)

来源:2007 年德国劳动力市场及职业研究所《一体化就业史》(版本 v8.01.00);德国劳动力市场及职业研究所的自行统计

各类培训职业的毕业生工作不对口率差距明显

各类培训职业的毕业生工作不对口率差距极其明显(图 E5-4)。工作对口率不高的行业集中在建筑改建业与机动车维修保养业,这两大行业培训出的毕业生的工作不对口率远超平均值。工作不对口率低的行业是病员护理业与金融服务行业。这两大行业培训出的毕业生的工作不对口率分别为 10%与 13%。毕业生工作对口率低于平均值的行业还包

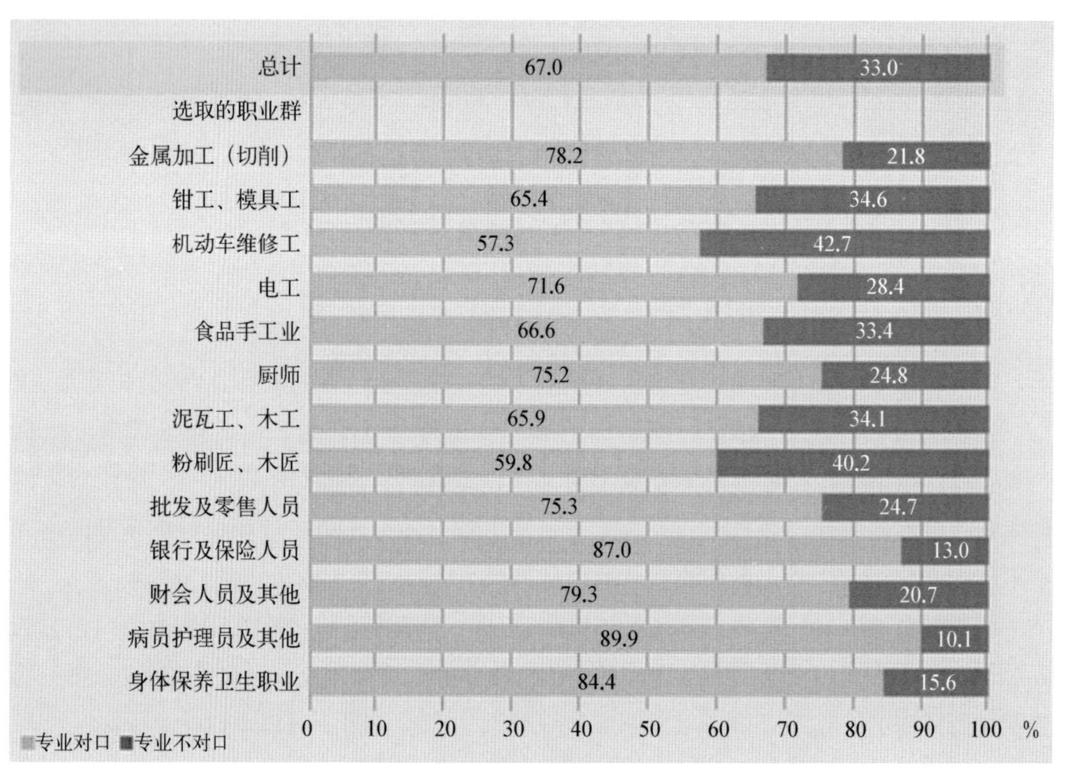

图 E5-4 2007 年职业教育培训结束一年之后毕业生工作的专业对口情况(按选取职业群* 划分,单位: %)

* 名词解释参见 E5。选取职业组包括 303803 位全职工作人员中的 176446 人

来源:2007 年德国劳动力市场及职业研究所《一体化就业史》(版本 v8.01.00);德国劳动力市场及职业研究所的自行统计

括一部分的金属加工与电气行业、会计专业及烹饪业。从工作不对口的绝对人数以及各培训行业毕业生不对口的基本面来看,职业教育培训毕业生的工作对口度在近年来未得到有效改观。[①] 职业教育培训毕业生工作对口率现状并非是毕业生的个性化选择,而主要是由劳动力市场的需求量所左右的。因此对口率情况充其量仅能局限地被理解为毕业生的职业变迁性与灵活应变性。值得一问的是:毕业生对口率特别低的那些职业培训,是否与劳动力市场的需求之间出现了脱节现象?

刚完成职业教育培训的学生必须具备以下的核心意识:他们所接受的培训本身都具有一定的优势与缺陷,每个行业培训可以说是优缺点互现,无法一概而论。现今职业教育培训局面相对稳定,处于最不利形势的主要是那些最多具有普通中学毕业文凭的男性培训生。

主要是那些最多具有主体中学毕业文凭的男性培训生遭受累积效应的不利影响

Ⓜ**概念注释**

入职率:在劳动力市场与职业研究所企业调查框架内询问企业在上一年度有多少培训生成功地完成了职业培训,最终为一家企业聘用。

就业状态:如果劳资关系在同一时间段内被申报过一次(多重聘用、雇佣关系同时获取津贴补助),那么选择最主要的雇佣关系纳入统计计算之中。选择的标准为正式性、报酬与期限。申报参加职业培训在众多信息中处于优先考虑地位。

职业培训方向:按数量权重关系将以下职业划入劳动部职业方向分类之内:金属加工员(切削类):22,钳工、工具工人:27,29,机动车检修工:281,电工:31,321,食品工艺员:39,40,厨师:411,泥瓦工、木工:44,45,漆匠、细木工:50,51,批发、零售商人:681,682,银行/保险业职员:69,会计及相类似职业:77,78,病员护理员及相类似职业:853,854,身体护理员:90。

培训专业对口度:专业对口相称指的是所从事的职业行当与所接受的职业培训相吻合。计算标准以职业代码前两位数为判断依据。

职业教育培训毕业生:在劳动力市场与职业研究所的雇员与接受津贴补助人员的历史档案中并未直接统计每位参加职业培训的学生是否最终均顺利完成培训。培训毕业生相近似地被认作是至少700天以上申报为培训生(职业群编码102)的人员。更换企业单位以及中断培训14天以内情况都是被允许的。此外,在培训毕业当年度年龄未超过27岁的人员才被视作有效样本。

前景

2006年之前的几年,职业教育培训市场局面始终呈现出岗位供应量远不能满足需求量的情况,这一状况自2007年以来得以一定程度的缓解。具体表现在德国普通教育学校毕业之后的学生参加过渡型职业教育培训的比例下降,参加双元制职业教育培训的学生比例有所上升。人们无需过度担忧,因为德国历史上最严重的经济危机至2009年底并未重创职业教育培训市场,也未加剧职业教育培训市场的供需矛盾。虽然2009年度职业教育培训市场中的企业培训岗位量较2007年度减少了近一成,但由于人口因素(学生人口减

① 2008年《德国国家教育报告》编写组:《德国国家教育报告(2008)》,比勒菲尔德,第183、184页。

少),青少年对培训岗位的需求量也下降了约13%。

职业教育培训市场供需情况的缓解,并不意味着可以解除警报、高枕无忧了。缓解仅是相对而言的,且主要是体现在职业教育培训岗位的供需关系上(按法定概念)。如果把那些在联邦劳动部持续申请职业教育培训岗位的人数统计在内的话,那么在德国所有地区都缺乏足够的培训岗位,只不过在部分地区情况略好一些罢了。从这一层面而言,尤其是联邦政府须在政策上多加调控,绝对不可掉以轻心、忽视那些坚持申请培训岗位的青少年们,因为这会导致一系列社会问题,毕竟这一群体比例不低。

尽管德国企业亟需专业技术人才,然而几乎在所有行业中均存在培训岗位供应量少于需求量的局面。想要在手工业及工商业谋求一个培训岗位的普通中学男性毕业生,在过去遭受到了最大的打击。考虑到满足社会对未来专业技术人员的需求,德国工业界核心领域内的各企业必须认清当今职业教育培训市场之现状。

双元制职业教育培训在新联邦州地区一直是个棘手的问题。公共基金需投入至其他职业教育培训方式上方可缓解双元制职业教育培训的巨大压力。调查数据表明,盈利状况良好的企业在提供职业培训岗位方面尚需努力。按政策下拨的资金援助对小型企业个体而言作用较大,但对全体企业而言,覆盖面还太小,因为仅有7%的企业能够争取到相关资金援助。需重点探讨的就是造成这局面的原因、如何维持职业教育培训发展的长期稳定性并确保培养质量。

须向双元制职业教育培训学校提出质疑的是:尽管学校重点开设的培训专业已经是一些前途无量的服务性行业(例如健康服务业及社工行业),但是这些培训学校仍迫切需要唤起社会公众的关注度。

职业教育培训所面临的挑战,一方面是职业教育培训在欧洲的一体化进程,另一方面是青少年人口数量的变化;因而职业教育培训体制必须挖掘潜能、提升效能。职业教育培训市场既要在对象上涵盖在20世纪未获得正式培训的人员,又要增强职业教育培训过程的透明度。在这方面设立新型的、个性化的职业教育培训数据库,通过其可靠的数据将起到强有力的促进作用。此外还应甄别出培训机构传授给培训生的能力,是否与当今以知识为导向的经济界所提出的要求相匹配。

F 高等教育

越来越多的德国年轻人为了完善个人知识体系、为了在就业市场拔得头筹，极其重视在高等院校内对自我进行培养。在近期的德国高等教育政策研讨中凸现三大核心主题（本章节将重点论述这三大方面）：① 与《2020 高等教育协定》密切相关的大学学习需求状况；② 德国各大高校在博洛尼亚进程中开展的大学结构性变革所显现的作用；③ 探讨德国高校体系是否与市场需求失衡。当今德国面临着持续需求合格高校毕业生的压力，然而学科结构不对称，社会各界普遍担忧高校毕业生不能胜任企业技术要职，难以担当中流砥柱之角色。

与 2006 年版及 2008 年版教育报告一样，本章的第一节与第二节（F1，F2 章节）提供了有关大学学习需求情况的相关信息。尽管在 2008 年德累斯顿教育峰会期间，联邦政府与各联邦州政府达成一致：通过新一轮的扩大招生将大学入学率提升至 40%，而且这一目标基本业已实现，但依然存在一系列的其他问题。例如尚未解决贫困阶层家庭子女入学率低的问题、高技能低学历者被拒之门外以及专业度高的学科（譬如工程学科）招生名额过少等诟病。一些与之相关的内容将在 H 章展开，例如大学学习需求的前景瞻望、直至 2025 年的预测数据等（参见 H2、H4 章节）。这些章节既包含人口统计学因素又涵盖了教育政策因素，同时还分析了大学新生选择旧联邦州抑或新联邦州入学的现状。最后在 F2 章节首次公开了德国大学生人群中的移民比例。

德国民众纵使对博洛尼亚进程褒贬不一，但该进程已对教育改革产生了一定效果。在本《德国国家教育报告》中研究了教育改革对学习期限及辍学情况的影响力度，指明了教改的终极目标为：显著提升大学教育与市场需求的磨合度。此外，在本教育报告中首度对教学质量加以了诠释。社会各界对德国大学生对教改的批判以及沉重的学习负担耳熟能详，那么本章就将展现并分析大量有关教改满意度的民意调查结果。

提高大学生毕业率是所公布的高校政策目标之一。从长远来看，德国经济顾问委员会认为，大学生毕业率达到 35% 方为合理。因此，就入学率与毕业率而言，决不可厚此薄彼（F4 章节）。结合重要的结构特征背景，近几年来的毕业人数得以长足发展（F5 章节）。普受关注的毕业生求职应聘情况以及雇主是否对毕业生所掌握的技能感到满意；高校毕业生是否掌握了引导未来的专业技能决定了其本身的职业前景（在 H 章予以详述）。总体而言，F 章全方位地介绍了德国高校结构转型之新动态。

F1 高等教育机会供给

对大学学习的需求状况主要取决于每一届中学毕业生就读大学的本人意愿,其衡量标志就是升学率。此外,打破职业教育与高等院校之间的隔阂也至关重要。本小节的关键之处在于探明究竟有多少应届中学毕业生报名进入大学攻读学业。升学率存在一定的延后性,在本《德国国家教育报告》中首次提及中学毕业至进入大学之间的时间差。同时初览拥有高校入学资格的学生Ⓜ放弃进入大学学习的苦衷,探索激励中学毕业生继续上大学的举措。

中学应届毕业生的升学情况

四分之三获取高等院校录取资格的中学毕业生最终上大学

自1980年以来,获取高等院校录取资格的中学生人数翻了一番(表F1-5web),并在近几年来保持上涨的趋势,在2008年人数超过44万人,占同年龄段的45.1%(表F1-1A),获取高等院校录取资格的中学生比例Ⓜ较1980年也约翻了一番。从上世纪90年代中期开始,最终上大学的人数始终稳定,占据所有获取高等院校录取资格的中学毕业生的四分之三左右。大学新生人数增长的根本原因在于获取高等院校录取资格的中学毕业生越来越多了,而学生攻读学位之意愿并未相应成正比例发展。获取高等院校录取资格的学生群中的一半以上是女生(表F1-1A),但所有大学新生中男生比例还是达到了50%以上(表F2-1A)。这意味着,与男生相比,较多获取高等院校录取资格的女生最终放弃了读大学(图F1-1,表F1-2A)。获取应用技术大学录取资格的学生群中升学率还要低一些(表F1-2A)。尽管各联邦州想方设法消除职业教育与高等院校之间的壁垒,但还是只有

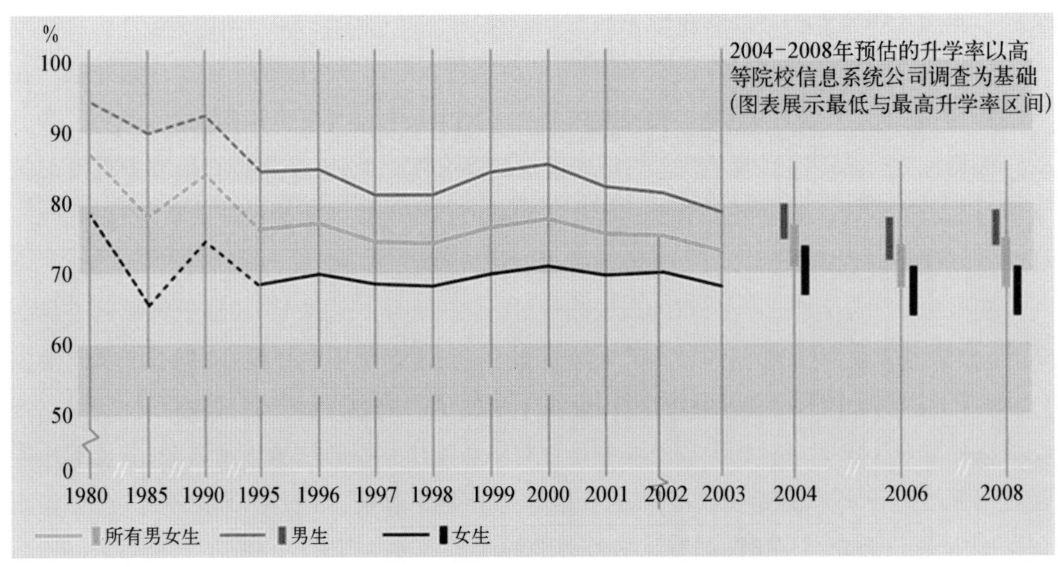

图F1-1 男女中学生升学率Ⓜ(1980年至2008年,单位: %)

来源: 联邦及各联邦州统计局;高等院校信息系统公司网络调查

1%的大学新生是通过第三教育途径Ⓜ(例如：基于高才艺或高技能特招方式)进入大学，此比例依旧停滞不前(表 F1 - 4A)。

入学时间点

六成大学新生为往届中学毕业生

不仅每年中学应届毕业生，而且往届生也考验着高等院校的招生规模。仅有三分之一左右的应届毕业生在中学毕业之后立刻上大学。应届毕业生总人数占大学新生总人数的四成左右(表 F1 - 5web)。甚至每年应届生中有 8 - 15%比例在中学毕业四年后或更晚才去上大学。仅有 3%的中学应届毕业生计划参加完职业培训之后，还会申请进入大学。近几年来征兵情况已有所改变，但对男生而言，要服兵役或民事役是导致不能即刻进入大学的一个根本原因。中学应届女生中也只有六成比例在中学毕业当年就上了大学。中学应届毕业生往往需经历一个广泛的就业观望期，参加实习，从事志愿者服务(参见 D5 章节)抑或在读大学之前索性先就业一段时间。另外，个人经济因素以及受到入学名额限制得要等待一个热门专业入学名额均造成了中学毕业生迟上大学。

父母学历背景对升学的影响

父母学历背景对子女升学至关重要

在 2006 年版以及 2008 年版教育报告中已经介绍了有关父母学历背景对子女就读大学的影响。最新数据表明，这种状况这几年也几乎没有变化(图 F1 - 2，表 F1 - 6web)。家庭所处的社会等级深刻影响着子女的高等教育。不同社会阶层的子女就读大学的比例差值未有明显变动。即使成绩还不赖，一旦学生父母中没有一方拥有大学学历，那这位学生就不大可能去上大学。总体看来，男女依然不平等，因为无论家境好坏，男生更易得到家庭支持去上大学(表 F1 - 6web)。尽管移民总体比例不高(表 F1 - 2A)，但具有移民背景Ⓜ的家庭，其子女中学毕业后立马升学的比例高于平均水平(F2 章节)。

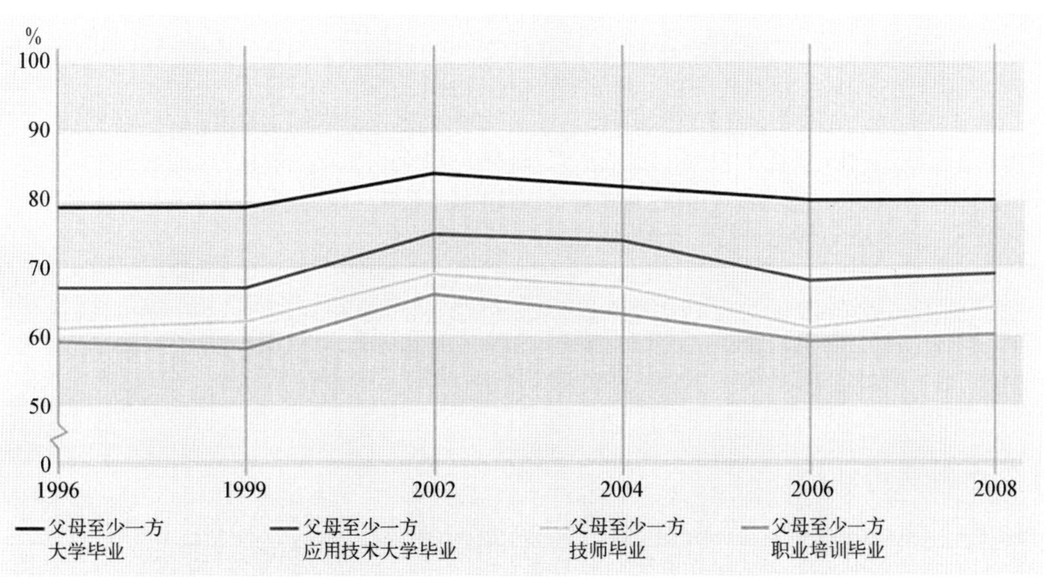

图 F1 - 2 父母教育背景与子女升学关联Ⓜ图(1996 年至 2008 年，单位：%)

来源：高等院校信息系统公司网络调查

放弃读大学的理由

拥有进入高等院校资格,然而最终没有进入大学是由诸多因素造成的,攻读大学学位之外的其他成才途径在此也发挥了一定作用(表 F1 - 3A)。

多数出于经济因素无法实现大学梦,普遍认同大学学习具有巨大的价值

近几年来,总有四分之一的已获得高等院校入学资格的中学应届毕业生没有去读大学,没有上职业学院,也没有去上行政管理专业大学,而是在一开始就去从事一项无需接受高等教育培养的职业活动。相当大的一部分符合进入大学条件而未入学的中学生主要是经济贫困,不得已先要去赚钱谋生,这一人群往往源于非高学历家庭(表 F1 - 3A)。"金钱有,方可学",浓缩地概括了这些学子的心声。存有的若干顾虑(如较长的攻读时间、学业压力巨大以及高校教学理论与实际严重脱节等)所占比例并不高。纵然最终没能去上大学,他们对大学学习有所裨益毫不怀疑,普遍认同大学学习可增强就业实力,本科生在人才市场还是有竞争力的。

Ⓜ概念注释

拥有高校入学资格的学生:拥有高校入学资格的学生为一年度里已获取普通高等教育学校入学资格(通过高中毕业考试)、高等院校特定专业入学资格或者应用技术大学入学资格的中学毕业生。

获取高等院校录取资格的中学生比例:获取高等院校录取资格的中学生比例指的是在某一年度里年龄为 18 - 21 岁居民人群中拥有高校入学资格的人员比例。此年龄段的人口数以 3 年来该年龄段人口数的平均值计算。

第三教育途径:基于高才艺考试或针对不具有高校入学资格的职业技能高手所采取的特招就读大学的方式。

中学生升学率:中学生升学率指的是某一年度里拥有高校入学资格的学生就读大学的比例,该比例与就读大学的时间点以及是否最终顺利大学毕业均无关系。目前,计算该比例的方法有两种。

按照联邦统计局的计算方法,将好几年的大学新生人数累加作为统计的参照数据。这一方法几乎完全囊括 5 年的数据。直至 2003 年的中学生升学率是依据此计算方式操作。

依据德国高等院校信息系统公司测算中学生毛升学率的问卷调查方法,是以获取高等院校录取资格的中学生在毕业前 6 个月与毕业后 6 个月所填写的书面民意调查卷为基础。这一测算方式是以经验为依据的且具有预测性。借助于此方式可计算出核心比例(已开始大学学业或者已经明确规划好大学学业的情况)与就读大学的最大比例(核心比例加上就读大学的可能性比例)。

移民背景:由于与词汇表所采用的样本略有差异,因而"移民背景"的定义各不相同。按照德国高等院校信息系统公司在有关拥有高校入学资格的学生问卷调查中的定义,具有移民背景指的是拥有外国国籍或者双国籍,至少父母一方在外国出生或者德语在家中既不是唯一的母语也不是母语中的一种。按照这一定义,2008 年度,16%拥有高校入学资格的学生具有移民背景。

就读大学的可能性:预测数值以多变量模式(二进制逻辑运算)为依据。此数据所体现的是父母亲的最高专业技术职称,考虑的因素包括性别、中学毕业成绩、就读学校类型以及获取高等学校入学资格所在的联邦州。

F2 高校入学与招生

高等教育政策目标追求增加大学新生数量、提升大学新生入学率Ⓜ。《2020 高等教育协定》Ⓜ明文规定国家提供资金确保实现此目标。一方面,2011 - 2013 年由于部分联邦州中学

缩短学制存在两届学生同一年同时毕业现象(参见 H4.4 章节);另一方面,企事业单位亟需高素质人才。出于人口分布之现状,新联邦州大学新生数量出现下降,因而国家鼓励旧联邦州中学生前往新联邦州读大学。本年度《德国国家教育报告》首次关注此新动态(参见 H4.4 章节)。

大学新生数与中学升学率的最新发展趋势

2009 年大学新生人数达到历史峰值

大学新生数从 2006 年至 2009 年上升了 23%,共计 42.27 万人,远超 2003 年度的历史峰值(表 F2-1A)。此种发展趋势正与《2020 高等教育协定》相契合。从 2007 年至 2010 年与 2005 年度相比累积共增加了 9.1 万名新生。《2020 高等教育协定》原本估计新联邦州地区的大学新生将与 2005 年时的情况持平,然而全德境内大学新生数在 2009 年达到历史巅峰值(表 F2-2A)。新生增量特别明显的是应用技术大学,其新生人数自 2006 年以来约增加了 4.82 万人。与此同期,综合型大学新生人数增加了约 2.96 万人。

多种因素促成新生人数骤增:从人口统计学角度来看,18-21 岁年龄段人口自 2000 年以来上升了 4%。随着接受教育人群总量上升,最终获得高校入学资格的人数也出现增长;从 2000 年至 2008 年,升学率上升了 8%(表 F1-1A)。即便升学率保持稳定(参见 F1 章节),新生人数由于往届生的入学也会递增。值得一提的是,自 2008/09 学年第一学期起,位于巴登-符腾堡州的职业学院获得了与应用技术大学相同的地位(表 F2-2A)。另外,中学两届学生同时毕业现象发生在萨克森-安哈特州(2007 年)、梅克伦堡-前波莫瑞州(2008 年)和萨尔州(2009 年)。

新联邦州地区高中毕业人数显著减少,但大学新生人数却略有增加

尽管在 2009 年度新联邦州地区的高中毕业人数显著减少,但这些地区的大学新生人数却还略有增加。本《德国国家教育报告》通过大量数据分别从旧联邦州学生导入、更多毕业生在新联邦州地区工作、提高升学率以及延迟入学这四个方面阐释这一现象。

包含外国留学生的升学率已愈 40%,不含外国留学生的升学率远未达到 40%

在 2008 年,升学率首次达标,达到高等教育政策规定的 40%门槛。2009 年升学率甚至突破 40%,达到了 43%(图 F2-1,表 F2-1A)。德国中学升学率在世界范围而言并不高(表 F2-3A)。中学升学率统计方法对升学率的高低也有影响,德国中学升学率统计时涵盖了外国留学生,依据现今移民政策,这些学生毕业后并不能如愿全部留德工作。如果只统计完成德国中小学学业的人数,那么在 2008 年德国中学升学率为 34%。

外国留学生人数再次上升

来德留学生人数在 2004 年出现了下降,在 2008 年留学生Ⓜ人数再次上升。共计有 5.8 万余名外国留学生目前在德国高等院校就读。由于上大学总人数的增加,外国留学生比例下降至约 15%(表 F2-6web)。

与 2006 年版教育报告中的数据相比,自 2004 年以来,学生所选读专业方向发生了轻微变动。选择法律、经济、社会学以及工程学科的学生越来越多,选择语言、文化学、数学和自然学科的学生却越来越少(表 F2-4A)。中学生在中学阶段所选修的核心课程往往决定了其选读哪门大学专业(表 F2-7web)。

就读本科专业

应用技术大学成为学位改革先锋

依照 1999 年在博洛尼亚签署的协议,最迟在 2010 年完成大学学位改革。在德国各类高等院校截至 2008 年在这方面发生了巨大变革,至少 80%就读应用技术大学的学生已开

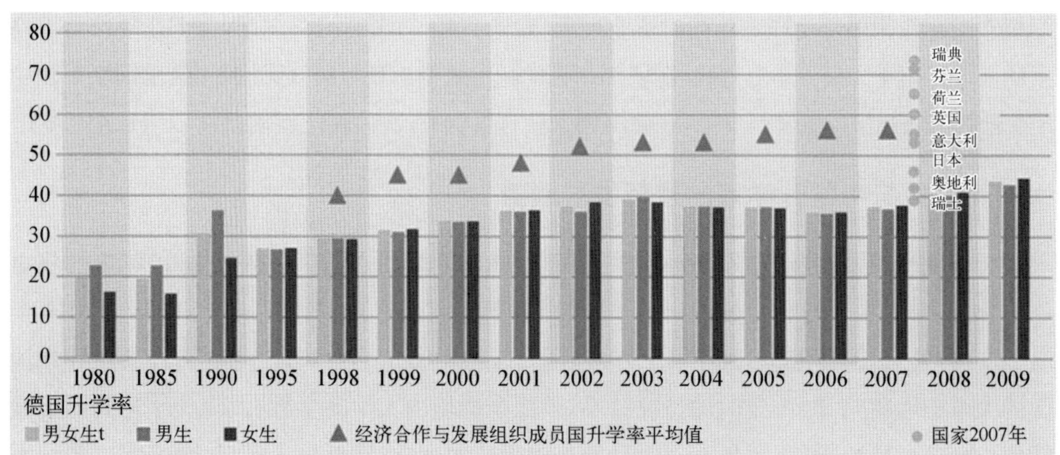

图 F2－1　男女生升学率国际比较表[*]1980 年至 2009 年[**](单位：%)

＊ 德国学年此处指上一学年第二学期与下一学年第一学期并包含管理专业大学；国际层面的学年指同一学年的第一学期与第二学期

＊＊ 2009 年为暂时数据

来源：联邦及各联邦州统计局；高等院校统计数据库经济合作与发展组织，《教育一览》

始了攻读学士学位，综合型大学改革步伐相对缓慢(图 F2－2，表 F2－8web)。医科及法律学专业的学位设置情况仍然采用传统旧模式。在若干联邦州，师范专业尚未启动或部分实施了新学位制度。在综合型大学，工程学科实行本科学位的比例在 2008 年达到了三分之二，在应用技术大学比例高达 85%。

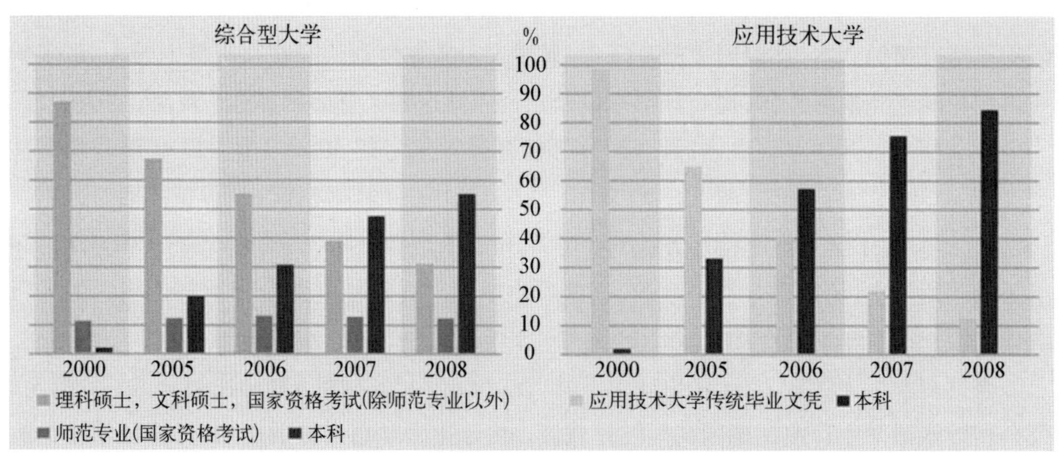

图 F2－2　综合型大学与应用技术大学 2000 年至 2008 年大学新生攻读学位类型情况[*](单位：%)

＊ 纵坐标为百分数，综合型大学包括美术院校、音乐学院、理工学院、师范学院、神学院等

来源：联邦及各联邦州统计局；高等院校统计数据库

大学新生之家庭背景

德国大学新生组成状况与德国社会各阶层构成情况并不一致。如果计算下各社会阶层子女就读大学状况，中学毕业生父母亲所受教育情况影响到子女是否攻读大学学位(参见 F1 章节)，大学新生家庭背景显然普遍不错。倘若中学毕业生源于公务员、创业者或职

员家庭且父母本身大学毕业，那么他们的就读大学比例Ⓜ相对较高。大学新生家庭背景整体情况不同于全社会 19－25 岁年龄段年轻人的家庭状况（图 F2－3）。

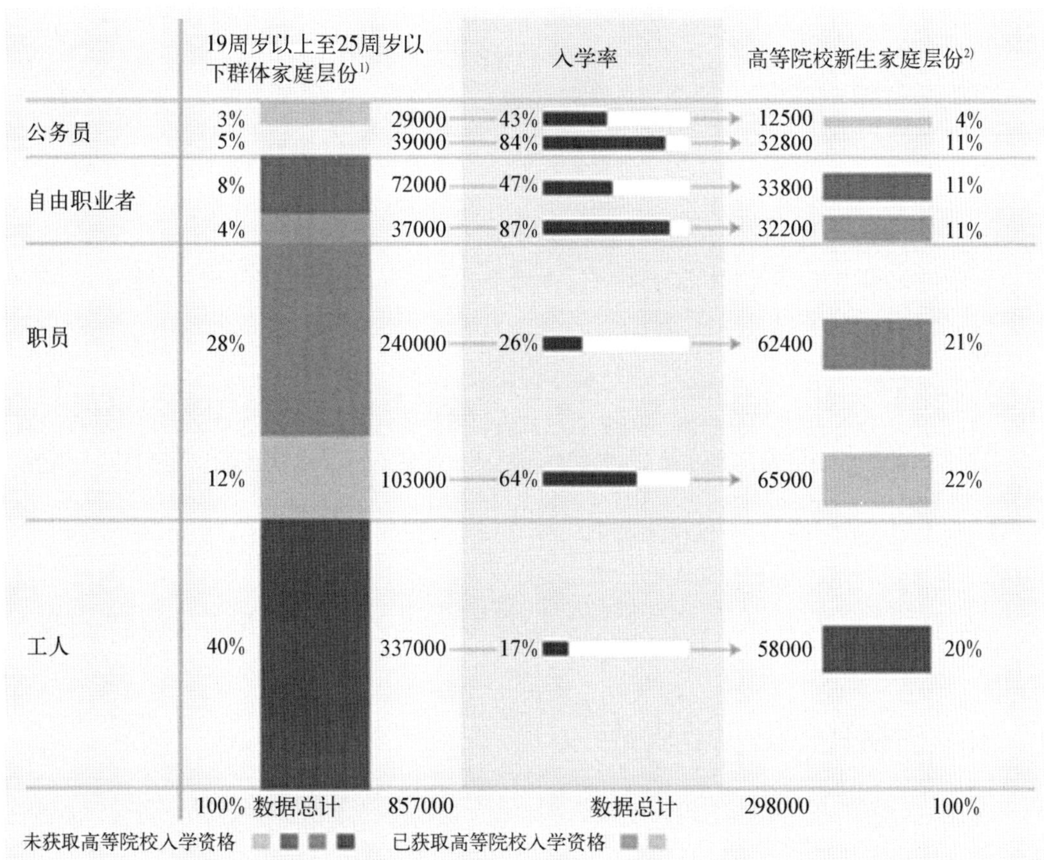

图 F2－3 2007 年度高等院校新生家庭层份及其父亲所接受的教育程度*
（只包括德国国籍大学生数量及百分比）

* 统计样本为学生父亲所接受教育程度

1）统计样本为 19 周岁以上 25 周岁以下的学生，家庭层份取决于父亲职业，数值四舍五入为整数

2）2007/08 学年在综合型大学、应用技术大学以及管理专业大学注册的德国国籍新生（数值四舍五入为整数）

来源：联邦及各联邦州统计局；高等院校统计数据库；微型人口统计；2007－2008 学年高等院校信息、系统公司大学新生民意调查；图表摘录于德国大学生服务中心/高等院校信息系统公司 2009 年度第 19 次社会调查

具有移民背景的大学生

六分之一的大学生具有移民背景

根据对全体德国大学生的微型人口普查结果，无移民背景的大学生人数远多于具有移民背景的大学生Ⓜ人数。在 2008 年，20－30 岁年龄段中具有移民背景的人数比例为 23%，但就读大学的比例却不到 17%（表 F2－5A）。在 20－25 岁年龄段中无移民背景的大学生比例为 23%，而有移民背景的大学生比例仅为 16%。对已入德国国籍的移民而言，其大学新生比例为 21%，接近无移民背景的德国年轻人的入学率。始终持有外国国籍的移民子女攻读大学的比例特别低，只占 11%。土耳其裔子女就读大学较少。

Ⓜ概念注释

大学新生入学率：大学新生入学率为就读高等院校第一学期的大学新生（第一次攻读学位的大学生）

占相应年龄段人口的比例。相应年龄段高等院校新生人数除以相应年龄段人口数(该年龄段各类人口群体之和)所得出的商值就是大学新生入学率。德国国内以及国际上计算大学新生入学率均参照这一计算方式(经济合作与发展组织统计方案)。

大学新生人数为就读高等院校第一学期的大学生,包括赴德国留学的外国人(留学生)。由于学生双重注册以及个别高等院校未能及时校正大学新生人数导致该数值在一定程度上被高估。

《2020 高等教育协定》:2007 年,各联邦州与联邦政府签署了《2020 高等教育协定》,目的是为了应付日后每年居高不下的高中毕业人数以及可预见的同一年度两届高中生同时毕业的状况。在扩充招生名额的第一阶段,直至 2010 年,相比 2005 年将共计额外增加 9.1 万个招生名额。在扩充招生名额的第二阶段,相比 2005 年将共计额外增加 27.5 万个招生名额。旧联邦州地区承担了扩招任务,而新联邦州地区与城市州地区的大学招生规模维持在 2005 年的水平。

等同国内生/留学生:在德国获取就读大学资格的外国新生、外国大学生、拥有外国国籍的大学毕业生被视作为等同国内生。与此相区别的是那些在德国境外获取就读大学资格,从而赴德国读大学的学生(被视作为留学生)。

就读大学比例:就读大学比例设定为某一特定教育领域(如高等院校)与相应年龄段总人口数之间的关联。就读大学比例往往与部分群体,例如依据家庭成员的教育状况,一般受到父亲的教育程度影响。其他有关计算就读大学比例的说明可参见:意瑟施台德及其他编者:《2009 年德意志联邦德国大学生经济与社会处境》,波恩,柏林,2010 年,第 77 - 78 页以及附件 B.1。

具有移民背景的大学生:不包含留学生。

移民背景概念参见词汇表。

F3 大学生视野中的教学质量

随着博洛尼亚进程的深入推进,多年以来教学与教学质量在德国高等院校成为一个愈加重要的主题。对各专业教学活动进行评审并对新开专业加强评估在近来已广泛展开,此举对保持且维系高教学质量发挥了很大的作用。一般而言,评估教学质量受到大学生主观需求与期盼值影响较大,此外还与学生就读目标、评估组专家制定的评价标准息息相关。很难对教学质量规定一个统一的定义,因为大学生、高校教师、科研处、高等教育政策室及雇主对此看法不一。教学质量是个多纬度综合体,涉及专业纬度(授课内容)、结构纬度(一门学科的组织构成)、教学法及辅导学习纬度(咨询与指导)以及硬件纬度(教学设施)和助学纬度(奖学金制度)等。

本章节是本年度《教育形势报告》中全新的内容,在衡量教学质量时把大学生们关注的学位改革执行力度纳入了评价体系。尽管看来似乎是有一叶障目之嫌,但现今教育大讨论中十分偏重大学生对教改的评判,尤其重视大学生如何看待本科专业这一新鲜事物。通过多层面分析法Ⓜ可作为学生评判的补充,不仅从学生视线而且从高校体制角度用以纠正教改评判的偏差。相关数据源于研究报告系列——《大学生调查报告》和《大学教学质量评估报告》Ⓜ。

大学生视野中的学位改革

积极推进学位改革……

对已选择新学位专业的大学生而言,实行新式学位(博洛尼亚进程)有些仓促上马、大大超前的感觉(图 F3－1,表 F3－1A)。绝大多数学生对新式学位持谨慎态度。

约 40－50%的本科生认为学位改革、实行学分制以及模块式学习进程是成功有效的(图 F3－1)。大学生对学位改革的关键步骤持批评态度。大学生对大学国际化与提升学生参与度还是顾虑重重(参见 F4 章节)。大学生基本认为大学国际化(如奖学金设置、英语授课以及短暂出国交流)开展得并不成熟。

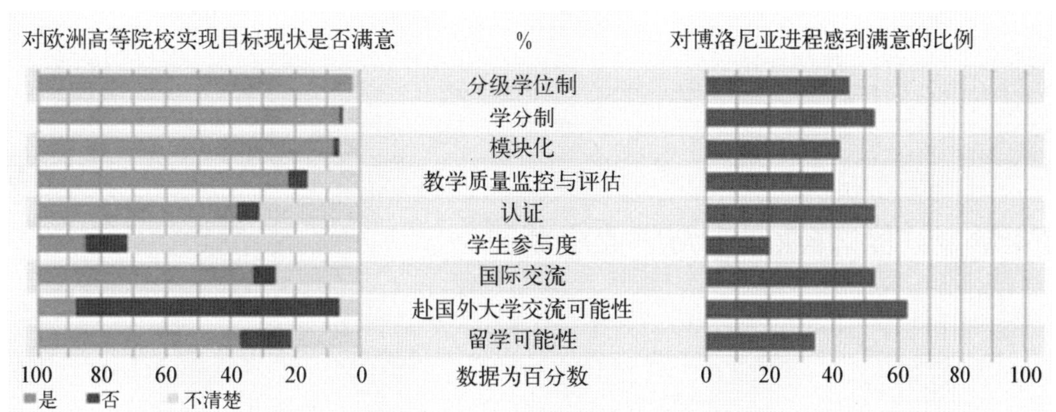

图 F3－1 2007/08 学年第一学期大学生对博洛尼亚进程的评价*(单位: %)

* 调查对象只涉及本科生(1636 名)

来源:摩斯坦茨大学,高校研究股份有限公司,2008 年度大学生年度民意调查

……仅部分得到认可

不同专业的大学生对此看法并不一致。在一些经济学科领域新开设的专业就读的大学生普遍对新学位评价较高,而相当多的其他专业学生对博洛尼亚进程的展开持负面观点(表 F3－2web)。

大学生们对博洛尼亚进程评判不一,认可者有之,批判者亦不少。但对大多数大学生而言,他们均赞成推进博洛尼亚进程,只不过他们强烈要求各自所在高校改进具体的操作方法。①

影响教学质量的学生因素及学校因素

招生规模越大,教学质量评分越低

除了学生本人的评价倾向之外,各所高校本身情况对教学质量评估也有特殊的影响力。学校本身除了学生本人的评价倾向之外,各所高校本身情况对教学质量评估也有特殊的影响力。各类因素对不同的学校及不同的专业的影响差别明显(图 F3－2web)。同一个专业,但不同高校的学生对教学质量满意度大相径庭。即使专业不同、教学质量评价体系不同、所处联邦州不同,然而教学质量评分一般处于中游。

学校因素特别体现在专业招生规模上。招生规模越小,教学质量评估分往往越高。规模大小不一的专业的师生比例本身并不能决定教学质量评估,关键在于教师是否能全身心地投入到教学活动中。若是就读人数庞大,被视作为一种干扰因素,那么这会对教学质量评估起到负面影响。

---

① 参见巴格尔·特等编者:《本科大学生,学习及教学经验》,中期报告,波恩、柏林,2009 年。

Ⓜ概念注释

多层面分析法：在此类评估中同时兼顾了不同的影响因子用以确定各个影响因子的相对强度。此外，多层面分析法还考虑到个人对大学学业质量的估量以及各类机构所给予的评判。

《大学生调查报告》和《大学教学质量评估报告》：《大学生调查报告》的责任方是康斯坦茨大学高等院校研究股份公司，自1983年起开始运作。每三年一次在综合型大学以及应用技术大学的大学生群体中进行书面的民意调查，上一次的调查时间是2006/07学年的第一学期。最近刚进行过的调查发生在2009/10学年第一学期，但相关数据还无法应用于本《德国国家教育报告》之中。《大学教学质量评估报告》自2007年起由高等院校信息系统与康斯坦茨大学共同组织每年一次的网络抽样调查。有3万名大学生参加了2008年度的网络抽样调查。

F4 学习过程、修业年限与学业中断

在2006年版和2008年版教育报告中已指出德国高等院校普遍存在大学生学习效率低下的问题，具体表现在修学年限长、学业中断率高。推进博洛尼亚进程的目的就是为了改善上述问题。新设置的本科学位被诟病修业年限短、按时毕业可能性低、学习内容繁重以及考试负担沉重等(F3章节)。扩大学生参与国际交流是博洛尼亚进程中的高等教育政策目标之一，然而此目标犹似水中捞月，目前实难达到。本《德国国家教育报告》依然以中途辍学与修业年限为核心主题，首次提供了有关大学生打工之数据及其参与国际交流的情况。

修业年限

许多本科毕业生能在规定修学年限内完成学业

与2006年相比较，修学总年限Ⓜ几乎毫无变化(图F4－1，表F4－1A)。因为缩短学制是学位改革重点项目，所以本科专业发展状况特别惹人注目，本科毕业生绝对数据呈上升趋势，然而其修学年限始终维持在6个学期左右(表F4－8web)，与绝大多数本科专业所规定修学年限相符合。这一结果是基于相当多的毕业生在本科阶段破釜沉舟，不想拖泥带水，力求速战速决。

迄今为止，综合型大学事实上将本科定型为6学期修学年限，而专业大学一半以上本科是7学期制，小部分本科专业还需修学8学期。在综合性大学正在激烈讨论是否要延长本科修学年限。在专业大学中，理工专业为主，这些专业本科修学年限均为7学期左右，而综合性大学本科专业修学年限Ⓜ为6学期左右(表F4－9web)。

学业中断

辍学Ⓜ指的是大学生开始了大学学业，然而最终没有获取毕业文凭就离开了学校，与学生因为更换专业或转校情况不同。中途辍学现象既体现了学生的个人学业失败，也反映了学校办学能力薄弱，然而中途辍学理由的确是五花八门、各式各样。

与2006年相比本科专业辍学率下降至25%

2008年度中途辍学率Ⓜ浮升至24%，近四分之一的比例显然还过高，然而与2006年相

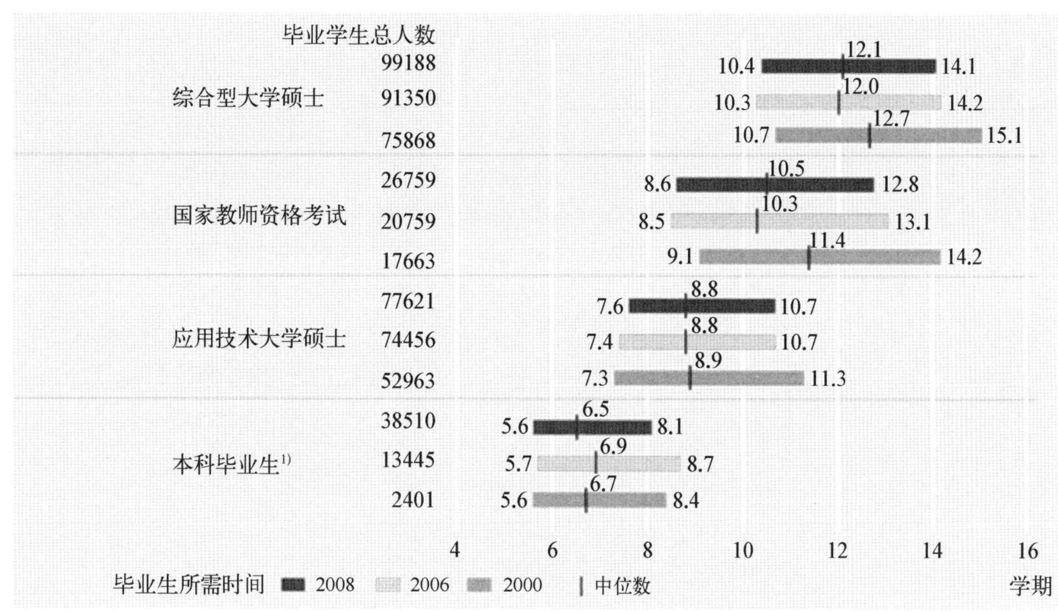

图 F4－1　2000 年、2006 年以及 2008 年获取不同学位所需时间(统计单位为学期;采用中位数及四分位数统计方式Ⓜ)

1) 本科毕业人数:2003 年本科毕业人数首次超过 1000 人

来源:联邦及各联邦州统计局;高等院校统计数据库

比,已下降了 5 个百分点(表 F4－2A)。这一良好的发展趋势要归功于学习条件的改进以及课程设置更趋向合理化。各专业中途辍学率各有其专业特点,目前尚无相关研究报告出炉。

中途辍学现象基本在本科专业的第三学期就已出现

造成中途辍学的主要原因是学习困难、因贫致退和缺乏学习动力(表 F4－7web)。中途辍学现象在本科专业的第三学期就已经出现了,相对于旧学位时代是大大提前了。与传统学位相比,新式本科学制学习压力过大、学生成绩上不去、动力受挫以及学习条件差情况更为明显。经济贫困因素导致本科辍学并不多见,当然对于贫困家庭子女而言这始终是道难跨过的坎。

大学就读期间的国际交流情况

德国不仅是留学大国,也是学生输出大国

本科阶段较少国际交流机会

欧洲各国在政治、经济领域进一步大融合、世界各国交流联系日益密切、劳动力市场亟需高技能人才都促使高等院校注重国际交流活动,将其视为高等教育政策重要目标之一。德国不仅作为留学大国声名鹊起、誉满全球(F2 章节),而且是学生输出大国(表 F4－3A)。2007 年度来德留学生数量排名靠前的几个国家是中国、土耳其、波兰、俄罗斯与保加利亚;德国学生留学钟爱英国、荷兰、奥地利与瑞士(表 F4－4web)。赴外留学的德国学生人数从 1997 年至 2007 年 10 年间约翻了一番(表 F4－5web)。约四分之一的大学生在大学就读期间有过国外交流经历(图 F4－2,表 F4－6web)。自博洛尼亚进程展开以来,国际交流确实有所增加,但未有达到预期程度。特别是本科专业较少有国际交流机会(图 F4－2),因为本科生并未意识到国际交流的重要性,有部分本科生自我安排在国外全程完成硕士课程。

曾赴国外交流：一次	多次	共计	百分数	未曾赴国外交流：共计	曾尝试	未曾尝试
16	11	27	综合型大学整体	73	9	66
13	7	19	应用技术大学整体	81	12	73
21	14	35	综合型大学理科硕士	65	9	56
18	11	29	应用技术大学理科硕士	71	12	59
24	25	49	综合型大学文科硕士	51	9	42
9	6	15	综合型大学本科专业	85	8	77
8	5	13	应用技术大学本科专业	87	12	75
13	14	27	硕士专业[1)]	73	7	65
16	12	28	国家资格考试专业	72	9	63

图 F4－2　2009 年各类高校及攻读不同学位的大学生国外交流情况*(单位：%)

1) 此处不区分综合性大学与应用技术大学

* 除了学习研究出外访学外(2009 年：占国外交流总数的 50%)，还包括实习(占 38%)，参加语言课程(13%)，学术考察(占 11%)，参加项目(占 5%)，夏令营(占 2%)，其他(占 5%)

来源：德意志学术交流中心，2009 年《德国高等院校教学与科研国际化程度》

Ⓜ概念注释

修学总年限：修学总年限包含在德国一所高等院校内自首次大学注册直至顺利大学毕业进行学习的总学期数(高等院校学期数)。由于转换专业导致学期数变化也被计算在内。

中位数及四分位数：使用中位数及四分位数来展现修学年限。中位数体现了一个临界值，50%的大学毕业生在此临界值之前完成大学学业。下四分位数以下数值为完成大学学业最快处于前 25%的大学毕业生，上四分位数以上数值为完成大学学业最慢处于后 25%的大学毕业生。使用中位数与四分位数可以避免很长的修学年限与很短的修学年限对统计中位数值造成很大的影响。

专业修学年限：专业修学年限包含所有直至毕业之前所进行学习的学期数(专业学期数)，也包含可能被认可的另一专业的学期数。

辍学与中途辍学率：辍学现象的发生指的是大学新生最终没有完成学业。转换专业或者转换高校，只要在转换专业或者转换高校之后能够顺利毕业，就不被视作为辍学。辍学率的计算按照高等院校信息系统统计方式操作，通过每一届的毕业生人数与当初一起入学就读的新生人数(所有相关就读年份的大学新生人数)进行计算。此处考虑的只是德国籍的大学新生。从大学毕业生与相应的大学新生之间的关系比例可得出大学生的中途辍学率(参见具体统计流程：www.his.de/pdf/pub_kia/kia200501.pdf)，也可参照高等院校数据库中的数据统计各个大学新生年级的顺利毕业比例。然而这一统计流程只能对较久前已毕业的学生提供较为可信的数据。出于数据更新因素，此处的中途辍学率采用高等院校信息系统的统计流程。

F5 高校毕业生

随着科学社会体系逐渐成熟建构，高校毕业生人数与高校学生毕业率均节节攀升，基本满足了劳动力市场对高端人才的需求，这本身也是高等院校及科学体系的自身目标。在本章节中除了毕业生人数与毕业率之外，还将探讨大学生攻读博士学位情况、适应职场程度、进入职场的重要标志以及毕业去向等。

高校毕业生人数发展趋势

高校毕业人数自2001年以来增长50%

自2001年以来，高等院校获取首个学位的毕业人数持续增长了50%以上，并在2008年达到了26万人(图F5-1，表F5-1A)。这一发展状况沿承了20世纪90年代中期以来的入学高峰(F2章节)。2005年以来，毕业生中女性比例超过一半(图F5-1，表F5-2web)，在综合性大学女性毕业生在此期间已近六成；在综合性大学开设的语言类、文化类及医学专业中女性毕业生占多数；在工程类专业，女性毕业生较少，仅占四分之一以下(表F5-3web)。近年来剧增的女性入学比例也导致毕业生以女性为主。就业市场必须了解此动态，意识到高端人才市场女性比例高的现状。

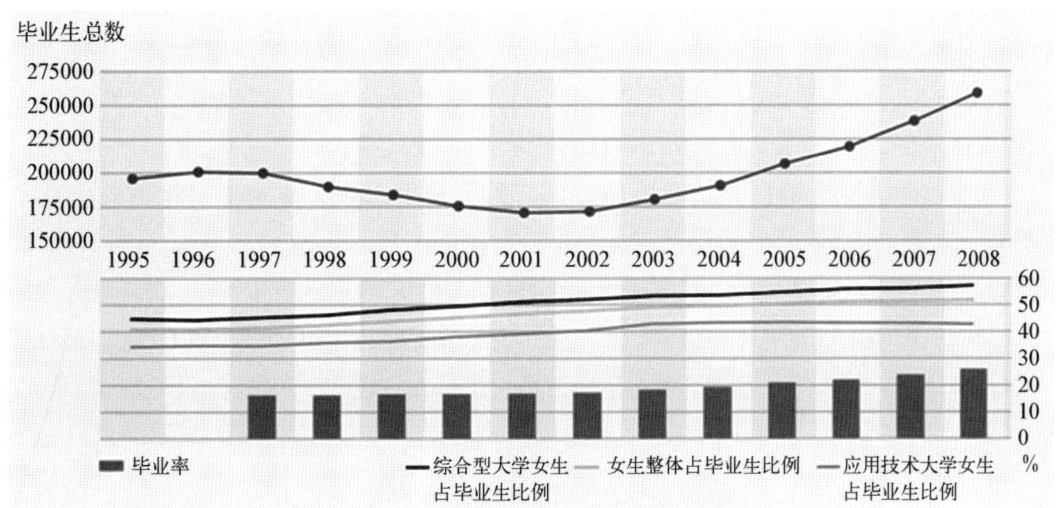

图F5-1 1995年至2008年高等院校获得首个学位人数、毕业率、女生毕业率Ⓜ

来源：联邦及各联邦州统计局；高等院校统计数据库

外国留学生Ⓜ毕业人数略有增加，占高校毕业总人数的6.3%(表F5-4web)，其实他们入学时总人数更多，所占比例一倍还多，达到15%左右(F2章节)。这一差距表明，外国留学生中一大部分或只完成了大学的一个阶段或没能成功完成学业。

2008年15%大学生获得本科毕业文凭

与大学新生基本首选本科专业就读的情况不同，目前大学毕业生所获得的学位依然是旧学位体制的硕士文凭(理工科硕士、文科类硕士以及国家资格考试等)。2008年，仅有15%大学生以本科学历毕业(表F5-1A)。究竟有多少本科生毕业之后旋即攻读硕士学位，尚无相关统计数据。依据针对大学在读生与毕业生的高校调查研究，本科生对硕士学位兴趣很大，本升硕比例不低。在一些较早进行学位改革的大学专业中，本科毕业之后攻读硕士专业课程的比例高达75%。

本科毕业生平均年龄为26岁

本科毕业生立马进入硕士专业学习阶段将影响到大学毕业生的最终毕业年龄。随着学制缩短(F4章节)，现今本科生毕业年龄与20世纪90年代毕业生相比下浮了约2年。当时大学生毕业年龄平均为28岁左右，2008年度本科毕业生年龄为25.8岁(表F5-5web)。硕士毕业生年龄在绝大多数专业都是30岁。毕业生年龄偏高的原因在于，硕士学位还会被视为个人进修或作为第二学历来看待。

从国际横向比较而言,德国平均毕业率为23%(表F5－6web)。从中长期来看,可通过增加入学新生人数以及改进学习效率(降低辍学率)来拉升毕业率。即使世界各国高等教育以及职业培养体制不尽相同、德国入学新生数不断增长,然而德国高校毕业生所占青年人年龄段比例要比其他国家低得多(表F5－7web)。高等教育体制无法解释这一现实。

科研后备军与攻读博士学位

六分之一的应届硕士毕业生继续攻读博士学位

在德国攻读博士学位具有双重性:一方面,企事业单位的领导职务以及高校外的科研骨干有赖于大学机制来培养;另一方面,大学师资力量源自于博士毕业生。博士毕业生身兼二职,既可从事教学工作,又可从事科研活动。自2000年以来,每年博士毕业生稳定在2.3万至2.6万人。这一数据相对硕士毕业生人数而言变动幅度较小。除了医学专业有其特殊性,其他专业硕升博比例Ⓜ约为17%,即六分之一的应届硕士毕业生继续攻读博士学位(表F5－8web)。硕士生是否继续攻读博士学位受家庭教育背景影响很大,父母至少一方拥有高学历,往往其子女更倾向于攻读博士学位(表F5－9web)。

女生读博比例过小

女生攻读博士比例在不断增长,达42%,其实女生占硕士毕业生的比例要更高些(图F5－2,表F5－3web)。特别是在女生为主的学科中(法律学、经济学科、社会科学、语言专业与文化学以及医学),女生读博比例过小,只有在数学、自然学科中,女生攻读博士学位比例与女生占硕士毕业生比例旗鼓相当。博士生毕业年龄从1990年起(表F5－10web)基本保持在33岁,并不比其他国家博士毕业生平均年龄大(表F5－11web)。

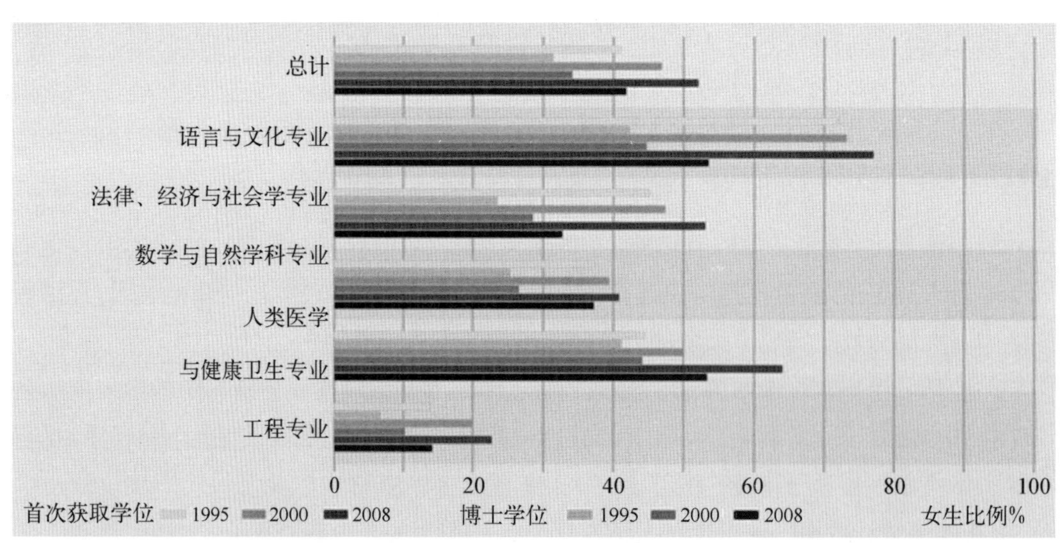

图F5－2 1995年、2000年及2008年女生占获得首次学位或博士学位毕业生比例(单位:%)

来源:联邦及各联邦州统计局;高等院校统计数据库

大学毕业生的地区流动性

德国南部各州吸引大量高校毕业生

受专业及年龄因素的影响(表F5－12web),有三分之一左右的大学毕业生从事公共服务行业工作,高等院校对当地经济发展起着催化剂作用,毕竟有部分高校毕业生留在高校所在地施展才华。德国南部经济发达地区对全德大学毕业生均有很强的吸引力；在德国东部地区毕业的大学生流动性最大；34%的2005届大学毕业生离开了所读高校所在的城市而另赴锦绣前程地。约一半左右大学毕业生在毕业一年后仍然留在高校所在区域（图 F5－3）。

图 F5－3　2005届大学毕业生地区流动性（单位：%）

来源：高等院校信息系统公司，2005年毕业生调查

高校毕业生乐于赶赴人口密集区

有六成左右大学生在人口密集区域就读，仅有5%左右大学生在农村空旷区域学习。大学毕业之后又会出现一波从小城镇及农村区域奔赴人口密集区域Ⓜ的迁移潮。从中长期发展角度来看，仅有约四分之一的大学毕业生在农村空旷区域的大学毕业之后在当地应聘成功（表 F5－13web）。尽管如此，在农村空旷区域设立大学尤具必要性，因为此类区域周边的居民依旧愿意就近读大学（参见 H4.4 章节），此类学生是该地区大学生源的主力军。

国际视野下的德国大学毕业生就业情况

部分大学专业对口率低

当前尚未观察到现今的经济及金融危机对高校毕业生产生负面影响，并未出现毕业后长期寻求工作无果现象或不得已从事非专业对口工作的情况。不仅在德国，而且在欧洲其他国家，失业现象在年轻的高校毕业生中相当罕见；不过学生谋求到的工作是否专业对口，在欧洲各国情况差别不小，只有部分欧洲国家高校毕业生专业对口率Ⓜ能达到80%（表 F5－14web）。

自大学学制缩短以来，尤其是专业大学的毕业生工作对口率是更高些。专业对口率高的专业集中在工程学科及经济专业，这些专业的毕业生在劳动力市场可谓是炙手可热。相反，综合性大学的某些专业修学年限较长，毕业生反而较难找到专业对口的工作，因而这些专业的毕业生工作对口率略低。

Ⓜ概念注释

毕业率： 毕业率为同年龄群体民众之中大学毕业生所占的比例。分别计算出各个年龄段的大学生毕业率，然后再加以合计(比例合计方式)。

等同国内生/留学生： 参见F2章节的概念注释。

硕升博比例： 在计算硕士毕业生就读博士学业的比例时，其样本可分别从以往3年、以往4年、以往5年以及以往6年的数据中采取。

人口密集区域： 按照联邦土木建筑与国土规划局的标准将各区域进行比较时，划分为人口密集区域、城市区域以及农村区域。这三大类型的划分依据是人口密度(每平方公里的居民人口数)以及是否拥有大型或中等规模的核心区域。

专业对口率： 在诸多大学毕业生的民意调查中，例如被调查者在国际REFLEX民意调查Ⓜ中表明，所学专业与所从事的工作是否具有相关性(水平角度的专业对口型)以及所从事的工作是否需要获取高等院校的毕业文凭(垂直角度的专业对口度)。该民意调查将以上两方面综合在一起。

大学毕业生民意调查- REFLEX民意调查： 在2005年的国际REFLEX民意调查中，询问了来自16个国家、毕业于1999/2000学年的大学毕业生。该民意调查延续了20世纪90年代相类似的民意调查(CHEERS)，得到欧盟第六批研究框架项目的资助。德国卡塞尔大学国际高等教育研究中心负责组织德国境内的大学毕业生民意调查。

前景

十多年来，德国高校发生了根本性变革，最重要的就是博洛尼亚进程。值得一提的还包括高等院校组织机构禅变、领导权责的革新与各所高等院校突出强化自我鲜明特色。社会各界期盼高等院校提升能力以不辜负全社会的殷切企盼。本《德国国家教育报告》并不追求包罗万象，但求提纲挈领、点明要义。

在2008及2009年度大学新生人数达到历史峰值(F2章节)。包括外国留学生在内的大学新生入学率在2009年远超40%的预定目标。持续增长的入学需求较少涉及到中学生的入学激情高涨(F1章节)，而主要是由这年龄段的人口高峰及部分联邦州缩短中学学制所造成的(F2章节)。尽管升学率整体上升，但来自无高学历父母家庭的子女对读大学依旧兴趣不大(F1章节)，大量扩大职业培训与高等院校兼容性的措施付诸东流。目前需主要鼓励以下群体进入大学学习：(1)无高学历父母家庭子女；(2)具有移民背景的家庭子女；(3)具有职业经验但无中学毕业文凭的上班族；(4)在工程学科重点扶持女性入学。

虽然教育政策偏向提高大学入学率，但教育政策终究还是主要致力于拉升毕业率。缩短学制、降低辍学率在本科专业已成绩斐然(F4章节)。通过鼓励上班族在职攻读学位，也能有力地增加毕业率。

学位改革的步伐愈加急促，从入学角度而言，改革已经到位(F2章节)。本教育报告引用的民意调查数据已有力地反驳了公众对改革成果的猜测与质疑。诚然，在大学生眼中，改革尚有许多不完美之处有待改进，特别在国际交流方面尚是短板(F3、F4章节)。近几年的专业课程改革的部分措施由于处于试验期，有些是昙花一现，有些可继续沿用。许多改革措施需要实践衡量，不断纠正失误，方可确保改革航向不出偏差。

越来越多的大学生在这几年得以顺利毕业(F5 章节)。从金融、经济危机前的数据来看,由于高校毕业生在劳动力市场上供不应求,因而大学生专业对口率极高。以往对本科毕业生求职困难的担忧似是烟消云散。当然,由于本科升学率很高,所以本科生进入职场还为数不多。社会各界对本科学制与传统学制的争论分歧已转向不同学制的优缺点及其具体的学习模式。

在 H 章将对高等院校未来发展的核心要素一一加以论述。这些核心要素主要指:人口因素对高校的影响、入学需求、高校承载量以及劳动力市场对高校毕业生需求新动向等。

G 成人继续教育和学习

随着经济和社会的不断发展，成人教育正变得日益重要。金融危机影响深远、各个生活领域内专业化程度不断提高、人口和劳动力老龄化加剧，这些发展趋势既影响着整个欧洲，也向成人教育提出了新挑战。因此，继续教育，尤其是该领域中的重点——职业培训，越发成为影响企业和国家经济的国际竞争力的重要因素。同时，对个人的职业发展以及个人在就业市场上的竞争力也影响深远。

有鉴于此，本《德国国家教育报告》旨在突出三大重点：

其一，详细分析参加继续教育学员的年龄结构，在培训内容上重点考虑 50 岁以上的学员、做到培训内容和社会结构特征相结合（G1 - G3 章节）；

其二，对各国参加继续教育的学员的学业表现和培训内容进行比较，兼顾学员个人的培训表现（G1 章节）和企业提供的培训内容（G3 章节）；

其三，根据不同主题，对培训内容进行分类，这一分类也涵盖对职业学习和通识学习之间的区分（尤其在 G1 和 G2 章节）。

《德国国家教育报告（2008）》里只提供了某一时期德国企业培训的数据，未包含 2009 年有关参加继续教育的学员与培训内容的信息。此外，自 2003 年起相对稳定的参加继续教育的学员人数，与 1994 年的人数相比，究竟是稳定、增长还是出现了新的下滑，这一点尚不清楚。然而这并不重要，因为不论是当前经济危机对参加继续教育的学员人数和培训内容所产生的影响还是对人口变化的潜在反应，人们都无法加以评测。这对于一份强调时效性的报告而言，是一个不小的遗憾。在职业培训带来的收益中，经济危机的影响有了最客观的考量（G4 章节）。

报告中的最新数据来自两项国际调查：继续职业培训调查（CVTS 3）和 2007 年度欧洲成人教育调查（AES）。这两份调查主要从国际比较的角度深入分析了参加继续教育的学员的行为和培训课程，并介绍了各类组织、在海内外提供继续教育培训的机构。根据迄今为止的培训调查经验，短期来看参训学员本身和培训机构所提供的课程在结构上并不会发生充分的转变，而对二者的深入分析将为厘清现今教育发展中的问题做出贡献。

G1 继续教育的参与情况

以下是关于继续教育所带来的个人和社会影响因素的不同观点，是以 2007 年度《成人教育调查》(AES)Ⓜ所提供的与德国有关的数据为基础的。本教育报告按照新划分的主要培训领域对这些观点进行分类并加以罗列。在专业领域中饱受诟病的通识培训和职业培训之间的对立,可以由"与职业相关的/与职业无关的继续教育"Ⓜ去替代"从个人收益角度来考虑的继续教育"。"与职业相关的继续教育"还可分为"与企业职业相关的"和"与个人职业相关的",须放到非企业的背景下加以理解。

参加继续教育:根据性别、年龄和教育分类

50岁以上人群较少参加继续教育,尤其体现在与职业相关的培训方面

在人口变化和职业生涯可能延长的背景下,对成年人口的分类调查就显得尤为重要,特别是在职业教育领域。根据2007年度欧洲成人教育调查针对德国的调查数据,88%的继续教育都和职业培训有关。和50岁以下的受访者群体相比,50–65岁的人群参加继续教育的比例呈明显下降趋势,减少了15个百分点(图G1–1,表G1–1A)。这一相对较低的培训参与率主要是与企业培训的状况有关:不论是针对男性员工还是女性员工,企业培训都大幅减少。减少比例最小的是与职业无关的继续教育,其原因可能是这一部分人群维持了继续学习的兴趣。

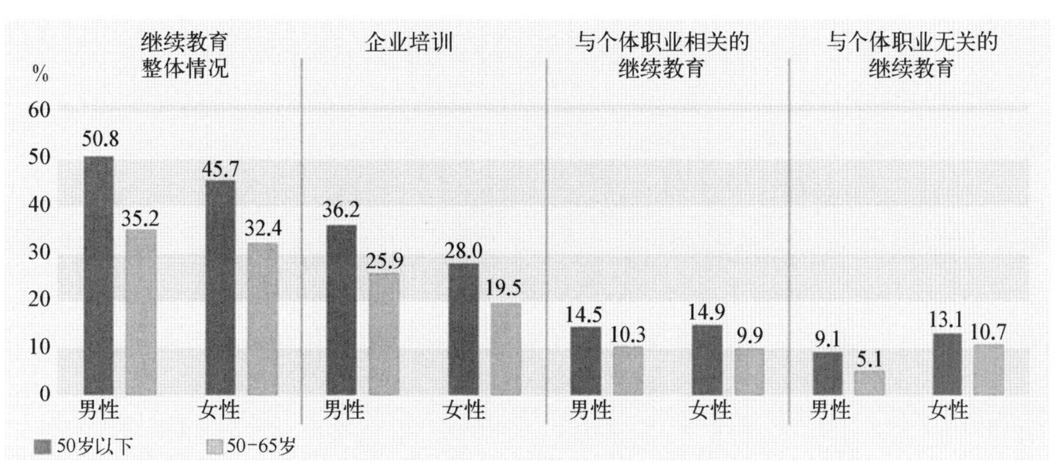

图G1–1 根据类型、年龄、性别统计的2007年继续教育的入学率*(单位:%)

* 可能存在重复统计情况

来源:TNS Infratest社会调查研究所,2007年成人教育调查,德国境内问卷调查,自行统计

女性参加企业培训的比例较低

和个人参加职业和非职业继续教育的情况相反,女性参加企业各阶段培训的比例要明显低于男性。教育程度较低的女性,参加继续教育的比例最小,不到同等教育程度男性培训者数量的一半(表G1–1A)。与非企业培训形式相比较,女性参加企业培训的比例较低,更多是由于企业提供的培训内容对女性需求的忽视,而不是女性个人行为使然。这种忽视产生的原因,可能是由于经营模式,也可能是由于企业本身或女性劳动者对从业领域的依赖。

参加继续教育:根据主题和领域分类

"自然科学、技术、计算机"领域和"经济、就业、法律"领域是继续教育的主题领域

显而易见的是,"自然科学、技术、计算机"(约40%)和"经济、就业、法律"这两个主题领域Ⓜ在所有三大培训类型中占有一个很高的比重,这一点表现出一种超越个人动机和领域

的重要性(图 G1－2,表 G1－2A)。“语言、文化、政治”领域也占据了较高比重,其重要性在企业培训中下降至 20%以下。“健康、健身”领域依然在所有培训内容中占据了较高比重。经济形势较好时期,在一系列职业咨询文献中,“社会能力”和教育问题一直是公众讨论的热点话题。而人们对于“教育学和社会能力”领域的继续学习则兴趣不大。不可忽视的一个趋势是,核心领域在所有的继续培训中都占据着一个较高比例。

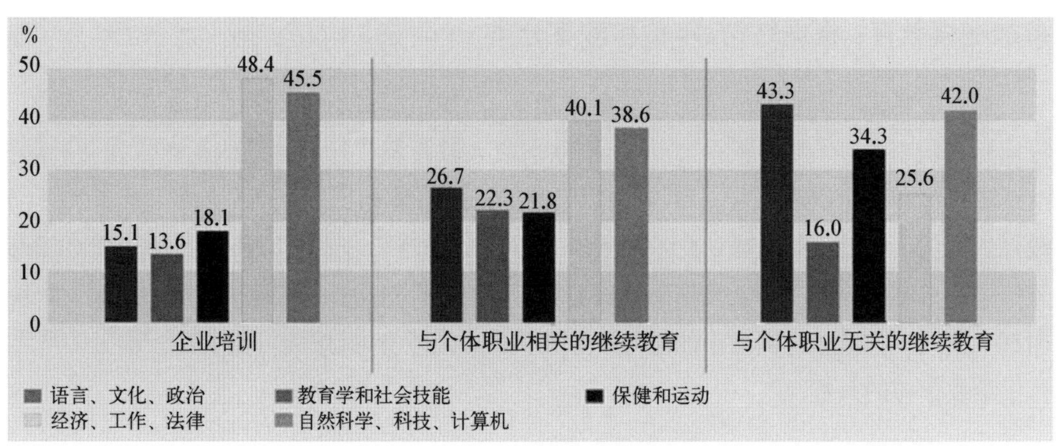

图 G1－2 根据类型和学习主题统计的 2007 年继续教育的入学率*(单位:%)

* 可能存在重复统计情况

来源:TNS Infratest 社会调查研究所,2007 年成人教育调查,德国境内问卷调查,自行统计

与此相对的是培训领域里呈现出的显著性别差异。“语言、文化、政治”和“教育学、社会能力”和“健康、健身”领域都清一色由女性主导,而男性则主宰着“经济、就业、法律”和“自然、技术、计算机”领域(表 G1－3A)。年龄在 50－64 岁之间的参加继续教育的学员更关注“语言、文化、政治”、“教育学、社会能力”和“经济、就业、法律”领域(表 G1－3A)。

参加培训的国际比较

从国际比较视野Ⓜ来看,15 个欧盟抽样成员国中,德国不论是按照培训参与率还是按照平均参训时间来算,都处在中等偏上的位置(图 G1－4web,表 G1－4A)。瑞典则凭借近 70%的参与率占据榜首。所有抽样国家中,西班牙和法国占据末位,其培训参与率还不及瑞典的一半。

欧洲各国 50 岁以上人群参加继续教育的比例几乎都低

因为所有的西欧国家都面临着相似的人口挑战,因此这项国际比较就尤其注重不同年龄群体参加继续教育的比例。如果按照年龄段比较各国的继续教育参与率,所有的抽样国家都呈现出相似的趋势。但各国参加继续教育的学员总数各不相同,而且各国的大龄人群的继续教育参与率呈现出较大差异。调查表明,参加继续教育的主要人群不是年轻人(西班牙、法国、荷兰)就是中年人(奥地利、德国、瑞典)。这两个年龄群体所呈现的差异相对较小(图 G1－3,表 G1－5A)。瑞典是个例外,50 岁以上人群参加继续教育的比例达到 64%,和年轻人和中年人群体相比,老年人的参与率明显下降。可见继续教育在克服老龄化社会的问题上作用很大,可多数西欧国家还没有对自己的未来做足准备。

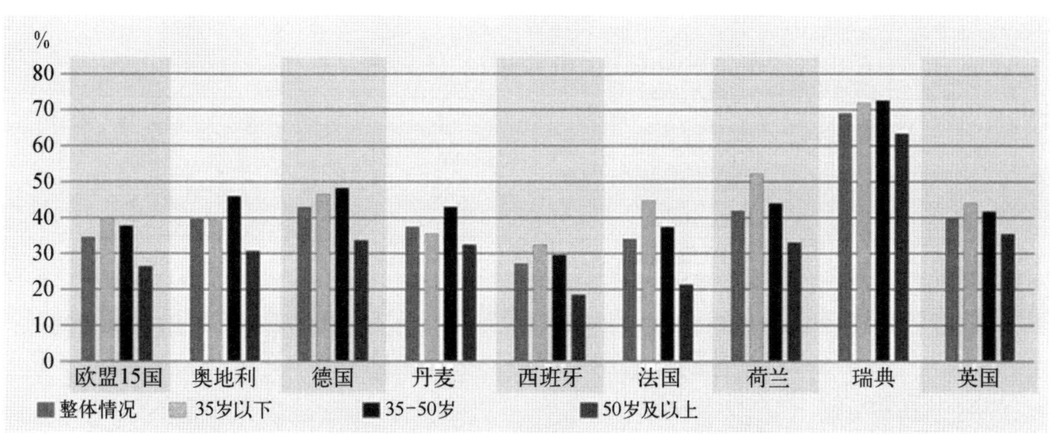

图 G1－3 根据所选欧盟国家*和年龄段统计的 2007 年继续教育的入学率(单位：%)

* 欧盟 15 国不包括卢森堡与爱尔兰；法国数据为临时性数据

来源：欧洲统计局，2007 年成人教育调查，自行统计

Ⓜ概念注释

AES：欧洲成人教育调查(AES)是一项针对个体家庭中 25－64 岁成员关于终身学习的调查，从 2005－2008 年(2007 年为参考年份)在 29 个国家里进行。和欧洲成人教育调查不同，德国的成人教育调查涵盖了 19－64 岁的家庭成员以及有关继续教育类型的其他数据(见下文)。在这项指标中，根据继续教育活动的参加程度("非正式教育")记录了过去 12 个月的继续教育活动。其中包含的继续教育的方式有：课程班、讲习班、研讨班、讨论会、私人及远程课程和个人课程/工作场所的训练("工作训练指导")。

与职业相关的和与职业无关的继续教育(继续教育类型)：德国版的成人教育调查对继续教育的类型进行了区分。当参加继续教育的动机主要是由职业兴趣驱动时，这项继续教育就是和职业相关。企业培训在这里是一种特殊的与职业相关的继续教育，由雇主提供资金或组织支持。调查中包含多项选择可能性。

主题领域：在欧洲成人教育调查中包含了继续教育活动的主题，并且根据国际教育标准进行分类。TNS 基础测试的标准根据五大主题类型("语言、文化、政治"，"教育学和社会能力"，"医疗和体育"，"经济、工作、法律"，"自然、技术、计算机")进行阐述。

国际比较视野：涉及欧盟 15 国(不包含卢森堡和爱尔兰)，为了对发展程度相近的社会进行比较，因此未涵盖欧盟 25 国。

G2 参加继续教育的社会政策

在分析个别特征之后(G1 章节)，需要探讨的是关于继续教育的社会政策。如何根据内容和复杂的社会政策(多种社会特征的结合)去描述继续教育？本书的目标：在考量继续教育内容的同时，继续突出继续教育所为人熟知的社会选择性。对此，分组抽样Ⓜ有助于根据参训者的动机/目标、培训活动的强度以及复杂社群中的特征来对参与继续教育活动的人(非学历教育)进行分类。根据继续教育的强度可以分为三类，根据社会特征分为六大彼此各异的群体(图 G2－1，表 G2－1A)：

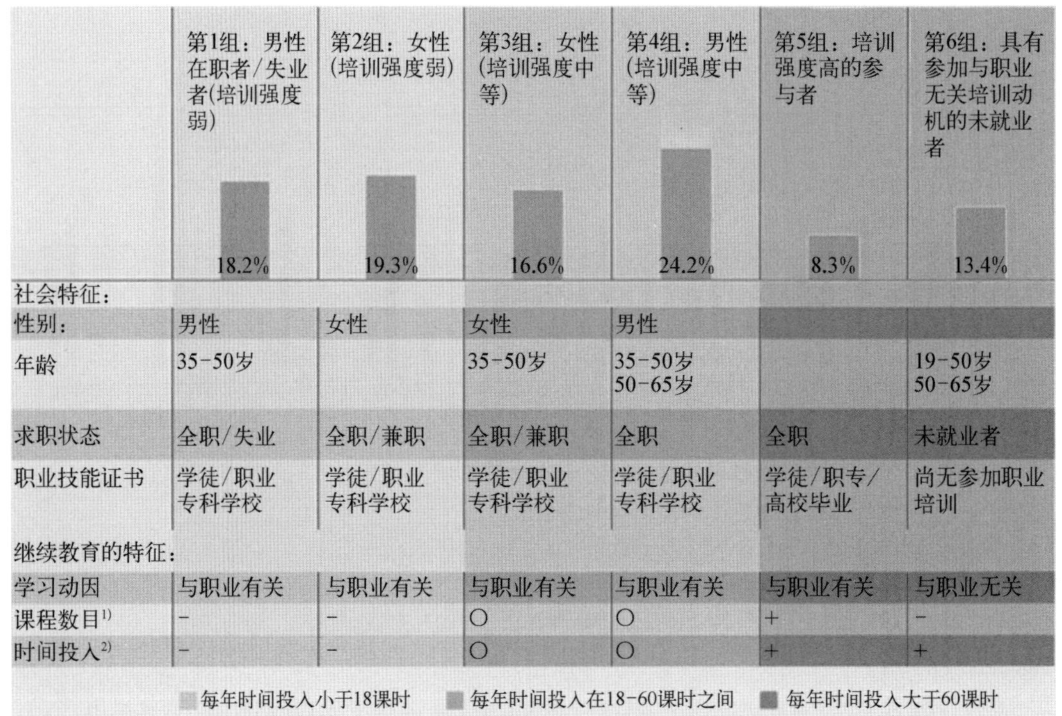

	第1组：男性在职者/失业者(培训强度弱)	第2组：女性(培训强度弱)	第3组：女性(培训强度中等)	第4组：男性(培训强度中等)	第5组：培训强度高的参与者	第6组：具有参加与职业无关培训动机的未就业者
	18.2%	19.3%	16.6%	24.2%	8.3%	13.4%
社会特征：						
性别：	男性	女性	女性	男性		
年龄	35-50岁		35-50岁	35-50岁 50-65岁		19-50岁 50-65岁
求职状态	全职/失业	全职/兼职	全职/兼职	全职	全职	未就业者
职业技能证书	学徒/职业专科学校	学徒/职业专科学校	学徒/职业专科学校	学徒/职业专科学校	学徒/职专/高校毕业	尚无参加职业培训
继续教育的特征：						
学习动因	与职业有关	与职业有关	与职业有关	与职业有关	与职业有关	与职业无关
课程数目[1]	-	-	○	○	+	-
时间投入[2]	-	-	○	○	+	+

图 G2-1　接受继续教育人群的核心特征概览(群组)

1) 课程数目(每年)：- =1 个课程;○=2-3 个课程，+ =超过 3 个课程

2) 时间投入(每年课时数)：- = 小于 18 课时,○=18-60 课时，+ =60 课时及 60 课时以上

来源：TNS Infratest 社会调查研究所,2007 年成人教育调查,德国境内问卷调查,自行统计

学习强度较弱的分组

从性别及教育程度来看，继续教育学习强度迥异

对于两个分组(小组 1 和小组 2)的参与者而言,他们只修读一门课程,并且半数以上的人年均学习时间少于 18 小时(图 G2-1,表 G2-1A),且都是职业培训。两个群体成员的平均教育水平略低于其他分组。具有移民背景Ⓜ的成员比例要明显高于其他小组(小组 6 例外,表 G2-2A)。

第一组几乎只包含男性成员,主要是中年男性(53%),这些男性不是全职,就是失业。只有在这第一个群体中失业者比例较大(五分之一),半数以上拥有中等学历,六分之一没有学历。

在第二组里,全是女性,年龄在 35-50 岁之间,多数人是全职劳动者,超过三分之一的人做兼职,且绝大多数人拥有中等学历。

培训强度中等的小组

这两个小组(小组 3 和小组 4)所包含的成员,80%-90%的人都修读了 2-3 门课程,投入时间也属中等(18-60 个小时)(图 G2-1,表 G2-1A)。两组成员大多拥有中等学历。

这一小组全是女性,其中包含了年轻的、中年的全职和非全职女性劳动力。即便培训活动主要是和职业技能有关,但和男性相比,女性修读和职业技能无关的培训课程的比例仍要高出许多。

在这一男性小组里，全职男性劳动力的平均年龄要比全职女性劳动力的平均年龄更高（小组3）。这一小组的继续教育内容几乎完全和职业技能相关。

培训强度高的小组

属于这一分类的第一组（小组5）的成员，修读了4－5门课程，且年学习时间超过60小时。第二组（小组6）虽然修读课程较少，但投入时间更多（图G2－1，表G2－1A）。这两个组人员构成的共同点是：要么拥有较高的学历（小组5），要么正在修读更高一级的学位（小组6）。

5. 从参加培训的目标来看，职业技能培训课程和非职业技能培训课程的参加比率是3∶1。该组是6个小组中人数最少的一组，男性成员占三分之二，女性成员占三分之一，涵盖所有年龄层次。几乎所有成员都拥有全职工作、拥有大学文凭或学徒证书。

6. 第六组是唯一一个不涉及职业技能内容的分组。和其他组相比，该组在年龄分布上并不典型。四分之三的成员是年轻人，四分之一的成员属于年纪最长的群体。同时有四分之三的成员是未就业人员，从未有过工作经验或接受过培训。由此可以推测，这些继续教育主要是对技能培训和大学教育的一个非专业性补充。较为突出的是，在所有群体中，具有移民背景的人占据了最大比重（表G2－2A）。

继续教育主要是对技能培训和大学教育的一个非专业性补充

参加继续教育人员的领域依赖性主要反映在就业中与性别有关的分工形式上。两个男性小组都把他们的工作重心放在工商业上，而两个女性小组成员则集中在“教育、培训”和“医疗、社会服务”以及贸易、一小部分工商业领域内（表G2－3A）。参加继续教育强度最高的小组（小组5），50%的成员从事公共服务事业，如教育业、医疗业、社会服务业或政府机构。这些领域的从业者都有大学学历，而这个群体之所以需要不断学习，很大程度上是因为他们的工作需要不断学习和资质证明。

继续教育强度最高的成员主要从事公共服务事业

接受继续教育群体的主题领域

“主题领域Ⓜ”首先反映了学习强度的分级，内容如下：

学习强度最高的小组（小组5）所学习的主题最为多样（表G2－4A）。虽然在这一组中，职业技能依然是占主导地位的主题，但选修通识类课程的也占到三分之一强。显然，这一组中的多数学员都试图在继续教育中满足相对更为广泛的学习兴趣。学习强度第二高的小组（小组6）证实了一个猜想，即该群体感兴趣的学习内容依然与职业技能相关，以此作为企业培训的补充。因此，这两个小组里的学员特别偏爱“语言、文化、政治”和“自然、技术、计算机”的相关内容。

继续教育的强度与广度与所感兴趣的学习内容相契合

- 学习强度中等的两个小组（小组3和小组4）在学习内容上虽然表现出不同的侧重，但学习动机都是出于和职业技能有关的进修兴趣。在小组的男性学员中，主要的学习内容是：“经济、法律、就业”和“自然、技术、计算机”。而小组内女性成员的学习内容则略有不同，除上述两个男性最感兴趣的主题之外，她们还选修——甚至在这方面花时间最多——“健康、健身”方面的课程：这也会对职场产生助益，因为这一组中的多数女

继续教育强度中等群体中，女性相比男性具有更广泛的学习领域

性都试图进入健康或社会服务以及教育培训领域(表 G2－3A)。此外,和男性学员相比,选择修读通识类课程的女性学员比例更高。

继续教育强度低的群体几乎只侧重职业技能主题

➢ 学习强度最低的两个小组——再次按照学员的性别划分——小组 1 和小组 2,表现出的特征有:他们感兴趣的学习领域狭窄且相似,他们感兴趣的学习内容都是侧重职业技能类的,如“经济、就业、法律”和“自然、科技、计算机”,只有十分之一的人提到过通识类的学习内容。

Ⓜ概念注释

分组抽样: 根据一些筛选数据的相似性将其分类的统计流程。这项分析根据继续教育行为的相似度(课程选择、时间花费、职业以及个人动机)和一些社会特征(年龄、性别、求职状态和职业证书)把继续教育的学习者进行分组。最终所有参加者被分到相对同质的小组内,这些小组彼此之间又尽可能的有所区别。在这个指标中,构成小组的变量的中间值是继续分析已找出的六个小组的基础。

移民背景: 在这里,移民背景根据数据的状况与词汇表中的定义有所不同。对于具有移民背景的人而言,重要的是,不具有德国国籍、在另一个国家出生或者母语不是德语。

主题领域: 参见 G1 的概念注释。

G3 企业提供的继续教育机会

企业是承担职业培训的最重要载体

在大多数当代发达国家,企业是承担职业培训的最重要载体。企业之所以拥有如此重要的地位,是因为在企业内部技术进步直接转化到了商品市场,并在生产过程中催生新的技能要求。

企业提供的职业培训具有双重特征:一方面,这是企业为了满足明确的、符合市场期待的技能需求而做出的战略选择;另一方面,为劳动者提供了巩固业务能力和提升职业发展的机会。以下将根据欧洲职业继续教育调查(CVTSⓂ)和 IAB(就业市场与职业研究所)企业调查Ⓜ,从以上两个角度对这一指标进行说明。

影响企业培训的因素

企业培训活动深受企业的盈利状况、革新举措、出口贸易以及运营结构的影响

企业的结构特征(企业规模是造成企业培训差异的最重要特征)对企业培训活动的影响表现出如下关联:

企业的盈利状况Ⓜ:和收支平衡企业、亏损企业相比,收益好(或是很好)的企业提供培训的频率更高。这一长期以来都表现很稳定的关联对于中小型企业体现得尤为明显,而大型企业则日益趋同(表 G3－1A)。

革新举措Ⓜ:不论企业规模大小,创新型企业在组织培训活动上要比非创新型企业更加活跃。这一数年来都表现稳定的模式在中小型企业上表现得更明显(表 G3－2A)。在大型企业中,创新型企业员工参加培训的比例要高于非创新型企业中员工参加培训的比例(图 G3－7web)。

参与国际竞争的企业，海外销售规模越大，提供员工培训就越积极，培训规模因企业规模而异(图 G3－6web，表 G3－3A)。

最后，企业的运营结构也影响着培训活动。只有少数员工(低于 30%)从事单一重复工作的企业，要比多数员工(大于 30%)都从事简单重复工作的企业提供更多的培训机会：这在所有行业几乎都是如此(信贷和保险业除外)(图 G3－4A)。

调查结果表明，由于劳动者所在的企业类型各异，劳动者在接受职业培训的机会上的不平等令人担忧。哪些企业会提供更丰富的培训机会？了解这类企业所具备的基本特征，有助于鉴定哪些领域是培训机会很少的、危害劳动者个人长期职业能力发展的；有助于推动制订新的政策，为劳动者群体，尤其是那些没有培训机会的劳动者，创造更丰富的企业培训机会。从激发经济领域内劳动力市场的流动性角度来看，这样的培训也具有很高的经济意义。

在企业培训政策上兼顾女性和老年劳动者

女性雇员参加培训比例低

首先值得注意的是，参加企业提供的培训的女性员工要比男性员工少得多(图 G3－1，表 G3－4A)。不仅小企业(指有 10－49 名雇员的企业)，几乎所有企业都是如此。对于女性员工占多数的行业，如零售业和服务业，情况也是一样。只有信贷和保险行业的女性雇

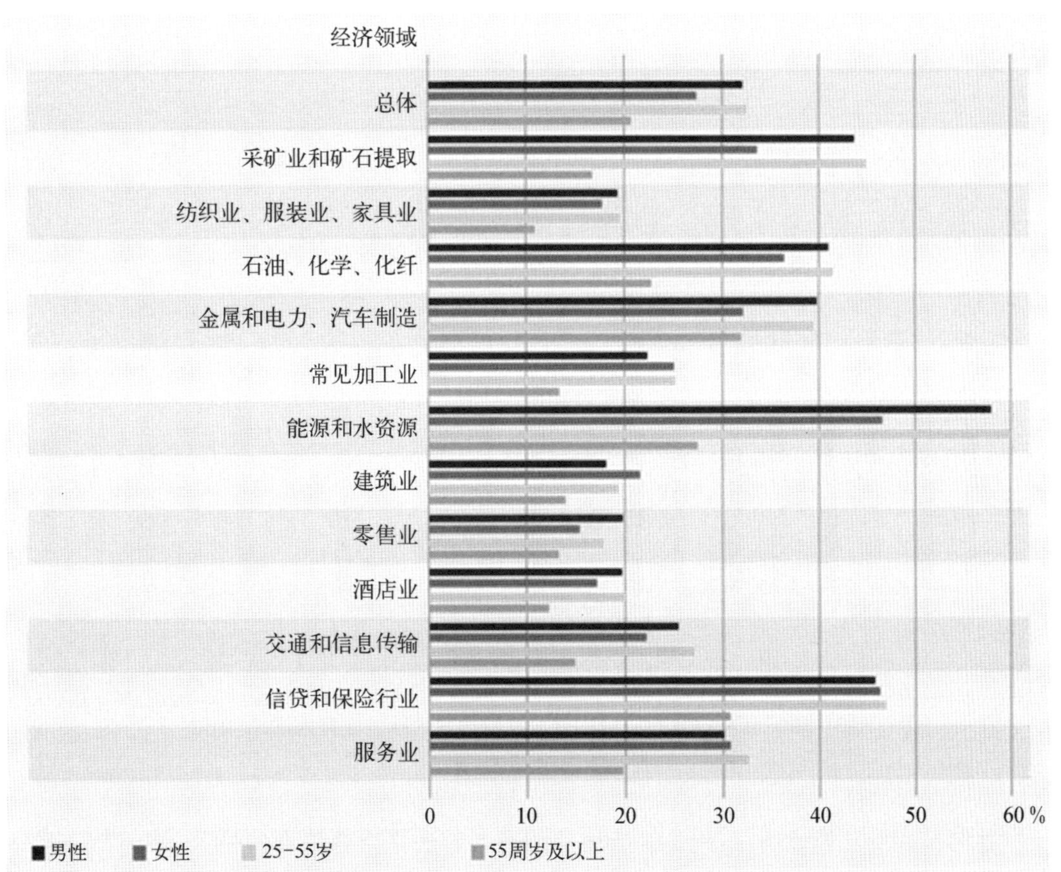

图 G3－1　2005 年根据行业、性别和年龄统计的继续教育课程的入学率(单位：%)

来源：联邦及各州统计局，2005 年《欧洲职业继续教育调查》

员,她们参加继续学习的比例和男性雇员参加继续学习的比例相比差距较小(46.3%-45.8%,表 G3-4A,表 G3-8web)。

企业培训策略普遍忽视大龄劳动者

通过扩大调查劳动力的年龄段,将大龄劳动者群体纳入到考察范围就可得知,人口变化究竟在企业的培训策略中得到了何种程度的反映。结果表明,不同规模的企业和几乎所有行业中年龄最大的人群(55 岁以上)参加企业培训的比例要比其他年龄群体低得多(图 G3-1,表 G3-4A)。这个结果并不出人意料,两大年龄群体(55 岁以上和 55 岁以下)参加培训比例之间较大的差距也表明,在企业的培训策略中对 55 岁以上的劳动者群体较少予以关注。

欧洲范围内企业培训之比较

德国企业大龄员工的培训率位居欧洲末位

国际范围内的比较表明,对于大龄劳动力继续教育的关注不够并非必然。关注不够的原因并不是潜在的学习限制。在所有参加比较的 9 个欧洲国家中,德国和奥地利的大龄员工参加企业培训的比例最低,也低于欧盟 15 国的水平(图 G3-2,表 G3-5A)。尤其和斯堪的纳维亚半岛的北欧三国相比,不同国家的企业培训策略呈现出明显差异:这三国大龄员工参加企业培训的人数要比德国的多一半,和主要劳动力群体参加培训比例的差距虽然存在,但是要小很多。从行业类别的角度来看也证明了这一点:北欧三国大龄员工参加企业培训的比例较高,唯一的例外是瑞典的服务业、信贷和保险行业(表 G3-9web)。

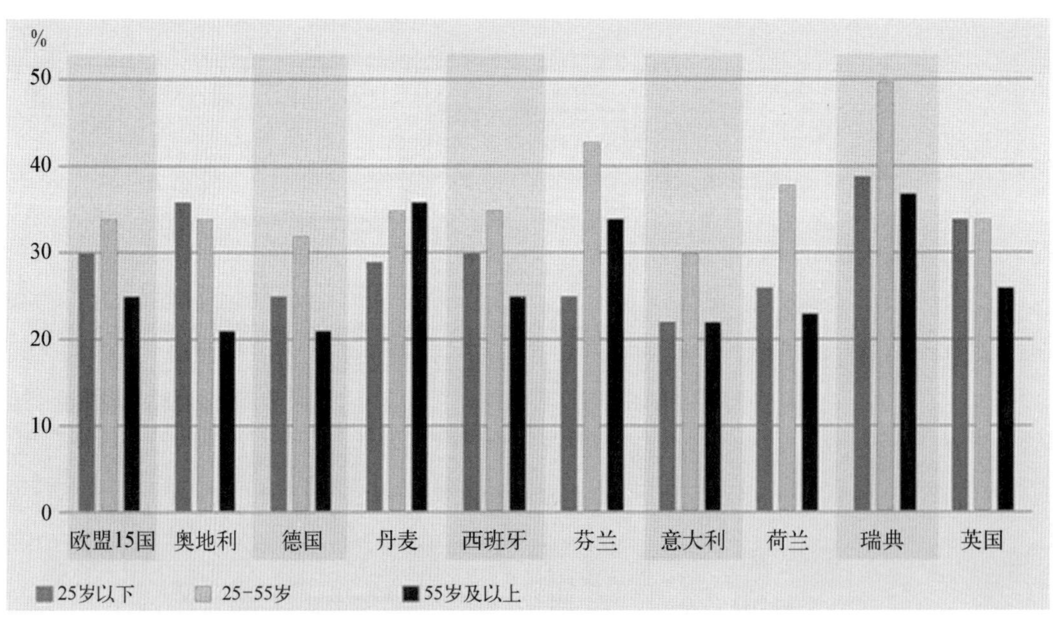

图 G3-2 2005 年根据年龄统计的部分欧盟国家的继续教育入学率(单位:%)

来源:欧洲统计局,2005 年《欧洲职业继续教育调查》

国际范围的比较表明,不论是企业培训的参与率还是企业培训的强度,德国都排名靠后。和考察的欧盟 15 国一样,在 1999-2005 年间,德国企业培训的参与率在降低。减少最明显的是那些 1999 年数值很高的国家:瑞典、丹麦、芬兰和英国。这些国家的数据虽有所下降(英国除外),但2005年的员工参与培训率和员工的继续学习时间依然高于德国、奥地利、意大利和西班牙(图G3-3,表G3-6A)。

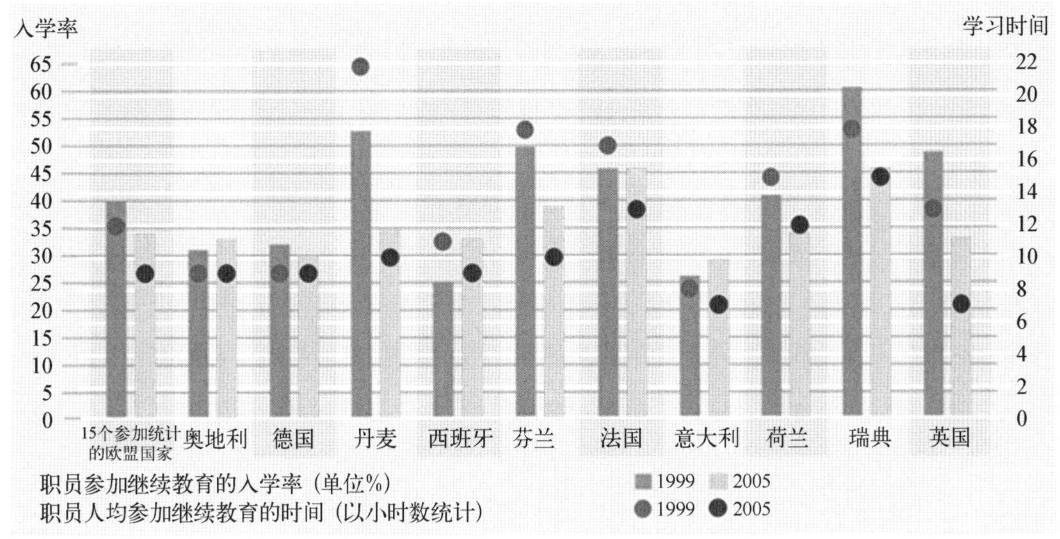

图G3-3 部分欧盟国家从1999-2005年劳动者的人均继续教育时长

来源:欧洲统计局,《欧洲职业继续教育调查》

这些国家间的差异为何会产生?究竟是和企业结构的特征有关还是和政府在就业市场上的一贯政策与调节有关,很难给出明确答案。中小型企业明显不同的培训举措显然发挥了重要作用:2005年,企业培训率较高的国家内中小型企业提供的培训要比企业培训率低国家内中小型企业所提供的培训多得多(图G3-5A)。

国家就业政策因素可解释各国差异

一些观点认为,企业外部因素,如就业市场的政策调节或文化传统,在影响企业培训上起着更大作用。将企业培训更多地纳入到国家政策中去考虑(如北欧三国),通过基金为继续教育提供资助(如法国),有助于解释国与国之间继续教育参与率为何不同。

Ⓜ概念注释

CVTS:"欧洲职业继续教育调查"(Continuing Vocational Training Survey, CVTS2 2000和CVTS3 2005)调查了经济领域中C到K以及欧洲共同体经济数据统计系统1.1修订版中0级中拥有10名以上雇员的企业。在欧洲层面有27个欧盟成员国和挪威的2005年的调查结果。"欧洲职业继续教育调查"所有的继续教育活动中,涉及预先计划、安排的课程,完全或部分由企业资助。这项指标说明的是以课程以及讨论课的形式进行的非常规继续教育的教学活动。这里涵盖了企业所有签订劳动合同的雇员,未包括培训生和实习生。教学活动的支出包含直接花费(例如外聘讲师、游学、手续费或者杂费)和非直接花费(人力误工费用)。

IAB(就业市场与职业研究所)企业调查: 就业市场与职业研究所的企业调查是一项具有代表性的雇主调查,该调查受联邦劳动部委托,每年询问大约1.6万家企业。其中继续教育资源涉及外部以及内部课程、授课和研讨,这些资源供雇员自由选择,而且学习费用完全或者部分由企业支付。调查时间是调查年度的上半年。由于不同的调查方法以及对继续教育存在不同的定义,"欧洲职业继续教育调查"(CVTS)和就业市场与职业研究所(IAB)企业调查的结果并不具有直接可比性。

盈利状况: 参见E3的概念注释。

革新举措: 参见E3的概念注释。

G4 继续教育的收效

没有明确指标可证实参加继续教育的收益

与基础教育以及高等教育相比,继续教育收益的测算与证实要困难得多。原因是多方面的：部分是由于参加继续教育者个人的动机不一,较少注意收益的类型;部分是由于培训的时间安排与内容设置(以及收费)。继续教育难以提供明确可见的收益情况,并使其处境得以改善(如收入增加、职位提升、工作或生活条件改善等)。所以,不论是个人进修还是企业培训,都没有明确的证据能够证明收益大小。为了推动职业技能培训,联邦劳动部(BA)实施了一个项目,叫"继续教育助推项目"(FbW)Ⓜ。而正因为上述困难,近期的两份《德国国家教育报告》都无法针对这个项目提出一种明确的、量化的继续教育类型。接下来将首先介绍参加继续教育的总体框架,了解其在"成人教育调查"(AES)中的表现趋势。还会介绍联邦劳动部制定的一系列措施对就业市场产生的影响。

除了对继续教育收益进行的主观评价(这种评价因其有限的合法性导致在后续章节中无法继续展开),"成人教育调查"还调查了获得公开认可证书Ⓜ的客观标准。证书并不能证明培训的收获,它甚至不是一种硬性的质量标准,因为一项培训的质量恰恰体现在无功利的教育动机之中,尤其是在非职业技能类培训上。在继续学习的人群中,有超过五分之四的人(G1 章节)参加的是职业技能培训,这样一来,证书就成为就业市场上有关技能或者效率的指标,凭借证书,参加培训的学员将会获得提升自身就业条件的机会。

只有一部分的继续教育培训提供证书

参加继续教育的学员只有一半的人能够在学业结束时获得权威机构颁发的结业证书。在各类毕业证书中,能够说明学习者参与课程并掌握相应技能的学时证明占三分之二(图 G4 - 1,表 G4 - 1A);获得具有更高公信力的证书的学员占三分之一。一些实习可以开具培训经历证明,很大程度上折射出提供继续教育的机构灵活性。它们更多地迎合了一些特殊专业的需求,这也被认作是继续教育的优势。但这个优势必须仔细经过审慎的考量,以考察它和学习者的需求到底有多大的契合度。

非职业类培训颁发的证书最多,企业培训颁发的证书最少

在众多继续教育类型Ⓜ里,企业培训很少颁发证书。而大多数职业类培训都会颁发证书,并且是在全国范围内得到认可的证书,例如高中提供的语言课程证书(图 G4 - 1,表 G4 - 2A)。学徒或失业者所参加的继续教育课程里,有 50%的课程颁发证书(表 G4 - 2A)。在第一种情况(学徒)里,学员把继续教育类课程当作是对整个学徒学习阶段的补充。在第二种情况(失业者)里,由于政府实行的促进继续教育的措施中要求参与者获得证书,因此很多人报名参加学习。行业差异在这里只起到次要作用(表 G4 - 7web)。

政府推进职业培训的成功举措

缩短培训时长的同时,联邦劳动部所提供的培训项目数量得以增加

联邦劳动部实施的继续教育助推项目(FbW),根据其时长,分为三种：小于 6 个月的、6 个月至 12 个月之间的、超过 12 个月的。从这条时间轴可以看出,2000 - 2005 年间,政府资助的培训项目在上世纪下半叶经历了一次骤减之后(缩减了 75%),2009 年又再次回升到了 2000 年的水平(表 G4 - 3A)。另一方面也可以清楚地看出,这些项目数量的再次增加

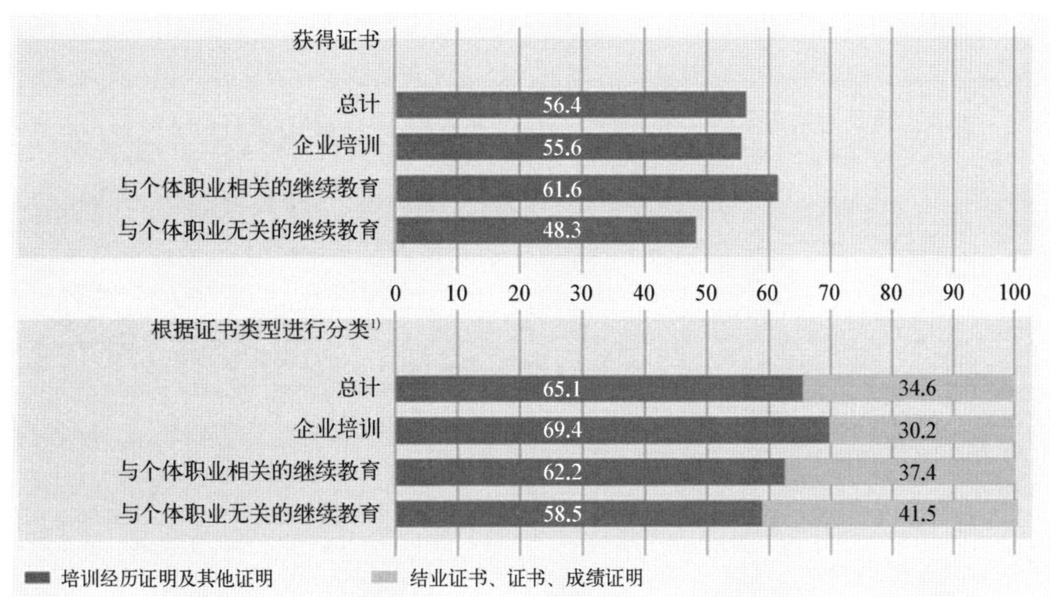

图 G4－1　2007 年根据继续教育类型统计的继续教育的证书种类(单位：%)

1) 100%缺失数值：无说明

来源：TNS Infratest 社会调查研究所，2007 年成人教育调查，德国境内问卷调查，自行统计

是在 2000 年后政策重点转向短期培训的背景下实现的(图 G4－2)。在过去 10 年中，短期培训项目(不到 6 个月)的数量多了一倍，比例达到所有培训项目的 80%；而长期项目(超过 12 个月)则从 16%减少到 8%，中等时长的项目数量从 25%减少到了 12%。

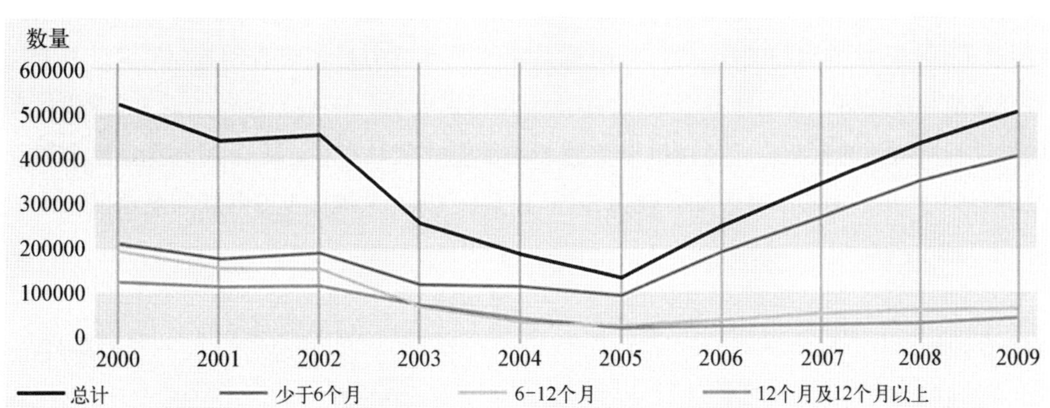

图 G4－2　2000－2009 年根据学习时长统计的促进职业培训的学员入学数量

来源：联邦劳动部，促进单位统计数据，自行统计

我们可以把这一政策上的转变，当作是一种为了适应短期就业市场日益增长的需要和职业转型的对策。如此应对，不仅是为了节约开支，更是为了适应就业市场的新要求。在这类就业市场中，职业流动性很高。而且职业技能结构的变化趋势也变得越来越不明晰。

下文将根据培训结束后 1 个月和 6 个月的求职状态(待业状态Ⓜ)来描述继续教育的成果。即便求职状态这一指标只反映出就业市场的一个特征，而且掩盖了新技能的所有特征和性质，但对于接受继续教育的学员而言依然很关键。

变化曲线在两个时间点上展示出一种相似的结构，但是在待业率上呈现出了不同水平：2008年和2009年，结束培训后1个月的失业率超过50%，明显高于结束培训后6个月的失业率。这一现象的部分原因可以归为正在经历过渡期或正在找工作。但也有大约三分之一的学员在学习结束后的6个月依然处于失业状态(图G4－3，表G4－4A)。

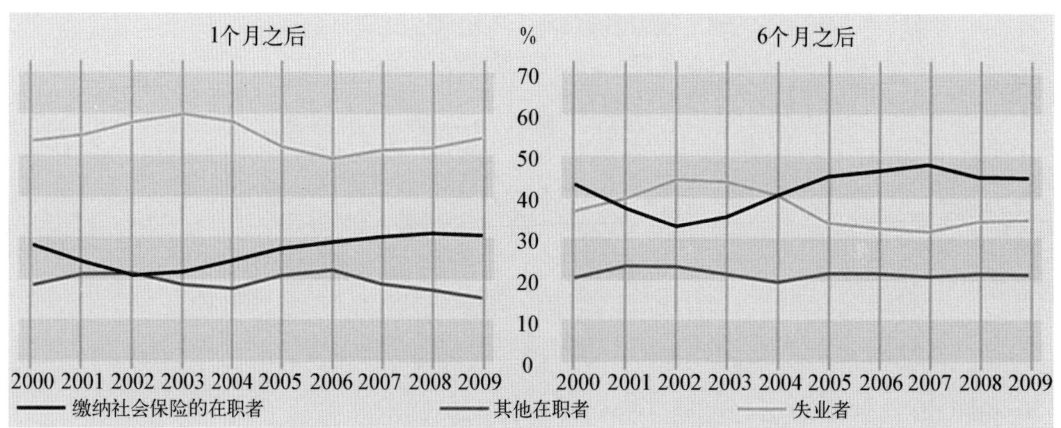

图G4－3 2000－2009年参与继续教育促进措施1－6月之后的人员去向*(单位：%)

＊ 2009年度仅包含1月至9月的数据；由于已修订更新数据，因而相较以往的《德国国家教育报告》内的数据存在细微差异
来源：联邦劳动部，促进单位统计数据，自行统计

对于新联邦州地区的劳动者、妇女和大龄劳动者而言，求职成功率更低

在过去两年里，结束学习6个月后被纳入社保范围内的劳动者人数在减少，而且失业人数在增多，可以保守估计为经济危机所造成的影响。支持这一解释的理由是：这两项指标在2002年到2007年持续表现出正增长，接着就出现了转折。过去两年里，新联邦州地区的负增长率要高于旧联邦州地区(表G4－4A)。根据促进措施的类型，长期的培训项目(超过12个月)所推动的就业率最高，高就业率主要惠及的是大龄劳动者(45岁以上者)。就业率提升排在第二位的是6个月以内的培训项目(表G4－5A)。总体上看来，继续教育助推项目所覆盖的就业培训项目里传统的不均衡模式依然存在：从性别上看女性求职者较为弱势；从年龄上看大龄劳动者较为弱势(表G4－6A)；从地域上看新联邦州地区较为弱势(表G4－9web)。

Ⓜ概念注释

继续教育助推项目(FbW)：该项目的数据以2009年10月时的数据为基础，根据《德国民法典》第III编的第77条促进条款且依据《德国民法典》第II编第16条款加以实施。有关就业率提升的调查是一项完整的并且涵盖所有劳动机构促进就业的措施。出于技术原因，未包含乡镇促进培训的数据。

证书：在"成人教育调查"中根据可选项目，涵盖了三种继续教育形式，不论学员是否获得一份证明。证明的形式分为两大类，这里所提及的证明形式有：第一，证书。证明拥有一项国家承认的毕业文凭、闭卷考试证明、全国有效的证书(例如驾照、业余大学证书、德国工作规划、公司运营及企业发展协会颁发的证明)和成绩证明(有评分或者评级)。第二，学时证明和其他证明。

继续教育类型：参见G1的概念注释。

待业状态：具有缴纳社会保险义务的雇员中也包含了登记失业的人员(受促进的就业，例如：创造就业措施)。其他未失业人员，例如公务员、个体户、培训生或者待业人员。这里的"失业"指的是在联邦劳动部登记的失业人员。"融入率"指的是在结束继续教育培训6个月之后，从各个统计渠道计算出的具有缴纳社会保险义务的雇员比例。"失业率"指的是登记失业人员的比例。

前景

对继续教育价值的溢美之词很少与现实相符。在接受继续教育和继续教育的学习内容上，尤其是企业提供的职业培训，所选取的样本在几十年以来一直保持稳定：通过继续学习和获得继续学习的机会来提高自身的求职能力，依然意义重大。继续教育会对那些求职能力较弱的人群，如失业者、已经过了最佳求职阶段的大龄劳动者、女性失业人员以及那些被排除在就业政策以外的人员（如低技能者）产生影响。由此形成了各个章节（G1 至 G4 章节）。

根据人口发展趋势和不断深入的全球化进程，最新的《德国国家教育报告》将调查重点放在 50 岁以上人士继续学习的行为、继续教育内容的不同之处以及国际范围内的比较。根据继续教育的类型，对比 50 岁以上人士所接受的继续教育，可发现：在企业培训中，这一群体不同的参与率是造成差异的主要原因（G1 章节）。各领域中 50 岁以上人士参加培训的比例要明显低于 50 岁以下的人群。在国际比较中，德国在这一指标上较为落后（G3 章节）。这一事实表明，很多企业还没有全面意识到保持和提升大龄劳动者职业技能之重要性，因而没有为这一群体提供具有针对性的培训机会。这在和其他欧洲国家的国际竞争中或许将成为一大劣势。

企业环境对培训内容的影响需要给予更多的关注，因为这是存在差异最大的培训领域。盈利状况、创新活动、劳动者的技能结构以及企业融入国际竞争的程度构成了企业培训活动的重要指标。除此之外，还有一个事实也值得重视：依然有大量的求职者，他们在不具备上述特征的企业里工作。这对继续教育政策而言，不啻也是一种挑战。

在分析接受继续教育的个体行为上，根据个人对继续学习的投入，可明显划分出不同的社会学习类型：参与继续学习最活跃的群体通常是高技能的全职就业人员以及还在学徒阶段的年轻人，他们的学习兴趣涵盖了方方面面。继续学习活动最不活跃的群体，他们的学习领域只局限在少数几个和职业技能相关的领域。这一群体中主要是低技能的求职者，女性求职者中还包括兼职人员和失业人员（G2 章节）。

未来的教育调查报告将会继续关注参加继续教育的社会阻力究竟是增加抑或是减少了。对此，未来将更多考虑大龄群体对继续教育的需求以及那些过了最佳求职阶段人员的学习需求，这样非职业技能型的继续教育也将得到重视（参见 H4.5 章节）。

这份报告也展示了国际范围内的比较。这在未来会变得愈发重要，因此，强化国际间政策研究和学术合作具有重大意义。

未来将会更多关注这份报告中未详细介绍到的领域，这些领域有：职业晋升培训和高校领域内的继续教育实践。最后还提及了继续教育（G4 章节）的收益和证书颁发的问题。

H 人口变化背景下教育行业的前景

H1 人口变化对于教育行业的意义

有关人口变化对德国社会尤其是教育行业的影响，早在20世纪70年代就进行过侧重不同、强度各异的讨论。讨论的导火线是20世纪60年代起出生率降低所带来的影响。不仅是德国，其他许多欧洲国家也长期受到出生率降低、人口减少以及日益增多的老龄人口的困扰（参见A1章节）。因此，德国和欧洲处于一种前所未有的、和其他人口不断增长的大洲迥异的人口背景之下。

不能把人口变化当作一个孤立的现象，而是应将其置于社会和经济的基本结构变化的过程中去考察（参见A2、A3章节）。其中一个后果就是德国儿童占总人口的比例持续下降。与此同时，组建家庭作为人生中的一个重要阶段正在失去意义。70岁以上的人口数量，无论是绝对值还是占总人口的比例均在上升。由此产生的新要求也在对教育行业产生作用。新生代带来的日益增长的文化和社会的不均一性以及家庭结构的变化，向教育行业提出了新挑战。

在劳动力市场方面，社会舆论早已提及今日将会面临具体的技能缺口，这一缺口将首次在2020年出现，届时，婴儿潮时期（指20世纪60年代）出生的人将退出劳动力市场。与此同时，就业体系将越来越受到服务业以及相应职业技能的影响（参见A2章节），这将改变与技能相关以及与性别相关的劳动力需求，也将改变劳动分工中的性别模式。在这一背景下，大众对教育业就产生了额外的期待，希望通过全面提升个人能力与技能保障社会对于具有相应资质劳动力的需求。此外，人们还期待教育机构能够增加教育、照料儿童的时间，以便劳动者能够协调好育儿与工作之间的关系。

上述的挑战不仅涉及有关教育过程和教育结果的质量要求，还涉及新的教育需求和教育兴趣的催生，并且将最终涉及关系到日趋重要的教导与抚育儿童工作。人口变化也带来了教育领域发展和改革的新机遇。在此需要考量以下几方面：

- 教育过程对个人的意义愈发重要。教育业必须迎合这些需求，而不是对这些新挑战熟视无睹，并且要缩小已有的发展不均衡。
- 教育变得愈发重要，教育机构的区位因素也变得愈发重要。教育机构为公众提供了接受教育的可能性，提升了一个城市或地区对于企业和居民的吸引力。
- 随着对教育业的期待不断提高，需不断提高员工技能、也要不断加大资金投入力度，这样才能达到所期待的持续发展和质量改善，让教育界担负起新形势下的新任务。

在未来，人们期待通过接受教育来提升自我、通过满足社会各界要求新生代掌握新技能的殷切期待，以解决人口低出生率和老龄化所带来的诸多问题。与此同时，还需要应对深刻的社会变迁。儿童日间照料机构种类日益多样化，学校领域更多的改进举措，全日制学校的扩容，从学徒到职场这一过渡的提升以及企业、成人教育机构和高等院校内的继续教育的发展，这些都是经过长期讨论之后对现有教育领域的有益补充，具有示范意义。

在这一背景下，本章划分如下：首先将用一部分篇幅描述基于现状对未来受教育者、教育领域的人力和资金需求方面的预估(H2 章节)。接下来要提到一个和技能相关的劳动力供需研究项目(H3 章节)所得出的结果。尽管目前的预测有种种不确定因素，但估算能够为决策和行政部门提供不可或缺的行动依据，即便这些决策依据的目标设定并非是一成不变的。总之，预测的意义在于对政府决策施加影响，有必要预见不同决策行为可能会带来的结果。因此，在接下来的 H4 章节，将深入分析各大教育分支。这一分析以教育预估(H2 章节)和劳动力市场研究项目(H3 章节)的结果为基础，补充了不同领域里精确的预测结果和以问题为导向的分析报告。对于每个教育分支而言，人口变化所带来的潜在调整需求将和发展目标与技能提升的预期相结合。在考量社会变迁过程的基础上提出即将面临的挑战，并探究这将会对各领域中的人员以及资金投入产生何等的影响。

最后，将对教育领域进行一个分析与总结(H5 章节)。在这一章节中，最重要的部分是关于人口变化所带来的影响：它如何塑造教育机构的教学、怎样改善在各个接受教育阶段之间平稳地过渡、教育行业的地域影响以及与之相关的资源需求。

H2 入学人数的变化，直至 2025 年的人力与财政需求

2.1 入学人数

德国的人口发展

30 岁以下人口数，2008 年：2550 万，2025 年：2130 万

A1 章节中描述的第 12 次未来人口预估Ⓜ的主要结果构成了预测未来入学人数的基础。依照该预估，儿童日间照料机构、中小学校、职业教育培训机构、高等院校的 30 岁以下适龄群体人数将从目前的 2550 万减少到 2015 年的 2360 万，到 2025 年将减少到 2130 万。到 2025 年，虽然托儿所、幼儿园、小学的适龄儿童的人数减少稍微放缓，但就读中学和就读高等院校的人数依然将大致减少 20%(图 H2.1 - 1)。

超过 30 岁的人既可以进入教育机构学习、获得学业证书(例如在求职期之后攻读一个硕士学位)，也可以参加一个普通教育或职业技能培训项目。按照预估，到 2025 年，30 - 65 岁之间的人口数量将减少到 3730 万人(2008 年：3980 万人)，而超过 65 岁以上的人口数量将上升到 2020 万人(2008 年：1670 万人)。

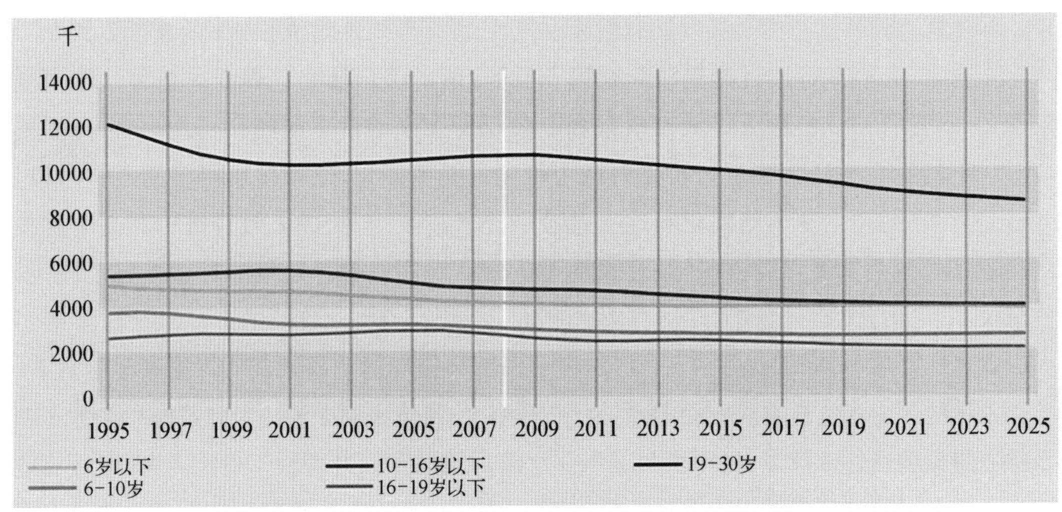

图 H2.1-1 1995-2025 年适龄受教育人口的发展情况

来源：联邦及各州统计局，人口数据(1995-2008 年)，第 12 次人口预测(2009-2025 年)

根据第 12 次未来人口预测，每个联邦州的人口数都将会出现不同程度的减少。以 30 岁以下的人口数量为例，新联邦州非城市州地区将减少 26%，旧联邦州非城市州地区将减少 15%，城市州将减少 12%(表 H2.1-4web，表 H2.1-5web)。

直至 2025 年入学人数的变化

为了能够估算人口变化对教育领域的影响，各联邦州统计局制定了一套统一的教育预估系统Ⓜ。这一教育预估系统一方面基于第 12 次未来人口预估调查的结果，另一方面基于 2008 年各教育机构的人员登记信息。针对每个教育分支都制定了特定的模型，以便估算出 2025 年各类学校在读人数与毕业人数。继续教育领域依然没有被纳入调查范围，因为该领域不具备足够的估测基础。从上述基础出发，就人力与资金需求进行调查，得出的结论是：从时间上看，师资和每个学生的投入的比例保持稳定。因此，这次对教育领域进行的估测，所得到的结果源于当前的教育结构，并根植于学习行为、学习时间和学习成果(现状观察)的稳定性。这项估测项目的其他辅助条件还包括已经推行的教育政策，如文理中学学制缩短至 8 年、小学入学年龄提前、最迟在 2013 年增加 3 岁以下儿童的学前教育名额。

入学总人数，2008 年：1670 万，2025 年：1410 万

2008 年度有 1670 万人在儿童日间照料机构、中小学、职业教育培训机构、高等院校接受教育。到 2025 年接受教育人数将减少 15%(260 万人)(表 H2.1-1A)。各教育领域减少的人数并不均衡。3 岁以下儿童学前教育条件的改善以及同一年度两届高中生一起毕业都会让未来几年的儿童日间照料机构和大学的入学人数增加。而相比之下，普通学校和职业学校的学生人数将会持续减少(图 H2.1-2)。

直至 2025 年，旧联邦州地区的入学人数缩减 17%，新联邦州地区的入学人数缩减14%

2008-2025 年间，旧联邦州地区的入学人数将缩减 17%，新联邦州地区的入学人数将缩减 14%。城市州的入学人数将略微提升 3%(表 H2.1-1A)。地区间的发展差异对于人力和财力需求也会造成相应的影响。这些影响，在各教育领域层面上的区别分析中显得愈加明显，H4 章节描述了这些差异。这一分析还额外考虑了不同领域之间的差异，主要与各教育领域需求的变化以及在为了提高教育质量而实行的教改过程中所产生的效果有关。

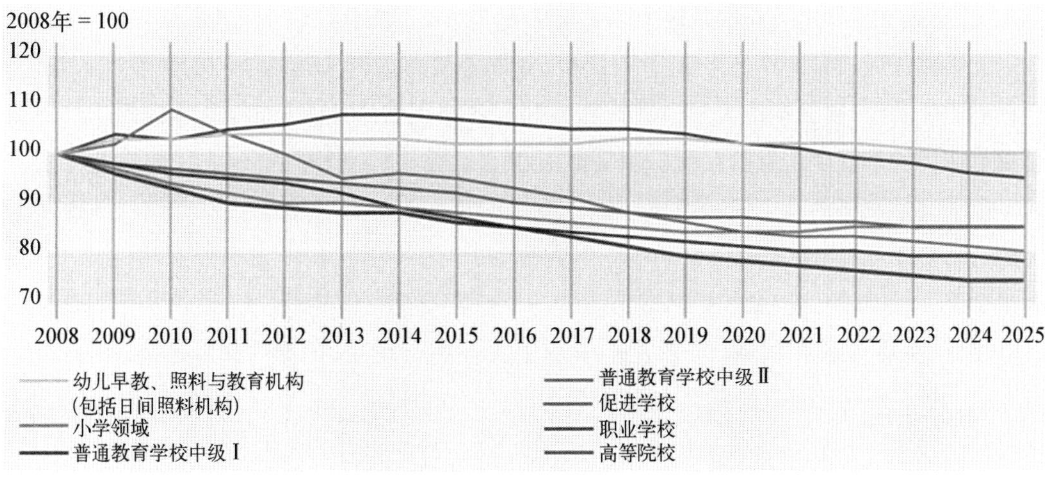

图 H2.1－2 2008－2025 年根据教育领域统计的学生人数(数据值 2008 年＝100)

来源：联邦及各州统计局，2010 年人口预测-基础变量，临时数据

直至 2025 年毕业人数的发展状况

2008 年，参加普通教育学习的毕业生中，有大约 31 万人具备申请大学的资格(图 H2.1－3，表 H2.1－2A，表 H2.1－6web)。2011－2013 年间，由于文理中学学制缩短到 8 年，高中毕业生人数翻了一番，具备申请大学资格的高中毕业生人数大幅提高。根据上述预测，自 2011 年起，具备申请大学资格的人数比例将超过 50%(表 H2.1－7web)，这一增加首先是由于高中毕业生人数成倍增长，其次是其他教育机构中学生人数也在增多，致使具备申请大学资格的人数不断增长。

2011 年起，具备申请大学资格的人数比例超过 50%

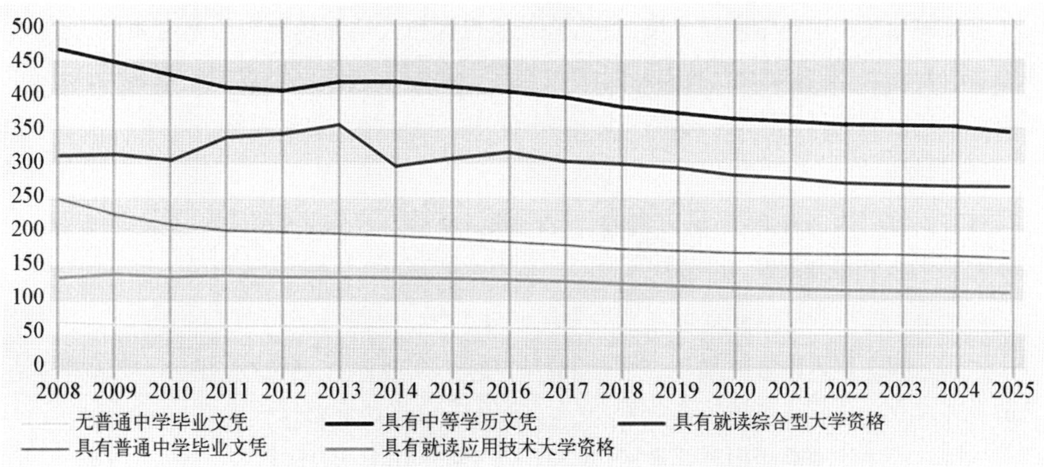

图 H2.1－3 2008－2025 年根据毕业证书类型统计的具有普通教育学校毕业证书和职业学校毕业证书的毕业生人数(单位：千)

来源：联邦及各州统计局，2010 年人口预测-基础变量，临时数据

学校在校生人数的不断减少，后果之一就是未获取普通教育毕业证书的学生或者拥有普通中学毕业证的学生人数在不断减少。但是根据预测，在 2025 年，未获取普通教育毕业证书的学生人数仍然有 5.2 万人，获得普通中学毕业证书的学生人数有 13.4 万人。依然还

会有2.5万人在工作之后获取普通中学毕业证书，有6.4万人获取职业学校的中等毕业证书。

大多数普通教育的毕业生通过参加双元制职业教育培训来延续他们的学业，要么进入全日制职业学校，要么申请大学。在计算参加职业培训的学生人数时，也考虑到了具有普通教育文凭的毕业生人数的变化。因为具有中等学校文凭或高中毕业文凭的毕业生要比具备申请大学资格的高中毕业生更多地完成双元制学习，因此，由于人口变化和高中毕业人数的增多，2025年双元制教育的毕业生人数(在学习持续性和毕业率方面)将由44.7万人减少至34.3万人(表H2.1-2A)。

2015年：完成第一阶段学业的大学毕业生人数将达28.8万

相反，在高等教育领域，未来几年毕业生人数将持续增加(表H2.1-2A，表H2.1-8web)。由于原先时间较长的传统硕士学制调整为时间较短的本科学制，在未来的几年里，会有更多的学生完成他们第一阶段的学业。这一群体人数的最高值会出现在2015年，届时会有28.8万名毕业生。

由于调整"本科-硕士"学制的时间节点不同而且各专业修学期限并不一致，综合型大学和应用技术大学在校生数量的最大值也将在不同时间点显现。需要注意的是，在本科毕业生中，那部分选择以应届生身份直接读研的学生，并未直接进入就业市场。

2.2 教育领域中的人力与资金需求

学生人数的变化究竟会对教育领域的人力与资金需求产生哪些作用，在这个问题上并没有一致的结论。一方面，人们期望通过大幅度压缩资金需求，借此为学校改革匀出更多资金。[①] 另一方面，本研究报告要强调的是，学校支出的变化和学生人数的变化并不十分协调。[②]

各联邦州关于中小学班级规模、幼儿园班级规模和大学课程规模的规定表明，在学生人数和教育人力、资金投入上具有一定的关联度。学生人数的变化对于人力、资金投入的影响经常还会受到其他因素的牵制。例如，由于中小学班级人数上限和下限而产生的调整困难、如何保证就近入学、如何保持师资配备的一致性。可是学生人数的减少，对于致力于提高教育质量的决策者而言，也可变为一种机遇。就这一点而言，财政投入仅会根据学生人数的变化作出部分调整。

这一点也表现在新联邦州的发展趋势上。自1995年以来，学生人数大幅减少，导致大约三分之一的学校关闭。课程需求的减少，部分是由于对师资兼职的限制，以避免造成额外的教师失业。尽管这些措施很苛刻，但人均的教育支出还是超比例地增长，且在此期间，部分地区的师生比要高于旧联邦地区(表H2.2-4web，参见B1章节)。

直至2025年人力需求的发展情况

H4章节论证了调整限额和改善教学质量等举措对于各教育领域人力投入的影响。在

---

① 参见罗伯特·博世基金会：《人口变化视为机遇：人口变化与教育体制——财政回旋余地与改革需求》，斯图加特，2006年。

② 参见葛·克恩佩斯、哈·塞茨：《人口变化对教育支出的影响：基于各联邦州各乡镇学校教育支出的实证分析》，2006年。选自联邦统计局主编：《统计与经济：人口变化-对教育体制的影响》第六册，威斯巴登，第99-128页。

计算人力需求时，首要的出发点是学生人数和教师人数的比例关系。因此，未来的人力需求只会和以下因素有关：2008 年有多少学生得到了全职教师的指导、未来一年又会有多少学生得到指导。

教育人力需求在2025年将减少11%

根据教育领域的人力计算模式，2008 年在各类教学机构中，大约有 200 万从业者。[①]全职从业人员中有 114 万教学和科研岗位人员。根据估算，2015 年需要 109 万全职人员，2025 年需要 100 万全职人员。由此可见，对全职人员需求的减少，是由于兼职人员的比例在增高，不同教育领域、不同联邦州的减少程度并不相同(表 H2.2－1A)。

全联邦范围的教育预测结果表明：在部分教育领域，譬如针对学前教育与高等教育领域的人员需求在本世纪中叶将明显增强，而针对中小学教育领域的需求相反却呈持续减弱态势(图 H2.2－1)。

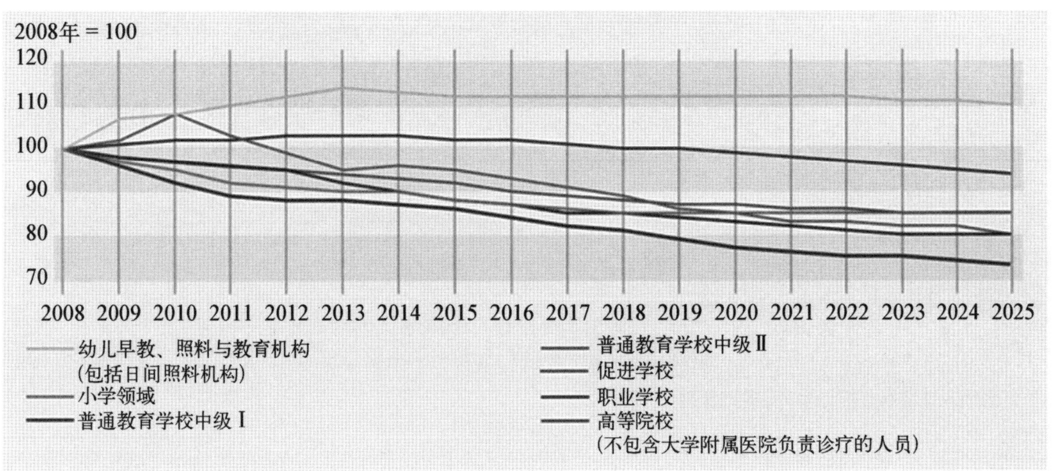

图 H2.2－1　2008－2025 年根据教育领域统计的人力需求发展(数据值 2008 年＝100)

来源：联邦及各州统计局，2010 年人口预测-基础变量，临时数据

直至 2025 年资金需求的变化

评估报告的出发点是教育预算(参见 B1 章节)，其中最重要的是各教学机构的支出状况。计算模型和各个教育领域中预期的入学人数直接关联，并假设一定的时间段内政府对每个学生的(参见 B1 章节)经费投入保持稳定。预算以 2007 年的支出水平和物价水平为基础。因此在这里并没有考虑支出结构和财政主要需求的变更，这些将是 H4 章节的主题。

直至 2025 年，教育预算潜在的变化为 196 亿欧元

2007 年的教育预算达到 1478 亿欧元(参见 B1 章节)。在本调查评估的计算模式中，2015 的教育预算是 1413 亿欧元，2025 年的教育预算是 1282 欧元(表 H2.2－2A)。因此与 2007 年相比，直至 2025 年，教育预算潜在的变化将近 200 亿欧元，占 13%，其中缩减的最大份额是对普通教育学校的支出，达到 94 亿欧元。

由于各教育领域内入学人数的变化各有其特点，因此也需要分领域来考察资金投入的

① 未包括儿童日间照料机构与托儿所工作人员。

效果。例如在学前教育和高等教育领域,对资金的需求将持续增加,并持续至2015年。直至2025年又会下降至目前的水平。在中小学教育以及职业教育领域,预期的入学人数减少将会导致国家财政持续减少资金投入(图H2.2-2,表H2.2-2A,表H2.2-3A),就中小学教育而言主要是公共财政预算的减少,就职业培训而言主要是企业预算的减少。

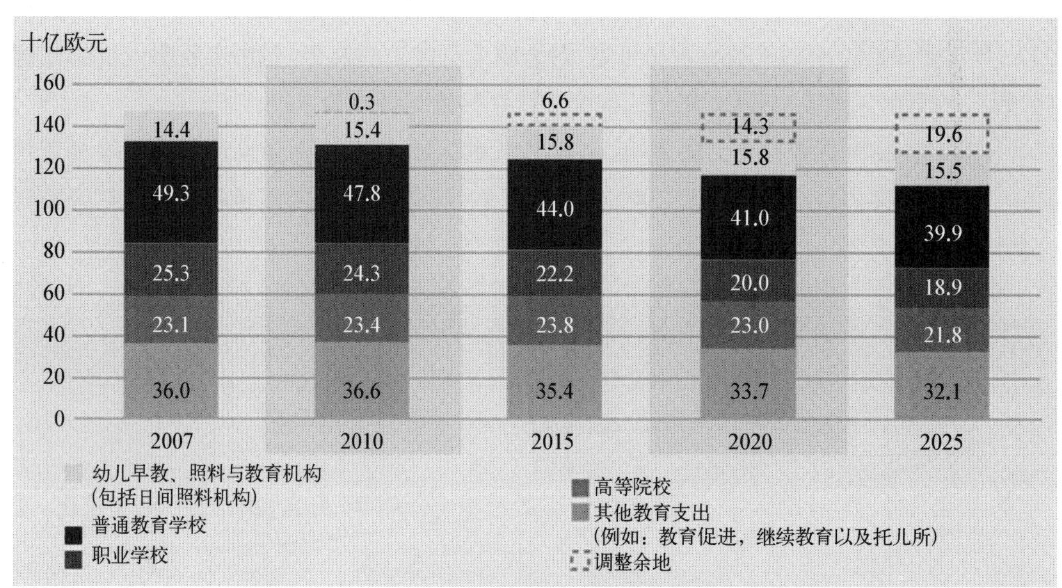

图H2.2-2 2007-2025年根据教育领域统计的教育支出——不考虑教学质量变化*(单位:十亿欧元)

* 考虑到人口发展状况,2007年支出费用

来源:联邦及各州统计局,2010年人口预测-基础变量,临时数据

联邦政府和各联邦州政府已经宣布,人口变化所带来的教育体系结构变化将有益于提升教育质量。到2015年,对教育和科研的投入将占据国民生产总值(BIP)的10%。这些资金是否足以达到提高教育质量的目标只能依靠额外的资金预算加以判断。这里需要考虑的是,每个教育领域中的资金运转体系是不同的(参见B1章节)。因此,不论是对于公立教育预算(联邦、州、乡镇)还是私立教育预算(经济/私人预算),人口变化对教育经费的影响程度是不同的。此外,入学人数的变化和与之相对应的资金投入的变化,各城市州、新联邦州地区和旧联邦州地区均会受到不同程度的影响。因此,为了能更准确地确定政策实行的空间、体系调整的需求、额外的资金要求,在各教育领域中必须按地区、行政级别区分所投入的资金(H4章节)。

Ⓜ概念注释

人口预估: 解释参见词汇表。

教育预估系统: 联邦统计局和各联邦州统计局已研发出一整套教育评估体系,以便研究人口变化趋势、入学率、毕业率、人力资源和财政需求之间的关联度。其中,各教育领域内部以及不同教育阶段之间的过渡均已考虑在内。这一项统计是在联邦州层面上进行精细划分(例如学校类型、班级阶段),在采用各联邦州数据的基础上进行的,对每一个教育阶段均有一整套完整的评估体系。在本教育报告发布时,出于统计方法因素,将教育领域和联邦州(新联邦州非城市州/旧联邦州非城市州,城市州)的结果进行了总和运算。

教育评估的模式特征显现出:在特定情况下,学生和毕业生数量以及财政和人力需求的数量及其结构是如何变化的。

教育预估的方法和案例的概览信息：详见于附录表格（表 H2.1－3A）以及《德国国家教育报告》官网（参见《2010 年度教育预估方法》）。

H3 直至 2025 年的劳动力供需分析

教育系统的一项核心任务就是让学生具备从事某项职业的技能。因此，根据人口变化来说明就业系统发展对劳动力所需要具备技能的依赖程度显得尤其重要：劳动力的供需关系总体上将如何变化？对于技能不同的人来说，就业状况究竟怎样？从就业系统的结构发展中能否推导出资质方面、性别方面的与劳动力需求有关的结论？[①]

直至 2025 年，需重视人口因素对劳动力市场的影响，但该影响并不巨大

在当前的公共讨论中，关于以上问题一直有个极端的预测——劳动力短缺所造成的影响日益严重，这种短缺持续威胁着德国的经济发展与社会福利。[②] 下面将对此进行详细论述，有关未来的极端设想在现实中并不会发生，论述的基础主要是以联邦职业教育研究所/劳动力市场与职业研究所关于劳动力需求和职位供给总体状况的专门评估[M]。[③] 该评估并不是要把劳动力供给和需求这两个数值视作完全等值，而是注重劳动者在各个时间段内就业的平均数值。[④] 在这一基础上的就业人数（需求）将从 2009 年的逾 4000 万减少至 2025 年的 3970 万（减少 1%），而求职人数（供应）将从 4370 万减少到 4040 万（减少 7%）（表 H3－1A）。直至 2025 年，劳动力供应将超过劳动力需求约 70 万人（图 H3－1，联邦职业教育研究所- DEMOS 统计模式）。[⑤] 总体而言，从数据上看，劳动力供应不会存在太大的缺口，但也不排除职业技能或就业领域上存在更大的瓶颈。

按照技能水平划分的劳动力发展

按照技能水平的划分，所有的预测在共同发展趋势这一点上的结论是一致的：零技能或低技能工作将持续减少，而高技能工作（以大学学业为前提）将不断增多（参见 A2 章节）。

---

① 值得注意的是，由于采取不同的统计方法，无法直接计算出在 H2 章节提及的教育体系内的毕业人数以及劳动力市场需聘用多少具有特殊资质的员工，仅能预估就业人员以及具有就业能力的人数发展状况，可划分为四大资质级别，按照国际教育分类标准予以执行。这并不会对回答以下预估问题造成负面影响。

② 例如一份预测得出以下结果：在 2030 年主要缺少 550 万高技能劳动力。2010 年在服务性行业已缺失 120 万劳动力，人力资源供需方不匹配现象波及 50 余万高等院校毕业生，这一人数将在 2030 年攀升至 240 万（见普罗格诺斯股份有限公司：《从职业群与资质水准视角预测 2030 年劳动力供需情况》，慕尼黑，2008 年 10 月 1 日，普罗格诺斯股份有限公司在 2010 年针对这一部分的预测仅作了细微的修订）。

③ 这里展现的劳动力需求预测主要是以瑞·黑尔姆里希（联邦职业教育研究所）与葛·齐卡（劳动力市场职业研究所为《德国国家教育报告》编写组撰写的专家意见书《联邦职业教育研究所、劳动力市场与职业研究所关于劳动力需求和职位供给总体状况的专门评估》为基础。此外还兼顾了以下预测报告：哈·博宁、莫·施耐德等编写：《从直至 2020 年劳动力市场的供需情况预测教育与职业的未来》，未来职业研究所研究报告第九辑，波恩，2007 年；阿·伯尔施-祖潘、茨·波·维尔克：《德国劳动者中长期发展状况》，刊登于《劳动力市场研究杂志》，第 42 卷，第 29－48 页，2009 年。因为预测时间段并不一致、预测手段不一且统计集合界限不同，所以很难对比这些预测，博宁等人的预测时间段为 2003－2020 年；联邦职业教育研究所/劳动力市场与职业研究所的预测时间段为 2005－2025 年，普罗格诺斯股份有限公司的预测时间截止到 2030 年。普罗格诺斯股份有限公司的预测与其他预测差距很大，该预测未将失业人员视作具有就业能力者，仅在 2004 年就少计算了 440 万具有就业能力的人数。本教育报告并不对各类预测进行深入地探讨与研究。

④ 年平均工作小时数计算公式中的被除数包含全职、兼职以及打散工的各类人员。而博宁等人（2007 年）的预测未包含打散工人员。

⑤ 弗豪霍夫应用信息技术学院的预测数据为 40 万左右。以下文章展现的是联邦职业教育研究所的 DEMOS 模式。在表 H3－1A 以及表 H3－2A 中选取了两大模式供读者参考使用。

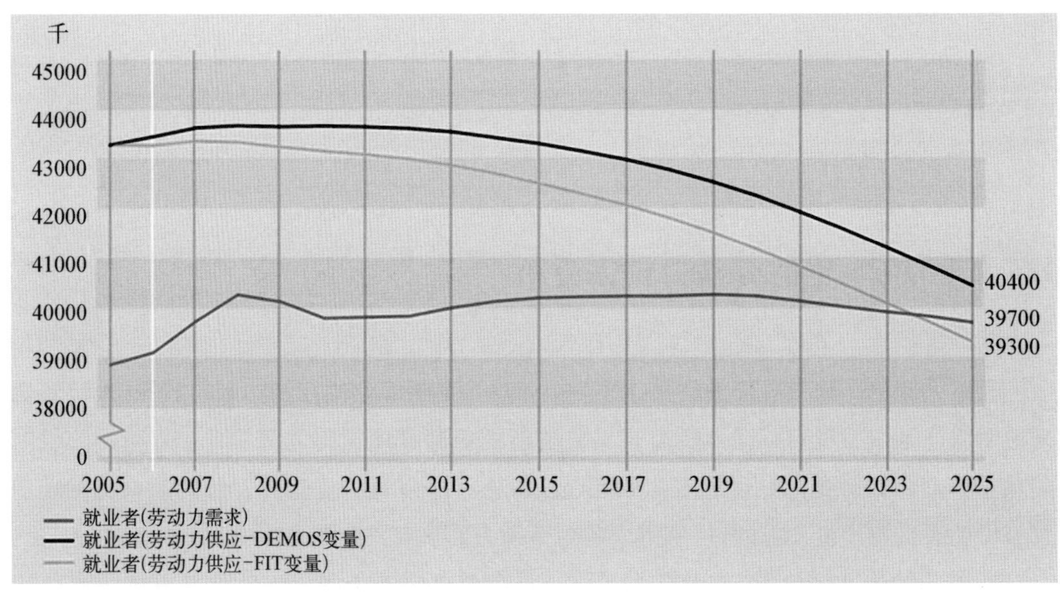

图 H3－1 直至 2025 年的就业市场概览(劳动力供应与劳动力需求,所有职业)*

* 统计预估结果

来源:瑞・黑尔姆里希、葛・齐卡:《联邦职业教育研究所/劳动力市场与职业研究所核心领域统计预估》(2010 年),受德国国际教育研究所委托撰写的《专家简明论证书》,自行统计

普遍趋势:低技能劳动力需求减少,高技能工作增多

中等技能水平的工作将保持相对稳定或轻微减少(博宁等,2007 年)。具有决定作用的是各项技能数值在各阶段排序不同。根据国际教育分类标准,以下的项目分为四个技能阶段:不具备职业技能的人员(国际教育分类标准 1,2,3A)、具备专业培训经历的人员(国际教育分类标准 3B,4)、具备硕士、技术员、专科学校资质的人员(国际教育分类标准 5B)、具有大学程度的人员(国际教育分类标准 5A,6)。

2025 年,没有职业培训经历的劳动力减幅最大

评估报告所考察的时间段之内,最大的变动出现在没有职业培训经历的劳动力群体里。根据这一评估项目,上述人群在就业者中的人数比例从 2005－2025 年间下降了大约 2 个百分点(图 H3－2),绝对值减少了逾 50 万人(表 H3－2A)。对于那些完全没有职业培训经历的人而言,未来将更难找到工作。他们被解雇或找不到工作的风险正在不断提高。

中等技能水平比例持续占据劳动总人口的 50%

拥有双元制或职业学校体系职业培训文凭的劳动力在就业人口中的比例总体上不会改变,依然占据半数以上并将成为最大的职业技能群体。这些人主要是处于中层,是那批为了巩固技能水平而在企业和学校培训机构进行学习的劳动者。

高技能劳动力领域将有巨大变动

根据联邦职业教育研究所、劳动力市场与职业研究所的评估预测,直至 2025 年,对大学毕业生的需求在比例上只会上升 1.1 个百分点。因为这一评估预测并没有将新的大学学制纳入其中,因此这个数值可能偏小。在技能划分这一项上,尤其是和普罗格诺斯以及博宁(2007 年)的两个评估报告相比,联邦职业教育研究所、劳动力市场与职业研究所的评估预测和其他的评估调查结果存在较大差异。在博宁的预测报告中,2020 年这一群体在总就业人口中的比例将占到 23.6%,而 2010 年所占比例是 20.5%。① 在技能分

① 博宁等(2007 年),表 17。差异一方面是由于两大类预测针对具有就业能力者的定义不一造成的(人数与劳动就业者平均数,可参见相关脚注;另一方面,较早的预测针对高校毕业生的就业形势更为乐观,然而黑尔姆里希与齐卡对此并不认同。

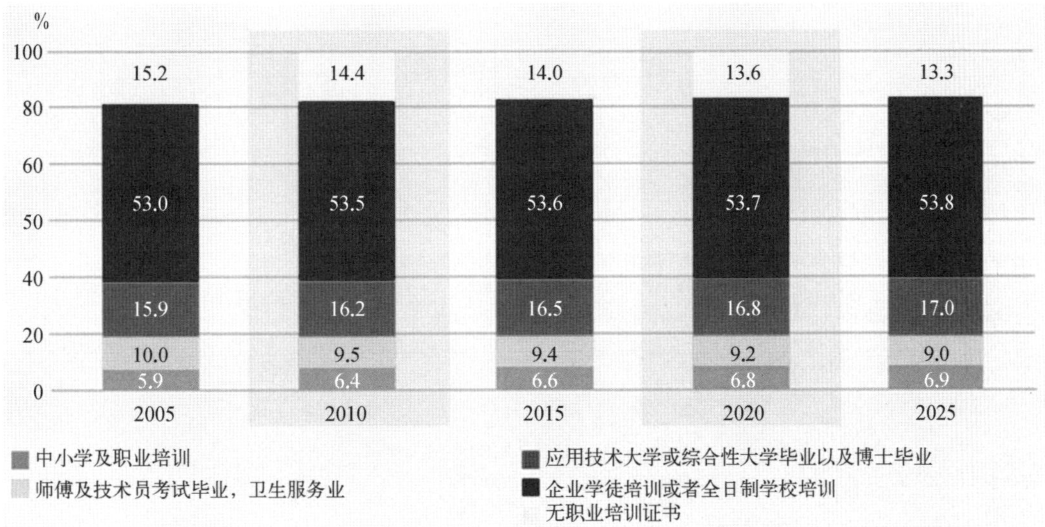

图 H3－2　直至 2025 年根据技能水平统计的劳动力需求(单位：%)

来源：瑞·黑尔姆里希、葛·齐卡：《联邦职业教育研究所/劳动力市场与职业研究所核心领域统计预估》(2010 年)，受德国国际教育研究所委托而撰写的《专家简明论证书》，自行统计

级方面需要考虑的是，现实中这种分级具有更大的灵活性：学制结构改革(本科学制)对于就业市场的影响要在未来 10 年内才会显现。而具有综合型大学或应用技术大学文凭的劳动力供需状况也在改变：比如今天许多只需要中等技能水平的就业领域，医疗护理和幼儿教育在变得日益学术化，培训机构与职业学院也获得了颁发高等学校文凭的资质(参见 F2 章节)。

对于具有专科学校毕业文凭的劳动力需求将减少 1%(国际教育分类标准 5B)，直至 2025 年将减少 30 万就业人员，主要是因为这些人将被高校毕业生取代，以及企业各部门针对专业工人的需求变少。①

根据技能资质水准对就业市场的分析结果

直至 2025 年，低技能求职者的数量不会减少

直至 2025 年，根据技能资质水准对就业市场的分析结果主要反映在就业人数的变化上。最大的劳动力供应停滞出现在没有职业经历或没有学校或培训经历的就业者群体中，这一群体人数大约为 130 万。这一群体的人数在 2025 年将下降 70 万左右，而针对此人群的就业需求也会减少大约 50 万个(图 H3－3，表 H3－2A)。这里还存在着大量的低技能人口，但同时也是一大潜在的可通过技能培训来提升其资质水准的群体。

自 2015 年起，中等资质领域的问题会日益增多

在中等技能领域，直至 2025 年，劳动力需求将大体保持一致，但到了 2015 年，在劳动力供应上会有一个起初微弱而后明显的减少，由于老龄化将使一部分劳动力退出就业领域。这种情况从 2020 年起，将由于专业技能劳动力供应的轻微停滞而造成专业劳动力的

① 联邦职业教育研究所、劳动力市场与职业研究所的劳动力预测项目的问题之一在于：并未深入研究资质等级与职业领域之间的关联度导致不能直接确定其内容与功能。这对教育与培训政策而言恰是至关重要。但可间接地从当前职业领域的资质结构(表 H3－3A)中得出结论。详见瑞·黑尔姆里希、葛·齐卡主编的《联邦职业教育研究所、劳动力市场与职业研究所的劳动力预测方法论》论文集内的文章《职业与资质的未来——联邦职业教育研究所、劳动力市场与职业研究所直至 2025 年职场资质发展的模式计算》，居特斯诺，2010 年。

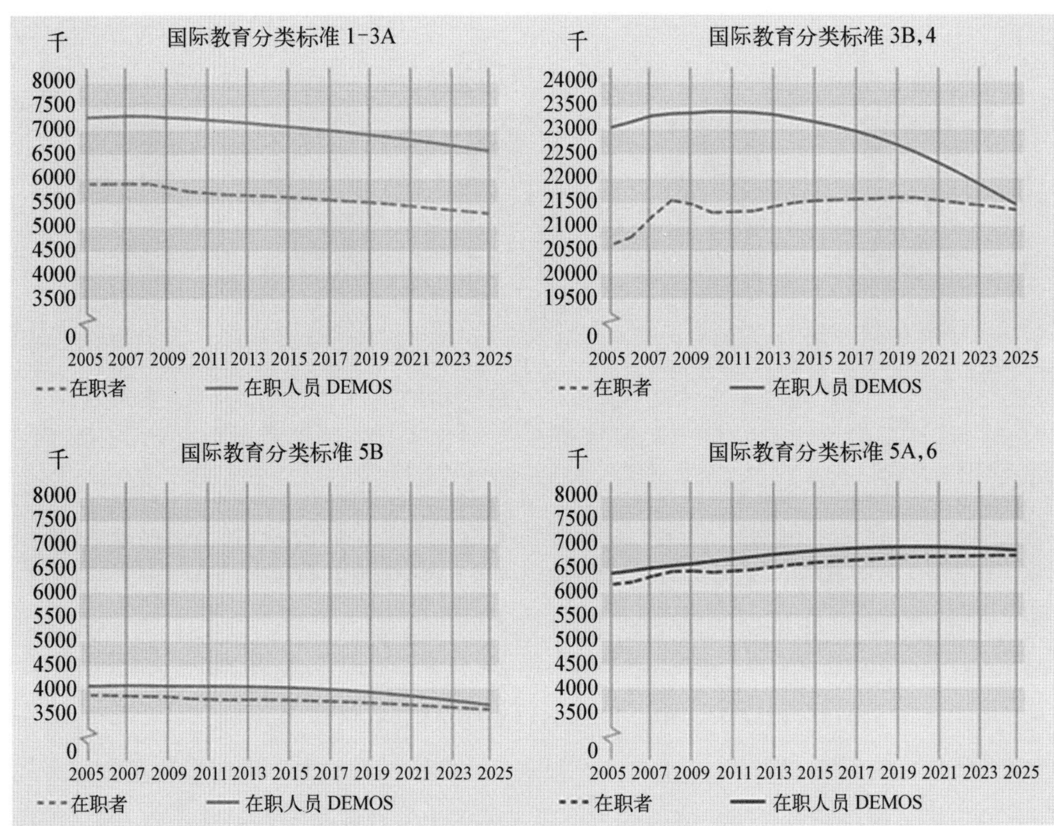

图 H3－3　直至 2025 年四大技能、群体的就业情况(劳动力供需状况)

来源：瑞・黑尔姆里希、葛・齐卡：《联邦职业教育研究所/劳动力市场与职业研究所核心领域统计预估》(2010 年)，受德国国际教育研究所委托撰写的《专家简明论证书》，自行统计

短缺。潜在的专业劳动力短缺在不同的就业领域表现各不相同，社会保障和医疗服务领域最有可能受到冲击(图 H3－4)，目前在这些领域中的就业者主要是女性。

在本调查中，专科学校毕业生(师傅、技术员、尚未拥有资质的医疗护理人员)的就业情况保持衡定。在需求轻微减少的同时，劳动力供应也相应减少了。这一技能领域的不确定性主要体现在两个方面：一方面是由于来自新的本科学制的竞争，另一方面在于一个疑问，即在这些专门培训领域中，是否有部分会被划归到应用技术大学的教学领域中去。

几年之内，高素质劳动力缺口会越来越大

就高技能领域而言，呈现出一个微弱的供小于求的局面：存在一个大约 10－20 万的劳动力供应缺口。评估报告的结论表明，发展趋势将趋于平衡，在现实中这意味着劳动力短缺，因为无法假设不存在地区限制和专业限制的劳动力流动。因此，在部分领域，可能从 2016 年起就会遭遇高素质劳动力的短缺问题。和其他评估报告相比较，这里采用的联邦职业教育研究所、劳动力市场与职业研究所的评估预测的供应变量中的劳动力短缺依然相对有限。总体发展并非关键所在，而在于因专业和职业领域而异的供需关系(详见下文)，目前还无法准确预测这一关系。

各职业领域的劳动力需求的发展

联邦职业教育研究所、劳动力市场与职业研究所的评估预测将就业分为 12 个职业领

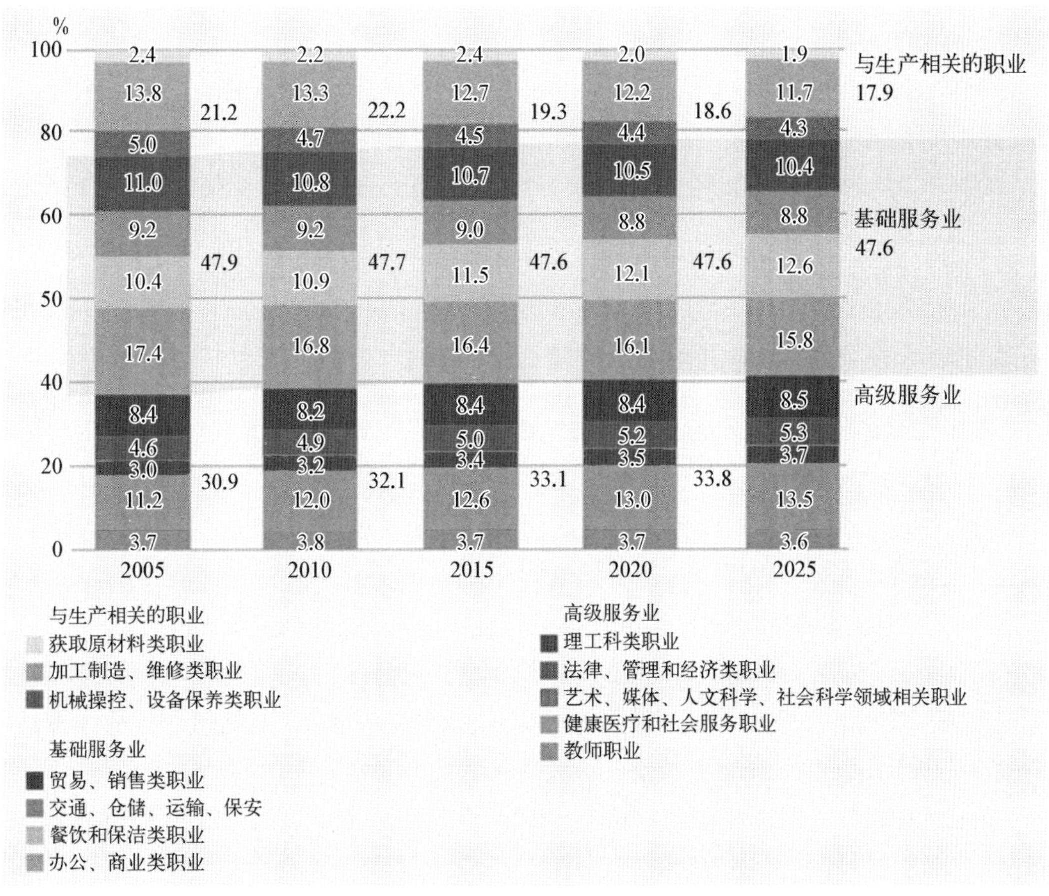

图 H3－4　2005－2025 年根据职业核心领域统计的劳动力需求(单位：%)

来源：联邦及各联邦州统计局，2005 年微型人口调查，瑞·黑尔姆里希、葛·齐卡《专家论证书》内的统计

域(图 H3－4)。[①] 如果把属于国民经济三大产业(即与生产相关的产业、第一服务业和第二服务业)的职业汇总，会发现已持续了数十年的发展趋势未改——都向着服务业经济转型。与生产相关的职业从 2010 到 2025 年将从 21.2%下降至 17.9%。第一服务行业的就业人数比例将大致保持稳定(减少 0.3%)，凭借近 48%的比例，这一人群依然占据着国民经济的最大份额。绝大多数高校毕业生在第二服务行业中就业，其比例将从 30.4%增加至 34.5%。就业结构向第二服务业的转移，表明了就业者向高资质要求职业的转移(国际教育分类标准 5A/6)。

与生产相关的职业大幅减少，第一服务业职业停滞，第二服务业职业大幅增加

根据联邦职业教育研究所、劳动力市场与职业研究所的评估预测，在三大产业内的 12 个职业领域中，将出现与资质相关的转移。在第一服务业中，餐饮服务业和洗涤行业增长最快。其比例将从 10.4%上升到 12.6%，这两个行业依然是低技能就业领域，而且还是低技能人员就业的主要领域。在服务业领域，扩张行业中增长最快的是“医疗保健、社会服务、身体护理”，其比例将从 11.2%上升到 13.5%。其中“身体护理”是一个例外，该职业需要

餐饮服务和洗涤业依然是低技能人员的就业领域

---

① 对《德国国家教育报告》而言，按照职业领域划分的劳动力需求预测相较于行业相关划分方式更具有参考价值。职业领域划分法相比行业相关划分法能更好地展现其差异性。不可否认的是，当前尚无法将一职业领域的所有就业者归入一特定的资质等级(表 H3－3A)。

更多的专业技能,要求大学文凭或中等专业学校文凭(表 H3 - 3A)。① 目前该职业的从业者主要为女性。

令人惊讶的是"技术、自然科学"职业增长相对较少(0.1 个百分点的增长率),而这也是人们在讨论高素质劳动力就业潜力的瓶颈时面临的主要问题。"法律、管理、金融"和"艺术、媒体、人文与社会科学"这两个就业领域增长了 0.7 个百分点,绝对值增长了 25 万人。教师职业就业人数停留在 2005 年的水平,其中包括了所有教育阶段的师资力量;高校毕业生比例占 85%(表 H3 - 3A)。②

各就业领域直至 2025 年供需之间的差距

如果把预测的就业需求与劳动力供应相联系,即可得出以下结论:直至 2025 年,既会出现劳动力短缺,也会出现劳动力过剩。劳动力短缺将不同程度地集中体现在三个行业(表 H3 - 2A):餐饮服务与洗涤业、医疗-社会服务-身体护理业、艺术-媒体-人文与社会科学。就教师与科技-自然科学职业而言,所预测的评估结果是:劳动力供求将达到平衡,但在实际情况中,依然会因地区、职业不同出现严重的劳动力供应缺口。其他那些既不与生产相关、也不属于第一服务业的职业群体,将在 2025 年出现严重的劳动力过剩现象(表 H3 - 2A)。劳动力短缺最大的两大职业群体是餐饮服务与健康/社会保障业,目前就业主体为女性(女性比例占三分之二至五分之四)。

现今典型的女性就业领域将出现最大的劳动力缺口

向以人为服务对象的职业转移(社会、教育与保健服务)在就业人数预测评估中已显现出来,这表明,按照现今依据性别的分工模式,就业市场上女性劳动者的比例会上升。如果想更充分地利用那些目前已拥有较高技能水平的女性劳动者,那么就要在提升相应职业领域专业化的同时完善相关的社会与就业政策,以保证她们能够更好地协调好职业与家庭的关系。

未来 10 年需要技能转型

不论是劳动力短缺还是劳动力过剩,在现实中均不会出现。企业会针对劳动力需求进行策略调整。劳动力供应方面,年青人在培训与职业选择方面会与时俱进,政策干预也会缓解劳动力短缺与劳动力过剩问题。各职业领域内的劳动力短缺和劳动力过剩的分布情况体现了在未来十年内,在技能转型上存在哪些需求、劳动力市场何以才能达到均衡。而不是单一反映出居高不下的失业率与严重短缺劳动力的状况。

2025 年之后,高素质人力资源日益紧缺

在劳动力供应不足的情况下,对劳动力专业化的要求越低,调整的措施就越简单。在这种情况下,就不必开展长期的技能培训。这样一来,"餐饮服务与洗涤行业"对劳动力的大量需求就不会显得那么棘手,因为该行业很大一部分的从业者尚未获取技能培训证书。与此相反,在从业者素质较高的就业领域中,流动性较小(表 H3 - 3A)。在这种情况下,调整措施需要着眼于长期的资质培养过程。

本评估预测,直至 2025 年,高素质劳动力的就业领域可能会出现长期的供应瓶颈,这是因为人员退休会带来一轮较大的人员减少(参见 A1 章节)。

① 姆·蒂曼、哈-姚特·沙德、瑞·黑姆里希、阿·哈尔、乌·布劳恩、佩·博特:《联邦职业教育研究所职场领域定义》,波恩,2008 年,第 24 页。
② 此处需注意到,《德国国家教育报告(2008)》尚未能添补上政界在教育峰会上发布的《目的宣言》。

对就业市场或经济政策进行预测，用以消除人口变化带来的劳动力瓶颈，这并不是这一份教育评估报告的任务。但是，遵循这一研究路径，让不同的就业市场研究专家提出建议，让政府在决策时进行选择，以应对中长期人口变化所带来的瓶颈：如何显著降低失业率、提高求职率（通过更早进入职场、延迟退休年龄、提高女性就业程度）、提高生产率，[①]这些问题依然向教育行业提出了不少要求。倘若没有教育行业的积极参与、没有覆盖各年龄层次、从幼教直至成教的学习机会在数量与质量上得以提升，这些所谓解决方案必然将沦为一沓空头支票。

劳动力发展需要扩充各层次的教育成果

Ⓜ概念注释

联邦职业教育研究所、劳动力市场与职业研究所资质与职业主要领域项目：联邦职业教育研究所、劳动力市场与职业研究所资质与职业主要领域项目是和弗豪霍夫应用信息技术学院（FIT）和经济结构研究协会（GWS）合作进行的，是一项在共同的职业领域定义下和统一的数据采集的基础上协调进行的调查劳动力供需的研究项目。

基于多年微型人口统计调查的数据，对求职者数量进行职业与领域归属的统计，根据资质水准、年龄和性别对求职者进行归类。

在技能层面，国际教育分类标准分级体系共分为4级：不具备常规资质（国际教育分类标准1、2、3A）；具备一项专业技能（国际教育分类标准3B、4）；具备师傅、技术员、专业技校水准（国际教育分类标准5B）；具备高等院校毕业水准（国际教育分类标准5A、6）。

在职业层面，联邦职业教育研究所的职业领域划分（蒂曼等：《联邦职业教育研究所的职业领域定义》，波恩，2008年）与12个主要职业领域里的供需双方均有关联。这里涉及54个职业领域，在职业规章层面（在1992年职业分类中被标记为3 - Steller）得以整合，并且各自表现出职能特征与领域主导力。

与国民经济统计相比，微型人口统计调查倾向于表现小额数量的求职者。因此本调查将结构上中立的微型人口统计调查提升到国民经济统计水平。

需求评估预测项目：需求评估预测项目呈现的是从1996 - 2007年（现时数据）以及直至2025年（项目年份）所存在的需求（求职者），其根据是12个主要职业领域中所选职业在4个技能水准上所存在的差异。需求评估预测项目的研究基础是劳动力市场职业研究所INFORGE模型，根据59个经济分支分类进行的劳动力需求调查（直至2025年）。该模型涉及的是宏观经济的输入/输出模式，在结构原则的基础上区分了59个经济分支、59个商品种类以及43种使用方式。在就业市场上用潜在求职人数表明职位的供求关系。工作需求以小时数为基准加以确定，也就是说，这项指标首先由完成生产所必须的工作量所决定。最终将根据人数进行分类。一名劳动者的年平均劳动时间在需求评估预测项目中从1318小时（2010年）提升至1321小时（2015年），并将会上升至1354小时（2025年）。

需求评估预测项目对经济的增长或者技术的进步并不作出任何特定的假设，其建模基础已包含了所考察的时间段，同时也考虑了人口老龄化所导致的消费方式与消费需求的变化。

与就业的时间结构相关：如果人们把该项目的人数统计方式变更为等额全职，那么从宏观上看，雇佣方需要的劳动力数量（以人数计算）将会减少。相应地，如果用“全职/兼职/不完全就业”描述2009 - 2025年的状态，那么从宏观上看，雇佣方需要的劳动力数量将会提升。但是这样做既没意义也不可能，因为对于职业领域以及具有领域特征的工作而言，必须对变量进行准确分析。为统计总数，需要用两个独立的模型对“工作供应项目”进行统计，这些模型和职业需求评估预测项目一样，都是构建于相同的统计系统和数据来源的基础之上的。这里提到的是经济结构研究协会的联邦职业教育研究所的DEMOS模型，展示了劳动力市场职业研究所INFORGE模型中的切面，并且围绕着已经确立的弗豪霍夫应用信息技术学院模型，这一模型已在知名的联邦政府及各联邦州州教育规划和研究促进委员会的预测中得以使用（博

① 参见阿·伯尔施-祖潘、茨·波·维尔克：《德国劳动者以及具有劳动力者人数中长期发展状况说明》，2009年，相似内容也可参见哈·博宁、莫·施耐德等编写：《从直至2020年的劳动力市场供需情况预测教育与职业的未来》，《未来职业研究所研究报告》第九辑，波恩，2007年，第21页及后续页。

宁等:《联邦政府及各联邦州州教育规划和研究促进委员会 2002 年》,2007 年)。

如果说弗豪霍夫应用信息技术学院模型是一个过渡模型,那么联邦职业教育研究所的 DEMOS 模型(经济结构研究协会)的供应项目则是一个整体模型。该模型中的工作供应是多个彼此独立的程序的结果:按照性别划分的年龄绝对值发生变化且影响了相对值,以联邦统计局的人口预测(第 12 次协同人口预测)为基础。人口的变化不仅确定了年龄段和性别的划分,还最终决定了潜在求职者的数量,即年龄在 14-66 岁(或 68 岁)之间的人数。这一模型的基础源于一项新的退休年龄规定。

紧接着的是技能认定过程,这一过程的特点是技能评定人数在增多,尤其是女性劳动者的比例得以上升,并且由获得技能证书的时长决定。

流动性比例涵盖的范围有:求职者拥有灵活性并从事其他职业领域中的职业活动,企业招募具有其他职业资格证书的人员。"流动性比例"这一概念是在 2005 年微型人口调查中实现流动性的基础上,根据职业领域统计所得,本评估预测调查依然保留了这一概念。

H4 对各教育领域的深入分析

H2 章节中已有阐述,当学习者的数量只受到现有教育措施的影响时,人口变化会对不同教育领域内的入学率产生何等的影响。这些假设是继续思考各教育领域内的挑战和机遇不可或缺的基础。下文将对此进行深入剖析。这些思考后得出的结论是以各领域特殊的发展情况与变化为前提,还有些是从制定教育政策与教育需求的变化中分析得出的。此外,H3 章节中描述的就业市场过程与假设还可从社会变迁进程角度加以观察,从中推导出针对未来各教育领域的结论,也涉及人力与资金需求的结果。

4.1 学前教育,照料与早教

人口变化对学前教育领域的影响,必须要与父母抚育幼儿需求的发展动态结合起来进行考察。同时家庭与社会政策等调控举措也会直接且长期地影响到学前教育名额的数量与形式,并由此形成社会外部条件,反过来又需与作用于人口出生率和家庭/工作的因素互相协调。

3 周岁至入学年龄儿童接受教育的发展情况

直至 2025 年,非城市州地区就读幼儿园人数将下降

根据教育预估(H2 章节)的结果,德国国内 3-6 岁儿童的抚育幼儿需求将减少(图 H4.1-2A)。与 2009 年相比,旧联邦州地区在 2025 年只有不到 18 万的 3-6 岁的儿童上幼儿园,到 2013 年,上幼儿园的孩子将减少 15.5 万名(图 H4.1-3web,表 H4.1-3web)。总体来看,这一减少人数占 10%。而到 2025 年,城市州的 3-6 岁上幼儿园儿童的数量将上升 11%左右。新联邦州地区的人数变化最大。到 2025 年,上幼儿园的儿童数量将减少近 7.2 万人,与 2009 年相比下降了 22%。

3 周岁以下幼儿接受教育人数的发展情况

在贯彻《儿童促进法案(KiföG)》的大背景下,联邦政府、各联邦州、乡镇已达成共识,到

2013年上下半年交替之时，德国国内3岁以下幼儿进入日间照料机构的平均比例将达到35%。以已获通过的《儿童促进法案》为基础，自2013年起，1－2岁的幼儿父母依法享有申请日间照料机构名额的权利。该法案致力于将德国国内的平均比例提升到35%，而预期的实现比例，旧联邦州地区为32%，新联邦州地区为50%，城市州为42%，这是由德国青少年研究所在2005年一项针对父母的问卷调查得出的结果。[①] 这一结果也纳入对2013年预期的名额需求估算之中。根据这一结果，在预测考察的年份之后，幼教的需求不会持续增加。

在这一基础上可推知，到2013年，各旧联邦州提供给小于3周岁幼儿的日间照料机构名额将会增加50%以上(图H4.1－2A)。相应地，2009－2013年间，日间照料机构名额将增加26.36万个，总数将达到49.1万个(图H4.1－1，表H4.1－4web)。城市州的日间照料机构名额需增加26%，即1.39万个名额。在此期间，各新联邦州小于3周岁幼儿数量也将上升。

图H4.1－1 2009－2013年以及2013－2025年根据联邦州群体划分的两种发展情况针对3岁以下儿童招生名额的更多/最少需求进行的模型计算

来源：联邦及各州统计局，2010年教育预测，临时数据

目前的扩充计划是，《儿童促进法案》扩充的额外名额中的30%将分配给各旧联邦州(包括柏林)，用于幼儿日间照料。按此计划，在2009－2013年间将扩充8.3万个日间照料名额。为了实现这一目标，现有的日间照料名额必须翻番(参见C2章节)。

日间照料机构的名额需求取决于机构的发展状况

3周岁以下幼儿入学的备选方案

并不能排除这么一种可能，即在法律生效之后，对3周岁以下幼儿日间照料的需求会持续增加。原因在于：公众在3周岁以下幼儿日间照料的讨论中，在总体上是持赞同态度。再加上未来会有更多的儿童日间照料名额，这些都让3周岁以下幼儿入托现象成为一

在某些情况下，35%的日托率并不能满足需求

① 维·比恩、特·劳申巴赫、贝·里德尔主编：《由谁照料德国儿童？》德国青少年研究所-照料儿童研究，柏林，2005年。

种社会常态。家庭形式的变迁(参见 A3 章节)、传统的女性职业对劳动力的需求情况(H3 章节),可能会使养育 3 周岁以下幼儿的职业妇女的比例不断增加。2008 年,这一比例在各旧联邦州是 28%,直至 2025 年对入托名额的需求还会增长。在这一背景下,除了原来的预估结果,还可能会有另一种发展趋势(图 H4.1 - 4web):2013 年之后,日托需求会持续增长,而这一需求取决于各新联邦州目前的幼儿日托状况。

2025 年,各旧联邦州的托儿需求比例达到 46%,需增加 21.25 万个名额

如果和各新联邦州目前的需求相类似,各旧联邦州的日托需求比例直至 2025 年平均增加至 46%,那么,届时就要增加 21.25 万个名额(图 H4.1 - 1)。2013 年之后,城市州的需求也会继续增长,2013 - 2025 年间将需增加 9000 个入托名额。

直至 2025 年,各新联邦州所需求的入托名额数量将大幅减少

各新联邦州的情况则有所不同:即便在 2013 年以后,需求比例从目前的 46%增加至目前萨克森-安哈特州的 55%,需要的名额数量依然会减少 1.83 万个,因为日间照料机构的扩充工作仅部分抵消了人口数量减少所造成的影响(表 H4.1 - 4web)。如果入托率没有提高,甚至会减少 2.94 万个入托名额需求。结合 3 - 6 岁儿童入托名额需求减少的状况,在未来 15 年内,各新联邦州幼儿教育的总体情况将与 20 世纪 90 年代一样,面临着巨大改变。

2013 年之后,各联邦州与各乡镇的入学人数究竟会按照哪一种预测模式变化尚无法确定,只能在未来几年内,小范围地对父母的幼教需求进行调研。2005 年所进行的调研已经表明,个别联邦州以及各联邦州内城市地区与乡村地区的需求已经偏离了预估的国内平均值 35%,因此,将因地制宜地贯彻与实施《儿童促进法案》。

资金与人力需求

根据每个幼儿的预计支出,2009 年,德国全联邦范围内对托儿所到上小学这段时间的总支出达到了 151 亿欧元左右(表 H4.1 - 1A)。预测到 2013 年,总支出将上升到 159 亿欧元,直至 2025 年将减少至 155 亿欧元。在增加 8 亿欧元预算的背后,是针对小于 3 周岁幼儿教育的支出(包括日托支出)将增加 18 亿欧元,而这一支出增长将被幼儿园支出所减少的 10 亿欧元抵消一部分。

如果小于 3 周岁幼儿教育的需求像另一个发展模式所预测的那样,在 2013 年依然保持增长,那么到 2025 年,各旧联邦州与城市州在幼教领域的支出将大致增加 14 亿欧元,而各新联邦新州的该项支出则减少 5 亿欧元。这里只部分考虑了为增加幼教名额所进行的投资。这笔支出的总数额将在很大程度上取决于这些名额究竟是通过改扩建现有幼教机构,且是通过建立新的幼教机构或是通过扩建日间照料机构而增加的。此外,为了提高幼教质量,也会导致支出持续增长。

旧联邦州地区和城市州需额外增加人力照料 3 周岁以下幼童

至于人力需求方面,依据 2009 - 2013 年提升幼教资源的计划,将在各旧联邦州(包括城市州)额外增加约 3.9 万个全职岗位。假定日间照料机构的平均师生比为 1∶3,照顾 3 周岁以下的幼儿教师还需增加 2.9 万人。与之相比,各旧联邦州的幼儿园教育行业,则由于入园人数减少且师生比保持不变,全职教师需求量将减少大约 1.6 万名(表 4.1 - 2A)。如果如预测的那样,3 周岁以下幼儿教育需求在 2013 年之后持续增长,直至 2025 年,将额外需要 3.1 万名全职教师和 2.3 万名保育员。

而在各新联邦州，2009－2013年间，幼教领域中人力需求将总体减少3500个全职岗位。直至2025年还将减少8400个全职岗位。这样一来，根据预测结果，从2009年到2025年，将减少24%的全职岗位需求，而根据另一个估算模式，幅度略小将减少大约21%的全职岗位(表4.1－2A)。

早期教育在人口发展因素下所面临的挑战

未来几年，各旧联邦州的首要任务就是开设新的幼儿日间照料机构，扩建已有机构。另一个挑战是，未来要从顾及教育质量的角度出发，根据各地不同需求，因地制宜开设新学校、改建已有校舍。需要改善的不仅是3周岁以下幼儿教育机构的师资问题(参见C3章节)，而且还要改革学校开放和教学时间，以更好地协调职业与家庭的关系。

未来将在持续充足的培训师资背景之下通过新培训出的教师来满足各旧联邦州对于3周岁以下幼儿教师的更大需求，或者像在若干联邦州那样，通过保育员加以满足。此外，幼教领域被新引入本科专业，只要这些专业的学习名额数量在未来几年内得到显著增加，就可扩充师资供应数量。另一个潜在的新师资来源是那些放弃教职的人员在结婚生育之后重拾教职。

改善新联邦州地区师生比的可行性

在各联邦新州由于大幅减少的幼教需求所带来的转型机遇，应该首先运用到改善该地区幼教机构缺陷众多的、人力不足的师资问题上。与旧联邦州相比，新联邦州的师资质量要差很多(参见C3章节)。如果在教育需求减少的情况下保持现有教工人数规模，那么，幼儿园的师生比将从目前的1∶12.3(参见表C3－15web)提高到1∶9.4，3周岁以下幼教机构的师生比将从目前的1∶6.6(参见表C3－7A)提高到1∶5。这样至少从中长期来看，新旧联邦州地区的师生比将趋于平衡。

对于幼儿人口减少、人口密度不高的地区而言，所面临的挑战是如何维持现有的幼教基础设施。总体而言，比中小学规模更小的为低龄儿童设置的教育机构会保留下来。而在那些幼教机构最终不得不被关闭的地区，公共青少年服务机构有责任提供幼教学习名额。只要不会带来更长的接送时间，也可以在征得父母同意的基础上，由私人日托所提供接受教育的名额。在这里需要保证这些机构中的师资具备实施幼教计划和提升幼儿语言能力所必须的资质。也可以尝试幼儿园与小学合作，为偏远地区创造就近入学的条件。

4.2 普通教育与职业学校

根据针对学校领域的预测，普通学校的学生数量将从2008年的900万减少至2025年的730万。

主要是人口聚集区以外的区域遭受到中小学人数减少的影响

小学生人数将减少15%，而初中学生人数将减少22%。中小学生人数减少主要集中在旧联邦州非城市州地区。2016年之后，新联邦州学生人数也会显著减少(表H4.2－1A)。加上地区结构条件因素，那些在人口聚集区以外的区域(地区类型Ⓜ2、3、4)将首先受到中小学人数减少的影响。旧联邦州的中心城市以及城市州将不会感受到任何人口变化所带来的影响，新联邦州的中心城市甚至还会在初中领域迎来更多的学生人数(图 H4.2-1，表 H4.2-2A)。

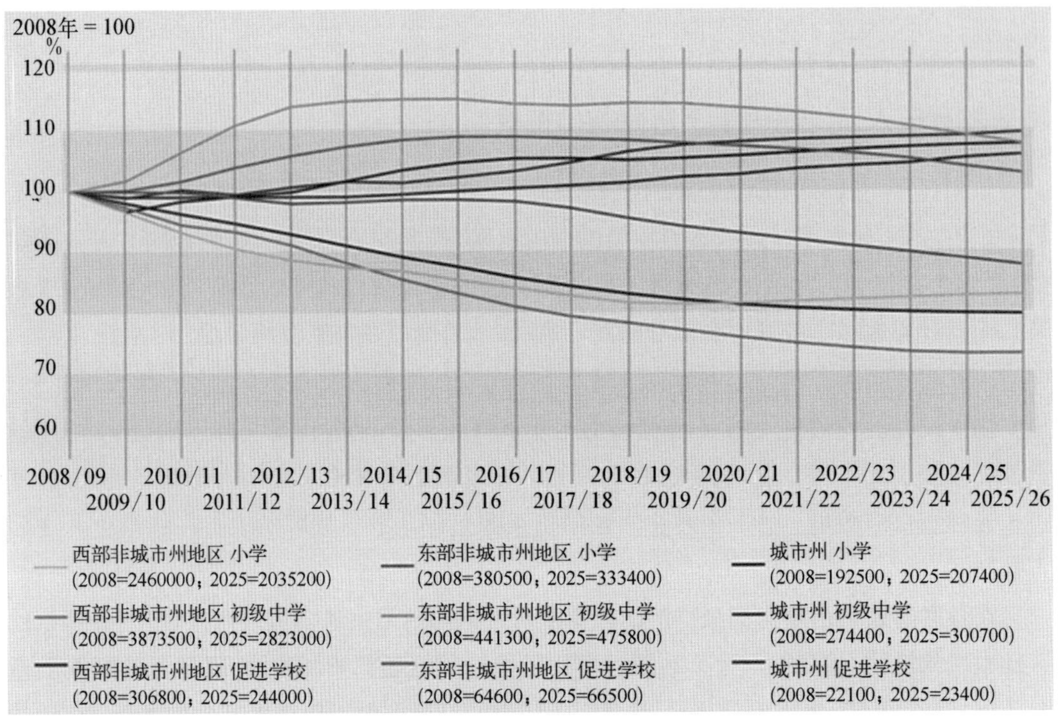

图 H4.2-1 2008-2025 年根据联邦州群体统计的小学和初级中学学生人数变化趋势

来源：联邦及各州统计局，2010 年教育预测——基础变量，临时数据

对于那些毕业生能够申请大学的中学，未来预期的人口变化也会使这些学校的人数减少，高中学生数到 2025 年将减少 21%，相似地，这一减少对不同地区的影响也各不相同(图 H4.2-2，表 H4.2-1A)。

学生人数持续减少情况下的小学发展趋势

乡村地区尤其受到小学生人数减少的影响

人口减少带来的后果之一，即确保基础教育资源的问题，将首先出现在新联邦州的乡村地区，这些地区的小学生人数预计将会再次减少四分之一(表 H4.2-2A)。想要在这些地区把小学数目不断减小的趋势维持到最低程度将变得越来越困难，因为那里目前每所学校的学生人数已经很少，并且还在不断减少(表 H4.2-3A)。旧联邦州的一些地区也会面临相似问题。这些地区将采取措施及时规划并引入不同种类的学校形式，而这些措施也同时可被视作是一个机遇，从教育学角度来看，支持有意义的发展变化。可以预见的可能性有：建立跨年级班级、加强与幼儿园以及其他青少年服务机构的合作，以维持人口稀少地区的小学教育网络。也可以通过加强各教育领域合作的不同形式以及通过拓展全日制学校，确保每个人口聚居区的学龄儿童就读小学与初中学校的基础教育资源。其他国家有很多这样的案例，即通过利用小学校舍来为当地提供不同层次的教学服务，使得在人口少的地区也能够完成必要的基础教育。

对于大城市而言，维持小学教育资源规模的原则性问题基本不存在。作为人口变化的

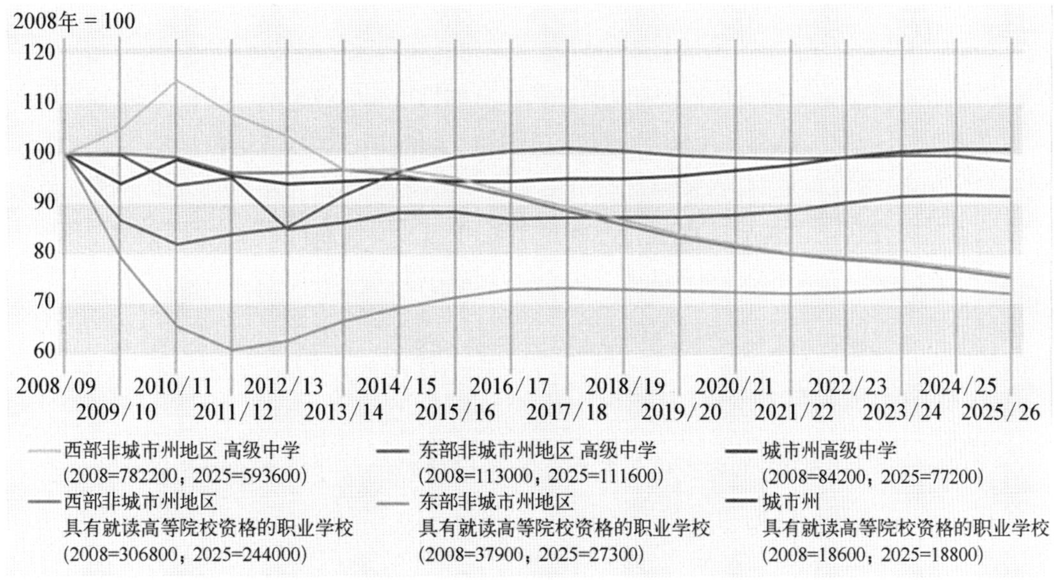

图 H4.2－2　2008－2025 年根据联邦州群体统计的高中学生人数变化趋势

来源：联邦及各州统计局，2010 年教育预测-基础变量，临时数据

结果之一，社会空间上的差异可能会由于居住地附近小学的差异而被拉大，并且在个别情况下还会对学生的学业发展造成消极影响。对于这些学生，在制定和实施教育政策时，必须给予特殊关注，个别问题要通过有目的的干预，与其他政府部门一起协同解决。不同公立学校之间的择校过程以及选择就读私立学校在未来都可能会加剧这一趋势，并使小学完成它们所承担的融合社会各阶层的任务变得愈加困难。

确保大城市小学的阶层融合任务

初级中等教育学校的发展状况

鉴于在可预期的时间内，学生人数将持续下降，因此和新联邦州一样，为了将地区学校类型缩减为两种学校形式(参见 D1 章节)，许多旧联邦州也开始改革学校结构。那些拥有 3－4 级学校体系的联邦州，也是由于近年来锐减的中学生人数，开始考虑调整学校结构。这样有助于让更多的学校能因地制宜地继续开办下去，因为它们的学生人数超过了规定的最低标准。①

在深入考量初中学制结构时，由于那些对学习/发展不利的外界环境，“学业发展”这一方面意义更为重大，尤其是对于一部分综合中学和实科中学而言，可以通过教育调研来判定取得成绩效果的情况，看看哪些情况会对学生的学业发展造成不利影响。② 这些不利因素主要体现在初级中等教育学校划分为四类学制体系所造成的低入学率。在普通中学和实科中学入学率不断走低的情况下，这些严重问题值得警惕，因为这会对取得整个中学领

① 姚·里德布施：《主体中学是要被淘汰的学校类型吗？——德国主体中学状况研究》，刊载于《巴登·符腾堡州统计月刊》2009 年第 11 期，第 18－28 页。

② 姚·鲍默特、皮·施塔纳特、瑞·瓦特曼：《不同学习和发展环境的学校结构及其生成》，刊载于姚·鲍默特、皮·施塔纳特、瑞·瓦特曼主编：《论教育界内学生的出生差异：不同的教育过程与分配公正性难题——2000 年国际学生评估项目框架内的深入分析》，威斯巴登，2006 年，第 95－188 页。

域的成绩效果起到负面作用。

已经开始的中学学制改革将会影响初级中等教育各类学校的入学率,也可能会对中学毕业形式的发展产生影响,而不仅仅是由于就业体系对技能的需求日益上涨才需要继续花大力气去实现2015年度普通中学肄业学生比例减半的目标。同时还要降低的是普通中学毕业生比例,因为在就业时,在各类普通中学文凭中,普通中学文凭相对其他中等教育学历以及高等院校学历已愈发缺乏竞争力(H3章节)。因此,需要通过制定相关政策力图改变在H2章节里(表H2.1－2A)描述的各类中学文凭的前景,提升中学毕业生的学历跨上一个更高的台阶。

各类高级中等教育学校的发展状况

各地区学生数量在各类高级中等教育学校领域的变化也存在着巨大差异。预计在未来几年内,新联邦州地区的学生数量将达到2008年的水平;城市州的学生数量将略微减少。根据预测,新联邦州地区的高级中等教育学校学生人数以及具备升入大学学习资格(HZB)的职业学校学生人数将减少近四分之一(图H4.2－2,表H4.2－1A)。

保留乡镇地区具备申请大学资格的学校

要预测高级中等教育学校入学率在未来的变化趋势其实并不容易,因为在学制缩短的情况下文理中学未来到底会如何发展尚不明确。尤为不确定的是,作为衔接大学学业、在文理中学之外的第二选择,职业学校和普通高级中学(即综合学校、复合学校等)到底能在多大范围内受到学生的认可。此外,职业学校学生在未来也能申请进入大学学习,这一规定的意义愈发重要。这些学校类型在特定范围内显得尤为合适,使出身下层社会、学业成绩良好的学生能够获得继续在高级中等教育阶段求学的机会。扩大能够申请大学的学校类型的选择面,目前还有很大的地区差异,并且这和普通教育学校、职业学校的关系也很不同(表H4.2－4A)。为了让这些由人口变化带来的差异不再被拉大,在制订教育政策时必须要考虑到一点,就是要在乡镇地区最大限度地保持其现有的基础教育结构。不同种类的与当地条件适应的形式(包括普通教育高级学校与全日制职业学校之间的合作可能性)都将在这一领域变得愈发重要。

要预测有多少高级中等教育学校具备申请大学的入学资格非常困难,因为即便人口变化趋势趋近,各联邦州的发展态势也很不一致。可以确定的是,“现状预测”模式对具有申请大学入学资格毕业生的数量变化(H2.1章节)方面的预测结果要低于实际发展情况。因为这一预测并没有将过去几年中的新趋势(即具备申请大学入学资格的学校类型越来越多)纳入到预测之中,而是将2008年达到的水准假设为在未来始终恒定不变。

特殊教育的发展状况

按促进重点不同,划分为类型各异的促进学校

在考量特殊教育领域发展时必须以细致分类的视角从九大促进方面加以观察(参见D2章节)。与此相关的是特殊教育学校数量的稀缺性(表H4.2－5A,表H4.2－6web),还有大量学校依靠私人赞助方可运营。这首先意味着,专长不同的各类特殊教育的专业师资具有高度的地区聚集性,尽管在特殊教育的很多情况下需要接受特殊教育的学生分布是随机的。目前只有教学重点为“学习”且教学重点限于“精神发展”的特殊学校才拥有相关的

特殊教育师资，这些学校遍布在每个乡镇与城市。

仅仅是因为《联合国残疾人权利公约》所施加的压力（H2章节），就要结合人口变化趋势对特殊教育学校发展进行预测，其实并不那么现实。就目前关于公约要求的各项改进所进行的讨论状况而言，该领域未来的走势还并不明确。一方面，在特殊教育机构的选择问题上，父母的权利将会变得愈发重要。另一方面，为了让有接受特殊教育需求的学生更好地融入进普通学校，必须对课程进行充分地调整，而且要采取措施让教师们具备相关技能且乐于和特殊教育专业人员进行合作，这样才能应对潜在的各种挑战。

在乡镇地区协调特教学校和特教融入几无可能

正如政策所期待地那样，在中心城市还存在着很大的协同特殊教育的政策空间。可是在乡镇地区，由于学生数量持续减少，已经完全不可能。各联邦州在发展特殊教育时，需要以"学习"、"语言"、"情感"以及"社会能力发展"为重点，根据各地情况制订出相关的解决方案。这些方案在多大程度上涉及到其他一些不太常见的教学重点，如"看"或"听"（这部分学生如今也会时常上网），还需要进行一个专业的评估。这是在学校设置需求与相关专业人员配备之外也需考虑到的方面。

人力与资金需求

如果目前的学校结构和师生比保持不变，那么到2025年，特殊教育领域的师资需求将随着学生人数的减少，下降到10.7万个岗位，相当于目前普通学校人力需求缩减了18%。这将产生94亿欧元（占目前教育支出的19%）的财政空间。但正如前文所述（H2.2章节），多方面的限制以及在部分学校已经开始为提升教学质量实施改革，势必导致师资与财政需求减少，因而上述这一发展预期并不大可能实现。

人口变化对学校领域的影响在各地区截然不同：城市州必须预估到额外的支出，只有各旧联邦州能够拥有充分的转型空间。乡镇地区则存在着严重的投入不足与投入需求大的问题，尔今需要显著加大资金投入。[①] 因此，必须区别对待学校领域中的人力与资金需求的变化，例如根据学校类型和资金来源不同来考虑其不同的发展趋势。

学校领域所面临的长期挑战

过去那些为改善教学质量所采取的措施并不总是能得到充足的资金支持。2001年文化部长会议的"七项行动领域"所达成的改革提议[②]尚有四分之一的提议直至今天仍然需要额外的人力与资金投入：例如继续扩建全日制学校、改进入学程序、提高移民德语水平以及其他的改善措施；例如"第二次机会"项目，该项目旨在提高来自低文化水平家庭学生的学业成绩。此外，还有保留乡镇地区偏远学校的措施，通过提供足够的教育资源来保持这些地区的吸引力。而且，特殊教育的深入发展也会带来更多的人力与资金需求。这一份关于学校领域的任务单呈现了这样一种必要性：利用学校改革的潜在空间，才能应对未来不断增多的挑战。

---

① 姆·赖登巴赫等：《各乡镇投资拖欠款与投资需求——规模、原因、后果及策略》，德国城市规划研究所，柏林，2008年，第167－211页。

② 2001年12月5日至6日德国文化部长联席会议第296次全体会议决议：《改善德国中小学教育的措施——国际学生评估项目结果公布之后的初步应对方案》。

4.3 职业培训

职业培训领域内供需发展状况

人口变化对职业培训体系产生的影响,成为左右职业培训市场需求的众多决定性因素之一。对于职业培训的三个领域而言,要预测对职业培训名额的需求并不像对学校教育体系进行预测那样容易(H2 章节),因为在培训市场供需状况发生变化的情况下,年轻人与企业的选择可能都会发生改变。根据教育预测的结果(图 H2.1-2,表 H2.1-3A),直至 2025 年,双元制教育体系的学生人数将减少 25%,职业学校体系的学生人数将减少 27%,而过渡体系的学生人数依然将保持在 24 万人左右。

替代方案不是基于推断,而是立足于劳动力需求

作为教育预测的替代方案,下面的这个关于 2025 年职业教育过渡的预测项目将劳动力需求和减少的职业教育学生联系了起来:依据该项目(H3 章节),直至 2025 年培训名额的供应数量将会维持在 2007-2009 年的平均水平(表 H4.3-1A),[①]因为在该项目中,2025 年中等技能领域的就业率将几乎保持不变。可以预见,从长远来看,企业在双元制中的培训需求将大致和用工需求保持平衡。

与 2008 年教育峰会上达成的目标相一致:将没有培训经历的青少年比例减半

在这一以劳动力需求为主导的项目中,直至 2025 年,双元制培训和职业学校体系的新生数量只会比现在减少 4%,而过渡体系将会逐渐消失(图 H4.3-1,表 H4.3-1A)。这一项目中针对技能培训领域与过渡体系之间关系转换方面的预测是比较贴近实际情况的,因为在毕业生数量减少的情况下,未来双元制学校和职业学校的新生是以减少现在的过渡体系生源为代价而获得的。此外,还可能出现一定的双元制学校生源向职业学校转移的情况,因为根据劳动力预测报告,将会出现(双元制)工业-工商业专业人员的需求和迅猛增加

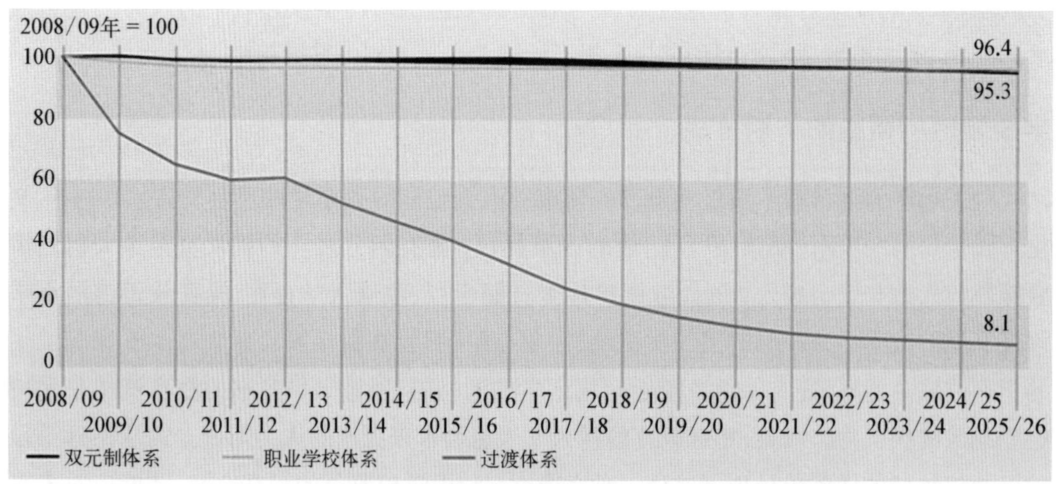

图 H4.3-1 2008/09 学年直至 2025/26 学年职业教育培训领域招生名额预测(数据值 2008/09 学年=100)

来源:联邦及各州统计局,2010 年教育预测-第二预测方案,临时数据

① 2007-2009 年的培训供应量包含扩张与危机阶段的数据。

的医疗与社会服务专业人员需求之间的转变。而所预期的过渡体系生源减少意味着决策者所面临的挑战，要通过相关政策有的放矢地来应对这一萎缩。该项目与2008年德累斯顿教育峰会上所阐释的政策目标相一致，就是要把没有培训经历的青少年比例从17%减少到8.5%。

一项以过渡体系年龄段（16－19岁）的毕业生为样本，关于潜在的继续教育需求[M]与继续教育资源相互关系的研究表明，2009－2025年间，需要参加继续教育的潜在学生人数将减少20万人左右（图H4.3－2A，表H4.3－1A）。与目前的数据相比，如果未来几年的年平均入学人数下降到80万人（与2009年的85万人相比，图H4.3－2A），那么在各级别培训课程之间，争夺生源的竞争将日趋激烈，至2025年会愈演愈烈，届时年平均入学人数将下降到70万以下。

新联邦州地区已面临中长期劳动力缺失问题

按照地区分类，在研究样本中，新联邦州地区的过渡体系学生目前已经表现出较为严重的供应过剩（表H4.3－2A），即便这一过剩状况会稍微缓解，到2013/2014年也依然会维持这一水平。在研究样本所属的时间段末期，将略微降低（达到40%）并趋于平稳。在这种关系之下，从整体来看，将会给培养年轻的专业劳动力造成很多问题，从中期来看，将会导致新联邦州地区劳动力市场的专业劳动力[1]供应出现严重的瓶颈。

就旧联邦州地区而言，如果目前尚存的固有需求和过渡体系滞后的市场份额能够融入到职业教育中，那么，劳动力供应的严峻情况在2015年之后才会出现（表H4.3－2A）。对于城市州以及其他人口聚集区而言，即使来自周边地区的职业培训申请者将会略微缓解这一问题，但这个时间点可能还是会提前来临。

职业学校名额的发展状况

由于在校人数减少，职业学校的发展陷入了一个两难境地：既要保证双元制职业教育中的专业班级，又要保留全日制的职业学校（H4.2章节）。

培训场所与职业学校之间缺失地区关联度可能导致培训名额减少

虽然根据不同时间段与不同标准所获取的有关职业培训和职业学校的数据并不具有直接的可比性，但借此还是可以在一定程度上区分职业培训与职业学校。毕竟在职业培训领域中，职业学校也需肩负一部分责任（表H4.2－4A）。尤其在旧联邦州地区，职业学校资源都集中在人口聚集区，这给周边地区带来了消极影响。鉴于热门职业开设的专业培训班级仅集中在少数几个职业学校，这既可能造成潜在学员流失，也可能会让企业因为当地缺少培训学校而放弃为青少年提供职业培训。由于大多数培训专业仅在少数职业学校开设（联邦州级别的专业班级），这一趋势的加剧将使偏远地区的培训条件变得愈发恶劣。在职业学校体系方面，地区职业学校在确保教育资源名额上也面临着类似困境。现在已有些设想，如通过开设针对职业领域的专业班级且采取相类似措施以保持培训场所与职业学校之间的地区关联度。总而言之，在学生人数减少的情况下，关注职业学校对地区经济的意义显得尤为重要。

---

① 乌尔默、乌尔里希于2008年针对双元制培训的预测与需求预估趋势较为接近。

从2025年劳动力需求视角看职业教育面临的挑战

针对职业培训资源的发展趋势和潜在需求的研究，既不是从宏观也不是从地区层面来考察不同职业的特殊性。但是它既决定了青少年的职业选择行为，又影响了企业作为职业培训主要提供者的供需状况。从根据职业群体而进行的劳动力需求的预测来看，目前所有职业主要领域Ⓜ在职业培训中的需求依然还是没有得到满足(已有需求也一并纳入)，因此未来几年内，人口变化所带来的潜在需求减少，对于培训机构(企业、全日制职业学校)并不会造成严重的结构瓶颈(参见E2章节)。①

医疗、社会行业以及酒店服务业面临严重的招工困境

根据劳动力需求预测，在未来十年内，服务业领域中的3个行业会在职业培训招生上面临越来越大的困难——"医疗、社会服务、身体护理行业"、"艺术、媒体、人文与社会科学行业"、"餐饮服务业和洗涤行业"(这些领域中的大部分是技能资质较低的劳动者)。目前，这些领域行业内以女性劳动者为主，直至2025年的人力需求将会明显增加(H3章节，表H3-1A)。

面临的挑战：提高双元制和职业学校体制的入学率与再次培训率

受到人口变化影响而可能产生的职业培训困境因所在地区不同而产生差异，需要通过目标明确的教育/培训政策方可解决。基于在E章节和本章节描述的发展趋势，教育和培训政策面临的问题如下：

未来10年，如何提高继续教育的报名率(尤其是那些最多具有普通中学文凭、或具有移民背景的学生)？在普通教育学校中完善就业导向、提高从未参加过职业培训学生的参与度(例如借助个人指导、更好的过渡体系管理)等措施究竟扮演着一个怎样的角色？

如何才能把当前的过渡体系与全资质职业培训协调统一起来？

毕业生就业竞争加剧会导致职业教育的吸引力变大么？例如和其他学校的毕业生相比，职业教育毕业生的专业口径宽，适应能力更强。

如何保证各地(尤其是人口稀少地区)拥有充分的非全日制与全日制职业教育基本资源？在这方面，跨地区的教育机构应该发挥怎样的作用来不断丰富职业教育资源？

由于在过去十年中，很多没有培训经历、具有培训意愿的青年未能获得学习机会，因此为这一群体提供相应的继续教育资源又将成为一个难题。

新联邦州须在短期内采取措施

特别是在新联邦州，人口变化将导致未来几年内对职业培训的需求大幅减少。这一情况短期内必须加以解决，因为潜在的专业人才减少将威胁到这些地区社会与经济的可持续性发展。

人力与资金需求

针对职业教育领域内的人力需求所进行的估算工作，对于非全日制职业学校和部分全日制学校(例如职业专业学校)而言是有意义的。在其他教育形式中，学生人数与师资力量之间不存在任何标准化的关系。根据另一个项目的估算，直至2025年，只会在过渡体系中才会出现大量的裁员现象，而这首先是出于提高过渡体系教学质量的目的才进行的。在非

① 整体观察视角也估计到部分地区、部分职业领域(例如：手工业)处在后继无人的窘境。

全日制学校和职业学校中，增加聘用人员的需求有限，因为非全日制学校主要在扩展专业理论课程和通识课程，而职业学校体系将迎来双元制体系带来的转型。

在目前的预测调查中，由于人口变化而节省下来的开支为64亿欧元(H2章节)。在这份调查中，可观的开支节约既不是出现在双元制学校体系也不出现在职业学校体系，因为学生入学数量大体保持稳定。按照劳动力预测调查将产生从双元制学校到全日制职业学校的转型，由此可能会引起职业学校体系产生更高的开支，而这些开支仅仅靠减少双元制学校投入还不够，因为这些开支均由私人企业承担。过渡体系中真正有培训需要的青年人数在减少，根据教育预测调查(表H2.2－3A)和替代项目模式中的开支项目，可能最终会在2025年产生巨大的结余。目前，为了让过渡体系学生更好地融入到继续教育体系之中，可能会在这个方面首先产生开支。此外，无需考虑过去十年中那些参加了职业培训却没有结业的劳动者所造成的支出。

只有在过渡体系可能会出现有限的结余，而这要很长时间才会发生

4.4 高等院校

在高等教育领域，人口变化只是决定教育需求的一个方面。同等重要的方面至少还有迄今为止的教育经历和个人的决定与选择：某个年龄段中只有一部分人申请大学，而申请者中又只有一部分能够开始大学学业。因此，起决定作用的是：具备申请大学入学资格的学校的相对入学率(在统计学上称为“大学准入率”)以及用来描述中学/大学之间的“升学率”(参见F1章节)。在过去，就影响上大学的需求而言，入学率要比人口因素重要得多。[①] 从小学到高中毕业的学制缩短，即九年制文理中学过渡至八年制文理中学以及由此带来两届高中毕业生同时毕业，在短期内形成一种特殊影响因素，明显增加了上大学的需求。

除人口因素之外，接受教育情况也决定着就读大学的需求

在对高等教育领域进行评估预测时需要注意，过去的短期发展情况经常会使评估预测偏离长远的发展趋势。高校毕业生在就业时遭遇的专业招聘周期(例如工程技术学或信息学)有时会抑制上大学的需求，有时会刺激上大学的需求。从目前来看，还无法预计经济发展对具备申请大学资格的学生就读大学学业的兴趣究竟会产生何种可能的影响。[②] 因此对于高等院校而言，在现状估算模式的结果之外，还计算出了两种可能：一是中期升学率提高5%，二是中期升学率降低5%。

高等教育领域预估结果

教育评测报告(H2章节)展示了高等教育领域最重要的趋势：在整个评测时段内，高校持续处于高负荷状态。按不同的变量Ⓜ均可预计到(表H2.1－3A)，至少到2025年高等教育需求依然居高不下(图H4.4－1)。届时，并不会出现大学生数量“短缺”。此外，这还意味着，至少到2025年，一个在过去被视为是“负担”的需求压力可能会变成“持续负担”，

高等院校在预估时段内高负荷运转

① 参见2008年《德国国家教育报告》编写组：《德国国家教育报告(2008)》，比勒菲尔德，第119页。

② 由于该原因，当前提供的大学未来入学需求发展状况预测并不包含指定专业的预估结果。

即便不是所有地区的高等院校都会遭遇同等程度的问题,在高等院校升学率基本持平的情况下,由于 2011 - 2013 年间高中毕业生数量会双倍增加,因此大学新生数量预计将出现先增长之后缓慢下降的变化。根据评测结果,大学年均入学人数要到 2019 年才会下降到 40 万人以下,这一数值在 2009 年才第一次被超越。其他结果还表明,在 2025 年大学入学人数还是会明显高于 20 世纪 90 年代的数值(图 H4.4 - 1,表 H4.4 - 3web)。直到 2020 年之后,学生人数依然高于目前水平,之后才会略微减少(表 H4.4 - 1A)。

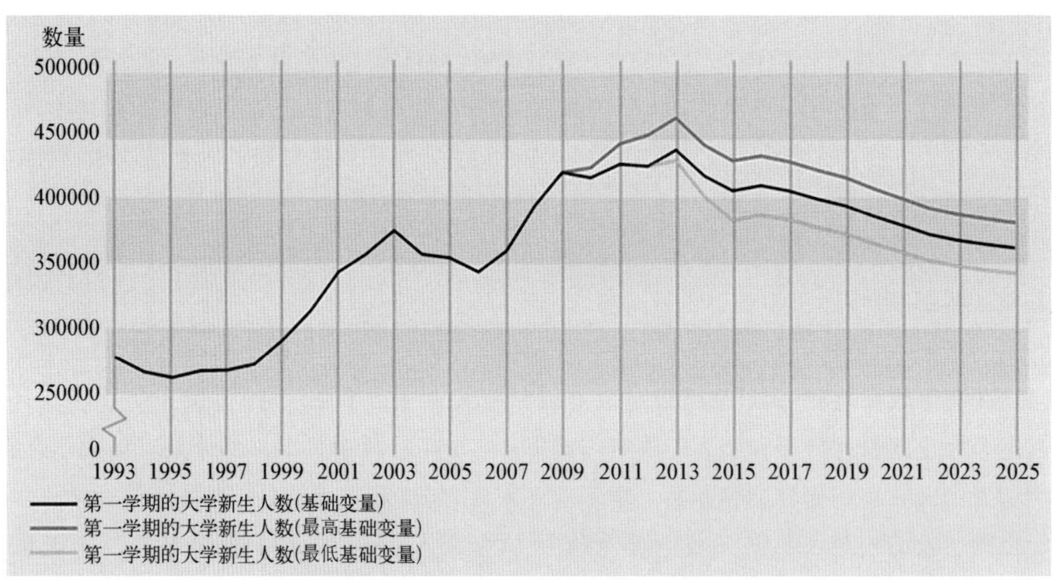

图 H4.4 - 1　1993 - 2025 年大学新生人数预测变量*

* 包含行政管理学员以及职业学院(自 2010 年起)

来源:联邦及各州统计局,高等院校数据库,2010 年教育预测,临时数据

高校领域资源需求持续增加——高校方案仅能满足最低需求

这一背景之下,还关系到需提供的资金与人力资源,以应对在大学申请率和升学率上升情况下持续处于高位、不断增长的高等教育需求,且需确保较高的教育质量。为 2010 - 2020 年制订的《2020 高等教育协定》Ⓜ,计划到 2015 年额外增加 27.5 万名大学新生。这一预期发展可能会大幅增加大学学习名额需求。根据评测结果得出假设,至少需要增加大约 6.4 万个学习名额,甚至还需增加 17.5 万多个大学学习名额(表 H4.4 - 4web)。

直至 2023 年,毕业生人数至少维持在当今水平

毕业人数的变化趋势与入学人数的变化趋势类似,大约到 2016 年会持续增加,之后会逐渐减少(H2 章节)。根据测算结果,直至 2023 年高等院校毕业生人数与现在的毕业人数将大致持平(表 H4.4 - 5web),而在应用技术大学,这种情况则会较晚出现,因为其培养的本科生数量还会略微增加(表 H4.4 - 1A)。但并非所有的毕业生在毕业后就立即进入就业市场。随着本科毕业生数量的增加,会有更多的学生选择留在学校继续攻读硕士学位。即使从理论上看,供应与需求之间的直接平衡并不可能,即将毕业的大学生人数也足够满足就业市场(尤其是第二服务业领域)对于大学学历专业人才日益增长的需求。但这种情况依然会维持在劳动力需求评测报告对未来几年内劳动力需求的估算范围之内(H3 章节)。未来,在数值上达到平衡的情况可能会随着专业特殊方向的不均衡而一同出现。

人力与资金需求

在未来几年内，依然持续增长的学生人数必然导致高等院校体系内的人力与资金需求持续增长。评测结果表明，直至2018年，这一需求将会和目前水平持平甚至超越现有水平（表H4.4－6web，表H4.4－7web）。之后先出现一个略微的下降趋势，临近评估预测时间段末尾时才会加速减少的趋势。如果上述预测结果准确，那么从2009－2014年针对教工的需求将增加8400个岗位（+7.8%）。直至2024年才会下降到2008年的水准以下（表H4.4－8web）。值得注意的是，为了扩展研究领域、提高教学质量以及实现终身学习，高校体制内的人力资源需求依然会继续存在。

高等院校评测的地区差异

中期来看，高校区位结构不受到威胁

除了个别例外现象（例如北莱茵-威斯特法伦州新成立了几所应用技术大学），目前的高校区位结构并未呈现扩张的趋势，也没有任何趋势表明会出现区位结构的集聚。未来15年内，即使学生人数不会继续增长，针对高等教育的需求依然会保持高位，因此并没有任何区位结构集聚的必要性。到2030年以后，高校区位结构才可能由于需求减少而面临新的挑战。可是，高等院校拥有独特的组织策略，足以应对人口变化带来的影响。高等院校可以通过特殊的学业设置、在校或函授的专业学习、目标明确的市场策略来影响人员流动性（更高的就读率、更高的入学率、更深入的国际化、新的目标群体）。这意味着，高等院校虽面临高负荷，但在一定程度上可以和人口发展脱钩，例如高校可以不要只关注某一特定的年龄群体，而是将自己打造成终身学习的机构。

各地区大学新生数量不一

根据教育评测报告的结果，未来将会出现区域间的发展差异。直至2025年，城市州的大学入学率还会保持在约95%的水平，与2008年已达到的水准保持一致。旧联邦州地区必须先应对大学入学人数不断增加所造成的挑战，直至2014年才会出现一个入学人数下降的趋势，到评估预测调查时间段的末尾预计会达到2008年入学人数的93%。而在新联邦州非城市州地区，入学率在2011年就会下降到85%左右，并且将会持续保持在低于85%的水平（图H4.4－2）。该地区下降了的出生率（表H4.4－8web）已在具备入学资格的学生人数急剧减少上显现出来。然而，该地区的入学人数最终还是呈现持续增长态势（参见F2章节）。

新联邦州地区维持大学新生数量亟需旧联邦州地区的“大学新生移民”

目前的发展状况和预测结果都与高校协议中达成的结果相一致，即利用新联邦州地区的教育资源及其受到人口变化影响而减弱的入学需求来平衡旧联邦州地区所增加的需求。只要和其他教育领域相比，高等院校领域内的流动性更高，那么，上述思路是可行的。但是对于大约三分之二的大学新生而言，当地就近的教育资源依然是一个重要的考量标准，对于五分之一的学生而言甚至是决定性标准。[①] 根据一项基于调查结果的统计，自2012年起，为了保持新联邦州地区的学生数量保持稳定，旧联邦州地区必须每年输入8500－9000

① 茨·海涅、姚·维利希、哈·施奈德、德·佐默：《2007/08学年第一学期大学新生数》，2008年。《高等院校信息系统论坛》，2008年第16期，汉诺威，第195页及其后续页。

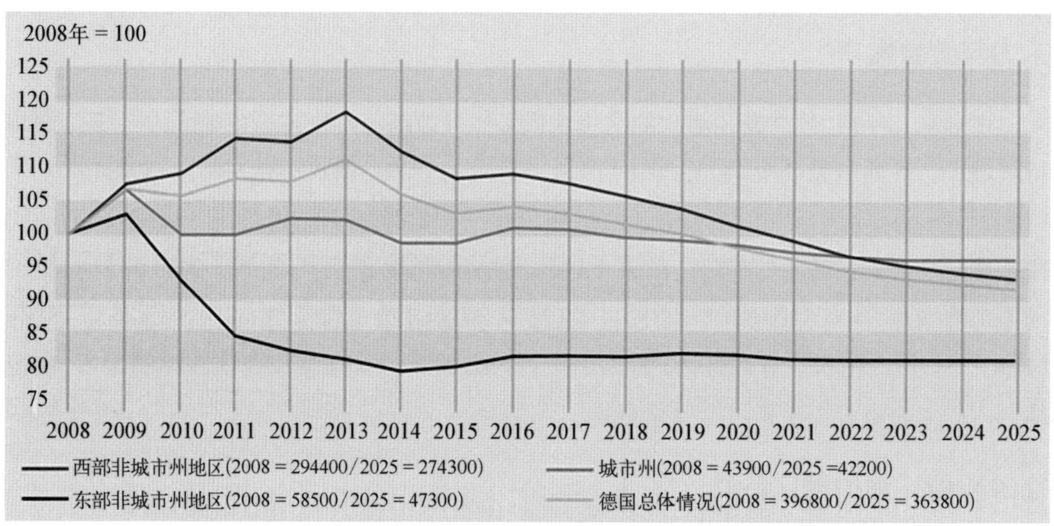

图 H4.4 - 2 2008 - 2025 年根据联邦州群体统计的大学新生人数*
(基础变量,数据值 2008 年=100)

* 包含行政管理学员以及职业学院(自 2010 年起)

来源:联邦及各州统计局,高等院校数据库,2010 年教育预测-基础变量,临时数据

名大学新生前往新联邦州地区。在过去,这样一种流动模式并未被觉察到,进入新联邦州的"大学新生移民"少之又少(表 H4.4 - 2A,表 H4.4 - 9web)。目前实施的大学推广策略以及由于两届高中毕业生同时毕业导致的地区教育资源瓶颈会对大学新生选择大学就读地造成何等的影响还有待于观察。

高等院校面临的长期挑战

大学必须吸纳新的学生群体

高等院校面临着多重挑战:在未来几年里它们不仅要以现有的教育资源来应对预计增长的学习需求,还要在需求增加的情况下保证教学质量与教学效果。当前的大学生社会结构业已远远偏离了现实的社会结构(参见图 F2 - 3),因此大学必须吸纳新的求学群体,例如带有移民背景的学生或来自目前受教育程度较低的社会阶层(参见 F1,F2 章节)。在校生与毕业生中的女生比例还会持续增长。目前一些男生主导的专业,尤其是工程技术方面的专业,必然将会招收更多的女生。

大学转变为终身学习场所

有鉴于大学新生入学年龄相对变小,但在与之相关的就业问题方面,年长者的就业情况较好,必须重新分配和利用所有能够用来学习的时间。高等院校必须加快节奏转变成为终身学习的场所。这有助于在所有年龄层之中提升并灵活把握接受高等教育的机会,例如高等院校可以从更广阔的人群中接纳学生、[①]增加非全日制与远程授课的教学资源、提供在职学习机会、提供产学研结合的学习方式,或者允许将职业技能转换为学分等。[②] 在职者针对专业知识进修的需求还会迅猛增长,一方面是由于具有大学毕业文凭的劳动者数量增多,另一方面是由于高等院校毕业生极高的进修积极性,且具有大学学历、有工作经验的劳动者的平均就业率更高。在一个老年人比例越来越高的社会里,高等院校必须更多关注

① 参见 2008 年《德国国家教育报告》编写组:《德国国家教育报告(2008)》H4.6 章节,比勒菲尔德,第 175 页及其后续页。
② 参见瑞·布尔等主编:《打破壁垒! 将职业教育与高等教育衔接起来》,明斯特,2008 年。

退休人员的学习需求。

4.5 成年人的继续教育与学习

在一个知识更新越来越快的社会里,从功能结构上看,继续教育早已变得十分重要,在人口变化进程之中,其重要性还会日益突显。继续教育涉及到社会生活的所有领域:从经济到政治参与,从个人生活到医疗健康(参见I1章节),而且不只是局限于个别人群。其核心是如何在人生中重新安排在校学习时间(H5章节)。基于这种认识,下面将集中介绍一个讨论,该讨论的主题是:人口变化对人口年龄结构变化目前究竟产生何种影响。这里讨论的前提是,继续教育的行为和组织形式的变化,从长期来看,一直依赖于现有的学习和培训机构。①

对于50岁以上的人群而言,人口变化带来的挑战并不仅仅出现在职业培训领域,即使这一群体目前在培训领域占据极其重要的地位(参见G1-G3章节)。如果到2025年,64岁以上群体占总人口中的比例超过26%(参见A1章节),那么退休人员得要拥有在校学习机会,这也将成为融入社会的一个重要前提。②

基于人口与劳动力需求预测基础上的继续教育发展趋势

继续教育参加者年龄结构发生改变

现状调研项目中关于各年龄群体接受继续教育的参与率的章节中提及,在人口变化的大背景下,接受继续教育的学生数量以及年龄分布的总体结构都发生了改变。老龄人口在不断增长,而目前这一群体的继续教育参与率却很低。如果各类条件不发生变化,直至2025年,参与继续教育的人数将大幅减少(图H4.5-1,表H4.5-1A),而且继续教育参加者的年龄结构将推移到更高龄的人群中。鉴于政界致力于提高50岁以上人口的就业率、提升其社会参与潜力,更新升级现状调研项目的意义不大。

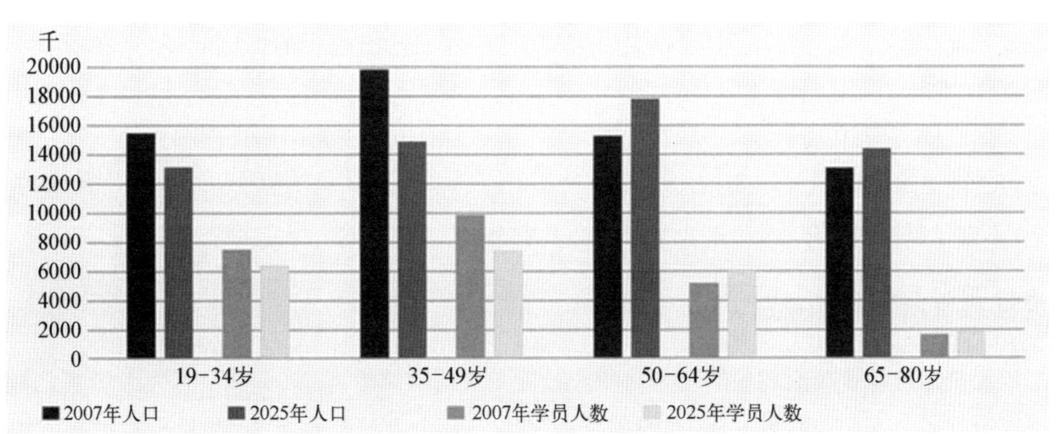

图H4.5-1 2025年各年龄段参加继续教育学员人数预测

来源:TNS Infratest社会调查,2007年成人教育调查,慕尼黑大学EdAge项目;联邦及各州统计局,第12次人口预测(基本变量),2007年人口统计,自行统计

① 参见《鉴定书(五卷本)》,弗·阿赫滕哈根、维·伦珀特主编:《职业生涯中的终身学习-取决于儿童及青少年时代》,奥普拉登。

② 瑞·蒂普特尔、贝·施密特、斯·施努尔等:《年长者的教育——人口变化下的机遇》,比勒菲尔德,2009年,第94页及其后续页。

在职业培训方面,必须优先考虑高龄求职者

在本调查报告考察的时间段内(直至2025年),50－65岁人口占就业人口的比例将持续上升,直至2025年将达到38%,而2006年时只有29%。① 由于参加职业培训的经历以及企业培训Ⓜ机会对于求职会起到决定性的作用(图H4.5－2web),就企业和决策者而言,对继续教育领域提出的要求会越来越高。因此,为了保持高龄求职者的技能水准与劳动效率,必须大力拓宽职业培训资源,才能有助于提高这一年龄群体中求职者的比例(与企业培训项目的比较,参见表H4.5－5web)。

非企业培训的情况也很相似。如果借助于"业余大学统计数据Ⓜ"来预测目前业余大学课程的学员结构,在人口变化的大背景下,课程组成结构将在未来几年内发生改变。直至2025年,49岁以下的学员所占比例将会急剧减少,50岁及50岁以上人群的比例将会逐渐影响课程结构,并将改变继续教育资源的组织结构与方式,例如改变课程的主题(表H4.5－2A,图H4.5－3web)。此外,还需要考虑继续教育行为与受教育程度之间的依赖关系。2007年时,47－62岁的人到了2025年将构成65－80岁的群体,如果只统计65－80岁人群中受教育程度较高的人,那么该群体在2007年接受继续教育的比例将从12%提升到17%,提升幅度超过三分之一(表H4.5－3A)。

在提供公共继续教育资源方面存在着巨大的地区差异

在非企业培训中,职业技能培训与非职业技能培训在培训场地方面通常都在同一个地方进行。业余大学的继续教育资源在课程设置方面表现出极大的地区差异,其中也包括德国境内不同地区的学校在提供继续教育机会方面表现出的巨大差别(表H4.5－4A,图H4.5－4web)。例如,按照课程资源来考量接受继续教育的机会,在巴登-符腾堡州接受继续教育的机会是在勃兰登堡州的4倍,是在汉堡州的3倍。对于50－80岁的人群而言,这一机率显得更加不容乐观(表H4.5－4A)。继续教育资源在供应层面上始终存在着巨大差异,随着人口不断减少,这些问题在新联邦州地区可能还会持续恶化。

需针对退休人士提供更优质的学习资源

未来某些群体会日益壮大,这些人在退休后将会失去联络社会以及塑造个人生活的信息来源,对于这些人而言,继续教育可以一种特殊的方式在社会融入和社会参与方面作出重要贡献(参见I章)。以卫生健康知识培训为例,探究已出现了的那些问题,这在所有年龄群体,尤其是在高龄群体中具有重大意义。成人继续教育调查的补充统计"EdAgeⓂ"所得到的数据表明,依据性别、年龄和教育状况,在参加卫生健康知识培训课程学习上会呈现出巨大的差异(表H4.5－6web,表H4.5－7web)。在这方面存在着革新继续教育的广阔天地,不仅仅是针对老年人,更是为了开发公共资金与人力资源。

继续教育所面临的挑战

当前的继续教育资源并未适应人口变化

无论是与职业技能相关的还是与职业技能无关的继续教育,似乎都没有为人口变化做好充分准备。在职业领域方面,目前的企业实践以及个人的教育行为[参见本教育报告中的G1与G3章节以及《德国国家教育报告(2008)》中的G1章节]都没有为一个"老龄化的社会"的继续教育创造必要的条件。希冀借助学校来发挥继续教育的作用,从而对人口变化施加影响,亟需从三个方面共同发力:

① 联邦统计局及各联邦州统计局第12次协同进行的人口预测(基本变量),人口统计,截止日期为2006年12月31日。

- 为了激活各层次的求职者，尤其是那些低技能人员、失业人士和底层职员（H4.3 章节）在所有就业领域内的潜力，职业培训究竟应当发挥怎样的作用？
- 鉴于大龄职员与女性职员在职业培训（尤其是在企业培训）中的弱势表现，引申出一个问题：培训机构的主体（不论是企业还是公共机构）是否需要制定以及如何制定出一个提升劳动者技能水平的策略，从而提高该群体的工作参与度、填补潜在的劳动力缺失？
- 根基于"老龄化社会"视角，针对那些退休人群制定继续教育政策显得很有必要。这一政策既要通过提供地区间均衡的教育资源来提高总体的继续教育入学率，又要试图激励目前在继续教育领域中未受到重视的教育程度较低的群体。这一政策还要兼顾具有移民背景的群体，这是未来十年内诸多重大挑战之一。

人力与资金需求

继续教育领域人力需求数量增加、职业化程度提高

鉴于承担继续教育任务的主体性质上的差异以及学习形式、人力投入理念的多样性，在有关人力资源状况与拓展资金来源这两个问题上缺乏可靠的信息。因此，在教育人力需求的介绍中（参见 B4 章节）并没有关于继续教育人力需求方面的内容。在 H2 章节中的教育预估中也没有提及继续教育领域中的人力需求。上文已论述过，对于所有年龄层次的群体，在第一次接受过学校教育后，在所有的社会领域内针对继续教育的需求都会持续增长，由此背景可预见，继续教育领域中也会出现人力需求的巨幅增长。除了数量增长之外，该领域内从业人员的职业化程度也会提高，这些人员经常在一种不连续的雇佣关系与"边缘职业化"①状态下工作。

需在继续教育领域内取消目前严厉苛刻的财政政策

过去十年里，继续教育支出的主要变化趋势是先减少[直至 2005 年，《德国国家教育报告(2008)》，第 32 页]，之后停滞（参见 B1 章节）。未来持续严厉苛刻的财政政策可能既会对保障劳动力需求的质量与数量，也会对各年龄群体的社会参与（尤其是老年人群体）造成更大威胁。在此，无需确定明确的资金数量，不断激励私立与公立的继续教育承办主体（也包括继续教育参加者）继续投入资金显得尤为必要。

Ⓜ概念注释

根据聚居地区类型统计的人口数量： 联邦建设、城市和空间研究所（BGSR）在描述定居结构不同之处时使用了以下 4 种聚居类型：聚居类型 1：核心城市；聚居类型 2：人口密集的郊区；聚居类型 3：周边乡村；聚居类型 4：农村地区。联邦人口、城市和地区研究所根据年龄群体加以划分，对直至 2025 年定居结构中聚居类型的人口数量变化作出了地区性的预测，并根据第 12 次协同进行的人口预测结果调整了数据。

潜在的继续教育需求： 潜在的继续教育需求以第 12 次协同进行的人口预测为基础，通过处于职业培训的适龄青少年的平均年龄结构（16－19 岁）进行测算。实际的需求主体其实总是涵盖更广阔的年龄段，因此，实际情况要比图表曲线所呈现的数据要高出许多（图 H4.3－1），实际数值与由年龄曲线决定的平均值有关。另一方面，它不仅包含了对完全技能职业培训的需求，也包含了对更高级别的普通教育（文理中

① 佩・福尔施蒂希：《继续教育》，刊登于凯・斯・科尔蒂纳、姚・鲍默特等主编：《德意志联邦德国教育事业》（全新修订版），赖因贝克，2008 年，第 674 页。

学高年级/大学)或者没有培训背景人员的求职需求。

职业主要领域: 参见H3章节的概念注释。

高等院校预测的变量: 2009年的基础变量(现状统计)是在升学率提高的基础之上用来描绘2009年迅速增长的入学人数。这一数据直至2012年都会不断上升,之后出现线性下降并且保持中等水平(对过去拥有的数据进行平均化统计)。上层变量的升学率保持稳定,保持在5个百分点的增长,而下层变量则表明,在2012年之后,升学率将持续下降并且从2015年起将下降5个百分点,并保持稳定。

《2020高等教育协定》: 参见F2章节的概念注释。

企业培训: 参见G1章节关于继续教育类型的概念注释。

业余大学统计数据: 业余大学统计数据提供的是德国业余大学活动的相关信息,每年由德国成人教育研究所(DIE)发布。这里展示了2008学年全部957所业余大学中953所学校的课程数量以及学校预算方面的数据。以课程学员年龄为统计标准,大约有84%的业余大学公布了有关开课数量的信息。需要注意的是,所统计出的参与课程数据未能排除个别学员的重复统计现象。

成人继续教育调查—补充统计EdAge: 45–80岁人群的继续学习行为,在德国联邦教育与研究部预测框架中包含的“EdAge-高龄群体的教育行为与教育兴趣”,作为成人继续教育调查的补充统计,由慕尼黑大学教育学院进行调查。4909次访谈既覆盖了成人继续教育调查到的所有问题,又涉及其他主题领域,例如医疗教育领域等。

H5 面临改革压力的教育行业

目前有诸多关于教育政策方面的讨论,例如在课程、学制结构不断面临改革压力的背景下如何为德国的教育行业争取更多的资金来源。而导致这种改变的原因,除了全球化背景因素、经济发展愈发以知识经济为主导之外(参见A2、A3章节)还有人口变化的因素。人口变化将加速教育业众多的改革进程,这其中也蕴含着教育政策的机遇。

以下内容将从四个基本维度来探讨人口与教育形式之间的互相影响:终生学习的时间分配(时间维度)、不同地区的教育资源分配(空间维度)、不同教育机构的合作结构(机构维度)以及教育领域人力和资金配备(资源维度)。

终生学习——教育时间的重构

时至今日,传统意义上个体的学习时间主要集中于青少年时期与成年初期。这一传统的时间组织方式已由于知识高度的更新而饱受质疑,学到的技能很快就会过时,因此,让学习与就业并行或是短暂中断就业去继续学习就变得越来越有意义。此外,就人口变化所带来的劳动力短缺而言,在劳动者就业与退休时期延续、补充或者在必要时提供学习机会显得尤为重要。这样一来,终生学习将成为巩固个人与整个民族的教育水准与技能潜质的必要条件,并尽可能长时间地在就业体系中让劳动者习得的技能维持时效性。

对于退休人员,不断学习也将变得愈发重要:随着教育水平的提高,这些人在退休后或是在工作形式改变的背景下,学习兴趣会日益增强。从“老龄化社会”角度看,也有必要为这些退休人士创造学习条件,以提高这一群体的总体社会参与度。此外,还要努力兼顾目前在继续教育中被忽视的教育程度较低的群体。

仅仅是这些方面就足以促使人们重新思考传统的“教育、就业、退休”这一时间分配模式，每个人都应该思考如何将学习时间更深入地镶嵌至自己的一生之中，例如如何衔接好工作、家庭、业余时间与退休生活，得以达到既让个体满意也让受教育时间对社会生产发挥更大的效用。在不同的教育领域，时间的重新分配以及各自面临的挑战也各有不同。

过去20年间，这一发展趋势主要是由对学龄前教育理解的转变以及针对3周岁以下幼儿开设幼儿园和扩建日间照料机构所决定的。在未来几年内，学前教育机构（尤其是针对3周岁以下幼儿的学习阶段）仍将会持续发展（H4.1章节），并且还会与人力资源培训改革发生关联，以满足对这一学习阶段所提出的新的教育需求。

在中小学领域，先前确立的目标（即高效利用学习时间并习得技能），其最明显的表现就是将文理中学的学制缩短为8年。这一改革已经在多数联邦州得以实施。如果将年龄因素也一并考虑在内，可以预见，由于会有越来越多的学生希望上大学并且接受相应更长的学制教育，学习平均时间会不断延长。与此相关联的是，进入双元制职业教育的平均入学年龄也会不断提高。

目前还出现了一种情况，即许多想要参加过渡体系培训的学生必须要耐心等待才能获得接受培训的机会，这一等待有时甚至会持续多年。在未来的几年内，这种情况将会逐渐缓和（H4.3章节），并且将让过渡体系培训生在毕业后立刻获得职业培训或全日制培训成为可能。与此同时，还要继续提高学习过程与教育资源之间的相互渗透，以消除那些依然存在着的、阻碍继续教育的障碍。

针对成年人的职业教育，因目标群体不同，其任务也各有差异：

- 为了巩固和发展个人能力，要为所有的劳动者（目前看来尤其要为大龄劳动者）提供更多的职业培训与继续教育的机会，以延长他们的工作时间来弥补劳动力缺口。这一措施也为保持企业的竞争力创造了条件，使其能够满足企业自身与企业之外的需求。
- 有机会接受高水平的在职培训，这对于参与双元制职业培训和具有大学入学资格的毕业生而言显得尤为重要。这一群体为了更早地进入就业领域而放弃了继续深造的机会，他们需要，并且也应该利用好相关的继续教育资源。
- 另一个重要的目标群体是受教育程度较低的人群。针对这一群体，必须要组织不同形式的补充技能培训，通过补齐各类文凭来为他们的社会融入与经济融入创造一个重要的前提条件。H3章节中的劳动力市场统计预计在未来的15年内，低技能劳动力人数会居高不下（大约130万人），并不能充分地满足劳动力市场的需求。针对这一群体可以提供大量的技能补习课程。

针对有就业经验的成年人所进行的培训和继续教育可能会成为目前职业教育机构的一项重要任务。在未来，高等院校也必须更强烈地意识到自身作为终生学习机构的存在意义，不仅要更广泛地参与到继续教育之中，还要重新调整高等院校的学习资源（H4.4章节）。与职业相关的学术资质将会对职场晋升以及把握好最新行业动态提供日益重要的推动力。本科/硕士学制改革已经在学制结构上铺平了道路，大幅度调整了学习与就业之间的关系。鉴于个体与社会对职业技能的需求，必须为在职人员在高等院校里创造更多的培训机会。高等院校也可以作为继续教育市场上的资源提供方开发出新的潜在需求，并且让更多的人在其职业生涯的不同阶段以及退休后的人生阶段里为他们创造更多的在高等院校接受继续教育的机会。

如果从总体上考量教育领域的各阶段,可以预见,传统的教育核心阶段(即中小学、首次职业培训、大学)相对而言将会变得不那么重要。一方面,正如上文所阐述的那样,由于时代转变带来的结构调整,成人阶段的教育与技能培养需求正在日益增加。另一方面,可以预见学前教育将会不断得到扩展与促进,随着托儿要求的法律条款化,自 2013 年起,可能会得到进一步的发展推动(H4.1 章节)。

地区差异:教育政策与教育规划的空间维度

很多迹象表明,人口变化将会加剧地区差异。未来将会出现更多繁华的中心城市,而老工业地区和乡村地区的人口流失将会加剧。在这种情况下,所有地区都必须争取人口资源的最大化。因此,要为具有定居意愿的人提供具有吸引力的教育资源。由于幼儿教育、中小学教育和普通继续教育很大程度上依赖于各地的财力,因此存在着这样一种可能,在财政收入存在差异的不同地区,教育潜力得以发挥的程度也会各有不同。如果不断提高毕业率作为一项政策目标只是在城市核心地区和人口聚集区才得到贯彻的话,那么,目前在入学率上早已存在的地区差异可能还会继续固化甚至拉大距离。因为相对而言,这些区域目前的教育水准已经很高。

此外,在人口聚集区,居住区域分化的趋势也会愈发明显,这一趋势差异性可能会随着父母能够自主选择幼儿日间照料机构与中小学而日益加剧。这里尤其需要关注的是那些来自教育水平较低阶层以及具有移民背景阶层的孩子。在德国,确保提供地区分布平衡的、能减小社会差距的教育资源,是公共教育规划的核心任务之一。在此,有一方面表现得日趋明显,即必须要拓展传统的地区教育形式和国家对教育资源供需的规划。数量上的扩张不能与教育组织结构的改革相分离。超越不同的教育领域、超越不同的教育分支,促使教育机构形成网络并且加强不同地区、不同教育主体之间的合作变得愈发重要。职业教育中的全日制学校和过渡体系培训管理就是这种合作的范例。这样一来,区域规划就与迄今只停留在联邦州层面或跨联邦州层面的政策讨论结合在了一起。

机构的发展

将接受教育的过程更好地融入到个人的生命历程之中,必然会带来针对教育机构的改革需求,需要根据地区特点,发展不同的教育设施。即使目前各教育领域中存在着巨大隔阂,在短期内尚无法得到解决,各地的经验业已表明,依靠政府在各个领域之间建立组织、网络与联系是可行的,例如设立合作机构或者圆桌会谈机制,通过跨领域合作为该地区创造更好的教育机会。

尤其是在人口急剧减少的乡村地区,人口变化带来的影响极大。在这些地区,通常只能通过幼儿园、小学、文理中学、职业培训学校、职业教育中心、继续教育机构以及企业-职业教育中心和应用技术大学之间的合作才能实现教育资源的最优化。为了保证非全日制职业教育培训资源并提升全日制学校的教学质量,跨区域的教育机构也可以成为合作的主导力量，从而通过整合公共资源、各类协会和民间机构为稳定甚至改善当地的培训与基础教育资源创造条件。因此，各联邦州应该搭建好外部条件，用以倡导、激励各类教育机构之间进行各类形式的合作，以避免出现教育资源短缺现象，并且允许各地根据当地特殊的、新的需求，对教育基础结构进行适当调整，从而使各地区不同年龄层次的人群均有机会接受教育、均有机会升学。

对教育业的人力与资金需求的影响

教育资源的持续发展就是为了给公民在人生各阶段提供更好的教育与技能培训机会，这对教育行业的人力与资金需求有着深远影响。对于人力需求的现状预估(H2 章节)表明，直至 2025 年将会减少大约 12.6 万个全职岗位。这里并没有把直至 2013 年 3 周岁以下幼儿教育的发展所带来的人力需求以及大学生数量增多对人力资源随之造成的影响一并计算在内。虽然本调查报告未能预测出继续教育领域可承受的压力，但由于该领域将面临额外任务，定能够带来明显的人力需求增加。因此，只有在中小学领域才会出现预期的职位缩减现象。

从财政方面看，人口变化只可能在中小学领域带来重新分配的空间余地——既可改善中小学的教育质量，也可为其他教育领域提供资金支持：

在学前教育领域，3 周岁以下幼儿教育的预算方面，预计在超过 2013 年的目标值之后还会继续增加。此外，针对幼儿园缺少足够的全日制学习名额的状况，尚需提高目前的入学率，而为了适应更高的教育要求，则需要通过额外的培训措施去提升教师资质。文化部长联席会议[①]确定了“七条行动纲领”，为提高中小学领域内教工人员资质确定了范围广泛的培训措施条目(H4.2 章节)。也许职业培训中企业承担部分将会减少，但在很长一段时间内，针对企业培训的需求依然会不断增加，因为大龄求职者依然过剩，40 周岁以下、还未具备认证培训资历的劳动者仍需再次接受培训。对于具有大学入学资格同时又谋求参加继续教育的申请者而言，亟需为其不断丰富双元制职业培训的学习资源并创造出更多的培训机会，高校和企业才能满足不断增加的需求。因此，要对企业培训资源进行结构上的调整，而不是削减培训资源，这才与承担培训任务的企业以及这些企业长期的用人政策相吻合。

在高等教育领域方面可以看出，原先所规划的发展策略本身并不能够满足预期的发展需求，也不能为提升高等教育质量创造必要的条件。从长期发展上看，如果把这些措施比喻为“地下隧道”，那么可以发现，从 20 世纪 80 年代起联邦政府就开始尝试对高等院校发展策略做出调整，以应对所谓的“暂时负担”。而当时的学生数量并未预期减少，而且从目前来看，预计在未来十年内想要进入大学学习的学生人数依然会保持在高位，不会减少。长期居高不下的大学生数量也证实了持续发展大学继续教育的必要性，但这种观念在如今的高等教育领域只扮演一个边缘角色。而且大学还必须要对外国申请者开放，以便从长远的角度去填补就业体系中潜在的需求缺口。

---

① 2001 年 12 月 6 日，德国文化部长联席会议第 296 次全体会议《新闻公告》。

鉴于在未来几年内,国家财政将继续为教育领域的不断发展与改革提供足够的支持,因而在发展策略总体确定的背景之下,现存的改变空间余地并不是很大,想要通过改革各教育领域与其他领域之间的关系来获取额外的资金,就显得希望渺茫。而预算政策若只是提高单项资金,又必然会降低预算的灵活性。所以,改善资金分配机制、加强对项目资金使用的监管且协调好所有教育领域,将成为教育行业财政政策制定时的一项越来越重要的任务。

这里所提及的教育领域对资金的额外需求,也许早已超越了由人口发展所决定的资金流动空间。因此,目前在政策层面上对财政框架进行讨论(将教育和研究支出提高到国内生产总值的10%),对于保障教育领域的资金来源而言,就显得恰到好处。鉴于教育对于未来社会发展的战略意义,如果在目前经济不景气的状况下不确保教育的优先地位,那么将产生灾难性的后果。世界经济合作组织的最新分析已经重申了教育支出所带来的高额社会红利(参见I1章节):投资教育对于整个社会而言是完全值得的。

由于教育时长从日间照料机构延长到退休之后的阶段,教育将面临越来越大的改革压力,因为教育过程将与人生历程以及人生各阶段的特定学习兴趣越来越紧密地结合在一起。但与此同时,也产生了大量机遇,以持续改善终生学习的结构与组织形式。我们必须要把握好这些机遇。

I 教育的影响和收益

这一章将更多地阐释教育的中长期影响。本《德国国家教育报告》将从教育的三大目标——发展个人调节能力、确保社会人力资源以及提升社会参与和机遇公平性加以展开。尽管这些教育目标在报告的其他章节里均有所涉及，但下文将从跨教育领域的角度进行介绍。

大量研究表明，总体而言，社会将得益于素质较高的成员。一方面，社会对教育进行投资，期望以此确保劳动力素质实现质的飞跃，并以此支撑技术进步与国民经济增长。另一方面，与教育投入相关联的是社会效应，例如提升社会凝聚力、提高公民社会参与度、打造更高的国民健康水平且为儿童提供更好的抚育。基于教育对整个社会意义重大，因此，在第一节里将从宏观层面考察教育的效果和影响（I1 章节）。除了从能否保质保量地满足社会对高素质劳动力需求这一方面加以阐述之外，还将着眼于社会收益率来说明投资教育所带来的经济收益。

不仅对于整个社会，对于个体而言，大力发展教育也是值得的。因此，在第二节中将从不同角度来考察成功的教育会给个人带来哪些益处（I2 章节）。一个已经得到充分证明的经验是，教育会首先推进职场发展。因此，将根据 2006 年版与 2008 年版教育报告，依据技能水平、性别和年龄，以时间顺序来展示职场发展的各项主要指标。这份报告的新意在于，根据移民背景细分教育与就业状态的关系。此外，本教育报告将特别关注那些没有或者只达到一个较低的普通教育水平以及没有完成职业培训的群体。针对此群体，将深入考察其所具有的社会经济学特征，譬如失业时长、就业范围以及获取的收入等。因此，教育对个人的好处绝不仅仅局限于金钱以及可以明确量化出的效果。所以，也将从个人角度更深入地探究投资教育所带来的质的影响，比如社会与文化参与度、政治兴趣与投入，并且将首次将这些指标进行一项国际层面的比较。

教育体系的任务在于为儿童、青少年和成年人输送知识、能力、价值导向与规章制度。尤其是那些可通过证书与分数证明的技能，将会持续影响个体在未来的人生及职业发展，而且是判断个体是否成功融入社会的标准和判断社会参与度高低的参数。因此，教育目标在于提供给所有个体（不论社会出生、性别和种族）学习资源、创造出学习条件，使他们都能从中获取最大收益，这一目标就此成为教育行业所面对的核心挑战。因而，随之探讨了机会平等问题，剖析教育系统是否具有平衡社会作用（I3 章节）。

I1 教育、经济增长与劳动力市场

教育对于巩固和提高劳动力素养的好处,体现在社会与个体这两大彼此紧密联系的层面上。本小节主要着眼于和教育系统相关的经济层面,这一层面根基于满足人力需求的质与量且兑现民众对福利国家的期盼。基础教育作为一个前提条件,对就业的影响正变得愈加复杂、愈加多方位,而且这一前提正处于一个越来越快速的转变过程之中。而将来社会生产所需要的技能也越来越难以预测。这些都敦促人们去研究教育系统究竟能在多大程度上保质保量地提供必要的人力资源。教育所带来的益处也体现在促进经济增长、兑现社会福利方面,而这些最终都会在国际层面进行比较并呈现相应结果。

从质与量的角度保障提供所需要的劳动力

拥有更高的职业培训证书,在未来就业市场愈加紧俏

根据目前对未来所需要的劳动力发展趋势的预测,从中期来看,具有应用技术大学和综合型大学毕业文凭的劳动力人数将会继续呈现上升趋势,而对于拥有职业培训证书人员的需求将会大致保持不变。相反,尽管求职潜在人数在减少对于没有职业培训证书的人员而言,未来在就业市场上的风险依然特别高(参见 H3 章节)。因此,对于教育系统而言,从长远角度来确保潜在的劳动力供应仍然是一项挑战。

因此必须致力于为低技能人员持续改善学习资源

虽然普通中学肄业的青少年比例,从总体上看出现略微的减少,但对于个别联邦州和地区而言,目前在这一方面还没有任何可以松一口气的余地(参见 D7 章节)。在地区继续教育资源依然不平衡的背景下(参见 E2 章节),没有文凭或文凭较低的青年在参加职业培训时依然会遇到一大堆的困难,如果录取条件取决于先修学历结构,[①]那么他们的录取概率极其渺茫。如果把确定具有求职意向的群体纳入到供需关系之中,那么恰好在无需文凭或文凭要求较低的行业里,缺少大量的年轻人(参见 E2 章节)。因此,在未来,仍需要作出大量努力,为求职困难的(参见 A3 章节)、技能不高的(参见 D6 章节)、有部分学习障碍(如留级生或者需要接受特殊教育辅导的青少年)(参见 D1、D2 章节)及时提供必要的支持,以便于他们获得学校文凭并且能够成功地完成职业培训。尽管在过去几年里,部分领域内表现出改善的迹象,例如通过扩建早教和日间照料机构(参见 C2、C3 章节)以及全日制学校教育资源(参见 D3 章节),但是目前采取的措施是否足以解决业已提到的问题尚存疑问。高等院校和继续教育领域在减少录取条件差异性、支持学生拓展与维持其就业潜力以及应对社会与经济转变方面还不够成功(参见 F2、G1 章节)。

在许多欧盟核心指标方面,德国还相距甚远

让欧洲成为成一个富有竞争力与活力的经济空间,是欧盟阐述的教育政策目标之一,而这一目标是基于教育体系的效率而提出的。需要特别关注的是那些由于缺乏技能而有就业困难的群体。在这一方面,目前德国还有很多核心理念有待于付诸实践。例如把中小学辍学率保持在较低水平(最多 10%),而目前的数据为 12%,始终高于目标值(参见 B2 章

---

① 参见 2008 年《德国国家教育报告》编写组:《德国国家教育报告(2008)》,比勒菲尔德,第 110 页及其后续页。

节)。又譬如,将 20–25 岁以下至少拥有一个高级中学文凭的青年比例提高到 85%的目标,德国(至少对于这一年龄群体)也没有实现,目前的比例是 74%(参见 B3 章节)。此外,为 2020 年设定的目标,将 30–35 岁以下拥有高等教育毕业文凭的人员比例提高到欧盟的平均水平(40%),而德国的 28%的数值显然不够(参见 B3 章节)。

对阅读障碍的儿童与青少年的辅助依然过少

如果注意到具有阅读障碍的学生比例,也就是处于能力层级 II 以下的学生,并将其按照时间顺序排列(图 I1–1,表 I1–1A),那么在 2006 年,只有 5 个国家实现了预期目标,把阅读障碍青少年的比例降低到 15.5%。尽管这一数据在 2000–2006 年间略微有所改善,但是德国目前还有大约 20%的青少年具有阅读障碍,这一现状距离预期目标依然存在明显差距。

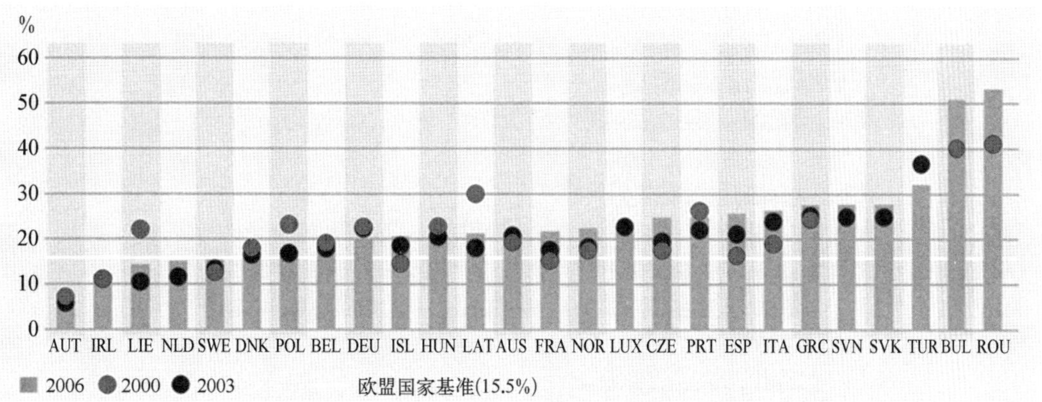

图 I1–1 在 2000 年、2003 年和 2006 年各个国家在国际学生评估项目中阅读成绩未达到能力等级 II 的 15 岁学生比例(单位:%)

AUT:奥地利;IRL:爱尔兰;LIE:列支敦士登;NLD:荷兰;SWE:瑞典;DNK:丹麦;POL:波兰;BEL:比利时;DEU:德国;ISL:冰岛;HUN:匈牙利;LAT:拉脱维亚;AUS:澳大利亚;FRA:法国;NOR:挪威;LUX:卢森堡;CZE:捷克;PRT:葡萄牙;ESP:西班牙;ITA:意大利;GRC:希腊;SVN:斯洛文尼亚;SVK:斯洛伐克;TUR:土耳其;BUL:保加利亚;ROU:罗马尼亚

来源:国际经济合作组织(2001),《终身学习》;国际经济合作组织(2004),《为明日世界学习》;国际经济合作组织(2007);国际学生评估项目-《明日世界之自然科学能力》(2006)

国家收益率

教育对于社会的经济效益不仅表现在满足未来的劳动力需求和促进更高的经济增长,还表现在具备就业技能的劳动力进入就业市场后是否能够为国家带来更高的税收上。"国家收益率"Ⓜ是一项反映社会从教育投资中获取的长期效益的指标,使量化教育对于社会所产生的效益成为可能。这项指标体现了个人的教育抉择对于公共财政的影响以及各类与投资相关的教育政策的效果,即投资教育所带来的社会收益远远超过在国家收益率里所考虑到的负面因素。①

亘古不变的印象:所有国家都能从教育投资中获益……

对国民教育水准的更高投入能够给公共财政带来显著好处。根据国际经合组织的平均数据,在首次培训后获得高级中学毕业文凭的劳动者所带来的国家收益率为 6.5%,获得高等教育毕业文凭的男性劳动者所带来的国家收益率为 11%,女性劳动者为 9%(表 I1–2A)。

① 阿·德拉芬特:《根基于知识的全球经济人力资源状况》,布鲁塞尔,2003 年。

高等教育毕业文凭的国家收益率表明,在所有参与比较的国家之中,国家对教育的投资都是收益大于支出。还可以看出,除了比利时和英国,男性始终比女性创造了更高的收益率(图 I1－2,表 I1－2A)。其中,德国存在的性别差异最为明显。更多的教育投入给每个国家带来的收益,虽然各不相同,但在所有国家的公共领域里都明显地从针对高等教育的投资中获益。催生这一积极效果的因素有很多,其中最重要的是更高的税收收入、社会贡献以及更少的社会转型成本。比利时、葡萄牙、爱尔兰、英国的国家收益率尤其高,因为在这些国家,更高的税收和社会收入都明显大于对高等教育的投入。各国之间的收益率不尽相同,首先是由于持有高等教育毕业文凭者和持有低级别证书者的收入差异,其次是源于教育投入政策的区别以及国家之间所得税的差异。

……主要从高等教育领域获益

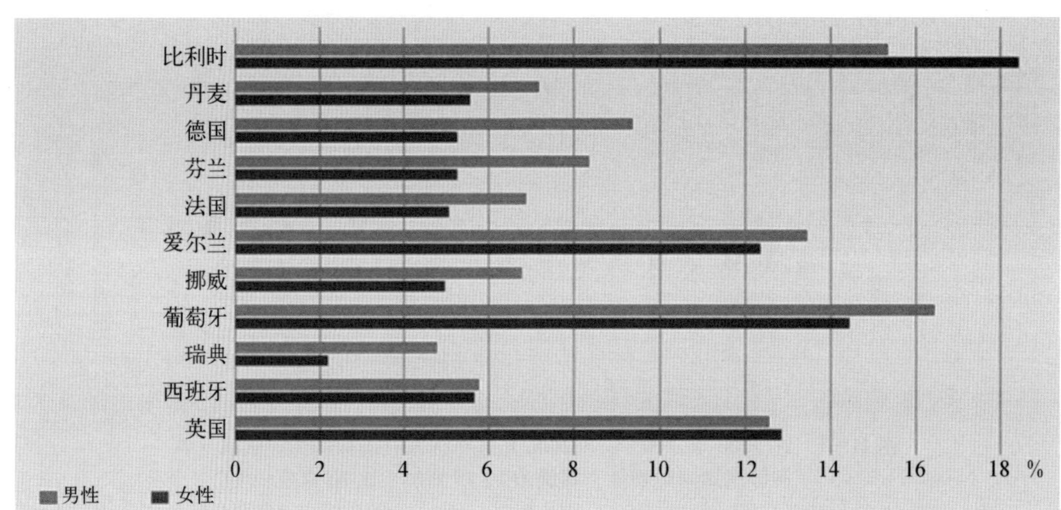

图 I1－2　2004 年根据欧盟 15 国* 和性别统计的具有高等教育文凭人员的国家收益率Ⓜ

* 不包括卢森堡,爱尔兰,奥地利,希腊

来源:国际经济合作组织(2008),《教育一览》第 214 页

Ⓜ概念注释

国家收益率: 国家收益率是与毛收入相对应、在考量所耗花费的基础上衡量与教育程度相关的社会长期收益的一项指标(解释说明参见 www.oecd.org/edu/eag 2008 上的附录 3)。

I2 个人的教育收益

本节在观察教育带给个人的好处的时候会特别关注个人教育程度在就业状态、年龄、性别和移民状态方面的差异。没有或者只有低学历的人以及没有职业培训经历的人是劳动力市场上失业风险最高的群体,针对这一群体,进行调查时将根据与职业相关的不同特征,例如失业时间、就业领域和收入差异进行深入的考察。

更高的教育程度也会对其他的生活领域带来积极效应,例如身体健康、文化和政治参与以及多样化的休闲生活。在这一小节里，将从国际层面进行比较，呈现教育所带来的与就业无关的益处。

教育与就业

没有职业证书的人的失业率是高校毕业生的3倍

具有更高职业培训证书的人的就业机会要比拥有低级职业证书的人多得多。在处于求职状态Ⓜ的群体中，没有职业证书的求职者与拥有职业培训经历或者大学学历的求职者之间的差异特别明显。25－65岁以下群体中，没有职业证书的人约占未就业群体总数的35%，而拥有培训经历的人的未就业比例只有17.5%。在专科学校以及大学毕业生中这一比例甚至在11%－12%左右(表I2－1A)。

但是求职状态不仅受到教育程度影响，还受到年龄与性别的影响。例如未就业群体中35岁以上群体在所有技能群体中的比例都在上升。45－55岁群体和55－65岁群体的差异也十分明显(图I2－1，表I2－1A)。

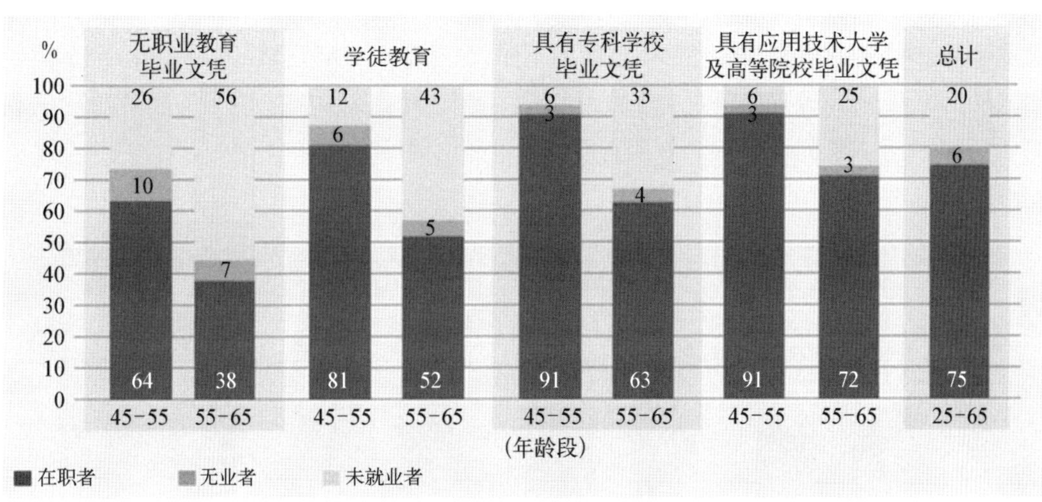

图I2－1　2008年根据职业教育背景和所选年龄群体的在职者、无业者和未就业者的比例(单位：%)

来源：联邦及各州统计局，2008年微型人口调查

低技能劳动者要比高技能劳动者更早地退出职场

55－65岁群体中大约有五分之二的人属于未就业状态，其中男性比例(占33%)低于女性比例，而该年龄段女性未就业人数的比例将近50%。增长尤其迅猛的是无培训经历或仅具有初级培训经历人群中的未就业比例，年龄最长者群体中有将近50%不再工作。与之相比，具有应用技术大学和综合型大学毕业文凭的群体中，未就业人数比例是25%，不到前者的一半(图I2－1，表I2－1A)。55－65岁人群中未就业人口比例的急剧增长有多方面的背景和因素。除了法律与/或者机构性的过渡调节措施之外，个人的工作条件、工作要求以及身体状况都是重要的制约因素。①

就业市场的地区差异较少影响到具有更高教育程度的人

就业机会依然在很大程度上依赖于各地的基础设施条件。因此，新联邦州地区各技能层次群体的失业率是其他地区的2－3倍。个别联邦州在有无培训经历的群体之间，其失

① 参见特·策勒、卡·默林、皮·克劳泽：《过渡至退休的就业进程》，刊登于2009年第11期《基本科学指标数据库通告》，2009年。

业率差距显得特别大,达到 15 个百分点。而在新联邦州地区,专科学校与高等院校毕业生的就业劣势并没有像低技能群体那样明显(表 I2-2A)。

男性相比女性依然有就业优势

尽管女性的就业参与度在上升,但女性在就业结构以及水准上与男性相比依然存在不小差距。在所有的技能群体中,女性的就业比例在 2008 年依然低于男性的就业比例。在没有职业证书的群体中,这一差距显得特别大,达到 13 个百分点(表 I2-1A)。从时间轴角度来看,自 2004 年以来,男性与女性的就业机会都呈现改善趋势(表 I2-7web)。

具有移民背景的高技能人才在就业市场上明显处于劣势

下文将再次分别考察在具有移民背景和没有移民背景的群体中,学历与就业机会之间的关联度(图 I2-2,表 I2-8web)。尽管在有移民背景和没有移民背景的群体之间,教育程度在总体上存在差异(参见 B3 章节),但在不同的技能群体之中,具有移民背景的群体要比没有移民背景的群体的失业率更高。在拥有应用技术大学和综合型大学文凭的群体中,这一差异显得尤为突出。在这方面,没有移民背景的群体的失业率大约为 2%,而有移民背景群体的失业率则将近 8%。此外,具有移民背景的群体的失业率达到 18%,几乎是没有移民背景群体的 2 倍。有移民背景的群体内能力水平各异,素养良莠不齐。相应地,在融入就业市场方面,根据教育程度和出生地区的不同,也呈现出一定差异(表 I2-8web)。例如在国外出生、拥有高等院校毕业文凭的人占未就业人群的 23%左右,在所有群体中比例最高;他们占失业人群的 9%左右,在所有群体中也是比例最高的。

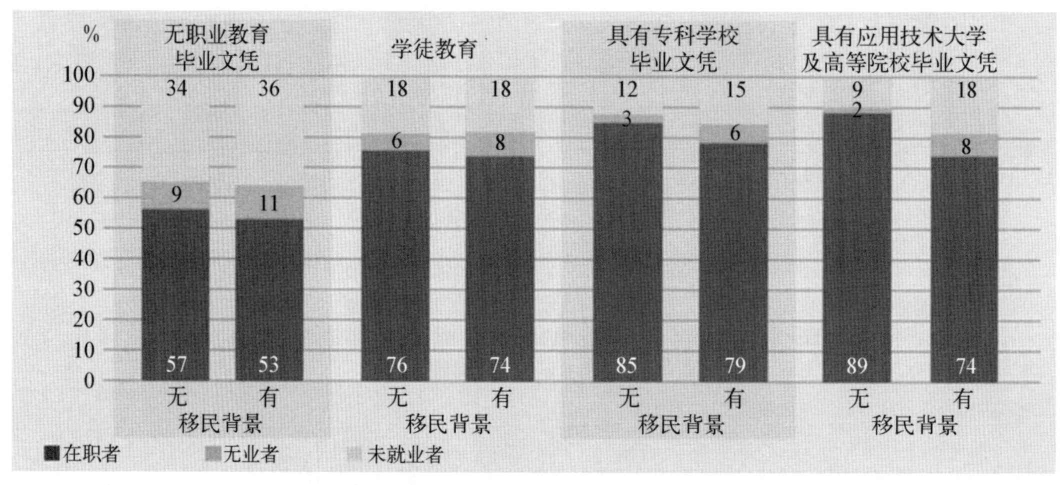

图 I2-2 2008 年根据职业教育背景和移民背景统计的所有 25-65 岁以下的在职者、无业者和未就业者的比例(单位: %)

来源:联邦及各州统计局,2008 年微型人口调查

就业市场风险总体上升

对于那些学历最高只达到普通中学水平的群体而言,其就业前景黯淡,因此下文将通过根据这一群体与高技能人才进行对比之后所得到的其他特征来阐述这一群体所面临的就业风险。"社会经济调查(SOEP)"Ⓜ的数据分析表明,最高学历为普通中学的人群从事全职工作的年数要比高学历人群少。这样一来,最高学历为普通中学的女性从事全职工作的平均年限由 1992 年的 12.2 年减少至 9 年,而男性则是由 25.9 年减少至 20.3 年(表 I2-9web)。与高技能人才相比,最高学历仅为普通中学的人群中呈现出一种趋势,即他们的职场生涯会因为失业与未就业而长期中断。图 I2-3(表 I2-3A)呈现的是 30-60 岁群体

中最高学历为普通中学的人群与具有更高学历人群相比的平均失业时长。

自20世纪90年代初开始，失业时长呈总体上升趋势。在这一背景之下，在考察的时间段内，没有和仅有普通中学毕业文凭的人群与那些具有更高学历人群之间的差异正在扩大。2008年，最高学历为普通中学的群体自进入职场之后，平均的失业年限为2.5年，而在至少具有中等学历文凭的人群中失业年限是1.1年左右。在基于移民背景而进行的对比中也呈现一个类似的结果。但是，在2008年，最高学历为普通中学且具有移民背景的群体相比没有移民背景的群体，其失业时长要短，却比具有移民背景且学历更高的群体要长（图I2－3，表I2－3A）。

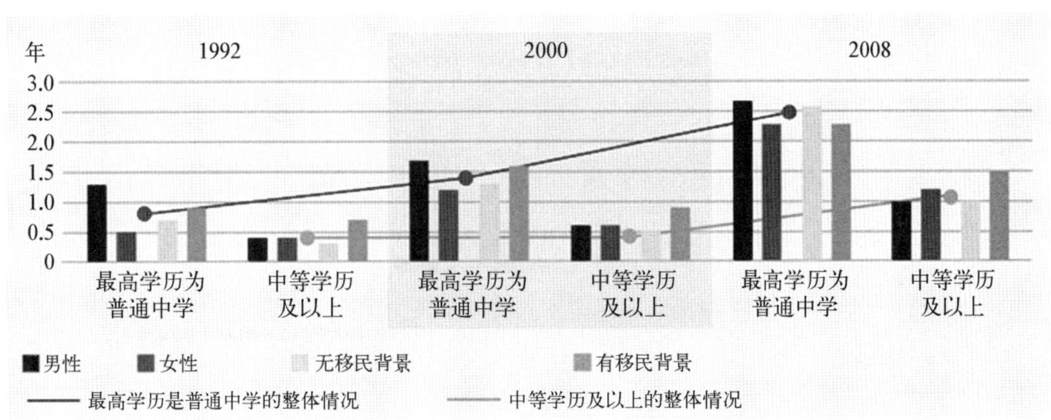

图I2－3　1992年、2000年和2008年根据教育状况、性别和移民背景统计的30－60岁人群的平均失业时长（单位：年）

来源：社会经济调查，德国经济研究所专项评估

不过在解读这些数据时需要考虑到，平均失业时长总体而言不论在过去还是在未来都会受到两方面因素的影响，其一为新联邦州地区的经济改革，其二为经济结构转型所带来的影响。此外，20世纪90年代以来失业者数量在过去的十年里呈现持续减少的趋势，这要归功于在职参加职业培训、广泛推进继续教育政策以及实施增加就业的各项政策。[①] 这一发展变化无疑使具有较低或没有学校文凭的劳动者陷入更为严峻的就业窘境之中。联邦劳动部有关各个时期不同学历资质群体失业率的数据也证实了上述情况。[②]

在德国和东欧：低技能人群的就业机会特别少

在国际层面比较中，求职风险高低与所接受的教育程度也呈正比。2007年，欧盟的低学历人员失业率的平均值不到10%，而25－65岁之间的较高学历人员的失业率只有3%。但是，这一关联性在以下国家中又呈现出多样性：在希腊、荷兰、挪威，低学历人群与高学历人群失业率差距的最大值为2.5个百分点。德国凭借13个百分点的失业率差距，与保加利亚、捷克同属于一个国家群体，在这些国家，不具备高级中学毕业文凭的人群失业率要高于具备中高级教育程度的人群（表I2－10web）。

---

① 参见2006年《德国国家教育报告》编写组：《德国国家教育报告(2006)》，比勒菲尔德，第133页及其后续页。

② 参见姚·默勒、乌·瓦尔魏：《劳动力市场手册》，2009年，第452页及其后续页。

教育与收入

低技能人群的收入情况在持续恶化

从平均数来看,受教育程度更高的人要比受教育程度低的人收入更高(图I2-4,表I2-4A)。教育投资带来的经济收益不仅反映在拥有中等水平的月毛收入上,[①]还可通过相对的收入位置Ⓜ表现出来。在数据观察期间(1992-2008年),那些最多拥有普通中学毕业文凭的劳动者的收入位置在不断下滑,而高技能劳动者的收入位置却得以小幅提升。这类情况并不能适用在具有移民背景的群体身上:在本调查所观察的两个技能群体中,相对的收入情况都出现了下滑。如果只考虑每小时的毛收入,那么,男性劳动者的收入位置在总体上要比女性劳动者更为有利。

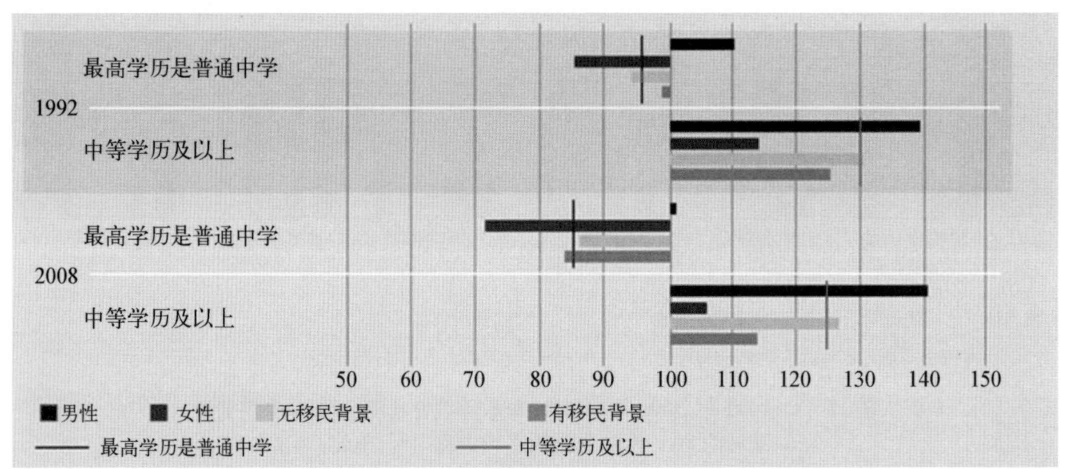

图I2-4 1992年和2008年根据教育背景、性别和移民背景统计的30-60岁人群的相对收入状况(单位:%)

* 所有在职者每小时毛收入平均值以百分数形式表现(=100%)

来源:社会经济调查,德国经济研究所专项评估

女性收入明显处于劣势

具有中等学校毕业文凭的群体,其平均时薪在所有年份中都显著高于整个就业群体的平均时薪。与1992年相比,直至2008年,最高学历为普通中学的群体与更高学历群体之间的剪刀差还在持续扩大。尤为突出的是男女每小时毛收入的相对位置的差距在拉大,其中教育程度较高的男性能够保持其位置,而教育程度低的男性几乎滑落到平均水平线上。与此相对的是:女性在这两类学历资质群体的相对收入位置都在下滑。在根据移民背景所进行的分类统计里,迁入人口的情况(主要是低技能人口)在1992-2008年间持续恶化,但是在具有更高学历的移民群体中,自1992年以来,该群体在收入上呈现出的劣势则更为明显。总体上看,经济状况对于职业培训证书的依赖性更强,而对普通教育学校的毕业文凭的依赖性则较弱(表I2-5A)。例如与拥有职业培训证书的人群相比,没有职业培训证书或大学毕业文凭的高中毕业生的就业率较低,其全职工作的时长也明显较短,收入状况也更差。同样地,拥有中等教育文凭却没有职业培训证书的人群与那些拥有普通中学毕业文凭和职业培训证书的群体相比,其经济状况相对也较差。

移民的收入毫无例外地处于劣势

职业培训证书决定了职场参与度与收入

① 参见2006年《德国国家教育报告》编写组:《德国国家教育报告(2006)》,比勒菲尔德,第184页。

教育、社会参与度和生活

教育除了为职场生活提供必要技能以外，还为学生在其它领域的发展做出了重要贡献，促使毕业生能够积极地参与社会生活。不同学历在经济融入方面体现出区分效应，此区分效应在社会生活的其他领域中也得到体现，例如在对政治的兴趣和政治、社会、文化参与Ⓜ的不同形式上。根据编写组自我数据，教育程度较高的人群对于政治进程和政治关系更感兴趣，参加文化活动的频率更高，参与社会活动也更积极，更会时常进行体育锻炼。

政治、社会、文化生活参与度与教育程度成正比

图 I2－5（表 I2－11web）再次呈现了上文已经提及的最高学历为普通中学的群体与具有更高学历的群体之间的差异。一些结论（参见 D5 章节）关系到处于学龄阶段和参加职业培训年龄段的青少年，这些结论再次得到证实。

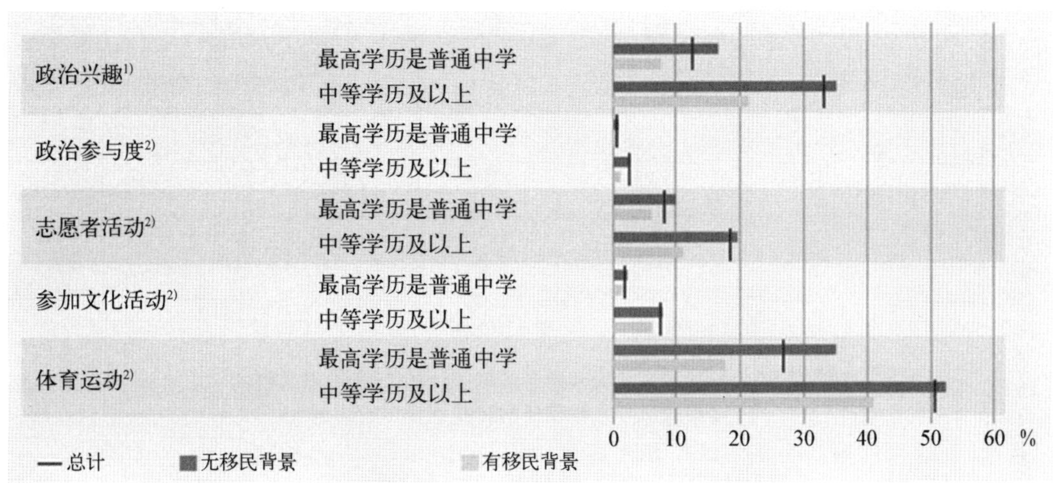

图 I2－5　2008 年根据教育状况和移民背景统计的 30－60 岁人群的政治、社会和文化参与度（单位：%）

* 1）在 4 个选项（“非常积极”至“完全没有”）之间选择积极参与选项的人员
2）至少每月参与一次的人员

来源：2008 年社会经济调查，德国经济研究所专项评估

如果把社会和文化参与度也作为一项重要标准用来衡量移民是否成功融入社会，那么，在这里所分析到的社会领域里，这些人显然只是获得了部分成功：具有移民背景群体的政治、社会、文化生活参与度明显较低。不论教育程度高低，都符合这个结论，即随着个体接受教育程度的提高，其社会参与度也会提高。

具有移民背景群体的政治、社会、文化参与度较低

如上文所述，如果个体在就业市场上的地位主要是受制于其所获得的职业培训证书以及毕业文凭的话，与此相对，个体的政治、社会、文化参与度则主要取决于其所接受教育程度（表 I2－6A）。例如，拥有高级中学毕业文凭的群体就要比只拥有职业培训证书的群体更加关注政治。对政治兴趣最大的是综合型大学毕业生。

普通教育程度极大地影响到政治、文化、社会参与度

本《德国国家教育报告》中所提及的德国公民受教育程度和社会参与度之间的关联度，也可以通过国际层面的比较调查Ⓜ加以证实。除了德国之外，这一差异在瑞士、葡萄牙和爱尔兰也表现得特别明显（表 I2－2web）。

教育对社会所产生的影响并不仅仅局限于经济、政治、文化和社会进程的参与度，还涉

及个人生活、居住状况、生理和心理健康以及个人身体状况，这些因素对于个人应对职场与生活中所面临的各项挑战而言意义重大。例如以下方面均归属挑战范畴：树立自信心、谋求他人认可自我影响力以及厘清个人的社会观和行动模式。

教育程度与健康状况之间的积极关联性……

在所有经合组织成员国中，获得较高学历的群体或多或少会对自身健康状况做出积极评价、认可自我社会地位而且会对人际关系持信任的态度(图 I2－6，表 I2－12web)。拥有更高学历的群体要比低技能群体更趋向于积极地评价自己的健康状况。这一积极的关联度在很多经合组织成员国中(仅考量年龄、性别和收入差异)也得到体现。这一结果可能与一种健康的生活方式有关，能够更好地避免身体负担，也能以平常心正确面对各类疾病。

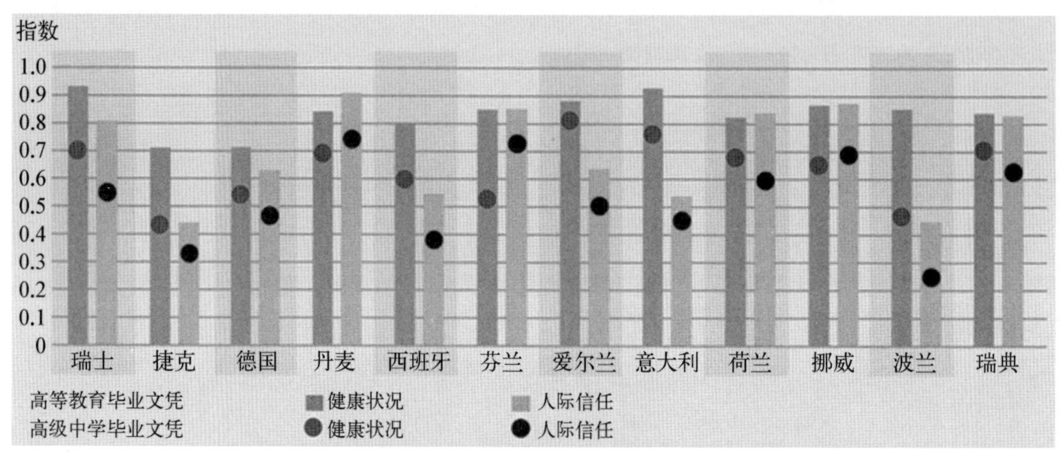

图 I2－6 根据教育状况和所选国家统计的 25－65 岁人群的健康状况和人际信任的自我积极评价比例*

＊ 比例计算基础是 Probit 模式，考虑到年龄、性别以及收入因素(参见附录 3 网址 www.oecd.org/edu/eag2009)

来源：国际经济合作组织：《教育一览》(2009)

……也体现在人际间的信任程度

随着教育程度的提高，人际间的信任度也随之提升(图 I2－6，表 I2－12web)。大多数国家在比较不具有高级中学毕业文凭群体与具有高等教育毕业文凭群体时差异尤为突出。这一情况主要出现在德国、丹麦、芬兰、瑞典这些教育程度差异明显的国家。北欧国家参与民意调查者相比波兰、捷克、意大利或西班牙参与民意调查者，在人际交往方面表现得更为规矩正派。

Ⓜ概念注释

求职状态：数据样本为所观察的年龄群体人数，区分为就业者、失业者和未就业者(参见词汇表)。按《国际劳工组织纲领》定义失业者。

社会经济调查(SOEP)：在社会经济调查的特殊评价中，针对 30－60 岁的人群，从这些人的教育状态入手(将最多拥有普通中学毕业文凭群体与拥有中等教育毕业文凭及更高毕业文凭群体进行对比)，研究其就业历程、政治、社会以及文化参与机会。

根据教育背景、性别和移民背景统计出的税前总收入以及与税前时薪相关的相对收入位置：所有求职者的税前总收入以及税前时薪的平均值被设置为 100。该调查仅涵盖 30－60 岁年龄段的相对收入位置，其相对位置通过或是该平均值的分数或是该平均值的倍数，以百分数的形式表现。

政治、社会和文化参与：在社会经济调查中，通过参加政党、社区政治和市民倡议活动的频率来表现其政治参与度；通过去看歌剧、听音乐会、观看戏剧演出和参观展览的频率来表现文化参与度；通过参与协会、俱乐部的志愿活动或者社会服务体现社会参与度；通过可供选项"每天"、"每周至少一次"、"每月至少一次"、"很少"、"从不"分成两组：一组是每月至少参加一次或者在每个领域都很积极参与，另一组是很少或者从不参加所提及领域内的活动。

对政治兴趣、健康状况和人际信任的国际层面的比较调查：在《教育一览》中首次呈现了2009年教育对于全社会的影响。这里涉及2004年度和2006年度的欧洲社会调查(ESS)、2005年度的世界价值观调查(WVS)、2004年度和2006年度的国际社会调查项目(ISSP)以及2003年度成年人识字率和生活技能调查(ALL)中接受调查者的自我陈述。参见国际经合组织：《教育一览》，2009年，第195页。

I3 教育过程中的机会均等

社会经济背景与接受教育过程

教育领域存在社会不公现象是一个论证相对充分的结论，就德国而言，在过去，解析这一结论时主要局限在入学机会不均等，但是由于受到国际大型教育成效科研项目的影响，现在也把个人能力中由出身所决定的不均等因素也纳入分析范围之内。尽管已有诸多研究成果面世，但是如何看待教育不公正现象以及应当采取何等措施加以解决，每个研究课题组对此各执一词。首先进待愈演愈烈入考察视野的是四个领域：教育过渡衔接、个人状态特征与教育资源之间的相互影响、有效利用教育机构内部的学习机会、教育体系之外的教育项目与教育不公的机构性差异。[①] 由于依旧缺失教育全过程的长期数据，特别是尚不能把握住有关接受教育情况方面的总体社会差异趋向，因此，这份《德国国家教育报告》的框架就是将接受教育者的能力状况所呈现的差异局限在普通教育领域，此外还涵盖了教育系统内部以及教育系统各领域之间的过渡衔接问题。

民众教育程度得到总体提升……

相关的数据首先展示了民众教育状况发展中的一个积极趋势，民众教育水平正在日益提升。与年长者群体相比，年轻群体中获得申请大学就读资格的人数逐步增多，与此同时，获取较低层次学校毕业文凭的人员比例正在下降。在这一发展背景下，具有抚育幼儿义务的父母的教育程度，尤其是拥有大学文凭的父母比例明显上升。但令人担忧的是，在同一时期，成长在双亲没有获取任何学校毕业文凭的家庭中的儿童比例也从2.7%提高到了4%。这种情况主要出现在人口聚集区的家庭里，在过去的10年中，这类家庭的增长数量超过两倍(参见B3章节)。

……社会差距尽管依旧存在，仍要打通全民接受较高程度教育的渠道

根据社会出身来考察接受教育程度即可发现，尽管确有已描述过的改善迹象，但巨大的社会差异依然具有很大的影响力。来自社会经济状况较差家庭的孩子上文理中学的机会依然很少，也就是说他们未能掌握基本的技能与基本的文化素养(参见D1章节)。对于教育政策和教育实践而言，要尽量减少社会背景关联度，实现全民达到一个较高教育程度的目标，这依然是一项艰巨的挑战(参见D6章节)。

学生能否顺利就读高等院校也会受到父母出身条件的强烈影响。在过去几年中，出身

① 参见卡·马茨等：《学校社会不公现象起源》，刊登于2009年12月《教育杂志》增刊，威斯巴登，第11－48页。

背景不同的群体接受大学教育的差距大致持平。倘若父母双亲均未就读过大学,该生即使具备申请大学的就读资格,但在与其他学生学业成绩相近的情况下也很少选择上大学(参见 F1 章节)。在继续教育领域里,达到的学业/职业证书水平、就业情况与是否参加各类形式的继续教育培训之间,也表现出显著的关联性:所有社会群体中的未就业人员和教育程度较低者最少参加继续教育培训(参见 G1、G2 章节)。民众在教育参与度方面存在差异,而且所获取的能力参差不齐,从长期来看不仅影响到就业机会,还会影响到经济、社会、政治、文化参与度(参见 D5、I2 章节)。

与性别相关的教育过程

虽然对于男性和女性而言,年轻群体相比年老群体,在获取较高的普通教育和职业教育证书方面概率都要更高。从提升自我的意义上考量,教育程度的提升在女性群体中产生的影响最为明显:例如在 20－25 岁之间的女性群体中,具有大学文凭的人数与 55－60 岁的人数相比,超过两倍多。在获取职业培训证书方面也表现出一个积极的发展势头:尽管在 55－60 岁的女性群体中,拥有大学毕业文凭的人数已占到 12%,而在 2008 年,拥有大学毕业文凭的 30－35 岁之间的女性群体人数达到了 21%。在男性群体中,两个年龄段里拥有大学毕业文凭的人数都大致稳定地保持在 21%。与之相对,在 2008 年,30－35 岁男性群体中未获取职业培训证书的人数占 17%,要明显高于 55－60 岁男性群体的相应比例(接近 11%)(参见表 B3－2A)。

少女与妇女在教育体系内获得成功……

少女与年轻女性的成功故事已在幼儿教育机构和托儿机构不断演绎,并且也在普通教育领域与职业培训领域胜利进军。在上小学之前,女孩与男孩相比,很少表现出明显的语言障碍,更多地是提前而很少较晚地开始上小学(参见 C4 章节),而在特殊教育促进学习领域以及情感和社会发展领域方面,她们所占的比例也很小(参见 D2 章节)。在辍学率和毕业率方面,女孩的表现要比男孩好:她们很少肄业/辍学,并且和男孩不同,她们中更多的人获取就读大学资格而不仅仅是完成普通中学学业(参见 D7 章节)。女孩们过渡进入职业培训也显然要比男孩顺当得多。例如年轻女性群体相比年轻男性群体较少参加过渡型职业培训(参见 E1 章节)。毫无疑问,女性在进入职业培训过程之中也会从更高的学历以及职业结构转型中获益。但是在就业市场上她们依然明显处于劣势。例如,不论处于何种教育程度,女性的时薪毛收入都要比男性低(I2 章节),工作时间越长,这一差距越大。与男性相比,具有申请大学入学资格的女性开始学业的人数明显要少(参见 F1 章节)。即使在博士生中,在较多专业里女生比例也比她们占全体大学毕业生的比例要小(参见 F5 章节)。

……而在就业市场上明显处于劣势

与移民背景相关的教育过程

对于具有移民背景的儿童、青少年和成年人而言,他们在塑造成功的教育与职业履历时依然会遇到很大的障碍。与没有移民背景的群体相比,具有移民背景的群体(按照平均值)表现出较低的教育程度,但是在不同来源地之间的移民之间存在着巨大差异。在没有移民背景的人群中,只有 1.5%的人没有获取普通教育证书,而这一比例在具有移民背景的人群中高了将近 10 倍(13%)。更明显的差异体现在获取职业培训证书的人数方面(11%:

39%，参见 B3 章节)。

如果观察一下儿童、青少年的教育经历，会发现其在很早的阶段就已经展现出特征差异：具有移民背景的儿童与没有移民背景的同龄人相比，进入日间照料机构的人更少，他们存在较多语言问题(参见 C4 章节)，近三分之一母语为非德语的孩子所就读的日间照料机构中有超过一半比例的同龄孩子的母语也不是德语(参见 C2 章节)。具有移民背景的孩子在幼儿阶段就已经明显地与德国本国孩子分离，这一趋势在中小学阶段还将延续。即使考虑到社会经济状况，这一趋势更多地出现在普通中学，却较少出现在文理中学(参见 D1 章节)。这一趋势在促进学校里表现得最为明显(参见 D2 章节)。

具有移民背景的孩子在就读小学之前就已经明显地与德国本国孩子分离……

在针对不同国家的比较研究中，具有移民背景的中小学生的成绩普遍要比没有移民背景的中小学生的成绩低。在四年级小学生以及 15 岁年龄层的学生中，具有移民背景的学生都要落后一学年(参见 D6 章节)。长期观察具有移民背景的儿童和青少年的教育状况就会发现，在小学至中学的过渡阶段，具有移民背景的儿童与青少年的学习落后状况在某些领域得到缓解。[①] 与此同时，根据所获取的毕业文凭进行分类，在 2004 - 2008 年间，具有移民背景学生获取就读大学资格的人员比例上升，而且普通中学辍学率在下降。当然在德国年轻人当中也能够观察到这一发展趋势，所以，德国人与外国人之间的差异始终存在，这差异可能要部分地归咎于父母的社会经济状况(参见 D7 章节)。

……德国人与外国人之间的差异贯穿于整个教育过程之中……

拥有移民背景的青少年依然较难获取职业培训岗位，这一点可以从移民青年成功接受职业培训的低比例看出(参见 E1 章节)。20 - 24 岁人群中，没有移民背景的大学生比例为 23%，而有移民背景的大学生比例为 15%(参见 F2 章节)，但是这对于相对较高的升学率而言，具有移民背景的、能够接受大学教育人数还是相对较少(参见 F1 章节)。具有移民背景的高技能人才的劣势主要体现在就业领域：他们的就业率要明显低于没有移民背景的大学毕业生(I2 章节)。

……高技能群体在就业领域明显处于劣势

在各类教育机构中所观察到的入学率差异、获取能力与毕业文凭的差异，也表现在学校之外的学习领域。例如参加志愿者活动的比例——主要在接受志愿者岗位和履行志愿者工作职责方面，在具有移民背景的青少年中的比例要明显低于没有移民背景的青少年中的比例(参见 D5 章节)。在 30 - 60 岁年龄群体中，情况也是如此(I2 章节)。

教育过程中的代际流动性Ⓜ

从各个章节构成的总体概述中可推导出明确的结论：教育机会依然受到家庭生活环境的强烈影响。在横向观察单个教育领域的时候，可明显看出代际间教育上行机率以及下滑风险在总体上到底有多大。在下文中，在这一视角下，一方面考察了最高学历为普通中学毕业的人群的教育出身，另一方面考察了那些父母双方的最高学历至多为普通中学的家庭的小孩所拥有的毕业机会。

图 I3 - 1(表 I3 - 1A)展示了在 30 - 60 岁人口中教育程度较低的人口和他们父母教育程度之间的关联度。若是家庭成员中的最高文凭均未超过普通中学，那么 33%来自此类家

① 姚·鲍默特、卡·马茨、乌·特劳特魏因等：《教育抉择》，刊登于《教育杂志》增刊，2009 年 12 月威斯巴登。

越来越多父母教育程度低的孩子获得了更高学历……

庭的人在1992年没有获得更高的教育文凭，在2000－2008年大约有25%来自此类家庭的人没有获得更高的教育文凭。这一情况和上文提及到的在过去10年间国民教育程度得以总体提高的结论是相符的，国民教育程度得以总体提高主要是由于女性教育程度得以不断提高。在根据性别区分的分类统计中，男性与女性教育程度的下滑风险开始趋近。对女性而言，1992年教育程度低于父母教育程度的人数比例为15%，这是男性(6%)的2倍多，而在2008年这一数据的性别差异已缩小(7%：5%)。

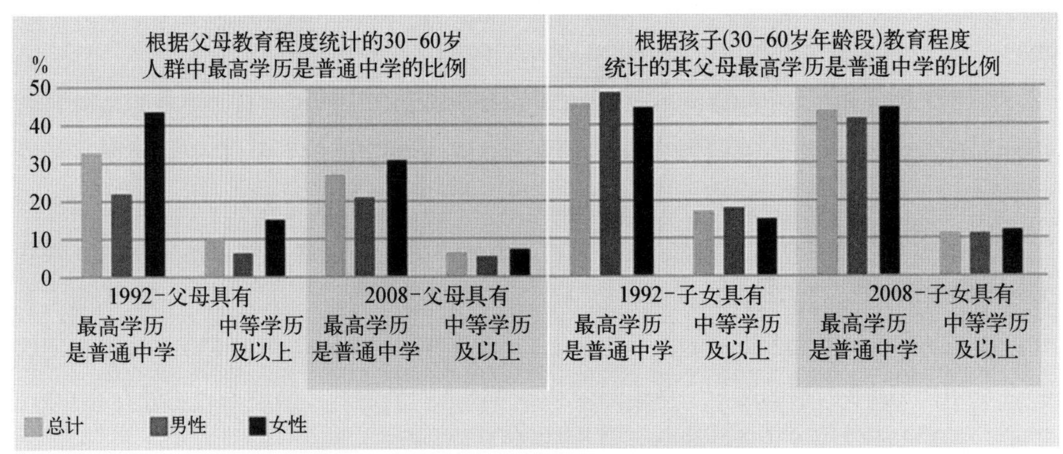

图I3－1 根据性别统计的1992年和2008年的代际流动性(单位：%)

来源：1992年及2008年社会经济调查(加权计算法)，德国经济研究所专项评估

……但是低学历人群中源于父母教育程度较低家庭的人员比例并未变化

从相反的视角来看，在所有最高学历为普通中学的人群中，近一半的人是在父母最高学历为普通中学的家庭里成长的。这一比例长期以来保持相对稳定。从代际上行角度看，教育程度应普遍得以提高，然而，源于父母教育程度较低家庭的人员比例并未变化。

尽管发展趋好：具有移民背景家庭的教育上行机率依然较小

在具有移民背景的人群中，有利于获得更高学历的教育上行趋势表现得特别明显(表I3－1A)。在这里，所有年龄段人群中，最高学历为普通中学(其父母的最高学历也为普通中学)的人数比重从1992年的59%下降到2008年的38%。越来越多的具有移民背景的人取得了比父母一代更高的学历。与此同时，父母拥有中等教育文凭，而自己却只获得普通中学毕业文凭的人数比例也在减少(从1992年的22%减少到2008年的13%，在没有移民背景的人群中则是从9%减少到5%)。尽管这一发展趋势是积极的，但是由移民背景所决定的差异却依然存在。通过比较具有移民背景和没有移民背景的人群，发现后者在2008年和1992年一样，一方面，子女获取更高文凭的比例是父母获取更高文凭比例的两倍多；另一方面，子女获取较低文凭的比例是父母获取较低文凭比例的一半以下。

Ⓜ概念注释

代际流动：在社会经济调查的一项特殊评价中，针对30－60岁的人群，根据其学历水平(最高学历为普通中学群体对比中等教育学历及以上学历的群体)及其父母亲的学历水平进行研究。父母信息截取的时间点是受调查者年龄为15岁，并且主要来源于受调查者自身回忆性的陈述。父母本人参加调查问卷而且其子女至少参与了15年之久的社会经济调查问卷的比例极低。

表格附件

对教育报告中的所有数据会进行定期检测和审核。因在重新统计特征数的过程中会再进行审核或者纳入其他数据源，所以新的结果会与之前的报告存在偏差（修正值）！

表中符号释义

- = 无
0 = 数值大于零，但小于单位值的一半
/ = 因数值不确切，暂无说明
(n) = 因抽样范围小，所得值意义有限
• = 无可用数据
X = 类别不适用
x( ) = 数据已含于此表另一类别或另一栏中

因部分数值化整，总数会存在一定偏差。

表 A1－1A：根据以下所选地区调查显示的 2005－2060 年世界人口发展情况

年份	欧盟 27 国		联合国	
	人口	出生人口	较发达地区[1)]	较不发达地区[2)]
			人口	
	单位：千			
2005	•	•	1216550	761846
2008	495394	5229	•	•
2010	499389	5208	1237228	854696
2015	507727	5137	1254845	954922
2020	513838	5009	1268343	1059484
2025	517811	4838	1277113	1165485
2030	519942	4726	1281628	1271634
2035	520654	4719	1283007	1376567
2040	520103	4747	1282277	1479401
2045	518362	4731	1279588	1578716
2050	515303	4665	1275243	1672414
2051	514532	4649	•	•
2052	513713	4632	•	•
2053	512847	4616	•	•
2054	511944	4599	•	•
2055	510996	4584	•	•
2056	510014	4569	•	•
2057	508987	4555	•	•
2058	507926	4542	•	•
2059	506834	4531	•	•
2060	505719	4521	•	•

1) 欧洲，北美，澳大利亚，新西兰，日本

2) 阿富汗，安哥拉，孟加拉国，贝宁，不丹，布基纳法索，布隆迪，柬埔寨，中非共和国，乍得，科摩罗，刚果民主共和国，吉布提，赤道几内亚，厄立特里亚，埃塞俄比亚，冈比亚，几内亚，几内亚比绍，海地，基里巴斯，老挝，莱索托，利比里亚，马达加斯加，马拉维，马尔代夫，马里，毛里塔尼亚，莫桑比克，缅甸，尼泊尔，尼日尔，卢旺达，萨摩亚，圣多美及普林西比民主共和国，塞内加尔，塞拉利昂，所罗门群岛，索马里，苏丹，帝文岛，多哥，图瓦卢，乌干达，坦桑尼亚，瓦努阿图，也门，赞比亚

来源：欧洲统计局，2008 年欧洲人口统计，2009 年 4 月 23 日；联合国人口司，2008 年人口数据库(修订版)，中位估值，2009 年 4 月 23 日

表 A1－2A：2008 年根据不同年龄段以及有无移民背景划分的妇女生育率*

移民背景		共计	有孩子的妇女						无孩子的妇女
			合计[1)]	以下为所生孩子个数说明					
				合计[2)]	1	2	3	4 个或更多	
年龄为 16－54 岁的女士									
合计	单位：千	20898	12138	11434	4122	5142	1594	577	8760
	单位：%	100	58.1	100	36	45	13.9	5	41.9

（续表）

移民背景		共计	有孩子的妇女						无孩子的妇女
			合计[1]	以下为所生孩子个数说明					
				合计[2]	1	2	3	4个或更多	
单位：千									
有移民经历		3592	2516	2361	709	1010	427	215	1076
无移民经历		17306	9622	9073	3413	4132	1167	362	7684
单位：%									
有移民经历		17.2	70	100	30	42.8	18.1	9.1	30
无移民经历		82.8	55.6	100	37.6	45.5	12.9	4	44.4
年龄为45－54岁的女士									
共计	单位：千	5819	4869	4489	1309	2176	715	288	949
	单位：%	27.8	83.7	100	29.2	48.5	15.9	6.4	16.3
单位：千									
有移民经历		907	818	737	169	331	146	91	89
无移民经历		4912	4051	3752	1140	1845	569	197	860
单位：%									
有移民经历		15.6	90.2	100	22.9	44.9	19.8	12.3	9.8
无移民经历		84.4	82.5	100	30.4	49.2	15.2	5.3	17.5

* 有移民经历的人是指从外国移居到德国的群体

1）所有妇女中有孩子的妇女所占百分比

2）申报过孩子个数的妇女占所有有孩子的妇女的百分比

来源：联邦统计局及各联邦州统计局，2008年微型人口调查

表A1－3A：2008年妇女人均平均生育率*与文化程度、年龄、有无移民背景、工作状况以及家庭收入等因素的关系表

年龄	文化程度**	生活模式	工作状况	有移民背景人群		无移民背景人群	
				家庭收入高于联邦贫困低收入线	家庭收入肯定低于联邦贫困收入线	家庭收入高于联邦贫困低收入线	家庭收入肯定低于联邦贫困低收入线
15－45	低	夫妻生活	就职状态	1.3	1.5	0.6	0.7
			无业状态	1.1	1.6	0.3	0.7
		同居生活	就职状态	0.8	1.0	0.5	0.7
			无业状态	0.8	1.4	0.5	1.1
		单亲/单身生活	就职状态	0.8	0.9	0.5	0.5
			无业状态	0.9	1.0	0.3	0.6
	中等	夫妻生活	就职状态	1.2	1.3	1.2	1.3
			无业状态	1.4	1.5	1.4	1.6
		同居生活	就职状态	0.4	0.7	0.5	0.6
			无业状态	0.7	0.9	0.9	1.0

(续表)

年龄	文化程度**	生活模式	工作状况	有移民背景人群		无移民背景人群	
				家庭收入高于联邦贫困低收入线	家庭收入肯定低于联邦贫困收入线	家庭收入高于联邦贫困低收入线	家庭收入肯定低于联邦贫困低收入线
15－45	中等	单亲/单身生活	就职状态	0.5	0.6	0.4	0.6
			无业状态	0.8	0.6	0.8	0.5
	高	夫妻生活	就职状态	1.1	1.2	1.3	1.4
			无业状态	1.4	1.6	1.7	1.6
		同居生活	就职状态	0.2	0.7	0.4	0.5
			无业状态	0.4	0.4	0.9	0.6
		单亲/单身生活	就职状态	0.3	0.5	0.3	0.5
			无业状态	0.6	0.5	0.6	0.5
45－75	低	夫妻生活	就职状态	2.4	2.5	1.9	2.2
			无业状态	2.7	3.4	2.2	2.3
		同居生活	就职状态	1.9	2.4	1.6	2.2
			无业状态	1.8	2.7	2.1	2.3
		单亲/单身生活	就职状态	1.9	2.2	1.6	1.9
			无业状态	2.6	2.7	2.2	2.2
	中等	夫妻生活	就职状态	2.0	2.1	1.7	1.9
			无业状态	1.9	2.0	1.9	1.9
		同居生活	就职状态	1.3	1.4	1.4	1.4
			无业状态	1.8	1.1	1.7	1.9
		单亲/单身生活	就职状态	1.6	1.7	1.3	1.6
			无业状态	1.8	1.7	1.7	1.7
	高	夫妻生活	就职状态	1.7	1.8	1.7	1.9
			无业状态	1.7	1.7	1.8	1.9
		同居生活	就职状态	1.1	0.5	1.1	1.3
			无业状态	1.4	1.7	1.4	1.4
		单亲/单身生活	就职状态	1.2	1.9	1.2	1.3
			无业状态	1.4	1.5	1.3	1.3

* 与个体家庭在主要居住地的生活模式有关

** 这里的文化程度指的是妇女的文化程度。表中的文化程度是按照以下标准划分的：低等文化程度：国际教育标准分类 0－2，接受了基本教育，完成了义务教育；中等文化程度：国际教育标准分类 3－4，接受了职业培训，从而使达到国际教育标准分类 5 水平成为可能的学校培训教育；高等文化水平：国际教育标准分类 5－6，继续高等(专科)教育，攻读博士学位

来源：联邦统计局及各联邦州统计局，2008 年微型人口调查

表 A1-4A：2008 年度根据所选年龄段人口规模大小，预计 2025、2060 年的人口规模大小以及 2008 年有移民背景的人口规模表

年龄段	总计	其中		所占人口比例	依赖比例[1]
		男性	女性		
	单位：千			单位：%	
2008 年					
总计	82002	40184	41818	100	
0-15	11139	5715	5425	13.58	0.51
15-65	54134	27386	26748	66.02	
65 岁以上	16729	7084	9645	20.40	
15-30	14364	7315	7049	17.52	-
30-55	30170	15332	14837	36.79	
55-65	9601	4739	4862	11.71	
0-15	11139	5715	5425	13.58	0.47
15-67	55957	28272	27685	68.24	
67 岁以上	14906	6198	8708	18.18	
预计 2025 年					
总计	78789	38695	40096	100	
0-15	9858	5065	4794	12.51	0.62
15-65	48754	24632	24121	61.88	
65 岁以上	20177	9001	11181	25.61	
15-30	11469	5843	5625	14.56	-
30-55	24260	12260	12000	30.79	
55-65	13025	6529	6496	16.53	
0-15	9858	5065	4794	12.51	0.54
15-67	51162	25814	25348	64.94	
67 岁以上	17769	7819	9954	22.55	
预计 2060 年					
总计	64653	31650	33002	100	
0-15	7431	3818	3610	11.49	0.83
15-65	35249	17818	17431	54.52	
65 岁以上	21973	10017	11962	33.99	
15-30	8715	4439	4279	13.48	-
30-55	18389	9306	9080	28.44	
55-65	8145	4073	4072	12.60	
0-15	7431	3818	3610	11.49	0.75
15-67	36885	18628	18258	57.05	
67 岁以上	20337	9207	11135	31.46	

(续表)

年龄段	总计	其中 男性	其中 女性	所占人口比例	依赖比例[1)]
	单位：千			单位：%	
	2008年有移民背景者			所有有移民背景者所占百分比	
总计	15566	7851	7715	100	
0－15	3414	1753	1661	21.9	0.45
15－65	10719	5403	5316	68.9	
65岁以上	1432	694	738	9.2	
15－30	3523	1805	1718	22.6	－
30－55	5751	2886	2865	36.9	
55－65	1445	712	733	9.3	
0－15	3414	1753	1661	21.9	0.42
15－67	10933	5513	5420	70.2	
67岁以上	1219	584	635	7.8	

1) 依赖比例描述的是一种在职人员与经济依赖群体的数字比例关系。例如，依赖比例为0.51，意思就是100个在职人员面对51个人的经济依赖群体

来源：联邦统计局及各联邦州统计局，2008年人口统计，第12次相关人口预计，基本值；2008年微型人口调查，自行估算

表A1－5A：2005年和2008年在以下人口稠密地带(城市)根据性别、不同年龄段划分的有移民背景的人口比例图

年龄段	2005 共计	2005 男性	2005 女性	2008 共计	2008 男性	2008 女性	2005－2008年间变化 共计	男性	女性
	单位：%						单位：%		
汉堡									
0－3	32.5	34.7	29.9	47.7	41.9	54.0	＋15.3	＋7.3	＋24.1
0－15	36.6	39.1	34.0	45.5	43.7	47.4	＋8.9	＋4.6	＋13.4
15－50	28.7	29.2	28.2	29.0	29.7	28.2	＋0.3	＋0.6	＋0.0
50岁以上	16.2	18.4	14.4	15.9	18.1	14.1	－0.2	－0.3	－0.3
柏林									
0－3	35.0	38.0	32.0	43.8	45.1	42.4	＋8.7	＋7.1	＋10.4
0－15	37.4	39.7	35.1	44.5	46.3	42.6	＋7.1	＋6.6	＋7.6
15－50	33.7	34.1	33.2	26.9	27.1	26.6	－6.8	－7.0	－6.6
50岁以上	17.7	19.8	16.0	14.0	15.5	12.8	－3.7	－4.4	－3.2
美因河畔法兰克福									
0－3	43.9	/	/	71.7	71.8	71.6	＋27.8	/	/
0－15	48.8	47.1	50.6	65.2	64.7	65.8	＋16.4	＋17.6	＋15.2
15－50	42.9	42.1	43.8	45.2	43.3	47.1	＋2.3	＋1.3	＋3.3

（续表）

年龄段	2005			2008			2005－2008 年间变化		
	共计	男性	女性	共计	男性	女性	共计	男性	女性
	单位：%						单位：%		
50 岁以上	25.0	27.5	23.0	27.8	30.9	25.1	+2.8	+3.5	+2.1
科　隆									
0－3	31.8	/	31.2	53.0	55.5	50.3	+21.1	/	+19.0
0－15	39.7	41.0	38.2	50.9	53.9	47.6	+11.2	+12.8	+9.3
15－50	33.6	34.5	32.7	34.0	34.4	33.6	+0.4	－0.1	+0.9
50 岁以上	20.0	22.4	18.0	21.9	24.7	19.6	+1.9	+2.3	+1.6
斯图加特									
0－3	38.3	/	/	57.5	57.4	/	+19.2	/	/
0－15	42.8	41.9	43.9	57.3	55.8	59.2	+14.5	+13.9	+15.3
15－50	44.1	43.8	44.3	40.3	39.2	41.4	－3.8	－4.6	－2.9
50 岁以上	28.4	33.1	24.6	26.7	28.9	24.8	－1.7	－4.2	+0.1
慕尼黑									
0－3	39.2	42.6	35.7	61.4	64.7	58.3	+22.2	+22.0	+22.7
0－15	41.6	39.6	43.8	55.6	54.2	56.9	+13.9	+14.6	+13.1
15－50	37.4	37.2	37.7	37.1	37.1	37.1	－0.3	+0.0	－0.6
50 岁以上	23.7	27.4	20.6	24.8	28.7	21.8	+1.2	+1.2	+1.2
鲁尔区									
0－3	23.0	20.7	25.5	47.5	48.5	46.4	+24.5	+27.8	+20.8
0－15	27.1	26.2	28.1	41.4	41.3	41.6	+14.3	+15.1	+13.4
15－50	27.1	27.8	26.3	28.0	28.4	27.7	+1.0	+0.6	+1.4
50 岁以上	12.8	14.2	11.6	13.7	14.6	12.9	+0.9	+0.4	+1.3

来源：联邦统计局及各联邦州统计局，微型人口调查

表 A2－1A：1995－2009 年根据不同联邦州和性别调查的失业率*（单位：%）

联邦州	1995	2000	2005	2006	2007	2008	2009
	单位：%						
共　计							
德国	9.4	9.6	11.7	10.8	9.0	7.8	8.2
巴登-符腾堡州	6.6	5.4	7.0	6.3	4.9	4.1	5.1
巴伐利亚州	6.0	5.5	7.8	6.8	5.3	4.2	4.8
柏林州	12.4	15.8	19.0	17.5	15.5	13.9	14.1
不来梅州	12.9	13.0	16.8	14.9	12.7	11.4	11.8
勃兰登堡州	13.4	17.0	18.2	17.0	14.9	13.0	12.3

(续表)

联 邦 州	1995	2000	2005	2006	2007	2008	2009
	单位：%						
汉堡州	9.5	8.9	11.3	11.0	9.2	8.1	8.6
黑森州	7.6	7.3	9.7	9.2	7.6	6.6	6.8
梅克伦堡-前波莫瑞州	15.3	17.8	20.3	19.0	16.5	14.1	13.5
下萨克森州	9.8	9.3	11.6	10.5	8.9	7.7	7.8
北莱茵-威斯特法伦州	9.7	9.2	12.0	11.4	9.5	8.5	8.9
莱茵兰-普法尔茨州	7.6	7.3	8.8	8.0	6.5	5.6	6.1
萨尔州	10.7	9.8	10.7	9.9	8.4	7.3	7.7
萨克森州	13.6	17.0	18.3	17.0	14.7	12.8	12.9
萨克森-安哈特州	15.7	20.2	20.2	18.3	16.0	14.0	13.6
石勒苏益格-荷尔斯泰因州	8.1	8.5	11.6	10.0	8.4	7.6	7.8
图林根州	14.1	15.4	17.1	15.6	13.2	11.2	11.4
男 性							
德国	8.5	9.2	11.7	10.5	8.5	7.5	8.4
巴登-符腾堡州	6.5	5.0	6.7	5.9	4.4	3.7	5.2
巴伐利亚州	5.8	5.2	7.6	6.4	4.8	3.9	4.9
柏林州	12.6	16.9	20.5	18.9	16.7	15.0	15.3
不来梅州	13.5	14.0	17.5	15.5	12.9	11.5	12.5
勃兰登堡州	9.2	15.4	18.6	17.0	14.3	12.8	12.9
汉堡州	10.6	9.8	12.0	11.6	9.5	8.5	9.4
黑森州	7.5	7.2	9.6	8.9	7.2	6.3	6.9
梅克伦堡-前波莫瑞州	11.2	16.5	21.0	19.1	16.2	14.1	14.4
下萨克森州	9.4	9.0	11.6	10.1	8.3	7.2	7.8
北莱茵-威斯特法伦州	9.6	9.1	12.1	11.2	9.0	8.1	9.1
莱茵兰-普法尔茨州	7.3	6.9	8.7	7.6	6.0	5.3	6.2
萨尔州	11.1	9.9	10.5	9.4	7.8	6.8	7.9
萨克森州	8.6	15.3	18.0	16.3	13.6	12.2	13.2
萨克森-安哈特州	11.6	18.2	20.0	17.7	14.9	13.2	13.8
石勒苏益格-荷尔斯泰因州	8.2	8.9	11.9	9.9	8.2	7.5	8.2
图林根州	9.6	13.4	16.5	14.5	11.7	10.2	11.3
女 性							
德国	10.6	10.0	11.7	11.0	9.6	8.2	7.9
巴登-符腾堡州	6.9	5.7	7.4	6.8	5.6	4.6	5.0
巴伐利亚州	6.4	5.7	8.1	7.3	6.0	4.6	4.7
柏林州	12.2	14.5	17.4	15.9	14.1	12.6	12.7

（续表）

联邦州	1995	2000	2005	2006	2007	2008	2009
	单位：%						
不来梅州	12.1	11.4	16.0	13.9	12.5	11.3	11.1
勃兰登堡州	18.0	18.6	17.7	17.0	15.2	13.2	11.7
汉堡州	8.2	7.5	10.5	10.2	8.7	7.7	7.8
黑森州	7.6	7.2	9.7	9.4	8.1	7.0	6.7
梅克伦堡-前波莫瑞州	19.8	19.1	19.7	19.0	16.8	14.2	12.6
下萨克森州	10.4	9.4	11.7	10.9	9.5	8.2	7.7
北莱茵-威斯特法伦州	9.9	9.0	11.8	11.5	10.1	8.9	8.8
莱茵兰-普法尔茨州	8.0	7.5	8.9	8.3	7.1	6.0	6.0
萨尔州	10.2	9.4	11.0	10.3	9.2	7.8	7.6
萨克森州	19.0	18.6	18.6	17.9	15.9	13.6	12.6
萨克森-安哈特州	20.1	22.1	20.7	19.1	17.2	14.9	13.3
石勒苏益格-荷尔斯泰因州	8.0	7.9	11.2	9.9	8.7	7.7	7.4
图林根州	19.1	17.3	17.9	16.9	14.7	12.4	11.5

* 所有就业者(有依赖性的的就业者，独立的，有家人帮助的就业者)的失业率用百分比表示　失业者：请参见 A2 章节的概念注释

来源：2009 年联邦劳动部就业统计数据

表 A2－2A：1995－2008 年联邦、各联邦州以及乡镇的税收分配(单位：百万欧元)

税收种类	1995	2000	2002	2004	2006	2008
	单位：百万欧元					
税收总值	416337	467177	441628	442761	488444	561182
包括						
根据《基本法》第 106 条第三条款的联合税	296128	333253	303291	296470	329302	396472
联邦税	68547	75504	83494	84554	84215	86302
海关税	3639	3394	2896	3059	3880	4002
州税	18714	18444	18576	19797	21729	21937
地区税	29308	36583	33372	38882	49319	52468

来源：联邦统计局及各联邦州统计局，税收统计数据

表 A3－1A：根据以下所选特征调查的 1996 年与 2008 年德国人口的生活方式

特征	人口总计	有孩子家庭						夫妻	伴侣	单亲
		夫妻		同居关系		单亲				
		父母方	孩子们	父母方	孩子们	父母方	孩子们			
	单位：千	单位：%								
1996										
人口[1]总计	81114	25.7	22.1	1.3	0.9	2.8	3.8	22.6	3.3	17.5

（续表）

特征	人口总计	有孩子家庭						夫妻	伴侣	单亲
		夫妻		同居关系		单亲				
		父母方	孩子们	父母方	孩子们	父母方	孩子们			
	单位：千	单位：%								
年龄段										
25岁以下	21996	1.6	74.8	0.3	3.3	0.4	11.1	1.3	2	5.1
25－35	12964	39	9.9	3.5	0.1	3.6	2.9	11	8.9	21
35－45	11979	63.3	1.5	2.8	/	5.2	1.3	9.9	3.1	12.8
45－55	10370	47.3	0.2	1.2	/	4.2	0.7	31	2.6	12.8
55－65	10935	21	/	0.3	－	2.8	0.3	56.5	2.2	17
65岁以上	12870	4.8	/	0.1	－	2.5	0	47.2	1.4	44
15－65岁之间	55237	36.6	12.8	1.8	0.3	3.5	2.9	22.2	4.5	15.4
国籍										
德国人	74212	24.9	21.3	1.3	1	2.8	3.9	23.5	3.4	18
外国人	6903	34.4	30.9	0.8	0.4	2.5	3.5	13.4	1.8	12.1
就业状况										
劳动者	39293	39.9	9.2	2.2	0.2	3.6	2.4	5.5	16.8	15.3
失业人员	3450	40.7	9.3	2.1	0.2	3.4	2.3	5.6	16.4	14.9
就职人员	35843	31.2	9.3	2.1	0.2	3.4	2.3	5.6	16.4	14.9
非就职人员	41821	12.3	34.2	0.3	1.6	2	5.1	1.2	18.2	16
职业培训毕业										
所有有毕业文凭人员	44704	36	5.2	1.9	0.1	3.2	1.5	28.7	4.6	18.8
短期培训/学徒培训[2]	32910	34.4	5.8	1.9	0.1	3.3	1.7	29	4.6	19.1
专科学校毕业[3]	4695	40.4	3.2	1.8	/	3	0.9	31.5	3.8	15.3
应用技术大学毕业[4]	2436	40.6	3.7	1.5	/	2.5	1.1	26.8	5.5	18.2
高等院校毕业[5]/博士学位	4152	42	2.8	1.8	/	3.2	0.9	23.6	5.2	20.5
无毕业文凭类别说明	510	28.6	9	1.8	/	3.1	2	30	4.5	20.6
无职业培训	31902	11.4	47.7	0.4	2.2	2	7.3	13	1.3	14.6
无毕业文凭说明	4509	23.6	9.6	1.1	0.2	3.3	2.3	30.8	3.5	25.5
2008										
人口[1]总计	81473	21.2	18.4	1.9	1.4	3.3	4.6	24.1	4.4	20.8
年龄层										
25岁以下	20472	0.7	67.2	0.6	5.5	0.4	15.1	0.7	2.5	7.3
25－35	9623	25.7	9.7	5	0.2	3.8	2.8	9.5	13.2	30
35－45	13013	51.2	1.6	5	0	6.7	1.3	9.2	5.3	19.6
45－55	12359	45	0.4	2.2	0	6	1	23.4	3.9	18
55－65	9715	18.9	0.1	0.5	0	2.7	0.5	54.8	3.1	19.6

（续表）

特征	人口总计	有孩子家庭						夫妻	伴侣	单亲
		夫妻		同居关系		单亲				
		父母方	孩子们	父母方	孩子们	父母方	孩子们			
	单位：千	单位：%								
65岁以上	16292	3.8	0	0.1	0	2	0	56.2	2	35.9
15－65岁之间	54264	30.7	12.1	2.9	0.5	4.3	3.7	19.3	6	20.4
国籍										
德国人	74230	20.1	18.3	2	1.5	3.2	4.6	24.7	4.5	21.1
外国人	7243	32.5	19.1	1.6	0.6	3.8	4	18	2.9	17.4
移民背景										
有移民背景	15539	27.1	29.6	1.2	1.2	3.2	5	16.4	2.4	14
无移民背景	65933	19.9	15.7	2.1	1.5	3.3	4.5	25.9	4.8	22.4
就业状况										
劳动者	41819	33	8.3	3.3	0.3	4.6	2.7	18.8	7	22
失业人员	3137	22.5	9.3	4.3	0.5	8.1	5	14.7	4.8	30.8
就职人员	38682	33.9	8.2	3.2	0.3	4.3	2.5	19.1	7.2	21.3
非就职人员	39653	8.8	29	0.6	2.5	1.9	6.5	29.7	1.6	19.5
职业培训毕业										
所有有毕业文凭人员	50438	28.5	3.6	2.6	0.1	3.9	1.3	30.9	5.9	23.3
短期培训/学徒培训[2]	36012	27.3	4.2	2.7	0.1	4.1	1.5	31	5.7	23.4
专科学校毕业[3]	4973	30.5	2.1	2.7	0	3.5	0.7	35.3	5	20.3
应用技术大学毕业[4]	3524	32.1	2.6	2.3	0	3.1	0.9	29.3	7.2	22.5
高等院校毕业[5]/博士学位	5736	31.9	1.7	2.4	0	3.3	0.8	27.7	7.1	25.2
无毕业文凭类别说明	508	25.4	4.2	1.9	0.2	4.6	1.3	31.3	3.7	27.4
无职业培训	30720	9.4	42.8	0.8	3.5	2.3	9.9	12.7	1.9	16.6

1）主要居住地地区各类家庭模式内的人口数

2）包括职业实习，职业准备年，公共管理部门中级岗位实习期，职业专科/预科学校获取就业上岗文凭，一年制的卫生事业学校的毕业文凭

3）师傅技术员培训或者等值的专科学校毕业文凭，两年制或三年制卫生学校毕业文凭，专科学校或者职业学院毕业文凭或者原民主德国专业学校毕业文凭

4）包括高等专科管理学院毕业和工程技术管理毕业

5）有关科学研究的高校和艺术类学院

来源：联邦统计局及各联邦州统计局，微型人口调查

表A3－2A：1996年和2008年根据18岁以下未成年孩子个数划分调查的65岁以下妇女的就职状况（单位：%）

职业类型	总共	家庭里未成年孩子个数					
		0个	1个	2个	3个	4个	5个以上
	单位：%						
1996							
共计	100	100	100	100	100	100	100

(续表)

职业类型	总共	家庭里未成年孩子个数					
		0个	1个	2个	3个	4个	5个以上
	单位：%						
全职妇女	36.9	42.5	34.8	24.6	16.2	14.0	10.1
兼职妇女	18.6	14.7	23.5	27.0	21.9	14.0	7.1
非就职妇女	44.5	42.7	41.7	48.3	61.9	72.1	82.2
2008							
共计	100	100	100	100	100	100	100
全职妇女	35.7	44.2	26.7	14.5	9.3	6.3	/
兼职妇女	32.1	24.9	43.7	49.8	40.0	26.8	14.0
非就职妇女	32.2	30.9	29.6	35.7	50.7	66.9	81.4

来源：联邦统计局及各联邦州统计局，微型人口调查

表 A3－3A：2005 年和 2008 年根据性别、父母亲、移民状况以及文化水平等因素调查的年龄为 30－50 岁人口的在职比重(单位：%)

性别/父母亲		移民状况											
		无移民背景			有移民背景								
					共同具有移民背景			个人移民经历			无移民经历		
		文化水平*											
		低	中	高	低	中	高	低	中	高	低	中	高
		单位：%											
2005													
男性	有孩子1)	80.8	91.9	97.5	74.1	84.5	85.8	73.7	83.57231333	85.0	75.9	88.23550454	89.0
	没有孩子1)	65.6	83.6	93.1	65.1	77.1	81.4	65.4	77.00012949	80.4	64.3	77.47053373	85.1
女性	有孩子1)	53.9	69.3	79.0	40.9	59.1	57.0	41.3	58.8	55.8	39.2	60.4	62.4
	没有孩子1)	67.8	83.5	92.9	55.5	74.0	79.1	56.6	72.2	77.8	49.3	80.3	84.6
2008													
男性	有孩子1)	80.5	94.6	98.4	78.9	88.3	90.2	79.0	87.93528285	89.6	77.1	91.19211402	97.5
	没有孩子1)	67.8	87.0	95.7	69.8	82.3	86.1	70.2	81.64225538	85.7	65.6	86.8033152	90.1
女性	有孩子1)	55.5	73.6	82.3	42.9	62.5	59.1	42.1	62.2	58.5	53.9	64.8	73.3
	没有孩子1)	69.0	86.3	94.1	60.0	79.9	79.6	60.1	79.5	78.4	56.5	84.5	93.6

* 不同文化水平划分：国际教育标准分类 0－2，接受了基本教育，完成了义务教育；中等文化程度：国际教育标准分类 3－4，接受了职业培训，从而使达到国际教育标准分类 5 水平成为可能的学校培训教育；高等文化水平：国际教育标准分类 5－6，高等(专科)继续教育，攻读博士学位

1) 处于就职年龄的有 18 岁以下孩子的父亲和母亲(这里的孩子可以是前夫/前妻的孩子，领养的孩子，非血亲子女)

来源：联邦统计局及各联邦州统计局，微型人口调查

表 A3-4A：2000 年、2007 年、2008 年未满 18 岁孩子的父母所处的危机处境*调查

联邦州	共计	危机处境			至少有一个方面处于危机状态	三个方面都处于危机状态	危机处境			至少有一个方面处于危机状态	三个方面都处于危机状态
		父母双方或单亲		低于家庭收入对等值的百分之六十[1)]			父母双方或单亲		低于家庭收入对等值的百分之六十[1)]		
		失业或不在职	国际教育标准分类3水平以下的最高毕业学历或职业培训毕业文凭				失业或不在职	国际教育标准分类3水平以下的最高毕业学历或职业培训毕业文凭			
	单位：千						单位：%				
2000											
德国	15192	1586	2629	3491	4711	544	10.4	17.3	23.0	31.0	3.6
巴符州	2105	129	398	397	612	56	6.1	18.9	18.9	29.1	2.7
巴伐利亚州	2342	122	357	404	640	36	5.2	15.2	17.3	27.3	1.5
柏林州	543	108	107	117	180	27	19.9	19.7	21.5	33.1	5.0
勃兰登堡州	469	59	29	114	129	10	12.6	6.2	24.3	27.5	2.1
不来梅州	102	19	34	27	37	9	18.6	33.3	26.5	36.3	8.8
汉堡州	273	41	73	69	105	15	15.0	26.7	25.3	38.5	5.5
黑森州	1135	120	229	262	360	49	10.6	20.2	23.1	31.7	4.3
梅克伦堡-前波莫瑞州	313	53	28	86	105	8	16.9	8.9	27.5	33.5	2.6
下萨克森州	1513	180	267	334	424	76	11.9	17.6	22.1	28.0	5.0
北莱茵-威斯特法伦州	3362	382	741	937	1190	170	11.4	22.0	27.9	35.4	5.1
莱茵兰-普法尔茨州	736	65	132	157	215	27	8.8	17.9	21.3	29.2	3.7
萨尔州	173	20	41	42	54	9	11.6	23.7	24.3	31.2	5.2
萨克森州	742	106	36	184	221	12	14.3	4.9	24.8	29.8	1.6
萨克森-安哈特州	435	85	30	126	151	11	19.5	6.9	29.0	34.7	2.5
石勒苏益格-荷尔斯泰因州	529	50	88	117	154	21	11.9	20.9	27.8	36.6	5.0
图林根州	421	47	39	115	134	9	8.9	7.4	21.7	25.3	1.7
2007											
德国	13814	1478	1783	3366	4463	466	10.7	12.9	24.4	32.3	3.4
巴符州	1963	110	242	352	506	36	5.6	12.3	17.9	25.8	1.8
巴伐利亚州	2229	146	195	352	498	41	6.5	8.8	15.8	22.3	1.8
柏林州	486	117	104	113	199	31	24.1	21.3	23.2	41.0	6.3
勃兰登堡州	342	43	21	103	117	7	12.6	6.1	30.0	34.1	2.1
不来梅州	102	19	25	30	44	8	18.5	24.3	29.6	42.6	8.0
汉堡州	271	49	57	93	119	21	18.0	20.9	34.4	43.8	7.6
黑森州	1046	103	142	222	315	38	9.9	13.6	21.3	30.1	3.6
梅克伦堡-前波莫瑞州	224	44	22	80	94	9	19.5	9.8	35.9	42.1	3.9

(续表)

联邦州	共计	危机处境			至少有一个方面处于危机状态	三个方面都处于危机状态	危机处境			至少有一个方面处于危机状态	三个方面都处于危机状态
		父母双方或单亲		低于家庭收入对等值的百分之六十[1)]			父母双方或单亲		低于家庭收入对等值的百分之六十[1)]		
		失业或不在职	国际教育标准分类3水平以下的最高毕业学历或职业培训毕业文凭				失业或不在职	国际教育标准分类3水平以下的最高毕业学历或职业培训毕业文凭			
	单位：千						单位：%				
下萨克森州	1445	164	186	369	470	58	11.3	12.8	25.5	32.5	4.0
北莱茵-威斯特法伦州	3185	372	552	949	1248	145	11.7	17.3	29.8	39.2	4.6
莱茵兰-普法尔茨州	709	62	89	164	216	23	8.7	12.6	23.1	30.4	3.3
萨尔州	164	17	25	47	60	6	10.4	15.4	28.7	36.6	3.9
萨克森州	540	84	24	147	171	11	15.5	4.4	27.2	31.7	2.0
萨克森-安哈特州	305	54	27	113	130	12	17.8	8.9	37.1	42.7	3.8
石勒苏益格-荷尔斯泰因州	507	48	52	127	158	13	9.4	10.2	25.0	31.2	2.6
图林根州	294	47	21	105	119	7	16.1	7.0	35.8	40.5	2.5
2008											
德国	13562	1442	1717	3368	4365	481	10.6	12.7	24.8	32.2	3.5
巴符州	1946	106	213	333	479	35	5.5	10.9	17.1	24.6	1.8
巴伐利亚州	2188	137	187	332	470	37	6.3	8.6	15.2	21.5	1.7
柏林州	481	114	100	120	201	31	23.8	20.7	24.9	41.7	6.4
勃兰登堡州	330	42	18	93	105	7	12.7	5.4	28.1	31.7	2.2
不来梅州	101	22	25	34	44	10	21.6	24.5	33.4	43.1	10.1
汉堡州	266	46	60	95	120	20	17.4	22.4	35.9	44.9	7.5
黑森州	1033	93	142	247	326	35	9.0	13.7	23.9	31.6	3.4
梅克伦堡-前波莫瑞州	212	43	18	73	84	8	20.3	8.6	34.4	39.7	3.8
下萨克森州	1424	165	190	365	462	63	11.6	13.3	25.6	32.4	4.4
北莱茵-威斯特法伦州	3131	376	539	991	1256	156	12.0	17.2	31.7	40.1	5.0
莱茵兰-普法尔茨州	701	60	88	168	214	23	8.5	12.5	24.0	30.6	3.3
萨尔州	160	14	20	43	52	/	8.6	12.2	27.0	32.8	/
萨克森州	523	74	25	131	155	12	14.1	4.7	25.1	29.7	2.3
萨克森-安哈特州	287	57	25	110	125	13	20.0	8.6	38.3	43.7	4.4
石勒苏益格-荷尔斯泰因州	498	50	54	137	164	18	10.0	10.9	27.5	32.9	3.7
图林根州	281	42	16	97	109	7	14.9	5.6	34.3	38.8	2.5

* 职业状况，毕业文凭，平均收入对等值

1) 等值收入是在家庭收入的基础上调查的

来源：联邦统计局及各联邦州统计局，微型人口调查

表 A3－5A：2007 年和 2008 年未满 18 岁孩子的父母的危机处境(职业状况，毕业文凭，平均收入对等值)和移民状况调查

移民背景	共 计	危 机 处 境			至少有一个方面处于危机状态	三个方面都处于危机状态
		父母双方或单亲		低于家庭收入对等值的百分之六十[1]		
		失业或不在职	国际教育标准分类 3 水平以下的最高毕业学历或职业培训毕业文凭			
2007						
单位：千						
共计	13814	1478	1751	3371	4183	407
无移民背景	9756	8966	579	1932	2234	31
有移民背景	4058	3369	1173	1441	1949	34
单位：%						
共计		10.7	12.7	24.4	30.3	2.9
无移民背景		8.1	5.9	19.8	22.9	1.6
有移民背景		17.0	28.9	35.5	48.0	6.2
2008						
单位：千						
共计	13562	1442	1717	3368	3885	481
无移民背景	9461	770	560	1918	2153	185
有移民背景	4101	672	1157	1450	1731	296
单位：千						
共计		10.6	12.7	24.8	28.6	3.5
无移民背景		8.1	5.9	20.3	22.8	2.0
有移民背景		16.4	28.2	35.4	42.2	7.2

1）对比收入值是在家庭收入的基础上调查的

来源：联邦统计局及各联邦州统计局，微型人口调查

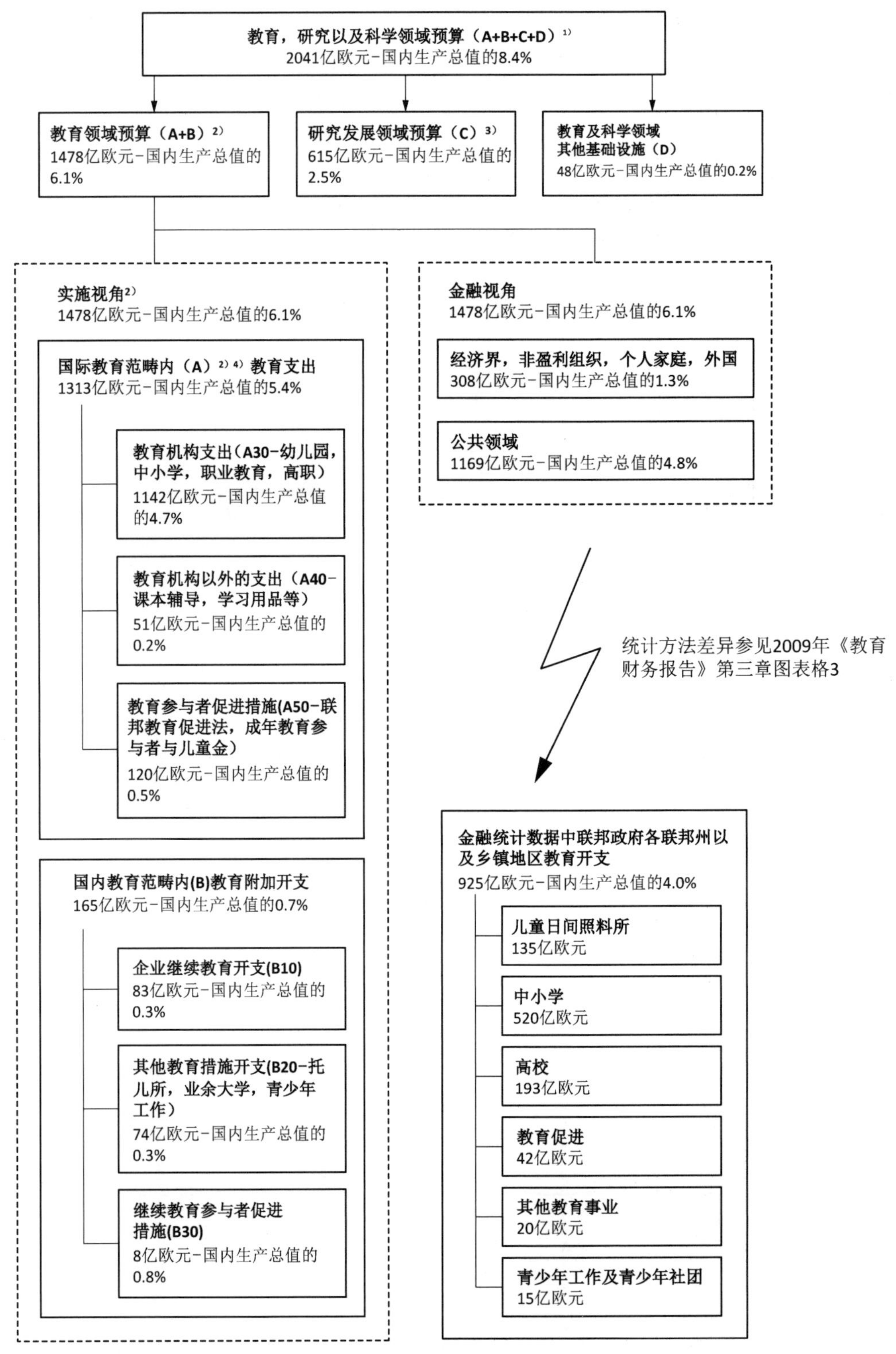

图 B1-5A：实施视角、金融视角下的教育、研究及科学领域预算以及 2007 年金融统计数据中教育支出预算

由于在小计中取整的原因，金额可能有所偏差

1) 确保高等院校研究和发展支出的预算
2) 其中包括下拨高等院校研究和发展方面的 99 亿欧元支出
3) 99 亿欧元用于高等院校研究和发展支出，516 亿欧元用于企业和非大学研究机构研究和发展支出
4) 国际教育标准分类内的教育计划

来源：联邦统计局及各联邦州统计局，2007 年教育预算

表 B1－1A：2007 年与 2008 年从教育领域和融资领域（初始的融资手段）分析得出的教育预算*

教育领域		支出									
		2007							2008	2007	2008
		公共领域				私人领域	外国	国民经济			
		联邦	州	乡镇，区	共计						
		单位：十亿欧								国内生产总值 单位：%	
A	根据国际教育标准分类划分的在国际界限内的教育支出[1]	13.4	76.7	19.1	109.2	21.7	0.4	131.3	137.9	5.4	5.5
A30	公共和私人赞助的教育机构的支出	8.3	70.9	18.0	97.2	16.6	0.4	114.2	120.5	4.7	4.8
A31	国际教育标准分类 0－基础领域[2]	0.0	3.3	5.9	9.2	3.4	0.0	12.6	/	0.5	/
A32	国际教育标准分类 1－4－中小学和接近中小学领域	4.3	48.1	11.7	64.0	9.3	0.0	73.3	/	3.0	/
	包括：普通教育	1.0	42.0	7.8	50.8	1.3	0.0	52.0	/	2.1	/
	职业培训[3]	0.8	5.7	1.9	8.5	0.2	0.0	8.7	/	0.4	/
	双元制体系下的企业培训[4]	2.5	0.3	0.2	3.0	7.8	0.0	10.8	/	0.4	/
A33	国际教育标准分类5/6－高等教育领域[5]	3.9	17.4	0.3	21.6	3.9	0.4	25.9	/	1.1	/
	包括：高校的研究和发展	2.1	5.9	0.0	8.0	1.5	0.4	9.9	/	0.4	/
A34	其他（没有归于国际教育标准分类）[6]	0.1	2.2	0.2	2.4	0.0	0.0	2.4	/	0.1	/
A40	除教育机构外的对于教育商品及义务的私人财政预算	0.0	0.0	0.0	0.0	5.1	0.0	5.1	5.1	0.2	0.2
A50	促进受教育者按国际教育标准分类等级的支出	5.1	5.8	1.1	12.0	0.0	0.0	12.0	12.3	0.5	0.5
B	国际界限下的其他附加教育有关的支出	2.7	1.3	3.8	7.8	8.7	0.0	16.5	17.1	0.7	0.7
B10	企业里的进修[7]	0.3	0.5	0.3	1.2	7.1	0.0	8.3	8.3	0.3	0.3
										0.0	0.0
B20	其他教育支出	1.6	0.8	3.4	5.8	1.6	0.0	7.4	8.0	0.3	0.3
	包括：（日间）托儿所	0.0	0.4	2.1	2.4	0.9	0.0	3.4	/	0.1	/
B30	促进学者的进一步深造[8]	0.8	0.0	0.0	0.8	0.0	0.0	0.8	0.8	0.0	0.0
A＋B	合计的教育预算	16.1	78.0	22.9	116.9	30.4	0.4	147.8	155.0	6.1	6.2
	包括：高校的研究和发展	2.1	5.9	0.0	8.0	1.5	0.4	9.9	/	0.4	/

＊ 考虑到各级政府的支付往来（开始的融资手段），根据 2007 年纲领的界定，以及目前 2008 年的估计值得出的财政预算由于在小计中取整的原因，金额可能有所偏差

1）根据国际教育标准分类划分

2）幼儿园，学前班，托儿所

3）未包括专科学校，专科学院，职业学院以及第三领域里的有关卫生学校

4）双元制体系下的企业，企业间的和企业外的培训支出，不包括职业学校，包含德国联邦劳动部的对有关培训的津贴

5）不包括医疗支出，包含对专科学校、专科学院、职业学院、高等教育领域的卫生学校、高校的研究和发展、大学生服务中心的支出

6）没有归入到国际教育标准分类等级中的支出（包括预计的有关公务员培训、公共管理服务以及学士研讨会的支出）

7）预计的有关内部和外部的培训（不包含参与者的个人支出）在就职者（不包括培训者）的基础上的支出，根据微观人口调查和根据欧洲的职业进修调查统计资料得出的平均每位职员的进修支出

8）德国联邦劳动部对参加职业进修的参与者的支出；不排除双倍支出（双元制培训，进修）的可能性

9）根据研发统计数据（根据经合组织消息和 Frascati 手册）的方法预算

10）围绕“高校的研究和发展”增加有关教育、研究和科学方面的预算，因为这一类既属于 A 类也属于 C 类

来源：联邦统计局及各联邦州统计局，2007 年 8 月的教育预算

表 B1-2A：根据不同领域划分的在教育、研究和科学方面的预算以及 1995-2008 年在国内生产总值所占份额(单位：10 亿欧,%)

领域		支出					
		1995	2007	2008	1995	2007	2008
		单位：10 亿欧			国内生产总值 单位：%		
A	根据国际教育标准分类划分的在国际界限内的教育支出[1)]	103.9	131.3	137.9	5.6	5.4	5.5
A30	公共和私人赞助的教育机构的支出	94.8	114.2	120.5	5.1	4.7	4.8
A31	国际教育标准分类 0-基础领域[2)]	9.1	12.6	/	0.5	0.5	/
A32	国际教育标准分类 1-4-中小学和接近中小学领域	63.2	73.3	/	3.4	3.0	/
	包括：普通教育	45.9	52.0	/	2.5	2.1	/
	职业培训[3)]	5.4	8.7	/	0.3	0.4	/
	双元制体系[4)]	10.4	10.8	/	0.6	0.4	/
A33	国际教育标准分类 5/6-高等教育领域[5)]	20.5	25.9	/	1.1	1.1	/
	包括：高校的研究和发展	7.4	9.9	/	0.4	0.4	/
A34	其他(没有归于国际教育标准分类)[6)]	1.9	2.4	/	0.1	0.1	/
A40/50	其余国际划分标准下的支出	9.2	17.1	17.4	0.5	0.7	0.7
B	额外的在国际划分界限下的有关教育支出	21.5	16.5	17.1	1.2	0.7	0.7
B10	企业的进修[7)]	8.9	8.3	8.3	0.5	0.3	0.3
B20	其他的教育支出	7.3	7.4	8.0	0.4	0.3	0.3
B30	促进参与者的进修[8)]	5.3	0.8	0.8	0.3	0.0	0.0
A+B	合计的教育预算	125.4	147.8	155.0	6.8	6.1	6.2
C	研究和发展[9)]	40.5	61.5	66.5	2.2	2.5	2.7
C10	经济	26.8	43.0	46.1	1.5	1.8	1.8
C20	国家的研究机构	1.0	1.1	1.2	0.1	0.0	0.0
C30	无盈利目的的私人研究机构	5.2	7.4	8.1	0.3	0.3	0.3
C40	高校(附加上属于国际教育标准分类 5/6 等级的)	7.4	9.9	11.1	0.4	0.4	0.4
D	其他的教育和科学基础设施	4.0	4.8	4.9	0.2	0.2	0.2
D10	科学博物馆和图书馆,专业信息中心(无研发机构)	0.5	0.6	/	0.0	0.0	/
D20	非科学博物馆和图书馆	2.0	2.3	/	0.1	0.1	/
D30	非大学的科研支出(无研发机构)	1.6	1.9	/	0.1	0.1	/
A+B+C+D	t 教育,研究和科学的支出(针对高校研发所增加的预算)	162.5	204.1	215.3	8.8	8.4	8.6

* 实施预算,根据 2007 年规划的界定,以及目前 2008 年的估计值得出的财政预算,见表 B1-1A 的脚注

来源：联邦统计局及各联邦州统计局,2007 年 8 月的再教育、研究和科学方面的预算

表 B2－1A：在不同教育领域接受教育人员和 2008 年 9 月根据年龄段和性别划分的人口

年龄段	接受教育者					人口
	共计	其中				
		学前托儿所教育[1]	普通教育	职业培训[2]	高校	
	数值					
共计						
0－3	425796	425796	－	－	－	2048350
3－6	1966483	1953750	12733	－	－	2105783
6－10	2977147	252730	2724417	－	－	3006036
10－16	4752328	－	4716802	35447	79	4800662
16－19	2546033	－	1326493	1206609	12931	2691946
19－25	2820187	－	223920	1509148	1087119	5865798
25－30	784059	－	12997	146700	624362	4984192
30－35	206900	－	6210	28631	172059	4702670
35－40	77327	－	－	14882	62445	5613543
40 岁以上	66355	－	－	43	66312	46183376
无说明	22064	－	－	11313	10751	X
共计	16644678	2632276	9023572	2952772	2036058	82002356
男性						
0－3	218176	218176	－	－	－	1051372
3－6	1006196	999577	6619	－	－	1079982
6－10	1528402	137542	1390860	－	－	1541363
10－16	2443722	－	2423915	19777	30	2463529
16－19	1302009	－	644965	652463	4581	1379970
19－25	1422970	－	109930	790816	522224	2990265
25－30	451569	－	6774	89669	355126	2523056
30－35	120888	－	2629	14861	103398	2381693
35－40	45192	－	－	7951	37241	2857095
40 岁以上	35242	－	－	36	35206	21915958
无说明	8522	－	－	2395	6127	X
共计	8582888	1355295	4585692	1577968	1063933	40184283
女性						
0－3	207620	207620	－	－	－	996978
3－6	960287	954173	6114	－	－	1025801
6－10	1448745	115188	1333557	－	－	1464673
10－16	2308606	－	2292887	15670	49	2337133

(续表)

年龄段	接受教育者					人口
	共计	其中				
		学前托儿所教育[1]	普通教育	职业培训[2]	高校	
	数值					
16-19	1244024	-	681528	554146	8350	1311976
19-25	1397217	-	113990	718332	564895	2875533
25-30	332490	-	6223	57031	269236	2461136
30-35	86012	-	3581	13770	68661	2320977
35-40	32135	-	-	6931	25204	2756448
40岁以上	31113	-	-	7	31106	24267418
无说明	13542	-	-	8918	4624	X
共计	8061790	1276981	4437880	1374804	972125	41818073

1) 根据出生年份进行年龄划分。这里和C章和H章年龄划分不同

2) 职业学校,卫生事业学校,中等职务公务员培训

来源:联邦统计局和各联邦州统计局,2009年青少年救助金统计数据,2008年9月中小学统计数据,2008年9月高校统计数据,2008年人口统计

表B2-2A:1995/96学年到2008年9月根据不同教育领域和教育机构类别划分的接受教育者

年份	总计	其中						未归类
		幼教领域[1]	小学领域	初中领域	高中领域	高校领域		
		ISCED 0	ISCED 1	ISCED 2	ISCED 3-4	ISCED 5B	ISCED 5A	
	数值							
共计								
1995/96	16599419	2332924	3804887	5279835	2980839	286263	1857906	56765
1996/97	16784231	2343520	3859490	5340250	3042085	293808	1838099	66979
1997/98	16850908	2283308	3865724	5463321	3070779	311756	1785938	70082
1998/99	16913481	2332585	3767460	5508075	3146558	319066	1767978	71759
1999/00	16847079	2297821	3655859	5560251	3206690	312604	1742234	71621
2000/01	16913190	2398104	3519051	5640017	3214627	317211	1766734	57445
2001/02	16863525	2352829	3373176	5683280	3226696	324150	1835558	67837
2002/03	16842054	2316687	3303737	5664594	3245306	339989	1902408	69333
2003/04	16821659	2238270	3305386	5585642	3290667	349084	1981373	71237
2004/05	16699519	2232306	3306136	5452563	3366762	341442	1927299	73011
2005/06	16837084	2443550	3329349	5285381	3414050	335961	1953504	75289
2006/07	16670759	2420124	3311285	5122838	3460998	328429	1950468	76617
2007/08	16475459	2410081	3236158	5008352	3501956	330050	1915088	73774
2008/09[2]	16370181	2385856	3150822	4942006	3369904	446614	1998060	76919

（续表）

年份	总计	其中						
		幼教领域[1]	小学领域	初中领域	高中领域	高校领域		未归类
		ISCED 0	ISCED 1	ISCED 2	ISCED 3－4	ISCED 5B	ISCED 5A	
	数值							
公办教育机构								
1995/96	14430315	891363	3734036	4951231	2822485	161613	1820093	49494
1996/97	14764615	1078419	3786655	5003725	2873438	164701	1799388	58290
1997/98	14839671	1047950	3790298	5113136	2886795	195418	1745297	60777
1998/99	14845910	1066714	3689362	5147670	2952686	202773	1724699	62006
1999/00	14671574	946152	3574886	5189440	3003891	197584	1697958	61663
2000/01	14653426	984040	3435078	5256774	3005491	203850	1718912	49281
2001/02	14601193	965007	3286573	5289838	3010922	208520	1782318	58015
2002/03	14573317	954170	3213893	5262209	3019238	220202	1844489	59116
2003/04	14555881	922241	3210821	5176004	3046185	223220	1916880	60531
2004/05	14395929	916122	3203000	5040022	3099760	219150	1855985	61890
2005/06	14277910	911205	3218712	4867184	3132977	210347	1874181	63007
2006/07	14081183	884613	3200758	4705912	3170310	206207	1863416	49967
2007/08	13842733	860578	3119272	4582031	3208006	205409	1820163	47274
2008/09[2]	13712173	849665	3028867	4492890	3137848	262896	1890006	50001
民办教育机构								
1995/96	2169104	1441561	70851	328604	158354	124650	37813	7271
1996/97	2019616	1265101	72835	336525	168647	129107	38711	8689
1997/98	2011237	1235358	75426	350185	183984	116338	40641	9305
1998/99	2067571	1265871	78098	360405	193872	116293	43279	9753
1999/00	2175505	1351669	80973	370811	202799	115020	44276	9957
2000/01	2259764	1414064	83973	383243	209137	113361	47822	8164
2001/02	2262332	1387822	86602	393442	215774	115630	53240	9821
2002/03	2268737	1362517	89844	402385	226068	119787	57919	10217
2003/04	2265778	1316029	94565	409638	244482	125864	64493	10706
2004/05	2303590	1316184	103136	412541	267002	122292	71314	11121
2005/06	2559174	1532048	110637	418197	281073	125614	79323	12282
2006/07	2589576	1535511	110527	416926	290688	122222	87052	26650
2007/08	2632726	1549503	116886	426321	293950	124641	94925	26500
2008/09[2]	2658008	1536191	121955	449116	232056	183718	108054	26918

1）这里的日托托儿所机构的数据来自 2004 年和 2005 年微观人口普查的统计数据，2005/06 学年的统计数据来自青少年救助金统计数据
ISCED：国际教育标准分类

2）由于考虑到不同联邦州的职业教育归类的修改情况以及国际教育标准分类 ISCED 等级 3 中的八年制文理中学的准备阶段，这里的时间序列存在间断现象

来源：联邦统计局和各联邦州统计局，微型人口统计普查，2009 年青少年救助金统计数据，中小学统计数据，高校统计数据

表 B2－3A：2008 年 9 月根据不同年龄段、联邦州和性别统计的接受教育率*(单位：%)

联邦州	不同年龄段的接受教育率[1]				
	0～3 岁	3～6 岁	16～19 岁	19～25 岁	25～30 岁
	单位：%				
共计					
德国	20.8	93.4	94.6	48.1	15.7
巴符州	17.8	96.9	92.9	50.9	14.0
巴伐利亚州	17.1	91.2	96.2	42.2	11.6
柏林州	42.1	93.2	91.4	53.0	19.9
勃兰登堡州	46.0	94.8	89.2	41.9	14.0
不来梅州	13.3	89.8	123.4	62.4	26.3
汉堡州	23.4	86.4	100.7	58.2	22.1
黑森州	16.5	94.0	90.7	50.9	18.2
梅克伦堡-前波莫瑞州	42.0	94.0	92.0	40.7	14.0
下萨克森州	12.1	90.6	95.0	46.6	13.8
北莱茵-威斯特法伦州	11.4	93.6	98.6	51.6	18.6
莱茵兰-普法尔茨州	20.5	97.2	86.9	47.4	17.6
萨尔州	17.6	95.4	94.9	51.9	11.4
萨克森州	39.9	95.2	94.9	46.6	14.8
萨克森-安哈特州	59.0	94.5	87.7	41.3	14.0
石勒苏益格-荷尔斯泰因州	11.5	87.6	88.5	44.6	14.7
图林根州	45.7	96.3	94.9	44.3	12.4
男性					
德国	20.8	93.2	94.4	47.6	17.9
巴符州	17.8	96.9	93.3	51.2	16.8
巴伐利亚州	17.0	90.4	96.7	42.0	13.5
柏林州	42.0	94.3	90.6	52.8	20.7
勃兰登堡州	46.4	95.0	88.8	39.7	13.9
不来梅州	13.3	88.5	125.1	63.4	30.2
汉堡州	22.4	83.4	99.3	59.6	25.4
黑森州	16.2	93.8	91.1	52.0	21.7
梅克伦堡-前波莫瑞州	42.1	94.3	90.8	37.8	14.0
下萨克森州	12.1	90.5	93.8	45.3	16.3
北莱茵-威斯特法伦州	11.3	93.5	97.9	52.0	21.6
莱茵兰-普法尔茨州	20.5	96.9	87.7	46.2	19.3
萨尔州	17.9	95.5	93.6	50.5	12.8
萨克森州	40.0	95.3	94.4	44.9	16.4

（续表）

联邦州	不同年龄段的接受教育率[1]				
	0～3岁	3～6岁	16～19岁	19～25岁	25～30岁
	单位：%				
萨克森-安哈特州	59.0	94.4	85.8	38.5	14.4
石勒苏益格-荷尔斯泰因州	11.5	87.0	88.2	44.2	17.2
图林根州	46.2	96.4	95.3	41.5	13.6
女　　性					
德国	20.8	93.6	94.8	48.6	13.5
巴符州	17.8	96.9	92.5	50.7	11.3
巴伐利亚州	17.2	92.1	95.8	42.4	9.8
柏林州	42.3	91.9	92.2	53.2	19.1
勃兰登堡州	45.5	94.7	89.7	44.4	14.2
不来梅州	13.3	91.1	121.5	61.4	22.3
汉堡州	24.5	89.5	102.2	57.0	19.0
黑森州	16.8	94.3	90.3	49.8	14.8
梅克伦堡-前波莫瑞州	42.0	93.7	93.3	44.1	13.9
下萨克森州	12.2	90.8	96.2	47.8	11.3
北莱茵-威斯特法伦州	11.4	93.7	99.3	51.2	15.7
莱茵兰-普法尔茨州	20.4	97.4	86.1	48.5	15.8
萨尔州	17.4	95.2	96.3	53.3	10.0
萨克森州	39.7	95.0	95.4	48.6	13.0
萨克森-安哈特州	58.9	94.5	89.8	44.5	13.5
石勒苏益格-荷尔斯泰因州	11.4	88.1	88.8	45.1	12.2
图林根州	45.3	96.1	94.5	47.4	11.0

* 接受教育率：涉及到这个州居民参加教育机构的数值。年龄划分依据出生年份。参与率超过100%是因为周边地区中小学生的涌入造成的

1）没有列举年龄段为6－16岁的接受教育率是由于义务教育在所有的联邦州比率均为100%

来源：联邦统计局和各联邦州统计局，2009年青少年救助金统计数据，2008年9月中小学统计数据，2008年9月高校统计数据

表B3－1A：2008年根据普通教育毕业文凭、年龄段和性别统计的人口（单位：%）

年龄段	共计[1]	尚处于中小学教育阶段	普通毕业文凭					无普通教育毕业文凭[4]
			普通中学毕业文凭[2]	综合技术高中毕业文凭	中等毕业文凭	具有就读高等院校资格[3]	没有对毕业文凭类别进行说明	
	单位：%							
共　　计								
15－20	100	54.8	14.2	－	19.8	5.1	0.2	5.7
20－25	100	2.1	20.2	－	32.9	40.8	0.4	3.3

(续表)

年 龄 段	共计[1]	尚处于中小学教育阶段	普通毕业文凭					无普通教育毕业文凭[4]
			普通中学毕业文凭[2]	综合技术高中毕业文凭	中等毕业文凭	具有就读高等院校资格[3]	没有对毕业文凭类别进行说明	
	单位：%							
25 - 30	100	0.2	21.1	-	31.9	42.9	0.3	3.3
30 - 35	100	/	23.6	2.3	30.4	38.8	0.4	4.1
35 - 40	100	/	25.2	11.9	25.6	32.6	0.4	3.9
40 - 45	100	/	27.8	12.9	25.0	29.7	0.4	3.8
45 - 50	100	/	32.0	14.0	22.8	26.5	0.5	3.8
50 - 55	100	/	37.4	14.1	19.2	24.7	0.5	3.6
55 - 60	100	/	45.1	13.2	15.9	21.4	0.4	3.5
60 - 65	100	-	52.2	7.4	16.3	19.1	0.5	4.0
65 岁以上	100	/	69.5	1.1	12.0	12.0	0.6	3.8
共计	100	3.8	39.3	6.6	21.1	24.4	0.4	3.9
男 性								
15 - 20	100	53.3	16.8	-	19.5	4.1	0.2	5.9
20 - 25	100	2.2	24.6	-	32.0	36.9	0.4	3.6
25 - 30	100	0.2	25.1	-	30.4	40.4	0.4	3.4
30 - 35	100	/	27.2	2.3	28.0	37.9	0.4	3.8
35 - 40	100	/	28.4	11.7	21.7	33.7	0.4	3.7
40 - 45	100	/	31.0	12.8	20.6	31.0	0.4	3.8
45 - 50	100	/	34.6	13.9	18.4	28.6	0.5	3.6
50 - 55	100	/	38.4	13.7	15.8	27.7	0.5	3.5
55 - 60	100	/	44.1	12.6	13.0	26.2	0.4	3.2
60 - 65	100	-	50.5	7.1	13.3	24.3	0.5	3.8
65 岁以上	100	/	65.5	1.2	10.3	18.4	0.5	3.4
共计	100	3.9	39.0	6.7	18.9	27.0	0.4	3.7
女 性								
15 - 20	100	56.5	11.3	-	20.2	6.2	0.3	5.4
20 - 25	100	2.0	15.6	-	33.9	45.0	0.4	3.0
25 - 30	100	0.2	17.1	-	33.4	45.5	0.3	3.2
30 - 35	100	/	20.0	2.2	32.8	39.8	0.4	4.4
35 - 40	100	/	21.8	12.1	29.7	31.5	0.4	4.2
40 - 45	100	/	24.4	13.1	29.6	28.3	0.4	3.7
45 - 50	100	/	29.4	14.1	27.2	24.4	0.5	4.0
50 - 55	100	/	36.5	14.4	22.6	21.8	0.5	3.8

（续表）

年 龄 段	共计[1]	尚处于中小学教育阶段	普通毕业文凭					无普通教育毕业文凭[4]
			普通中学毕业文凭[2]	综合技术高中毕业文凭	中等毕业文凭	具有就读高等院校资格[3]	没有对毕业文凭类别进行说明	
	单位：%							
55 - 60	100	/	46.1	13.8	18.8	16.7	0.4	3.9
60 - 65	100	-	53.9	7.6	19.2	14.1	0.5	4.3
65 岁以上	100	/	72.5	1.0	13.3	7.2	0.6	4.1
共计	100	3.6	39.6	6.5	23.3	22.0	0.5	4.0

1）包括 34.5 万没有说明是否接受过普通学校教育的人员
2）包括国民学校毕业文凭
3）包括具有就读应用技术大学资格人员
4）包括学制最长达 7 年的毕业文凭
来源：联邦统计局及各联邦州统计局，2008 年微型人口普查

表 B3 - 2A：2008 年根据职业培训证书、年龄段和性别统计的人口（单位：%）

年 龄 段	共计[1]	有职业培训证书				无职业培训证书
		教学/指导培训[2]	专科学院毕业文凭[3]	高校毕业文凭[4]	无毕业文凭类别说明	
	单位：%					
共 计						
15 - 20	100	2.8	/	/	/	96.9
20 - 25	100	39.5	2.2	2.0	0.2	55.9
25 - 30	100	53.8	5.0	15.3	0.3	25.4
30 - 35	100	54.5	6.5	21.0	0.3	17.3
35 - 40	100	57.6	7.8	19.0	0.3	14.8
40 - 45	100	59.2	9.2	17.2	0.3	13.6
45 - 50	100	58.9	9.3	16.3	0.4	14.6
50 - 55	100	58.6	9.1	16.9	0.4	14.5
55 - 60	100	58.2	8.7	16.1	0.3	16.0
60 - 65	100	56.9	8.6	14.9	0.3	18.6
65 岁以上	100	49.6	7.3	8.9	0.3	32.4
共计	100	50.8	7.0	13.0	0.3	28.2
男 性						
15 - 20	100	2.7	/	-	/	97.2
20 - 25	100	40.8	1.4	1.4	/	55.9
25 - 30	100	54.5	4.6	13.4	0.3	26.9
30 - 35	100	54.5	7.1	21.0	0.3	16.6

(续表)

年龄段	共计[1]	有职业培训证书				无职业培训证书
		教学/指导培训[2]	专科学院毕业文凭[3]	高校毕业文凭[4]	无毕业文凭类别说明	
	单位：%					
35－40	100	56.2	8.9	20.6	0.3	13.6
40－45	100	56.9	10.7	19.5	0.4	12.0
45－50	100	57.6	10.6	18.7	0.4	12.1
50－55	100	57.2	10.7	19.7	0.4	11.5
55－60	100	56.8	11.1	20.4	0.4	10.7
60－65	100	55.4	11.4	20.3	0.3	11.8
65岁以上	100	56.3	12.0	15.1	0.3	15.3
共计	100	51.4	8.8	15.7	0.3	23.2
女性						
15－20	100	3.0	/	/	/	96.6
20－25	100	38.1	3.0	2.7	/	55.8
25－30	100	53.0	5.4	17.2	0.3	23.9
30－35	100	54.4	5.9	21.1	0.3	18.0
35－40	100	59.1	6.7	17.3	0.2	16.2
40－45	100	61.5	7.6	14.9	0.3	15.1
45－50	100	60.3	7.9	13.8	0.4	17.1
50－55	100	59.9	7.4	14.2	0.3	17.5
55－60	100	59.6	6.4	11.9	0.3	21.2
60－65	100	58.3	5.9	9.7	0.3	25.2
65岁以上	100	44.7	3.8	4.3	0.3	45.1
共计	100	50.2	5.3	10.4	0.3	32.9

1) 包括50.2万无职业培训证书说明的人
2) 包括具有等同职业专科学校毕业文凭以及参加职业准备年或者是职业实习的人员
3) 包括师傅/技术员培训、卫生事业学校毕业文凭以及前民主德国专科学校毕业文凭
4) 包括应用技术大学毕业文凭,工程学校毕业文凭,管理高等专科学校毕业文凭,教师培训以及攻读博士学位的人员

来源：联邦统计局及各联邦州统计局,2008年微型人口普查

表B3－3A：根据普通教育毕业文凭和联邦州统计的年龄为25－65岁的人口(单位：%)

联邦州	共计[1]	尚处于中小学教育阶段	有普通教育毕业文凭					无普通教育毕业文凭[4]
			普通中学毕业文凭[2]	综合技术高中毕业文凭	中等毕业文凭	具有就读高等院校资格[3]	没有对毕业文凭类别进行说明	
	单位：%							
德国	100	0.0	32.6	10.1	23.4	29.3	0.4	3.2
巴符州	100	/	38.0	1.1	27.0	29.6	0.2	3.4

（续表）

联 邦 州	共计[1]	尚处于中小学教育阶段	有普通教育毕业文凭					无普通教育毕业文凭[4]
			普通中学毕业文凭[2]	综合技术高中毕业文凭	中等毕业文凭	具有就读高等院校资格[3]	没有对毕业文凭类别进行说明	
	单位：%							
巴伐利亚州	100	/	44.6	1.1	23.9	26.7	0.5	2.2
柏林州	100	/	17.4	13.5	21.2	41.6	/	5.4
勃兰登堡州	100	/	12.2	48.2	11.3	25.6	0.6	1.2
不来梅州	100	/	30.8	/	25.3	34.4	/	6.0
汉堡州	100	/	22.1	0.7	24.3	45.1	2.4	4.3
黑森州	100	/	32.2	1.2	28.6	33.6	0.3	3.2
梅克伦堡-前波莫瑞州	100	0.0	14.1	50.6	12.6	20.2	/	1.4
下萨克森州	100	/	35.8	1.1	32.2	26.3	0.7	2.9
北莱茵-威斯特法伦州	100	0.1	37.1	0.7	23.2	32.4	0.2	5.0
莱茵兰-普法尔茨州	100	/	43.6	0.6	24.7	27.0	/	3.3
萨尔州	100	/	45.2	/	22.7	26.0	0.9	3.3
萨克森州	100	/	6.6	57.1	10.3	25.0	/	0.8
萨克森-安哈特州	100	/	14.3	52.3	11.6	19.4	/	1.2
石勒苏益格-荷尔斯泰因州	100	/	34.3	1.2	31.3	27.7	1.8	3.0
图林根州	100	0.0	7.5	59.2	10.6	21.2	/	1.0

1）包括0.9%没有说明是否接受中小学教育的人员
2）包括国民学校毕业文凭
3）包括具有就读应用技术大学资格的人员
4）包括学制最长达7年的毕业文凭

来源：联邦统计局及各联邦州统计局，2008年微型人口普查

表 B3－4A：根据职业培训证书和联邦州统计的年龄为25－65岁的人口（单位：%）

联 邦 州	共计[1]	有职业培训证书				无职业培训证书
		教学/指导培训[2]	专科学校毕业文凭[3]	高校毕业文凭[4]	无毕业文凭类别说明	
	单位：%					
德国	100	57.4	8.1	17.1	0.3	16.5
巴符州	100	54.9	9.3	18.1	/	17.6
巴伐利亚州	100	57.1	8.9	17.3	0.4	15.6
柏林州	100	45.0	6.8	27.0	/	21.1
勃兰登堡州	100	61.9	13.4	16.7	0.8	6.9
不来梅州	100	47.9	4.7	19.1	/	26.1
汉堡州	100	48.8	3.5	24.0	1.6	21.3

(续表)

联邦州	共计[1]	有职业培训证书				无职业培训证书
		教学/指导培训[2]	专科学校毕业文凭[3]	高校毕业文凭[4]	无毕业文凭类别说明	
	单位：%					
黑森州	100	55.2	6.7	19.5	0.4	18.0
梅克伦堡-前波莫瑞州	100	64.6	13.0	13.4	0.6	7.7
下萨克森州	100	61.7	6.0	14.7	0.3	16.8
北莱茵-威斯特法伦州	100	56.3	5.5	16.3	0.2	20.8
莱茵兰-普法尔茨州	100	57.5	7.5	15.4	/	19.2
萨尔州	100	60.4	5.2	13.0	/	19.1
萨克森州	100	61.7	15.7	16.8	0.0	5.8
萨克森-安哈特州	100	67.6	12.2	11.8	0.5	7.4
石勒苏益格-荷尔斯泰因州	100	61.5	6.7	15.5	1.2	14.3
图林根州	100	65.0	14.0	13.9	/	6.8

1) 包括0.5%没有说明是否有职业培训证书的人员

2) 包括具有等同职业专科学校毕业文凭以及参加职业准备年或者是职业实习的人员

3) 包括师傅/技术员培训，卫生事业学校毕业文凭以及前民主德国专科学校毕业文凭

4) 包括应用技术大学毕业文凭，工程学校毕业文凭，管理高等专科学校毕业文凭，教师培训以及攻读博士学位人员

来源：联邦统计局及各联邦州统计局，2008年微型人口普查

表 B4-1A：2007年和2008年根据不同联邦州与岗位统计的教育工作人员

联邦州	全体人员总计		其中			
			教学/科研人员		其他人员	
	数值	等同全职[1]	数值	等同全职[1]	数值	等同全职[1]
巴符州	306000	220800	240500	175400	65500	45400
巴伐利亚州	309300	227600	240900	178100	68400	49500
柏林州	96000	76300	71600	56100	24400	20200
勃兰登堡州	48100	38700	42400	33900	5700	4800
不来梅州	18200	13700	14600	10700	3600	3000
汉堡州	50500	39000	37600	28600	12900	10400
黑森州	152800	110700	118200	85900	34600	24700
梅克伦堡-前波莫瑞州	39000	31400	29300	23600	9600	7800
下萨克森州	188200	142600	145100	113500	43100	29200
北莱茵-威斯特法伦州	407500	321400	332100	264200	75300	57200
莱茵兰-普法尔茨州	103400	73900	82100	59900	21300	14000
萨尔州	25000	19900	18100	14600	6900	5300
萨克森州	101100	79300	80000	62100	21100	17200

（续表）

联邦州	全体人员总计		其中			
			教学/科研人员		其他人员	
	数值	等同全职[1]	数值	等同全职[1]	数值	等同全职[1]
萨克森-安哈特州	57400	45600	43800	34000	13600	11700
石勒苏益格-荷尔斯泰因州	64500	49400	48100	37900	16400	11500
图林根州	58800	45300	44700	33500	14200	11800
德国	2025900	1535400	1589100	1211800	436800	323700
其中						
儿童日托中心和日间护理	474800	358600	397200	319000	77500	39600
中小学	1051700	814600	931800	728000	120000	86500
高等院校	499400	362300	260100	164800	239300	197600
其中						
教学	x	108400	x	73900	x	34500
研发	x	95200	x	64200	x	31000
医疗	x	106300	x	25700	x	80700
服务行业[2]	x	52400	x	1000	x	51300

1）VZÄ 等同于“等同全职”意思（可参见词汇表）。根据照料儿童时间长短来界定日间护理人员的全职或兼职工作性质。对于儿童日托中心将会考虑具体的每周的工作时长（全职是 38.5 小时）。中小学全职教工工作时间数由各联邦州文化部长联席会议确定。高校教师人数统计时，主要从事教学工作的兼职人员以 0.5 参数计算在内，偶尔从事教学工作的兼职人员以 0.2 参数计算在内

2）例如图书馆和政府公务人员

来源：联邦统计局及各联邦州统计局，2007 年和 2008 年教育工作人员统计

表 B4－2A：2007 年和 2008 年根据不同教育领域，各个联邦州统计的年龄* 为 50 岁及以上人员在教学或科研人员中以及在所有就职人员中所占份额

联邦州	儿童日托中心和日间护理	普通教育和职业学校	高等院校	所有教育机构	所有就职人员
	单位：%				
德国	22.2	49.6	24.5	38.6	27.1
巴符州	19.2	49.8	25.4	38.7	27.4
巴伐利亚州	16.4	47.7	21.5	36.3	26.4
柏林州	23.4	54.7	26.5	39.2	25.7
勃兰登堡州	35.0	43.2	29.1	39.2	27.9
不来梅州	23.2	59.3	30.8	43.3	27.5
汉堡州	23.5	48.8	23.2	35.2	22.9
黑森州	19.3	50.5	26.4	37.7	26.9
梅克伦堡-前波莫瑞州	35.5	44.3	26.2	38.5	27.4
下萨克森州	20.0	51.6	24.3	40.0	27.5

(续表)

联 邦 州	儿童日托中心和日间护理	普通教育和职业学校	高等院校	所有教育机构	所有就职人员
	单位：%				
北莱茵-威斯特法伦州	19.6	53.5	23.0	40.9	26.6
莱茵兰-普法尔茨州	20.4	46.9	26.9	37.2	27.6
萨尔州	21.9	53.8	18.2	38.8	28.3
萨克森州	32.4	39.7	25.6	35.2	28.7
萨克森-安哈特州	37.1	39.2	28.5	37.0	27.9
石勒苏益格-荷尔斯泰因州	19.0	48.8	26.3	38.0	28.6
图林根州	35.8	48.6	23.4	41.6	28.9

* 根据出生年份进行年龄划分

来源：联邦统计局及各联邦州统计局，2007 年和 2008 年教育工作人员统计，2008 年微型人口普查

表 B4 - 3A：2007 年和 2008 年根据各联邦州统计的女性教学或科研人员在不同教育领域以及在 2008 年各联邦州所有女性就职人员中所占份额(单位：%)

联 邦 州	儿童日托中心和日间护理	普通教育和职业学校	高等院校	所有教育机构	所有就职人员
	单位：%				
德国	97.1	64.7	33.7	67.7	45.3
巴符州	97.8	60.8	31.2	64.1	45.3
巴伐利亚州	98.2	61.8	32.6	64.9	45.1
柏林州	95.8	69.7	37.0	66.9	47.7
勃兰登堡州	97.7	76.5	35.7	79.8	46.5
不来梅州	91.2	58.5	30.6	59.3	46.1
汉堡州	92.5	62.9	33.0	63.0	46.1
黑森州	95.3	63.1	35.3	67.4	45.4
梅克伦堡-前波莫瑞州	98.3	78.3	36.4	78.2	46.1
下萨克森州	96.6	63.3	34.6	67.2	44.9
北莱茵-威斯特法伦州	97.1	64.0	33.4	67.6	44.6
莱茵兰-普法尔茨州	97.2	62.3	33.6	68.3	44.6
萨尔州	97.4	56.9	36.2	62.5	44.5
萨克森州	97.8	74.5	34.3	74.0	46.7
萨克森-安哈特州	98.7	77.8	35.1	78.0	46.4
石勒苏益格-荷尔斯泰因州	95.3	64.4	34.4	69.1	45.5
图林根州	98.8	74.7	34.7	73.9	45.2

来源：联邦统计局及各联邦州统计局，2007 年和 2008 年教育工作人员统计，2008 年微型人口普查

表 C1－1A：2002－2009 年分别在整个德国，新旧联邦州统计的参与不同类别儿童日托机构人数数值

机构类别	2002	2006	2007	2008	2009	期间的变化	
						2002－2009 年	2008－2009 年
	数值					单位：%	
德国							
共计	44523	45252	45552	46543	46986	+5.5	+1.0
针对 0－3 岁儿童的日托机构	799	605	798	1006	1213	+51.8	+20.6
针对 2－8 岁儿童的日托机构(无小学生)[1]	28406	25699	25335	25069	24138	－15.0	－3.7
所有针对其他年龄段的招生情况：	15318	18948	19419	20468	21635	+41.2	+5.7
针对同年龄段的日托机构	4863	4989	5349	5832	6708	+37.9	+15.0
针对混合年龄段的日托机构	6202	4624	5218	5513	5726	－7.7	+3.9
针对同年龄段和混合年龄段的日托机构	4253	9335	8852	9123	9201	+116.3	+0.9
旧联邦州							
针对 0－3 岁儿童的日托机构	688	516	716	928	1130	+64.2	+21.8
针对 2－8 岁儿童的日托机构(无小学生)[1]	27734	24071	23847	23673	22873	－17.5	－3.4
所有针对其他年龄段的招生情况：[2]	6959	11726	12008	12925	13893	+99.6	+7.5
针对同年龄段的日托机构	1868	1846	2211	2521	3153	+68.8	+25.1
针对混合年龄段的日托机构	2830	3160	3071	3363	3429	+21.2	+2.0
针对同年龄段和混合年龄段的日托机构	2261	6720	6726	7041	7311	+223.4	+3.8
共计	35381	36313	36571	37526	37896	+7.1	+1.0
新联邦州							
针对 0－3 岁儿童的日托机构	111	89	82	78	83	－25.2	+6.4
针对 2－8 岁儿童的日托机构(无小学生)[1]	672	1628	1488	1396	1265	+88.2	－9.4
所有针对其他年龄段的招生情况：	8359	7222	7411	7543	7742	－7.4	+2.6
针对同年龄段的日托机构	2995	3143	3138	3311	3555	+18.7	+7.4
针对混合年龄段的日托机构	3372	1464	2147	2150	2297	－31.9	+6.8
针对同年龄段和混合年龄段的日托机构	1992	2615	2126	2082	1890	－5.1	－9.2
共计	9142	8939	8981	9017	9090	－0.6	+0.8

1）针对 2－8 岁儿童的日托机构(无小学生)：根据儿童日托机构统计数据到 2002 年同年龄段的年龄范围为 0－3 岁和 3－6 岁儿童都可以进入日托机构。而自 1996 年起 3－6 岁的儿童进入传统幼儿园就是一项合法权利。因为在一些联邦州满 3 岁甚至普遍满两岁的儿童就可以进入幼儿园。同时为了满足对 3 岁以下儿童的需求，产生了一种新的日托机构，主要是招收 3－6 岁的儿童，但也招收 2 周岁的儿童

2）为了满足更多年龄群体的需求：这里的机构分为两类，一类是招收按年龄明确划分的的 3 岁以下儿童和 2－6 岁或者 3－6 岁儿童；另一类招收 3 岁以下以及所有适龄儿童的幼儿园。第二类机构经常被视为招收各种混合年龄段儿童的幼儿园

来源：联邦统计局及各联邦州统计局，2009 年儿童青少年救助金统计数据，调查者自行估算

表 C1 - 2A：2009 年根据年龄分类* 在各联邦州调查的 3 周岁以下儿童在日托机构的情况

联邦州	在某地的 3 周岁以下儿童						
	日托机构	其中在					
		没有固定群体结构的日托中心	只针对 3 周岁以下儿童群体	针对 2 周岁儿童开放的幼儿园			针对 3 岁左右(年龄混合)
				共计	针对 1 - 2 岁	针对 2 - 3 岁	
	数 值	单位：%					
德国[1)]	321345	7.0	39.0	16.6	8.2	8.3	37.5
新联邦州	198198	7.2	27.0	23.7	12.1	11.6	42.2
旧联邦州[1)]	123147	6.6	58.4	5.1	2.0	3.1	29.9
巴符州	37538	11.9	35.3	27.4	15.1	12.4	25.4
巴伐利亚州	45238	7.8	29.7	18.0	10.2	7.9	44.4
柏林州[1)]	34929	X	X	X	X	X	X
勃兰登堡州	23530	15.2	48.9	3.8	1.4	2.4	32.1
不来梅州	1846	3.1	26.3	2.7	2.3	0.4	67.9
汉堡州	10017	9.0	45.4	6.2	3.5	2.6	39.5
黑森州	20487	6.5	34.9	20.0	10.1	9.9	38.6
梅克伦堡-前波莫瑞州	14524	4.1	71.3	3.9	2.2	1.7	20.6
下萨克森州	18795	4.5	22.1	20.5	11.3	9.2	52.9
北莱茵-威斯特法伦州	39376	3.6	11.9	32.3	14.7	17.6	52.2
莱茵兰-普法尔茨州	15588	8.8	18.6	34.6	14.5	20.2	38.0
萨尔州	2984	2.7	36.8	23.9	14.4	9.5	36.6
萨克森州	35929	2.2	63.1	5.6	2.6	3.0	29.1
萨克森-安哈特州	28234	8.8	61.9	3.5	1.1	2.4	25.9
石勒苏益格-荷尔斯泰因州	6329	3.9	27.2	15.6	10.1	5.6	53.3
图林根州	20930	3.3	47.3	8.8	2.7	6.0	40.6

* 有关年龄分类情况可详见 Fuchs-Rechlin，K.(2010)：《儿童青少年救助金统计之认识潜能—人员投入与具有移民特性教育参与率指标》一文，该文是由《德国国家教育报告》编写组在柏林发行的《德国教育报告》中核心主题发展中的一篇，刊载于《教育研究》第 33 卷，第 55 - 77 页

1) 不包括柏林：即使有些机构是有固定群体结构的，在柏林几乎所有的机构在统计中都列入了无固定群体结构的机构中。出于这个原因，没有更多关于针对 3 岁以下不同年龄儿童的日托机构说明

来源：联邦统计局及各联邦州统计局，2009 年儿童青少年救助金统计数据，联邦州统计局研究数据中心，调查者自行估算

表 C1 - 3A：2009 年统计的在德国，新旧联邦州每个日托护理人员照顾孩子个数

区 域	共 计	每个日托护理人员照顾孩子个数				
		1	2	3	4	5 个以上
	数 值	单位：%				
德 国	38658	34.0	24.8	15.2	10.7	15.2
旧联邦州	32793	37.9	27.0	14.2	8.6	12.4
新联邦州	5865	12.3	12.9	21.3	22.5	31.0

来源：联邦统计局及各联邦州统计局，2009 年儿童青少年救助金统计数据，调查者自行估算

表 C2－1A：2006－2009 年在全德国以及新旧联邦州 6 岁以下不同年龄儿童在日间照料机构和私人日间护理场所的教育参与率*（单位：%）**

年龄段	2006			2007			2008			2009		
	共计[1]	其中孩子在		共计[1]	其中孩子在		共计[1]	其中孩子在		共计[1]	其中孩子在	
		日间照料机构[1]	私人日间护理场所		日间照料机构[1]	私人日间护理场所		日间照料机构[1]	私人日间护理场所		日间照料机构[1]	私人日间护理场所
	单位：%											
德　国												
3 岁以下	13.6	12.1	1.6	15.5	13.5	2.1	17.8	15.3	2.5	20.4	17.4	3.0
3－6 岁	87.6	87.1	0.5	89.8	89.2	0.6	91.6	90.9	0.8	92.5	91.7	0.8
1 岁以下	2.3	1.5	0.8	2.6	1.6	1.0	2.4	1.6	0.8	2.3	1.5	0.8
1 岁	11.6	9.6	2.1	13.6	10.9	2.7	16.4	12.9	3.5	20.4	16.1	4.3
2 岁	26.6	24.7	1.9	29.7	27.2	2.5	34.4	31.2	3.2	38.6	34.8	3.8
3 岁	76.7	76.0	0.7	80.4	79.5	0.9	82.9	81.8	1.1	84.3	83.1	1.2
4 岁	92.0	91.5	0.5	93.1	92.5	0.6	95.5	94.8	0.7	95.0	94.3	0.7
5 岁	93.4	93.0	0.4	95.3	94.8	0.5	96.5	95.9	0.6	97.8	97.2	0.6
旧联邦州												
3 岁以下	8.0	6.8	1.2	9.9	8.1	1.7	12.2	10.0	2.2	14.6	12.0	2.6
3－6 岁	86.8	86.2	0.5	89.0	88.3	0.6	91.0	90.2	0.8	92.0	91.1	0.9
1 岁以下	1.5	0.8	0.7	1.8	0.9	0.9	1.7	1.0	0.7	1.7	0.9	0.7
1 岁	5.4	3.9	1.5	7.2	5.0	2.2	9.5	6.6	2.9	12.4	8.7	3.7
2 岁	16.7	15.3	1.4	20.1	18.0	2.1	25.2	22.4	2.8	29.7	26.2	3.5
3 岁	74.0	73.4	0.7	77.7	76.8	0.9	80.8	79.7	1.1	82.5	81.3	1.2
4 岁	91.9	91.4	0.5	93.0	92.4	0.6	95.3	94.6	0.7	95.0	94.2	0.8
5 岁	93.4	93.0	0.4	95.4	94.9	0.5	96.7	96.1	0.6	97.8	97.2	0.6
新联邦州												
3 岁以下	39.3	36.2	3.2	40.7	37.1	3.6	42.0	38.0	3.9	44.9	40.5	4.4
3－6 岁	91.9	91.2	0.6	93.9	93.2	0.7	94.6	93.9	0.7	95.1	94.4	0.7
1 岁以下	5.8	4.6	1.2	6.3	4.8	1.4	5.5	4.3	1.2	4.7	3.7	1.0
1 岁	39.8	35.3	4.5	42.3	37.2	5.1	46.4	40.5	5.9	54.4	47.3	7.1
2 岁	72.5	68.7	3.8	73.1	68.7	4.3	75.6	70.8	4.8	77.6	72.2	5.3
3 岁	89.5	88.5	1.0	93.0	91.9	1.1	92.4	91.3	1.2	92.4	91.4	1.0
4 岁	92.7	92.2	0.5	93.5	93.0	0.5	96.2	95.6	0.6	95.1	94.5	0.6
5 岁	93.3	93.0		95.1	94.7	0.4	95.2	94.8	0.4	97.7	97.3	0.4

* 在计算特殊年龄段日间照料机构和私人日间护理场所参与率时涉及去年 12 月 31 日对应年龄人口数值。在 B2 章节计算中由于没有参照适龄儿童，所以数值有所不同

** 既参加了日间照料机构又前往私人日间护理场所的儿童被重复统计。2009 年有 3483(0.8%)3 岁以下和 9783(0.5%)3－6 岁儿童既参加了日间照料机构又前往私人日间护理场所

1) 3－6 岁进入学前教育机构或者小学的儿童不在这个统计范围内；同样，5 岁进入学前教育机构或者小学的儿童也不在统计范围内。但是由于对于 3 岁和 4 岁的儿童没有精确进行学前儿童归类，所以该年龄儿童进入学前教育机构或者小学的儿童被纳入统计之中。只有在巴登-符腾堡州进行了明确的划分，在该州只有 5 岁进入学前教育机构的儿童被统计在内。到 2006 年 3 月 15 日还没有专门数据表明有多少 5 岁儿童进入了学前教育机构或者小学

来源：联邦统计局及各联邦州统计局，2009 年儿童青少年救助金统计数据；中小学统计数字，调查者自行估算

表 C2－2A：2009 年不同联邦州 3 岁以下儿童就读日间照料机构和私人护理场所情况*

联邦州	3 岁以下儿童	教育参与				教育参与率		
		共计	其中			共计	其中	
			日间照料机构	私人日间护理场所			日间照料机构	私人日间护理场所
	数值				%[1]	%		
德国	2048350	417190	356274	60916	3.0	20.4	85.4	14.6
新联邦州	1657962	241852	198198	43654	2.6	14.6	82.0	18.0
旧联邦州	390388	175338	158076	17262	4.4	44.9	90.2	9.8
巴符州	279119	44472	37538	6934	2.5	15.9	84.4	15.6
巴伐利亚州	321821	50556	45238	5318	1.7	15.7	89.5	10.5
柏林州	92149	38293	34929	3364	3.7	41.6	91.2	8.8
勃兰登堡州	56522	27305	23530	3775	6.7	48.3	86.2	13.8
不来梅州	16300	2243	1846	397	2.4	13.8	82.3	17.7
汉堡州	48838	12538	10017	2521	5.2	25.7	79.9	20.1
黑森州	156017	25491	20487	5004	3.2	16.3	80.4	19.6
梅克伦堡-前波莫瑞州	38420	19038	14524	4514	11.7	49.6	76.3	23.7
下萨克森州	196589	23529	18795	4734	2.4	12.0	79.9	20.1
北莱茵-威斯特法伦州	451101	52508	39376	13132	2.9	11.6	75.0	25.0
莱茵兰-普法尔茨州	97088	17135	15588	1547	1.6	17.6	91.0	9.0
萨尔州	21628	3281	2984	297	1.4	15.2	90.9	9.1
萨克森州	100770	40418	35929	4489	4.5	40.1	88.9	11.1
萨克森-安哈特州	51767	28541	28234	307	0.6	55.1	98.9	1.1
石勒苏益格-荷尔斯泰因州	69461	10099	6329	3770	5.4	14.5	62.7	37.3
图林根州	50760	21743	20930	813	1.6	42.8	96.3	3.7

* 既参加日间照料机构又前往私人日间护理场所的儿童被重复统计。2009 年有 3483(0.8%)3 岁以下儿童既在日间照料机构就读又前往私人日间护理场所

1) 所有 3 岁以下儿童所占百分比(第一列)

来源：联邦统计局及各联邦州统计局，2009 年儿童青少年救助金统计数据，2008 年人口统计，调查者自行估算

表 C2－3A：2009 年根据日间照料时间、年龄段和不同区域因素调查的儿童*参与日间照料机构和私人护理场所情况

区域	在日间照料机构的儿童	其中		
		至多 5 小时	至少 5－7 小时[1]	多于 7 小时
	数值	%		
3 岁以下儿童				
德国	417190	23.8	27.8	48.5
旧联邦州	241852	31.2	33.6	35.2
新联邦州	175338	13.6	19.7	66.7

（续表）

区域	在日间照料机构的儿童	其中		
		至多5小时	至少5－7小时[1]	多于7小时
	数值	%		
3－6岁儿童				
德国	2298635	23.7	43.6	32.7
旧联邦州	1876928	26.6	48.4	25.0
新联邦州	421707	10.6	22.4	67.1

* 既参加了日间照料机构又前往私人日间护理场所的儿童被重复统计。2009年有3483(0.8%)3岁以下和9783(0.5%)3－6岁儿童既参加了日间照料机构又前往私人日间护理场所

1) 有时中午儿童会被家长短暂接走片刻

来源：联邦统计局及各联邦州统计局，2009年儿童青少年救助金统计数据，调查者自行估算

表C2－4A：1998－2009年为残障儿童*设立的儿童日间照料机构和招收名额以及2006－2009年14岁以下在日间照料机构的残障儿童数值

机构类别	1998	2002	2006	2007	2008	2009
	数值					
机构						
综合型日间照料机构	7789	9825	12764	13414	14143	14296
针对残疾儿童的日间照料机构	691	307	334	346	378	365
招收名额[1]（直至2002年）/儿童数(2006年之后)						
综合型日间照料机构	34742	45229	42104	44911	48612	52427
针对残疾儿童的日间照料机构	21380	11063	12714	13546	14421	14202
启智幼儿园[2]	6307	6579	7067	7099	7107	7291
合计	62429	62871	61885	65556	70140	73920

* 获取日间照料机构照料或者青少年福利救济事业资助的儿童或者就读于启智幼儿园的儿童

1) 在德国文化部长联席会议统计数据中未包括启智幼儿园儿童数量

2) 新的调查研究证明有其他特殊机构，例如学前教育机构。这种形式的机构不存在于官方统计数据中，因此也未被列入统计学的时间序列中，而被包括在此类别中

来源：联邦统计局及各联邦州统计局，儿童青少年救助金统计数据，人口统计，德国文化部长联席会议秘书处，《中小学生，班级，老师和中小学毕业生》，调查者自行估算

表C2－5A：2009年在全德国和新旧联邦州统计的3－6岁残障儿童*在特定群体结构的机构中的人数及比例

区域	残障儿童在特定群体结构的机构内	这个群体里有……个残障儿童							
		1	2	3－5	多于6个	1	2	3－5	多于6个
	数值					%			
德国	53476	8148	6378	21819	17131	15.2	11.9	40.8	32.0
旧联邦州	41777	6889	4907	15661	14320	16.5	11.7	37.5	34.3
新联邦州	11699	1259	1471	6158	2811	10.8	12.6	52.6	24.0

* 获取日间照料机构的照料或者青少年福利救济事业资助的儿童和还没上学的儿童

来源：联邦统计局及各联邦州统计局，2009年儿童青少年救助金统计数据，各联邦州统计局数据研究中心，调查者自行估算

表 C2-6A：2006-2009 年 6 岁以下不同年龄段残障儿童* 教育参与率(单位：%)

年　龄	2006	2007	2008	2009
	单位：%			
3 岁以下	0.1	0.1	0.1	0.2
3 岁	0.9	1.0	1.2	1.2
4 岁	1.7	1.9	2.1	2.3
5 岁	2.2	2.4	2.7	2.9
6 岁	1.6	1.8	2.0	2.2

* 获取日间照料机构的照料或者青少年福利救济事业资助的儿童，对应相应年龄的人口数

来源：联邦统计局及各联邦州统计局，2009 年儿童青少年救助金统计数据，2008 年人口统计，调查者自行估算

表 C2-7A：2009 年根据移民背景、年龄以及区域等因素调查的儿童日间照料机构和私人日间护理场所参与率(单位：%)

区　域	3 岁以下				3-6 岁			
	共计	有移民背景	无移民背景	相差百分点	共计	有移民背景	无移民背景	相差百分点
	单位：%				单位：%			
德国	20.4	10.5	24.8	14.3	92.0	83.6	95.6	12.0
旧联邦州(不包括柏林)	14.6	9.0	17.5	8.5	91.4	84.7	94.6	9.9
新联邦州(不包括柏林)	46.0	16.3	49.3	33.0	95.1	66.2	97.8	31.6

* 统计的基本特点：由联邦统计局从微型人口统计与一种特殊的评价框架内算出的有无移民背景(父母中至少有一方是来自国外)儿童所占比例。计算出来的百分比继续沿用至 2008 年 12 月 31 日的人口更新之中，用于计算出对应年龄群有无移民背景儿童的数值。同样地也使用了儿童青少年统计数据中 2009 年 3 月 15 日有无移民背景的儿童参加日间照料机构或者私人日间护理场所的儿童(父母中至少有一方是来自国外)的数值。最后计算出就读儿童日间照料(日间照料机构和儿童日间私人护理场所)中有移民背景儿童所占比例。原则上也要考虑到，计算时涉及到了估算，所以也可能存在不确切性

来源：阿·伯切尔/斯·克里格尔/福-姚科尔芬巴赫(2010)著：《有移民背景儿童在儿童日间照料机构》；联邦统计局：《经济和统计学》2010 年第 2 期，第 158-164 页

表 C2-8A：2009 年在旧联邦州和柏林* 统计的 14 岁以下儿童数量——依据家庭语言不是德语的儿童在日间照料机构所占比例加以划分

联 邦 州	母语不是德语的儿童	其中……到……百分比的在日间照料机构的儿童，其母语不是德语							
		0-25		25-50		50-75		75-100	
	数值	数值	%	数值	%	数值	%	数值	%
旧联邦州(包括柏林)	439971	137224	31.2	152827	34.7	100309	22.8	49611	11.3
巴符州	74377	25146	33.8	26194	35.2	15712	21.1	7325	9.8
巴伐利亚州	66896	22834	34.1	23053	34.5	14957	22.4	6052	9.0
柏林州	32242	6015	18.7	7991	24.8	8625	26.8	9611	29.8
不来梅州	6018	1157	19.2	1906	31.7	2592	43.1	363	6.0
汉堡州	16285	3168	19.5	6176	37.9	4928	30.3	2013	12.4
黑森州	51573	13596	26.4	18682	36.2	12570	24.4	6725	13.0
下萨克森州	33375	15301	45.8	10879	32.6	5117	15.3	2078	6.2

（续表）

联邦州	母语不是德语的儿童	其中……到……百分比的在日间照料机构的儿童，其母语不是德语							
		0－25		25－50		50－75		75－100	
	数值	数值	%	数值	%	数值	%	数值	%
北莱茵-威斯特法伦州	122535	34237	27.9	44962	36.7	30133	24.6	13203	10.8
莱茵兰-普法尔茨州	23156	8928	38.6	8372	36.2	4327	18.7	1529	6.6
萨尔州	4397	2066	47.0	1610	36.6	539	12.3	182	4.1
石勒苏益格-荷尔斯泰因州	9117	4776	52.4	3002	32.9	809	8.9	530	5.8

* 由于新联邦州地区的抽查样本人数太小或对教育参与率中的有移民特性的说明过于局限，所以样本均取自旧联邦州地区

来源：联邦统计局及各联邦州统计局，2009 年儿童青少年救助金统计数据，各联邦州统计局数据研究中心，调查者自行估算

表 C3－1A：2002 年以及 2006－2009 年在不同区域调查的在儿童日间照料机构的教学人员以及计算出的全职岗位数

年份	德国	旧联邦州	新联邦州	德国	旧联邦州	新联邦州
	全体教学人员数值			2002 年的指数为 100		
2002	301087	234779	66308	100	100	100
2006	317237	248235	69002	105.4	105.7	104.1
2007	326310	255718	70592	108.4	108.9	106.5
2008	341327	269070	72257	113.4	114.6	109.0
2009	359454	283631	75823	119.4	120.8	114.3
	计算出的全职岗位数值（等同于全职）			2002 年的指数为 100		
2002	246878	192033	54844	100	100	100
2006	252103	195485	56618	102.1	101.8	103.2
2007	259571	201626	57945	105.1	105.0	105.7
2008	271393	211771	59622	109.9	110.3	108.7
2009	286221	223109	63112	115.9	116.2	115.1

来源：联邦统计局及各联邦州统计局，2009 年儿童青少年救助金统计数据，调查者自行估算

表 C3－2A：2006－2009 年根据不同工作时长调查统计的在日间照料机构的全体教职员工

年份	共计	每周课时至少为 38.5 小时	每周课时为 32－38.5 小时	每周课时为 21－32 小时	每周课时少于 20 小时	兼职人员
	数值	%				
2006	317237	40.0	15.3	29.3	11.9	3.5
2007	326310	39.2	15.6	29.7	12.6	2.9
2008	341327	39.2	16.1	29.0	12.7	3.0
2009	359454	39.2	16.6	28.6	12.6	3.1

来源：联邦统计局及各联邦州统计局，儿童青少年救助金统计数据，调查者自行估算

表 C3－3A：1990/91 年，2006 年和 2009 年根据年龄和区域调查统计的在儿童日间照料机构的教学人员

年龄段	旧联邦州						新联邦州					
	1990[1)]		2006		2009		1991[2)]		2006		2009	
	数值	%	数值	%	数值	%	数值	%	数值	%	数值	%
<20	10569	6.6	9322	3.8	8657	3.1	283	0.2	725	1.1	809	1.1
20－25	32440	20.3	28566	11.5	33201	11.7	14890	12.6	2606	3.8	3901	5.1
25－30	35088	21.9	35706	14.4	36741	13.0	21778	18.4	3187	4.6	4973	6.6
30－35	28917	18.1	28518	11.5	33805	11.9	20882	17.7	4984	7.2	4577	6.0
35－40	21901	13.7	31142	12.6	33352	11.8	19874	16.8	11071	16.0	9027	11.9
40－45	12139	7.6	37366	15.1	40069	14.1	13470	11.4	13162	19.1	13654	18.0
45－50	8191	5.1	39225	15.8	40044	14.1	11854	10.0	12939	18.8	13406	17.7
50－55	6998	4.4	25909	10.4	37213	13.1	12824	10.9	11982	17.4	13601	17.9
55－60	3059	1.9	10501	4.2	17347	6.1	2176	1.8	7077	10.3	9985	13.2
60－65	675	0.4	1659	0.7	2934	1.0	48	0.0	1242	1.8	1813	2.4
≥65	217	0.1	218	0.1	268	0.1	34	0.0	27	0.0	77	0.1
共计	160194	100	248132	100	283631	100	118113	100	69002	100	75823	100
其中≥50	10949	6.8	38287	15.4	57762	20.4	15082	12.8	20328	29.5	25476	33.6

1) 1990 年旧联邦州定义包含西柏林
2) 1991 年新联邦州定义包含东柏林
来源：联邦统计局及各联邦州统计局，儿童青少年救助金统计数据，调查者自行估算

表 C3－4A：2009 年根据培训证书和区域等因素调查的在儿童日间照料机构的教学人员

区　域	共计	其　　中							
		社会教育学硕士	教育工作者及其他	儿童护理员及其他	其他社会和教育职业	卫生职业	其他文凭	实习生	未接受培训者
	数值	%							
德　国	359454	2.7	72.0	14.5	1.1	1.2	2.5	2.4	3.6
旧联邦州	283631	2.7	67.5	18.1	0.9	1.3	2.7	3.0	3.9
新联邦州	75823	2.5	88.9	1.3	2.1	0.8	1.9	0.4	2.3

来源：联邦统计局及各联邦州统计局，儿童青少年救助金统计数据，调查者自行估算

表 C3－5A：2002 年，2006 年和 2009 年在不同区域依据培训证书类别调查的在儿童日间照料机构的教学人员情况(单位：%)

区　域	专业学位			学术学位			双学位		
	2002	2006	2009	2002	2006	2009	2002	2006	2009
	单位：%								
德　国	1.9	2.3	2.7	2.2	2.8	3.2	71.6	73.7	74.6
旧联邦州	2.2	2.5	2.7	2.5	3.0	3.3	65.8	68.6	70.2
新联邦州	0.8	1.7	2.5	1.1	2.1	3.1	92.2	92.0	91.4

* 专业类：社会教育学硕士，社会工作者，教育学硕士；学术类：专业教师以及其他具有高校毕业文凭的人员；双学位：教育工作者和医疗卫生教育人员双学历(专科学校)

来源：联邦统计局及各联邦州统计局，儿童青少年救助金统计数据，调查者自行估算

表 C3－6A：2006 年和 2009 年在不同区域根据教育培训类别和时长调查的日间护理人员情况(单位：%)

教育培训类别和时长	德国		旧联邦州		新联邦州	
	2006	2009	2006	2009	2006	2009
	单位：%					
接受教育培训	12.3	10.8	12.0	10.8	14.0	11.3
接受教育培训,且参加进修课程少于 160 课时	12.6	15.6	12.5	16.4	13.3	11.5
接受教育培训,且参加进修课程多于 160 课时	2.8	6.6	1.2	5.4	11.0	13.2
只接受了 160 课时或更多课时的进修课程	5.1	15.0	2.5	12.7	18.6	27.9
只接受了不到 160 课时的进修课程	34.3	37.9	34.6	39.7	33.1	27.7
没有正规的资质证明	32.9	14.0	37.3	15.0	10.0	8.4
共计	100	100	100	100	100	100

来源：联邦统计局及各联邦州统计局,儿童青少年救助金统计数据,调查者自行估算

表 C3－7A：2009 年在各个联邦州根据不同群体统计的有关儿童工作人员的分配比例(全职工作者等同于幼儿园专职工作人员*)

联邦州	不针对固定群体结构的日托中心[2]	针对 3 岁以下儿童群体	针对两岁儿童开放的幼儿园		针对 3 岁左右(年龄混合的)	
			针对 1－2 岁儿童群体	针对 3 岁及以上或 2 岁儿童群体	其中不到一半的幼儿在 3 岁以下群体中	其中超过一半的幼儿在 3 岁以下群体中
	人员分配比例 平均值(全职工作者等同于幼儿园专职工作人员)					
德国	X	5.8	9.0	8.5	8.2	6.4
旧联邦州	X	4.8	8.7	8.0	7.5	5.8
新联邦州	X	6.6	12.2	11.5	10.4	7.9
巴符州	X	4.9	8.8	8.0	7.1	5.5
巴伐利亚州	X	4.5	9.2	8.8	8.6	5.3
柏林州[1]	X	X	X	X	X	X
勃兰登堡州	X	7.5	12.3	11.4	10.6	8.6
不来梅州	X	4.5	7.5	4.3	5.7	5.0
汉堡州	X	5.6	9.3	8.7	9.5	6.1
黑森州	X	4.5	9.6	8.6	8.0	4.8
梅克伦堡-前波莫瑞州	X	5.9	12.8	12.8	10.6	6.9
下萨克森州	X	5.1	9.1	8.7	7.8	6.4
北莱茵-威斯特法伦州	X	5.5	8.0	7.4	6.8	6.6
莱茵兰-普法尔茨州	X	4.4	8.0	7.5	6.5	4.8
萨尔州	X	3.5	8.8	8.4	6.3	4.9
萨克森州	X	6.5	12.3	11.6	10.4	7.5

（续表）

联邦州	不针对固定群体结构的日托中心[2]	针对3岁以下儿童群体	针对两岁儿童开放的幼儿园		针对3岁左右(年龄混合的)	
			针对1-2岁儿童群体	针对3岁及以上或2岁儿童群体	其中不到一半的幼儿在3岁以下群体中	其中超过一半的幼儿在3岁以下群体中
萨克森-安哈特州	X	6.7	11.2	10.8	9.9	7.7
石勒苏益格-荷尔斯泰因州	X	4.6	9.7	9.2	7.6	5.7
图林根州	X	6.3	12.0	11.5	10.4	8.3

* 表格中的人员分配比例并没有展示真正的教育者和儿童的数量关系。准确且具有说服力的人员分配比例请参见姚・朗格刊登于《青少年福利论坛》的文章，2008年3月期第41页

1）即使有些机构是有固定群体结构的，在柏林几乎所有的机构在统计中都列入了无固定群体结构的机构中。出于此原因，缺失更多关于针对3岁以下不同年龄儿童在哪个群体类别以及在这个群体类别里的人员投入构成的说明

2）不同儿童群体的教育人员分配说明对于没有固定群体结构的照料机构而言是没有意义的

来源：联邦统计局及各联邦州统计局，2009年儿童青少年救助金统计数据，联邦州统计局研究数据中心，调查者自行估算

表 C4－1A：2010 年各联邦州语言能力促进措施与额外的语言促进项目一览表

联邦州	操作方法[3]	操作方法类别	所有儿童[2]	上学前的几个月	需要促进语言水平的儿童比例[4]（单位：%）	额外的促进语言能力时长		语言促进鉴定[2]
						月数	小时数	
巴符州	海德堡开学检查中的听力检查	检查	+	15－24	13.4	12	120	+
	针对3－5岁儿童语言发展测试	测试						
巴伐利亚州	幼儿园移民儿童的语言行为及其对语言的兴趣(第二部分)	观察	－	18－24	75.7	18	240	+
	德语作为第二语言知识检测	检查	－	6				
柏林州	在日托机构4周岁儿童语言发展状况专业调查	观察	+	15	16.5	12	每周15小时	－
	柏林州地区4岁幼儿德语进阶	检查			－			
勃兰登堡州	“我们教育工作者评估我们儿童的语言水平”	检查	+	12	19.7	至少3	每周3－5小时	+
	学龄前儿童语言测试	测试						
不来梅州	初级训练测试发展中心机构	测试	+	12－18	不来梅市：52.6	9	每周2－4小时	－
					不来梅港：44.6			
汉堡州	图片灵感度测试	检查	+	18	26.8	12	160	－
黑森州	儿童语言检查	检查	－	24	x[5]	12	每周3－10小时	－
梅克伦堡-前波莫瑞州	－[1]	－	－	－	－	－	－	－
下萨克森州	基础德语	检查	+	15	12.9	12	每周1－12小时	+
北莱茵-威斯特法伦州	4岁幼儿语言能力促进措施	检查	+	24	23.3	没有全州统一的小时数		－

（续表）

联邦州	操作方法[3]	操作方法类别	所有儿童[2]	上学前的几个月	需要促进语言水平的儿童比例[4]（单位：%）	额外的促进语言能力时长		语言促进鉴定[2]
						月数	小时数	
莱茵兰-普法尔茨州	科布伦次-朗道大学测试方法	检查	–	12	34.0	9	每周 2 – 5 小时	+
萨尔州	“德语初级测试”	观察	+	12	12.6	7	每周5 – 10 小时	+
萨克森州	学龄前儿童语言能力检查	检查	–	24	x[5]	没有全州统一的小时数		–
萨克森-安哈特州	4 岁幼儿语言能力促进措施	检查	+	24	x[5]	12	无数据	–
石勒苏益格-荷尔斯泰因州	汉堡分析 5 岁儿童语言水平方法	观察	–	9	8.8	6	至多 200 小时	–
图林根州	–[1]	–	–	–	–	–	–	–

1）图林根州和梅克伦堡-前波莫瑞州没有执行全国性的语言水平促进计划
2）“+”=“是”，“–”=“不是”
3）调查方式缩写：
CITO：初级训练测试发展中心机构
HASE：海德堡开学检查中的听觉检查
HAVAS – 5：汉堡分析 5 岁儿童语言水平方法
KISS：儿童语言检查
KISTE：学龄前儿童语言测试
QuaSta：在日托机构 4 周岁儿童语言发展状况专业调查
SETK 3 – 5：针对 3 – 5 岁儿童语言发展测试
SISMIK：幼儿园移民儿童的语言行为及其对语言的兴趣
SSV：学龄前儿童语言能力检查
WESPE：“我们教育工作者评估我们儿童的语言水平”
4）比例之间不具有直接可比性，因为不是在所有的联邦州，所有的儿童都进行了测试
5）黑森州：还没有地区采用此方法；萨克森州：无可用的确切数据，因为学龄前两年的参与是自愿的；萨克森-安哈特州：2010 年春天首次统计数据

来源：2009 年 10 月德国青少年研究所协调各联邦州相关部门所进行的调查研究

表 C4 – 2A：1995 – 2008 年不同区域的延期上学儿童占所有学龄儿童的比例（单位：%）

联邦州	1995	1996	1997	1998	1999	2000	2001	2002	2003	2004	2005	2006	2007	2008
	单位：%													
德国	8.4	8.3	7.9	7.4	7.0	7.1	6.8	6.4	5.6	5.7	4.8	4.8	5.4	6.0
正式规定日期为 6 月 30 日的联邦州	–	–	–	–	–	–	–	–	–	5.6	5.0	3.7	5.7	5.3
倾向于正式规定日期的联邦州[3]	–	–	–	–	–	–	–	–	–	8.9	4.5	6.4	5.2	6.3
旧联邦州[1]	8.1	7.7	6.9	6.6	6.4	6.6	6.4	6.1	5.3	5.4	4.8	4.7	5.4	6.1
正式规定日期为 6 月 30 日的联邦州	–	–	–	–	–	–	–	–	–	–	5.0	3.6	6.3	5.7

(续表)

联邦州	1995	1996	1997	1998	1999	2000	2001	2002	2003	2004	2005	2006	2007	2008
	单位：%													
倾向于正式规定日期的联邦州[3]	–	–	–	–	–	–	–	–	–	–	4.5	6.5	4.9	6.2
新联邦州[2]	9.6	10.4	12.1	12.4	11.0	10.4	9.1	8.4	7.2	7.3	4.6	5.1	5.1	5.5
正式规定日期为6月30日的联邦州	–	–	–	–	–	–	–	–	–	7.0	4.6	4.0	3.5	3.9
倾向于正式规定日期的联邦州[3]	–	–	–	–	–	–	–	–	–	8.9	4.6	6.2	6.8	7.1

1) 2001年的数据说明不包括不来梅的数据
2) 2006年在柏林没有延期上学儿童
3) 2004年：图林根州
2005年和2006年：巴符州，巴伐利亚州，柏林州，勃兰登堡州，图林根州
2007年：巴符州，巴伐利亚州，柏林州，勃兰登堡州，北莱茵-威斯特法伦州，图林根州
2008年：巴符州，巴伐利亚州，柏林州，勃兰登堡州，北莱茵-威斯特法伦州，莱茵兰-普法尔茨州，图林根州

来源：联邦统计局及各联邦州统计局，中小学统计数据

表C4-3A：1995-2008年不同区域的上学儿童占所有学龄儿童的比例(单位：%)

联邦州	1995	1996	1997	1998	1999	2000	2001	2002	2003	2004	2005	2006	2007	2008
	单位：%													
正式规定日期为6月30日的联邦州	2.5	2.7	2.9	4.1	4.8	5.0	5.8	6.6	7.8	9.1	7.8	7.1	6.2	5.4
倾向于正式规定日期的联邦州[2]	–	–	–	–	–	–	–	–	–	9.2	8.6	8.7	8.5	7.8
旧联邦州[1]	–	–	–	–	–	–	–	–	–	2.2	6.6	4.6	4.8	4.1
正式规定日期为6月30日的联邦州	2.8	3.1	3.3	4.5	5.2	5.3	6.1	7.0	8.4	9.7	8.9	8.0	7.0	6.1
倾向于正式规定日期的联邦州[2]	–	–	–	–	–	–	–	–	–	–	9.5	9.7	10.1	9.8
新联邦州[2]	–	–	–	–	–	–	–	–	–	–	7.9	5.1	5.2	4.4
正式规定日期为6月30日的联邦州	1.3	1.2	1.2	2.1	2.3	2.9	3.4	4.1	4.5	5.3	2.2	2.3	2.1	1.9
倾向于正式规定日期的联邦州[2]	–	–	–	–	–	–	–	–	–	5.8	2.0	1.8	1.7	1.6
	–	–	–	–	–	–	–	–	–	2.2	2.3	2.8	2.4	2.2

1) 2001年的数据说明不包括不来梅的数据
2) 2004年：图林根州
2005年和2006年：巴符州，巴伐利亚州，柏林州，勃兰登堡州，图林根州
2007年：巴符州，巴伐利亚州，柏林州，勃兰登堡州，北莱茵-威斯特法伦州，图林根州
2008年：巴符州，巴伐利亚州，柏林州，勃兰登堡州，北莱茵-威斯特法伦州，莱茵兰-普法尔茨州，图林根州

来源：联邦统计局及各联邦州统计局，中小学统计数据

表 C4－4A：2003 年 4 月至 2008 年 9 月根据区域和性别统计的 6 岁小学生* 占所有 6 岁儿童 的比例（单位：%）**

区域，性别	学年					
	2003/04	2004/05	2005/06	2006/07	2007/08	2008/09
	单位：%					
德　国	51.9	53.3	56.6	57.9	59.4	59.9
男　孩	48.7	50.0	53.2	54.8	56.1	56.5
女　孩	55.2	56.7	60.2	61.2	62.9	63.4
旧联邦州	52.8	53.9	56.1	57.4	59.2	59.8
新联邦州	46.5	49.6	59.5	60.9	60.5	60.1

* 根据各联邦州文化部长联席会议，小学生年龄已达 6 岁
** 当年正式规定日期为 12 月 31 日
来源：联邦统计局及各联邦州统计局，中小学统计数据；人口统计，统计者自行估算

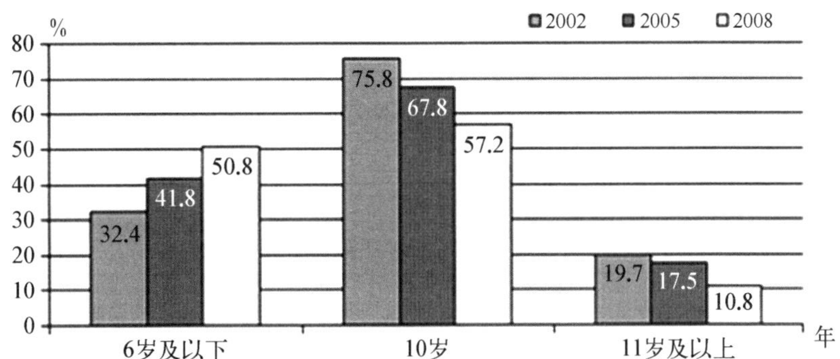

图 C4－2A：2002－2008 年不同年龄段的小学生*（各年龄段的百分比，单位：%）

* 1－4 年级的小学生
来源：联邦统计局及各联邦州统计局，微观人口统计

表 C4－5A：2007 年根据入学状况和家庭所使用语言调查的四年级学生在数学和自然科学上的能力*（以百分数表示）

入学状况，使用语言	数　量	数学能力		自然科学能力	
		平均值	标准误差[1]	平均值	标准误差[1]
		能力以百分数表示			
入学类别					
提早入学	606	543	62	546	71
正常入学	2768	538	61	541	72
6 岁	2320	539	62	542	73
7 岁	448	535	60	539	68
延期入学	227	503	68	508	80
家庭所使用语言					
正常入学					
仅使用德语	2109	544	59	551	68
不仅使用德语	489	523	67	513	80

* 本表中的统计数据源于国际教育成就评价协会的数据库记录、国内父母亲调查研究之变量，该变量由德国中小学研究所提供
1）标准误差 = SE
来源：国际教育协会，2007 年国际教育成就评价协会，调查者自行估算

表 D1 - 1A:(去年尚在就读小学的)五年级学生在 2008/09 学年就读学校类型以及不同联邦州与 2006/07 学年数据相比的变化

联邦州	学生[1] 2008/09	其中在……学校							与 2006/07 相比的改变					
		过渡阶段	普通中学	实科中学	综合型学校	文理中学[2](八年制)	文理中学[2](九年制)	一体化综合型学校	过渡阶段	普通中学	实科中学	综合型学校	文理中学	一体化综合型学校
	数量	%							百分点					
德国	757251	1.5	16.3	23.9	7.0	34.0	7.3	10.0	-0.2	-2.0	-0.4	+0.7	+0.9	+0.9
旧联邦州	651897	1.7	18.6	27.1	1.9	32.0	8.5	10.1	-0.2	-1.9	+0.1	+0.2	+0.5	+1.3
新联邦州	105354	X	1.5	4.2	38.5	46.5	0.0	9.3	X	-0.6	-0.9	+0.1	+2.8	-1.4
巴符州	110438	0.2	25.5	34.5	X	39.2	0.0	0.6	0.0	-2.6	+1.1	X	+1.5	0.0
巴伐利亚州	124484	0.2	36.7	23.7	X	39.1	0.0	0.3	0.0	-2.4	+0.6	X	+1.7	0.0
柏林州*	23534	X	6.9	18.8	X	49.4	0.0	24.9	X	-2.2	-2.0	X	+9.0	-4.8
勃兰登堡州*	15399	X	X	X	38.4	46.4	0.0	15.2	X	X	X	-2.3	+4.3	-2.0
不来梅州	5488	X	X	X	22.1	•	50.5	27.5	X	X	X	-5.4	+3.9	+1.5
汉堡州	14442	4.3	17.0	X	X	50.9	0.0	27.9	+0.6	-2.3	X	X	+2.0	-0.4
黑森州	57071	17.6	3.1	16.3	X	42.7	1.6	18.8	-2.1	-0.8	+0.6	X	-0.1	+2.4
梅克伦堡-前波莫瑞州*	9049	X	X	X	47.6	43.3	0.0	9.1	X	X	X	+2.5	-1.1	+2.0
下萨克森州	82771	X	13.0	38.7	X	•	43.4	4.9	X	-1.3	+1.8	X	-0.6	+0.1
北莱茵-威斯特法伦州	178232	X	14.6	28.6	X	38.9	0.0	17.9	X	-0.6	+0.7	X	-0.4	+0.4
莱茵兰-普法尔茨州	41215	X	11.3	26.2	14.1	2.5	38.7	7.3	X	-1.9	-0.3	-0.7	+1.4	+1.5
萨尔州	8928	X	0.9	2.0	35.0	38.7	0.0	23.3	X	0.0	-0.1	-1.9	-2.1	+4.1
萨克森州	27277	X	X	X	53.8	46.2	0.0	X	X	X	X	-0.2	+0.2	X
萨克森-安哈特州	14543	X	X	X	51.0	46.1	0.0	2.9	X	X	X	-1.0	+1.1	-0.1
石勒苏益格-荷尔斯泰因州	28828	X	6.9	19.6	7.3	39.1	0.0	27.1	X	-11.5	-15.4	X	+0.1	+19.5
图林根州	15552	X	X	X	53.0	45.0	0.0	2.0	X	X	X	+0.3	+0.1	-0.4

* 三个联邦州学生升级到七年级的说明:

在柏林州和勃兰登堡州,除了从六年制小学升级到七年级外,还有学生从文理中学的六年级升级到七年级。这些孩子早在两年前(在五年级的时候)就已进入文理中学

梅克伦堡-前波莫瑞州自 2006/07 学年学生在五、六年级为之后就读综合型学校做准备。因此七年级的学生还包括来自这种学校类型的学生,他们已学习了两年(在五年级的时候)中学课程(体育和音乐高级中学或一体化综合型学校)

1) 不包括促进学校和华德福学校

2) 缺失不来梅州和下萨克森州八年制文理中学数据。这两个联邦州在 2004/05 学年引入了八年制文理中学。这里的文理中学学生参与率是合计了两种学制

来源:联邦统计局及各联邦州统计局,2006/07 学年和 2008/09 学年中小学统计数据,统计者自行估算

表 D1－2A：2003 年和 2006 年根据有无移民背景和社会经济地位等因素调查的 15 岁学生就读学校类型[*]和阅读能力(职业声望与社会经济地位指数)[**]

社会经济地位[**]	学生总数		其中就读……学校					阅读能力	
			普通中学	实科中学	综合型学校	文理中学	一体化综合型学校	平均值(标准方差)	
	数量(未经加权处理)	%(经加权处理)						阅读能力用百分点表示	
2003									
共　计									
低	10638	25.0	36.4	23.8	15.9	12.5	11.5	456	(98)
中	19133	50.0	17.3	29.8	12.6	29.9	10.4	508	(92)
高	9326	25.0	7.6	19.2	6.1	58.6	8.6	550	(86)
共计	43819	100	20.9	24.9	12.4	31.1	10.7	499	(101)
无移民背景									
低	5399	20.2	30.9	21.9	22.6	14.1	10.5	471	(92)
中	13867	52.6	15.1	29.3	14.4	30.9	10.2	516	(87)
高	6966	27.2	6.4	19.0	6.6	59.7	8.3	556	(81)
共计	27245	100	16.4	24.8	14.2	34.7	9.9	515	(93)
有移民背景(至少父母中有一方出生在国外)									
低	5019	41.8	45.3	27.3	4.3	9.9	13.2	433	(102)
中	4994	41.0	26.8	32.1	4.1	25.8	11.2	475	(105)
高	2214	17.1	13.6	19.5	3.0	54.3	9.6	525	(105)
共计	13468	100	34.1	27.1	4.3	22.6	11.9	458	(112)
2006									
共　计									
低	8532	25.0	36.8	26.6	13.1	11.8	11.6	463	(100)
中	17100	50.0	18.3	29.7	10.1	31.7	10.2	513	(94)
高	8130	25.0	7.1	20.5	5.1	59.7	7.5	553	(89)
共计	36388	100	21.2	26.2	9.8	32.6	10.3	507	(101)
无移民背景									
低	5232	19.5	30.5	26.0	19.5	12.9	11.1	479	(92)
中	13692	52.9	15.6	30.2	11.4	33.1	9.6	521	(89)
高	6772	27.6	5.6	20.3	5.5	61.3	7.3	558	(82)
共计	26223	100	16.0	26.6	11.5	36.6	9.3	522	(92)
有移民背景(至少父母中有一方出生在国外)									
低	2601	44.7	45.7	28.8	3.1	10.7	11.9	441	(107)

(续表)

社会经济地位**	学生总数		其中就读……学校					阅读能力	
			普通中学	实科中学	综合型学校	文理中学	一体化综合型学校	平均值(标准方差)	
	数量(未经加权处理)	%(经加权处理)						阅读能力用百分点表示	
中	2422	39.6	29.8	28.7	3.8	26.3	11.4	488	(108)
高	946	15.6	15.7	22.5	2.5	50.5	8.9	533	(121)
共计	6470	100	36.3	26.8	3.3	22.1	11.5	469	(117)

* 不包括私立华德福学校、促进学校和职业学校

** 对于每位学生来说,这一指数根据各自家庭的职业状况计算得出。对比来看,25%的学生的社会经济地位为高,50%的学生为中,25%的学生为低。这一总数和指数的四分位数并不吻合,因为还缺少了额外无有效指数说明的中学生

来源:2003 年和 2006 年国际学生评估项目(德国补充说明),自然科学教育研究所特殊评估

表 D1-3A:2006/07 学年和 2008/09 学年各联邦州不同学制阶段的留级调查

联邦州	留级生									
	共计(年级 1-12/13)				其中					
					小学(一至四年级)		初中(五至十年级)		高中(十一至十二/十三年级)	
	2006/07 学年		2008/09 学年		2006/07	2008/09	2006/07	2008/09	2006/07	2008/09
	数量	%	数量	%	%					
德国	233868	2.7	183719	2.2	1.2	0.6	3.6	3.1	3.0	2.6
旧联邦州	198129	2.7	155684	2.2	1.3	0.6	3.5	3.1	3.0	2.4
新联邦州	35739	2.7	28035	2.3	1.0	0.6	3.8	3.3	3.4	3.7
巴符州	21544	1.8	16142	1.4	1.4	0.7	2.1	1.8	1.8	1.6
巴伐利亚州	53067	3.8	44212	3.2	1.0	0.4	5.7	5.3	2.9	2.2
柏林州	10071	3.2	9422	3.1	0.4	0.7	4.6	4.4	5.0	4.4
勃兰登堡州	5374	2.5	3193	1.6	1.4	0.3	3.5	2.5	1.8	1.8
不来梅州	2076	3.1	1676	2.6	2.5	1.5	2.9	2.4	5.3	5.7
汉堡州	4242	2.6	3028	1.8	2.3	1.0	2.4	2.1	4.1	2.9
黑森州	18007	2.7	14863	2.3	1.4	0.7	3.5	3.1	3.7	4.1
梅克伦堡-前波莫瑞州	4386	3.3	3514	3.0	1.8	0.5	4.9	4.7	1.5	4.9
下萨克森州1)	22314	2.4	17790	2.0	1.5	0.6	3.4	3.3	•	•
北莱茵-威斯特法伦州	55965	2.6	41432	2.0	1.1	0.5	3.3	2.7	4.1	3.2
莱茵兰-普法尔茨州	10698	2.3	8833	2.0	1.7	0.8	2.6	2.5	3.0	3.0
萨尔州	2920	2.8	1962	2.0	2.1	0.9	3.0	2.4	3.6	3.1
萨克森州	6178	2.1	3905	1.4	1.3	0.5	2.2	1.9	4.1	2.6
萨克森-安哈特州	6168	3.3	5052	3.1	0.8	0.8	5.1	4.6	3.3	5.4

（续表）

联邦州	留级生									
	共计（年级 1－12/13）				其中					
					小学（一至四年级）		初中（五至十年级）		高中（十一至十二/十三年级）	
	2006/07 学年		2008/09 学年		2006/07	2008/09	2006/07	2008/09	2006/07	2008/09
	数量	%	数量	%	%					
石勒苏益格-荷尔斯泰因州	7296	2.3	5746	1.8	0.5	0.4	3.4	2.7	2.4	2.2
图林根州	3562	2.1	2949	1.8	0.4	0.6	3.0	2.4	3.9	4.1

* 自 2008/09 年起，一、二年级已经普遍不存在留级生。在柏林州和勃兰登堡州的五、六年级的留级生进入中学阶段。高中阶段的说明涉及文理中学和一体化综合型学校

1）下萨克森州高中阶段的留级人数没有再增长

来源：联邦统计局及各联邦州统计局，2008/09 学年中小学统计数据

表 D1－4A：2000/01 学年直至 2008/09 学年来自于不同中学 的学生进入高级中学的高级阶段***

学年/学校类型			共计	上一学年所在学校							
				普通中学	实科中学	体育和音乐学校或一体化综合型学校	文理中学	一体化综合型学校	免费的鲁道-斯坦纳学院	资助学校	没有说明
2000/01	文理中学（十一年级）	数量	238789	687	11316	109	216819	2592	41	3	7226
		%	100	0.3	4.7	0.0	90.8	1.1	0.0	0.0	3.0
	一体化综合型学校（十一年级）	数量	22680	659	2087	59	1127	17553	40	8	1147
		%	100	2.9	9.2	0.3	5.0	77.4	0.2	0.0	5.1
2003/04	文理中学（十一年级）	数量	252850	706	12095	228	227079	2361	32	6	10343
		%	100	0.3	4.8	0.1	89.8	0.9	0.0	0.0	4.1
	一体化综合型学校（十一年级）	数量	26064	964	3243	83	1678	18383	8	3	1702
		%	100	3.7	12.4	0.3	6.4	70.5	0.0	0.0	6.5
2006/07	文理中学（十一年级）	数量	281887	756	14980	428	261029	3381	53	10	1250
		%	100	0.3	5.3	0.2	92.6	1.2	0.0	0.0	0.4
	一体化综合型学校（十一年级）	数量	28859	1176	4266	195	1712	21082	27	3	398
		%	100	4.1	14.8	0.7	5.9	73.1	0.1	0.0	1.4
2008/09	文理中学共计[1]	数量	329118	626	14560	931	255672	2770	65	4	1227
		%	100	0.2	5.3	0.3	92.7	1.0	0.0	0.0	0.4
	其中：八年制文理中学（入门阶段）	数量	117948	35	1030	747	65704	153	15	3	185
		%	100	0.1	1.5	1.1	96.8	0.2	0.0	0.0	0.3
	其中：九年制文理中学（十一年级）	数量	211170	591	13530	184	189968	2617	50	1	1042
		%	100	0.3	6.5	0.1	91.3	1.3	0.0	0.0	0.5

(续表)

学年/学校类型			共计	上一学年所在学校							
				普通中学	实科中学	体育和音乐学校或一体化综合型学校	文理中学	一体化综合型学校	免费的鲁道-斯坦纳学院	资助学校	没有说明
2008/09	一体化综合型学校(十一年级)	数量	28541	1008	4670	187	1713	20369	11	10	573
		%	100	3.5	16.4	0.7	6.0	71.4	0.0	0.0	2.0

* 不包括升级到私立华德福学校、促进学校

** 当时在下萨克森州高级中学的高级阶段招生条件中,没有提高中学毕业学校的入学要求。由于相对应的"没有说明"的高数值在2008/09学年仅下萨克森州被列入升级到高级中学的高级阶段的总数内(第一列),因此在第二和第九列在毕业中学类型里并没有出现错误

1) 关于高级中学的高级阶段需要注意的的是:各州呈现在校时间从9年缩短到8年的转变。在2008/09学年在6个联邦州所有学生和以前一样升级到九年制文理中学(巴符州,不来梅州,黑森州,北莱茵-威斯特法伦州,莱茵兰-普法尔茨州),在五个联邦州所有学生进入到了入门阶段E(八年制文理中学十年级)(梅克伦堡-前波莫瑞州,萨尔州,萨克森州,萨克森-安哈特州,图林根州)。5个联邦州进入高级中学的高级阶段存在以上两种方式(巴伐利亚州,柏林州,汉堡州,下萨克森州,石勒苏益格-荷尔斯泰因州)

来源:联邦统计局及各联邦州统计局,2008/09学年中小学统计数据

表D1-5A:2006/07学年和2008/09学年不同类型的民办学校和在这些学校的学生*

学校类型	学校					学生				
	2006/07	2008/09	2006/07	2008/09	变化	2006/07	2008/09	2006/07	2008/09	变化
	数量		在所有学校中所占百分比		百分点	数量		在所有学生中所占比例		百分点
共计	3008	3257	7.9	8.9	+1.0	668770	707672	6.9	7.6	+0.7
学前班	16	21	6.2	7.9	+1.7	603	694	7.4	8.0	+0.6
小学附属幼儿园	135	138	9.2	10.3	+1.1	2703	2883	12.9	14.9	+2.0
小学	624	669	3.7	4.1	+0.4	68061	78158	2.2	2.6	+0.4
高中	85	95	7.9	9.0	+1.1	3908	4868	3.9	4.7	+0.8
普通中学	219	192	4.6	4.5	-0.1	25462	25452	2.7	3.1	+0.4
综合性学校	82	134	6.2	9.8	+3.6	6675	11237	2.1	3.7	+1.6
实科中学	322	320	11.0	12.2	+1.2	111750	113623	8.6	9.0	+0.4
文理中学	417	458	13.5	14.9	+1.4	263037	273385	10.7	11.1	+0.4
一体化综合性学校	53	108	7.7	15.3	+7.6	16333	19856	.3.2	3.9	+0.7
私立华德福学校	192	204	100.0	100.0	-	78166	79624	100.0	100.0	-
促进学校	632	630	18.6	19.1	+0.5	67844	69914	16.6	17.8	+1.2
夜间普通中学	-	-	-	-	-	-	-	-	-	-
夜间实科中学	45	45	37.2	36.9	-0.3	4189	3989	19.3	18.8	-0.5
夜间文理中学	29	29	29.0	28.4	-0.6	4743	4574	23.3	24.5	+1.2
大学预科	16	14	24.2	21.2	-3.0	2712	2500	15.2	14.6	-0.6
高级专科中学	110	126	13.0	15.2	+2.2	10523	11246	8.1	8.4	+0.3

（续表）

学校类型	学校					学生				
	2006/07	2008/09	2006/07	2008/09	变化	2006/07	2008/09	2006/07	2008/09	变化
	数量		在所有学校中所占百分比		百分点	数量		在所有学生中所占比例		百分点
专科文理中学	28	66	5.1	8.5	+3.4	1973	5537	1.6	3.6	+2.0
高级职业/技术中学	3	8	1.4	3.4	+2.0	88	132	0.5	0.6	+0.1

* 所有普通教育过程除了普通教育学校（从学前班到大学预科）以外，还包括高级专科中学、专科文理中学、高级职业/技术中学（参见词汇表）

来源：联邦统计局及各联邦州统计局，中小学统计数据

表 D2－1A：1995－2008 年 7 岁、10 岁和 13 岁中小学生促进学校参与率*（单位：%）

年龄	年份													
	1995	1996	1997	1998	1999	2000	2001	2002	2003	2004	2005	2006	2007	2008
7 岁	2.3	2.4	2.4	2.6	2.6	2.7	2.8	2.8	2.9	2.9	3.0	3.2	3.2	3.4
10 岁	4.3	4.2	4.3	4.2	4.2	4.9	4.4	4.5	4.5	4.7	4.4	4.4	4.4	4.5
13 岁	4.8	5.0	5.1	5.1	5.1	5.3	5.3	5.5	5.4	5.3	5.5	5.3	5.3	5.2

* 促进学校参与率与促进学校学生在全日制义务教育（一至十年级和促进学校）学生中所占比例相符合

来源：联邦统计局及各联邦州统计局，2008/09 学年中小学统计数据，统计者自行估算

表 D2－2A：2008 年各联邦州在各类促进重点的促进学校的参与率*（单位：%）

联邦州	共计	其中									
		学	看	听	语言	身体和运动机能发展	智力发展	情感和社会发展	超出促进重点范畴	没有纳入促进重点	病人
德国	4.9	2.14	0.06	0.14	0.47	0.31	0.94	0.44	0.16	0.15	0.12
旧联邦州	4.6	1.90	0.06	0.14	0.44	0.31	0.86	0.44	0.18	0.17	0.13
新联邦州	6.6	3.54	0.08	0.12	0.63	0.29	1.39	0.44	0.03	0.00	0.07
巴符州	4.7	1.93	0.08	0.16	0.52	0.44	0.78	0.58	X	X	0.19
巴伐利亚州	4.6	1.05	0.06	0.14	0.24	0.18	0.86	0.20	0.82	0.90	0.16
柏林州	4.4	1.78	0.11	0.13	0.88	0.39	0.78	0.12	0.03	X	0.16
勃兰登堡州	5.4	3.24	0.05	0.06	0.22	0.12	1.47	0.25	X	X	X
不来梅州	4.6	1.10	0.11	0.17	X	0.20	1.09	0.09	1.84	X	X
汉堡州	4.9	2.41	0.09	0.16	0.96	0.42	0.67	0.11	0.06	X	X
黑森州	4.3	2.03	0.05	0.14	0.38	0.23	0.82	0.30	X	X	0.37
梅克伦堡-前波莫瑞州	9.2	5.32	0.04	0.15	0.77	0.36	1.86	0.39	X	X	0.27
下萨克森州	4.4	2.36	0.03	0.11	0.45	0.26	0.81	0.38	X	X	X
北莱茵-威斯特法伦州	5.2	2.17	0.07	0.14	0.64	0.38	0.95	0.76	X	0.00	0.13
莱茵兰-普法尔茨州	3.8	2.16	0.04	0.15	0.16	0.38	0.66	0.21	X	X	X
萨尔州	4.2	2.03	0.09	0.11	0.21	0.32	0.79	0.09	0.40	X	0.20
萨克森州	6.9	4.03	0.08	0.14	0.47	0.28	1.29	0.60	X	X	X

(续表)

联 邦 州	共计	其中									
		学	看	听	语言	身体和运动机能发展	智力发展	情感和社会发展	超出促进重点范畴	没有纳入促进重点	病人
萨克森-安哈特州	8.7	5.01	0.09	0.19	0.49	0.33	1.84	0.59	0.18	X	X
石勒苏益格-荷尔斯泰因州	3.1	1.70	X	0.05	0.08	0.15	1.08	0.06	X	X	X
图林根州	7.5	3.39	0.05	0.09	1.01	0.25	1.77	0.89	X	0.01	X

* 启智学校参与率与启智学校学生在全日制义务教育(一至十年级和促进学校)学生中所占比例相符合

来源:联邦统计局及各联邦州统计局,2008/09 学年中小学统计数据,统计者自行估算

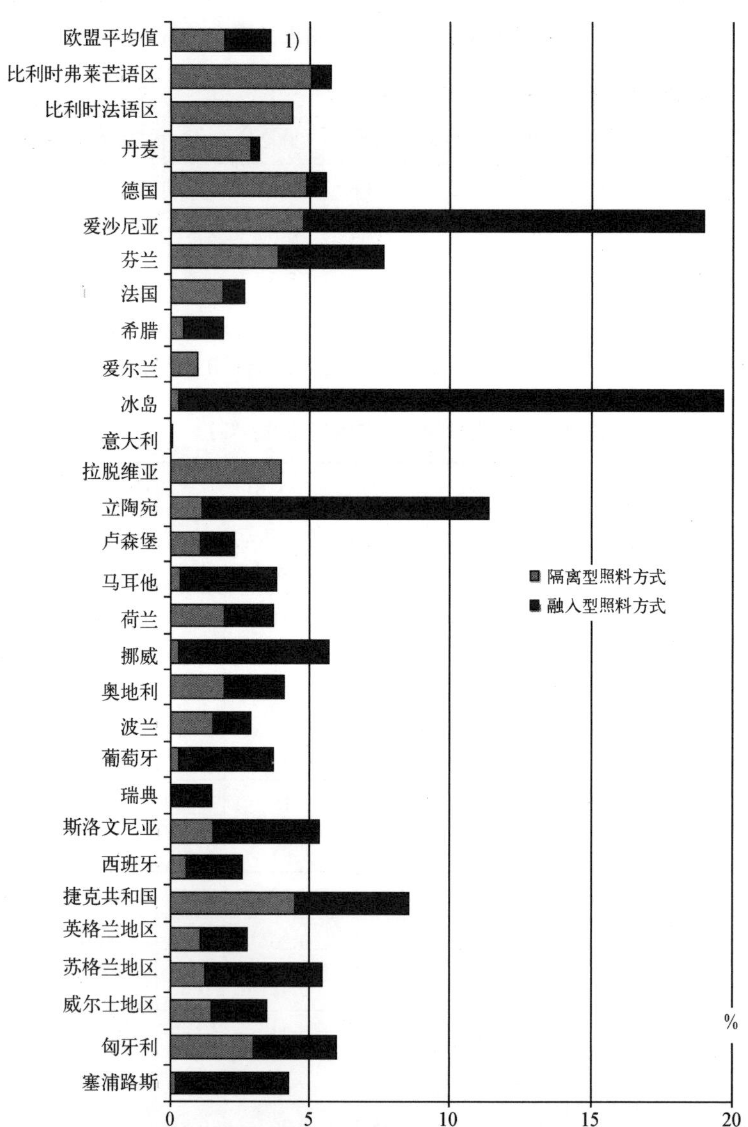

图 D2-3A:2008 年具有特殊教育促进需求学生比例*(按照隔离型与融入型照料形式以及国家地区划分,占所有学生的比例)

* 数据展示的是被认可的具有促进需求的学生比例("特殊教育需求")。有关促进需求的领域范围以及时间长度并没有统一的规定,欧盟部分国家接受一年之久"特殊教育需求"促进项目的学生比例较高

1) 欧盟数值为本图中欧盟国家的平均值

来源:欧盟委员会(2009),《为实现里斯本战略目标在教育和培训领域的进展报告》

表 D2－3A：2008/09 学年在不同区域、根据不同促进重点调查的在其他普通教育学校内有特殊教育促进需求的学生比例(单位：%)

区 域	共计	其 中						
		学	看	听	语言	身体和运动机能发展	智力发展	情感和社会发展
	%							
德 国	18.8	19.4	26.6	26.0	27.2	20.8	4.0	36.0
旧联邦州	17.6	21.4	26.4	22.5	22.8	17.4	4.0	27.2
新联邦州	23.6	12.2	27.3	42.6	40.9	37.0	3.6	62.6

来源：联邦统计局及各联邦州统计局，2008/09 学年中小学统计数据，统计者自行估算

表 D2－4A：在不同区域、根据不同促进重点调查出的所有促进学校中女生所占比例(单位：%)

区 域	共计	其 中									
		学	看	听	语言	身体和运动机能发展	智力发展	情感和社会发展	超出促进重点范畴	没有纳入促进重点	病人
	%										
德 国	36.6	41.0	40.7	40.6	29.6	37.4	39.1	14.3	38.5	34.2	41.4
旧联邦州	36.4	40.9	40.8	40.8	29.2	37.9	39.4	14.0	38.7	34.2	41.8
新联邦州	37.6	41.4	40.5	40.5	31.1	34.8	38.1	16.2	34.2	40.9	36.7

来源：联邦统计局及各联邦州统计局，2008/09 学年中小学统计数据，统计者自行估算

表 D2－5A：根据父母教育水平、就业状况、社会经济地位和有无移民背景调查的促进学校一至十年级以及其他普通教育学校的学生情况

家庭的社会地位	学 生		
	共 计	其 中	
		在促进学校	在其他学校类型
	数 量	%	
家中普通教育毕业最高文凭			
无毕业证书(包含还在中小学以及七年级毕业)	345	13.0	4.0
普通中学	1931	39.4	23.4
综合技术高中	573	12.9	6.9
实科中学	2336	20.3	28.9
报考高等(专科)学校的资格	2901	14.3	36.1
没有说明	57	0.2	0.7
共计	8143	100	100
家中职业教育毕业最高文凭			
无毕业证书包含还在接受教育	1049	28.4	12.5
教学/学习培训(包括在公共管理部门的中等职务培训)	4314	57.8	52.9

(续表)

家庭的社会地位	学生		
	共计	其中	
		在促进学校	在其他学校类型
	数量	%	
专科学校/(前)德意志民主共和国专科学校	929	6.0	11.6
高等专科学校/高校/博士学位/管理高等专科学校	1789	7.7	22.2
没有说明	62	0.2	0.8
共计	8143	100	100
家庭成员的就业状况			
未就业	1047	33.5	12.3
其他(零工,学员等)	35	0.5	0.4
工人	2312	35.2	28.3
职员	3230	22.0	40.1
公务员,法官,士兵,服兵役者	417	2.2	5.2
自由职业者	1101	6.6	13.7
共计	8143	100	100
社会经济地位			
平均值	48	38.8	47.9
没有说明	823	28.6	9.6
低(0－25%四分位数)	2089	35.8	25.4
中(25－50%四分位数)	1669	17.0	20.6
中高(50－75%四分位数)	1831	11.7	22.8
高(75－100%四分位数)	1731	6.9	21.6
共计	8143	100	100
移民背景			
无移民背景	5738	72.4	70.4
有移民背景	2405	27.6	29.6
外国人	877	13.8	10.7
父母中至少有一个出生在国外的外国人	536	7.8	6.6

来源:联邦统计局及各联邦州统计局,2008年微型人口统计

表 D2－6A:1995－2008 年部分国家的促进学校就读率*(单位:%)

国籍	1995	1996	1997	1998	1999	2000	2001	2002	2003	2004	2005	2006	2007	2008
	%													
德国	3.8	3.8	3.8	3.9	3.9	4.0	4.0	4.1	4.2	4.2	4.1	4.1	4.1	4.1
阿富汗	3.0	2.9	3.0	3.7	4.6	4.4	4.4	4.8	5.1	5.7	6.0	6.0	6.1	5.9

（续表）

国 籍	1995	1996	1997	1998	1999	2000	2001	2002	2003	2004	2005	2006	2007	2008
	%													
阿尔巴尼亚	10.8	11.3	14.0	14.0	13.5	14.8	15.5	15.8	17.0	16.7	15.6	14.9	14.1	13.2
希腊	5.2	5.2	5.2	5.1	5.1	5.2	5.2	5.4	5.6	5.7	6.0	5.9	6.0	6.2
伊朗	2.2	2.1	2.1	2.3	2.3	2.8	2.9	3.2	3.5	3.6	3.7	3.7	3.7	3.9
意大利	8.0	7.7	7.8	7.9	8.0	8.2	8.6	8.8	9.1	9.0	8.7	8.8	8.6	8.7
黎巴嫩	14.4	13.5	12.9	13.2	13.1	13.2	12.5	13.2	13.3	13.4	13.5	12.8	12.7	13.0
摩洛哥	8.2	7.8	7.5	7.5	7.4	7.9	8.3	8.6	8.9	8.8	8.7	8.5	8.3	8.3
前南斯拉夫[1)]	6.0	6.9	7.5	8.8	9.2	9.9	10.5	11.2	11.1	10.6	10.3	9.9	9.5	9.6
波兰	3.4	3.3	3.2	3.1	3.0	2.7	2.9	3.2	3.2	3.3	3.2	3.2	3.2	3.3
葡萄牙	5.3	5.6	5.9	6.3	6.3	6.6	6.7	7.2	7.4	7.3	6.9	6.8	6.9	6.8
俄罗斯联邦	2.4	2.5	2.4	2.2	2.3	2.4	2.4	2.6	2.7	2.8	2.9	3.1	3.2	3.1
西班牙	5.1	5.0	5.0	4.8	4.6	5.0	5.0	5.3	5.4	5.3	5.2	5.0	4.9	4.7
土耳其	6.7	6.4	6.3	6.3	6.4	6.5	6.8	6.9	6.9	6.9	6.7	6.8	6.8	7.0
乌克兰	1.0	1.2	1.3	1.0	1.1	1.2	1.1	1.2	1.4	1.4	1.5	1.6	1.7	2.0
越南	1.5	1.5	1.5	1.3	2.1	1.9	1.9	1.7	1.7	1.6	1.7	1.7	1.9	1.8

* 促进学校就读率和促进学校学生在有全日制上学义务(一至十年级和促进学校)学生中所占比例相符合

1) 前南斯拉夫分裂后的国家：波斯尼亚-黑塞哥维那，克罗地亚，马其顿，塞尔维亚，黑山，斯洛文尼亚

来源：联邦统计局及各联邦州统计局，中小学统计数据，统计者自行估算

表 D3－1A：2002－2008 年在不同类型学校和机构中调查出的公立与民办全日制小学和初中

学校类别/机构类型			2002	2003	2004	2005	2006	2007	2008	2002 年以来的变化百分比
小学	共计	数量	1757	2106	2766	3912	4878	5822	6048	+ 244
其中	公办	%	91.0	90.1	89.5	91.3	92.6	92.1	88.2	+ 234
	部分民办		4.3	6.1	6.3	4.9	4.9	4.9	7.3	+ 480
	完全民办		4.7	3.8	4.3	3.8	2.5	3.0	4.5	+ 230
各类学校的过渡阶段	共计	数量	185	186	177	398	477	537	723	+ 291
其中	公办	%	67.6	57.5	77.4	90.7	91.6	91.1	90.2	+ 422
	部分民办		22.7	32.3	15.3	5.0	3.1	3.7	3.7	− 36
	完全民办		9.7	10.2	7.3	4.3	5.2	5.2	6.1	+ 144
普通中学	共计	数量	618	777	939	1154	1328	1543	1683	+ 172
其中	公办	%	45.5	45.6	51.2	59.2	56.6	55.4	50.3	+ 201
	部分民办		22.3	28.2	27.7	18.1	17.0	18.0	20.7	+ 152
	完全民办		32.2	26.3	21.1	22.7	26.4	26.6	29.0	+ 145

（续表）

学校类别/机构类型			2002	2003	2004	2005	2006	2007	2008	2002年以来的变化百分比
实科中学	共计	数量	288	330	400	534	551	647	644	+124
其中	公办	%	74.3	64.5	69.5	81.1	78.6	77.3	79.0	+138
	部分民办		10.4	19.4	16.8	7.9	9.8	11.4	12.1	+160
	完全民办		15.3	16.1	13.8	11.0	11.6	11.3	8.9	+30
综合学校	共计	数量	329	504	553	487	576	727	845	+157
其中	公办	%	93.3	86.7	86.3	69.2	69.3	70.2	59.4	+64
	部分民办		5.5	12.1	12.3	18.3	19.6	18.8	27.6	+1194
	完全民办		1.2	1.2	1.4	12.5	11.1	11.0	13.0	+2650
文理中学	共计	数量	386	499	644	725	820	942	1056	+244
其中	公办	%	68.9	66.9	71.6	73.1	73.5	75.2	75.8	+234
	部分民办		8.5	8.6	9.2	9.4	9.8	9.4	11.3	+480
	完全民办		22.5	24.4	19.3	17.5	16.7	15.4	13.0	+230
一体化综合型学校	共计	数量	488	493	503	524	539	552	579	+244
其中	公办	%	17.2	17.0	19.5	26.1	28.8	28.6	37.1	+234
	部分民办		8.6	11.4	6.2	5.5	5.8	8.5	9.8	+480
	完全民办		74.2	71.6	74.4	68.3	65.5	62.9	53.0	+230
华德福学校	共计	数量	30	40	63	59	88	90	92	+244
其中	公办	%	26.7	40.0	41.3	59.3	67.0	68.9	64.1	+234
	部分民办		33.3	30.0	4.8	8.5	18.2	17.8	18.5	+480
	完全民办		40.0	30.0	54.0	32.2	14.8	13.3	17.4	+230
促进学校	共计	数量	1315	1333	1432	1597	1744	1897	1940	+48
其中	公办	%	28.2	26.0	33.9	38.4	42.4	44.2	46.6	+144
	部分民办		2.1	3.6	3.5	4.0	4.1	4.1	6.8	+368
	完全民办		69.7	70.4	62.6	57.6	53.4	51.7	46.6	-1

来源：德国文化部长联席会议秘书处(2010)，各联邦州全日制普通教育学校，统计者自行估算

表 D3-2A：2008 年在各联邦州统计出的公立与民办全日制小学和初中

联邦州	共计		其中			
			公立		民办	
	数量	占所有管理单位的百分比*	数量	占所有管理单位的百分比*	数量	占所有管理单位的百分比*
德国	11825	41.7	10799	41.4	1026	44.8
巴符州	915	22.1	746	19.6	169	49.1

（续表）

联邦州	共计		其中			
			公立		民办	
	数量	占所有管理单位的百分比*	数量	占所有管理单位的百分比*	数量	占所有管理单位的百分比*
巴伐利亚州	969	24.1	723	20.5	246	50.0
柏林州	619	79.0	549	79.8	70	72.9
勃兰登堡州	419	49.4	340	46.3	79	69.3
不来梅州	51	27.7	50	30.5	1	5.0
汉堡州	172	43.5	148	43.0	24	47.1
黑森州[1)]	531	•	531	30.2	•	•
梅克伦堡-前波莫瑞州	221	37.8	182	34.8	39	62.9
下萨克森州[1)]	655	•	655	22.3	•	•
北莱茵-威斯特法伦州	3732	60.9	3609	62.2	123	37.3
莱茵兰-普法尔茨州	571	35.3	520	34.1	51	53.7
萨尔州	281	91.2	261	91.3	20	90.9
萨克森州	1410	95.3	1289	97.4	121	77.6
萨克森-安哈特州[1)]	206	•	206	23.5	•	•
石勒苏益格-荷尔斯泰因州	366	35.4	350	36.5	16	21.6
图林根州	707	77.9	640	76.7	67	91.8

* 本表格中的全日制学校是作为所谓的管理单位进行统计的。包含多种学校类型的学校只被视作为一个全日制学校统计在内，其目的是为了避免重复计算学校所在地

1）这一行的联邦州没有关于民办全日制学校的说明

来源：德国文化部长联席会议秘书处(2010)，各联邦州全日制普通教育学校

表 D3－3A：2008 年在各联邦州根据不同学校类型统计出的的公立与民办*全日制小学和初中就读率(单位：%)

联邦州	小学	各类学校的过渡阶段	普通中学	实科中学	综合学校	文理中学	一体化综合型学校	华德福学校	促进学校
	每种学校类型占学校总数的比例								
德国	36.9	68.3	39.3	24.5	62.0	34.4	82.0	45.1	58.8
巴符州	8.9	100.0	29.2	15.3	X	33.8	100.0	20.0	45.1
巴伐利亚州	13.5	100.0	29.6	30.8	X	25.7	50.0	20.0	51.7
柏林州*	96.8	97.1	•	•	X	•	98.1	100.0	85.9
勃兰登堡州	41.4	41.1	X	X	60.0	48.0	72.1	100.0	59.8
不来梅州*	•	X	•	•	•	•	•	33.3	•
汉堡州*	15.0	•	37.7	29.1	39.7	96.0	44.7	–	71.1
黑森州*	•	•	•	•	X	•	•	•	•
梅克伦堡-前波莫瑞州	4.3	X	X	X	66.7	55.6	95.0	66.7	25.2

(续表)

联 邦 州	小学	各类学校的过渡阶段	普通中学	实科中学	综合学校	文理中学	一体化综合型学校	华德福学校	促进学校
	每种学校类型占学校总数的比例								
下萨克森州 I*	•	X	•	•	•	•	•	•	•
北莱茵-威斯特法伦州	81.1	X	45.7	4.1	X	4.6	96.3	87.5	63.8
莱茵兰-普法尔茨州	22.3	X	58.5	31.6	64.6	28.7	64.0	75.0	84.4
萨尔州	95.0	X	–	–	90.2	88.6	94.7	50.0	63.4
萨克森州	98.6	X	X	X	91.3	88.8	X	100.0	91.8
萨克森-安哈特州*	•	X	X	X	•	•	•	•	•
石勒苏益格-荷尔斯泰因州*	•	X	32.3	45.7	40.0	•	64.0	90.9	•
图林根州	100.0	X	X	X	48.2	23.7	71.4	100.0	100.0

* 这一行的联邦州没有关于民办全日制学校的数据说明，因此没有在所有学校计算比例

来源：德国文化部长联席会议秘书处，各联邦州全日制普通教育学校，2010

表 D3－4A：2008 年在各联邦州根据学校类型统计出的公立与民办小学和初中全日制学生所占比例(单位：%)

联 邦 州	小学	各类学校的过渡阶段	普通中学	实科中学	综合学校	文理中学	一体化综合型学校	华德福学校	促进学校	共计
	各类型学校的学生所占百分比									
德国	18.9	31.1	27.0	12.4	40.5	19.7	76.9	20.3	42.2	24.1
巴符州	12.5	100.0	43.6	14.6	X	34.8	100.0	17.4	53.5	24.4
巴伐利亚州	3.3	49.9	5.7	3.7	X	3.6	35.9	4.1	17.9	4.6
柏林州*	69.8	20.8	•	•	X	•	92.9	36.5	48.4	43.5
勃兰登堡州	36.1	33.3	X	X	53.9	29.9	60.5	72.5	42.8	38.9
不来梅州*	•	X	•	•	•	•	•	18.0	•	•
汉堡州*	14.4	•	36.4	26.3	47.3	97.7	32.7	–	66.8	45.2
黑森州*	•	•	•	•	X	•	•	•	•	•
梅克伦堡-前波莫瑞州	3.4	X	X	X	55.1	51.2	90.3	35.6	17.8	31.3
下萨克森州*	•	X	•	•	•	•	•	•	•	•
北莱茵-威斯特法伦州	24.5	X	31.1	3.3	X	3.3	97.5	26.9	39.7	25.4
莱茵兰-普法尔茨州	11.3	X	30.4	5.7	23.9	5.8	23.5	39.0	69.6	14.5
萨尔州	20.7	X	–	–	6.2	6.0	0.0	10.5	36.2	13.5
萨克森州	70.8	X	X	X	58.4	72.0	X	100.0	96.9	69.4
萨克森-安哈特州*	•	X	X	X	•	•	•	•	•	•
石勒苏益格-荷尔斯泰因州*	•	X	24.4	20.7	26.4	•	57.3	33.1	•	20.2
图林根州	68.2	X	X	X	30.7	9.6	74.0	100.0	100.0	51.7

* 这一行的联邦州没有关于民办全日制学校的数据说明，因此没有在所有学校计算比例

来源：德国文化部长联席会议秘书处，各联邦州全日制普通教育学校，2010

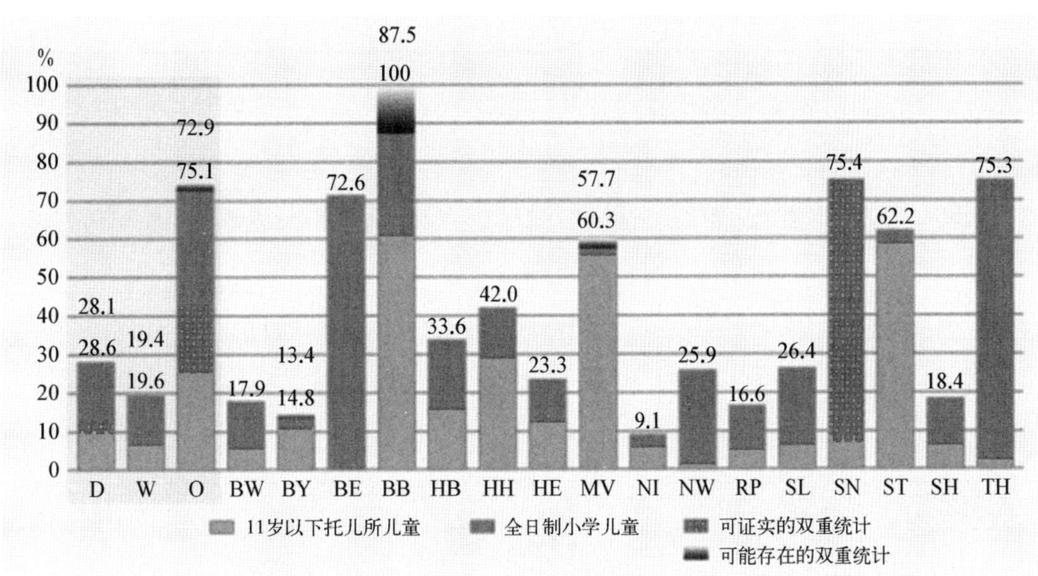

图 D3－3A：2009 年全日制小学儿童以及 11 岁以下儿童日间照料场所学龄儿童整体照料比例*（按联邦州划分，占 6 岁半至 10 岁半年龄段比例）

＊ 巴伐利亚州，勃兰登堡州，梅克伦堡-前波莫瑞州以及萨克森州在儿童及青少年救济（托儿所）数据库以及德国文化部长联席会议（全日制学校）数据库存在双重统计现象。巴伐利亚州，勃兰登堡州，梅克伦堡-前波莫瑞州的统计数据已接近实际数值

D：全德国；W：旧联邦州地区；O：新联邦州地区；BW：巴登-符腾堡州；BY：巴伐利亚州；BE：柏林州；BB：勃兰登堡州；HB：不来梅州；HH：汉堡州；HE：黑森州；MV：梅克伦堡-前波莫瑞州；NI：下萨克森州；NW：北莱茵-威斯特法伦州；RP：莱茵兰-普法耳茨州；SL：萨尔州；SN：萨克森州；ST：萨克森-安哈特州；SH：石勒苏益格-荷尔斯泰因州；TH：图林根州

来源：联邦统计局及各联邦州统计局，2009 年儿童及青少年统计库；2010 年德国文化部长联席会议秘书处；《2004－2008 年德意志联邦共和国各联邦州全日制普通教育学校统计数据》；巴伐利亚州统计及数据处理局；《2008/09 巴伐利亚州国民学校状况》；勃兰登堡州教育、青少年及体育事务部，《2010 年全日制学校中小学生专项评估报告》，编写组自行统计

表 D4－1A：2008/09 学年根据年龄段在各联邦州统计出的普通教育学校师资力量*

联邦州	师资力量总数	其中				
		年龄为				没有说明
		30 岁以下	30－40 岁	40－50 岁	50 岁以上	
	数量	占所有师资力量的百分比				
德国	664288	5.0	21.1	24.6	49.0	0.4
旧联邦州	540961	5.8	23.6	21.4	48.8	0.5
新联邦州	123327	1.3	10.0	38.7	50.0	0.0
巴符州	94145	7.9	23.1	18.1	49.6	1.4
巴伐利亚州	94745	6.3	25.2	24.1	44.4	0.0
柏林州	25455	1.2	11.6	32.3	54.8	0.0
勃兰登堡州	18277	0.7	9.3	41.0	49.0	0.0
不来梅州	5346	5.5	20.4	21.1	53.1	0.0
汉堡州	13370	2.7	20.5	21.5	46.6	8.7
黑森州	48717	6.3	23.8	23.3	46.6	0.0
梅克伦堡-前波莫瑞州	11194	0.9	10.7	44.3	44.1	0.0
下萨克森州	68481	5.2	22.8	20.2	51.8	0.0

(续表)

联邦州	师资力量总数	其中				
		年龄为				没有说明
		30岁以下	30-40岁	40-50岁	50岁以上	
	数量	占所有师资力量的百分比				
北莱茵-威斯特法伦州	151721	4.1	22.5	22.2	51.2	0.0
莱茵兰-普法尔茨州	34546	8.4	28.0	19.1	44.6	0.0
萨尔州	7121	5.2	24.8	18.3	51.7	0.0
萨克森州	30390	1.8	10.1	40.4	47.7	0.0
萨克森-安哈特州	18901	1.0	9.3	39.8	49.9	0.0
石勒苏益格-荷尔斯泰因州	22769	5.0	23.1	23.0	48.9	0.0
图林根州	19110	1.5	8.6	38.2	51.8	0.0

* 未包括兼职教师

来源：联邦统计局及各联邦州统计局，2008/09学年中小学统计数据，统计者自行估算

表D4-2A：2008/09学年根据性别、工作性质在各联邦州统计出的普通教育过程*师资力量

联邦州	师资力量								
	共计	其中		其中					
		男性	女性	主要职业为教师的师资力量				按小时上班的师资力量	
				全职		兼职			
				共计	女性比例	共计	女性比例	共计	女性比例
	数量	在所有师资力量中所占百分比							
德国	773930	31.3	68.7	52.6	57.6	35.9	85.5	11.5	67.5
旧联邦州	639822	33.4	66.6	52.0	53.7	35.2	85.4	12.8	67.4
新联邦州	134108	21.1	78.9	55.1	74.9	39.3	86.0	5.6	68.6
巴符州	117896	34.9	65.1	44.3	49.3	38.8	84.6	16.9	61.9
巴伐利亚州	123830	34.6	65.4	48.9	49.6	29.9	88.9	21.2	68.5
柏林州	28072	26.6	73.4	69.9	69.2	23.5	85.9	6.7	73.4
勃兰登堡州[1)]	19412	19.6	80.4	44.6	77.1	49.6	85.8	5.8	60.0
不来梅州	6121	34.3	65.7	51.1	53.1	39.2	81.9	9.7	65.9
汉堡州	14461	33.2	66.8	52.8	54.5	42.1	80.7	5.1	77.8
黑森州	58977	33.6	66.4	53.9	56.6	32.4	84.7	13.8	61.7
梅克伦堡-前波莫瑞州	12019	17.8	82.2	26.8	77.8	68.8	84.7	4.4	69.7
下萨克森州	75343	32.6	67.4	53.3	53.8	40.8	84.3	5.9	73.4
北莱茵-威斯特法伦州	168344	31.8	68.2	58.2	56.8	34.0	85.9	7.9	76.3
莱茵兰-普法尔茨州	41783	33.4	66.6	49.1	58.0	35.4	80.2	15.5	62.8
萨尔州	7845	38.6	61.4	71.2	52.3	24.8	90.0	4.0	44.8

（续表）

联邦州	师资力量								
	共计	其中		其中					
		男性	女性	主要职业为教师的师资力量				按小时上班的师资力量	
				全职		兼职			
				共计	女性比例	共计	女性比例	共计	女性比例
	数量	在所有师资力量中所占百分比							
萨克森州	33694	20.7	79.3	57.6	75.1	36.3	88.9	6.1	62.0
萨克森-安哈特州	19912	18.5	81.5	65.6	81.2	31.2	83.2	3.2	71.7
石勒苏益格-荷尔斯泰因州	25222	31.4	68.6	52.9	53.2	40.0	87.8	7.1	75.8
图林根州	20999	20.0	80.0	47.4	74.8	46.7	85.6	5.9	78.4

* 包括专科文理中学，高等专科学校，职业/技术高中在内的普通教育学校

1）不包括在专科文理中学，高等专科学校，职业/技术高中的师资力量

来源：联邦统计局及各联邦州统计局，2008/09 学年中小学统计数据，统计者自行估算

表 D4－3A：2008 年调查统计的师资力量和有高校毕业文凭就职者的移民背景情况

移民背景	共计人口	以下						
		师资力量共计	其中					其他的有高等（专科）学校毕业文凭的就职者
			普通教育学校				职业学校	
			小学	初中	高中	促进学校		
单位：千								
共计	82135	667	167	159	199	53	90	6157
无移民背景	66569	635	159	152	190	52	82	5219
有移民背景	15566	31	8	7	9	/	8	937
单位：%								
共计	100	100	100	100	100	100	100	100
无移民背景	81.0	95.3	95.4	95.9	95.6	98.5	91.5	84.8
有移民背景	19.0	4.7	4.6	4.1	4.4	/	8.5	15.2

来源：联邦统计局，2008 年微型人口统计

表 D4－4A：在过去 18 个月内根据进修活动规模调查统计的师资人员进修活动情况（接受调查者人数，单位：%）

师资力量特征	参加进修活动的天数						
	0	1－10	11－20	21－30	31－40	41－50	多于 50
	%						
性别							
男性	10.4	57.4	13.2	4.2	1.4	0.3	13.2
女性	5.6	59.0	16.2	3.6	1.4	0.7	13.5
共计	6.7	58.6	15.5	3.7	1.4	0.6	13.4

(续表)

师资力量特征	参加进修活动的天数						
	0	1-10	11-20	21-30	31-40	41-50	多于 50
	%						
年　龄							
30 岁以下	17.6	54.1	15.3	1.2	0.0	0.0	11.8
30-50 岁	4.5	57.1	18.3	3.7	1.0	0.5	14.9
50 岁以上	7.9	60.1	13.0	4.1	2.0	0.8	12.1
共计	6.8	58.3	15.7	3.8	1.4	0.6	13.4
教　育							
小学教师职务	13.6	53.0	12.1	7.6	1.5	0.0	12.1
小学阶段骨干教师职务	8.3	62.6	15.4	2.8	1.2	0.4	9.4
初中教师职务	5.8	58.4	16.6	3.8	1.1	0.5	13.7
高中教师职务(文理中学)	5.7	56.8	15.8	4.5	1.5	0.8	14.9
高中教师职务(职业学校)	5.6	50.0	5.6	16.7	5.6	0.0	16.7
特殊教育的教师职务	16.7	33.3	33.3	0.0	0.0	0.0	16.7
共计	9.3	52.3	16.5	5.9	1.8	0.3	13.9
就业时长							
少于 5 年	10.4	57.0	15.6	2.2	1.1	0.4	13.3
5-15 年	5.2	56.3	18.2	4.9	1.2	0.3	13.8
超过 15 年	6.3	59.7	14.7	3.5	1.6	0.8	13.5
共计	6.8	58.5	15.6	3.6	1.4	0.6	13.5
工作性质							
全职	6.6	58.5	15.8	3.9	1.5	0.5	13.2
兼职	7.2	57.2	15.6	3.3	1.5	0.9	14.3
按小时上班	16.7	33.3	0.0	16.7	0.0	0.0	33.3
共计	6.8	58.0	15.7	3.8	1.5	0.6	13.6

来源：教师进修学院，2009 年有关德语和英语教师学历水平调查

表 D4-5A：2009 年根据进修活动主题调查统计的德语和英语专业师资人员在过去五年的进修参与情况(接受调查人数，单位：%)

进修活动主题[1)]	在过去的 5 年至少参加了 5 次	在过去的 5 年从未参加过
	%	
新的教育和学习形式/更有效的授课	5.2	18.2
有关阅读内容方面的进修：阅读能力和技巧	3.3	32.9
访问其他学校	12.1	33.3
能力参差不同群体的授课/有差别地授课	4.2	39.6

（续表）

进修活动主题[1]	在过去的5年至少参加了5次	在过去的5年从未参加过
	%	
专业教学法进修：阅读能力和技巧	4.5	40.2
班级领导和行为举止问题	1.5	44.7
有关儿童和青少年的最新知识	2.6	48.6
与教学网络合作	7.2	59.4
制订个人促进计划和措施	2.9	61.1
科学学术研讨会/会议	2.3	62.5
有关指导学生和家长的进修	4.0	71.2
工作之后及附加的技能培训项目	2.4	77.5
参加一个指导项目/学院监督项目/训练	8.9	78.9

1）调查设计的问题：在过去的5年中您多久参加一次进修活动？回答的可能性：在过去的5年中从未参加过，1次，2－4次，最少5次

来源：教师进修学院，2009年有关德语和英语教师学历水平调查

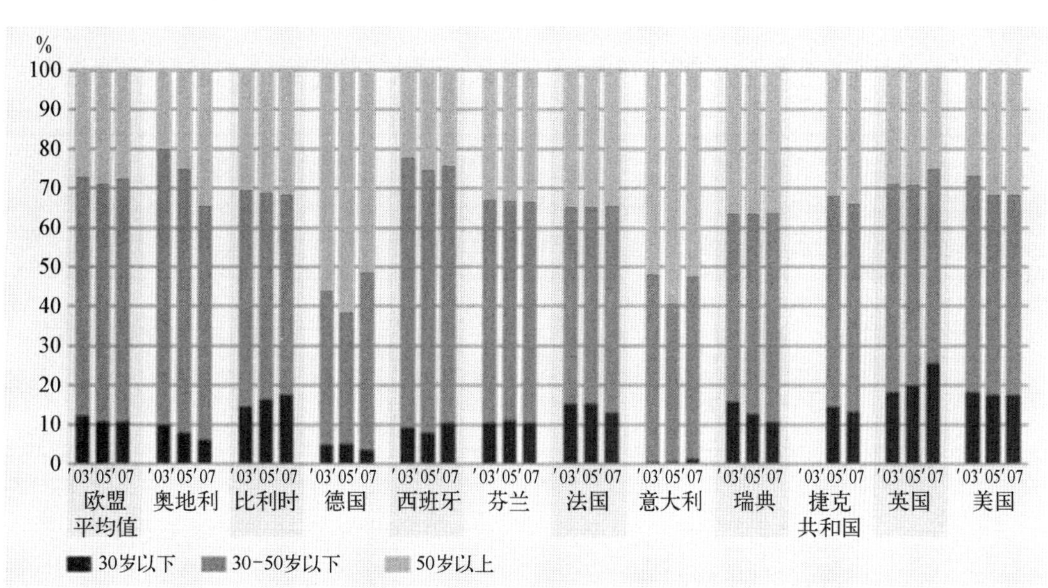

图D4－6A：2003年、2005年以及2007年部分国际经济合作组织国家初级中等教育师资情况（按年龄段划分，单位：%）

来源：国际经济合作组织，教育数据在线网（www.oecd.org）

表D5－1A：2009年根据性别、移民背景、年龄段以及区域调查统计的14－19岁人群参加志愿服务比例（单位：%）

人员群体	共计	参加志愿服务比例
	数量	%
性别		
男性	772	35.4
女性	734	36.8

(续表)

人员群体	共计	参加志愿服务比例
	数量	%
年龄段		
14－15 岁	341	29.6
16－17 岁	602	34.4
18－19 岁	563	41.7
移民背景		
父母方没有出生于国外	1218	39.0
父母中至少有一方出生于国外	290	23.8
区域		
旧联邦州	1231	37.0
新联邦州	275	32.0

来源：2009 年志愿者调查，TNS 民意调查研究所特别评估

表 D5－2A：2004 年和 2009 年根据就读学校类型和就读全日制还是半日制学校调查统计出的 14－19 岁学生参加志愿服务比例(单位：%)*

学校类型 半日制或全日制学校	参加志愿者服务比例	学生	参加志愿者服务比例	学生
	2004		2009	
	%	数值	%	数值
所有学校类型共计	38.4	837	37.3	1062
其中				
普通中学	23.4	94	20.5	117
实科中学	37.2	250	31.9	235
文理中学	44.7	394	47.4	586
九年制文理中学(G9)	–	–	52.4	357
八年制文理中学(G8)	–	–	42.9	196
一体化综合型学校	25.5	55	(00)	(6)
初级中学/中学	(44.4)	(9)	20.0	85
促进学校	(22.2)	(9)	(10.0)	(10)
其他学校类型	(42.3)	(26)	(8.7)	(23)
其中				
全日制学校	36.5	85	29	199
半日制学校	38.6	752	39.4	858

* 括号内的数值由于样本数值过少而无法进行具体解释说明

来源：2009 年志愿者调查，TNS 民意调查研究所特别评估，统计者自行估算

表 D5-3A：1999 年、2004 年和 2009 年根据以下职业领域调查统计出 14-19 岁青少年参加志愿服务的情况

职业领域[1]	1999		2004		2009	
	数值	%	数值	%	数值	%
运动/活动	178	15.1	173	14.7	179	11.8
中小学/幼儿园	92	7.8	120	10.2	144	9.6
教会/宗教组织[2]	71	5.8	88	7.5	134	8.9
文化/音乐	69	5.9	59	5.0	64	4.3
事故/救援工作/消防	69	4.0	54	4.6	55	3.7
休闲时间/社交	47	6.0	48	4.1	42	2.8
青年工作/成人教育	25	1.5	33	2.8	38	2.5
社会领域	20	1.8	22	1.8	33	2.2
环境/自然和动物保护	21	2.1	22	1.9	23	1.5
政治	8	1.7	13	1.1	23	1.5
卫生领域	7	0.6	3	0.3	11	0.7
其他公民活动	17	0.5	13	1.1	10	0.7
司法/犯罪	5	0.4	0	0.0	3	0.2
职业权益代表	6	0.6	2	0.1	1	0.1

1）这里的职业领域和志愿者调查里的类别相符
2）由于无法核实相关数据的真实性，因而教会与宗教组织的数值上升原因尚不明确
来源：1999 年、2004 年、2009 年志愿者调查，TNS 民意调查研究所特别评估，统计者自行估算

表 D5-4A：2002-2009 年调查统计出的志愿服务增加人数和基于儿童青少年计划措施需增加的岗位以及刚开始参加民事服役的人员情况

年份	志愿社会年						
	志愿社会年增加的人数[1]	其中每年基于儿童青少年计划措施设立的岗位			其中在志愿社会年刚开始进行民事服役的人[2]		
	共计	一共	国内	国外	一共	国内	国外
2002/03	15985	13277	13120	157	1218	1009	209
2003/04	21314	13387	13211	176	2948	2503	445
2004/05	25934	13624	13442	182	3413	2713	700
2005/06	29378	13734	13476	258	3791	3000	791
2006/07	32481	16010	15694	316	4550	3577	1006
2007/08	35144	16365	15995	400	5425	4327	1098
2008/09	37748	16420	16.001	419	5991	4755	1236

(续表)

年 份	志愿生态年						
	志愿生态年增加的人数[1]	其中每年基于儿童青少年计划措施需设立的岗位			其中在志愿生态年刚开始进行民事服役的人[2]		
	共 计	一共	国内	国外	一共	国内	国外
2002/03	1675	1631	1631	–	44	44	–
2003/04	1835	1709	1709	–	126	126	–
2004/05	1995	1790	1764	26	205	202	3
2005/06	2101	1871	1841	30	230	225	5
2006/07	2413	2128	2092	36	285	276	9
2007/08	2547	2248	2211	37	299	287	12
2008/09	2468	2170	2.138	32	298	287	11

1) 志愿社会年：在志愿社会年有基于儿童青少年计划设立的岗位，有些岗位不是由联邦政府专门给民事服役者设立的志愿服务年岗位。志愿生态年所有的岗位既不是基于儿童青少年计划设立的，也不是由联邦政府设立的(志愿生态年—专门为义务民事服役者设置的岗位)

2) 计算基础：一个岗位做 12 个月，从促进年份开始(总是从 8 月至来年 7 月)

来源：德国家庭、老人、妇女和青年事务部；联邦民事服役局；联邦劳动团体志愿者服务年

表 D5－5A：2007 年根据性别、社会经济地位，移民背景和在家使用语言等因素调查统计出的除了在学校外还参加额外课程用以提高成绩的四年级学生所占份额情况(单位：%)*

人 群	通过辅导学校和老师	通 过 家 庭
	%[1]	
共计(样本数 = 3127)	12.7(0.6)	71.1(1.0)
短期	6.0(0.5)	40.7(1.1)
长期	6.7(0.5)	30.4(0.9)
性 别		
男性	13.9(0.8)	71.4(1.3)
女性	11.5(0.9)	70.7(1.3)
社会经济地位[2]		
低	13.7(0.8)	72.1(1.5)
高	8.9(1.0)	69.4(1.2)
移民背景		
父母中没有出生在国外的	10.8(0.7)	71.6(1.1)
父母中至少有一方出生在国外	17.7(1.8)	68.1(2.1)
在家使用语言		
德语	10.8(0.7)	71.2(1.1)
不只是德语	17.1(1.5)	69.3(1.8)

* 借助国际化的电脑数据库记录以及全国范围的父母调查问卷的变量加以计算，并由德国中小学发展研究所提供使用

1) 括号内是标准差

2) 借助于 EGP 阶层分类法来理解社会经济地位。这里父母的职业用来作为社会经济地位的指标。社会经济地位低：按照 EGP 阶层分类法等级为 3－6，社会经济地位高：按照 EGP 阶层分类法等级为 1－2

来源：国际教育协会，2007 年国际教育成果评价协会，统计者自行估算

表 D5－6A：2006 年根据性别、社会经济地位、移民背景以及学校类型调查统计的 15 岁中学生参加课外辅导的比例(单位：%)

根 据 人 群	接受校外教师辅导
	%[1]
共计	27.7(0.7)
性 别	
男性	27.9(1.0)
女性	27.6(1.0)
社会经济地位[2]	
低	23.4(1.4)
中	28.5(1.0)
高	29.9(1.5)
移民背景	
父母中没有出生在国外的	27.2(0.8)
父母中至少有一方出生在国外	28.7(2.0)
在家使用语言	
德语	26.2(0.8)
不只是德语	34.4(2.7)
学校类型	
普通中学	27.1(1.6)
实科中学	33.4(1.5)
普通实科混合中学	20.2(2.1)
文理中学	26.9(1.2)
一体化综合型学校	32.0(2.6)

1) 括号内是标准差
2) 家长的最高职业地位(国际社会经济地位最高指数四分位数，参见词汇表)
来源：2006 年国际学生评估计划，统计者自行估算

D6－1A：各联邦州 2006 年 15 岁青少年阅读能力参数以及 2000 年、2003 年和 2006 年期间的变化*(根据性别划分，使用国际学生评估计划内的能力分数加以表示)

联 邦 州	2006						期间的变化*		
	共 计		女生	男生	第 5 百分位数	第 95 百分位数	2000 年和 2003 年	2003 年和 2006 年	2000 年和 2006 年
	平均值(标准方差)		平均值						
	使用国际学生评估计划内的能力分数加以表示								
学生能力国际评估计划	492	(99)	511	473	317	642	•	•	•
德国	495	(112)	517	475	299	657	•	•	•
巴符州	500	(112)	514	486	301	653	+7	－7	+0

(续表)

联邦州	2006						期间的变化*		
	共计		女生	男生	第5百分位数	第95百分位数			
	平均值（标准方差）		平均值				2000年和2003年	2003年和2006年	2000年和2006年
	使用国际学生评估计划内的能力分数加以表示								
巴伐利亚州	511	(108)	531	494	314	661	+8	-7	+1
柏林州	488	(121)	502	474	272	661	•	+7	•
勃兰登堡州	486	(123)	510	463	272	668	*19*	+8	*+27*
不来梅州	474	(117)	496	453	271	645	*+19*	+7	*+26*
汉堡州	476	(124)	491	462	256	655	•	-2	•
黑森州	492	(117)	508	477	284	659	+8	+8	+16
梅克伦堡-前波莫瑞州	480	(112)	499	462	293	641	+6	+7	+13
下萨克森州	484	(108)	508	459	296	638	+7	+3	+10
北莱茵-威斯特法伦州	490	(115)	512	469	290	655	-2	+10	+8
莱茵兰-普法尔茨州	499	(112)	521	474	305	658	0	*+14*	+14
萨尔州	497	(104)	509	485	322	646	+1	*+12*	*+13*
萨克森州	512	(103)	533	490	343	654	+13	+8	*+21*
萨克森-安哈特州	487	(116)	509	467	276	650	+27	+5	+32
石勒苏益格-荷尔斯泰因州	485	(115)	504	466	286	651	+10	-3	+7
图林根州	500	(110)	521	477	312	651	+12	+6	+18

* 显著变化使用斜体标出

来源：国际学生评估计划委员会德国分部，2006年国际学生评估计划委员会，2008

表 D6-2A：2006年15岁以及四年级学生平均阅读能力情况(根据移民背景、按不同测试标准计算出的能力分数值)

联邦州	15岁学生					四年级学生					
	无移民背景	有移民背景				无移民背景		有移民背景			
		父母中有一方出生在国外	父母双方都出生在国外	其中				父母中有一方出生在国外		父母双方都出生在国外	
				第二代	第一代						
	平均值					平均值(标准方差)					
	使用国际学生评估计划内的能力分数表示					使用国际小学阅读水平调查能力分数表示					
巴符州	527	496	451	450	453	569	(8)	542	(11)	507	(12)
巴伐利亚州	534	508	448	451	442	575	(4)	556	(8)	509	(12)
柏林州	525	483	419	415	430	552	(10)	517	(13)	504	(9)
不来梅州[1]	(511)	(484)	(438)	(442)	(431)	551	(6)	539	(13)	509	(10)

（续表）

联邦州	15岁学生					四年级学生					
	无移民背景	有移民背景				无移民背景		有移民背景			
		父母中有一方出生在国外	父母双方都出生在国外	其中				父母中有一方出生在国外		父母双方都出生在国外	
				第二代	第一代						
	平均值					平均值(标准方差)					
	使用国际学生评估计划内的能力分数表示					使用国际小学阅读水平调查能力分数表示					
汉堡州[1]	(526)	(494)	(444)	(444)	(446)	555	(7)	543	(8)	514	(8)
黑森州	524	506	441	448	431	564	(6)	536	(11)	504	(8)
下萨克森州	504	475	444	425	460	561	(5)	545	(14)	526	(6)
北莱茵-威斯特法伦州	513	509	478	472	489	558	(5)	550	(10)	531	(7)
莱茵兰-普法尔茨州	530	509	449	450	449	568	(4)	551	(12)	505	(10)
萨尔州	516	494	460	465	455	560	(5)	545	(11)	514	(14)
石勒苏益格-荷尔斯泰因州	508	489	444	443	445	562	(4)	566	(12)	527	(10)
新联邦州地区非城市州[2]	512	511	444	•	•	560	(3)	542	(12)	529	(8)

1）由于在2006年国际学生评估计划内缺失较多数据，因此导致数据内容具有较大局限性

2）由于有移民背景学生的样本太小，因此将新联邦州各州的数据合并统计

来源：国际学生评估计划委员会德国分部，自然科学教育研究所特别评估，2008；2006年德国小学阅读水平调查，社会研究所特别评估

表 D6－3A：2006年各联邦州四年级学生阅读能力参数（根据性别划分、使用国际小学生阅读水平调查能力分数表示）

联邦州	共计		女生	男生	第5百分位数和第95百分位数之间的差值
	平均值(标准方差)		平均值		
	使用国际小学生阅读水平调查能力分数加以表示				
德国	548	(67)	551	544	218
巴符州	550	(65)	555	545	215
巴伐利亚州	562	(62)	566	559	202
柏林州	525	(76)	524	526	256
勃兰登堡州	540	(74)	548	532	245
不来梅州	522	(67)	527	518	233
汉堡州	528	(69)	530	526	234
黑森州	536	(69)	537	536	225
梅克伦堡-前波莫瑞州	553	(71)	557	550	240
下萨克森州	544	(70)	550	539	230
北莱茵-威斯特法伦州	543	(67)	546	541	214
莱茵兰-普法尔茨州	554	(59)	557	552	198
萨尔州	550	(61)	557	543	209

(续表)

联邦州	共计		女生	男生	第5百分位数和第95百分位数之间的差值
	平均值(标准方差)		平均值		
	使用国际小学生阅读水平调查能力分数加以表示				
萨克森州	556	(62)	565	549	207
萨克森-安哈特州	555	(59)	564	546	190
石勒苏益格-荷尔斯泰因州	544	(70)	547	541	235
图林根州	564	(59)	568	559	204

来源：职业高级学校以及其他类学校，2006年国际学生评估计划委员会德国分部，2008

表 D6－4A：2006年四年级小学生数学和自然科学能力有关参数(根据性别和国家划分、使用国际教育成就评价协会能力分数加以表示)

国家或地区	数学能力				自然科学能力			
	共计		女生	男生	共计		女生	男生
	平均值(标准方差)		平均值		平均值(标准方差)		平均值	
	使用国际教育成就评价协会能力分数加以表示							
澳大利亚	516	(67)	513	519	527	(80)	525	530
中国(中国台湾省以外地区)	576	(69)	575	577	557	(77)	556	558
丹麦	523	(71)	520	526	517	(77)	514	520
德国	525	(68)	519	531	528	(79)	520	535
英国	541	(86)	541	542	542	(80)	543	540
中国香港	607	(67)	605	609	554	(68)	553	556
意大利	507	(77)	499	514	535	(81)	529	541
日本	568	(67)	568	568	548	(70)	548	547
哈萨克斯坦	549	(84)	553	545	533	(74)	533	532
拉脱维亚	537	(72)	539	536	542	(67)	545	539
立陶宛	530	(76)	530	530	514	(65)	516	512
新西兰	492	(86)	492	493	504	(90)	506	502
荷兰	535	(61)	530	540	523	(60)	518	528
挪威	473	(76)	470	477	477	(77)	475	478
奥地利	505	(68)	498	512	526	(77)	519	532
俄罗斯联邦	544	(83)	548	540	546	(81)	548	544
苏格兰	494	(79)	490	499	500	(76)	500	501
瑞典	503	(66)	499	506	525	(74)	526	524
斯洛伐克共和国	496	(85)	493	499	526	(87)	521	530
斯洛文尼亚	502	(71)	499	504	518	(76)	518	518

（续表）

国家或地区	数学能力				自然科学能力			
	共计		女生	男生	共计		女生	男生
	平均值(标准方差)		平均值		平均值(标准方差)		平均值	
	使用国际教育成就评价协会能力分数加以表示							
捷克共和国	486	(71)	483	489	515	(76)	511	518
匈牙利	510	(91)	508	511	536	(85)	535	538
美国	529	(75)	526	532	539	(84)	536	541

来源：职业高级学校以及其他类学校，2007 年国际教育成就评价协会，2008

表 D7－1A：2004－2008 年普通教育学校和包括职业学校在内所有学校的毕业生情况(根据毕业类型划分、使用占各自常规毕业年龄人口，单位：%)*[*]

毕业文凭类型	2004		2006		2008	
	数量	%	数量	%	数量	%
普通中学毕业文凭	246237	25.3	237247	24.7	210311	24.4
包括职业学校	288124	29.6	274197	28.5	244887	28.5
中等毕业文凭[1]	419790	43.9	398176	41.0	373500	40.5
包括职业学校	499140	52.2	481850	49.6	468528	50.8
(中学毕业后获得)就读应用技术大学的资格	11683	1.3	14260	1.5	14179	1.4
包括职业学校	123396	13.2	129662	13.6	131814	13.5
获得报考普通高等院校的资格	226395	24.3	244018	25.5	266550	27.2
包括职业学校	263509	28.3	285464	29.9	310417	31.7
毕业生总计	904105	X	893701	X	864540	X
包括职业学校	1174169	X	1171173	X	1155646	X

＊ 毕业生数量与当时常规毕业年龄的人口(去年 12 月 31 日)相关。根据不同的毕业类型，将不同的年龄段作为划分根据。普通中学毕业文凭：年龄在 15－17 岁；中等毕业文凭：年龄在 16－18 岁；(中学毕业后获得)就读应用技术大学的资格和获得报考普通高等院校的资格：年龄在 18－21 岁

1) 实科中学毕业文凭或者是等同价值的毕业文凭

来源：联邦统计局及各联邦州统计局，中小学统计数据，人口统计

表 D7－2A：2008 年各联邦州促进学校及普通教育学校辍学生(无普通中学毕业文凭)的数量和所占比例情况

联邦州	无普通中学毕业文凭							以下来自于促进学校			
								其中		其中	
	2006		2008			2008 共计		促进重点是“学习”与“智力发展”		具有促进学校毕业文凭、促进重点为“学习”	
	数量	%[1]	数量	%[1]	%[2]	数量	%[3]	数量	%[3]	数量	%[3]
德国	75897	7.9	64918	7.5	{7.4}	35451	54.6	28739	37.9	22701	35.0
旧联邦州	56071	7.4	50147	6.8	{6.7}	27031	53.9	20881	37.2	17661	35.2

(续表)

联邦州	无普通中学毕业文凭							以下来自于促进学校			
	2006		2008			2008 共计		其中 促进重点是“学习”与“智力发展”		其中 具有促进学校毕业文凭、促进重点为“学习”	
	数量	%[1]	数量	%[1]	%[2]	数量	%[3]	数量	%[3]	数量	%[3]
新联邦州	19826	9.9	14771	12.3	{11.6}	8420	57.0	7858	39.6	5040	34.1
巴符州	7932	6.3	6879	5.6	{5.6}	4335	63.0	3557	44.8	3023	43.9
巴伐利亚州	10463	7.2	9043	6.4	{6.5}	4556	50.4	4009	38.3	2625	29.0
柏林州	3390	9.9	3127	11.5	{10.6}	923	29.5	840	24.8	330	10.6
勃兰登堡州	3555	10.7	2448	13.0	{10.6}	1509	61.6	1486	41.8	929	37.9
不来梅州	580	8.9	530	8.4	{8.2}	276	52.1	109	18.8	172	32.5
汉堡州	1802	11.2	1349	8.7	{8.9}	639	47.4	469	26.0	–	–
黑森州	5435	8.1	4478	7.0	{7.0}	2175	48.6	1905	35.1	1271	28.4
梅克伦堡-前波莫瑞州	2768	12.1	2063	16.8	{17.9}	1320	64.0	1233	44.5	847	41.1
下萨克森州	7749	8.2	6780	7.3	{7.4}	3808	56.2	721	9.3	2860	42.2
北莱茵-威斯特法伦州	14444	6.8	14296	6.9	{6.8}	7621	53.3	6658	46.1	5212	36.5
莱茵兰-普法尔茨州	3613	7.4	3342	7.1	{7.2}	1833	54.8	1833	50.7	1178	35.2
萨尔州	889	7.4	760	6.6	{6.7}	385	50.7	270	30.4	250	32.9
萨克森州	4316	8.7	3134	11.1	{11.8}	2047	65.3	1967	45.6	1484	47.4
萨克森-安哈特州	3486	11.3	2573	14.9	{12.1}	1677	65.2	1594	45.7	973	37.8
石勒苏益格-荷尔斯泰因州	3164	9.6	2690	8.3	{8.4}	1403	52.2	1350	42.7	1070	39.8
图林根州	2311	8.2	1426	8.9	{9.4}	944	66.2	738	31.9	477	33.5

1) 涉及去年 12 月 31 日 15 - 17 岁的常规型年龄人口

2) 括号内的德国文化部长联席会议秘书处的辍学生比例信息表明，具有各州特点的年龄段学生是常规年龄人口的计算根据。存在以下情况：由德国部长文化会议统计的几个联邦州的辍学生比例低于该州 15 - 17 岁学生毕业率，在其他联邦州情况则相反

3) 涉及所有无普通中学毕业文凭的辍学生

来源：联邦统计局及各联邦州统计局，中小学统计数据，人口统计；德国文化部长联席会议秘书处，《中小学生、班级、教师和 1999 - 2008 年中小学毕业生》，2010

表 D7 - 3A：2008 年各联邦州和城市/专区内无普通中学毕业文凭辍学生情况

联邦州	无普通中学毕业文凭的毕业生				相互联系[1] (A)-(B)
	(A) 市县/直辖城市		(B) 专区		
	数量	%[2]	数量	%[2]	
共计	17679	9.5	42233	6.7	.397**
旧联邦州地区范围内	14789	8.9	33479	6.0	.596**
新联邦州地区范围内	2890	14.7	8754	12.0	.274*

（续表）

联 邦 州	无普通中学毕业文凭的毕业生				
	(A) 市县/直辖城市		(B) 专区		相互联系[1)] (A)-(B)
	数量	%[2)]	数量	%[2)]	
巴符州	1269	7.3	5610	5.3	.516**
巴伐利亚州	3444	11.1	5599	5.1	.821**
勃兰登堡州	326	13.6	2122	13.0	.082
黑森州	1098	9.3	3380	6.5	.614**
梅克伦堡-前波莫瑞州	601	19.2	1462	15.9	.484*
下萨克森州	797	8.0	5983	7.2	.139
北莱茵-威斯特法伦州	6255	8.3	8041	6.1	.603**
莱茵兰-普法尔茨州	1034	10.4	2308	6.3	.630**
萨尔州	257	7.4	503	6.3	.505
萨克森州	966	13.4	2168	10.4	.562*
萨克森-安哈特州	641	18.1	1932	14.0	.478
石勒苏益格-荷尔斯泰因州	356	10.4	1070	8.5	.761**
图林根州	635	10.6	2055	7.8	.305

1）关联系数依据专区层面的人员相关系数计算，* 人员相关系数<0.05；** 人员相关系数<0.01（双向测试更有参考价值）
2）关联到去年 12 月 31 号 15－17 岁典型年龄人口
来源：联邦统计局及各联邦州统计局，2008 地区统计数据

表 D7－4A：2008 年普通教育学校和职业学校内德国和外国毕业生/辍学生情况（根据毕业文凭类型和性别划分、使用占各自常规毕业年龄人口，单位：%）*

毕业文凭类型	共 计		男 性		女 性	
	数量	%	数量	%	数量	%
共 计						
无普通中学毕业文凭	64918	7.5	39872	9.0	25046	6.0
具有普通中学毕业文凭	244887	28.5	142109	32.2	102778	24.5
中等毕业文凭[1)]	468528	50.8	233970	49.4	234558	52.2
（中学毕业后获得）就读应用技术大学的资格	131814	13.5	67183	13.4	64631	13.5
获得报考普通高等院校的资格	310417	31.7	138706	27.7	171711	35.9
共计	1220564	X	621840	X	598724	X
德 国 人						
无普通中学毕业文凭	51906	6.7	32002	8.1	19904	5.3
具有普通中学毕业文凭	205779	26.5	120911	30.4	84868	22.5

(续表)

毕业文凭类型	共计		男性		女性	
	数量	%	数量	%	数量	%
中等毕业文凭[1]	432321	51.7	217011	50.6	215306	52.9
(中学毕业后获得)就读应用技术大学的资格	124904	14.1	63778	14.1	61126	14.2
获得报考普通高等院校的资格	299607	33.9	133963	29.6	165644	38.5
共计	1114513	X	567665	X	546848	X
外国人						
无普通中学毕业文凭	13012	15.2	7870	18.0	5142	12.4
具有普通中学毕业文凭	39108	45.8	21198	48.4	17910	43.0
中等毕业文凭[1]	36211	41.8	16959	38.2	19252	45.6
(中学毕业后获得)就读应用技术大学的资格	6910	7.2	3405	7.0	3505	7.4
获得报考普通高等院校的资格	10810	11.2	4743	9.8	6067	12.8
共计	106051	X	54175	X	51876	X

* 毕业生数量与当时常规毕业年龄的人口(去年 12 月 31 日)相关。根据不同的毕业类型,将不同的年龄段作为划分根据。普通中学毕业文凭:年龄在 15 - 17 岁;中等毕业文凭:年龄在 16 - 18 岁;(中学毕业后获得)就读应用技术大学的资格和获得报考普通高等院校的资格:年龄在 18 - 21 岁

1) 实科中学毕业文凭或者是等同价值的毕业文凭

来源:联邦统计局及各联邦州统计局,2008/09 学年中小学统计数据,2008 年人口统计

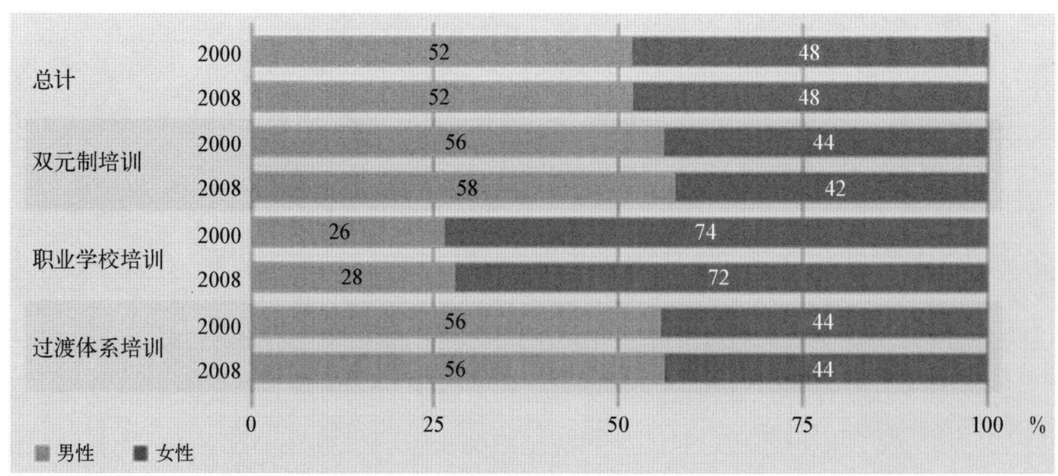

图 E1 - 5A:2000 - 2008 年三大职业教育培训体系新生入学状况(按性别划分*,单位:%)

* 部分数据为第一学年新生人数;性别比例依据 2000 年青少年紧急援助计划预估得出;参见表 E1 - 1A

来源:联邦统计局及各联邦州统计局,编写组依据中小学数据库的自行统计值与预测值;联邦劳动部;依据《德国民法典》制定的劳动力市场政策框架下的参加职业培训学员情况,数据时间:2010 年 3 月(2008 年数据)以及 2007 年 12 月(2000 年数据)

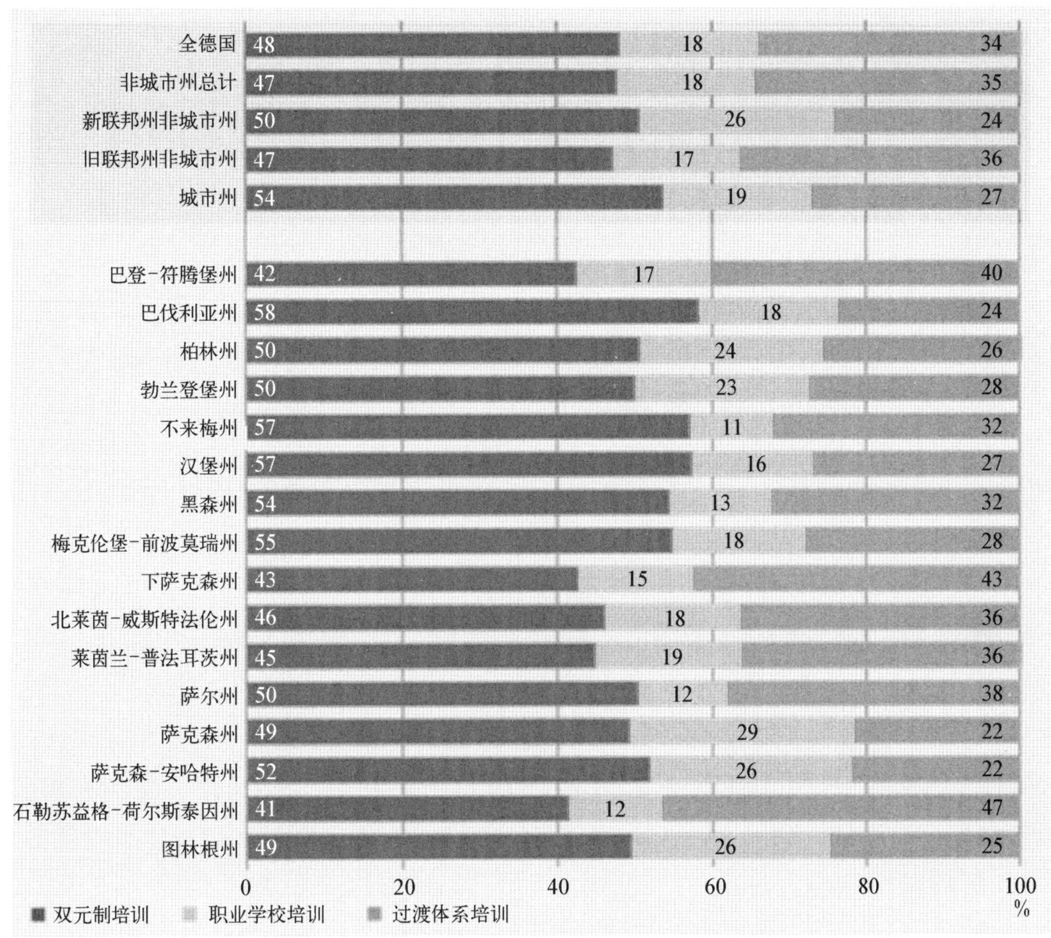

图 E1－6A：2008 年各联邦州参加职业教育培训新生* 在三大职业培训领域分布状况(单位：%)

* 部分数据为第一学年新生人数；解释说明参见表 E1－3web

来源：联邦统计局及各联邦州统计局，编写组依据中小学数据库的自行统计值与预测值；联邦劳动部；依据《德国民法典》制定的劳动力市场政策框架下的参加职业培训学员情况。数据时间：2010 年 3 月

表 E1－1A：2000 年和 2005－2008 年进入职业培训体系* 的新生

新 生 来 源	2000	2005	2006	2007	2008
	数 量				
普通教育学校毕业生	918748	939278	946766	941069	906380
大学新生[1)]	314539	355961	344822	361360	396610
职业培训体系共计	*1217985*	*1225041*	*1229144*	*1218200*	*1171958*
双元制体系共计	*582416*	*517341*	*531471*	*569460*	*558501*
学校职业体系共计	*175462*	*215874*	*215226*	*214782*	*210552*

(续表)

新　生　来　源	2000	2005	2006	2007	2008
	数　量				
有关职业教育法/手工业法方面的职业专科学校	9379	11454	11886	9795	8613
除培训有关职业教育法/手工业法方面的职业专科学校(不包括社会、教育和卫生事业方面)	X	32532	31359	29652	25320
除培训有关职业教育法/手工业法方面的职业专科学校：社会、教育和卫生事业方面	X	61608	59718	59937	58371
除培训有关职业教育法/手工业法方面的职业专科学校：	88547	X	X	X	X
卫生事业学校[2)]	42736	51912	54207	54918	54480
专科学校,专科学院,仅限首次培训	34800	29193	26559	28290	29559
专科文理中学、高校入学资格[3)]和学校的职业培训	•	2385	2742	2847	3015
专科职业学校、高校入学资格和学校的职业培训	X	26790	28752	29343	31194
过渡系统共计	*460107*	*485877*	*477584*	*429299*	*397277*
学校的职业基础教育年,全日制	35373	48582	46446	44337	42543
不授予职业毕业文凭的职业专科学校	141420	155907	155100	155160	145152
职业准备年/一年的职业提升班	53500	71439	66246	56592	50250
职业学校-没有签订培训合同的中小学生	26317	71949	72660	67266	59628
教育培训前的实习	•	3525	3561	3390	3531
其他的教育过程[4)]	43975	X	X	X	X
职业准备的教育措施(12月31日的数据)	98613	115724	110778	79935	77729
继续培训(12月31日的数据)	X	18751	22793	22619	18444
青年行动计划(12月31日的数据)[5)]	60909	X	X	X	X
符合官方法律条约的职业培训(中等职务的公务员培训)	•	*5949*	*4866*	*4662*	*5631*

* 部分是第一学年；由于数据修正和概念的改变,2005年和2006年的数据与2008年的汇报有所偏差。与2005年前的数据进行比较是困难的。部分是由于数据保护的原因,数据按3的倍数化整。由于取整就导致了总数的偏差；在联邦部有关职业准备教育措施和继续培训工作的数据中可能已经登记了学生。由于重复计入因此无法计算出

1) 不包括居斯特罗(德国梅克伦堡-前波莫瑞州)的管理专科高校

2) 2000年的数据不包括黑森州

3) HZB =高校入学资格

4) 包含职业培训的职业准备措施、职业培训劣势人员的促进措施(只要不在双元制体系框架内)、有/无职业能力的中小学生以及失业者,参加劳动部的课程/措施的参与者

5) 不包括第四项：无企业的培训

来源：联邦统计局及各联邦州统计局,在中小学统计数据基础上的自行计算和估计；德国联邦劳动部,《德国民法典》劳动力市场政策采取措施的参与数据——赞助人,数据时间：2010年3月(2007-2008年数据)和2007年12月(2000-2006年数据)

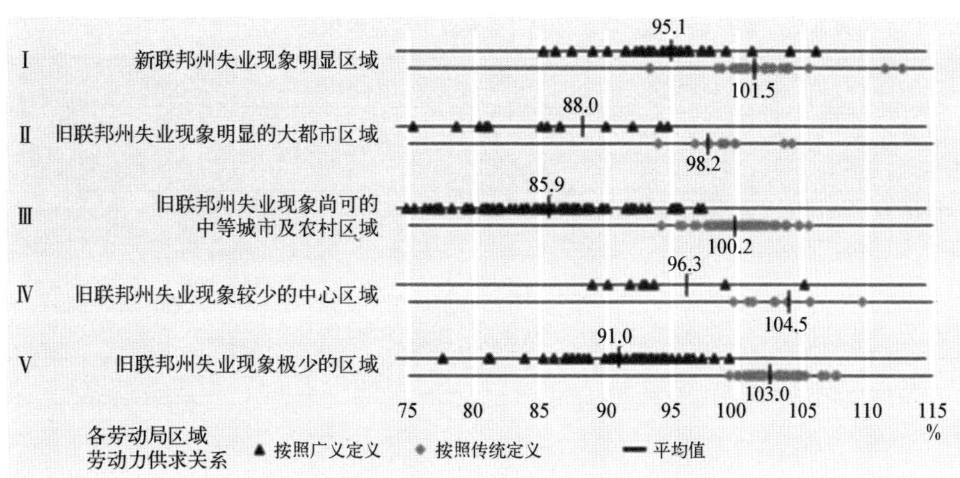

图 E2－4A：截至 2009 年 9 月 30 日各类劳动局区域双元制培训机构劳动力供求关系*（单位：%）

＊ 不包含居住地为国外的申请者。由于在划分申请者地区归属性时，将划分标准由咨询地点调整为居住地点，因而与 2005 年之前的数据比较具有局限性。也不包括那些联邦劳动部无法确认地区归属性的空缺培训岗位

来源：德国联邦劳动部，培训市场统计数据结果（不包括社区培训学校数据），截至 9 月 30 日的结果；联邦职业教育研究所，截至 9 月 30 日新签订的培训合同数据

表 E2－1A：1995－2009 年签订的双元制体系培训合同数量，培训岗位供给与需求*

年份	9 月底新签订的培训合同	培训岗位供给[1]	培训岗位需求（传统定义）[2]	培训岗位需求（广义定义）[3]
	数量			
1995	572774	616988	597736	611846
1996	574327	609274	612785	630674
1997	587517	613382	634938	654941
1998	612529	635933	648204	678259
1999	631015	654454	660380	690552
2000	621693	647383	645335	678225
2001	614236	638771	634698	670145
2002	572323	590328	595706	636891
2003	557634	572474	592649	639352
2004	572980	586374	617556	665928
2005	550180	562816	590668	637896
2006	576153	591540	625606	•
2007	625885	644028	658472	756486
2008	616342	635758	630847	712588
2009	566004	583135	575599	648990

＊ 每年的 9 月 30 日

1）新的合同和截至 9 月 30 日在联邦劳动部还登记着的空缺职位

2）签订的新合同和在联邦劳动部没登记过的和登记过的申请者

3）签订的新合同，在职业中介过程中（截至 1997 年，上一群体只包含旧联邦州和西柏林）具有其他职业选择方向的临时申请者（例如继续上学，职业准备措施）

来源：德国联邦劳动部，培训市场统计数据结果（地方性数据），截至 9 月 30 日的结果；联邦职业教育研究所，截至 9 月 30 日新签订的培训合同数据

表 E2 - 2A: 2007 年和 2009 年双元制培训*供给-需求-关系(根据以下职业群体调查)

职业群体(职业编号)	2007			2009			
	需求(传统定义1)	供需关系(传统定义)1)	供需关系(广义定义)2)	需求(传统定义)1)		供需关系(传统定义)1)	供需关系(广义定义)2)
	数 量	%		数量	与2007年相比的变化用百分比表示	%	
园林建筑职业(05)	9994	94.3	75.4	8058	- 19.4	100.1	84.5
化学职业(14)	2526	98.5	91.0	2205	- 12.7	99.7	92.5
印刷和印刷加工职业(17)	7253	92.4	77.3	5686	- 21.6	97.6	79.5
金属加工职业(22)	7852	99.1	91.3	6080	- 22.6	99.7	87.9
金属职业(25 - 30)	94273	97.7	85.9	79145	- 16.0	100.1	88.8
电工(31)	36406	98.7	89.7	33043	- 9.2	100.7	92.3
烘焙师,厨师,糕点甜食师(39 - 41)	31042	101.3	88.4	25409	- 18.1	106.8	98.2
建筑职业(地上地下建筑)(44 - 48)	24416	100.3	91.3	20593	- 15.7	101.2	92.7
粉刷匠,漆匠和类似的职业(51)	16948	95.8	78.9	14281	- 15.7	99.6	84.7
质检人员,发货人员(52)	6697	95.6	81.6	6419	- 4.2	98.9	84.3
技术员和类似的职业(62 - 63)	4656	96.7	85.8	4189	- 10.0	99.7	90.0
销售人员(66)	39883	98.6	83.7	39248	- 1.6	103.8	91.1
批发,零售和商品买卖人员(67 - 68)	63932	95.8	80.8	54177	- 15.3	100.9	86.0
银行,住房基金管理公司,保险公司专业人员(69)	19652	100.1	94.8	20979	+ 6.8	101.9	97.7
其他服务业人员和归属于此类的工作(70)	19909	96.2	85.5	16499	- 17.1	99.6	89.0
计算人员,计算机工作人员(77)	13266	98.7	88.6	12019	- 9.4	101.6	91.9
办公室人员,商业职员(78)	84182	96.6	84.6	73514	- 12.7	99.5	86.7
卫生服务职业(85)	30724	96.4	81.6	27926	- 9.1	100.9	88.3

* 以下职业反映了双元制体系 82%的需求(传统定义)

1) 需求:已签订了新合同和临时在联邦劳动部登记过的申请者

2) 需求:签订的新合同,在职业中介过程中(截至 1997 年,上一群体只包含旧联邦州和西柏林)具有其他职业选择方向的临时申请者(例如继续上学,职业准备措施)

来源:德国联邦劳动部,培训市场统计数据结果(地方性数据),截至 9 月 30 日的结果;联邦职业教育研究所,截至 9 月 30 日新签订的培训合同数据

表 E3-1A：1999-2008 年企业职工、接受培训者和培训比例

年　份	企业职工	接受培训者	培训比例	企业职工	接受培训者	培训比例
	数　量		%	与 1999 年相比较		
1999	27756492	1759931	6.3	100.0	100.0	100.0
2000	27979593	1779376	6.4	100.8	101.1	100.3
2001	27864091	1787469	6.4	100.4	101.6	101.2
2002	27360506	1738013	6.4	98.6	98.8	100.2
2003	26746384	1704034	6.4	96.4	96.8	100.5
2004	26381842	1700093	6.4	95.0	96.6	101.6
2005	26205969	1706858	6.5	94.4	97.0	102.7
2006	26636361	1728332	6.5	96.0	98.2	102.3
2007	27224084	1781570	6.5	98.1	101.2	103.2
2008	27632286	1813644	6.6	99.6	103.1	103.5

来源：联邦劳动部企业职工和企业统计数据，联邦职业教育研究所估算

表 E3-2A：1999-2008 年企业、培训企业与培训企业比例

年　份	企　业	培训企业	培训企业比例	企　业	培训企业	培训企业比例
	数　量		%	与 1999 年相比		
1999	2127880	501354	23.6	100.0	100.0	100.0
2000	2118252	501616	23.7	99.5	100.1	100.5
2001	2107467	496476	23.6	99.0	99.0	100.0
2002	2079154	483959	23.3	97.7	96.5	98.8
2003	2041662	478096	23.4	95.9	95.4	99.4
2004	2024039	481763	23.8	95.1	96.1	101.0
2005	2003217	482439	24.1	94.1	96.2	102.2
2006	2021053	485054	24.0	95.0	96.7	101.9
2007	2041593	492674	24.1	95.9	98.3	102.4
2008	2056888	494156	24.0	96.7	98.6	102.0

来源：联邦劳动部企业职工和企业统计数据，联邦职业教育研究所估算

表 E3-3A：1999-2008 年企业内培训比例（根据经济部门调查统计）

各类企业经济部门	培　训　比　例										1999 年和 2008 年间的变化	
	1999	2000	2001	2002	2003	2004	2005	2006	2007	2008	用百分点表示	用百分比表示
共计	6.3	6.4	6.4	6.4	6.4	6.4	6.5	6.5	6.5	6.6	+0.2	+3.5
建筑业	9.7	9.8	9.9	9.7	9.4	9.7	9.9	9.6	9.9	10.0	+0.3	+3.6

（续表）

各类企业经济部门	培训比例										1999年和2008年间的变化	
	1999	2000	2001	2002	2003	2004	2005	2006	2007	2008	用百分点表示	用百分比表示
其他公共和私人服务业	4.8	5.0	5.3	4.9	5.2	5.4	5.5	5.5	5.5	5.4	+0.7	+14.1
教育和课程	11.8	11.6	11.5	11.9	12.4	12.5	12.7	12.9	13.3	12.7	+0.9	+7.6
餐饮行业	9.7	9.9	10.0	10.1	10.6	11.2	11.6	11.7	11.6	11.2	+1.4	+14.4
卫生事业、兽医事业、社会事业	7.2	7.0	6.9	6.9	6.9	6.9	6.9	6.8	6.8	6.7	-0.5	-6.4
住房、调解、研究等	4.3	4.2	4.3	4.5	4.3	4.3	4.2	3.9	3.9	4.0	-0.3	-6.7
贸易、保养维修、汽修	7.2	7.4	7.5	7.4	7.3	7.5	7.7	7.9	8.0	8.1	+0.9	+12.7
信贷和保险行业	6.3	6.3	6.4	6.3	6.0	5.7	5.6	5.5	5.6	5.7	-0.5	-8.1
加工行业	5.1	5.2	5.3	5.4	5.4	5.5	5.6	5.6	5.7	5.9	+0.7	+14.3
交通和通讯业	4.1	4.1	4.1	3.5	3.5	3.5	3.5	3.5	3.6	3.7	-0.3	-8.2
其他行业[1]	7.1	7.1	7.1	6.7	7.1	7.5	7.7	7.9	8.0	7.5	+0.3	+4.7

1）其他行业包括农业、林业、矿业、石矿和稀土的萃取及其他数据。由于数据取整可能导致数值与所证实的变化存在百分比偏差

来源：联邦劳动部企业职工和企业统计数据，联邦职业教育研究所估算

表E3-4A：1999-2008年培训企业比例（根据经济部门调查统计）

各类企业经济部门	培训企业比例										1999年和2008年间的变化情况	
	1999	2000	2001	2002	2003	2004	2005	2006	2007	2008	用百分点表示	用百分比表示
共计	23.6	23.7	23.6	23.3	23.4	23.8	24.1	24.0	24.1	24.0	+0.5	+2.0
建筑业	37.3	37.1	36.0	34.9	33.3	33.1	33.1	32.2	32.8	32.5	-4.8	-12.9
其他公共和私人服务业	24.7	24.7	24.9	24.2	25.3	25.6	26.1	26.2	26.2	25.5	+0.9	+3.5
教育和课程	12.0	10.4	9.8	9.5	9.3	9.2	9.4	9.7	10.2	9.9	-2.1	-17.2
餐饮行业	11.7	12.1	12.3	12.4	13.1	14.2	15.3	16.2	16.7	16.6	+4.9	+42.3
卫生事业、兽医事业、社会事业	31.8	31.4	31.4	31.7	32.0	31.9	31.3	30.4	30.0	29.7	-2.1	-6.7
住房、调解、研究等	18.2	18.4	18.3	18.2	18.4	18.5	18.3	17.9	17.7	17.9	-0.3	-1.5
贸易、保养维修、汽修	22.5	23.3	23.6	23.6	23.8	24.8	25.6	26.2	26.8	27.0	+4.4	+19.7
信贷和保险行业	17.0	17.3	17.5	17.4	16.6	16.5	16.5	16.0	15.6	15.6	-1.4	-8.1
加工行业	34.9	35.2	35.2	34.9	35.1	35.9	36.2	36.3	36.8	36.8	+1.9	+5.6
交通和通讯业	10.4	10.9	11.2	10.9	11.2	11.2	11.5	12.0	12.3	12.8	+2.3	+22.2
其他行业[1]	12.3	11.9	11.5	11.6	12.3	13.1	13.6	13.6	13.6	13.1	+0.8	+6.6

1）其他行业包括农业、林业、矿业、石矿和稀土的萃取及其他数据。由于数据取整可能导致数值与所证实的变化存在百分比偏差

来源：联邦劳动部企业职工和企业统计数据，联邦职业教育研究所估算

表 E3 - 5A：1999 - 2008 年 12 月 31 日企业内部和企业外部的培训合同情况(不同区域的调查)

融资方式	1999		2002		2005		2008		1999 年和 2008 年间的变化情况	
	数量	%	数量	%	数量	%	数量	%		
德国										
共计	1698.3	100.0	1622.4	100.0	1553.4	100.0	1613.3	100.0	-85.0	-5.0
企业内部	1548.3	91.2	1467.2	90.4	1391.9	89.6	1446.5	89.7	-101.9	-6.6
企业外部	150.0	8.8	155.3	9.6	161.5	10.4	166.9	10.3	+16.9	+11.3
包括：										
东部联邦州议程	36.4	2.1	33.9	2.1	32.9	2.1	24.3	1.5	-12.1	-33.3
(补充的)联邦州议程[1]	4.8	0.3	6.8	0.4	10.7	0.7	14.4	0.9	+9.6	+201.0
青年即行计划(第 4 条款)[2]	21.9	1.3	6.6	0.4	X	X	X	X	X	X
联邦劳动部劣势群体(《德国民法典》第三辑第 242 条)[3]	59.8	3.5	74.4	4.6	69.5	4.5	83.0	5.1	+23.3	+38.9
联邦劳动部残障人士(《德国民法典》第三辑第 102 条)[3]	27.1	1.6	33.6	2.1	48.4	3.1	45.1	2.8	+18.1	+66.7
旧联邦州										
共计	1279.6	100.0	1255.6	100.0	1210.2	100.0	1298.1	100.0	+18.5	+1.4
企业内部	1227.4	95.9	1204.2	95.9	1152.6	95.2	1213.9	93.5	-13.5	-1.1
企业外部	52.2	4.1	51.5	4.1	57.6	4.8	84.2	6.5	+32.0	+61.3
包括：										
联邦州议程[1]	X	X	1.5	0.1	1.6	0.1	7.4	0.6	X	X
青年即行计划(第 4 条款)[2]	11.5	0.9	2.1	0.2	X	X	X	X	X	X
联邦劳动部劣势群体(《德国民法典》第三辑第 242 条)[3]	24.4	1.9	25.5	2.0	22.5	1.9	45.3	3.5	+20.9	+85.8
联邦劳动部残障人士(《德国民法典》第三辑第 102 条)[3]	16.3	1.3	22.4	1.8	33.5	2.8	31.5	2.4	+15.2	+93.4
新联邦州										
共计	418.7	100.0	366.8	100.0	343.3	100.0	315.2	100.0	-103.5	-24.7
企业内部	321.0	76.7	263.0	71.7	239.4	69.7	232.5	73.8	-88.4	-27.5
企业外部	97.8	23.3	103.8	28.3	103.9	30.3	82.7	26.2	-15.1	-15.5
包括：										
东部联邦州议程	36.4	8.7	33.9	9.2	32.9	9.6	24.3	7.7	-12.1	-33.3
(补充的)联邦州议程[1]	4.8	1.1	5.3	1.4	9.1	2.6	7.0	2.2	+2.2	+46.5
青年即行计划(第 4 条款)[2]	10.4	2.5	4.6	1.2	X	X	X	X	X	X
联邦劳动部劣势群体(《德国民法典》第三辑第 242 条)[3]	35.4	8.5	48.8	13.3	46.9	13.7	37.7	12.0	+2.3	+6.6

(续表)

融资方式	1999		2002		2005		2008		1999年和2008年间的变化情况	
	数量	%	数量	%	数量	%	数量	%		
联邦劳动部残障人士(《德国民法典》第三辑第102条)[3)]	10.8	2.6	11.2	3.1	15.0	4.4	13.6	4.3	+2.8	+26.3

1) 1999年和2000年旧联邦州议程在统计时未被考虑在内
2) 2003年12月起,方可加入青年应急计划。至2005年12月31日联邦劳动部不再提供相关统计数据
3) 自2005年起,由于数据调整更新,由联邦劳动部提供使用的数据与2004年之前的数据已具有可比性
来源:联邦统计局及各联邦州统计局,联邦劳动部,各联邦州相关说明,联邦职业教育研究所估算

表E3-6A:2001年、2004年、2007年和2008年培训比例和培训企业比例(根据企业收益情况*和企业规模大小调查,单位:%)

企业大小规模	企业收益情况	培训比例				培训企业比例			
		2001	2004	2007	2008	2001	2004	2007	2008
		%							
共计	共计	6.1	5.9	5.8	6.0	32	33	33	34
	很好	4.9	4.7	4.6	5.4	40	39	34	41
	好	5.9	5.9	5.7	6.1	36	38	36	39
	令人满意	6.1	5.8	6.1	6.2	30	33	33	32
	尚可	6.2	6.6	6.4	6.1	30	31	32	32
	不够好	6.6	5.6	5.9	5.1	34	26	27	28
1-9个员工	共计	8.7	7.9	8.2	8.1	25	26	26	27
	很好	7.8	6.6	5.4	6.8	34	29	22	32
	好	8.5	8.4	8.6	8.3	29	29	28	30
	令人满意	7.9	7.8	8.0	8.0	22	27	26	25
	尚可	9.0	9.0	9.0	8.6	22	23	27	25
	不够好	10.6	6.0	6.7	7.5	27	20	19	23
10-49个员工	共计	7.1	6.9	6.6	6.9	61	60	59	62
	很好	6.3	6.2	6.2	6.6	48	66	55	63
	好	7.1	7.0	6.5	7.3	62	61	58	63
	令人满意	6.9	6.2	6.8	6.8	63	56	60	64
	尚可	7.3	7.5	6.4	6.7	60	63	58	61
	不够好	7.6	7.6	6.7	5.4	59	58	58	45
50-249个员工	共计	4.9	4.9	5.2	5.2	76	77	78	80
	很好	3.6	4.3	4.1	4.6	81	77	80	78
	好	4.7	5.0	5.3	5.1	78	77	76	80
	令人满意	5.4	4.9	5.1	5.7	73	78	78	78
	尚可	4.6	5.1	5.1	4.8	78	79	84	82
	不够好	4.7	4.8	6.2	5.0	77	74	78	81

（续表）

企业大小规模	企业收益情况	培训比例				培训企业比例			
		2001	2004	2007	2008	2001	2004	2007	2008
		%							
250-499 个员工	共计	4.4	4.4	4.4	4.6	88	91	90	90
	很好	3.9	3.0	3.2	4.9	92	94	84	93
	好	4.5	4.0	4.1	4.4	88	88	91	90
	令人满意	4.2	4.9	5.7	5.1	89	91	93	92
	尚可	5.0	4.9	4.0	4.1	87	95	94	87
	不够好	3.9	4.1	3.5	4.0	87	96	74	92
500 个以上员工	共计	4.3	4.3	4.1	4.3	94	93	93	94
	很好	4.0	3.5	4.4	4.5	90	77	100	94
	好	4.3	4.8	4.1	4.6	94	94	94	97
	令人满意	4.7	4.1	3.7	3.9	96	92	88	91
	尚可	4.0	4.4	5.0	4.8	94	98	94	95
	不够好	3.6	3.5	4.2	3.6	90	97	97	90

* 参见词汇表 E3 注释

来源：就业市场和职业调查机构-企业调查，就业市场和职业调查机构计算，统计者自行估算

表 E3-7A：2008 年培训比例和培训企业比例（根据企业国外销售额和企业规模大小调查统计，单位：%）

企业大小规模	企业国外销售额	培训比例	培训企业比例
		%	
共计	共计	5.7	32
	无国外销售额	6.6	32
	1%-25%	5.1	40
	25%-50%	4.7	39
	≥50%	4.4	28
1-9 个员工	共计	7.6	24
	无国外销售额	8.1	25
	1%-25%	8.6	30
	25%-50%	3.9	13
	≥50%	3.2	16
10-49 个员工	共计	6.3	57
	无国外销售额	7.5	65
	1%-25%	4.9	47
	25%-50%	5.2	58
	≥50%	3.0	36

（续表）

企业大小规模	企业国外销售额	培 训 比 例	培训企业比例
		%	
50－249 个员工	共计	5.0	77
	无国外销售额	5.2	75
	1%－25%	5.2	81
	25%－50%	5.6	93
	≥50%	4.3	74
250－499 个员工	共计	4.8	90
	无国外销售额	4.8	85
	1%－25%	4.0	93
	25%－50%	4.0	93
	≥50%	5.3	92
500 个以上员工	共计	4.6	94
	无国外销售额	4.8	95
	1%－25%	4.1	94
	25%－50%	4.1	96
	≥50%	4.7	93

来源：2008 年就业市场和职业调查机构-企业调查，就业市场和职业调查机构计算，统计者自行估算

表 E3－8A：2008 年培训比例和培训企业比例（根据企业创新积极性* 和企业规模大小调查统计，单位：%）

企业规模大小	创新积极性	培 训 比 例	培训企业比例
		%	
共计	共计	5.5	26
	有	5.5	37
	无	5.6	20
1－9 个员工	共计	7.9	19
	有	9.9	28
	无	6.3	15
10－49 个员工	共计	6.4	55
	有	7.0	57
	无	5.6	53
50－249 个员工	共计	5.1	72
	有	5.0	75
	无	5.3	66

（续表）

企业规模大小	创新积极性	培训比例	培训企业比例
		%	
250-499个员工	共计	4.5	88
	有	4.3	90
	无	5.4	80
500个以上员工	共计	4.5	95
	有	4.4	93
	无	4.8	100

* 参见词汇表E3注释

来源：2008年就业市场和职业调查机构-企业调查，就业市场和职业调查机构计算，统计者自行估算

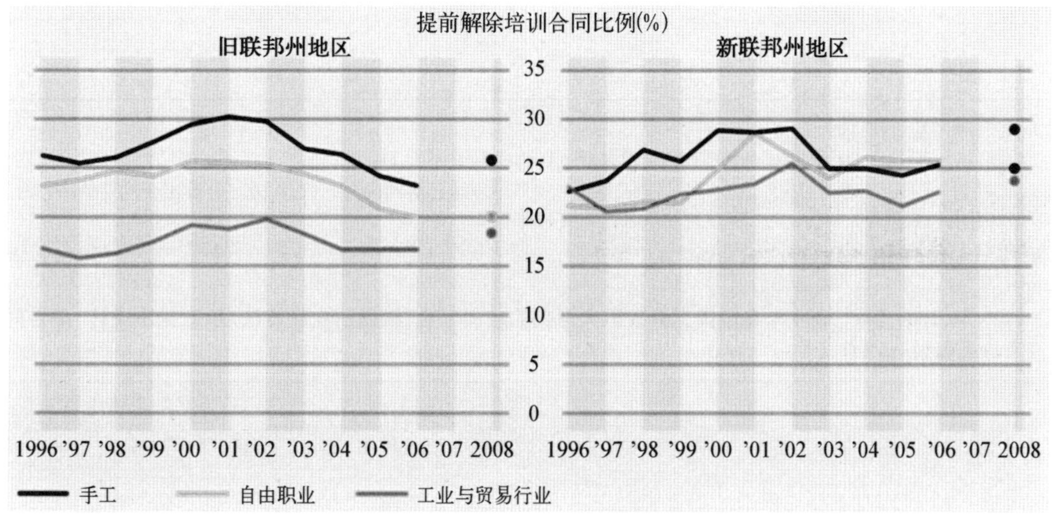

图E4-3A：1996-2008年各地区及各重要培训行业领域提前解除培训合同比例*（单位：%）

* 2007年度没有公布提前解除合同比例情况

来源：联邦统计局及各联邦州统计局，专业系列11，第3组，职业教育；联邦职业教育研究所数据

表E4-1A：1996-2008年之间提前解约的培训合同数量*（根据培训领域调查统计）

培训领域	1996	1997	1998	1999	2000	2001	2002	2003	2004	2005	2006	2007	2008[1)]
数 量													
共计	129857	127405	134683	144545	156408	155588	151388	133481	126556	118270	119399	•	139296
工商业	50641	49089	53687	61934	69133	70014	71039	63628	60171	59450	62530	•	76815
手工业	59445	58514	60938	62722	66040	64058	59272	50622	48168	43081	41986	•	48393
农业	3079	3311	3591	3889	3799	3647	3463	3319	3535	925	922	•	777
公共服务业	1060	1117	1072	1143	1193	1327	1316	985	924	3216	3243	•	2793

(续表)

培训领域	1996	1997	1998	1999	2000	2001	2002	2003	2004	2005	2006	2007	2008[1]
自由职业	14471	14223	14208	13640	14796	15226	14965	13637	12432	10512	9612	•	9540
家政业	1127	1121	1162	1182	1413	1275	1298	1259	1297	1056	1057	•	978
航海业	34	30	25	35	34	41	35	31	29	30	49	•	•
%[2]													
共计	21.3	20.5	21.3	22.1	23.7	23.7	24.1	21.9	21.0	19.9	19.8	•	21.5
工商业	18.3	17.0	17.5	18.7	20.1	20.0	21.2	19.3	18.2	17.8	18.1	•	19.9
手工业	25.4	25.1	26.5	27.4	29.5	30.1	29.8	26.8	26.2	24.3	23.7	•	26.6
农业	21.2	20.6	21.4	23.2	23.5	23.6	23.0	21.6	22.1	6.3	6.4	•	16.3
公共服务业	6.2	6.7	6.4	7.0	7.5	8.5	8.6	6.7	6.1	19.8	19.7	•	5.9
自由职业	23.0	23.5	24.3	23.9	25.7	26.1	25.6	24.5	23.7	21.5	20.8	•	20.6
家政业	21.6	21.1	21.2	21.7	27.2	25.2	25.7	24.5	25.2	21.8	23.3	•	21.9
航海业	20.9	18.5	14.6	21.5	21.8	25.5	21.0	18.4	14.2	10.2	15.4	•	•

* 未公布2007年解约合同比例

1) 2007年起按照新定义进行统计,导致前后统计结果仅具有相对的可比性

2) 弄清截至12月31日没有解约的当年新合同数目以及培训年度开始以来已解约的合同数目,方可计算出合同解约率。两者数量之和与试用期所缔结的合同总数相符。解约率为每年度解约数目百分数表现形式

来源:联邦统计局及各联邦州统计局,职业培训统计数据

表E4-2A:2000年、2004年和2008年在数量上具有重大意义的培训职业(根据职业教育法/手工业法统计,按合同解约率最低与最高划分)*

培训职业(领域)[1]	新合同 2008[2]	合同解约率		
		2000	2004	2008
	数量	%		
具有最高解约率的培训职业				
餐厅专业人员(工商业/需在手工业方面接受培训的工商业职业)	6849	43.2	39.0	45.3
厨师(工商业/需在手工业方面接受培训的工商业职业)	16209	40.1	37.9	43.8
餐饮行业的专业人员(工商业/需在手工业方面接受培训的工商业职业)	4299	40.6	36.2	42.4
建筑和建筑外表粉刷人员(手工业)	1761	X	/	38.2
职业驾驶员(工商业/需在手工业方面接受培训的工商业职业)	2067	31.7	37.8	38.0
建筑保洁员(手工业)	1584	40.5	29.7	36.6
扎花工(工商业/需在手工业方面接受培训的工商业职业)	2031	34.9	33.0	36.4
理发师(手工业)	16431	36.6	32.3	35.9
系统餐饮业的专业人员(工商业/需在手工业方面接受培训的工商业职业)	3090	31.0	28.6	34.6
酒店专业人员(工商业/需在手工业方面接受培训的工商业职业)	12426	34.0	30.7	33.7

（续表）

培训职业（领域）[1]	新合同2008[2]	合同解约率		
		2000	2004	2008
	数量	%		
烘焙师（工商业/手工业）	5094	37.0	33.5	33.3
高层建筑专业工作人员（工商业/手工业）	1062	30.5	29.1	32.7
手工食品的专业销售人员（工商业/需在手工业方面接受培训的工商业职业）	12426	35.2	32.3	32.6
漆匠/油漆工（手工业）	9891	35.3	33.3	32.4
运动和健身业从业人员（工商业）	1836	X	29.9	31.8
肉铺师傅（工商业/手工业）	2568	31.9	28.2	31.7
糕点甜食师傅（手工业）	1956	34.8	29.5	31.6
助理厨师（《职业教育法》第 66 条）	1884	30.0	24.5	31.0
载重汽车服务机械师（工商业/手工业）	1719	X	/	30.4
屋顶工（所有专业方向；手工业）	3111	33.4	31.2	28.6
具有最低解约率的培训职业				
行政专业职员（手工业/公共服务业）	5352	6.0	4.6	4.5
银行、住房基金管理公司专业人员（工商业/公共服务业）	13365	4.3	4.8	4.9
工具机械师（工商业/需在手工业方面接受培训的工商业职业）	4068	9.8	9.2	5.7
工业从业人员（工商业/需在手工业方面受过培训的工商业职业）	19986	8.0	6.8	6.7
办公室沟通交流专业职员（公共服务业）	1053	6.9	6.4	6.8
自动化技术电工（工商业/需在手工业方面接受培训的工商业职业）	1878	7.6	4.7	6.9
社会保险专业职员（所有专业方向）	2121	8.6	6.5	7.0
工业机械师（工商业/需在手工业方面接受培训的工商业职业）	15882	12.0	8.4	7.0
机电工人（工商业/需在手工业方面接受培训的工商业职业）	8031	X	7.2	7.0
企业科技电工（工商业/需在手工业方面接受培训的工商业职业）	6327	10.0	8.3	7.2
化学工业从业人员（工商业/需在手工业方面接受培训的工商业职业）	1695	12.1	9.3	7.4
化学实验员（工商业/需在手工业方面接受培训的工商业职业）	1827	10.8	8.4	8.1
器械和系统电工（工商业/需在手工业方面接受培训的工商业职业）	2715	10.7	6.7	8.2
生产制造机械师（工商业/需在手工业方面接受培训的工商业职业）	1266	14.3	10.3	8.8
从事人事服务业商人（工商业）	1107	X	X	9.1
农民（农业）	4434	15.6	16.2	10.5
合成材料和橡胶技术程序机械师（工商业/需在手工业方面接受培训的工商业职业）	2766	14.8	12.0	10.6
技术制图者（工商业/需在手工业方面接受培训的工商业职业）	3387	14.9	13.0	10.8

(续表)

培训职业(领域)[1]	新合同 2008[2]	合同解约率		
		2000	2004	2008
	数量	%		
切削加工机械师(工商业/需在手工业方面接受培训的工商业职业)	8292	15.7	12.9	11.3
设备机械师(工商业/需在手工业方面接受培训的工商业职业)	1419	16.7	15.8	11.4

* 包括 2008 年至少签订 1000 份新合同的培训职业

1) 12 月 31 日获取的培训文凭。数值保留到小数点后三位

2) IH = 工商业,Hw = 手工业,ÖD = 公共服务业,Lw = 农业,HwEx = 需在手工业方面接受培训的工商业职业

来源:以联邦统计局和各联邦州统计局的职业培训统计数据为基础,有关职业培训和继续教育培训的数据库(12 月 31 日的调查统计资料)

表 E4 - 3A:2008 年试用期合同解约率(根据性别和学校已具有知识水平等因素调查统计,单位:%)

已具有的学校知识水平	试用期的合同解约率		
	共 计	男 性	女 性
	%		
共计	6.2	5.3	7.3
无普通中学毕业文凭	7.7	7.3	8.6
普通中学毕业文凭	7.5	6.7	9.3
中等毕业文凭	5.6	4.4	7.2
具有就读应用技术大学/高等院校资格	4.5	3.9	5.0
其他及无说明	6.6	5.8	7.6

来源:联邦统计局及各联邦州统计局,职业培训统计数据

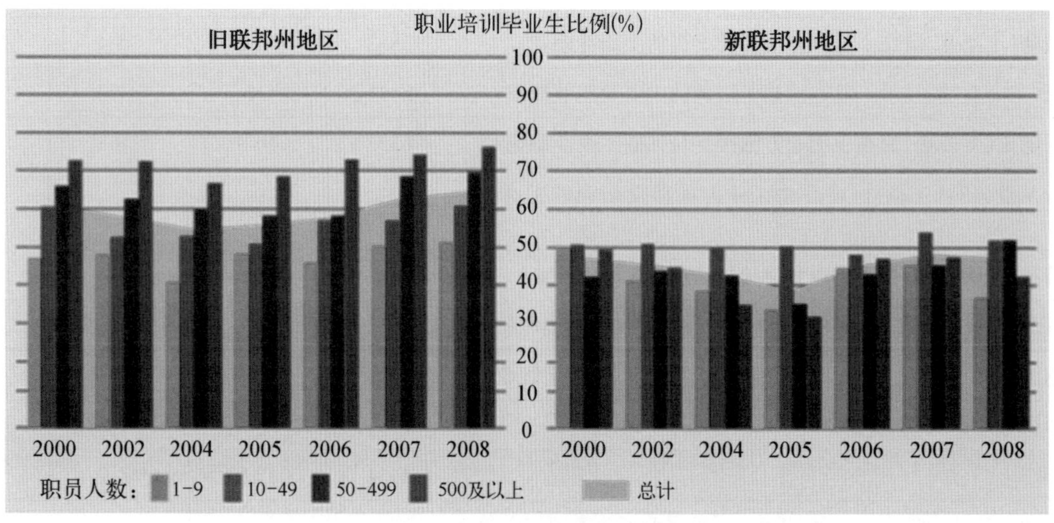

图 E5 - 5A:2000 - 2008 年各地区及不同规模企业入职率[*](单位:%)

* 参见 E5 概念注释

来源:联邦劳动力市场与职业研究所-企业调查

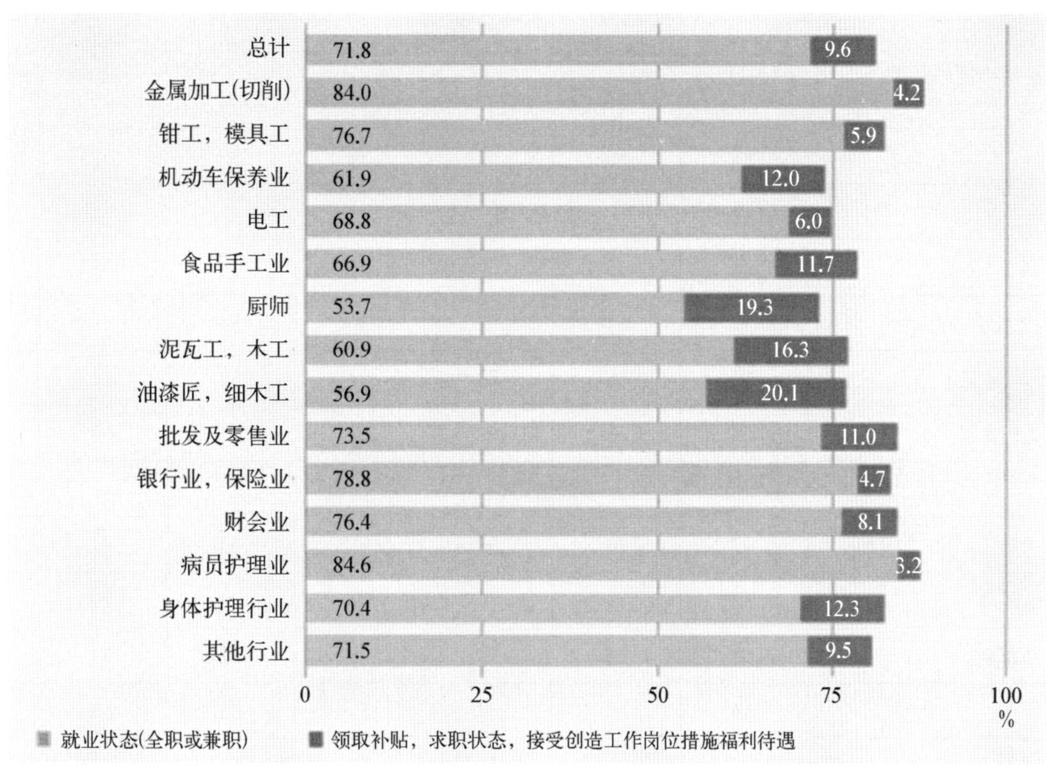

图 E5－6A：2007 年部分职业群体职业培训生毕业 12 个月之后的就业状况*(单位：%)

* 参见 E5 概念注释

备注：此处未显示的行业：工作对口率低或转专业就业，情况尚不明朗(参见表 E5－2A)

来源：2007 年联邦劳动力市场与职业研究所工作状况一体化年度报告(版本 v8.01.00)，联邦劳动力市场与职业研究所自行估算

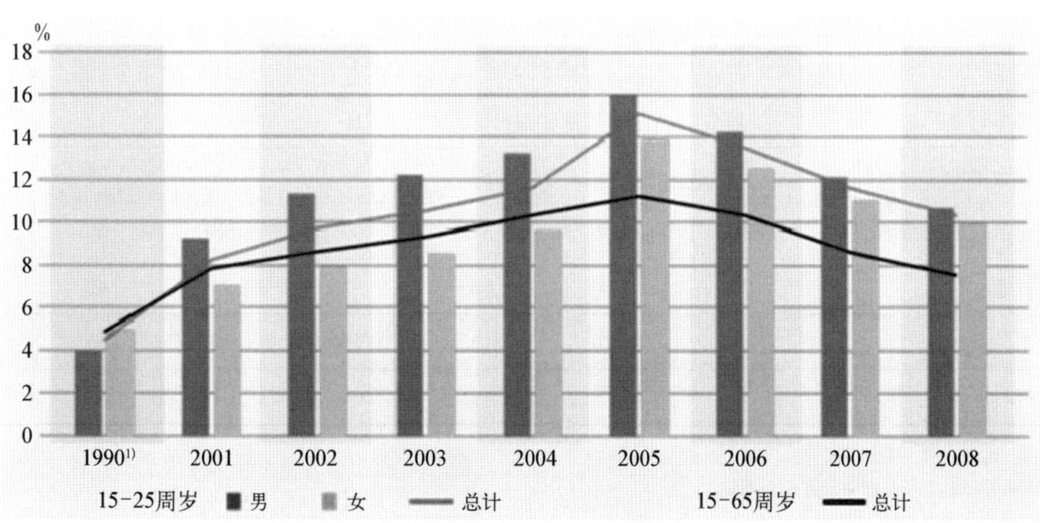

图 E5－7A：1990 年以及 2001－2008 年各年龄段失业率*(按性别划分，单位：%)

* 按照国际劳工组织纲领统计(参见词汇表)

1) 1990 年度为旧联邦州数据

来源：《国际经济合作组织就业展望》，劳动力调查，编写组自行统计

表 E5－1A：2000－2008 年入职率*（根据企业大小规模和行业调查统计，单位：%）

企业大小规模行业	2000	2002	2004	2005	2006	2007	2008
	%						
共计	58	55	52	52	55	59	61
企业大小							
1－9 个员工	46	45	39	45	44	48	47
10－49 个员工	57	51	51	50	54	56	58
50－499 个员工	60	58	55	52	54	62	65
500 个以上员工	69	68	61	62	68	69	70
经济部门							
农林业	42	18	37	37	34	41	34
矿业和能源业	72	71	70	74	73	79	70
食品和烟草业	60	57	57	49	52	59	60
日用品行业	63	60	64	59	63	65	69
生产成品行业	71	71	70	68	69	77	78
投资与消耗品行业	76	79	75	72	78	82	84
建筑业	60	54	47	48	55	56	59
贸易，保养维修行业	61	55	53	54	57	61	60
交通和通讯业	73	65	54	55	60	76	80
信贷和保险行业	85	80	73	77	81	80	87
餐饮行业	34	29	31	37	41	36	48
教育与补习行业	10	10	17	15	15	13	17
卫生和社会事业	44	43	34	36	38	51	50
类似企业形式的服务业	57	49	55	60	58	59	61
其他服务业	59	54	56	51	58	49	51
公益组织行业	27	50	15	18	21	36	41
公共管理行业	68	67	59	61	64	64	70

* 参见 E5 概念注释

来源：联邦劳动力市场与职业研究所企业调查

表 E5－2A：2007 年以下职业群体[*]在职业培训毕业 1 个月和 12 个月之后的工作状况

职业群体	共计	1 个月后					12 个月后				
		其中					其中				
		就职状态(全职和兼职)	钟点工或其他就职状态	领取救济金	找工作,接受促进措施	情况不明	就职状态(全职和兼职)	钟点工或其他就职状态	领取救济金	找工作,接受促进措施	情况不明
	数量	%					%				
共计	401548	67.4	4.2	20.7	1.2	6.4	71.8	3.8	7.7	1.9	14.8
金属加工(切削)	3234	86.1	1.8	7.8	0.6	3.7	84.0	1.8	3.2	1.0	10.0
五金工,工具制造者	19078	78.7	2.5	13.3	0.8	4.7	76.7	2.6	4.6	1.3	14.8
汽车检修工	15573	52.7	4.9	33.5	1.4	7.4	61.9	4.0	9.3	2.7	22.1
电工	18550	75.8	2.7	14.1	1.1	6.4	68.8	3.5	4.2	1.8	21.7
手工食品生产者	6703	58.1	5.2	27.2	2.2	7.3	66.9	3.2	9.4	2.3	18.3
厨师	9349	42.7	7.3	37.4	2.7	9.9	53.7	5.3	15.7	3.6	21.7
泥水匠,木匠	7735	59.3	3.3	27.9	1.6	7.8	60.9	3.3	13.5	2.9	19.4
油漆匠,木工	14702	47.3	4.8	37.3	2.3	8.2	56.9	3.9	17.0	3.1	19.1
批发商和零售商	36233	67.1	5.8	20.9	1.2	5.0	73.5	4.8	9.3	1.8	10.7
银行和保险人员	13489	83.1	2.3	8.9	1.4	4.3	78.8	3.0	2.3	2.4	13.5
会计人员及同类工作	61471	73.0	4.3	17.3	0.7	4.7	76.4	3.7	6.5	1.6	11.8
护理人员及同类工作	17419	71.7	2.2	17.5	0.9	7.7	84.6	2.2	2.1	1.0	10.0
身体护理职业	9260	58.3	6.1	25.3	1.9	8.5	70.4	5.4	10.3	2.0	12.0
其他职业	168752	67.0	4.3	20.5	1.2	7.0	71.5	4.0	7.7	1.8	15.1

* 参见 E5 概念注释

来源：2007 年联邦劳动力市场与职业研究所工作状况一体化年度报告(版本 v8.01.00),联邦劳动力市场与职业研究所自行估算

表 E5－3A：2007 年职业培训毕业 1 年后,全职工作人员的月薪平均数与标准方差(根据性别、国籍和职业群体[*]调查统计)

性别 国籍 职业群体	事件	中位数	平均值	标准方差
	数量	单位：欧元		
共计	264990	1915	1973	696
其中				
男性	146865	2042	2102	727
女性	118125	1747	1812	620
其中				
德国人	255404	1916	1973	696
外国人	9586	1889	1973	699
职业群体				
金属加工(加工业)	2708	2565	2534	708

(续表)

性别 国籍 职业群体	事　件	中位数	平均值	标准方差
	数　量	单位：欧元		
五金工，工具制造者	14496	2409	2393	700
汽车检修工	9447	1845	1915	666
电工	12567	2148	2218	685
手工食品生产者	4206	1496	1501	438
厨师	4592	1389	1371	396
泥水匠，木匠	4621	2118	2016	635
油漆匠，木工	8089	1752	1743	533
批发商和零售商	21550	1666	1674	513
银行和保险人员	10239	2479	2483	517
会计人员及同类工作	44046	2035	2046	609
护理人员及同类工作	11578	2254	2152	419
身体护理职业	5719	1112	1067	329

* 参见 E5 概念注释；此处的职业群体包括 264990 名全职工作人员中的 153858 名

来源：2007 年联邦劳动力市场与职业研究所工作状况一体化年度报告(版本 v8.01.00)，联邦劳动力市场与职业研究所自行估算

表 F1－1A：1995－2008 年具有就读高等院校资格者数量和比例(根据就读高等院校资格种类和性别调查统计)

年　份	具有就读高等院校资格者	其　中		具有就读高等院校资格者比例共计	其　中	
		就读普通高等院校资格	就读应用技术大学资格		就读普通高等院校资格	就读应用技术大学资格
	数　量	%				
共　计						
1995	307772	76.3	23.7	36.4	27.7	8.6
2000	347539	73.2	26.8	37.2	27.6	9.6
2001	343453	70.8	29.2	36.1	25.6	10.6
2002	361498	70.1	29.9	38.2	26.7	11.4
2003	369046	69.2	30.8	39.2	27.1	12.1
2004	386906	68.1	31.9	41.5	28.3	13.2
2005	399372	67.8	32.2	42.5	28.8	13.7
2006	415008	68.8	31.2	43.4	29.9	13.6
2007	434181	69.7	30.3	44.5	31.0	13.5
2008	442091	70.2	29.8	45.1	31.7	13.4
男　性						
1995	150636	72.6	27.4	34.7	25.2	9.5
2000	161162	71.3	28.7	33.8	24.2	9.6

（续表）

年份	具有就读高等院校资格者	其中		具有就读高等院校资格者比例共计	其中	
		就读普通高等院校资格	就读应用技术大学资格		就读普通高等院校资格	就读应用技术大学资格
	数量	%				
2001	160576	68.0	32.0	33.0	22.5	10.6
2002	169545	66.0	34.0	35.0	23.1	11.9
2003	174670	65.1	34.9	36.3	23.6	12.7
2004	183188	63.5	36.5	38.5	24.4	14.0
2005	189648	63.1	36.9	39.4	24.9	14.6
2006	196421	65.0	35.0	40.2	26.1	14.1
2007	202601	66.4	33.6	40.5	26.9	13.6
2008	205829	67.4	32.6	41.1	27.7	13.4
女性						
1995	157136	79.9	20.1	38.1	30.5	7.7
2000	186377	74.8	25.2	40.9	31.2	9.7
2001	182877	73.2	26.8	39.3	28.8	10.5
2002	191953	73.7	26.3	41.5	30.5	10.9
2003	194376	72.8	27.2	42.3	30.8	11.5
2004	203718	72.2	27.8	44.7	32.3	12.4
2005	209724	72.0	28.0	45.6	32.8	12.8
2006	218587	72.2	27.8	46.8	33.8	13.8
2007	231580	72.5	27.5	48.6	35.2	13.4
2008	236262	72.7	27.3	49.4	35.9	13.5

来源：联邦统计局及各联邦州统计局，高等院校统计数据

表 F1－2A：1980 年高等院校升学率（根据联邦州、性别、就读高等院校资格种类和移民背景等因素统计调查，单位：%）

联邦州/性别/就读高等院校资格种类/移民背景	升学比例[1]												预估值[3]			
	学年[2]															
	1980	1985	1990	1995	1996	1997	1998	1999	2000	2001	2002	2003	2004	2005	2006	2008
	%															
德国	87.0	78.4	84.2	76.3	76.8	74.2	73.9	76.0	77.7	75.6	75.3	73.1	71-77	69-76	68-74	68-75
根据联邦州划分[4]																
巴符州[5]	85.8	75.9	82.0	79.0	80.6	78.0	78.6	79.4	81.9	77.7	/	/	68-73	/	63-70	67-72
巴伐利亚州	89.1	82.6	87.7	84.9	86.2	83.3	88.7	83.4	85.5	84.5	/	/	75-81	/	75-80	81-85
柏林州	99.0	97.9	108.5	88.7	86.9	86.9	90.4	89.0	92.1	88.0	/	/	64-74	/	62-71	65-74
勃兰登堡州	X	X	X	62.8	60.6	60.1	60.3	60.8	63.1	62.6	/	/	65-70	/	50-59	67-74
不来梅州	74.7	82.3	81.1	95.1	97.0	91.3	101.2	69.5	90.6	90.1	/	/	78-88	/	71-74	74-85

(续表)

联邦州/性别/就读高等院校资格种类/移民背景	升学比例[1]												预估值[3]			
	学年[2]															
	1980	1985	1990	1995	1996	1997	1998	1999	2000	2001	2002	2003	2004	2005	2006	2008
	%															
汉堡州	74.9	83.2	69.2	78.2	73.7	73.4	74.2	79.6	70.7	81.0	/	/	62-70	/	65-71	76-84
黑森州	86.3	76.3	77.9	76.0	82.3	76.7	68.0	77.6	79.4	76.8	/	/	72-78	/	70-75	74-80
梅克伦堡-前波莫瑞州	X	X	X	65.8	65.3	67.5	67.6	69.9	71.3	77.8	/	/	67-73	/	62-73	72-79
下萨克森州	85.9	78.1	79.6	76.9	82.7	80.7	76.7	76.0	73.8	73.9	/	/	72-78	/	70-75	64-73
北莱茵-威斯特法伦州	82.0	69.5	72.2	71.0	68.8	65.8	64.1	71.0	71.1	65.4	/	/	72-79	/	67-74	64-71
莱茵兰-普法尔茨州	87.3	77.7	83.2	82.5	80.2	72.3	73.1	72.3	78.4	72.6	/	/	72-78	/	74-81	69-74
萨尔州	92.8	84.5	93.1	73.6	73.4	71.0	74.6	74.9	78.2	76.0	/	/	(71-79)	/	(63-66)	(63-72)
萨克森州	X	X	X	66.0	67.0	66.0	69.9	70.8	72.8	71.6	/	/	77-81	/	71-75	65-70
萨克森-安哈特州	X	X	X	67.2	67.8	69.1	69.9	71.5	70.6	67.2	/	/	71-75	/	75-82	63-72
石勒苏益格-荷尔斯泰因州	88.5	79.7	82.0	57.6	74.5	76.3	78.7	78.9	76.9	77.4	/	/	75-80	/	69-77	69-79
图林根州	X	X	X	68.4	68.1	68.0	69.2	69.1	78.0	69.9	/	/	61-68	/	77-82	67-73
根据性别划分																
男性	94.3	89.8	92.3	84.4	84.4	80.7	80.7	83.7	85.4	82.2	81.3	78.6	75-80	69-77	72-78	74-79
女性	78.3	65.7	74.8	68.5	69.7	68.2	67.9	69.2	71.0	69.7	70.1	68.1	67-74	68-74	64-71	64-71
根据就读高等院校资格类别																
具有就读普通高等院校资格	91.8	84.5	91.7	81.7	82.6	81.7	82.1	85.7	87.9	87.0	87.3	84.6	76-81	75-83	73-79	74-80
具有就读应用技术大学资格[6]	71.7	57.7	64.2	58.9	57.7	49.8	49.4	47.0	54.4	47.8	47.3	47.3	57-65	50-57	53-61	52-60
根据移民背景[7]																
无	•	•	•	•	•	•	•	•	•	•	•	•	70-76	68-75	67-74	68-74
有	•	•	•	•	•	•	•	•	•	•	•	•	75-82	79-83	72-78	71-79

1) 升学率由联邦统计局提供;自 1992 年夏季学期始,德国学生概念既包括德国国籍学生也包括在德国接受中小学教育的外国学生。根据性别和就读高等院校资格类别统计的总数值以及比例为 2009 年 10 月的最新值

2) 自 1992/1993 学年冬季学期始,包括新联邦州

3) 预估值的样本取自高等院校信息系统内具有高等院校入学资格的学生(预估值比例在核心比例与最高比例之间);(中学毕业)离校 6 个月之后的调查

4) 根据联邦州统计的升学率与 1980 - 2008 年专业系列 11,4.3.1 节发表的情况相符。根据《德国国家教育报告(2008)》,2001 学年的数据不再被更新;2002 和 2003 学年无数据

5) 自 2008 年起,升学进入职业学院的情况不再被归入接受大学教育的情形;自 2009 年起,由职业学院改制而来的巴符州双元制高校也被计入高等院校之列。考虑到职业学院因素,巴符州高等院校升学率的波动幅度在 78%- 84%之间。因此,全联邦的高等院校平均升学率上升到 71%- 78%

6) 高校信息系统-预估数值包括具有就读应用技术大学资格的中学生人数

7) 在高校信息系统内具有高等院校入学资格的学生中有移民背景的人是这样被定义的,该学生拥有外国国籍或者双国籍或父母中至少有一方出生在国外或在家里不仅仅使用德语。根据这一界定,2008 学年,16%具有就读高等院校资格的学生具有移民背景

来源:联邦统计局及各联邦州统计局,高等院校统计数据,高校信息系统内具有就读高等院校入学资格的学生

表 F1－3A：2008 年不愿上大学的观点（根据性别、具有就读高等院校资格种类和父母教育水平*调查统计，2008 年具有就读高等院校资格者，单位：%）

以下观点对不去就读应用技术大学或普通高等院校的影响程度如何？	共计	男性	女性	具有就读普通高等院校资格	具有就读应用技术大学资格	父母中至少有一方拥有高校毕业文凭	父母中无一方拥有高校毕业文凭
	%						
尽可能自己挣钱	81	84	79	82	80	76	84
所从事职业不需要以接受过大学教育为前提	63	61	64	60	66	62	65
在家乡地点附近没有合适的学校	32	33	32	27	37	31	33
由于热门专业的入学限制导致长期等待	37	26	41	42	31	38	36
大学学习的不可估算性和不清楚明了的学习要求	45	47	44	43	47	48	44
高校学习期长	52	54	52	53	52	48	55
大学和高校学习的必要经济前提	75	72	76	74	76	68	79
承担教育金融信贷的债务（例如大学学习信贷或联邦教育促进法-贷款份额）	71	67	73	67	75	68	73
与高校学习相关甚微的实践活动	54	48	57	61	48	54	54
职业前景不确定导致学习方向不确定	41	36	44	41	42	41	42
学习不能带来必要的能力	46	44	46	42	50	44	47
为了学习必须离开熟悉的环境，朋友和家庭	39	44	36	36	41	38	39
学费超过了我的经济承受能力	68	61	72	65	72	61	73
劳动力市场对本科毕业文凭接受程度较小	30	35	27	26	33	27	31

* 数字 1 表示“（教育水平）非常高”，数字 5 表示“根本没有（接受教育）”；样本人群均是还没有开始大学学习并且尚未规划好未来学习计划的学生。不包括早已就读管理专科学校或职业学院教育的被调查者（样本数＝840 名具有就读高等院校资格、但意欲放弃就读大学的学生）

来源：HIS 具有高等院校就读资格者民意调查（2008 学年，中学毕业后 6 个月），特别评估

表 F1－4A：1995－2008 年具有就读高等院校资格的德国大学新生构成情况（根据就读学校种类和高校类别调查统计，单位：%）

就读学校种类	共计				大学				应用技术大学			
	1995	2000	2005	2008	1995	2000	2005	2008	1995	2000	2005	2008
	%											
文理中学，专科文理中学，综合中学	77.1	81.6	76.9	77.9	90.0	93.4	92.1	91.4	44.6	55.2	46.0	55.8
（职业）专科学校，专科学院	3.3	3.2	5.4	5.4	1.2	1.0	1.9	1.6	8.6	8.0	12.4	11.7
专科高中	11.9	9.4	11.2	9.2	1.9	1.0	1.2	1.2	37.2	28.2	31.6	22.5
第二种教育途径[1]	3.8	2.6	3.3	3.3	3.3	1.8	2.1	2.1	5.2	4.4	5.6	5.1
第三种教育途径[2]	0.5	0.7	1.0	1.1	0.4	0.5	0.6	0.6	0.5	1.1	1.9	1.8
艺术/音乐能力测试	0.3	0.2	0.2	0.2	0.4	0.3	0.2	0.2	0.1	0.0	0.0	0.0
国外学生就读大学资格（包括大学预科）	0.9	1.0	1.1	1.1	1.0	1.1	1.2	1.2	0.8	0.7	1.0	0.8
其他途径	2.1	1.4	0.9	1.9	1.7	0.9	0.7	1.7	2.9	2.4	1.5	2.2

* 冬季学期，不包括管理专科高校

1）文理中学夜校，大学预科

2）参加过天赋测试或有职业资格但无传统入学资格的大学新生

来源：联邦统计局及各联邦州统计局，高校统计数据

表 F2-1A：1975-2009 年根据性别调查统计的大学新生*数值，女生所占比例和大学新生率

学年[1]	大学新生			大学新生率[2]		
	共　计	女　性	应用技术大学比例	共　计	男　性	女　性
	数　值	%				
之前的联邦区域						
1975	163447	36.9	26.2	•	•	•
1980	189953	40.4	27.2	19.5	22.6	16.2
1985	206823	39.8	30.1	19.3	22.6	15.8
1990	277868	39.4	28.8	30.4	36.1	24.5
德　国						
1995	261427	47.8	31.2	26.8	26.6	27.0
1998	271999	48.5	31.3	29.2	29.3	29.2
1999	290983	49.4	31.4	31.3	30.9	31.7
2000	314539	49.2	31.3	33.5	33.4	33.6
2001	344659	49.4	31.3	36.1	35.9	36.3
2002	358792	50.6	32.0	37.1	35.9	38.3
2003	377395	48.2	32.2	38.9	39.5	38.3
2004	358704	48.8	33.2	37.1	37.2	37.1
2005	355961	48.8	33.1	37.0	37.1	36.9
2006	344822	49.4	34.0	35.7	35.5	35.9
2007	361360	49.8	35.2	37.1	36.6	37.6
2008	396610	49.6	38.4	40.3	39.9	40.8
2009[3]	422705	49.8	39.1	43.3	42.5	44.2

* 高等院校新生包括管理专科高校第一学期的大学新生

1）学年＝夏季学期加上之后的冬季学期

2）根据国际经合组织的统计流程计算，包括管理专科高校：1986-1989：涉及平均年龄大小为 18-22 岁

3）当前数据

来源：联邦统计局及各联邦州统计局，高校统计数据

表 F2-2A：1995 年、2000 年和 2005-2009 年根据联邦州以及各联邦州《高校协议》参数调查统计的大学新生数*

联 邦 州	学　年[1]							2008/2009 年差额	2010 年《高校协议》招生目标大小规模[3]	截止 2009 年额外新生[8]
	1995	2000	2005	2006	2007	2008	2009[2]			
	数　量							%	数　量	
德国	261427	314539	355961	344822	361360	396610	422705	+66	91370	101929
巴符州	37430	43799	49578	48128	47674	60661	65323	+77	15.544[4]	11557
巴伐利亚州	34859	42435	50518	51916	52833	55001	59081	+74	18259	16324
柏林州	17518	21075	20704	20318	22339	23967	26045	+87	_[5]	10239

（续表）

联邦州	学年[1]							2008/2009年差额	2010年《高校协议》招生目标大小规模[3]	截止2009年额外新生[8]
	1995	2000	2005	2006	2007	2008	2009[2]			
	数量							%	数量	
勃兰登堡州	4448	7204	7552	7565	8571	9866	10070	+21	_[6]	5935
不来梅州	3307	4287	5256	4810	5483	5848	5752	-1.6	_[6]	1577
汉堡州	9202	10726	11864	11920	12729	14095	15255	+82	_[6,7]	6017
黑森州	20992	23654	30059	28576	28911	32974	35294	+70	8791	7002
梅克伦堡-前波莫瑞州[9]	3987	5782	6169	6249	6766	7080	7662	+82	_[6]	2661
下萨克森州	19937	25640	25930	24524	26689	27777	29127	+49	11193	8480
北莱茵-威斯特法伦州	62468	69614	80903	75144	77568	84697	91192	+77	26307	11176
莱茵兰-普法尔茨州	11874	14652	17535	17725	19222	20004	20805	+40	5796	7426
萨尔州[10]	3193	3370	3740	3653	3617	4456	5218	+171	1510	1021
萨克森州	14115	18013	19940	18600	20847	20659	21079	+20	_[6]	2765
萨克森-安哈特州[11]	5484	8271	8765	8487	9346	10120	10045	-0.7	_[6]	3216
石勒苏益格-荷尔斯泰因州	6788	7247	8123	7925	8616	8824	9485	+75	3970	2440
图林根州	5825	8770	9325	9282	10149	10581	11272	+65	_[6]	4093

* 高等院校新生包括管理专科高校第一学期的大学新生

1）学年＝夏季学期加上之后的冬季学期
2）当前数据
3）2007－2010年额外的大学新生
4）巴符州超出《高校协议》额外录取6536名新生
5）柏林州在《高校协议》中承诺，在2007－2010年间保持年均新生数为19500名
6）《高校协议》计划新联邦州、不来梅州和汉堡州新生数量达到2005年水平
7）汉堡州计划至2010年超出《高校协议》额外录取2908名新生
8）与2005年相比，额外的新生；2005年的新生数是比较基础，高校上报数据有所修改变动；巴符州双元制高校新生数量变动尤为显著
9）梅克伦堡-前波莫瑞州：2008年，文理中学毕业生为两届学生
10）萨尔州：2009年，文理中学毕业生为两届学生
11）萨克森-安哈特州：2007年，文理中学毕业生为两届学生

来源：联邦统计局及各联邦州统计局，高校统计数据

表F2－3A：1998－2007年世界各国大学新生比例*（国际教育标准分类5A阶段，单位：%）**

国家	1998[1]	1999	2000	2001	2002	2003	2004	2005	2006	2007
	%									
经合组织中位值	40	45	47	48	52	53	53	55	56	56
德国	29	31	30	32	35	36	37	36	35	34
芬兰	58	67	71	72	71	73	73	73	76	71
法国	•	36	37	37	38	39	•	•	•	•
英国	48	45	47	46	48	48	52	51	57	55
意大利	42	40	39	44	50	54	55	56	55	53

(续表)

国　家	1998[1]	1999	2000	2001	2002	2003	2004	2005	2006	2007
	%									
日本[1]	36	37	40	41	42	43	42	44	45	46
加拿大	•	•	•	•	•	•	•	•	•	•
荷兰	52	54	53	54	54	52	56	59	58	60
澳大利亚	28	•	34	34	31	34	37	37	40	42
瑞典	59	65	67	69	75	80	79	76	76	73
瑞士	•	29	29	33	35	38	38	37	38	39
美国	44	45	43	42	64	63	63	64	64	65

* 按经合组织计算方法得出的净比例

** 学年 = 夏季学期加上之后的冬季学期

1) 毛比例

表 F2 - 4A：1975 - 2009 年根据专业学科调查统计的新生比例*（单位：%）

学　年[1]	语言和文化学科	体育	法律、经济和社会学科	数学/自然科学	医学/卫生学	兽医学	农林学和营养学	工程学	艺术，艺术科学
	%								
之前的联邦区域									
1975	23.6	1.7	23.5	16.8	3.0	0.3	3.4	21.6	5.9
1976	21.5	1.7	25.5	15.3	3.7	0.3	3.2	24.0	4.7
1977	21.4	1.7	25.6	15.1	4.6	0.4	3.4	22.5	5.0
1978	21.5	1.9	26.4	15.1	5.1	0.4	3.4	20.7	5.4
1979	20.4	1.9	28.0	14.3	5.4	0.4	3.4	20.7	5.2
1980	20.5	1.6	29.5	14.7	5.4	0.5	3.1	19.9	4.7
1981	20.2	1.3	30.0	14.9	4.5	0.3	2.9	21.4	4.3
1982	18.7	1.1	29.9	15.4	3.9	0.3	2.7	23.6	4.3
1983	17.7	0.9	29.5	16.1	3.7	0.3	2.7	25.0	4.0
1984	18.3	0.8	29.1	16.3	4.0	0.3	2.9	24.1	4.1
1985	18.2	0.7	29.6	15.9	4.4	0.3	3.1	23.5	4.1
1986	17.6	0.7	31.2	15.5	4.5	0.3	2.9	23.1	4.0
1987	17.1	0.8	32.2	15.6	4.7	0.3	2.6	23.0	3.7
1988	16.7	0.8	32.3	16.1	4.5	0.3	2.5	23.1	3.5
1989	17.5	0.8	29.9	16.6	4.3	0.3	2.4	24.7	3.6
1990	18.0	0.9	31.6	16.8	3.5	0.3	2.2	23.3	3.3
1991	18.6	0.9	32.9	15.7	3.2	0.3	2.2	22.9	3.1
1992	19.2	0.8	33.3	15.2	3.7	0.3	2.2	22.0	3.2

（续表）

学　年[1]	语言和文化学科	体育	法律、经济和社会学科	数学/自然科学	医学/卫生学	兽医学	农林学和营养学	工程学	艺术，艺术科学
	%								
德　国									
1993	19.8	0.9	33.9	14.0	4.1	0.3	2.4	21.0	3.5
1994	20.5	1.0	34.5	13.5	4.1	0.3	2.3	19.9	3.7
1995	21.5	1.2	35.3	13.0	4.2	0.4	2.4	18.2	3.7
1996	21.8	1.3	35.2	13.4	4.3	0.4	2.5	17.4	3.7
1997	21.2	1.2	35.6	14.0	4.1	0.4	2.6	16.9	3.7
1998	20.4	1.1	35.6	14.9	4.0	0.3	2.4	17.3	3.7
1999	20.1	1.1	35.5	16.3	3.9	0.3	2.2	16.8	3.6
2000	19.9	1.0	34.0	18.7	3.7	0.3	2.0	16.8	3.5
2001	20.7	1.1	33.7	18.6	3.5	0.3	1.9	16.6	3.4
2002	20.9	1.0	34.4	17.7	3.4	0.3	2.0	16.8	3.4
2003	20.3	1.1	33.1	18.1	3.2	0.3	2.1	18.4	3.2
2004	20.3	1.1	32.1	17.7	4.0	0.3	2.2	18.8	3.4
2005	19.8	1.1	32.0	17.9	4.3	0.3	2.2	18.9	3.3
2006	19.7	1.0	32.5	17.9	4.6	0.3	2.2	18.2	3.4
2007	18.9	1.0	33.1	17.4	4.4	0.3	2.2	18.9	3.5
2008	17.0	0.8	35.2	16.6	4.6	0.3	2.1	19.7	3.4
2009[2]	17.3	0.9	35.1	16.7	4.4	0.2	2.1	19.6	3.4

* 高等院校新生包括管理专科高校第一学期的大学新生

1）学年＝夏季学期加上之后的冬季学期

2）当前数据

来源：联邦统计局及各联邦州统计局，高校统计数据

表 F2－5A：2008 年根据移民背景*和年龄段调查统计的人口和大学生比例

移 民 背 景	人　口	在总人口中所占比例（每列数据用百分比表示）	大学生占人口比例	在所有大学生中所占比例（每列数据用百分比表示）
	单位：千	单位：%		
年龄在 20－30 岁				
共计	9693	100.0	17.1	100.0
无移民背景	7468	77.0	18.5	83.3
有移民背景	2226	23.0	12.4	16.7
包括				
（后来的）移民	626	6.5	14.9	5.6

(续表)

移 民 背 景	人 口	在总人口中所占比例（每列数据用百分比表示）	大学生占人口比例	在所有大学生中所占比例(每列数据用百分比表示）
	单位：千	单位：%		
在德国出生	406	4.2	13.1	3.2
入国籍者	433	4.5	17.3	4.5
在国外出生的外国人[1]	760	7.8	7.4	3.4
年龄在 20 - 25 岁				
共计	4815	100.0	21.2	100.0
无移民背景	3753	77.9	22.6	83.2
有移民背景	1063	22.1	16.1	16.8
包括				
(后来的-)移民	334	6.9	17.7	5.8
在德国出生	219	4.5	15.1	3.2
入国籍者	233	4.8	21.0	4.8
在国外出生的外国人[1]	276	5.7	10.9	2.9
年龄在 25 - 30 岁				
共计	4878	100.0	13.0	100.0
无移民背景	3715	76.2	14.3	83.5
有移民背景	1163	23.8	9.0	16.5
包括				
(后来的-)移民	292	6.0	11.6	5.3
在德国出生	187	3.8	10.7	3.1
入国籍者	200	4.1	13.0	4.1
在国外出生的外国人[1]	484	9.9	5.4	4.1

* 统计时不具有就读外国大学资格者而到德国学习的外国求学者，年龄段为 20 - 30 岁的大学生中有此类人员 133000 名

1）不包括外国求学者

来源：联邦统计局及各联邦州统计局，2008 年微型人口统计，高校统计数据

表 F3 - 1A：2007/08 年冬季学期本科生* 针对构建欧洲高校区域举措的评价(单位：%)

构建欧洲高校区域的目标	在您学习阶段，欧洲高校区域是否已实现了其预先目标值？[1]			如果回答是，那么您认为实现得怎样？[2]		
	是	否	不知道	(很)不好	中等	(很)好
	%					
转换成分级的学习结构	98	0	2	23	32	45
引入学分制	94	1	5	14	33	53
学习过程模块化	92	2	6	25	33	42

（续表）

构建欧洲高校区域的目标	在您学习阶段，欧洲高校区域是否已实现了其预先目标值？[1]			如果回答是，那么您认为实现得怎样？[2]		
	是	否	不知道	(很)不好	中等	(很)好
	%					
全方位的质量控制和教学评估	78	6	16	30	29	40
认证	62	7	31	11	35	53
大学生参与实践	15	13	72	42	38	20
为留学生提供奖学金	32	11	57	32	42	26
与国外高校开展国际化合作	67	7	26	13	34	53
海外学期作为学习过程的固定组成部分	12	82	6	16	20	63
大学学习的部分课程在国外结业的可能性	63	16	21	29	38	34
英语授课课程的教学安排	50	42	8	30	36	34
包含一个欧洲方面的学习课程	20	41	39	15	44	42
同时在德国和外国结业	8	63	29	27	31	41

* 样本数为1636名在攻读学士学位学习过程中的大学生，数据取自：福·穆尔特鲁斯，哈·西姆阿纳，特·巴格尔，姆·拉姆：《国际化与欧洲高校区域》，2008。大学生调查框架内的在线统计资料数据，康斯坦茨大学，高校研究股份公司，《教育和高校研究手册》，第56期，第27页及其后续页

1）“在您学习阶段，欧洲高校区域是否已实现了其预先目标值？”这一问题包含“与国外高校开展国际化合作”等具体问题

2）数值1和2或4和5体现5分制的好坏程度，1代表“很不好”，5代表“很好”

来源：高校研究股份公司，2008年康斯坦茨大学数据

表F4－1A：1995年、2000年、2004－2008年专业学习时间和整体学习时间（根据高校毕业文凭种类调查统计，用学期表示）*

年　份	专业学习时间			整体学习时间		
	第一四分位数	中位数	第三四分位数	第一四分位数	中位数	第三四分位数
	用学期表示					
毕业文凭（综合型大学）和相对应的毕业证书（第一学位）						
1995	9.6	11.4	13.2	10.5	12.4	14.6
2000	9.7	11.5	13.5	10.7	12.7	15.1
2004	9.6	11.3	13.2	10.4	12.3	14.6
2005	9.6	11.2	13.1	10.4	12.2	14.5
2006	9.5	11.1	12.9	10.3	12.0	14.2
2007	9.5	11.0	12.8	10.3	12.0	14.0
2008	9.5	11.0	12.8	10.4	12.1	14.1
教师资格考试[1]（第一学位）						
1995	7.7	9.1	11.0	8.3	10.2	12.9
2000	8.2	9.7	11.9	9.1	11.4	14.2
2004	7.9	9.6	11.8	8.9	11.1	14.0

(续表)

年　份	专业学习时间			整体学习时间		
	第一四分位数	中位数	第三四分位数	第一四分位数	中位数	第三四分位数
	用学期表示					
2005	7.6	9.1	11.3	8.5	10.5	13.4
2006	7.6	8.9	10.9	8.5	10.3	13.1
2007	7.8	9.1	10.8	8.8	10.5	12.8
2008	7.4	9.0	10.8	8.6	10.5	12.8
应用技术大学毕业文凭证书(第一学位)						
1995	6.2	8.0	9.7	6.5	8.3	10.2
2000	7.1	8.5	10.0	7.3	8.9	11.3
2004	7.2	8.4	9.8	7.2	8.7	10.7
2005	7.2	8.4	9.8	7.3	8.8	10.7
2006	7.2	8.5	9.8	7.4	8.8	10.7
2007	7.4	8.5	9.8	7.5	8.8	10.7
2008	7.4	8.5	9.8	7.6	8.8	10.7
学士学位毕业文凭(第一学位)						
1995	–	–	–	–	–	–
2000	4.7	5.9	9.3	6.1	8.2	15.3
2004	5.4	6.0	7.1	5.6	6.7	8.6
2005	5.4	6.1	7.4	5.6	6.8	8.7
2006	5.5	6.2	7.4	5.7	6.9	8.7
2007	5.5	6.1	7.3	5.7	6.8	8.6
2008	5.4	5.9	7.1	5.6	6.5	8.1
硕士毕业文凭2)(第一学位)						
1995	–	–	–	–	–	–
2000	/	/	/	/	/	/
2004	3.0	4.1	5.4	/	/	/
2005	3.2	4.2	5.5	/	/	/
2006	3.3	4.4	5.6	/	/	/
2007	3.5	4.4	5.6	/	/	/
2008	3.3	4.2	5.2	/	/	/

* 第一四分位数(25%),中位数(50%),第三四分位数(75%)

1) 第一学位的国家考试,学士学位(教师工作)以及硕士(教师工作)

2) 攻读第一学位学习中获得硕士毕业文凭包括高校统计数据中必修的大学课程。由于缺失高校统一数据,导致时间上连续的硕士毕业文凭存在漏报情况。连续的硕士学习课程缺失整体学习时间。此外,在硕士学习课程中,外国留学生的比例较高,由于这些留学生之前的学习时间并没有计算在内,因而导致统计数值失真

来源:联邦统计局,专业序列 11,第 4.3.1 节,1980 - 2008

表 F4－2A：1999 年、2002 年、2004 年、2006 年和 2008 年攻读第一学位的德国大学生辍学率（根据专业群体、毕业文凭类别和研究领域调查统计，单位：%）

高校类别 专业群体 研究领域 毕业文凭类别	大学辍学率												
	共计					男性[1]				女性[1]			
	1999	2002	2004	2006	2008[2]	1999	2002	2004	2006	1999	2002	2004	2006
	%												
共计	23	25	22	21	24	25	27	25	26	20	23	18	15
综合型大学	24	26	24	20	/	26	29	27	25	23	24	21	16
应用技术大学	20	22	17	22	/	23	24	22	26	13	18	10	14
根据毕业文凭类别													
硕士学位	/	/	/	26	27	/	/	/	/	/	/	/	/
国家资格考试	/	/	/	7	10	/	/	/	/	/	/	/	/
学士学位	/	/	/	30	25	/	/	/	/	/	/	/	/
学士学位大学	/	/	/	25	/	/	/	/	34	/	/	/	19
学士学位应用技术大学	/	/	/	39	/	/	/	/	42	/	/	/	35
综合型大学													
语言文化学，体育学	33	35	32	27	/	38	39	37	35	31	34	30	24
语言文化学	41	45	43	32	/	/	/	/	/	/	/	/	/
教育学，体育学	28	23	16	20	/	/	/	/	/	/	/	/	/
法律，经济，社会学	30	28	26	19	/	28	30	29	24	31	26	23	14
社会学	42	36	27	10	/	/	/	/	/	/	/	/	/
法律学	27	16	12	9	/	/	/	/	/	/	/	/	/
经济学	31	32	31	27	/	/	/	/	/	/	/	/	/
数学，自然科学	23	26	28	28	/	27	28	30	31	18	23	24	24
数学	12	26	23	31	/	/	/	/	/	/	/	/	/
信息学	37	38	39	32	/	/	/	/	/	/	/	/	/
物理学，地球科学	26	30	36	36	/	/	/	/	/	/	/	/	/
化学	23	33	24	31	/	/	/	/	/	/	/	/	/
药学	17	12	12	6	/	/	/	/	/	/	/	/	/
生物学	15	15	19	15	/	/	/	/	/	/	/	/	/
地理学	36	19	17	15	/	/	/	/	/	/	/	/	/
医学	8	11	8	5	/	7	11	7	3	8	12	8	6
人类医学	8	10	9	5	/	/	/	/	/	/	/	/	/
牙医，兽医	8	16	2	3	/	/	/	/	/	/	/	/	/
农，林，营养学	21	29	14	7	/	16	34	24	14	26	26	7	2

（续表）

高校类别 专业群体 研究领域 毕业文凭类别	大学辍学率												
	共计					男性[1]				女性[1]			
	1999	2002	2004	2006	2008[2]	1999	2002	2004	2006	1999	2002	2004	2006
	%												
工程技术科学	26	30	28	25	/	27	30	27	28	19	28	31	16
机械制造	25	34	30	34	/	/	/	/	/	/	/	/	/
电气工程学	23	33	33	33	/	/	/	/	/	/	/	/	/
土木工程学	35	30	22	16	/	/	/	/	/	/	/	/	
艺术	30	26	21	12	/	27	30	22	17	32	23	21	10
师范	14	12	13	8	/	18	19	20	8	12	9	10	8
应用技术大学													
经济、社会福利教育事业	16	25	16	19	/	21	29	20	28	12	21	11	13
社会福利教育事业	6	20	16	13	/	/	/	/	/	/	/	/	/
经济学	25	27	17	24	/	/	/	/	/	/	/	/	/
数学，自然科学	34	40	31	26	/	34	38	31	25	34	49	33	32
信息学	36	39	29	25	/	/	/	/	/	/	/	/	/
农，林，营养学	25	18	2	12	/	26	13	1	16	24	23	2	9
工程技术科学	21	20	21	26	/	23	21	24	28	14	11	9	19
机械制造	25	21	25	32	/	/	/	/	/	/	/	/	/
电气工程学	20	32	31	36	/	/	/	/	/	/	/	/	/
土木工程学	24	20	23	14	/	/	/	/	/	/	/	/	/

* 根据高校信息系统计算方法，不包含外国学生，也不包含攻读第二学位的大学生；辍学率计算方式参见网址 www.his.de/pdf/pub_kia/kia200501.pdf

1）可按专业划分男女生的辍学率

2）2008 年的辍学率仅涉及 2000 级－2007 级的大学生

来源：高校信息系统内的辍学率估算

表 F4－3A：大学生国际留学情况——2007 年 10 个最重要的留学目标国与来源国*

来源国	共计	大学生留学目标国家										
		美国[1]	英国[1]	德国	法国	澳大利亚[1]	加拿大	日本	西班牙	意大利	俄罗斯联邦[2]	其他国家
	数量											
共计	3021106	595874	351470	258513	246612	211526	132246	125877	59814	57271	60288	921615
中国	457366	98958	49594	27117	18836	50418	28635	80231	867	1678	•	101032
印度	162221	85687	23833	3899	891	24523	7176	434	128	589	•	15062
韩国	107141	63772	4311	5206	2449	5430	750	22109	100	338	•	2677

（续表）

来源国	共计	大学生留学目标国家										
		美国[1]	英国[1]	德国	法国	澳大利亚[1]	加拿大	日本	西班牙	意大利	俄罗斯联邦[2]	其他国家
	数量											
德国	85963	8847	14011	X	6947	1866	1083	404	1854	2067	•	48883
法国	63025	6852	13068	6274	X	872	4944	445	1907	1083	•	27580
土耳其	59150	11760	2233	24602	2339	254	690	168	71	384	•	16649
日本	56060	36062	5706	2385	2071	3249	1611	X	192	316	•	4468
美国	52085	X	15956	3411	3165	3023	9129	1888	728	481	•	14305
摩洛哥	50917	1229	212	8095	27684	12	2769	47	5328	1017	•	4525
俄罗斯联邦	50724	4856	2580	12831	3219	530	1383	375	696	930	X	23324
其他国家[3]	1876454	277852	219966	164694	179011	121349	74076	19776	47943	48388	60288	663111

* 表中各国家大学生人数取自 2009 年度国际经合组织教育报告《2009 年教育一览》

1）根据来源国定义的外国大学生

2）俄罗斯联邦指的是前苏联已独立的国家，这里不包含民办高校

3）包括来源国无法归类的大学生

来源：国际经合组织

表 F5－1A：1995－2008 年应届毕业生人数和毕业率(根据高校毕业文凭种类和性别调查统计表示，单位：%)

毕业考试年份[6]	毕业生	毕业率	高校毕业文凭种类[1]							
			毕业文凭(综合型大学)和同等毕业证书[2]	博士学位	教师资格	学士学位(综合型大学)[3]	硕士学位(综合型大学)[4][5]	应用技术大学毕业文凭	学士学位(应用技术大学)	硕士学位(应用技术大学)[5]
	数量	%								
共计										
1995	197015	•	51.5	0.2	11.4	–	–	36.9	–	–
1996	202042	•	52.3	0.2	11.4	–	–	36.1	–	–
1997	201073	16.4	51.5	0.2	11.6	–	–	36.7	–	–
1998	190886	16.4	51.1	0.2	12.3	–	–	36.4	–	–
1999	185001	16.8	50.8	0.1	12.5	–	–	36.6	–	–
2000	176654	16.9	50.5	0.1	12.8	0.1	0.0	36.5	–	–
2001	171714	17.0	50.0	0.1	12.4	0.1	0.1	37.3	0.0	0.0
2002	172606	17.4	50.4	0.1	11.7	0.4	0.2	37.1	0.1	0.0
2003	181528	18.4	49.1	0.1	10.6	0.8	0.2	38.7	0.5	0.0
2004	191785	19.5	47.5	0.0	10.2	2.0	0.5	38.7	1.1	0.1
2005	207936	21.1	45.9	0.0	10.2	3.3	0.7	38.2	1.4	0.3

(续表)

毕业考试年份[6]	毕业生	毕业率	高校毕业文凭种类[1]							
			毕业文凭(综合型大学)和同等毕业证书[2]	博士学位	教师资格	学士学位(综合型大学)[3]	硕士学位(综合型大学)[4][5]	应用技术大学毕业文凭	学士学位(应用技术大学)	硕士学位(应用技术大学)[5]
	数量	%								
2006	220782	22.2	45.0	0.0	10.6	4.7	1.0	36.3	2.0	0.4
2007	239877	24.1	44.0	0.0	10.7	6.0	1.2	34.0	3.7	0.5
2008	260498	26.2	40.4	0.0	11.3	8.7	1.5	31.0	6.4	0.7
男　性										
1995	115752	•	53.7	0.2	5.1	–	–	41.0	–	–
1996	118789	•	54.5	0.2	5.5	–	–	39.8	–	–
1997	117227	•	53.1	0.2	5.8	–	–	40.9	–	–
1998	109253	•	52.7	0.2	6.5	–	–	40.6	–	–
1999	103300	•	52.0	0.1	6.4	–	–	41.5	–	–
2000	96020	17.5	51.5	0.1	6.9	0.1	0.0	41.3	–	–
2001	91036	17.3	50.5	0.1	6.5	0.1	0.1	42.5	0.0	0.0
2002	89606	17.5	50.4	0.1	6.4	0.4	0.2	42.3	0.1	0.0
2003	91589	18.2	49.1	0.1	5.5	0.8	0.3	43.6	0.6	0.1
2004	96121	19.2	47.5	0.0	5.2	1.9	0.6	43.3	1.2	0.1
2005	102383	20.5	45.8	0.0	4.8	3.0	0.9	43.4	1.7	0.4
2006	106809	21.3	44.8	0.0	5.1	3.9	1.2	42.1	2.3	0.5
2007	115623	23.0	43.7	0.0	5.3	5.2	1.3	39.8	4.1	0.7
2008	124515	24.7	39.8	0.0	5.8	7.4	1.5	37.5	7.1	0.8
女　性										
1995	81263	•	48.2	0.2	20.5	–	–	31.1	–	–
1996	83253	•	49.2	0.2	19.9	–	–	30.7	–	–
1997	83846	•	49.4	0.2	19.7	–	–	30.8	–	–
1998	81633	•	48.9	0.1	20.1	–	–	30.9	–	–
1999	81701	•	49.3	0.2	20.2	–	–	30.4	–	–
2000	80634	16.2	49.2	0.1	19.9	0.1	0.0	30.6	–	–
2001	80678	16.6	49.4	0.1	19.0	0.1	0.0	31.3	0.0	0.0
2002	83000	17.2	50.3	0.1	17.5	0.5	0.1	31.4	0.1	0.0
2003	89939	18.7	49.0	0.1	15.7	0.8	0.1	33.8	0.4	0.0
2004	95664	19.7	47.4	0.0	15.3	2.0	0.3	34.0	0.9	0.0

（续表）

毕业考试年份[6]	毕业生	毕业率	高校毕业文凭种类[1]							
			毕业文凭(综合型大学)和同等毕业证书[2]	博士学位	教师资格	学士学位(综合型大学)[3]	硕士学位(综合型大学)[4,5]	应用技术大学毕业文凭	学士学位(应用技术大学)	硕士学位(应用技术大学)[5]
	数量	%								
2005	105553	21.6	45.9	0.0	15.5	3.5	0.6	33.1	1.2	0.2
2006	113973	23.2	45.2	0.0	15.8	5.5	0.8	30.8	1.7	0.2
2007	124254	25.2	44.3	0.0	15.8	6.8	1.0	28.5	3.3	0.3
2008	135983	27.7	40.9	0.0	16.4	9.8	1.4	25.1	5.8	0.5

* 国家对毕业率的界定：毕业生在相应年龄人口中所占比例。统计时，先分别计算各个年龄段的毕业率，紧接着进行求和统计(比例求和方式)

1) 包括管理学院

2) 包括艺术和其他的毕业文凭

3) 包括学士学位(艺术学院)

4) 包括硕士学位(艺术学院)

5) 截至 2009 年夏季学期为止，高校数据统计时把本科毕业后连读硕士的毕业文凭视作为第一学历文凭。由此造成两次计入第一学历文凭的问题，然而由于到现在为止硕士毕业文凭数量较少，因而所带来的影响微乎其微。自 2009/10 学年冬季学期起，本硕连读的硕士毕业文凭被视作为第二次大学学习/第二学历

6) 毕业考试年份：夏季学期和冬季学期

来源：联邦统计局及各联邦州统计局，高校统计数据

表 G1－1A：2007 年继续教育参加率*(根据继续教育类型、年龄群体、普通教育文凭和性别统计，单位：%)

继续教育类型 普通教育毕业证书	总体			男性			女性		
	其中根据年龄群体								
	合计	50 岁以下	50－65 岁	合计	50 岁以下	50－65 岁	合计	50 岁以下	50－65 岁
	继续教育参加率[1] %								
继续教育总体情况	44.0	48.3	33.8	46.3	50.8	35.2	41.7	45.7	32.4
有/无普通中学毕业文凭	28.7	32.4	23.4	33.3	37.5	26.4	23.3	25.6	20.8
中等学校毕业文凭	48.5	51.3	39.4	50.4	53.9	38.7	46.9	49.0	39.9
(专科)高等学校文凭	59.8	61.2	54.8	61.0	63.8	51.8	58.7	58.7	58.8
企业培训	29.3	32.1	22.7	33.2	36.2	25.9	25.4	28.0	19.5
有/无普通中学毕业文凭	19.1	20.9	16.6	24.7	26.9	(21.0)	12.7	12.9	(12.4)
中等学校毕业文凭	34.5	37	26.2	36.8	39.8	(26.8)	32.4	34.5	25.3
(专科)高等学校文凭	38.4	39.4	34.9	42.8	45.0	35.7	33.9	34.1	33.3
个人职业相关的继续教育	13.3	14.7	10.1	13.3	14.5	10.3	13.4	14.9	9.9
有/无普通中学毕业文凭	6.7	7.7	(5.3)	7.1	(7.7)	/	(6.2)	(7.6)	/
中等学校毕业文凭	13.1	13.7	(11.1)	13.3	14.2	/	13.0	13.3	(11.8)
(专科)高等学校文凭	22.7	22.9	22.0	22.2	22.8	(20.1)	23.2	22.9	(24.6)

(续表)

继续教育类型 普通教育毕业证书	总　体			男　性			女　性		
	其中根据年龄群体								
	合计	50岁以下	50-65岁	合计	50岁以下	50-65岁	合计	50岁以下	50-65岁
	继续教育参加率[1)]%								
非职业相关的继续教育	10.1	11.1	7.8	7.9	9.1	(5.1)	12.4	13.1	10.7
有/无普通中学毕业文凭	6.6	7.4	(5.6)	(5.9)	(7.1)	/	(7.4)	(7.6)	/
中等学校毕业文凭	9.3	9.2	(9.5)	7.2	(7.6)	/	11.1	10.6	(12.5)
(专科)高等学校文凭	15.1	15.9	(11.9)	10.5	11.7	/	19.8	20.0	(18.7)

* 存在多项选择的可能性

1) 括号内数值代表未加权的40-80个案例情形

来源：TNS Infratest社会调研,2007年成人教育调查,德国境内问卷调查,自行统计数据

表G1-2A：2007年继续教育参加率*(根据继续教育类型和主题领域分类,单位：%)

主题领域	继续教育总体情况	企业培训	个人职业相关的培训	非职业相关的培训
	%			
语言,文化,政治	19.8	15.1	26.7	43.3
教育学,社会能力	14.2	13.6	22.3	16.0
医疗,体育	19.9	18.1	21.8	34.3
经济,工作,法律	39.7	48.4	40.1	25.6
自然科学,技术,计算机	41.5	45.5	38.6	42.0
无法分类	7.6	8.7	9.9	6.9

* 存在多项选择的可能性

来源：TNS Infratest社会调研,2007年成人教育调查,德国境内问卷调查,自行统计数据

表G1-3A：2007年继续教育参加率*(根据继续主题领域、性别和年龄群体分类,单位：%)

主题领域	总体	按照性别		按照年龄群体	
		男性	女性	19-50岁	50-65岁
	%				
语言,文化,政治	19.8	15.9	24.2	18.9	22.8
教育学,社会能力	14.2	11.9	16.8	13.9	15.2
医疗,体育	19.9	12.0	28.9	20.3	18.5
经济,工作,法律	39.7	41.6	37.6	38.6	43.5
自然科学,技术,计算机	41.5	50.1	31.6	42.7	37.1

* 存在多项选择的可能性

来源：TNS Infratest社会调研,2007年成人教育调查,德国境内问卷调查,自行统计数据

表 G1-4A：2007 年部分欧盟国家继续教育参加率以及学习时间

国　　家	参 加 率	每名学员的学习时间
	单位：%	单位：小时[1]
欧盟 15 国平均值[2]	34.6	71
丹麦	37.6	121
德国	43.1	76
法国	34.1	57
荷兰	42.1	59
奥地利	39.8	92
瑞典	69.4	73
西班牙	27.2	112
英国	40.3	48

1）学习时间数据来自欧盟统计局数据库(www.ec.europa.eu/eurostat,28.10.2009)
2）欧盟 15 国不包括卢森堡和爱尔兰;法国数值为临时数据
来源：欧盟统计局,2007 年成人教育调查,自行统计数据

表 G1-5A：2007 年部分欧盟国家的继续教育参与率(根据年龄群体和性别统计,单位：%)

国　　家	总　体	根据年龄群体			根据性别	
		35 岁以下	35-50 岁	50 岁及 50 岁以上	男性	女性
	%					
欧盟 15 国平均值[1]	34.6	39.9	37.9	26.4	35.4	33.8
丹麦	37.6	35.7	43.2	32.5	37.6	37.6
德国	43.1	46.8	48.5	33.7	45.8	40.4
法国	34.1	45.0	37.6	21.3	35.5	32.8
荷兰	42.1	52.5	44.2	33.1	45.0	39.3
奥地利	39.8	40.2	46.2	30.7	41.8	37.8
瑞典	69.4	72.4	73.0	63.7	67.7	71.2
西班牙	27.2	32.5	29.6	18.4	27.3	27.1
英国	40.3	44.3	41.9	35.6	39.2	41.4

1）欧盟 15 国不包括卢森堡和爱尔兰;法国数值为临时数据
来源：欧盟统计局,2007 年成人教育调查,自行统计数据

表 G2-1A：2007 年继续教育参加者的群体(分组*)

	总体	组 1	组 2	组 3	组 4	组 5	组 6
小组规模：样本数(单位：%)	100	18.2	19.3	16.6	24.2	8.3	13.4
小组规模：样本数(数值)	3232	587	623	537	783	269	433

(续表)

	总体	组 1	组 2	组 3	组 4	组 5	组 6
%							
性别							
男性	53.0	95.0	8.0	0.0	95.0	64.0	45.0
女性	47.0	5.0	92.0	100.0	5.0	36.0	55.0
年龄							
19－35 岁	33.3	43.3	23.9	24.5	18.6	26.6	75.1
35－50 岁	43.9	52.8	58.4	55.6	41.5	42.7	1.7
50－65 岁	22.8	4.0	17.7	20.0	39.8	30.7	23.2
求职状态[1]							
全职	63.8	70.9	54.8	47.0	93.9	95.2	13.8
兼职	17.1	2.6	34.7	47.3	2.1	2.6	9.9
失业	5.3	19.0	4.4	2.3	0.9	0.5	3.2
待业	13.5	7.2	5.7	3.3	3.2	1.6	71.9
职业证书							
无职业培训经历	14.0	15.7	11.3	11.3	7.0	3.0	38.3
学徒/专科职业学校	51.4	52.4	63.8	56.9	51.2	49.0	27.1
师傅/专业学校	8.7	13.4	3.3	7.1	13.6	8.9	3.1
应用技术大学毕业	21.4	14.6	20.5	23.5	27.1	37.5	8.9
课程数量							
1 门课	50.4	94.4	100.0	0.4	20.0	0.0	67.7
2－3 门课	39.4	5.5	0.0	89.8	79.5	8.2	26.9
多于 3 门课	10.2	0.2	0.0	9.8	0.5	91.9	5.4
学习缘由[2]							
出于职业需要	86.4	94.1	88.5	93.0	98.2	98.7	36.0
出于个人兴趣	24.6	7.3	11.4	32.0	13.4	35.4	71.4
时间投入(学习时间/年)							
较少(少于 18 小时)	32.3	44.9	51.1	21.7	28.7	0.0	28.2
中等(18－60 小时)	34.1	33.3	23.0	44.2	45.3	15.3	30.1
较多(60 小时以及更多)	33.6	21.8	25.9	34.2	26.0	84.7	41.8
以百分比呈现的小组特征							
性别							
男性	100	32.6	2.9	0.0	43.4	10.1	11.4

（续表）

	总体	组 1	组 2	组 3	组 4	组 5	组 6
女性	100	1.9	37.7	35.4	2.6	6.4	15.7
年龄							
19－35 岁	100	23.6	13.8	12.2	13.6	6.6	30.2
35－50 岁	100	21.8	25.6	21.0	22.9	8.1	0.5
50－65 岁	100	3.2	15.0	14.6	42.4	11.2	13.7
求职状态[1]							
全职	100	20.2	16.6	12.3	35.7	12.4	2.9
兼职	100	2.8	39.2	46.0	2.9	1.3	7.8
失业	100	64.6	15.8	7.1	3.9	0.7	8.0
待业	100	9.6	8.2	4.0	5.8	1.0	71.5
职业证书							
无就业经验	100	20.4	15.6	13.5	12.1	1.8	36.7
学徒/专科职业学校	100	18.5	23.9	18.4	24.1	7.9	7.1
师徒制/专科学校	100	28.0	7.2	13.6	37.9	8.6	4.8
应用技术大学文凭	100	12.4	18.4	18.3	30.7	14.6	5.6
课程数量							
1 门课	100	34.0	38.2	0.1	9.6	0.0	18.0
2－3 门课	100	2.5	0.0	37.8	48.8	1.7	9.1
多于 3 门课	100	0.3	0.1	16.0	1.3	75.1	7.2
学习缘由[2]							
出于职业需要	100	19.8	19.7	17.9	27.5	9.5	5.6
出于个人兴趣	100	5.4	9.0	21.6	13.2	12.0	38.9
时间投入(学习时间/年)							
较少(少于 18 小时)	100	25.2	30.5	11.1	21.5	0.0	11.7
中等(18－60 小时)	100	17.7	13.0	21.5	32.2	3.7	11.8
较多(60 小时以及更多)	100	11.8	14.8	16.9	18.8	21.0	16.7

* 参见 G2 概念注释

1)《成人教育调查》中的求职状态根据受访者自我评估而确定：全职(每周至少工作 35 小时)；未就业人员(退休，家庭主妇/居家男人，无劳动能力，培训学员，大学生，服民事役、服兵役人员等)

2) 存在多项选择的可能性

来源：TNS Infratest 社会调研，2007 年成人教育调查，德国境内问卷调查，自行统计数据

表 G2－2A：2007 年继续教育参加者群体(分组)(根据移民背景划分，单位：%)

移民背景	总　体	小组 1	小组 2	小组 3	小组 4	小组 5	小组 6
	in %						
总体	100	100	100	100	100	100	100
具有移民背景	14.1	21.4	16.2	6.3	8.9	8.6	22.5
没有移民背景	85.9	78.6	83.8	93.7	91.1	91.4	77.5

* 参见 G2 概念注释

来源：TNS Infratest 社会调研，2007 年成人教育调查，德国境内问卷调查，自行统计数据

表 G2－3A：2007 年继续教育参加者群体(分组)(根据经济领域划分，单位：%)

经济领域	总　体	小组 1	小组 2	小组 3	小组 4	小组 5	小组 6
	%						
总体	100	100	100	100	100	100	100
工商业经济[1]	22.5	29.8	12.5	22.9	32.5	12.2	21.0
建筑业	5.4	10.4	2.9	1.5	6.7	2.8	5.9
贸易(包括汽车贸易)	13.1	11.1	18.7	8.3	7.6	13.5	24.4
交通和信息传输	4.7	5.9	4.1	4.9	4.9	3.8	5.2
信用卡和保险行业	9.4	10.6	8.6	10.9	8.4	9.6	9.6
其他服务业[2]	7.0	6.3	9.3	4.1	6.4	7.3	6.6
公共管理	10.3	8.4	9.4	15.4	13.5	8.1	5.9
教育，培训，医疗和社会保障	22.8	11.3	29.6	27.8	15.3	39.4	15.1
农业，渔业，采矿业，采石业，其他	4.8	6.1	4.7	4.1	4.6	3.4	6.3

* 参见 G2 概念注释

1) 纺织，家具，化工，金属，电力，汽车和机械制造，其他加工行业，能源和水供给

来源：TNS Infratest 社会调研，2007 年成人教育调查，德国境内问卷调查，自行统计数据

表 G2－4A：2007 年继续教育参加者的群体(根据主题领域进行分组，单位：%)

主题领域	总　体	小组 1	小组 2	小组 3	小组 4	小组 5	小组 6
	%						
总体	142.7	104.4	100.1	178.6	153.6	240.5	130.6
语言，文化，政治	19.8	11.9	10.3	27.2	13.8	33.7	37.0
教育学，社会能力	14.2	10.6	8.3	20.0	13.2	31.6	11.3
医疗，体育	19.9	7.3	15.9	39.7	13.7	30.5	23.1
经济，工作，法律	39.7	30.3	32.6	49.6	49.9	65.2	16.2
自然科学，技术，计算机	41.5	38.0	29.7	34.1	54.3	60.2	37.4
无法归类	7.6	6.3	3.4	8.0	8.8	19.3	5.5

* 参见 G2 概念注释

** 存在多项选择的可能性

来源：TNS Infratest 社会调研，2007 年成人教育调查，德国境内问卷调查，自行统计数据

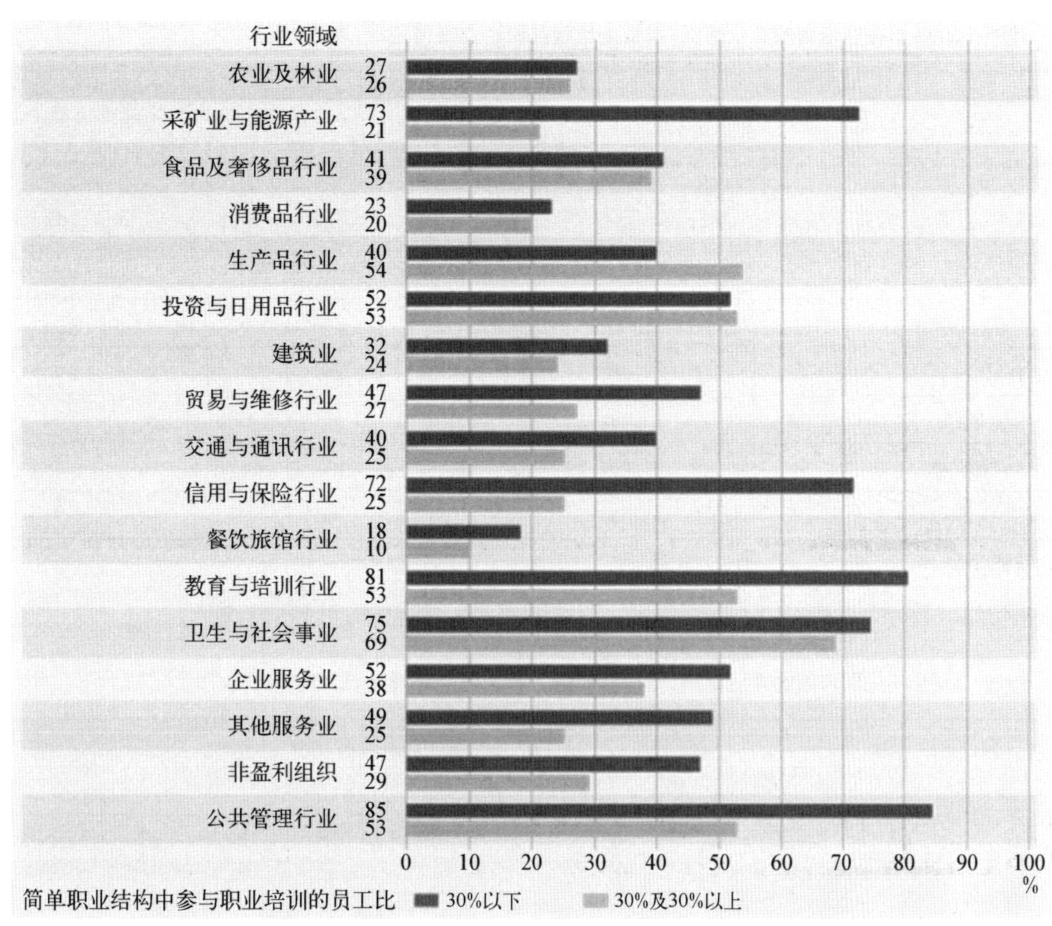

图 G3－4A：2008 年提供职业培训的企业比例（按职业结构与行业划分，单位：%）

来源：德国劳动力市场及职业研究所 2008 年度企业调查，德国劳动力市场及职业研究所统计数据，编写组自行统计

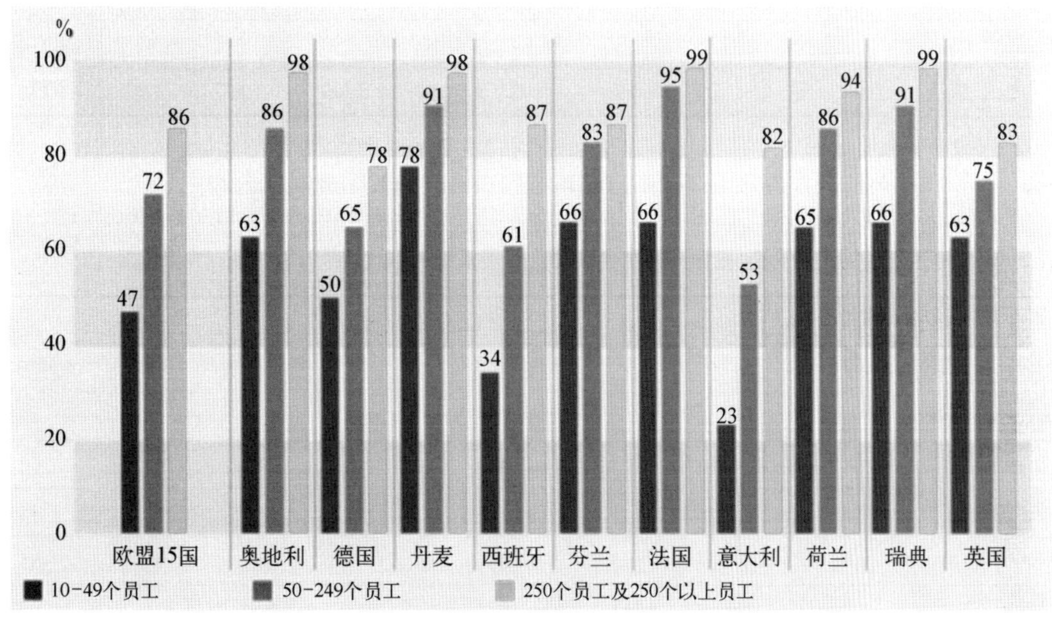

图 G3－5A：2005 年根据企业规模和所选欧盟国家统计的提供职业培训的企业比例（单位：%）

来源：欧盟统计局，2005 年继续职业培训调查

表 G3－1A：1999－2008 年提供培训的企业比例(根据盈利状况和企业规模统计，单位：%)

企业规模	企业的盈利状况									
	1999 年		2003 年		2005 年		2007 年		2008 年	
	很/很好	尚可/欠缺	很/很好	尚可/欠缺	很/很好	尚可/欠缺	很/很好	尚可/欠缺	很/很好	尚可/欠缺
	in %									
总体	42	29	47	32	50	34	52	35	54	37
1－9 个职员	34	22	41	27	44	29	46	29	48	30
10－49 个职员	64	54	66	50	67	56	68	63	72	65
50－249 个职员	86	75	86	81	87	84	87	81	88	84
250 个以上职员	96	92	96	92	97	95	97	92	97	96

* 参见 G3 概念注释

来源：德国劳动力市场及职业研究所企业调查，德国劳动力市场及职业研究所统计数据，编写组自行统计

表 G3－2A：1999－2008 年提供培训的企业比例(根据创新能力和企业规模统计，单位：%)

企业规模	具有创新力的企业									
	1999 年		2003 年		2005 年		2007 年		2008 年	
	是	否	是	否	是	否	是	否	是	否
	%									
总体	54	32	54	34	57	37	56	35	54	24
1－9 个职员	43	26	47	29	47	33	47	29	46	19
10－49 个职员	74	52	67	58	73	56	74	61	72	56
50－249 个职员	86	78	86	84	88	80	89	82	89	81
250 个以上职员	98	89	96	95	97	96	96	94	97	94

* 参见 G3 概念注释

来源：德国劳动力市场及职业研究所企业调查，德国劳动力市场及职业研究所统计数据，编写组自行统计

表 G3－3A：2008 年提供培训的企业比例(根据海外销售额和企业规模统计，单位：%)

企业规模	企业的海外销售比例			
	总 体	小于 25%	25－50%	大于 50%
	%			
总体	45	43	58	60
1－9 个职员	38	37	45	44
10－49 个职员	71	68	66	85
50－249 个职员	87	85	85	92
250 及以上职员	97	96	99	97

来源：德国劳动力市场及职业研究所企业调查，德国劳动力市场及职业研究所统计数据，编写组自行统计

表 G3－4A：2005 年培训课程参加率（根据行业、企业规模、性别和年龄群体统计，单位：%）

经济领域和企业规模	总　体	按照性别		按照年龄群体		
		男性	女性	25 岁以下	25－55 岁	55 岁以及以上
	%					
总体	30.3	32.1	27.4	24.7	32.4	20.7
经济领域						
采矿、采石和稀土行业	42.8	43.7	33.6	41.0	44.9	16.7
加工业	34.6	36.6	29.3	33.8	36.0	25.8
纺织、服装、家具	18.7	19.3	17.7	22.0	19.5	10.9
石油，化学，塑料	39.7	41.0	36.4	48.7	41.4	22.8
金属和电子，汽车制造	38.3	39.8	32.1	36.0	39.4	31.9
其他加工业	23.7	22.4	25.1	24.7	25.2	13.4
能源和水资源	55.0	58.0	46.6	36.3	60.0	27.5
建筑业	18.5	18.1	21.6	18.4	19.3	14.0
贸易	22.7	27.2	19.2	16.2	25.2	14.4
汽车（贸易和维修保养）	32.8	33.7	29.4	27.8	36.5	13.5
大宗贸易	27.5	28.5	26.1	17.5	30.5	15.9
零售业	16.5	19.8	15.4	13.2	17.7	13.3
酒店服务业	18.1	19.7	17.1	14.8	20.1	12.3
交通和信息传输	24.6	25.5	22.2	14.8	27.0	14.9
信贷和保险行业	46.1	45.8	46.3	58.1	46.9	30.7
（其他）服务业	30.4	30.1	30.7	24.8	32.5	19.7
企业规模						
10－49 名职员	24.6	24.2	25.2	20.2	26.9	13.1
50－249 名职员	27.4	28.8	25.1	25.4	29.4	16.1
250 名以上的职员	33.0	35.6	28.8	25.9	35.0	24.7
250－499 名职员	31.6	32.1	30.7	28.3	33.8	20.0
500 名以上的职员	33.3	36.4	28.4	25.3	35.2	25.8

来源：联邦及各联邦州统计局，2005 年《企业继续职业培训调查》

表 G3－5A：2005 年继续教育课程参加率（根据年龄群体和所选欧盟国家统计，单位：%）

国　　家	总　体	按 年 龄 群 体		
		25 岁以下	25－55 岁	55 岁以上
	%			
在所有企业中				
欧盟 15 国平均水平	34	30	34	25
丹麦	35	29	35	36

(续表)

国　家	总　体	按年龄群体		
		25岁以下	25－55岁	55岁以上
	%			
德国	30	25	32	21
芬兰	39	25	43	34
法国	46	•	•	•
意大利	29	22	30	22
荷兰	34	26	38	23
奥地利	33	36	34	21
瑞典	46	39	50	37
西班牙	33	30	35	25
英国	33	34	34	26
在提供教学活动的企业中				
欧盟15国平均水平	44	38	43	30
丹麦	37	32	38	38
德国	39	34	41	27
芬兰	46	32	49	38
法国	50	•	•	•
意大利	49	43	51	38
荷兰	39	31	43	27
奥地利	38	42	39	25
瑞典	51	44	54	41
西班牙	51	46	53	36
英国	39	40	41	30

来源：欧盟统计局，2005年《企业继续职业培训调查》

表G3－6A：1999－2005年继续教育强度之核心数据(根据所选欧盟国家统计)

国　家	参加培训教学活动[1]职员比例		每名职员参加培训教学活动的学习时间		每名职员为培训教学活动支付的费用		培训教学活动费用占人力费用比例		参加培训教学活动的学习时间占工作时间比例	
	1999年	2005年	1999年	2005年	1999年	2005年	1999年	2005年	1999年	2005年
	单位：%		单位：小时		以购买力标准统计		单位：%		单位：%	
欧盟15国平均水平	40	34	12	9	601	508	2.3	1.6	0.7	0.5
奥地利	31	33	9	9	360	525	1.3	1.4	0.5	0.5
德国	32	30	9	9	483	487	1.5	1.3	0.5	0.6
丹麦	53	35	22	10	1058	1011	3.0	2.7	1.4	0.9
西班牙	25	33	11	9	380	370	1.5	1.2	0.6	0.5

（续表）

国家	参加培训教学活动[1]职员比例		每名职员参加培训教学活动的学习时间		每名职员为培训教学活动支付的费用		培训教学活动费用占人力费用比例		参加培训教学活动的学习时间占工作时间比例	
	1999年	2005年	1999年	2005年	1999年	2005年	1999年	2005年	1999年	2005年
	单位：%		单位：小时		以购买力标准统计		单位：%		单位：%	
芬兰	50	39	18	10	656	448	2.4	1.5	1.1	0.6
法国	46	46	17	13	733	842	2.4	2.3	1.0	0.8
意大利	26	29	8	7	525	420	1.7	1.2	0.5	0.5
荷兰	41	34	15	12	805	677	2.8	2.0	1.1	0.8
瑞士	61	46	18	15	841	763	2.8	2.1	1.2	1.0
英国	49	33	13	7	678	345	3.2	1.3	0.7	0.3

1）培训教学活动

来源：欧盟统计局，《企业继续职业培训调查》

表 G4－1A：2007 年继续教育证书*（根据证明种类统计，单位：%）

证书	证书	占所有学员比例
	%	
无证书	X	43.3
取得证书	100.0	56.4
其中		
国家承认学历的证明	4.8	2.7
通过考试获得的证书	1.7	1.0
全国通用的证书	18.9	10.7
成绩证明（包含分数或者评语）	9.1	5.1
学习证明	63.1	35.6
其他	1.9	1.1

* 百分之百缺失的数值：无说明

来源：TNS Infratest 社会调研，2007 年成人教育调查，德国境内问卷调查，自行统计数据

表 G4－2A：2007 年继续教育证书*（根据抽样特征统计，单位：%）

继续教育类型 年龄 求职状态 普通教育学历	总体	没有获得证书	获得证书	其中	
				证明，证书，成绩证明	学时证明，其他
	%				
总体	100	43.3	56.4	34.6	65.1
继续教育类型[1]					
企业培训	100	44.0	55.6	30.2	69.4

(续表)

继续教育类型 年龄 求职状态 普通教育学历	总 体	没有获得证书	获得证书	其 中	
				证明,证书,成绩证明	学时证明,其他
	%				
与职业相关的培训	100	37.5	61.6	37.4	62.2
非职业相关的培训	100	51.1	48.3	41.5	58.5
年龄					
19－34岁	100	42.2	57.7	40.5	59.0
35－49岁	100	41.5	58.0	33.9	65.9
50－64岁	100	48.3	51.3	27.0	72.8
求职状态					
全职	100	42.9	56.8	31.9	67.8
兼职	100	44.4	55.5	31.2	68.7
失业	100	40.2	58.5	49.1	50.9
未求职人士	100	51.4	48.1	(43.8)	54.5
参加培训	100	39.3	60.5	52.7	47.1
普通教育证书					
无/有普通中学毕业文凭	100	44.9	54.7	35.8	63.2
中等教育文凭	100	45.1	54.6	35.2	64.8
(应用技术大学)高等院校证书	100	41.0	58.5	32.9	66.9

* 百分之百缺失的数值;无说明;括号内数值代表未加权的40－80个案例情形

1) 存在多项选择的可能性

来源:TNS Infratest社会调研,2007年成人教育调查,德国境内问卷调查,自行统计数据

表G4－3A:2000－2009年参加促进职业培训项目的学员人数(根据抽样特征统计)

样 本	2000年	2001年	2002年	2003年	2004年	2005年	2006年	2007年	2008年	2009年	与2000年相比2009年的变化
	单位:千										单位:%
总体	522939	441907	454699	254718	185041	131521	246789	341262	433007	503842	－3.7
根据地区											
旧联邦州地区	305948	242012	259166	161042	123952	91096	173032	233360	298977	353621	＋15.6
新联邦州地区	216991	199895	195533	93676	61089	40425	73757	107902	134030	150221	－30.8
按照性别											
男性	265057	226872	237149	137128	103266	77527	139236	183056	234392	298011	＋12.4
女性	257882	215035	217550	117590	81775	53994	107553	158206	198615	205831	－20.2

（续表）

样 本	2000年	2001年	2002年	2003年	2004年	2005年	2006年	2007年	2008年	2009年	与2000年相比2009年的变化
	单位：千										单位：%
根据年龄群体											
30岁以下	139514	115258	123670	84714	58567	52807	81395	95884	122396	140844	+1.0
30-45岁	276870	232162	235844	126888	93414	56733	101772	143954	186997	216598	-21.8
45岁及以上	106555	94487	95185	43116	33060	21981	63622	101424	123614	146400	+37.4
根据规划好的学习时长											
6个月以下	208435	175411	188188	116688	112500	91669	188966	266164	347632	404419	+94.0
6-12个月	191594	153844	152286	67364	32465	22006	35462	49860	57575	60085	-68.6
12个月及以上	122910	112652	114225	70666	40076	17845	22361	25238	27800	39338	-68.0
	单位：%										单位：%
总体	100	100	100	100	100	100	100	100	100	100	
根据地区											
旧联邦州地区	58.5	54.8	57.0	63.2	67.0	69.3	70.1	68.4	69.0	70.2	+11.7
新联邦州地区	41.5	45.2	43.0	36.8	33.0	30.7	29.9	31.6	31.0	29.8	-11.7
根据性别											
男性	50.7	51.3	52.2	53.8	55.8	58.9	56.4	53.6	54.1	59.1	+8.5
女性	49.3	48.7	47.8	46.2	44.2	41.1	43.6	46.4	45.9	40.9	-8.5
根据年龄群体											
30岁以下	26.7	26.1	27.2	33.3	31.7	40.2	33.0	28.1	28.3	28.0	
30-45岁	52.9	52.5	51.9	49.8	50.5	43.1	41.2	42.2	43.2	43.0	-10.0
45岁及以上	20.4	21.4	20.9	16.9	17.9	16.7	25.8	29.7	28.5	29.1	+8.7
根据计划好的学习时长											
6个月以下	39.9	39.7	41.4	45.8	60.8	69.7	76.6	78.0	80.3	80.3	+40.4
6-12个月	36.6	34.8	33.5	26.4	17.5	16.7	14.4	14.6	13.3	11.9	-24.7
12个月及以上	23.5	25.5	25.1	27.7	21.7	13.6	9.1	7.4	6.4	7.8	-15.7

来源：联邦劳动部，促进统计数据，编写组自行统计

表G4-4A：2000-2009年参加促进职业培训项目学员的待业时长*（根据地区统计）

待业状况	2000年	2001年	2002年	2003年	2004年	2005年	2006年	2007年	2008年	2009年[1)]
待业1个月										
全 德 国										
可查到的退出社会保险人员	432411	477211	450416	349881	255178	159812	239493	318716	390413	418572

(续表)

待业状况		2000年	2001年	2002年	2003年	2004年	2005年	2006年	2007年	2008年	2009年[1]
其中 单位：%	缴纳社会保险的职员	28.0	23.9	20.6	21.5	24.2	27.2	28.7	30.1	30.9	30.4
	其他未失业人员	18.3	20.9	21.1	18.3	17.4	20.6	21.9	18.5	17.1	15.1
	失业者	53.7	55.1	58.3	60.2	58.4	52.2	49.3	51.4	52.0	54.4
旧联邦州地区											
可查到的退出社会保险人员		244264	269880	250099	204676	164986	109764	163717	218687	267825	295602
其中 单位：%	缴纳社会保险的职员	34.0	28.0	23.8	23.2	25.7	27.9	29.3	30.5	32.6	32.2
	其他未失业人员	19.7	23.0	23.0	20.8	18.3	20.7	22.2	18.6	17.3	15.1
	失业者	46.4	49.0	53.1	56.0	56.0	51.4	48.6	50.9	50.2	52.7
新联邦州地区											
可查到的退出社会保险人员		188147	207331	200317	145205	90192	50048	75776	100028	122588	122970
其中 单位：%	缴纳社会保险的职员	20.3	18.7	16.6	19.0	21.5	25.6	27.6	29.1	27.4	26.3
	其他未失业人员	16.4	18.3	18.6	14.8	15.8	20.4	21.4	18.3	16.6	15.2
	失业者	63.3	63.1	64.8	66.2	62.7	54.0	51.0	52.7	56.0	58.5
待业6个月											
全德国											
可查到的退出社会保险人员		432411	477211	450416	349881	255178	159812	239493	318716	390413	320216
其中 单位：%	缴纳社会保险的职员	43.2	37.2	32.8	35.2	40.5	45.1	46.5	48.0	44.9	44.7
	其他未失业人员	20.2	23.1	22.9	21.0	19.1	21.2	21.2	20.5	21.1	21.0
	失业者	36.6	39.7	44.3	43.8	40.4	33.6	32.3	31.5	34.0	34.3
旧联邦州地区											
可查到的退出社会保险人员		244264	269880	250099	204676	164986	109764	163717	218687	267825	223958
其中 单位：%	缴纳社会保险的职员	49.5	41.2	35.9	36.2	41.5	45.6	46.6	48.3	46.0	45.4
	其他未失业人员	20.6	24.5	24.3	23.6	19.6	21.1	21.5	21.1	21.6	21.2
	失业者	29.9	34.3	39.8	40.1	38.9	33.4	31.9	30.7	32.4	33.4
新联邦州地区											
可查到的退出社会保险人员		188147	207331	200317	145205	90192	50048	75776	100028	122588	96258
其中 单位：%	缴纳社会保险的职员	35.1	32.1	28.8	33.7	38.6	44.2	46.1	47.5	42.6	43.2
	其他未失业人员	19.6	21.2	21.2	17.3	18.1	21.6	20.6	19.2	20.0	20.3
	失业者	45.3	46.8	50.0	48.9	43.3	34.1	33.3	33.3	37.4	36.6

* 与之前的《德国国家教育报告》相比，截至2006年的数据可能由于数据版本的不同而出现轻微偏差

1) 仅包含2009年1－9月数据

来源：联邦劳动部，促进数据，编写组自行统计

表格 G4-5A：2008 年参加促进职业培训项目半年之后学员的待业时长（根据项目时长和年龄群体统计）

项目时长	年龄群体	可查到的退出社会保险人员	根据待业情况统计(6 个月)			融入率	失业率
			缴纳社会保险的职员	其他未失业人员	失业者		
		数量				%	
总体	总体	390768	175633	82519	132616	44.9	33.9
	30 岁以下	109613	53735	24640	31238	49.0	28.5
	30-45 岁	166577	74296	34650	57631	44.6	34.6
	45 岁及以上	114578	47602	23229	43747	41.5	38.2
6 个月以下	总体	325859	146806	68685	110368	45.1	33.9
	30 岁以下	90134	44523	20145	25466	49.4	28.3
	30-45 岁	136722	60770	28584	47368	44.4	34.6
	45 岁及以上	99003	41513	19956	37534	41.9	37.9
6-12 个月	总体	46706	18910	10325	17471	40.5	37.4
	30 岁以下	11577	5051	2848	3678	43.6	31.8
	30-45 岁	21231	8751	4498	7982	41.2	37.6
	45 岁及以上	13898	5108	2979	5811	36.8	41.8
12 个月及以上	总体	18203	9917	3509	4777	54.5	26.2
	30 岁以下	7902	4161	1647	2094	52.7	26.5
	30-45 岁	8624	4775	1568	2281	55.4	26.4
	45 岁及以上	1677	981	294	402	58.5	24.0

来源：联邦劳动部，促进数据，编写组自行统计

表 G4-6A：2008 年参加促进职业培训项目半年之后学员的待业时长（根据性别和年龄群体统计）

性别	年龄群体	可查到的退出社会保险人员	根据待业时长统计(6 个月)			融入率	失业率
			缴纳社会保险的职员	其他非失业人员	失业者		
		数量				%	
总体	总体	390413	175441	82423	132549	44.9	34.0
	30 岁以下	104924	51475	23652	29797	49.1	28.4
	30-45 岁	167286	74781	34759	57746	44.7	34.5
	45 岁及以上	118203	49185	24012	45006	41.6	38.1
男性	总体	211037	100339	40340	70358	47.5	33.3
	30 岁以下	63207	31636	13316	18255	50.1	28.9
	30-45 岁	87949	41800	15843	30306	47.5	34.5
	45 岁及以上	59881	26903	11181	21797	44.9	36.4

(续表)

性　别	年龄群体	可查到的退出社会保险人员	根据待业时长统计(6个月)			融入率	失业率
			缴纳社会保险的职员	其他非失业人员	失业者		
		数　量				%	
女性	总体	179376	75102	42083	62191	41.9	34.7
	30岁以下	41717	19839	10336	11542	47.6	27.7
	30－45岁	79337	32981	18916	27440	41.6	34.6
	45岁及以上	58322	22282	12831	23209	38.2	39.8

来源：联邦劳动部，2008年促进数据，编写组自行统计

表H2.1－2A：2008－2025年毕业生人数(根据教育领域和毕业类型统计，单位：千)

毕业文凭类型	2008年	2010年	2015年	2020年	2025年
	单位：千				
普通教育学校文凭 总共	1219.9	*1134.1*	*1091.7*	*980.1*	*925.2*
无普通中学毕业文凭	64.9	*60.1*	*57.4*	*53.4*	*51.6*
普通中学毕业文凭	246.5	*208.7*	*187.4*	*166.2*	*158.3*
中等学历	467.3	*429.1*	*411.5*	*364.1*	*344.0*
就读应用技术大学资格	130.7	*132.2*	*129.3*	*115.0*	*107.6*
就读综合型高等院校资格	310.5	*303.9*	*306.1*	*281.3*	*263.7*
职业学校文凭 总共	943.3	*904.1*	*827.0*	*744.7*	*699.8*
其中					
双元制毕业文凭	447.2	*446.9*	*403.7*	*365.9*	*343.1*
其他职业毕业文凭	137.3	*126.6*	*115.0*	*104.9*	*99.1*
高等院校毕业文凭 总共	309.4	*349.6*	*424.7*	*427.8*	*403.7*
综合型大学	203.9	*229.9*	*268.5*	*266.6*	*251.8*
其中 第一学位获得者	157.9	*171.3*	*173.7*	*153.5*	*141.2*
应用技术大学[1]	105.4	*119.6*	*156.2*	*161.2*	*151.9*
其中 第一学位获得者	96.3	*97.9*	*113.9*	*111.7*	*103.7*

1）专科高校，行政管理学院，双元制学院，职业学院

来源：联邦及各联邦州统计局，2010年教育预估-基础变量，暂时结果

表H2.1－3A：2010年教育预估假设(根据各教育领域的学生和毕业生统计)

教育领域		基础变量	高级变量	低级变量
			与基础变量之间的偏差	
幼儿早教，托儿，教育(E)				
E1	0－3岁儿童的入托率	到2013年上升到：旧联邦州32%和新联邦州(包括柏林州)50% 2013－2025年的持续比率	2013－2025年持续上升到：旧联邦州46%，新联邦州(包括柏林州)55%	

（续表）

<table>
<tr><th colspan="2" rowspan="2">教育领域</th><th rowspan="2">基础变量</th><th>高级变量</th><th>低级变量</th></tr>
<tr><th colspan="2">与基础变量之间的偏差</th></tr>
<tr><td>E2</td><td>3－6 岁儿童的入托率（学龄前儿童）</td><td colspan="3">到 2013 年入托率提高到 97%，2013－2025 年入托率保持在 97%</td></tr>
<tr><td>E3</td><td>幼儿园大班学龄儿童</td><td colspan="3">考虑提前升入小学</td></tr>
<tr><td>E4</td><td>日间照料机构为 3 岁以下儿童新设立的日间照料位置比例</td><td colspan="3">旧联邦州（包括柏林州）30%，2008 年新联邦州经验数值</td></tr>
<tr><td colspan="5">普通教育学校（A）</td></tr>
<tr><td>A1</td><td>小学新生</td><td colspan="3">考虑提前升入小学</td></tr>
<tr><td>A2</td><td>普通教育学校</td><td colspan="3">根据各联邦州的学校种类结构特征加以划分，以年级为单位加以计算</td></tr>
<tr><td>A2</td><td>文理中学</td><td colspan="3">考虑把文理中学的学制缩短到 8 年（G8）</td></tr>
<tr><td>A3</td><td>综合学校</td><td colspan="3">已考虑到（例如莱茵兰-普法耳茨州实科中学＋模式）</td></tr>
<tr><td>A4</td><td>中小学生</td><td colspan="3" rowspan="2">就读率，毕业率保持稳定，使用 2008/09 学年数据</td></tr>
<tr><td>A5</td><td>毕业生</td></tr>
<tr><td>A6</td><td>民办学校</td><td colspan="3">在公办学校和民办学校之间不存在差异</td></tr>
<tr><td colspan="5">职业教育（B）</td></tr>
<tr><td>B1</td><td>中学新生</td><td colspan="3">选择职业学校取决于之前所接受的教育（普通教育文凭）</td></tr>
<tr><td>B2</td><td>过渡体系新生</td><td>B1 的入学率</td><td>入学人数减少有利于双元制培训和职业学校体系招生</td><td></td></tr>
<tr><td>B2</td><td>职业学校 I</td><td colspan="3">根据学校种类和所融合的教育数据的部分因素而进行分类</td></tr>
<tr><td>B3</td><td>职业学校 II</td><td colspan="3">根据各联邦州学校种类结构特征以及教育年限，依据年级为单位进行计算</td></tr>
<tr><td>B4</td><td>就读过程</td><td colspan="3" rowspan="2">就读率，毕业率保持稳定，使用的是 2008/09 学年的数据</td></tr>
<tr><td>B5</td><td>毕业生和辍学者</td></tr>
<tr><td>B6</td><td>民办学校</td><td colspan="3">在公办学校和民办学校之间不存在差异</td></tr>
<tr><td colspan="5">高校领域（H）</td></tr>
<tr><td>H1</td><td>大学新生</td><td>考虑 2009 年由于升学率提高而产生的大学新生数量增加，到 2012 年将线性降低至 5 年平均值，自 2012 年起使用 5 年平均值</td><td>2009 年升学率提高适用于整个预估时间段</td><td>2009－2012 年基础变量，升学率在 2012 年后下降，自 2015 年起，已下降的升学率保持稳定</td></tr>
<tr><td>H2</td><td>大学新生的地域分布</td><td>2008 年就读大学模型</td><td>《高校协议》</td><td>2008 年就读大学模型</td></tr>
<tr><td>H3</td><td>以通过国家考试证书为目标的大学新生</td><td colspan="3">人文、牙医、兽医、法学新生数量保持稳定（5 年的平均值）</td></tr>
<tr><td>H4</td><td>在国外获取就读高等院校资格的大学新生</td><td colspan="3">稳定（5 年平均值）</td></tr>
<tr><td>H5</td><td>职业学院以及双元制学院的大学新生</td><td colspan="3">12800（2008 年数值）</td></tr>
<tr><td>H6</td><td>就读学生</td><td colspan="3" rowspan="2">大学就读率和毕业率，2009－2012 年的比例自 2008 年起采用 5 年平均值，2012－2025 年继续采用 5 年平均值</td></tr>
<tr><td>H7</td><td>毕业生</td></tr>
</table>

(续表)

教育领域		基础变量	高级变量	低级变量
			与基础变量之间的偏差	
H8	专业结构	稳定		
H9	第二学位,继续教育和补充学业	阶梯式减少		
H10	学士-硕士文凭转型	截至2012年传统学制新生人数线性减少为0(不包括以通过国家考试为目标的新生)		
H11	硕士在读率	综合型大学60%,应用技术大学40%	综合型大学70%,应用技术大学50%	综合型大学50%,应用技术大学25%
H12	各类高校之间硕士新生的转学情况	已考虑		

来源:联邦及各联邦州统计局,2010年教育预估

表H2.2-1A:2008-2025年全职师资力量人数(根据教育领域统计,单位:千)

教育领域	2008年	2010年	2015年	2020年	2025年
	全职师资力量人数			单位:千	
幼教,托儿与教育[1]总体	264.1	*286.3*	*296.3*	*296.2*	*289.4*
3岁以下儿童日间照料机构	54.8	*73.7*	*103.4*	*103.1*	*98.6*
3岁及以上儿童日间照料机构	209.3	*212.6*	*192.9*	*193.1*	*190.8*
儿童日间护理机构	28.5	*35.9*	*57.6*	*58.1*	*56.0*
普通教育学校 总体	*593.1*	*577.8*	*531.3*	*497.8*	*485.8*
小学领域	164.1	*155.1*	*145.1*	*138.9*	*139.6*
初级中学	291.7	*281.5*	*257.9*	*241.3*	*233.0*
高级中学	72.3	*77.9*	*68.7*	*61.3*	*58.1*
促进学校	65.0	*63.3*	*59.6*	*56.4*	*55.2*
职业学校 总体	131.8	*121*	*113.2*	*101.9*	*96.5*
其中					
双元制	43.0	*40.5*	*37.6*	*34.0*	*32.2*
学校职业体系(以获取高等院校入学资格为目的)	38.2	*34.9*	*32.8*	*29.8*	*28.3*
过渡体系	23.1	*20*	*18.5*	*16.4*	*15.5*
高等院校[2]总体	146.0	*148.2*	*149.3*	*144.2*	*137.1*
综合型大学	120.1	*119.5*	*116.8*	*112.4*	*107.5*
应用技术大学[3]	26.0	*28.6*	*32.5*	*31.7*	*29.6*
学生人数 总体[1]	1135.0	*1133.3*	*1090.1*	*1040.1*	*1008.8*
旧联邦州非城市州地区	879.5	*878.4*	*834.4*	*788.4*	*765.6*
新联邦州非城市州地区	167.3	*166.4*	*165.1*	*159.7*	*151.1*
城市州	88.4	*88.5*	*90.7*	*92.0*	*92.2*

1) 不包括托儿所员工、日间护理人员
2) 不包括高校附属医院的医护人员
3) 应用技术大学,行政管理学院,双元制学院,职业学院

来源:联邦及各联邦州统计局,2010年教育预估-基础变量,暂时结果

表 H2.2－2A：2007－2025 年教育预算内的各项教育支出情况*

教育领域		2007 年	2010 年	2015 年	2020 年	2025 年
		单位：10 亿欧元				
A	根据国际教育分类标准进行划分的教育支出	131.3	*130.7*	*123.5*	*116.1*	*111.4*
A30	公办和民办教育机构的开销	114.2	*113.6*	*107.2*	*100.9*	*97.1*
A31	小学领域	12.6	*12.9*	*12.1*	*12.1*	*12.0*
A32	初高中和中学相关领域	73.3	*71.9*	*66.0*	*60.9*	*58.7*
A33	高等教育领域	25.9	*26.5*	*26.9*	*25.8*	*24.5*
A34	其他（无法按照国际教育分类标准分类）	2.4	*2.3*	*2.2*	*2.0*	*1.9*
A40/50	按国际标准划分的其他支出	17.1	*17.1*	*16.2*	*15.2*	*14.2*
B	按国内标准划分的额外的与教育相关的支出（例如：托儿所，儿童日间照料机构，继续教育）	16.5	*16.7*	*17.8*	*17.4*	*16.8*
A＋B	教育预算整体	147.8	*147.4*	*141.3*	*133.5*	*128.2*

* 划分方式参见表 B1－1A 解释说明部分

来源：联邦及各联邦州统计局，2010 年教育预估-基础变量，暂时结果

表 H2.2－3A：2007－2025 年根据教育领域统计的教育支出情况

教育领域	2007 年	2010 年	2015 年	2020 年	2025 年
	单位：10 亿欧元				
幼教，托儿与教育[1]总体	14.4	*15.4*	*15.8*	*15.8*	*15.5*
3 岁以下儿童日间照料机构		*3.1*	*4.7*	*4.6*	*4.4*
3 岁及以上儿童日间照料机构		*12.0*	*10.7*	*10.7*	*10.6*
儿童日间护理机构		*0.3*	*0.5*	*0.5*	*0.5*
普通教育学校 总体	49.3	*47.8*	*44.0*	*41.0*	*39.9*
小学领域		*12.5*	*11.6*	*11.0*	*11.1*
初级中学		*23.7*	*21.7*	*20.2*	*19.4*
高级中学		*6.6*	*6.1*	*5.4*	*5.1*
促进学校		*5.0*	*4.8*	*4.5*	*4.4*
职业学校 总体	25.3	*24.3*	*22.2*	*20.0*	*18.9*
其中					
双元制		*14.6*	*13.2*	*12.0*	*11.3*
学校职业体系[2]		*2.8*	*2.6*	*2.4*	*2.2*
过渡体系		*4.3*	*3.9*	*3.5*	*3.3*

(续表)

教 育 领 域	2007 年	2010 年	2015 年	2020 年	2025 年
	单位：10 亿欧元				
高等院校 总体	23.1	23.4	23.8	23.0	21.8
其他教育相关的支出(例如：教育促进，继续教育，托儿所)	36.0	36.6	35.4	33.7	32.1
学生人数 总体	147.8	147.4	141.3	133.5	128.2
旧联邦州非城市州地区		86.5	82.3	76.6	73.2
新联邦州非城市州地区		15.1	14.6	14.2	13.7
城市州		9.0	9.1	9.1	9.2

1) 不包括托儿所，不包括儿童日间护理服务
2) 包含卫生学校
来源：联邦及各联邦州统计局，2010 年教育预估-基础变量，暂时结果

表 H3－1A：截至 2025 年劳动力需求和供应情况(根据职业主要领域统计，包括灵活就业方式)

年份	总计	1. 原料采集业	2. 加工制造维修业	3. 机械设备操控及保养业	4. 商品贸易、销售业	5. 交通、储存、运输、安全和保安职业	6. 餐饮和洗涤业	7. 办公室职业，商务服务
	单位：千							
就业者(劳动力需求)								
2005	38851	920	5257	1915	4189	3507	3954	6630
2010	39788	867	5222	1821	4216	3590	4279	6579
2015	40193	824	5018	1788	4217	3559	4552	6504
2020	40230	782	4822	1747	4173	3503	4794	6376
2025	39694	734	4582	1675	4067	3423	4934	6176
求职者(劳动力供应)FIT 模式								
2005	43277	1087	6246	2283	4726	4143	4609	7285
2010	43152	1041	5996	2211	4672	4035	4560	7337
2015	42502	986	5661	2107	4564	3850	4459	7297
2020	41180	916	5256	1969	4382	3604	4287	7130
2025	39308	824	4791	1808	4146	3311	4029	6859
求职者(劳动力供应)DEMOS 模式								
2005	43277	1087	6246	2283	4726	4142	4609	7286
2010	43658	1070	6199	2279	4735	4147	4619	7404
2015	43301	1042	6050	2231	4659	4081	4561	7385
2020	42254	1004	5830	2163	4520	3960	4444	7237
2025	40435	940	5516	2063	4308	3759	4239	6956

（续表）

年份	8. 技术-自然科学行业	9. 法律、管理和经济学职业	10. 艺术、媒体、人文社会科学职业	11. 保健和社工职业，重病者护理员	12. 教学职业	无职业技能或未说明已学习到的职业技能	在读生/培训生
	单位：千						
就业者（劳动力需求）							
2005	3224	1738	1138	4275	1418	686	2297
2010	*3224*	*1899*	*1249*	*4710*	*1471*	*662*	*2538*
2015	*3324*	*1984*	*1339*	*4969*	*1467*	*649*	*2655*
2020	*3345*	*2045*	*1402*	*5163*	*1446*	*631*	*2725*
2025	*3305*	*2085*	*1442*	*5258*	*1409*	*604*	*2744*
求职者（劳动力供应）FIT 模式							
2005	3564	1861	1246	4736	1490	•	•
2010	*3604*	*1975*	*1314*	*4897*	*1510*	•	•
2015	*3613*	*2091*	*1380*	*4964*	*1528*	•	•
2020	*3580*	*2184*	*1433*	*4904*	*1533*	•	•
2025	*3502*	*2247*	*1468*	*4781*	*1543*	•	•
求职者（劳动力供应）DEMOS 模式							
2005	3564	1861	1246	4735	1490	•	•
2010	*3588*	*1935*	*1266*	*4905*	*1512*	•	•
2015	*3565*	*1996*	*1277*	*4936*	*1518*	•	•
2020	*3485*	*2027*	*1270*	*4823*	*1493*	•	•
2025	*3347*	*2010*	*1242*	*4616*	*1439*	•	•

来源：瑞·黑尔姆里希、葛·奇卡，联邦职业教育研究所-联邦劳动力市场研究所-技能和职业主要领域项目，德国国际教育研究所（DIPF）委托进行的专家评审报告，2010年，编写组自行描述

表 H3－2A：截至 2025 年根据教育水平统计的劳动力需求与供应

年　份	总　计	国际教育分类标准 1－3A	国际教育分类标准 3B，4	国际教育分类标准 5B	国际教育分类标准 5A，6	在读生/培训生
	单位：千					
就业者（劳动力需求）						
2005	38851	5896	20609	3874	6175	2297
2010	*39788*	*5738*	*21290*	*3796*	*6426*	*2538*
2015	*40193*	*5619*	*21533*	*3763*	*6623*	*2655*
2020	*40230*	*5479*	*21596*	*3689*	*6740*	*2725*
2025	*39694*	*5278*	*21341*	*3564*	*6767*	*2744*
求职者（劳动力需求）FIT 模式						
2005	43277	7283	23066	4064	6408	2456

（续表）

年 份	总 计	国际教育分类标准 1－3A	国际教育分类标准 3B，4	国际教育分类标准 5B	国际教育分类标准 5A，6	在读生/培训生
	单位：千					
2010	*43152*	*7082*	*22926*	*4118*	*6863*	*2164*
2015	*42502*	*6708*	*22216*	*4133*	*7367*	*2078*
2020	*41180*	*6274*	*21032*	*4063*	*7816*	*1995*
2025	*39308*	*5794*	*19537*	*3907*	*8212*	*1859*
求职者（劳动力供应）DEMOS 模式						
2005	43277	7283	23066	4064	6407	2456
2010	*43658*	*7258*	*23390*	*4060*	*6656*	*2295*
2015	*43301*	*7086*	*23182*	*4024*	*6872*	*2137*
2020	*42254*	*6873*	*22549*	*3895*	*6950*	*1987*
2025	*40435*	*6583*	*21456*	*3661*	*6879*	*1856*

来源：瑞・黑尔姆里希、葛・奇卡，联邦职业教育研究所-联邦劳动力市场研究所-技能和职业主要领域项目，德国国际教育研究所（DIPF）委托进行的专家评审报告，2010 年，编写组自行描述

表 H3－3A：职业领域技能结构与主要职业领域分类*

主要职业领域	职 业 领 域	2006 年技能水平			
		总 计	无职业证书	职业培训包括继续教育培训	学业证书
		数 量	%		
1. 原材料采集业	1 农业，养殖业，畜牧业，园林业	703526	12.7	80.6	6.7
	2 矿工，矿石采集者	(29116)	(14.0)	(86.0)	(0.0)
2. 加工制造维修业	3 石料加工，建筑材料生产，陶瓷业，玻璃制造	106388	29.4	70.6	0.0
	7 金属，装备制造，铁制结构，组装/安装人员	1067458	19.8	79.9	0.2
	9 汽车制造，飞机制造，保养职业	667276	7.8	91.1	1.1
	10 精密机械技术相关的职业	151255	6.0	91.3	2.7
	11 电子行业	689723	4.9	93.6	1.6
	13 纺织业加工，皮革制造	89934	28.3	67.5	4.2
	15 肉类食品加工人员	69871	20.3	78.5	1.2
	18 建造职业，木材，塑料加工和制造	1454839	11.7	87.8	0.5
	20 辅助人员	199824	71.3	28.3	0.3
	42 物业维修管理人员	253756	25.2	74.8	0.0
3. 机械设备操控及保养业	4 化工和塑料行业	301985	35.3	64.4	0.3
	5 纸张制造和加工，印刷业	278783	22.9	74.0	3.1
	6 金属生产和加工	632271	15.3	84.7	0.0
	8 工业和工具机械师	1001549	8.1	91.3	0.6

（续表）

主要职业领域	职业领域	2006年技能水平			
		总计	无职业证书	职业培训包括继续教育培训	学业证书
		数量	%		
3. 机械设备操控及保养业	12 纺织业，纺织品生产，纺织品改良	(39612)	(40.8)	(59.2)	(0.0)
	17 饮料，零食生产，其他食品行业	80929	33.2	66.8	0.0
4. 商品贸易，销售业	27 销售职业(零售业)	1572475	31.9	66.5	1.6
	28 大宗采购商，零售商	895573	6.4	85.1	8.5
	30 其他的商务行业(不含批发零售业、信贷业务)	830995	7.9	78.7	13.3
5. 交通，储存，运输，安全和保安职业	19 商品检验，发货打包行业	549437	50.1	48.7	1.3
	32 交通行业	1052418	36.6	62.8	0.6
	33 航空业，航海业	(52390)	(13.7)	(67.2)	(19.2)
	34 包装，仓储，运输业	948334	48.5	50.7	0.8
	41 私人保镖，保安	184467	33.2	65.9	1.0
	43 保安行业	527761	2.6	61.5	35.9
6. 餐饮和洗涤业	14 糕点烘焙，糖果制造，甜品制造	151386	17.4	81.2	1.4
	16 厨师	369103	38.2	61.3	0.5
	53 酒店和餐饮业，家庭旅馆业	650864	39.3	59.4	1.3
	54 洗涤和垃圾清运行业	859471	72.8	27.1	0.1
7. 办公室职业，商务服务	29 银行和保险专业人员	922180	1.1	84.3	14.6
	36 公共服务领域管理职业	1439836	2.2	62.1	35.7
	37 金融和统计行业，会计	695073	4.7	70.8	24.5
	39 商务办公室文员	2040992	9.3	85.0	5.7
	40 办公室助理，电话接线员	412728	37.4	56.2	6.4
8. 技术-自然科学行业	21 工程师	1040008	0.4	9.2	90.3
	22 化学家，物理学家，自然科学家	137513	2.5	9.5	88.0
	23 技术人员	1023884	1.6	89.8	8.5
	24 技术绘图人员，相关职业	62692	0.0	99.2	0.8
	25 测绘行业	56718	4.6	76.1	19.4
	26 特种技术人员	120973	5.1	90.7	4.2
	38 计算机信息核心职业	818677	1.2	47.8	51.0
9. 法律、管理和经济学职业	35 商业领导，经济测试，企业咨询	1205805	1.1	44.1	54.7
	44 法律职业	238488	0.0	20.3	79.7
10. 艺术、媒体、人文社会科学职业	31 广告从业者	256978	5.7	48.3	45.9
	45 艺术家，音乐家	127573	14.7	47.4	37.9

(续表)

主要职业领域	职 业 领 域	2006年技能水平			
		总 计	无职业证书	职业培训包括继续教育培训	学业证书
		数 量	%		
10. 艺术、媒体、人文社会科学职业	46 设计师,摄影师,海报制作师	138540	6.9	54.3	38.7
	51 出版业,图书馆专业人员,翻译,相关专业行业	389537	10.4	28.5	61.1
11. 保健和社工职业,重病者护理员	47 需医师执照的卫生职业	332248	0.3	8.8	90.9
	48 无需医师执照的卫生职业	2188291	5.2	88.3	6.5
	49 社工职业	1122611	6.5	50.1	43.3
	52 身体护理行业	190290	2.2	97.8	0.0
12. 教学职业	50 教师	1662457	1.7	13.1	85.2

* 绝对数值基于联邦职业教育研究所和联邦劳动保护与工业医疗局保护与工业医疗局2006年进行的就业者调查,统计方:联邦职业教育研究所;括号里的数值为案例数低于30的未加权数值。我们在此要感谢米歇尔·蒂尔曼先生合作提供绝对值数据

来源:米·蒂尔曼、哈-姚·沙德、瑞·黑尔姆里希、阿·哈尔、乌·布劳恩、皮·博特,基于1992年联邦职业教育研究所《职业分类定义》,《学术讨论论文集》第105辑,2008年,第23-24页

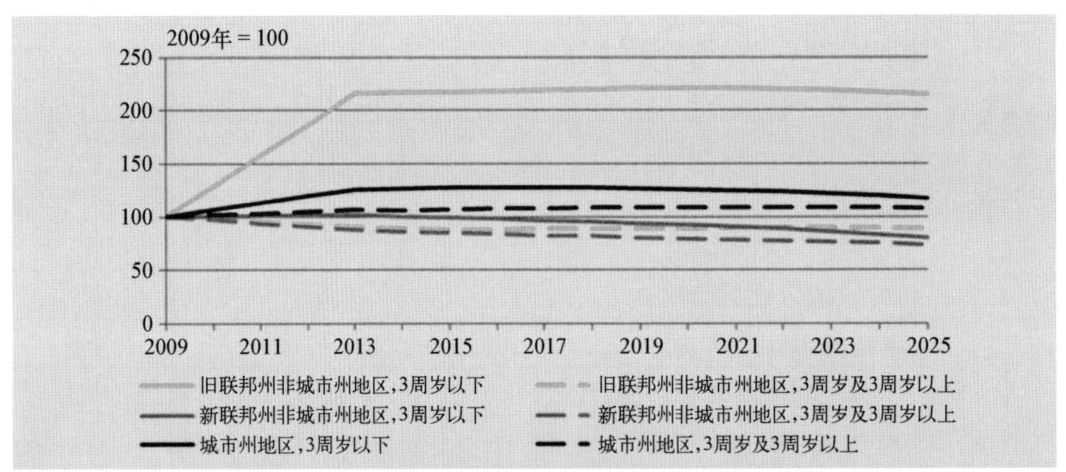

图 H4.1-2A:2009-2025年根据年龄和地区统计的儿童日间照料机构儿童人数(指数2009年=100)

来源:联邦及各联邦州统计局,2010年教育预估-基础变量,暂时结果

表 H4.1-1A:2007-2025年学前教育预算(根据日间照料形式与地区统计,单位:10亿欧元)*

区域	日间照料形式	2007年(实际数值)	2009年	2013年	2020年	2025年	财政需求变化		
							2007-2025年	2009-2013年	2013-2025年
		单位:10亿欧元							
基础变量[1)]									
全德国	3岁以下儿童日间照料机构	/	2.8	4.4	4.6	4.4	/	+1.6	+0.0
	3岁及以上儿童日间照料机构	/	12.1	11.1	10.7	10.6	/	-1.0	-0.5

（续表）

区域	日间照料形式	2007年（实际数值）	2009年	2013年	2020年	2025年	财政需求变化 2007－2025年	财政需求变化 2009－2013年	财政需求变化 2013－2025年
		单位：10亿欧元							
全德国	儿童日间护理	/	0.2	0.4	0.5	0.5	/	+0.2	+0.1
	共计	14.4	15.1	15.9	15.8	15.5	+1.1	+0.8	－0.4
旧联邦州非城市州地区		/	11.1	11.9	12.0	11.9	/	+0.8	+0.0
新联邦州非城市州地区		/	2.9	2.8	2.5	2.3	/	－0.1	－0.5
城市州		/	1.1	1.3	1.3	1.3	/	+0.2	+0.0
区　域		2007（实际数值）	2009年	2013年	2020年	2025年	财政需求变化 2007－2025年	财政需求变化 2009－2013年	财政需求变化 2013－2025年
		单位：10亿欧元							
发展变量[2]									
全德国		14.4	15.1	15.9	16.6	17.0	+2.6	+0.8	+1.1
旧联邦州非城市州地区		/	11.1	11.9	12.7	13.2	/	+0.8	+1.3
新联邦州非城市州地区		/	2.9	2.8	2.5	2.3	/	－0.1	－0.5
城市州		/	1.1	1.3	1.4	1.4	/	+0.2	+0.1

* 包括学前班，仅限学龄前儿童，不包括托儿所

1）2025年日间照料比例假设：旧联邦州非城市州地区：32%，新联邦州非城市州地区：50%，城市州：42%

2）2025年日间照料比例假设：旧联邦州非城市州地区：46%，新联邦州非城市州地区：55%，城市州：51%

来源：联邦及各联邦州统计局，2010年教育预估-基础变量，暂时结果

表 H4.1－2A：2008－2025年基础领域的教育人力资源（根据日间照料方式和地区统计，全职人员单位：千）

区　域	日间照料形式		2008年（实际数值）	2009年	2013年	2020年	2025年	人力需求变化 2008－2025年	人力需求变化 2009－2013年	人力需求变化 2013－2025年
			全职人员，单位：千							
基础变量[1]										
全德国	儿童日间照料机构	3岁以下	54.8	63.8	103.4	103.1	98.6	+43.8	+39.6	－4.8
		3岁及以上	209.3	217.6	197.5	193.1	190.8	－18.5	－20.1	－6.7
		总计	264.1	281.4	300.9	296.2	289.4	+25.3	+19.5	－11.5
	儿童日间护理		28.5	28.8	57.5	58.1	56.0	+27.5	+28.7	－1.5
旧联邦州非城市州地区	儿童日间照料机构	3岁以下	30.3	37.4	74.9	76.3	74.6	+44.3	+37.5	－0.3
		3岁及以上	168.6	172.5	155.3	153.1	152.9	－15.7	－17.2	－2.4
		总计	198.8	209.9	230.2	229.4	227.5	+28.7	+20.3	－2.7
	儿童日间护理		21.7	21.6	49.0	50.0	48.7	+27.0	+27.4	－0.3

（续表）

区域	日间照料形式		2008年（实际数值）	2009年	2013年	2020年	2025年	人力需求变化		
								2008－2025年	2009－2013年	2013－2025年
			全职人员，单位：千							
新联邦州非城市州地区	儿童日间照料机构	3岁以下	16.9	18.7	19.0	17.2	15.0	－1.9	＋0.3	－4.0
		3岁及以上	27.3	30.4	26.6	24.1	22.2	－5.1	－3.8	－4.4
		总计	44.1	49.1	45.6	41.4	37.2	－6.9	－3.5	－8.4
	儿童日间护理		4.0	4.5	4.6	4.2	3.7	－0.3	＋0.1	－0.9
城市州	儿童日间照料机构	3岁以下	7.7	7.7	9.5	9.5	9.0	＋1.3	＋1.8	－0.5
		3岁及以上	13.5	14.7	15.6	15.9	15.7	＋2.2	＋0.9	＋0.1
		总计	21.2	22.4	25.1	25.4	24.7	＋3.5	＋2.7	－0.4
	儿童日间护理		2.9	2.6	3.9	3.9	3.6	＋0.7	＋1.3	－0.3
发展变量[2]										
全德国	儿童日间照料机构	3岁以下	54.8	63.8	103.4	120.1	132.0	＋77.2	＋39.6	＋28.6
		3岁及以上	209.3	217.6	197.5	193.6	190.8	－18.5	－20.1	－6.7
		总计	264.1	281.4	300.9	313.7	322.9	＋58.8	＋19.5	＋22.0
	儿童日间护理		28.5	28.8	57.5	70.7	80.1	＋51.6	＋28.7	＋22.6
旧联邦州非城市州地区	儿童日间照料机构	3岁以下	30.3	37.4	74.9	92.4	104.9	＋74.6	＋37.5	＋30.0
		3岁及以上	168.6	172.5	155.3	153.9	152.9	－15.7	－17.2	－2.4
		总计	198.8	209.9	230.2	246.3	257.8	＋59.0	＋20.3	＋27.6
	儿童日间护理		21.7	21.6	49.0	62.1	71.4	＋49.7	＋27.4	＋22.4
新联邦州非城市州地区	儿童日间照料机构	3岁以下	16.9	18.7	19.0	17.5	16.5	－0.4	＋0.3	－2.5
		3岁及以上	27.3	30.4	26.6	24.0	22.2	－5.1	－3.8	－4.4
		总计	44.1	49.1	45.6	41.6	38.7	－5.4	－3.5	－6.9
	儿童日间护理		4.0	4.5	4.6	4.3	4.0	＋0.0	＋0.1	－0.6
城市州	儿童日间照料机构	3岁以下	7.7	7.7	9.5	10.2	10.7	＋3.0	＋1.8	＋1.2
		3岁及以上	13.5	14.7	15.6	15.7	15.7	＋2.2	＋0.9	＋0.1
		总计	21.2	22.4	25.1	25.9	26.4	＋5.2	＋2.7	＋1.3
	儿童日间护理		2.9	2.6	3.9	4.4	4.7	＋1.8	＋1.3	＋0.8

* 包括学前班，仅限学龄前儿童，不包括托儿所

1）2025年日间照料比例假设：旧联邦州非城市州地区：32%，新联邦州非城市州地区：50%，城市州：42%

2）2025年日间照料比例假设：旧联邦州非城市州地区：46%，新联邦州非城市州地区：55%，城市州：51%

来源：联邦及各联邦州统计局，2010年教育预估-基础变量，暂时结果

表 H4.2－1A：2008/09 学年至 2025/26 学年普通教育系列*学生人数（根据教育层次和地区统计）

区　域	教育层次/领域	2008/09 学年	2010/11 学年	2015/16 学年	2020/21 学年	2025/26 学年	2015/16 学年	2020/21 学年	2025/26 学年
		单位：千					2008/09 学年，单位：%		
德国	合计	9353	9065	8297	7748	7565	89	83	81
	小学	3033	2863	2673	2559	2576	88	84	85
	初级中学	4589	4406	4003	3730	3600	87	81	78
	高级中学	979	1070	933	827	783	95	84	80
	促进学校	394	383	361	341	334	92	87	85
	职业学校	358	343	327	291	273	92	81	76
旧联邦州非城市州地区	小计	7724	7447	6607	6067	5923	86	79	77
	小学	2460	2293	2096	2001	2035	85	81	83
	初级中学	3874	3660	3214	2931	2823	83	76	73
	高级中学	782	899	746	641	594	95	82	76
	促进学校	307	296	268	249	244	87	81	80
	职业学校	301	299	283	251	227	94	83	75
新联邦州非城市州地区	小计	1038	1034	1094	1066	1015	105	103	98
	小学	381	381	375	354	333	99	93	88
	初级中学	441	470	509	502	476	115	114	108
	高级中学	113	93	112	112	112	99	99	99
	促进学校	65	66	70	69	67	109	107	103
	职业学校	38	25	27	27	27	71	72	72
城市州	小计	592	584	596	615	628	101	104	106
	小学	193	189	202	204	207	105	106	108
	初级中学	274	275	281	297	301	102	108	110
	高级中学	84	79	75	74	77	88	88	92
	促进学校	22	22	22	23	23	100	103	106
	职业学校	19	18	18	18	19	95	97	101

* 普通教育系列学校以及可获取就读高等院校入学资格的职业学校

来源：联邦及各联邦州统计局，2010 年教育预估-基础变量，暂时结果

表 H4.2－2A：1990－2025 年 6－10 岁以下和 10－16 岁以下的人口状况（根据居住地类型和地区统计，2008 年指数＝100）

年　份	旧联邦州非城市州地区				新联邦州非城市州地区				城市州
	中心城市	人口密集的周边地区	周边的乡村地带	乡村地区	中心城市	人口密集的周边地区	周边的乡村地带	乡村地区	
6－10 岁									
1990	101	98	100	102	210	192	191	232	120

（续表）

年　份	旧联邦州非城市州地区				新联邦州非城市州地区				城市州
	中心城市	人口密集的周边地区	周边的乡村地带	乡村地区	中心城市	人口密集的周边地区	周边的乡村地带	乡村地区	
1995	114	114	117	117	178	176	175	206	129
2000	109	114	117	117	77	87	87	93	104
2005	105	109	110	110	88	94	96	97	102
2008	100	100	100	100	100	100	100	100	100
2009	98	98	97	97	99	99	100	99	98
2010	*97*	*95*	*94*	*94*	*101*	*98*	*98*	*97*	*98*
2015	*98*	*86*	*85*	*86*	*107*	*93*	*93*	*91*	*100*
2020	*98*	*85*	*83*	*84*	*103*	*86*	*85*	*81*	*99*
2025	*98*	*87*	*84*	*86*	*94*	*79*	*80*	*73*	*99*
10－16 岁以下									
1990	93	85	86	87	257	214	200	244	113
1995	100	95	98	97	251	228	221	259	125
2000	106	104	106	106	207	216	216	236	124
2005	104	104	106	106	111	115	115	118	105
2008	100	100	100	100	100	100	100	100	100
2009	98	99	98	98	102	104	105	102	100
2010	*97*	*98*	*97*	*97*	*108*	*109*	*110*	*106*	*100*
2015	*91*	*87*	*85*	*85*	*124*	*115*	*114*	*108*	*98*
2020	*91*	*79*	*77*	*78*	*130*	*108*	*107*	*100*	*98*
2025	*91*	*78*	*75*	*76*	*126*	*101*	*99*	*90*	*98*

来源：联邦及各联邦州统计局，2010 年教育预估-基础变量，暂时结果

表 H4.2－3A：2008 年及 2025 年 6－10 岁以下和 10－16 岁以下人口状况以及每所小学的学生人数(根据居住地类型统计)

居住地类型	旧联邦州非城市州地区				新联邦州非城市州地区			
	居住地	每所小学的学生人数	每平方公里人口数[1)]		居住地	每所小学的学生人数[2)]	每平方公里人口数[1)]	
			6－10 岁以下	10－16 岁以下			6－10 岁以下	10－16 岁以下
	数　量							
2008 年								
核心城市	56	223	14.91	15.63	11	182	8.04	6.20
人口聚居的周边地区	149	190	2.92	3.26	12	139	1.38	1.18
周边的乡村地带	57	159	1.18	1.34	28	140	0.73	0.65
乡村地区	61	171	1.15	1.29	35	133	0.57	0.50

（续表）

居住地类型	旧联邦州非城市州地区				新联邦州非城市州地区			
	居住地	每所小学的学生人数	每平方公里人口数[1]		居住地	每所小学的学生人数[2]	每平方公里人口数[1]	
			6－10岁以下	10－16岁以下			6－10岁以下	10－16岁以下
	数量							
2025年								
核心城市	56	*220*	*14.76*	*14.28*	*11*	*176*	*7.75*	*7.95*
人口聚居的周边地区	149	*164*	*2.52*	*2.52*	*12*	*111*	*1.09*	*1.17*
周边的乡村地带	57	*133*	*0.99*	*0.99*	*28*	*111*	*0.58*	*0.63*
乡村地区	61	*146*	*0.97*	*0.98*	*35*	*97*	*0.42*	*0.45*

1）各年龄段年度人口平均数
2）假设与2008年小学数量相同
来源：联邦建筑、城市和空间规划研究院（BBSR），联邦及各联邦州统计局，编写组自行统计（根据第12次协同人口预测数据，调整了联邦建筑、城市和空间规划研究院数据）

表H4.2－4A：2008年职业学校招生状况（根据地区和居住地类型统计）

区域	居住地类型	职校学生与培训生比例	文理中学高年级学生比例[1]	毕业后可获取就读高等院校资格的职校学生比例	文理中学高年级与职业文理高中比例
			%		
全德国	总计	1.1	32.7	10.2	3.2
	核心城市	1.3	44.9	13.7	3.3
	人口聚居的周边地区	0.9	31.0	8.1	3.8
	周边的乡村地带	1.0	24.7	10.0	2.5
	乡村地区	1.1	24.7	11.0	2.2
旧联邦州非城市州地区	小计	1.1	32.7	9.7	3.4
	核心城市	1.4	45.5	13.6	3.3
	人口聚居的周边地区	0.9	31.6	7.9	4.0
	周边乡村地区	0.9	24.1	10.2	2.4
	乡村地区	1.1	24.6	11.2	2.2
新联邦州非城市州地区	小计	1.2	26.6	12.6	2.1
	核心城市	1.3	36.7	21.7	1.7
	人口聚居的周边地区	1.1	21.5	13.1	1.6
	周边乡村地区	1.1	26.1	9.4	2.8
	乡村地区	1.2	25.0	10.6	2.4
城市州	小计	1.1	46.3	11.2	4.1

1）包括综合中学高年级学生
来源：联邦及各联邦州统计局，地区统计数据，联邦劳动部，编写组自行统计

表 H4.2－5A：2008/09 学年德国促进学校数目(根据促进重点和办学主体统计)

促 进 重 点	促 进 学 校	其中民办促进学校	
	数 量		%
总计[1]	3524	659	18.7
学习	1413	33	2.3
精神发展	763	242	31.6
体能发展	191	51	26.7
视觉	65	16	24.6
听觉	84	11	13.1
语言	289	12	4.2
情感和社交技能	395	207	52.4
患病学生促进学校	137	47	34.8
综合促进中心	187	40	20.3

1) 由于将具有多个促进重点的学校进行了重复计数，因此促进学校总数与 D2 章节中的学校数量(3.302)存在偏差

来源：联邦及各联邦州统计局，2008/09 学年中小学数据，编写组自行统计

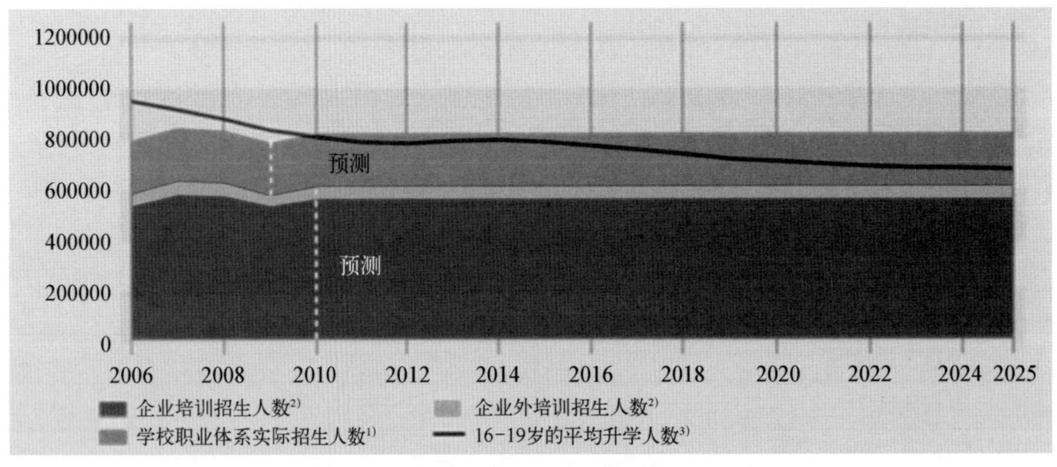

图 H4.3－2A：职业教育培训招生状况(双元制体系与学校职业体系)以及 2006－2025 年升学年龄段升学人数

1) 部分是第一学年的学生(参见 E1 章节)，学校职业体系招生数，自 2009 年起的统计数值依据 2006－2008 年之间的平均值加以修订

2) 企业培训招生根据法定定义统计(参见 E2 章节) 且包含企业外培训。自 2010 年起的统计数值依据 2007－2009 年之间的平均值加以修订

3) 此处使用的是 16－19 岁的平均升学人数，因为这一数值最真实地表现了学校的年度毕业人数

来源：截至 2009 年的招生人数：联邦劳动部，截至 9 月 30 日的培训市场统计结果(未包括社区级别办学主体)；联邦职业教育研究所，截至 9 月 30 日签约的培训协议；截至 2008 年的人口数：联邦及各联邦州统计局，人口数据修订；自 2009 年起：联邦及各联邦州统计局，第 12 次协同人口预测(基础变量)，编写组自行统计

表 H4.3－1A：职业教育培训招生状况（双元制体系与学校职业体系）以及 2006－2025 年升学年龄段升学人数

年份	双元制培训招生[1)]	其中：企业外招生	学校职业体系实际招生[2)]	升学年龄段升学人数[3)]	升学年龄段职业培训招生人数[1)2)3)]
	数量				%
2006	591544	51947	215226	970363	83.1
2007	644028	59866	214782	935096	91.8
2008	635758	56778	210552	897315	94.3
2009	583135	45812	*213520*	*850333*	*93.7*
2010	*620974*	*54152*	*213520*	*822000*	*101.5*
2011	*620974*	*54152*	*213520*	*801333*	*104.1*
2012	*620974*	*54152*	*213520*	*796000*	*104.8*
2013	*620974*	*54152*	*213520*	*806000*	*103.5*
2014	*620974*	*54152*	*213520*	*810000*	*103.0*
2015	*620974*	*54152*	*213520*	*801333*	*104.1*
2016	*620974*	*54152*	*213520*	*786333*	*106.1*
2017	*620974*	*54152*	*213520*	*769667*	*108.4*
2018	*620974*	*54152*	*213520*	*752333*	*110.9*
2019	*620974*	*54152*	*213520*	*731333*	*114.1*
2020	*620974*	*54152*	*213520*	*722333*	*115.5*
2021	*620974*	*54152*	*213520*	*711667*	*117.3*
2022	*620974*	*54152*	*213520*	*702000*	*118.9*
2023	*620974*	*54152*	*213520*	*696000*	*119.9*
2024	*620974*	*54152*	*213520*	*694667*	*120.1*
2025	*620974*	*54152*	*213520*	*689667*	*121.0*

1）企业培训招生根据法定定义统计（参见 E2 章节）且包含企业外培训。自 2010 年起的统计数值依据 2007－2009 年之间的平均值加以修订

2）部分是第一学年的学生（参见 E1 章节），学校职业体系招生数，自 2009 年起的统计数值依据 2006－2008 年之间的平均值加以修订

3）此处使用的是 16－19 岁的平均升学人数，因为这一数值最真实地表现了学校的年度毕业人数

来源：截至 2009 年的招生人数：联邦劳动部，截至 9 月 30 日的培训市场统计结果（未包括社区级别办学主体）；联邦职业教育研究所，截至 9 月 30 日签约的培训协议；截至 2008 年的人口数：联邦及各联邦州统计局，人口数据修订；自 2009 年起：联邦及各联邦州统计局，第 12 次协同人口预测（基础变量），编写组自行统计

表 H4.3－2A：职业教育培训招生状况（双元制体系*与学校职业体系）以及 2006－2025 年升学年龄段***升学人数（根据地区划分）**

年　份	各升学年龄段职业培训招生情况			
	全德国	旧联邦州非城市州地区	新联邦州非城市州地区	城市州
	%			
2006	83.1	80.6	90.6	93.5
2007	91.8	87.9	106.9	106.0
2008	94.3	88.9	120.4	113.1

（续表）

年　份	各升学年龄段职业培训招生情况			
	全德国	旧联邦州非城市州地区	新联邦州非城市州地区	城市州
	%			
2009	93.7	*85.8*	*146.0*	*115.7*
2010	*101.5*	*91.4*	*177.7*	*123.5*
2011	*104.1*	*93.8*	*182.4*	*126.1*
2012	*104.8*	*95.0*	*175.5*	*126.1*
2013	*103.5*	*94.5*	*163.9*	*124.3*
2014	*103.0*	*94.6*	*155.4*	*124.3*
2015	*104.1*	*96.3*	*149.8*	*124.3*
2016	*106.1*	*98.8*	*146.2*	*125.2*
2017	*108.4*	*101.6*	*144.1*	*126.1*
2018	*110.9*	*104.4*	*144.6*	*127.1*
2019	*114.1*	*107.7*	*146.7*	*128.9*
2020	*115.5*	*109.6*	*145.1*	*128.0*
2021	*117.3*	*111.7*	*145.6*	*127.1*
2022	*118.9*	*113.8*	*145.6*	*124.3*
2023	*119.9*	*115.2*	*145.6*	*122.6*
2024	*120.1*	*116.0*	*143.7*	*120.0*
2025	*121.0*	*117.1*	*143.7*	*119.2*

* 企业培训招生根据法定定义统计(参见 E2 章节)且包含企业外培训自 2010 年起的统计数值依据 2007 - 2009 年之间的平均值加以修订

** 部分是第一学年的学生(参见 E1 章节)学校职业体系招生数,自 2009 年起的统计数值依据 2006 - 2008 年之间的平均值加以修订

*** 此处使用的是 16 - 19 岁的平均升学人数,因为这一数值最真实地表现了学校的年度毕业人数

来源：截至 2009 年的招生人数：联邦劳动部,截至 9 月 30 日的培训市场统计结果(未包括社区级别办学主体)；联邦职业教育研究所,截至 9 月 30 日签约的培训协议；截至 2008 年的人口数：联邦及各联邦州统计局,人口数据修订；自 2009 年起：联邦及各联邦州统计局,第 12 次协同人口预测(基础变量),编写组自行统计

表 H4.4 - 1A：2008 - 2025 年 根据高校类型统计的大学新生*,在读学生,第一学位获得者(单位：千)**

学　年	大学新生			在 校 生			第一学位获得者		
	总计	其　中		总计	其　中		总计	其　中	
		综合型大学[1]	应用技术大学[2]		综合型大学[1]	应用技术大学[2]		综合型大学[1]	应用技术大学[2]
	单位：千								
2008	396.8	244.2	152.6	2036.1	1397.5	638.6	254.2	157.9	96.3
2009	423.4	257.2	165.5	2119.5	1447.8	671.7	258.9	163.8	95.1
2010	*419.3*	*254.6*	*164.7*	*2104.0*	*1398.0*	*705.9*	*269.2*	*171.3*	*97.9*
2011	*429.9*	*264.2*	*165.8*	*2135.1*	*1396.1*	*739.0*	*274.8*	*173.3*	*101.5*

（续表）

学 年	大学新生			在 校 生			第一学位获得者		
	总计	其 中		总计	其 中		总计	其 中	
		综合型大学[1]	应用技术大学[2]		综合型大学[1]	应用技术大学[2]		综合型大学[1]	应用技术大学[2]
	单位：千								
2012	*428.3*	*263.8*	*164.4*	*2159.6*	*1393.4*	*766.1*	*276.6*	*170.7*	*105.9*
2013	*441.1*	*273.2*	*167.9*	*2190.8*	*1401.2*	*789.5*	*278.8*	*168.8*	*110.0*
2014	*420.8*	*258.1*	*162.7*	*2190.8*	*1390.0*	*800.8*	*282.8*	*170.5*	*112.3*
2015	*409.1*	*249.5*	*159.6*	*2174.5*	*1370.2*	*804.3*	*287.6*	*173.7*	*113.9*
2016	*413.2*	*252.7*	*160.4*	*2161.5*	*1356.0*	*805.4*	*287.1*	*171.8*	*115.3*
2017	*409.0*	*250.3*	*158.8*	*2146.4*	*1342.4*	*804.0*	*279.7*	*164.8*	*114.9*
2018	*402.6*	*246.4*	*156.2*	*2128.6*	*1328.8*	*799.8*	*270.6*	*157.5*	*113.1*
2019	*397.2*	*243.2*	*154.0*	*2107.9*	*1314.8*	*793.1*	*266.5*	*154.4*	*112.1*
2020	*389.0*	*238.0*	*151.0*	*2082.6*	*1298.6*	*784.0*	*265.2*	*153.5*	*111.7*
2021	*381.9*	*233.5*	*148.4*	*2054.6*	*1281.2*	*773.4*	*262.5*	*151.8*	*110.7*
2022	*374.4*	*228.6*	*145.8*	*2023.6*	*1262.0*	*761.6*	*258.8*	*149.5*	*109.3*
2023	*369.8*	*225.8*	*144.1*	*1993.1*	*1243.2*	*749.9*	*254.4*	*146.8*	*107.6*
2024	*366.6*	*223.8*	*142.8*	*1964.7*	*1225.7*	*738.9*	*249.7*	*144.0*	*105.7*
2025	*363.8*	*222.2*	*141.6*	*1938.9*	*1210.0*	*728.9*	*244.9*	*141.2*	*103.7*

* 大学新生指第一学期的学生

** 各自基础变量

1）大学，艺术学院，神学院和师范学院

2）高等专科学校，行政管理学院，双院制学院，职业学院

来源：联邦及各联邦州统计局，教育预估-基础变量，暂时结果，编写者自行统计

表 H4.4－2A：2003/04 学年冬季学期及 2008/09 学年冬季学期大学新生在旧联邦州、新联邦州[*]以及柏林州之间转学情况（按照性别以及获取就读高等院校入学资格所在地划分）

2003/04 学年冬季学期					2008/09 学年冬季学期				
获取就读高等院校入学资格所在地		大学新生注册所在地	数量	单位：%	获取就读高等院校入学资格所在地		大学新生注册所在地	数量	单位：%
总 计									
旧联邦州	211363	旧联邦州	202705	95.9	旧联邦州	235805	旧联邦州	225621	95.7
		新联邦州	6215	2.9			新联邦州	6977	3.0
		柏林州	2443	1.2			柏林州	3207	1.4
新联邦州	50023	旧联邦州	9418	18.8	新联邦州	51518	旧联邦州	10625	20.6
		新联邦州	37289	74.5			新联邦州	37183	72.2
		柏林州	3316	6.6			柏林州	3710	7.2

（续表）

2003/04 学年冬季学期					2008/09 学年冬季学期				
获取就读高等院校入学资格所在地		大学新生注册所在地	数量	单位：%	获取就读高等院校入学资格所在地		大学新生注册所在地	数量	单位：%
柏林州	11525	旧联邦州	1437	12.5	柏林州	13227	旧联邦州	2221	16.8
		新联邦州	2850	24.7			新联邦州	4064	30.7
		柏林州	7238	62.8			柏林州	6942	52.5
男　　性									
旧联邦州	113798	旧联邦州	109158	95.9	旧联邦州	121353	旧联邦州	116280	95.8
		新联邦州	3363	3.0			新联邦州	3465	2.9
		柏林州	1277	1.1			柏林州	1608	1.3
新联邦州	24754	旧联邦州	3848	15.5	新联邦州	25249	旧联邦州	4742	18.8
		新联邦州	19365	78.2			新联邦州	18746	74.2
		柏林州	1541	6.2			柏林州	1761	7.0
柏林州	6003	旧联邦州	693	11.5	柏林州	6654	旧联邦州	964	14.5
		新联邦州	1307	21.8			新联邦州	1948	29.3
		柏林州	4003	66.7			柏林州	3742	56.2
女　　性									
旧联邦州	97565	旧联邦州	93547	95.9	旧联邦州	114452	旧联邦州	109341	95.5
		新联邦州	2852	2.9			新联邦州	3512	3.1
		柏林州	1166	1.2			柏林州	1599	1.4
新联邦州	25269	旧联邦州	5570	22.0	新联邦州	26269	旧联邦州	5883	22.4
		新联邦州	17924	70.9			新联邦州	18437	70.2
		柏林州	1775	7.0			柏林州	1949	7.4
柏林州	5522	旧联邦州	744	13.5	柏林州	6573	旧联邦州	1257	19.1
		新联邦州	1543	27.9			新联邦州	2116	32.2
		柏林州	3235	58.6			柏林州	3200	48.7

* 新联邦州地区，不包括柏林

来源：联邦及各联邦州统计局，高等院校统计数据

表 H4.5－1A：2025 年参加继续教育人数预估(根据年龄段统计)

年龄从……岁到……岁以内	2007 年		2025 年预测	
	人 口 数	参加继续教育人数	人 口 数	参加继续教育人数
	数　　量			
总计	63873532	24036000	*60443000*	*21458123*
19－35	15530079	7481000	*13191000*	*6354241*

（续表）

年龄从……岁到……岁以内	2007 年		2025 年预测	
	人口数	参加继续教育人数	人口数	参加继续教育人数
	数量			
35－50	19924026	9861000	*14932000*	*7390296*
50－65	15314763	5115000	*17889000*	*5974773*
65－81	13104664	1579000	*14431000*	*1738812*

来源：TNS Infratest 社会调研，2007 年成人教育调查，德国境内问卷调查，慕尼黑大学 EdAge 项目；联邦及各联邦州统计局，第 12 次协同人口预测（基础变量），2007 年人口统计，编写组自行统计

表 H4.5－2A：2025 年德国业余大学学员人数*（根据年龄段预估）

年龄从……岁到……岁以内	2008 年		2025 年预测	
	人口数	学员人数	人口数	学员人数
	数量			
总计	82002356	6503344	*78789000*	*6111887*
25 岁以下	20518575	916972	*17050000*	*761961*
25－35	9686862	1112072	*8741000*	*1003485*
35－50	19560488	2198130	*14932000*	*1677999*
50－65	15507418	1463252	*17889000*	*1687974*
65 岁及以上	16729013	812918	*20177000*	*980467*
	%			
总计	100	100	*100*	*100*
25 岁以下	25.0	14.1	*21.6*	*12.5*
25－35	11.8	17.1	*11.1*	*16.4*
35－50	23.9	33.8	*19.0*	*27.5*
50－65	18.9	22.5	*22.7*	*27.6*
65 岁及以上	20.4	12.5	*25.6*	*16.0*

* 根据年龄统计的学员人数覆盖大约业余大学内 84%的课程。总体上只有大约 65%的课程已根据年龄段得以统计；缺失的数据为预估值

来源：德国成人教育研究所（DIE），赖希哈特/洪特尔曼，《2008 年业余大学统计数据》，2009 年；联邦及各联邦州统计局，第 12 次协同人口预测（基础变量），2008 年人口统计，编写组自行统计

表 H4.5－3A：2025 年 65－81 岁人群参加继续教育比例*（根据普通教育文凭统计）

普通教育文凭	2007 年		2025 年预测		
	人口	参加继续教育比例	人口	学员数量	参加继续教育比例
	%		数量		%
总计	100.0	12.4	*14431000*	*2388381*	*16.6*
无/有普通中学毕业文凭	46.5	6.9	*6707082*	*462789*	*6.9*

(续表)

普通教育文凭	2007年		2025年预测		
	人　口	参加继续教育比例	人　口	学员数量	参加继续教育比例
	%		数　量		%
中等学历文凭	30.9	24.0	*4457920*	*1069901*	*24.0*
具有就读(应用技术大学)高等院校资格	22.6	26.2	*3265999*	*855692*	*26.2*

* 2025年65－81岁人群的教育状况是根据47－63岁人群在2007年的教育状况估算得出。2025年参加继续教育人员的教育状况依据2007年估测

来源：2007年成人教育调查，慕尼黑大学EdAge项目；联邦及各联邦州统计局，第12次协同人口预测(基础变量)，2007年微型人口统计，2007年人口统计，编写组自行统计

表H4.5－4A：业余大学课程数目以及2008年根据联邦州统计的每万人的业余大学课程开销

联邦州	课程总数	每万人参加课程数量	50－80岁人群中每万人参加课程数量	参加课程总开销	每万人参加课程开销
	数　量			欧元，单位：千	
德国	569108	69.4	198.2	967871	118.0
巴登-符腾堡州	113883	105.9	318.5	137135	127.6
巴伐利亚州	117707	94.0	279.9	157704	126.0
柏林州	17871	52.1	155.1	33464	97.5
勃兰登堡州	6374	25.3	64.8	9620	38.1
不来梅州	4417	66.7	189.5	10376	156.8
汉堡州	6181	34.9	111.3	13152	74.2
黑森州	42531	70.1	203.9	78121	128.8
梅克伦堡-前波莫瑞州	5147	30.9	79.2	10191	61.2
下萨克森州	61688	77.6	223.3	156805	197.3
北莱茵-威斯特法伦州	101456	56.6	163.9	231379	129.0
莱茵兰-普法耳茨州	28173	69.9	199.3	35149	87.3
萨尔州	6698	65.0	172.7	11649	113.1
萨克森州	14652	34.9	88.5	21366	51.0
萨克森-安哈特州	7161	30.1	74.3	11874	49.9
石勒苏益格-荷尔斯泰因州	25530	90.1	253.7	36347	128.2
图林根州	9639	42.5	107.6	13539	59.7

来源：德国成人教育研究所(DIE)，赖希哈特/洪特尔曼，《2008年业余大学统计数据》，2009年；联邦及各联邦州统计局，2008年人口统计，编写组自行统计

表 I1－1A：2000 年、2003 年和 2006 年各国 15 岁学生在国际学生评估项目中阅读能力处于 II 级水平以下的比例（根据国家统计，单位：%）

国家	年份			国家	年份		
	2000	2003	2006		2000	2003	2006
	单位：%				单位：%		
奥地利	19.3	20.7	21.5	意大利	18.9	23.9	26.4
比利时	19.0	17.9	19.4	拉脱维亚	30.1	18.0	21.2
保加利亚	40.3	•	51.1	列支敦士登	22.1	10.4	14.3
捷克共和国	17.5	19.4	24.8	卢森堡	•	22.7	22.9
德国	22.6	22.3	20.0	荷兰	•	11.5	15.1
丹麦	17.9	16.5	16.0	挪威	17.5	18.2	22.4
西班牙	16.3	21.1	25.7	波兰	23.2	16.8	16.2
芬兰	7.0	5.7	4.8	葡萄牙	26.3	22.0	24.9
法国	15.2	17.5	21.7	罗马尼亚	41.3	•	53.5
希腊	24.4	25.2	27.7	斯洛文尼亚	•	24.9	27.8
匈牙利	22.7	20.5	20.6	斯洛伐克共和国	•	24.9	27.8
爱尔兰	11.0	11.0	12.1	瑞典	12.6	13.3	15.3
以色列	14.5	18.5	20.5	土耳其	•	36.8	32.2

来源：国际经济合作组织，《为了生活学习》，2001 年；国际经济合作组织，《为了世界的明天学习》，2004 年；国际经济合作组织，国际学生评估项目（2006 年），2007 年；《为了世界的明天》—自然科学能力

表 I1－2A：2004 年具有高级中学以及高等教育毕业文凭的人员所带来的国家收益率[*]（根据国家和性别统计，单位：%）

国家	高级中学毕业文凭		高等教育毕业文凭	
	男性	女性	男性	女性
	单位：%			
比利时	9.7	7.9	15.4	18.5
丹麦	16.7	8.9	7.2	5.6
德国	5.6	5.6	9.4	5.3
芬兰	4.1	1.0	8.4	5.3
法国	1.8	0.7	6.9	5.1
爱尔兰	7.0	5.1	13.5	12.4
加拿大	6.5	5.1	7.9	7.3
韩国	1.7	4.2	10.5	9.2
新西兰	5.8	－3.5	8.1	6.1
挪威	3.0	1.0	6.8	5.0
波兰	6.1	5.7	17.0	12.8
葡萄牙	8.5	2.9	16.5	14.5

(续表)

国　　家	高级中学毕业文凭		高等教育毕业文凭	
	男　性	女　性	男　性	女　性
	单位：%			
瑞典	4.4	6.3	4.8	2.2
瑞士	3.5	4.7	6.2	5.6
西班牙	5.4	2.5	5.8	5.7
捷克共和国	5.4	4.7	17.7	13.3
匈牙利	5.7	7.9	22.5	16.7
英国	12.2	5.7	12.6	12.9
美国	8.1	9.2	12.9	9.1

* 国家收益率是一个指标，用来衡量一种学历在考虑其支出因素之外，长期为社会所带来的收益，通过与毛收入的对比得出(解释参见附录3，网址：www.oecd.org/edu/eag2008)

来源：国际经济合作组织，《教育一览》，2008年

表I2-1A：2008年25-65岁求职者，失业者和待业人员在人口中的比例(根据毕业文凭、年龄段统计，单位：%)

年龄从……到……岁	共计[1]	其　　中			
		教学培训/技能教育[2]	专业学校毕业文凭[3]	应用技术大学和综合型大学文凭[4]	无职业教育文凭
	%				
共　计					
求职者					
25-35	76.8	81.1	89.8	87.2	53.5
35-45	83.3	84.5	92.3	90.5	64.3
45-55	81.3	81.4	91.1	91.5	63.6
55-65	53.6	52.1	63.1	71.5	38.0
25-65	*74.9*	*75.9*	*84.8*	*86.3*	*55.2*
失业者					
25-35	6.7	6.6	2.4	3.5	10.8
35-45	5.7	5.7	2.3	2.5	11.8
45-55	6.0	6.3	3.0	2.7	10.2
55-65	5.0	5.1	4.2	3.1	6.5
25-65	*5.8*	*6.0*	*3.0*	*2.9*	*9.9*
待业者					
25-35	16.5	12.2	7.8	9.2	35.7
35-45	10.9	9.8	5.4	6.9	23.9
45-55	12.7	12.2	5.9	5.8	26.2

（续表）

年龄从……到……岁	共计[1)]	其中			
		教学培训/技能教育[2)]	专业学校毕业文凭[3)]	应用技术大学和综合型大学文凭[4)]	无职业教育文凭
	%				
55 - 65	41.5	42.7	32.7	25.3	55.5
25 - 65	*19.3*	*18.2*	*12.3*	*10.8*	*34.9*
男　性					
求职者					
25 - 35	83.1	87.2	95.2	92.0	62.8
35 - 45	89.9	90.4	96.5	96.0	73.6
45 - 55	86.5	85.7	93.9	94.7	70.8
55 - 65	61.5	58.9	66.6	74.6	46.6
25 - 65	*81.4*	*81.7*	*88.0*	*90.0*	*64.8*
失业者					
25 - 35	7.4	7.2	2.1	3.1	12.7
35 - 45	5.9	5.9	1.8	2.2	14.6
45 - 55	6.2	6.7	2.5	2.4	13.2
55 - 65	5.4	5.7	4.5	3.2	9.2
25 - 65	*6.2*	*6.4*	*2.7*	*2.7*	*12.7*
待业者					
25 - 35	9.4	5.5	2.7	4.9	24.5
35 - 45	4.2	3.7	1.7	1.8	11.8
45 - 55	7.4	7.6	3.6	3.0	16.0
55 - 65	33.1	35.4	28.9	22.1	44.2
25 - 65	*12.4*	*12.0*	*9.3*	*7.3*	*22.5*
女　性					
求职者					
25 - 35	70.4	74.9	84.0	82.9	43.7
35 - 45	76.5	78.7	86.3	83.4	56.5
45 - 55	76.2	77.3	87.1	87.1	58.7
55 - 65	45.9	45.9	56.8	65.9	33.9
25 - 65	*68.3*	*70.2*	*80.2*	*81.4*	*47.9*
失业者					
25 - 35	6.0	6.0	2.8	3.9	8.8
35 - 45	5.6	5.6	3.0	2.9	9.4

（续表）

年龄从……到……岁	共计[1]	其中			
		教学培训/技能教育[2]	专业学校毕业文凭[3]	应用技术大学和综合型大学文凭[4]	无职业教育文凭
	%				
45－55	5.8	6.0	3.6	3.1	8.1
55－65	4.5	4.6	3.8	3.0	5.1
25－65	*5.5*	*5.6*	*3.3*	*3.2*	*7.8*
待业者					
25－35	23.7	19.1	13.2	13.2	47.5
35－45	17.9	15.7	10.6	13.7	34.1
45－55	18.1	16.7	9.2	9.8	33.2
55－65	49.6	49.5	39.3	31.1	60.9
25－65	*26.2*	*24.2*	*16.4*	*15.3*	*44.3*

1）包括未说明职业教育毕业文凭类型的人员
2）包含一次职业实习
3）包含师傅/技术员工、培训以及医疗保健学校文凭和前东德专科学校文凭
4）包含工程师文凭，教师培训证书和博士文凭

来源：联邦及各联邦州统计局，2008年微型人口调查

表I2－2A：2008年25－65岁求职者、失业者和待业人员在人口中的比例（根据毕业文凭、联邦州统计，单位：%）

联邦州	无职业教育文凭			教育培训/技能培训[1]			专科学校毕业文凭[2]			应用技术大学和高等院校毕业文凭[3]		
	求职者	失业者	待业者	求职者	失业者	待业者	求职者	失业者	待业者	求职者	失业者	待业者
	%											
全德国	55.2	9.9	34.9	75.9	6.0	18.2	84.8	3.0	12.3	86.3	2.9	10.8
巴符州	62.4	5.7	31.9	80.5	3.2	16.3	88.5	1.5	10.0	88.6	1.9	9.5
巴伐利亚州	59.4	6.8	33.8	79.2	3.1	17.7	87.1	1.9	11.0	87.9	2.0	10.2
柏林州	44.7	20.6	34.6	67.8	11.9	20.2	75.7	7.4	16.9	82.4	6.2	11.3
勃兰登堡州	51.4	16.9	31.7	72.9	11.2	15.8	83.0	3.8	13.2	85.7	4.0	10.3
不来梅州	51.7	12.1	36.2	72.0	6.9	21.1	87.7	/	/	81.2	/	14.8
汉堡州	56.3	8.5	35.2	77.2	5.0	17.9	82.6	/	/	86.7	3.2	10.1
黑森州	54.6	9.5	35.9	76.8	4.5	18.7	87.2	/	10.8	87.0	2.8	10.2
梅克伦堡-前波莫瑞州	45.5	16.8	37.7	69.4	14.8	15.8	78.7	5.4	16.0	84.7	4.2	11.1
下萨克森州	53.8	9.9	36.3	75.5	5.1	19.4	85.3	2.5	12.2	85.5	2.6	11.9
北莱茵-威斯特法伦州	52.8	10.4	36.7	75.3	4.7	20.0	85.3	2.5	12.2	85.7	2.7	11.6
莱茵兰-普法耳茨州	58.6	7.7	33.7	78.1	4.0	17.9	88.3	/	10.5	87.6	1.7	10.7

（续表）

联邦州	无职业教育文凭			教育培训/技能培训[1]			专科学校毕业文凭[2]			应用技术大学和高等院校毕业文凭[3]		
	求职者	失业者	待业者	求职者	失业者	待业者	求职者	失业者	待业者	求职者	失业者	待业者
	%											
萨尔州	55.0	8.5	36.5	74.2	4.0	21.7	84.9	/	/	85.5	/	10.3
萨克森州	45.2	18.4	36.4	70.9	13.3	15.8	81.3	4.8	13.9	84.8	4.0	11.2
萨克森-安哈特州	43.9	18.9	37.2	70.4	13.4	16.3	81.7	4.7	13.6	83.7	4.8	11.5
石勒苏益格-荷尔斯泰因州	60.0	8.8	31.2	75.7	5.2	19.1	83.8	/	12.8	86.6	2.2	11.1
图林根州	50.0	15.1	34.9	73.7	10.1	16.2	80.4	4.2	15.4	84.8	4.5	10.7

1）包含一次职业实习
2）包含师傅/技术员工、培训以及医疗保健学校文凭和前东德专科高校文凭
3）包含工程师文凭，教师培训证书和博士文凭
来源：联邦及各联邦州统计局，2008年微型人口调查

表I2－3A：1992年、2000年和2008年30－60岁人群的平均失业时长（根据教育程度，性别和移民背景统计，以年数统计）

年份	教育程度	总共	其中		其中	
			男性	女性	无移民背景	有移民背景
1992	最高学历为普通中学	0.8	1.3	0.5	0.7	0.9
	中等或更高学历	0.4	0.4	0.4	0.3	0.7
2000	最高学历为普通中学	1.4	1.7	1.2	1.3	1.6
	中等或更高学历	0.6	0.6	0.6	0.5	0.9
2008	最高学历为普通中学	2.5	2.7	2.3	2.6	2.3
	中等或更高学历	1.1	1.0	1.2	1.0	1.5

来源：《社会经济调查》，德国经济研究所专项评估

表I2－4A：1992年、2000年和2008年30－60岁人群的相对收入位置（总时薪，根据教育程度、性别、移民背景统计，单位：%）*

年份	教育程度	总共	其中		其中	
			男性	女性	无移民背景	有移民背景
1992	最高学历为普通中学	95.6	110.2	84.9	93.9	98.7
	中等或更高学历	130.1	139.6	114.0	130.6	125.4
2000	最高学历为普通中学	86.0	101.4	71.6	86.8	84.8
	中等或更高学历	124.4	137.4	106.1	124.5	123.4
2008	最高学历为普通中学	84.6	101.0	70.7	85.7	83.3
	中等或更高学历	124.9	140.8	105.8	126.8	113.8

* 所有在职人员总时薪的平均值以百分比为单位
来源：《社会经济调查》，德国经济研究所专项评估

表 I2 - 5A：2008 年 30 - 60 岁人群职业和收入特征*（根据教育程度统计）

教 育 程 度*	在职人员比例	全职时长	兼职时长	失业时长	相对的收入位置	
					月收入	总时薪
	单位：%	单位：年数			单位：%[1]	
总体	80.9	16.5	3.1	1.2	122	127
1ab：无普通中学毕业文凭且无职业证书	58.8	13.4	3.9	2.5	85	86
1c：具有普通中学毕业文凭和职业证书	80.1	19.7	3.2	1.3	107	113
2b：中等学历文凭	68.2	13.4	3.2	2.1	111	103
2a：中等学历文凭和职业证书	82.4	17.1	3.0	1.2	107	119
2c：普通教育的：（应用技术大学）高等院校毕业	41.0	8.3	3.2	0.4	121	123
2c：职业教育的：（应用技术大学）高等院校毕业和职业证书	85.2	13.5	2.9	0.6	125	134
3a：应用技术大学毕业文凭	90.7	16.1	2.2	0.6	163	164
3b：高等院校毕业文凭	88.7	14.1	2.8	0.7	174	179

* 工业国家社会流动比较分析-分类

1）所有职员的月收入以及总时薪的平均数以百分比统计

来源：2008 年《社会经济调查》，德国经济研究所专项评估

表 I2 - 6A：2008 年 30 - 60 岁人群政治参与、社会参与与文化参与情况*（根据教育程度统计，单位：%）

教 育 程 度*	政治兴趣[1]	政治参与[2]	志愿者活动[2]	文化活动[2]	体育活动[2]
	%				
总体	31.3	2.3	17.3	7.0	48.7
1ab：无普通中学毕业文凭且无职业证书	12.4	0.5	8.1	1.8	26.8
1c：具有普通中学毕业文凭和职业证书	20.1	1.9	17.6	3.1	38.1
2b：中等学历文凭	22.4	2.2	17.1	5.2	34.4
2a：中等学历文凭和职业证书	27.1	1.9	17.0	5.0	49.2
2c：普通教育的：（应用技术大学）高等院校毕业	49.2	3.3	13.8	9.1	55.3
2c：职业教育的：（应用技术大学）高等院校毕业和职业证书	41.5	3.8	21.7	11.3	63.8
3a：应用技术大学毕业文凭	52.8	4.1	23.1	10.3	64.9
3b：高等院校毕业文凭	57.9	3.2	18.8	18.1	67.8

* 工业国家社会流动比较分析-分类

1）回答分为四个等级（“很强”直至“完全不”），持肯定回答的人数比例

2）每月至少参加一次的人数比例

来源：2008 年《社会经济调查》，德国经济研究所专项评估

表 I3－1A：1992、2000 和 2008 年 30－60 岁人群的教育背景（根据教育状况、性别和移民背景统计，单位：%）

年份	教育程度	总共	其中		其中	
			男性	女性	无移民背景	有移民背景
		%				
父母的最高学历文凭为普通中学的人员比例						
1992	最高文凭为普通中学	33	22	44	26	59
	中等学历或更高	10	6	15	9	22
2000	最高文凭为普通中学	26	20	31	17	40
	中等学历或更高	6	5	8	5	14
2008	最高文凭为普通中学	27	21	31	17	38
	中等学历或更高	6	5	7	5	13
子女的最高文凭为普通中学的父母比例						
1992	最高文凭为普通中学	46	49	45	38	67
	中等学历或更高	17	18	15	16	28
2000	最高文凭为普通中学	45	45	46	32	67
	中等学历或更高	14	14	13	11	33
2008	最高文凭为普通中学	44	42	45	27	63
	中等学历或更高	11	11	12	8	30

来源：1992 年、2000 年和 2008 年社会经济调查（数据已加权），德国经济研究所专项评估